lonely planet

Hawaii

Adam Karlin, Loren Bell, Luci Yamamoto,
Amy Balfour, Sara Benson

REISE-PLANUNG

REISEZIELE AUF BIG ISLAND

HONU (GRÜNE MEERES-SCHILDKRÖTE)

Inhalt

PNG STUDIO PHOTOGRAPHY/SHUTTERSTOCK ©

WAIPI'O VALLEY S. 197

DIE HIGHLIGHTS AUF DEN ANDEREN INSELN

ROBERT CRAVENS/SHUTTERSTOCK ©

SURFER AM WAIKIKI BEACH (S. 330)

Inhalt

AM HANA HIGHWAY (S. 424)

SHANE MYERS PHOTOGRAPHY/SHUTTERSTOCK ©

Willkommen auf Big Island (Hawai'i)

Auf der größten hawaiischen Insel wartet das Abenteuer. Sie ist noch immer ein riesiges Entdeckerland voller unerwarteter Wunder.

Inselvielfalt

Auf Big Island ist ein „Inselkoller" extrem unwahrscheinlich. Die herrliche Vielfalt auf Big Island lässt sich über die vielen Fern- und Nebenstraßen wunderbar erkunden. Mit acht der dreizehn Klimazonen der Welt gibt es auch für die Sinne viel Abwechslung. Zu sehen sind leuchtend grüne Felswände, Strände aus schwarzem, weißem und sogar grünem Sand, majestätische Vulkanberge (manchmal schneebedeckt!), schroffe Lavawüsten, hügeliges Weideland und diesige, von Regen und Wellen allmählich ausgewaschene Täler. Big Island ist doppelt so groß wie die anderen hawaiischen Inseln zusammen und ihre spektakuläre Landschaft ist einfach faszinierend.

Vulkanische Wunder

Big Island ist knapp eine Million Jahre alt und somit geologisch noch sehr jung. Hier befinden sich die höchsten und größten sowie die einzigen aktiven Vulkane der hawaiischen Inseln. Kilauea an der Ostseite ist der aktivste Vulkan der Welt. Wer glühend heiße Lava sieht, erlebt das Entstehen der Erde, eine aufregende und Ehrfurcht einflößende Erfahrung. Der Mauna Kea, vom Meeresboden gemessen über 10 000 m hoch, ist der höchste Berg der Welt. Ebenso riesig ist seine Bedeutung als heiliger Ort der Hawaiianer und als astronomische Forschungsstätte.

Frühgeschichte & modernes Multikulti

Frühgeschichte ist auf Big Island, einem Ort mit machtvollem *mana* (spiritueller Kraft), sehr wichtig. Die ersten Polynesier landeten am Ka Lae, der windigen Südspitze. Kamehameha der Große, der die hawaiischen Inseln einte, ist in Kohala geboren und starb in Kailua-Kona. Hula und *oli* (Sprechgesang) sind tief verwurzelt. Das wohl letzte hawaiische Fischerdorf ist Miloli'i an der Kona Coast. In der Zuckerrohrzeit verknüpften sich traditionelle Bräuche mit jenen der Immigranten: Chinesen, Japaner, Philippiner, Portugiesen usw. Dieses Erbe manifestiert sich im Mix der Sprachen, Speisen und Feste.

Abseits der Hauptwege

Die schiere Größe von Big Island schafft viel Freiraum. Es macht riesigen Spaß, einfach ins Blaue zu fahren und das Unterwegssein zu genießen. Die Insel zeigt von Osten nach Westen viele Gesichter, die sich allesamt lohnen. Während die „Gold Coast" touristisch ist, sind die meisten Inselstädte überwiegend Ortsansässigen vorbehalten. Selbst die Inselhauptstadt und einstige Plantagenstadt Hilo tickt noch ganz gemächlich und ist von *kama'aina* (Menschen, die hier geboren und aufgewachsen sind) bewohnt. Diese bodenständige Urwüchsigkeit repräsentiert letztlich das wahre Hawai'i.

Was ich an Big Island (Hawai'i) so mag

Von Luci Yamamoto, Autorin

Ich stamme aus Hilo und fand meine Inselheimat immer ganz normal. Wachten denn nicht alle bei Vogelgesang auf und frühstückten mit Blick auf den Mauna Kea heimische Bananen? Hatten nicht alle einen freien Blick auf den blauen Horizont und schliefen ein beim Regen, der auf Metalldächer prasselt? Erst als ich Hawai'i als Autorin erkundete, verstand ich endlich die Einzigartigkeit der Insel. Die Macht der Göttin Pele und der Natur ist hier phänomenal, von feurigen Vulkanausbrüchen bis zu surrealen Lavawüsten – und das unprätentiöse Wesen der Einheimischen ist überall spürbar. Ich liebe Big Island wegen ihres Kleinstadtcharakters.

Mehr zu unseren Autoren s. S. 531

Oben: Blick vom Gipfel des Mauna Kea (S. 178)

Big Island (Hawai‘i)

0
0
40 km
20 Meilen
155°W
154°30'W
Mauna Kea
Sterneguckеn auf Hawaiis höchstem Berg (S. 178)
HÖHE
3350 m
2750 m
2150 m
1500 m
1200 m
900 m
600 m
300 m
0
PAZIFIK
Hamakua Coast
Pa'auilo
Laupahoehoe Point Beach Park
20°N
'Akaka Falls State Park
Wasserfälle, grüne Klippen und hohe Bäume (S. 202)
19
Keanakolu
Kolekole Beach Park
Honomu
Hakalau Forest National Wildlife Refuge
'Akaka Falls State Park
HILO
Papaikou
Richardson's Ocean Park
Hilo Bay
Hilo Forest Reserve
Leleiwi Point
Wailuku River
Hilo
Hilo International Airport
Saddle Rd
200
Hilo
Authentische Gemeinde mit Zuckerstadt-Historie (S. 204)
19
Kea'au
Kaloli Point
Northeast Rift Zone
Stainback Hwy
130
Mountain View
Kazumura Cave
Cape Kumukahi
Lava Tree State Monument
Kapoho
11
19°30'N
Glenwood
Pahoa
Mauna Loa Rd
PUNA
Kilauea Caldera
Puna Forest Reserve
Isaac Hale Beach Park
Volcano
MacKenzie State Recreation Area
Hawai'i Belt Rd
Hawai'i Volcanoes National Park
Kehena Beach
Pu'u'O'o
Kaimu
137
Southwest Rift Zone
Chain of Craters Rd
Ka'u Desert
Hilina Pali Rd
Kazumura Cave
Die längste und tiefste Lavaröhre der Welt (S. 269)
Hawai'i Volcanoes National Park
Trekken am Vulkan (S. 248)
19°N
155°W
154°30'W

Die Top 15 von Big Island (Hawai'i)

1

Hawai'i Volcanoes National Park

1 Das unheimliche Glühen eines Lavasees, einsame, palmengesäumte Strände, alte Petroglyphen in erstarrter Lava und viele Wanderwege durch rauchende Krater, Regenwald und Wüste – die Hauptattraktion von Big Island ist voller faszinierender Wunder. Der Park (S. 248) ist auch einer der besten Orte der Insel, um hawaiische Kultur bei Hula-Darbietungen, jährlichen Festivals, Konzerten und Vorträgen zu erleben. Abends können sich Besucher am Kamin in der Volcano House Lodge aufwärmen, die direkt auf dem Rand der Kilauea Caldera liegt.

Sterne gucken auf dem Mauna Kea

2 Ein Aufenthalt in der dünnen Luft des Mauna Kea (S. 178), Hawaiis höchstem Berg und heiligstem Ort, ist in jeder Hinsicht atemberaubend. Sobald die Sonne untergeht, tauchen die Sterne auf – und zugleich die Teleskope. Der Mauna Kea ist eine der besten astronomischen Stätten der Welt und bei dem klaren Himmel können auch Amateure die Sterne gut beobachten. Der Blick durch die Teleskope ist für Besucher unvergesslich, sei es im Besucherzentrum oder auf einer Tour. Ein einmaliges Erlebnis ist der Anblick eines Meteorschwarms.

2

AVPROPHOTO/SHUTTERSTOCK ©

Kaffeeplantagen in Kona (& Ka'u)

3 Als christliche Missionare die ersten Kaffeebäume pflanzten, war das nur eine botanische Marotte. Doch dank der idealen Bedingungen im regenreichen „Kaffeegürtel" von South Kona wurde Kona-Kaffee (S. 40) schließlich zur erfolgreichen Gourmetpflanze. Heute liegen an den Landsträßchen kleine, oft familiengeführte Plantagen. Seit Ende der 2000er-Jahre wurden Kaffeebauern in Ka'u mit wichtigen Preisen ausgezeichnet – eine Erfolgsstory des Hawai'i-Kaffees, am Label für hundertprozentig lokalen Anbau zu erkennen. Oben links: Kaffeebohnen in Kona

Pu'uhonua O Honaunau National Historical Park

4 Einblick in die traditionelle hawaiische Kultur gewährt diese historische Stätte (S. 121), wo imposante *ki'i* (Götterstatuen) über alte Tempel wachen. Nirgends lässt sich das Prinzip des *kapu* (Tabu) besser verstehen, das einst das Dasein auf den hawaiischen Inseln bestimmte. Der Bruch eines *kapu* bedeutete oft den Tod – außer man fand Zuflucht in den Mauern eines *pu'uhonua*. Die Knochen früherer Häuptlinge sind in einem strohgedeckten *hale* (Haus) bestattet, das schützendes *mana* verströmt.

Waipi'o Valley

5 Die Aussicht über das üppig grüne Tal (S. 197) ist herrlich, aber die Wasserfälle, wilden Pferde und schwarzen Sandstrände locken weiter. Zuerst geht es die beängstigend steile Zufahrtsstraße hoch, dann zu Fuß, zu Pferd oder in einem altmodischen Maultierwagen durch das Tal. Unermüdliche Wanderer können auf dem King's Trail weitermarschieren oder sich die spektakulären Panoramablicke auf dem strapaziösen Muliwai Trail zum Ziel nehmen – in der Höhe wird der Blick immer großartiger.

Schnorcheln in der Kealakekua Bay

6 Es stimmt – die Kealakekua Bay (S. 115) ist ein gigantisches natürliches Aquarium voller tropischer Fische, *honu* (grüne Meeresschildkröten) und Spinnerdelfine. Touristenbroschüren preisen sie als bestes Schnorchelrevier des Bundesstaats an und übertreiben nicht. Umweltvorschriften wie die Einschränkung von Kajaktouren schützen dieses Unterwasserparadies. Selbst für eingefleischte Landratten lohnt sich der Weg zu diesem historisch bedeutsamen Ort, an dem James Cook starb.

Auf der Spur der Lava

7 Pele, die hawaiische Göttin des Feuers und der Vulkane, ist notorisch launisch. Aber mit etwas Glück besteht die Chance, zu sehen, wie sich Lava über und unter neu geschaffenes Land ergießt. Lava fließt meist in oder um den Hawai'i Volcanoes National Park (S. 256), manchmal ins Meer, wo eine Dampfwolke über eine Meile hoch schießt, wenn sich heiße Lava mit der aufgewühlten Brandung vermischt. Führungen zu Fuß oder im Boot ab Puna sind zu empfehlen. Mit Pele ist nicht zu spaßen. Unten: Lava fließt ins Meer, Hawai'i Volcanoes National Park.

Hapuna Beach

8 An dem 800 m langen, feinsandigen weißen Strand (S. 151) kann sich jeder nach Lust und Laune austoben. Hier werden Sonnenschirme, Boogie- und Surfbretter, Sonnenliegen und Schwimmflügel verliehen – also ein idealer Tummelplatz für die ganze Familie. Die schlichten Dreiecks-Campinghütten sind zwar nichts für Wählerische, aber wer hier nächtigt, hat einen legendären Strand vor der Haustür. Noch traumhafter ist der ruhige Mauna Kea Beach gleich nördlich entlang der sichelförmigen Kauna'oa Bay.

7

8

OCEAN IMAGE PHOTOGRAPHY/SHUTTERSTOCK ©

WILDNERDPIX/SHUTTERSTOCK ©

Merrie Monarch Festival

9 Was bei einer *luau*-Show im Resort gezeigt wird, hat mit Hula nur entfernt zu tun. Um zu erleben, wie eine authentische Hula-*halau* (Schule) die Götter und Legenden durch Gesang und Tanz beschwört, ist dieser Hula-Wettbewerb (S. 218) zu Ostern in Hilo das Richtige. Tickets, Flüge und Unterkunft sollten ein Jahr im Voraus gebucht werden – Menschen reisen aus aller Welt für dieses Fest an. Daneben gibt es auch eine Parade, einen Kunsthandwerksmarkt und eine kostenlose Ausstellung zu Hula und panpazifischen Tänzen.

Tauchen in Kona

10 Die glasklaren Gewässer von Kona sind mit ihren blühenden Korallen und wimmelndem Meeresgetier ein phänomenales Tauchrevier (S. 90). Wegen des relativ jungen Alters von Big Island bieten ihre weniger erodierten Tauchplätze mit flachen Riffen und tiefen Klippen eine abwechslungsreiche Unterwasserlandschaft. Es gibt an der Kona Coast viele bewährte Tauchanbieter für Anfänger und Könner. Ein einmaliges Erlebnis ist eine nächtliche Tauchtour, um selbstleuchtende Meeresbewohner in ihrem dunklem Element zu sehen.

'Akaka Falls State Park

11 Der 128 m hohe Wasserfall (S. 202), der wie ein Juwel in einem Regenwald aus hohen Bäumen und duftendem Ingwer funkelt, ist spektakulär und dazu noch leicht zu erreichen: einfach den vielen Reisebussen folgen und dann einen 800 m langen Naturwanderweg einschlagen. Wie alle Wasserfälle an der Windward Coast von Big Island sind die beiden Fälle des Parks während der Regenzeit am eindrucksvollsten, wenn die Wassermassen über die grünen Felsen hinabdonnern. Auf dem Rückweg lohnt ein Besuch im kleinen Plantagendorf Honomu.

Wanderung ins Pololu Valley

12 Welches ist schöner, das Waipi'o Valley oder das Pololu Valley? Die Wahl zwischen den berühmtesten Tälern von Big Island fällt schwer, jedes ist voller Wasserfälle und mit einem schwarzen Sandstrand gesegnet. Aber das abgeschiedene Pololu (S. 163) besitzt noch eine Ruhe, die dem Waipi'o durch der SUVs und Monstertrucks abhanden kam. Es sind zehn Minuten zu Fuß hinab ins Tal, der einzige Weg hinein. Zum Besuch gehört auch ein Bummel durch das winzige Hawi, das reizende Künstlerzentrum Kohalas. In dieser nördlichsten Ecke ist das alte Hawaii noch am deutlichsten zu spüren.

Hilo

13 Hilo (S. 204), die einstige Zuckerstadt gab es schon vor dem Tourismus und sie ist noch immer erfrischend normal – falls zur Normalität wilde tropische Pflanzen, befahrbare Strände, Bauernmärkte voller lokaler Nahrungsmittel, tolle Museen, historische Ladenfassaden und herrliche Aussichten auf den Mauna Kea und bis zum Horizont gehören. Hier gibt es kaum Touristenfallen, aber dafür eine bunte Mischung Einwohner, darunter mehrere Generationen Einheimische, deren Vorfahren als Plantagenarbeiter eintrafen. Es geht hier gemächlich zu und es duftet nach Frangipani.

PETER CAREY/ALAMY ©

HANS GEEL/SHUTTERSTOCK ©

Kazumura Cave

14 Auf Big Island ist die Oberfläche niemals alles. Unter den Wäldern und Lavaströmen liegt ein kompliziertes Netz aus Lavaröhren und Höhlen, das die Möglichkeiten der Erkundung unendlich erweitert. Die Kazumura Cave (S. 269) in der Nähe des Volcanoes National Park ist die längste und tiefste Lavaröhre der Welt, erstaunlich groß, dunkel und still. Ebenso beeindruckend sind die jüngeren Kula Kai Caverns in Ka'u. Eine Tour auf eigene Faust ermöglichen die Kaumana Caves in Hilo, während die Thurston Lava Tube an der Straße ein Abenteuer für die ganze Familie ist.

Lokale Spezialitäten

15 Was isst man vor Ort (S. 36)? Zunächst sind da Gemüse, Fisch und Fleisch aus dem Umland. Das fruchtbare Hawai'i ist vom großflächigen Zuckerrohranbau zum kleinteiligen Mischanbau übergegangen. Der bevorzugte Fisch ist der *ahi* (Gelbflossen-Thunfisch). Dann ist da die traditionelle hawaiische Küche, z. B. geräuchertes *kalua*-Schwein und *laulau* (Fleisch und Fisch in *ti*-Blättern gegart). Und schließlich gibt es noch die hiesige Hausmannskost: *loco moco, plate lunches* und *musubi* (Reisbällchen) mit Frühstücksfleisch. All das gilt es unbedingt zu probieren. Unten rechts: *poke* (marinierter roher Fisch)

Gut zu wissen

Weitere Infos siehe Praktische Informationen (S. 502)

Währung
US-Dollar ($)

Sprachen
Englisch, Hawaiisch, Pidgin

Visum
Deutsche, Österreicher und Schweizer können im Rahmen des Visa-Waiver-Programms mit einer ESTA-Genehmigung für bis zu 90 Tage ohne Visum einreisen.

Geld
Kreditkarten werden weithin akzeptiert (außer bei ein paar Unterkünften) und sind für Reservierungen oft erforderlich. Vereinzelt werden noch Reiseschecks (in US-Dollar) genutzt.

Handys
Zum Telefonieren benötigt man ein GSM-Multiband-Handy. Mit einer US-amerikanischen Prepaid-SIM-Karte ist das Telefonieren vor Ort billiger.

Zeit
Hawaii-Aleutian Standard Time (MEZ minus 11 Std.). Hawaii hat keine Sommerzeit.

Reisezeit

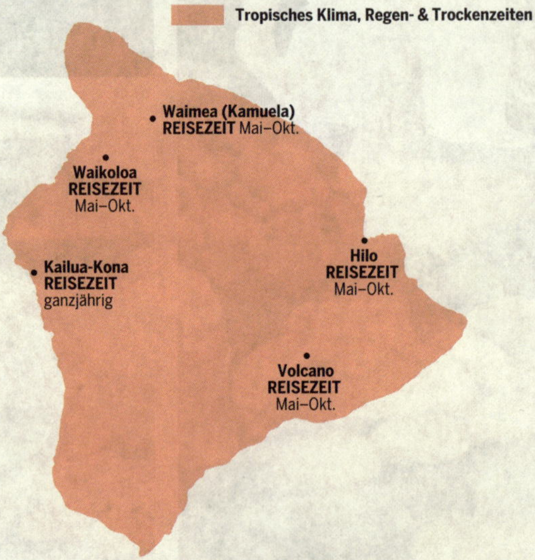

Hauptsaison
(Dez.–März & Juni–Aug.)

- Die Übernachtungspreise steigen um 50–100 %.
- Hochbetrieb um Weihnachten und Neujahr. Hilo ist zum Merrie Monarch Festival in der Osterzeit proppenvoll.
- Auf der Windseite sind die Winter regnerischer und kühler.

Zwischensaison
(Okt. & Nov.)

- Zivile Flug- und Übernachtungspreise.
- Kona ist zum Ironman (Oktober) und zum Kona Coffee Cultural Festival (November) ausgebucht.
- Besucherandrang und teils geschlossene Betriebe um Thanksgiving.

Nebensaison
(April–Mai & Sept.)

- Im Frühling und Herbst winken mildes Klima und meist sonnige Tage.
- Vor und nach den Sommerferien etwas weniger Andrang und günstigere Preise.
- Das Memorial-Day-Wochenende (30. Mai) nutzen die Hawaiianer zum Kurzurlaub.

Websites

Big Island Visitors Bureau (www.gohawaii.com/big-island) Gute Quelle für grundlegende Infos über Sehenswürdigkeiten, Regionen, Wetter, Unterkünfte etc. auf Big Island.

Big Island Hikes (www.bigislandhikes.com) Beschreibt Dutzende von Wanderrouten, mit Erfahrungsberichten und hilfreichen Tipps.

Konaweb (www.konaweb.com) Informativer Veranstaltungskalender für die ganze Insel und Foren.

Andy Bumatai's the Daily Pidgin (www.youtube.com/user/ToolinAroundHI) Inseleinblicke und Urkomisches vom Lieblingskomiker der Insel.

NigaHiga on YouTube (www.youtube.com/user/nigahiga) Der Mittzwanziger und YouTube-Star Ryan Higa aus Hilo verkörpert den typischen Humor der modernen Inseljugend.

Lonely Planet (www.lonelyplanet.com/usa/hawaii/hawaii-the-big-island) Infos zu Reisezielen, Hotelbuchungen, Travellerforum uvm.

Wichtige Telefonnummern

Notruf (Polizei, Feuerwehr, Krankenwagen)	☎911
Telefonauskunft (vor Ort)	☎411
Telefonauskunft (international)	☎1-(Ortsvorwahl)-555-1212
Gebührenfreie Telefonauskunft	☎1-800-555-1212
Vermittlung	☎0

Wechselkurse

Euro	1 €	1,10 $
Schweiz	1 SFr	1,01 $

Aktuelle Wechselkurse siehe www.xe.com.

Tagesbudget

Budget: unter 100 $

- Schlafsaalbett: 25–35 $
- Hostelzimmer mit Gemeinschaftsbad: 75 $
- Tagesgericht oder Portion *poke*: 6–10 $
- Busticket (einfache Fahrt): 2 $
- Sternegucken am Mauna Kea: gratis

Mittelklasse: 100–250 $

- Zimmer mit Bad im Mittelklassehotel oder B&B: 120–200 $
- Mietwagen (ohne Versicherung und Benzin): ab 35/175 $ pro Tag/Woche
- Abendessen in einem zwanglosen Restaurant: 20–40 $
- Schnorcheltour: 100–150 $

Spitzenklasse: ab 250 $

- Zimmer im Luxus-B&B oder Resort: über 250 $
- 3-Gänge-Menü mit Cocktail: 75–100 $
- Geführte Abenteuertour: 80–200 $
- Helikopterrundflug: 200–500 $

Öffnungszeiten

Banken Mo–Fr 8.30–16, Fr teils bis 18, Sa 9–12 oder 13 Uhr

Bars & Clubs Tgl. 12–24, manche Fr & Sa bis 2 Uhr. Wenn wenig los ist, machen manche Bars früher dicht.

Betriebe & Behörden Mo–Fr 8.30–16.30, einige Postfilialen auch Sa 9–12 Uhr

Restaurants Frühstück 6–10, Mittagessen 11.30–14, Abendessen 17–21.30 Uhr. Kleine Restaurants haben u. U. variable Öffnungszeiten.

Geschäfte Mo–Sa 9–17, manche auch So 12–17 Uhr; in den Haupteinkaufsstraßen und den Einkaufszentren gelten längere Öffnungszeiten.

Ankunft auf Big Island

Filialen der großen Autovermieter säumen die Straße vor dem Ankunftsbereich beider Flughäfen. Taxis warten am Straßenrand. Shuttlebusse kosten normalerweise genauso viel wie ein Taxi.

Hilo International Airport (S. 509) Ein Taxi vom Flughafen ins Stadtzentrum kostet ca. 20 $, der Shuttlebus etwa dasselbe.

Kona International Airport (S. 509) Die Taxifahrt vom Flughafen nach Kailua-Kona kostet 30 $, nach Waikoloa 55 $. **Speedi Shuttle** (S. 100) befördert Besucher zu Zielen entlang der Kona Coast; ein Gemeinschafts-/Privatshuttle nach Kailua-Kona kostet 34/100 $, zur Waikoloa Resort Area 55/170 $. Der Shuttledienst muss man vorausbuchen!

Mehr zum Thema
Unterwegs vor Ort
ab S. 34

Was gibt's Neues?

Hilo Bayfront Trails

Ein befestigter Weg für Fußgänger und Radfahrer verbindet Hilos Stadtzentrum mit Bayfront, Lili'uokalani Park, Banyan Drive und Wailoa River State Park. (S. 216)

Lavasee im Halema'uma'u-Krater

Pele, die Göttin des Feuers und der Vulkane, beschert Puna immer wieder neue Lavaströme. Im Oktober 2016 floss ein Lavasee im Halema'uma'u-Krater über, wodurch sich eine etwa 9 m dicke Schicht frischer Lava bildete. Wenn der Spiegel des Sees hoch bleibt, ist die glühende Lava vom Aussichtspunkt am Jaggar Museum sichtbar. (S. 256)

Ka'u-Kaffee

Die kleinen, neu gegründeten Plantagen in Ka'u behaupten sich weiterhin mit hervorragender Qualität gegen die etablierten Kaffeepflanzer von Kona. Bei der Hawaii Coffee Association Cupping Competition 2016 schafften es die Ka'u-Farmen in den Kategorien Kreativität und Wirtschaftlichkeit unter die Top 5. (S. 278)

Hamakua Harvest Farmers Market

Seit 2016 gibt es in Honoka'a einen neuen Bauernmarkt mit Produkten aus der Region. (S. 193)

Per Kajak durch Kohala

Der „Kohala-Graben" in North Kohala bewässerte einst gut 4000 ha Zuckerrohr. Heute bietet der neue Veranstalter Flumin' Kohala auf den verbliebenen Kanälen Paddeltouren durch die Landschaft an. (Zwei andere Touranbieter mussten im letzten Jahrzehnt aufgeben, nachdem Naturkatastrophen das Kanalsystem beschädigten.)

Immobilienboom

Das Immobiliengeschäft auf Big Island hat sich vom Crash des Jahres 2008 erholt; besonders rege läuft das Geschäft in Puna.

Gesund schlemmen

Obstsalat hat auf der Insel lange Tradition, aber neuerdings sind die trendigen „Acai Bowls" der Renner in den Vollwertcafés – dicht gefolgt von der *pitaya* (Drachenfrucht). Hiesige Versionen werden z. B. mit *poi,* Kokosnuss oder Kakaobohnen zubereitet. Vegetarisches, Veganes und Glutenfreies gibt es an jeder Ecke, ebenso fermentierte Speisen wie Kombucha und Kimchi.

Pana'ewa Rainforest Zoo

Seit 2016 hat der Zoo von Hilo zwei neue Stars: den Nachwuchs der Königstiger, ein verspieltes orangefarbenes Weibchen und ein cooles weißes Männchen. (S. 209)

Sanierung der Saddle Road (Highway 200)

Die Sanierung der einst lebensgefährlichen Achterbahn geht voran. Derzeit werden Straßenabschnitte am östlichen Ende, in der Nähe von Hilo, begradigt. (S. 183)

Merrie Monarch Festival

Tickets für das Merrie Monarch Festival können jetzt schon ab dem 1. Dezember bestellt werden. Also nicht mehr wie bisher auf den 26. Dezember warten, sonst sind die begehrten Sitze schon weg! (S. 218)

Noch mehr Tipps und Empfehlungen unter lonelyplanet.com/usa/hawaii/hawaii-the-big-island

Wie wär's mit ...

Strände

Hawaii heißt für die meisten: Sonne, Sand und Surfen. Filmreife Traumstrände bieten Kona und Kohala. Anderswo sind die Strände wilder und windiger, aber ebenso umwerfend.

Mauna Kea Beach Der vielleicht hübscheste Strand der Insel, mit pulverfeinem Sand, sacht plätschernden Wellen und perfekter Halbmondform. (S. 152)

Hapuna Beach State Recreation Area Der leicht erreichbare Strand mit blendend weißem Sand und munterer Brandung ist sehr beliebt und entsprechend gut besucht. (S. 151)

Kiholo State Park Reserve Schöner, nicht so überfüllter schwarzer Sandstrand mit Meeresschildkröten, einer Lavaröhre zum Schwimmen und herrlichen Sonnenuntergängen. (S. 129)

Anaeho'omalu Beach Park Familienfreundlicher Strand mit quirliger Atmosphäre und vielen Wassersportangeboten. (S. 140)

Kekaha Kai State Park Mit Allradantrieb kann man hier von einem sandigen Schmuckstück zum nächsten fahren (Sonnenschutz nicht vergessen). (S. 132)

Richardson's Ocean Park Der familienfreundliche, leicht zugängliche Strand in Hilo lockt mit Sportangeboten und ist Lebensraum der *honu* (Grüne Meeresschildkröte). (S. 208)

Kahalu'u Beach Park Dieser beliebte Vielzweckstrand mit Parkplätzen ist immer rappelvoll, besticht aber mit geselliger Atmosphäre und erstaunlicher Meeresfauna. (S. 101)

Honoli'i Beach Park *Der* Wellenreitertreff in East Hawai'i, mit zuverlässiger Brandung und heimischen Stammsurfern (die mit Respekt zu behandeln sind). (S. 215)

Extremabenteuer

Wer ein tolles Profivideo oder einfach was zum Erzählen braucht, findet in der grandiosen Inselnatur reichlich Nervenkitzel.

Nachttauchen mit Mantarochen Unvergessliche Unterwasserbegegnung mit den eleganten Riesen. (S. 92)

Lavashow in Puna Bei einer nächtlichen Wander- oder Bootstour kann man glühende Lava sehen – wenn das Timing stimmt. (S. 242)

Mauna Kea Summit Trail Der Weg auf den höchsten Berg der Insel ist etwas für fitte und mutige Gipfelstürmer. (S. 173)

Lavahöhlen In die phantastische Unterwelt der Kazumura Cave in Puna oder der Kula Kai Caverns in Ka'u hinabsteigen. (S. 269 und S. 236)

Ziplining Per Seilrutsche zwischen den Wipfeln des grünen North Kohala (S. 158) oder der Regenwälder von Hamakua (S. 202) dahingleiten.

Straßentouren

Die abwechslungsreiche Landschaft der weitläufigen Insel lädt zu faszinierenden Autotouren mit traumhaften Panoramen ein. Noch aufregender wird das Ganze als Moped- oder Fahrradtour.

Kohala Mountain Road Atemberaubende Ausblicke auf idyllische Wiesen vor einer grandiosen Kulisse aus Bergen und Meer. (S. 138)

Pepe'ekeo 4-mile Scenic Drive Die Strecke schlängelt sich durch dichtes Grün, über verwitterte Brücken, an glitzernden Wasserfällen vorbei. (S. 190)

Von Hwy 132 bis Hwy 137 Auf diesen märchenhaften Straßen ist die ganze tropische Pracht von Puna zu erleben. (S. 52)

Chain of Craters Road Die Fahrt durch eine aktive Vulkanzone endet dort, wo die Lava die Straße unter sich begraben hat. (S. 265)

Mauna Kea Access Road Erstklassige Fahrer können mit

einem Allradfahrzeug bis auf den Gipfel des heiligen Bergs gelangen. (S. 176)

Saddle Road Die Strecke zwischen dem höchsten und dem größten Berg der Insel ist ein besonderes Erlebnis. (S. 183)

Akoni Pule Highway Bei dem weiten, ungehinderten Blick bis zum Horizont fühlt man sich wie am Ende der Welt. (S. 160)

Street Food

Unbedingt probierenswert ist das heimische Street Food, dessen Vielfalt aus der langen Multikulti-Historie der Insel resultiert. Die preiswerte, überall erhältliche Snackkost begeistert mit ihrer Aromafülle.

Cafe 100 Berühmt für sein markenrechtlich geschütztes *loco moco* (Reis mit Spiegelei und Frikadelle, Fischküchlein oder Gemüsebratling). (S. 224)

Suisan Fish Market Eine üppige Portion *poke* (roh marinierte Fischwürfel) ist ebenso lecker wie sättigend. (S. 221)

Super J's Die Adresse, um hawaiisches *laulau, kalua*-Schwein und eine Kostprobe authentischer Aloha zu genießen. (S. 120)

Anuenue Phantastisches *shave ice* in unvorstellbar leckeren Gourmetsorten. (S. 155)

Tex Drive-In Der Duft der frisch frittierten *malasadas* (portugiesischen Krapfen) macht alle Diätpläne zunichte. (S. 193)

Two Ladies Kitchen Das Minilokal in Hilo kombiniert japanische *mochi* (Reisküchlein) mit inseltypischen Aromen wie *liliko'i* (Passionsfrucht). (S. 220)

Maku'u Farmers Market Frisches Obst und Gemüse, schrullige Typen und geniale Multikulti-Spezialitäten. (S. 238)

Oben: 'Anaeho'omalu Beach Park (S. 140)
Unten: *Loco moco* (S. 38)

Monat für Monat

TOP-EVENTS

Merrie Monarch Festival, April

Kona Coffee Cultural Festival, November

Ironman Triathlon World Championship, Oktober

Waimea Ukulele & Slack Key Guitar Institute Concert, November

Januar

Der regnerischste und kühlste Monat auf Big Island läutet die Hauptsaison ein: Jetzt reisen die Winterflüchtlinge von der Nordhalbkugel an.

Waimea Ocean Film Festival

Ein Festival mit Öko-Dokumentarfilmen, adrenalintreibenden Sportaufnahmen und Filmen über die hawaiische Kultur in Waimea, South Kohala und Kona. (www.waimeaoceanfilm.org)

März

Das Wetter wird besser, der Besucherandrang bleibt, vor allem wenn Ende des Monats die Studenten ihre „Frühlingsferien" *(spring break)* antreten.

Kona Brewers Festival

Das Bierfest am zweiten Samstag im März wird von Jahr zu Jahr größer und kredenzt Dutzende Craft-Biersorten aus Hawaii, dem Westen der USA und der übrigen Welt. (S. 94)

April

Die Touristensaison klingt aus; der Regen lässt nach. Hilos betriebsamste Woche startet zu Ostern mit dem Merrie Monarch Festival.

Merrie Monarch Festival

Diese einwöchige Feier der hawaiischen Kunst und Kultur ab Ostersonntag ist das Top-Event der Stadt Hilo. Die „Olympiade" der Hula-Wettbewerbe lockt erstklassige *halau* (Schulen) aus Hawaii und der ganzen Welt an. (S. 218)

Laupahoehoe Music Festival

Ende April gibt es im Laupahoehoe Point Beach Park einen Tag lang echt hawaiische Musik, Hula, Kunsthandwerk und ganz viel Essen. (S. 201)

Mai

Zwischen Frühlings- und Sommerferien lässt der Betrieb nach und die Preise sinken. Das Wetter ist mild und sonnig. Zum Memorial-Day-Wochenende Ende Mai sind die Hotels dann wieder ausgebucht.

May Day Lei Day Festival

Das in ganz Hawaii gefeierte Kulturfest startet am 1. Mai (Lei Day) im Kalakaua Park in Hilo, wo viele kunstvolle *leis* vorgeführt werden, und geht mit Livemusik und Hula im schönen Palace Theater von Hilo weiter. (S. 220)

Juni

Vor der sommerlichen Reisewelle können Besucher Anfang Juni noch das warme, trockene Wetter und günstige Hotel- und Flugpreise ausnutzen.

Kamehameha Day in North Kohala

Am 11. Juni, einem staatlichen Feiertag, feiern Menschenmassen am Geburtsort von König Kamehameha in North Kohala mit einer blumengeschmückten Parade, einem Kunsthandwerkermarkt, Livemusik und Essständen. Weitere Festivitäten gibt es auf Mokuola (Coconut Island), Hilo. (S. 161)

Hawai'i Volcanoes National Park Cultural Festival

Das eintägige Kulturfestival lockt Besucherhorden in den Hawai'i Volcanoes National Park zu *lei-* und Korbflechtvorführungen, Hula-Tänzen und Nasenflöten-Jamsessions. (S. 267)

Juli

Es wird heißer und regnet nur noch selten. Dank der Sommerferien und des Unsabhängigkeitstags am 4. Juli ein Hauptreisemonat, also früh buchen und mit happigen Preisen rechnen.

Fourth of July Rodeo

Beim Rodeo auf der Parker Ranch treffen sich *paniolo* (hawaiische Cowboys) und ihre Fans zu Wildwest-Spaß wie Lassoschwingen, Pferderennen uvm. (S. 167)

August

Familienurlauber sorgen für Betrieb. Das Wetter ist heiß und sonnig, besonders im Westen der Insel. Am dritten Freitag des Monats feiert man den Statehood Day (Beitritt zu den USA).

Hawaiian International Billfish Tournament

Kailua-Kona, Zentrum des Hochseeangelns, ist Ende Juli/Anfang August Schauplatz dieses alteingesessenen Mega-Angelturniers. Am Kailua Pier kann man zusehen, wie der Fang gewogen wird. (S. 94)

September

Nach dem trubeligen Labor-Day-Wochenende Anfang September reisen die Familien und Studenten ab. Es bleibt heiß und relativ trocken.

Queen Lili'uokalani Canoe Race

Der Herbst ist die Saison für Langstreckenrennen mit traditionellen Auslegerkanus. Am Labor-Day-Wochenende beginnt eine Serie von Kanurennen entlang der Kona Coast. (S. 94)

A Taste of the Hawaiian Range

Die beliebte Gala in Waikoloa bietet Ende September oder Anfang Oktober die Chance, köstliche Kreationen aus heimischen Zutaten von hawaiischen Spitzenköchen zu kosten. (S. 143)

Oktober

Die Kona Coast wimmelt von Ironman-Besuchern; anderswo hält sich das touristische Treiben in Grenzen.

Ironman Triathlon World Championship

Der ultimative Ausdauertest: 3,8 km Schwimmen (im Meer), 180 km Radeln plus 42 km Marathonlauf in Kailua-Kona am zweiten Samstag im Oktober. (S. 92)

Hawaii International Film Festival

Hauptschauplatz des staatlichen Filmfestivals (www.hiff.org) ist Honolulu, aber die Highlights der über 200 Filme aus Asien, Polynesien und Hawaii laufen auch in den Kinos auf Big Island.

November

Zum Monatsanfang sind die Preise noch zivil, bevor die besucherstarke und teure Zeit um Thanksgiving (4. Donnerstag im November) losgeht. Der Regen nimmt zu.

Black&White Night

Für Hilos größtes Straßenfest, das am ersten Freitag im November im Stadtzentrum steigt, werfen sich alle in ihre schicksten schwarzweißen Klamotten. (S. 219)

Kona Coffee Cultural Festival

Zur Erntezeit Anfang November feiert Kona sein berühmtes Gebräu zehn Tage mit Verkostungen, Farmtouren, Kulturevents und Wettbewerben. (S. 94)

Waimea Ukulele & Slack Key Guitar Institute Concert

Drei Tage lang können Nachwuchsmusiker bei Workshops von hawaiischen Topmusikern lernen und alle anderen ihre Konzerte und *kanikapila* (Jamsessions) genießen.

Dezember

Mitte Dezember beginnt die Hauptsaison – und die Regenzeit. Um Weihnachten und Neujahr herrscht maximaler Trubel. Besucher müssen früh buchen und tief in die Tasche greifen.

Reiserouten

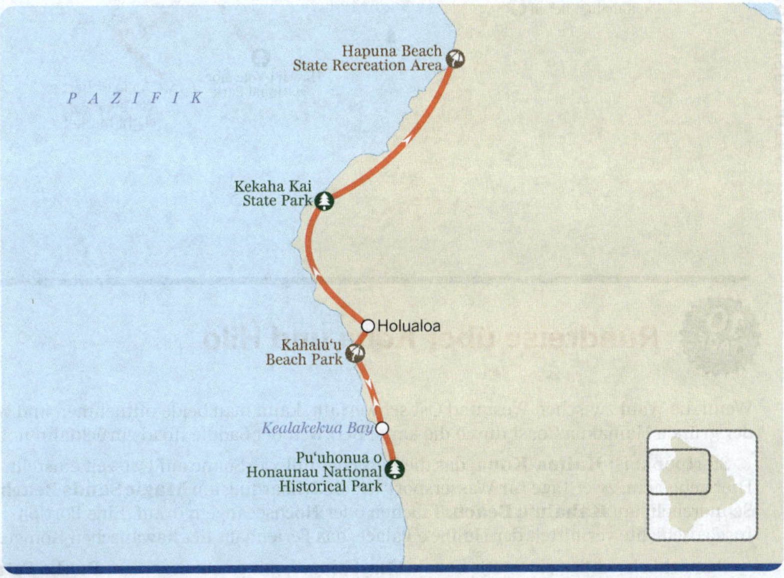

4 TAGE Gold Coast

Wer sich unter Hawaii vor allem Sonne, Sand und Wellen vorstellt, konzentriert sich am besten auf die Gold Coast. Sie bietet Strände satt, von leicht zugänglichen mit Parkplatz und geselligem Trubel bis zu entlegenen Traumstränden, die nur mit Allradantrieb zu erreichen sind. Dazu gibt es historische Stätten und die Kona-Kaffeeregion zu erkunden.

Nach der Landung in Kailua-Kona kann man den Jetlag im nahen **Kahalu'u Beach Park** verbummeln und mit Glück eine *honu* (Grüne Meeresschildkröte) sichten. Dann lädt der **Pu'uhonua O Honaunau National Historical Park** zur Erkundung ein, bevor sich Neuankömmlinge von ihrem ersten Sonnenuntergang auf der Insel verzaubern lassen. Am nächsten Tag geht es per Boots- oder Kajaktour zum Schnorcheln in die **Kealakekua Bay** mit ihrer faszinierenden Unterwasserwelt. Abkühlung verspricht das höher gelegene **Holualoa**. Das einstige Kaffeedorf ist jetzt ein florierender Künstlerort.

Mit einem Allradfahrzeug (und reichlich Sonnencreme) kann man die ehemals abgeschiedenen Strände des **Kekaha Kai State Park** ansteuern. Alternativen sind ein fauler Sonnentag in der **Hapuna Beach State Recreation Area** oder eine Runde Golf bzw. eine luxuriöse Wellnessbehandlung in einem der Resorts von South Kohala.

10 TAGE

Rundreise über Kona und Hilo

Wenn die Wahl zwischen West und Ost schwerfällt, kann man beide mitnehmen und von der grünen Hamakua Coast durch die karge Bergwelt der Saddle Road zurückfahren.

Startpunkt ist **Kailua-Kona**, das die Besucher mit viel Sonne auf Ortszeit einstellt. Hier gehen ein, zwei Tage für Wassersport wie Bodyboarding am **Magic Sands Beach**, Schnorcheln am **Kahalu'u Beach**, Tauchen oder Hochseeangeln drauf. Eine Portion Inselgeschichte vermittelt der Hulihe'e Palace, das Ferienhaus der hawaiischen Könige.

Gemächlich geht es die South Kohala Coast hinauf, mit einem Stopp am **Puako Petroglyph Preserve** und einem Strandtag in der **Hapuna Beach State Recreation Area**.

Ihre ländliche Seite zeigt die Insel im *paniolo*-Städtchen **Waimea** und in **Hawi**, das inmitten sanfter Hügel liegt. In diesen Orten gibt es ausgezeichnete Essadressen mit hawaiischer Regionalküche und innovativen Sushikreationen. Ein Abstecher ins **Pololu Valley** eröffnet hinter jeder Serpentine ein neues umwerfendes Panorama.

Auf der Weiterfahrt nach Osten ist die erste Station **Honoka'a**. Das historische Städtchen kultiviert heute exotische Nutzpflanzen. Sein Tex Drive-In serviert köstliche *malasadas* (portugiesische Krapfen). Eine Wanderung ins steile **Waipi'o Valley** hinab hilft, die Kalorien abzuarbeiten. An der Hamakua Coast erinnert das **Laupahoehoe Train Museum** an die Eisenbahnen, die einst über die gewaltigen Schluchten tuckerten.

Die untouristische Inselhauptstadt **Hilo** lockt mit einer reizvollen Altstadt. Im **Onekahakaha Beach Park** kann man mit den Kleinen planschen, im **Richardson's Ocean Park** nach *honu*-Meeresschildkröten Ausschau halten. Tagesausflüge nach **Puna** führen durch tropischen Regenwald oder auf eine Nachtwanderung, um glühende Lava zu sehen. Echtes Lokalkolorit bietet **Uncle Robert's Wednesday Night Market**.

Das krönenden Highlight für Wanderer und Naturfreunde ist der **Hawai'i Volcanoes National Park**. Besucher sollten sich vorab bei den Rangers im Visitor Center informieren. Besuchenswert sind außerdem die Sammlung des Volcano Art Center und der Bauernmarkt am Sonntag. Schließlich geht es über die **Saddle Road**, die sich zwischen Mauna Kea und Mauna Loa hindurchschlängelt, nach Kona zurück.

2 WOCHEN Einmal rund um Big Island

Eine Rundreise um die ganze Insel dauert mindestens zwei Wochen. Nur so lässt sich ihre landschaftliche, klimatische und kulturelle Vielfalt gebührend würdigen.

Entspannung pur versprechen zwei Nächte in **South Kona** zwischen beschaulichem Dorfleben und grüner Natur. Mit einem Kajak-Permit können Besucher die grandiose Meereswelt der **Kealakekua Bay** erleben. Ein tolles Retro-Erlebnis ist ein Schmaus im **Manago Restaurant**, z. B. Schweinekoteletts oder gebratene *'opelu* (Stachelmakrelen).

Dann geht es südwärts nach Ka'u – mit einem Zwischenstopp für eine kundige Führung durch die umwerfenden **Kula Kai Caverns**. Einen Halt lohnt auch **Ka Lae**, der südlichste Punkt der USA. Wer trotz heftigem Wind und holprigem Terrain zum **Green Sand Beach** wandert, kann dort zwar nicht baden, aber herrliche Aussicht genießen.

Im **Hawai'i Volcanoes National Park** ändert die Landschaft ihr Gesicht. Wanderlustige sollten sich im Volcano Village einquartieren, um frühmorgens zu Tageswanderungen aufzubrechen. In **Puna** kann man nach einer Wanderung durch strapaziöses Gelände oder einer Bootstour über raue See glühende Lava bestaunen. Danach laden grüne Baumkronendächer und Gezeitentümpel zur Erholung in ultra-relaxter Atmosphäre ein.

Die Rundreise führt weiter nach **Hilo**, einem prima Stützpunkt mit vielen Restaurants, Läden und Aktivitäten. Der Lili'uokalani Park bietet schattige Plätzchen zum Picknicken. Im Pana'ewa Rainforest Zoo gibt es Königstiger zu bewundern. Der **Mauna Kea** belohnt Gipfelstürmer mit unvergesslichem Sonnenuntergang und Sternenhimmel.

Nach ein paar Tagen Hilo geht die Reise an der **Hamakua Coast** entlang nach Westen, die landschaftlich wohl schönste Etappe der Straße. Ein lohnender Abstecher ist die kurze, steile Wanderung ins **Waipi'o Valley** hinunter. Als Nachtlager bietet sich das *paniolo*-Städtchen **Honoka'a** mit seiner faszinierenden Cowboy-Kultur an.

Nun folgt die Route der Kohala Coast nach Süden. Der malerische **Mau'umae Beach** lädt zur Badepause ein. Die Ruine des **Pu'ukohola Heiau** erinnert an Kamehameha I. Den luxuriösen Ausklang bilden zwei Nächte im **Four Seasons Resort Hualalai**. Die aufblühende Restaurantszene von **Kailua-Kona** lockt mit kulinarischer Abwechslung.

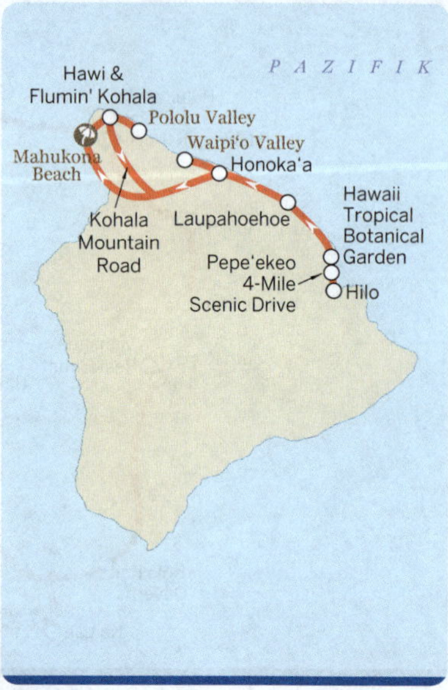

5 TAGE Vulkantour

Big Island ist *der* Ort, um die Macht der Pele, Göttin des Feuers und der Vulkane, zu erleben: Lavawüsten, gewaltige Krater und vielleicht sogar glühende Lava. Als Basislager eignen sich Hilo, Puna oder Volcano. Ein Tag ist für den Mauna Kea zu reservieren.

Die Inselhauptstadt **Hilo** ist ein idealer Startpunkt. Das 'Imiloa Astronomy Center informiert über Vulkanologie, Astronomie und Seefahrertradition. In den japanischen Gärten des Lili'uokalani Park picknickt man mit Blick auf den Mauna Kea. Von hier geht es zum **Hawai'i Volcanoes National Park** mit besuchenswertem Museum, einer bei Kindern sehr beliebten Lavaröhre und tollen Wanderwegen – von kurzen Naturspaziergängen bis zu Tageswanderungen.

Puna, das Zentrum der Lavaaktivität und der alternativen Lebensstile, kann Besucher gut einen Tag beschäftigen. Dschungelsträßchen führen zu Lavaformationen wie den **Kapoho Tide Pools** oder dem schwarzen **New Kaimu Beach**. Wer flüssige Lava sehen will, muss einen strapaziösen Fußmarsch oder eine Bootstour auf rauer See in Kauf nehmen. Zuletzt geht es auf den Gipfel des **Mauna Kea**: per Allradantrieb, mit einer Tour oder – für Topfitte – zu Fuß.

4 TAGE Kleinstadt-Hopping

Wer von Beton, Verkehr, Einkaufszentren und Menschenmassen genug hat, nimmt Kurs auf die Hamakua Coast und North Kohala, wo einstige Plantagendörfer mit zeitloser Ruhe und Beschaulichkeit locken.

Von **Hilo** führt die „Singende Brücke" aufs Land hinaus. Der **Pepe'ekeo 4-Mile Scenic Drive** erschließt eine Wunderwelt tropischer Flora, die im **Hawaii Tropical Botanical Garden** von Nahem zu bestaunen ist. In **Laupahoehoe** windet sich die Straße zur windgepeitschten Küste hinab.

Das winzige **Honoka'a** besticht mit urigen Lokalen und Unterkünften. Einen Tag kann man im **Waipi'o Valley** zubringen. Entlang der ganzen Küste gibt es Farmen zu besuchen, die sich auf Produkte wie Pilze, Vanille, Tee oder Kaffee spezialisiert haben.

Der **Mahukona Beach** an der Küste von North Kohala bietet eine bunte Unterwasserwelt für Schnorchler. Übernachten und erstklassig essen kann man in **Hawi**. Am letzten Tag stehen eine Wanderung ins **Pololu Valley** und eine Kajaktour auf historischen Bewässerungskanälen mit **Flumin' Kohala** an. Die **Kohala Mountain Road** eröffnet ein allerletztes Traumpanorama.

Oben: Waipi'o Valley (S. 197)

Unten: Hapuna Beach (S. 151)

VISUALS UNLIMITED, INC./PATRICK SMITH/GETTY IMAGES ©

Big Island (Hawai'i): Abseits der üblichen Pfade

KOHALA INSTITUTE

Beim Wandern auf Dschungelpfaden gleich nördlich der Künstlerenklaven von North Kohala in die frühe Kolonialgeschichte von Big Island eintauchen. (S. 163)

WAIMEAS NEBENSTRASSEN

Ein Geflecht aus schmalen Straßen bildet im nebelverhangenen Hochland um Waimea ein faszinierendes Netzwerk. Auf einsamen Wegen eröffnen sich herrliche neue Blickwinkel auf Big Islands Weideland. (S. 168)

KIHOLO BAY

Die ausgedehnte Bucht bietet eine Fülle verschiedener Landschaften, von roter Wüste über schwarzen Sandstrand bis zu Felsküste. Nicht vergessen, die sonnenbadenden Meeresschildkröten zu begrüßen. (S. 129)

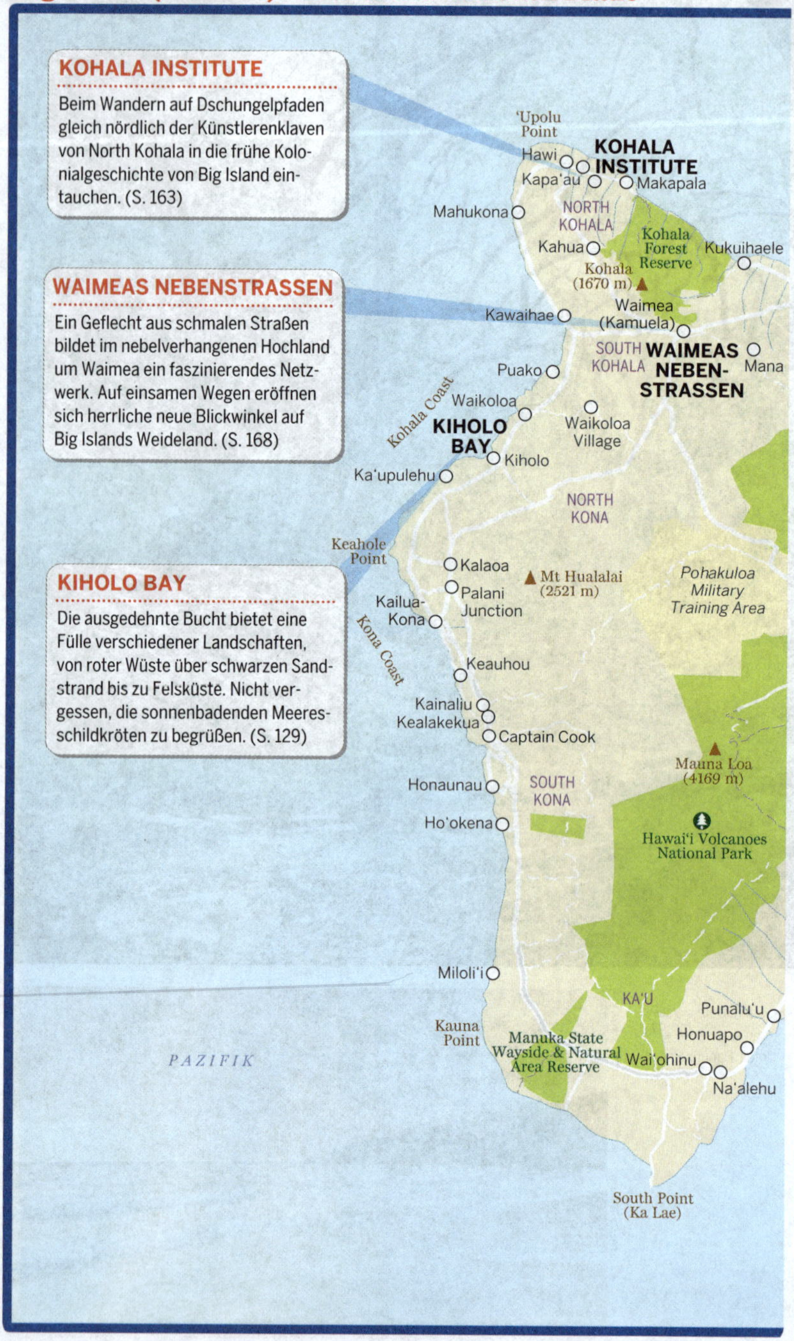

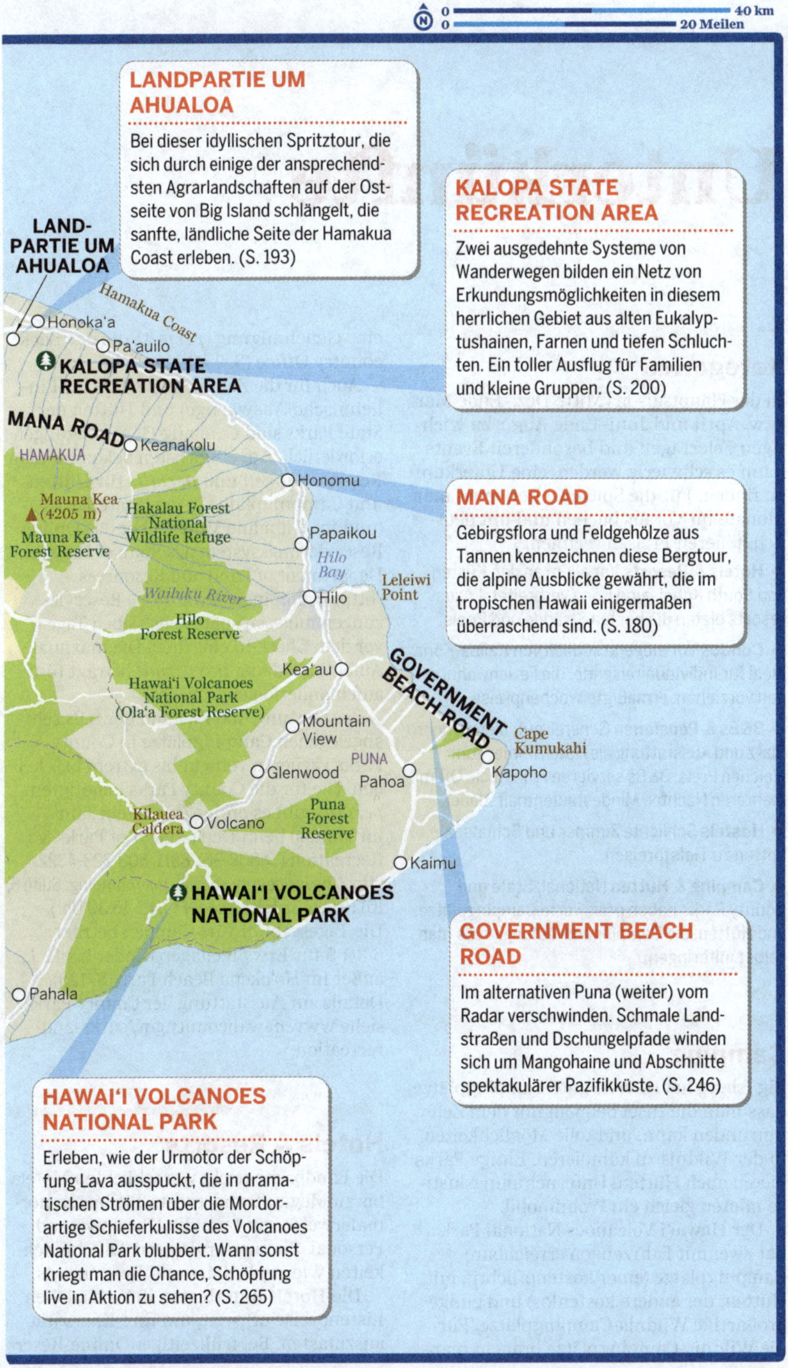

LANDPARTIE UM AHUALOA

Bei dieser idyllischen Spritztour, die sich durch einige der ansprechendsten Agrarlandschaften auf der Ostseite von Big Island schlängelt, die sanfte, ländliche Seite der Hamakua Coast erleben. (S. 193)

KALOPA STATE RECREATION AREA

Zwei ausgedehnte Systeme von Wanderwegen bilden ein Netz von Erkundungsmöglichkeiten in diesem herrlichen Gebiet aus alten Eukalyptushainen, Farnen und tiefen Schluchten. Ein toller Ausflug für Familien und kleine Gruppen. (S. 200)

MANA ROAD

Gebirgsflora und Feldgehölze aus Tannen kennzeichnen diese Bergtour, die alpine Ausblicke gewährt, die im tropischen Hawaii einigermaßen überraschend sind. (S. 180)

GOVERNMENT BEACH ROAD

Im alternativen Puna (weiter) vom Radar verschwinden. Schmale Landstraßen und Dschungelpfade winden sich um Mangohaine und Abschnitte spektakulärer Pazifikküste. (S. 246)

HAWAI'I VOLCANOES NATIONAL PARK

Erleben, wie der Urmotor der Schöpfung Lava ausspuckt, die in dramatischen Strömen über die Mordor-artige Schieferkulisse des Volcanoes National Park blubbert. Wann sonst kriegt man die Chance, Schöpfung live in Aktion zu sehen? (S. 265)

Unterkünfte

Kategorien

In der Hauptsaison (Mitte Dez.–Ende März bzw. April und Juni–Ende Aug.), zu wichtigen Feiertagen und besonderen Events kann es schwierig werden, eine Unterkunft zu finden. Für die Spitzenzeiten muss man Monate im Voraus buchen und mit deutlich höheren Preisen rechnen.

➡ **Hotels & Resorts** Vor allem an den Küsten von South Kohala und Kona verbreitet; Luxusresorts bieten die besten Strände und Pools.

➡ **Condos** Vorwiegend südlich von Kailua-Kona; ideal für Individualreisende, die Ferienwohnungen vorziehen; ermäßigte Wochenpreise.

➡ **B&Bs & Pensionen** Generell gut; bieten mehr Platz und Ausstattung als Hotelzimmer zum gleichen Preis. B&Bs servieren Frühstück. Oft mit mehreren Nächten Mindestaufenthaltsdauer.

➡ **Hostels** Schlichte Zimmer und Schlafsaalbetten zu Tiefstpreisen.

➡ **Camping & Hütten** National, State und County Parks haben preiswerte Campingplätze und Hütten; die Campingausrüstung muss man selbst mitbringen.

Camping

Big Island hat so viele gute Campingplätze, dass man die Insel bequem mit dem Zelt umrunden kann, und tolle Möglichkeiten, in der Wildnis zu kampieren. Einige Parks bieten auch Hütten. Unternehmungslustige mieten gleich ein Wohnmobil.

Der Hawai'i Volcanoes National Park hat zwei mit Fahrzeugen erreichbare Campingplätze (einer kostenpflichtig mit Hütten, der andere kostenlos) und einige großartige Wildnis-Campingplätze. Für die Wildnis-Campingplätze braucht man eine Genehmigung *(permit)*, die das Backcountry Office (S. 265) ausstellt.

Auch für die Zeltplätze (12/18 $ für Einheimische/Auswärtige) und Hütten der State Parks sind Camping-Genehmigungen erforderlich. Am einfachsten bekommt man Reservierungen und *permits* für Hütten und Campingplätze in den State Parks (und im Waimanu Valley) über das Online-Reservierungssystem des State of Hawaii Department of Land and Resources (https://camping.ehawaii.gov). Reservierungen müs-sen spätestens sieben Tage vor dem Check-in eingehen. Die maximale Aufenthaltsdauer pro *permit* beträgt fünf aufeinanderfolgende Nächte.

Ausstattung und Zustand der teils sehr abgelegenen Campingplätze in County Parks variieren von gut bis extrem bescheiden. Die für die County Parks benötigten *permits* gibt es online (bis zu ein Jahr im Voraus) beim Department of Parks & Recreation (☎808-961-8311, 808-323-4322; http://hawaiicounty.ehawaii.gov/camping; Suite 6, 101 Pauahi St, Hilo; ⏰Mo–Fr 7.45–16.30 Uhr). Die Tagesgebühr fürs Campen beträgt 6/3/1 $ für Erw./Teenager/Kinder bis 12 J., außer im Ho'okena Beach Park (S. 123). Details zur Ausstattung der County Parks: siehe www.hawaiicounty.gov/parks-and-recreation.

Hotels & Resorts

Die Bandbreite reicht von schlichten Motels bis zu Mega-Strandresorts. Sie bieten normalerweise rund um die Uhr anwesendes Personal, Zimmerservice und Annehmlichkeiten wie Pools, Bars und Restaurants.

Die Hotels unterbieten ihre offiziellen Listenpreise oft weit, um ihre Kapazität auszulasten. Bei frühzeitiger Online-Reservierung winken selbst für die Hauptsaison deftige Rabatte. Der optimale Zeitpunkt ist ca. drei Monate vor der Reise. Vorher läuft man Gefahr, Sonderangebote zu verpassen; später ist womöglich alles ausgebucht.

Mancherorts richten sich die Zimmerpreise primär nach der Aussicht. Das kleinste bisschen Meerblick kostet 50–100 % Aufschlag gegenüber Garten- oder Bergblick. Viele große Resorts berechnen „Resortgebühren" für alle möglichen Nebenleistungen, die anderswo im Preis mit drin sind.

Alle Strände in Hawaii sind frei zugänglich. Die Resorts haben Parkplätze für Tagesgäste, die ihre Strände besuchen.

Unterkunftsvermittlungen

- **Hawaii Vacation Rentals** (www.hawaiianbeachrentals.com) Zuverlässige Quelle für Ferienhäuser und -wohnungen in ganz Hawaii
- **Kona Coast Vacations** (www.konacoastvacations.com) Unterkünfte auf Big Island
- **Affordable Paradise** (www.affordable-paradise.com) Ferienhäuser und -wohnungen
- **Two Papayas** (www.2papayas.com) Umfassende Liste von Ferienhäusern in Puako
- **Boundless Hawaii** (http://boundlesshawaii.com) Gut gestaltete Datenbank mit Unterkünften überall auf der Insel
- **Waikoloa Vacation Rentals** (www.waikoloahawaiivacations.com) Ferienhäuser für die Waikoloa-Region in South Kohala
- **Lonely Planet** (lonelyplanet.com) Empfehlungen und Reservierungen

Top-Tipps

Gehoben

- **Hale Kawehi**, Hilo (Apt. 125 $; www.halekawehi.com)
- **Kohala Lodge**, Hawi (300 $/Nacht; www.vacationhi.com)
- **Volcano Rainforest Retreat**, Volcano (Cottage inkl. Frühstück 195–350 $; www.volcanoretreat.com)
- **Kalaekilohana**, South Point (Ka Lae; DZ inkl. Frühstück 369 $; www.kau-hawaii.com)
- **Cliff House Hawaii**, Waipi'o Valley (Haus 200 $, je zusätzl. Pers. 35 $; www.cliffhousehawaii.com)

KLEDGE/GETTY IMAGES ©

Resort-Swimmingpool

B&Bs

- **Ka'awa Loa Plantation & Guesthouse**, Captain Cook (Zi. 129–149 $, Cottage/Suite 159/199 $; www.kaawaloaplantation.com)
- **Hilo Bay Hale**, Hilo (Zi. inkl. Frühstück 130–160 $; www.hilobayhalebnb.com)
- **Honu Kai B&B**, Kailua-Kona (DZ inkl. Frühstück 220–255 $; www.honukaibnb.com)
- **Holualoa Inn**, Holualoa (Zi./Suite/Cottage ab 365/405/525 $; www.holualoainn.com)
- **Kane Plantation**, Honaunau (DZ 300 $; http://kaneplantationhawaii.com)

Preiswert

- **Hedonisia**, Pahoa (Zeltplatz 25 $, B ab 30 $, Cottage 95 $; www.hedonisiahawaii.com)
- **Arnott's Lodge**, Hilo (Camping 16 $/Pers., B ab 30 $, Zi. mit/ohne Bad 90/70 $, Suite ab 100 $; www.arnottslodge.com)
- **My Hawaii Hostel**, Kailua-Kona (B/Zi. 40/80 $; www.myhawaiihostel.com)
- **Pineapple Park**, Captain Cook (B 30 $, Zi. ohne/mit Bad ab 79/89 $; www.pineapple-park.com)
- **Kama'aina Inn**, Hilo (Zi. ab 105 $; www.kamaainainn.com)

Unterwegs vor Ort

Verkehrsmittel

➡ **Mietwagen** Ein fahrbarer Untersatz ist am praktischsten, um Big Island gründlich zu erkunden. Allradantrieb kann für Abenteuer abseits der Hauptrouten sinnvoll sein, ist fürs normale Sightseeing aber absolut entbehrlich.

➡ **Fahrrad** Sehr fitte und begeisterte Radler können die Insel auch mit dem Drahtesel bereisen, aber die Fahrten von Ort zu Ort sind keine lockeren Radtouren. Das Wetter ist oft kapriziös; die Straßen ohne Seitenstreifen sind für Radler potenziell gefährlich. Innerorts kann das Fahrrad aber ein praktisches, umweltfreundliches Verkehrsmittel sein.

➡ **Bus** Die öffentlichen Busse verkehren eher selten, und das Reisen per Bus kann sehr zeitraubend sein.

➡ **Resort-Shuttles** Einige Hotels und Resorts bieten ihren Gästen einen kostenlosen Shuttleservice zu den beliebtesten Sehenswürdigkeiten.

➡ **Taxi** Die meisten Taxifirmen bedienen nur eine begrenzte Region und verkehren nicht auf der ganzen Insel.

Mietwagen

➡ Bei den meisten Autovermietern muss man mindestens 25 Jahre alt sein, einen gültigen Führerschein und eine Kreditkarte eines gängigen Anbieters haben.

➡ Einige vermieten auch an Fahrer zwischen 21 und 24 Jahren, nehmen dafür aber ca. 25 $ Aufschlag pro Tag; vorher anrufen und nachfragen!

➡ Ohne Kreditkarte bekommt man bei vielen Vermietern kein Fahrzeug. Andere verlangen in dem Fall Vorauszahlung

DIE SCHÖNSTEN AUTOTOUREN

➡ **Mauna Kea Access Road** (S. 176) Hochgebirgsfahrt zwischen Schlackekegeln hindurch in eine Mondlandschaft hinauf

➡ **South-Puna-Dreieck** (S. 234) Gemächlichen Küstentour mit Stopps zum Schnorcheln, Sonnenbaden und Wandern

➡ **Kohala Mountain Road** (S. 138) Hinter jeder Biegung erscheint ein neues fotogenes Panorama

➡ **Chain of Craters Road** (S. 265) Eine mühsam der Natur abgerungene Strecke durch phantastische Lavaformationen

➡ **South Point Road** (S. 276) Die windgepeitschte Straße zum südlichsten Punkt der USA

➡ **Highlights der Hamakua Coast** (S. 190) Kurvenreiche Fahrt durch üppiges Grün, gesäumt von Gärten und Wasserfällen

in bar, per Reisescheck oder Bankkarte sowie eine Kaution von 500 $ pro Woche, Vorlage eines Rückflugtickets usw.

➡ Bei Abholung des Fahrzeugs wollen die meisten Vermieter Namen und Telefonnummer der Unterkunft wissen. Manche vermieten nicht an Reisende, die einen Campingplatz als Adresse angeben.

➡ Unabhängige Autovermietungen sind oft etwas flexibler. Nur unabhängige Vermieter wie **Harper Car & Truck Rentals** (☎800-852-9993, 808-969-1478; www.harpershawaii.com) erlauben ihren Kunden, mit dem gemieteten Allradfahrzeug auf den Gipfel des Mauna Kea zu fahren. Allerdings verlangt Harper bei der Versicherung eine hohe Selbstbeteiligung, berechnet happige Preise und inspiziert das Fahrzeug bei der Rückgabe ausgesprochen gründlich.

Mehr Infos zum Autofahren auf Big Island gibt es auf S. 50.

Ohne Auto

Bus

Die inselweit verkehrenden **Hele-On Busse** (☎808-961-8744; www.heleonbus.org; Erw./Sen. & Stud. 2/1 $ pro Fahrt, 10er-Karte 15 $, Monatskarte 60 $) steuern die wichtigsten Ziele auf Big Island an, fahren aber eher selten, besonders an Sonn- und Feiertagen. Vor Fahrtantritt immer die aktuellen Routen, Fahrpläne und Preise auf der Website checken. Die meisten Busse fahren vom Mo'oheau Bus Terminal im Zentrum von Hilo ab.

Erwachsene können mit dem einfachen Ticket innerhalb von zwei Stunden einmal kostenlos umsteigen. Surf- und Bodyboards werden nicht befördert. Gepäckstücke, Rucksäcke, Skateboards und Fahrräder kosten je 1 $. Ein zahlender Fahrgast kann Kinder unter vier Jahren umsonst mitnehmen.

Fahrrad

Big Island ist ein prima Trainingsgelände für abenteuerlustige und topfitte Pedalritter, aber als Haupttransportmittel ist das Rad hier nicht zu empfehlen. Eine Radrundreise ist machbar, aber eine echte Herausforderung. Sonne, Regen und Wind können brutal sein, an der Hamakua Coast gibt es null Seitenstreifen, und da auf der Insel das Auto dominiert, nehmen viele Fahrer wenig Rücksicht auf Radler.

Innerorts kann das Fahrrad ein angenehmes, umweltfreundliches Verkehrsmittel sein. Für Besucher, die eine Woche oder länger in Hilo oder Kailua-Kona bleiben, lohnt sich ein Leihrad. Fahrradverleiher und -werkstätten gibt es überall auf der Insel, z. B. Bike Works in Kailua-Kona und Mid-Pacific Wheels in Hilo.

Mehr Infos zum Radfahren auf Big Island gibt es auf S. 45.

KURZINFOS

➡ Es herrscht Rechtsverkehr.

➡ Langsames, rücksichtsvolles Fahren ist die Regel.

➡ Offene Alkoholbehältnisse dürfen (selbst in leerem Zustand) nicht im Auto mitgeführt werden.

➡ *Makai* (meerseitig) und *mauka* (landseitig) sind übliche Begriffe zur Wegbeschreibung.

➡ Für Kinder bis 3 J. sind Kindersitze vorgeschrieben, für Kinder von 4 bis 7 J. Sitzerhöhungen.

Entfernungen (km)

	Kailua-Kona	Hilo	Naalehu	Captain Cook
Hilo	122			
Naalehu	95	105		
Captain Cook	19	120	77	
Waimea	64	93	158	80

ANN CECIL/GETTY IMAGES ©

Poke (marinierte rohe Fischwürfel)

Reiseplanung

Essen & Trinken

Essen dient auf Big Island als sozialer Klebstoff und festliches Ritual. Es ist ein Mittel, den Kontakt mit Familie und Freunden zu pflegen und mit der Erde und dem Meer in Verbindung zu treten, die die Nahrungsmittel hervorbringen. Die „große Insel" hat auch einen großen Appetit: Ihre typischen *plate lunches* und Abendmahlzeiten wecken bei vielen Besuchern das Verlangen nach einem Verdauungsschläfchen.

Kulinarischer Kalender

Da auf Big Island ganzjährig mildes Tropenwetter herrscht, gibt es hier zu jeder Jahreszeit frische Leckereien.

Winter (Dez.–Feb.)

Der Winter auf Big Island ist so kalt ... na ja, wie ein hawaiischer Sonnentag eben so ist. Aber es gibt genügend herzhafte Gerichte, um auch eingebildetes Frösteln zu bekämpfen, z. B. mit einem Steak beim Panaewa Rodeo in Hilo (http://hawaiirodeostampede.com).

Frühjahr (März–Mai)

Wer nach dem Biergenuss beim Kona Brewers Festival (S. 94) oder den Leckereien des Big Island Chocolate Festival (S. 153) noch nicht im kulinarischen siebten Himmel schwebt, kann sich ja beim Ka'u Coffee Festival (S. 278) noch einen Koffeinrausch anschlürfen.

Sommer (Juni–Aug.)

In der Sommerhitze verspricht Don's Mai Tai Festival (S. 94) köstliche Abkühlung. Auf der Parker Ranch (S. 165) findet zum Feiertag am 4. Juli ein Rodeo statt.

Herbst (Sept.–Nov.)

Die ideale Jahreszeit für Gourmets, die das Kona Coffee Cultural Festival (S. 94) und A Taste of the Hawaiian Range (S. 143) keinesfalls verpassen sollten.

Frisch von der Insel

Viele Bewohner von Big Island bauen als Hobbyfarmer mehr Apfelbananen, Sternfrüchte und Avocados an, als sie selbst essen können. Trotzdem importiert Hawaii satte 85–90 % seiner Nahrungsmittel. Die Ernährungssicherheit bzw. Nahrungsmittelautonomie ist ein heiß diskutiertes Thema. Kleine Familienfarmen arbeiten auf eine Agrarwende hin, weg von den industriellen Monokulturen (wie Zuckerrohr oder Ananas), die nur mit Kunstdünger, Pestiziden, Herbiziden und Gentechnik funktionieren können.

Big Island ist sehr erfolgreich mit breit gefächerter Landwirtschaft und Agrotourismus. Neben Macadamianüssen und Kona-Kaffee gedeiht hier eine große Vielfalt leckerer Nischenprodukte: Pilze, Vanille, Tomaten und Blattsalate von der Hamakua Coast, Hummer, Abalone (Seeschnecken) und *kampachi* (Bernsteinmakrelen) von der Kona Coast, Rind- und Lammfleisch aus Waimea, Kona-Schokolade, Biotee aus Volcano und von der Hamakua Coast, Ka'u-Orangen und -Kaffee, Kapoho-Solo-Papayas aus Puna und Honig von heimischen Imkern. Eier- und Geflügelfarmen gibt es auf Big Island schon längst nicht mehr, dafür aber die beiden größten Milchviehbetriebe von Hawaii.

Obwohl die Bauernmärkte so beliebt sind, bieten die meisten Supermärkte immer noch makellose Sunkist-Orangen und kalifornische Trauben an. Eine Ausnahme sind die KTA Superstores: Die kleine Kette führt unter dem Markennamen Mountain Apple 200 Produkte von regionalen Erzeugern, wie Milch, Rindfleisch, Gemüse und Kaffee. Sie haben auch ein tolles Angebot an inseltypischen warmen Gerichten und Mittagessen zum Mitnehmen, u. a. köstliches *poke* (eine Art roher Fischsalat).

Die urhawaiische Küche

Deftige Speisen aus typisch polynesischen Zutaten prägen die Küche der hawaiischen Ureinwohner. Aber sie ist für Besucher nicht ganz einfach aufzutreiben – am besten stehen die Chancen auf Straßenmärkten, bei *plate-lunch*-Küchen, altmodischen Delis und hawaiischen Diner-Imbissen.

Kalua-Schwein wird traditionell im Ganzen im *imu* gebacken, einer Grube, die mit glühenden Steinen, Bananen- und *ti*-Blättern ausgelegt wird. So wird das Fleisch rauchig, salzig und saftig. Heute wandert es aber meist in den Backofen und wird mit Salz und flüssigem Raucharoma gewürzt. Bei einem kommerziellen *luau* wird das Schwein meist nur zur Show im *imu* verbuddelt (die über 300 Gäste könnten davon sowieso nicht satt werden).

Poi – eine blass lilafarbene Paste aus gegarten und gestampften Taro-Wurzeln – war den alten Hawaiianern heilig. Taro ist nährstoffreich, kalorienarm, leicht verdaulich und vielseitig zuzubereiten. *Poi* kann von mild über säuerlich bis zu sauer schmecken und wird gern als Beilage zu stark gewürzten Gerichten wie *lomilomi*-Lachs (gesalzene Fischwürfel mit Tomaten und Frühlingszwiebeln) verzehrt. Lebensmittelläden, Tankstellen usw. verkaufen auch frittierte oder gebackene Taro-Chips.

Laulau besteht aus einer Portion Schweinefleisch oder Huhn, die mit gesalzenem Fisch in Taro- oder *ti*-Blätter eingewickelt und gedämpft wird, bis die Hülle weich wie Spinat ist. Wir finden das etwas fad, aber die Einheimischen schwören darauf. Weitere Traditionsgerichte sind gebackene *'ulu* (Brotfrucht) mit einer ähnlichen Konsistenz wie Kartoffeln, *'opihi* (kleine Napfschnecken, die bei Ebbe gesammelt werden) und *haupia*-Pudding aus Kokoscreme mit Pfeilwurz oder Maisstärke.

Generell finden wir die urhawaiische Küche extrem sättigend, aber nur mäßig aromatisch. Sie ist sehr kohlenhydrat- und fleischlastig und hat viele Ähnlichkeiten mit den anderen polynesischen Küchen.

Hawaiis Regionalküche

Hawaii galt lange als kulinarische Provinz, bis Anfang der 1990er-Jahre einige hawaiische Köche – u. a. Alan Wong, Roy Yamaguchi, Sam Choy und Peter Merriman, die heute noch Restaurants auf Big Island betreiben – aus dem multikulturellen Erbe der Inseln eine neue „Cuisine" kreierten.

Sie taten sich mit einheimischen Bauern, Viehzüchtern und Fischern zusammen, um mit frischen Zutaten aus der Region die Leibspeisen ihrer Kindheit in raffinierte Südsee-Delikatessen zu verwandeln. Plötzlich waren mit Macadamianüssen panierte Goldmakrele, in Miso marinierter *butterfish* (Kohlenfisch) und alle erdenklichen Kreationen mit *liliko'i* (Passionsfrucht) der letzte Schrei.

Die kulinarische Bewegung erhielt den Namen „Hawaii Regional Cuisine"; ihre zwölf Begründer avancierten zu Starköchen. Anfänglich war die Hawaii Regional Cuisine noch eine ziemlich exklusive Angelegenheit und nur in vornehmen Speisesälen zu Hause. Zu ihren Kennzeichen gehörten die Kombination europäischer und asiatischer Aromen, innovative Gartechniken und aufwendige Präsentationen.

Die hawaiischen Starköche konzentrieren sich zwar weiterhin auf ihre Nobelrestaurants, aber inzwischen servieren auch schlichtere Bistros und sogar *plate-lunch*-Imbisswagen Gerichte, die von der Hawaii Regional Cuisine inspiriert sind. Heimische Zulieferer werden auf Speisekarten angepriesen wie Designermarken.

Heimische Spezialitäten

Billig, lecker und sättigend – die ortsübliche Kost hält Leib und Seele zusammen. Das beste Beispiel ist der klassische *plate lunch*: ein Teller mit zwei großen Löffeln Reis, etwas Nudel- oder Kartoffelsalat und einer Portion Proteine in Form von gebratener *mahimahi*-Goldmakrele, Teriyaki-Huhn oder *kalbi*-Rippchen. Diese Mahlzeiten, oft mit Einweg-Stäbchen von Wegwerftellern verzehrt, sind deftig und kalorisch, salzig und fleischlastig. Inzwischen werden aber auch gesündere *plates* mit Naturreis und Salat angeboten.

Weißer Klebreis ist in Hawaii keine bloße Beilage, sondern ein kulinarischer Baustein und unentbehrlicher Partner der Alltagsküche. Ohne Reis wäre Spam-*musubi* nur eine Scheibe Frühstücksfleisch und *loco moco* nur eine Frikadelle mit Spiegelei und Bratensauce. Und damit das klar ist: Weißer Klebreis hat weiß und klebrig zu sein. Nicht locker und körnig. Kein Wildreis. Und schon gar kein Parboiled-Reis.

Ein unbedingt probierenswertes hawaiisches *pupu* (Snack oder Vorspeise) ist *poke* („*po*-ke" ausgesprochen): rohe Fischwürfel (meist *ahi*, also Gelbflossenthun), gewürzt mit Sojasauce, Sesamöl, Frühlingszwiebeln, Chiliflocken, Seesalz, *ogo* (knusprigen Algen) und *'inamona* (einem Gewürz aus den gerösteten Kernen des *kukui*-Lichtnussbaums).

Noch ein Lieblingsgericht ist die *saimin*-Suppe mit chinesischen Eiernudeln in japanischer Brühe, garniert mit Frühlingszwiebeln, getrockneten Nori-Algen, Kamaboko-Fischfleisch und Char-Siu-Rippchen.

Die traditionelle Süßigkeit der Insel heißt *crack seed* und stammt ursprünglich aus China. Es handelt sich um gewürzte Trockenfrüchte (z. B. Pflaume, Kirsche, Mango oder Zitrone), deren schwer beschreibbares Aroma von süß über sauer bis zu salzig oder scharf variieren kann. Die Knabberei wird abgepackt in Supermärkten und Longs-Drugs-Apotheken oder lose in speziellen Feinkostläden verkauft und kann ernsthaft süchtig machen.

Luau-Festschmaus

Auf der Insel gedeihen fast kopfgroße, göttliche Avocados, aber auch kleinere Exemplare können extrem lecker sein. Viele Avocadobäume tragen „No Spray"-Schilder, vor allem in „Öko"-Regionen wie Puna, North Kohala und an der South Kona Coast. Der Aufruf richtet sich gegen die Pestizidversprüher, denn auf der Insel gibt es eine sehr dynamische Anti-Pestizid- und -Gentechnik-Bewegung (S. 68). Obwohl die Big Islander sonst so tiefenentspannt sind, wird dieses Thema äußerst hitzig diskutiert.

Das Rindfleisch von Big Island ist eine Delikatesse. In den nördlichen Tälern der Insel erstrecken sich meilenweit grüne Weiden, auf denen die Herden herumwandern. Ein großer Teil des Fleischs wird exportiert, aber wer die richtigen Restaurants aufsucht, bekommt appetitlich marmorierte Steaks und saftige Burger, die selbst Texaner neidisch machen. Was auch immer an dem Gras der hiesigen Weiden so besonders ist, es verleiht dem Rindfleisch eine Vollmundigkeit, die sich kaum beschreiben lässt.

In manchen Gegenden von Big Island, vor allem in Hilo und an der South Kona Coast, hat sich eine Version der japanischen Küche mit hawaiischen Elementen zu einer eigenen Unterform der Inselküche entwickelt. In Diner-Imbissen, die von japanischstämmigen Amerikanern betrieben werden, kommen Hotdogs mit Reis und *furikake* (ein Gewürz aus Trockenfisch, Algen und anderen Zutaten) auf den Tisch. Zu den meisten Mahlzeiten gibt es Miso-Suppe und vorab eine Gratisschüssel *edamame* (Sojabohnen).

Luau

Im alten Hawaii wurden Anlässe wie Geburten, Siege oder reiche Ernten mit einem *luau* gefeiert. Beim modernen *luau* versammelt sich oft die ganze *'ohana* (Großfamilie und Freunde) in einem Festsaal oder unter freiem Himmel, um eine Hochzeit oder den ersten Geburtstag eines Babys zu feiern. Dabei werden gern ausgefallene hawaiische Genüsse wie rohe *'a'ama* (Felsenkrabben) und *'opihi* (Seeschnecken) geboten, aber es gibt kein großes Unterhaltungsprogramm.

Kommerzielle *luaus* gibt es seit den 1970er-Jahren. Heute bieten diese Shows den Besuchern, was sie erwarten: pseudohawaiische Schlemmerkost, polynesische Tanzvorführungen und Feuerschlucker. Dabei wird das All-you-can-eat-Buffet meist an den Touristengeschmack angepasst, mit gedämpften *mahimahi* (Goldmakrele) und Teriyaki-Huhn. Diese Art *luau* ist im Allgemeinen überteuert und touristisch, aber trotzdem ganz nett - eine dieser Sachen, die man einmal mitgemacht haben möchte, aber das eine Mal reicht dann auch.

Kaffee, Tee & traditionelle Getränke

Hawaii baute als erster US-Bundesstaat Kaffee an. Der Kona-Kaffee ist weltberühmt für sein mildes Aroma ohne bitteren Nachklang. Die Vulkanhänge des Mauna Loa und Hualalai im Kona-Distrikt bieten das ideale Klima für den Kaffeeanbau (vormittags Sonne, nachmittags bewölkt, je nach Jahreszeit mit leichten Schauern).

Der 100%-ige Kona-Kaffee gilt als höchste Qualität und wird für 20–40 $ das Pfund gehandelt, doch in den letzten Jahren haben auch die Kaffeebohnen des südlichsten Inseldistriks Ka'u Auszeichnungen gewonnen und Kenner beeindruckt. Außerdem sind kleine Kaffeeplantagen in Puna und Honoka'a an der Windseite der Insel entstanden. Übrigens ist die Angabe „100 %" beim echten Kona-Kaffee von Belang, denn der „Kona-Kaffee" in den großen Supermärkten besteht oft aus billigerem Kaffee, der mit einer Handvoll Kona-Bohnen verschnitten wird. Der echte, 100%-ige Kona-Kaffee hat ein unglaublich vielschichtiges, nuanciertes Aroma.

Die alten Hawaiianer waren keine Kaffeetanten, da Kaffeebohnen erstmals Anfang des 19. Jhs. importiert wurden. Ihre angestammten Rauschmittel waren polynesischer Herkunft: *'awa* (ein den Mund betäubendes, leicht beruhigend wirkendes Getränk aus den Wurzeln der Kava-Pflanze) und *noni* (aus den Früchten des Nonibaums), das manchen als Allheilmittel gilt. Beide Getränke riechen und schmecken ziemlich eigen, weshalb sie oft mit anderen Säften gemixt werden. Trinkbare Kava ist aber leicht aufzutreiben, auch wenn der erdige Geschmack nicht jeden anspricht.

Tee wurde in Hawaii erstmals gegen Ende des 19. Jhs. angebaut, konnte sich aber wegen der hohen Arbeits- und Produktionskosten nie richtig etablieren. 1999 entdeckten Forscher der University of Hawai'i, dass eine bestimmte Teesorte auf Vulkanböden in tropischem Klima gut gedeiht, besonders in höheren Lagen. Seitdem haben sich kleine, oft biologisch wirtschaftende Teeplantagen rund um Volcano und an der Hamakua Coast ausgebreitet.

Auch Obstbäume gedeihen hier bestens. Doch leider enthalten die meisten Saftkartons in den Supermärkten importierte Fruchtpürees oder überzuckerte „Fruchtsaftgetränke" wie POG (aus Passionsfrucht, Orange und Guave). Das ist zwar lecker, aber nicht gesund. Frisch gepresste Säfte gibt es in Bioläden, auf Bauernmärkten und an Obstständen am Straßenrand. Selbst sie bestehen aber oft aus importierten Früchten.

Bier, Wein & Cocktails

Inzwischen hat sich eine Handvoll Mikrobrauereien auf Big Island etabliert. Ihre Braumeister schwören auf den hohen Mineralgehalt und die Reinheit des hiesigen Wassers. Außerdem bestechen ihre Craft-Biere durch tropische Geschmacksnuancen wie Kona-Kaffee, Honig oder *liliko'i*.

Feuchtfröhliche Brauhäuser und Verkostungsräume, um die leckeren Produkte zu probieren, bieten z. B. die umweltbewusste Kona Brewing Company (S. 94) in Kailua-Kona, das Big Island Brewhaus (S. 168) in Waimea und Hawai'i Nui Brewing (S. 227) in Hilo (die auch hinter dem Label Mehana Brewing Company stecken). Die einzige Weinkellerei der Insel, **Volcano Winery** (☎808-967-7772; www.volcanowinery.com; 35 Pi'i Mauna Dr; Probierserie 5 $; ⌚10–17.30 Uhr), erzeugt unkonventionelle Tropfen z. B. aus Guaven und Weintrauben oder Macadamianüssen und Honig, die nicht jedermanns Sache sind.

Jede Strand- oder Hotelbar mixt tropische Cocktails, garniert mit Früchten und Papierschirmchen. Hawaiis legendärer Mai Tai ist ein Mix aus dunklem und hellem Rum, orangefarbenem Curaçao, Orgeat und Zuckersirup mit Orangen-, Zitronen-, Limetten- und/oder Ananassaft. Unübertroffenen Retrocharme zum Tropendrink verspricht Don's Mai Tai Bar (S. 98) in Kaliua-Kona.

Oben: Ein klassischer *plate lunch* mit *poke*, *lomilomi*-Lachs, *laulau* und *kalua* -Schwein

Unten: Kona-Kaffeebeeren

PRAWEENA STYLE/SHUTTERSTOCK ©

MATT MUNRO/LONELY PLANET ©

Höhlentour im Hawai'i Volcanoes National Park (S. 256)

Reiseplanung

Aktivitäten an Land

Big Island ist ein echter Mikrokontinent mit einer Vielzahl verschiedener Klimazonen und Ökosysteme. Die einzigartige Geologie der Insel verspricht unglaubliche Wandererlebnisse, u. a. in den pazifischen Wildnisregionen. Besucher sollten eine leistungsstarke LED-Taschenlampe für Höhlentouren, eine Regenjacke und ein Fernglas für Lava- und Tierbeobachtungen mitbringen.

Golf

Eine Runde auf einem Turnierplatz der Strandresorts von Kona oder Kohala kann in der „Golfhauptstadt von Hawaii" über 200 $ kosten. Aber auch die viel günstigeren kommunalen Golfplätze von Big Island begeistern mit einer grandiosen landschaftlichen Kulisse. Nachmittags winken oft drastische „Dämmerungsrabatte". Mancherorts gibt es auch Schläger zu leihen.

Die hochklassigen Plätze im Country-Club-Stil drängen sich vor allem an der Westseite der Insel in den großen All-inclusive-Resorts. Einerseits bietet das trockene Klima hier praktisch Sonnengarantie; andererseits ist nachmittags mit Backofenhitze zu rechnen. Und nicht vergessen: In Kohala, wo einige große Resorts liegen, ist es oft ziemlich windig.

Höhlentouren

Als jüngste der Hawaii-Inseln ist Big Island immer noch vulkanisch aktiv und ein Topziel für Höhlenfans, denn die Insel besitzt sechs der zehn längsten Lavaröhren der Welt. Eine Erkundung ihrer dunklen, geheimnisvollen (und oft knochentrockenen) Tiefen gehört zu einem Besuch einfach dazu. In Puna sind Teile der Kazumura Cave (S. 269) zu besichtigen, der längsten und tiefsten Lavaröhre der Welt. Die Kula Kai Caverns (S. 236) in Ka'u sind ein geologisches Wunder. Und überall stößt man auf Lavahöhlen, die einst den Ureinwohnern Hawaiis als Wohnung dienten.

Reiten

Paniolo (hawaiische Cowboys) durchstreifen das hügelige grüne Weideland von Big Island und treiben die Rinderherden zusammen. Vor allem im nördlichen Kohala und in Waimea, aber auch im Waipi'o Valley können Besucher Ausritte, Ponyreitausflüge und individuell gestaltbare Reittouren buchen. Rechtzeitig reservieren!

Ein kleiner Tipp am Rande: Ein Pferd ist auf Big Island das ideale Fortbewegungsmittel. Große Teile der Insel sind so wild, dass Wanderer hier schon eine gute Kondition mitbringen müssen. Die Wildnis per Allradfahrzeug zu erkunden, kann sich aber auch unpassend anfühlen. Mit einem Pferd lässt sich das Terrain genauso gut bewältigen – und das ganz ohne den Krach und Gestank eines Verbrennungsmotors.

Rundflüge

Ein Rundflug über den aktivsten Vulkan der Welt und brausende Wasserfälle verspricht unvergessliche Eindrücke, die auf keine andere Art und Weise zu bekommen sind. Man muss sich aber klarmachen, dass diese „Flightseeing"-Touren die Inselnatur mit Lärm und Abgasen belasten.

Teure Hubschrauber-Rundflüge liegen im Trend, doch Kleinflugzeuge bieten ein weniger holperiges und leiseres Flugerlebnis. So oder so sind vor der Buchung einige Fragen zu klären, z. B.: Haben alle Passagiere freien Rundumblick? Werden Gehörschützer gestellt? Den besten Blick hat man normalerweise ganz vorne.

Hubschrauber-Rundflüge starten auch bei Wolkenwetter, aber nicht bei Regen. Am besten einen klaren Tag abwarten, was im Sommer häufiger vorkommt. Die meisten Veranstalter bieten bei Online-Buchung Rabatte (rechtzeitig reservieren!).

Einige empfehlenswerte Anbieter:

Blue Hawaiian Helicopters (☎800-745-2583; www.bluehawaiian.com; Flüge 230–580 $) Zuverlässige Firma mit zahlreichen Flügen ab Waikoloa und Hilo

Iolani Air (☎800-538-7590, Hilo 808-961-5140, Kona 808-329-0018; www.iolaniair.com; Flüge 150–700 $) Sightseeing-Flüge in kleinen Propellerflugzeugen von Kona und Hilo

Paradise Helicopters (☎866-876-7422, 808-969-7392; www.paradisecopters.com; Flüge 300–800 $) Individuell planbare Hubschraubertouren ab Kona und Hilo

Safari Helicopters (☎808-969-1259, 800-326-3356; www.safarihelicopters.com; Flüge ab 150 $) Flüge ab Hilo zu den Vulkanen und Küsten im Osten der Insel

Sunshine Helicopters (☎808-882-1851, 866-501-7738; www.sunshinehelicopters.com; Hapuna Heliport, 62–100 Kaunaoa Dr, Kamuela; Flüge 170–600 $) Rundflüge über die Berge von Kohala und den Vulkan vom Heliport in Hapuna aus

Der eine oder andere sagt sich vielleicht: Warum sollte ich als Passagier im Hubschrauber mitfliegen, wenn ich stattdessen einen Hanggleiter mit Motor steuern könnte? Das freundliche Team von Kona Coast by Air (S. 88) vermittelt Abenteuerlustigen einen FAA-zertifizierten Fluglehrer, der sie in die Bedienung eines gewichtskraftgesteuerten Trikes einweist – das ist eine Art motorisierter Hanggleiter.

Spas

In Heilkunst und Wellness ist Big Island ganz groß. Hier wird von *lomilomi* (traditionelle hawaiische Massage mit rhythmischen Ellbogenbewegungen und Gebeten) über Reiki und Kräuter-Peelings bis zu Schwitzbädern und ayurvedischer Medizin alles geboten.

Eine gute Anlaufstelle mit einer Auswahl traditioneller Behandlungen ist das Hale Hoʻōla Spa (S. 269) in Volcano, vor allem nach einer strapaziösen Wanderung. Aus einem der Hot Tubs von Mamalahoa Hot Tubs & Massage (S. 113) in Kealakekua in den Sternenhimmel zu blicken, ist eine göttliche Erfahrung. Natürlich haben auch die noblen Resorts der Kohala Coast märchenhafte Spas. Besonders zu empfehlen sind das Spa Without Walls (S. 147) des Fairmont Orchard und das Mauna Lani Spa (S. 147).

Sternbeobachtung

Auch wenn die zahlreichen Observatorien vor Ort ein Zankapfel sind, dürfte es weltweit kaum ein besseres Ziel für Sternenbeobachter geben als den Gipfel des Mauna Kea. Von hier starrt eine ganze Reihe internationaler Mega-Teleskope in den Himmel, mit deren Hilfe Wissenschaftler unser Universum erforschen. Besucher können es ihnen nachtun: Das Besucherzentrum auf dem Mauna Kea bietet allabendlich ein faszinierenden Sternguckerprogramm an. Kinder unter 16 Jahren dürfen teilnehmen, aber es wird empfohlen, sie nicht mit auf den Gipfel zu nehmen.

ROB MELNYCHUK/GETTY IMAGES ©

Yoga-Unterricht im Freien

Yoga

Big Island ist ein prima Ort, um den „Herabblickenden Hund" und *pranayama*-Atemtechniken zu üben, von Yoga-Kursen ohne Anmeldung bis zum einwöchigen Yoga-Urlaub. Besonders gut gefielen uns Yoga Centered (S. 218) und Balancing Monkey (S. 216) in Hilo und Hawaii Beach Yoga (S. 88) in Kailua-Kona. Bei den umweltbewussteren Guesthouses und B&Bs der Insel scheinen Yoga-Kurse und -Räume quasi zur Grundausstattung zu gehören.

Ziplining

An mehreren Stellen der Insel bietet sich die Möglichkeit, per Seilrutsche hoch über der Landschaft dahinzugleiten und einen ganz neuen Blickwinkel auf Wälder, Wasserfälle und Küsten zu genießen. Für so eine adrenalintreibende Tour ist ein halber Tag einzuplanen (Achtung: Es gelten Mindestgrenzen für Alter und Gewicht).

EACHAT/GETTY IMAGES ©

Radtour auf der Chain of Craters Road im Hawai'i Volcanoes National Park (S. 265)

Reiseplanung

Wandern & Radfahren

Big Island strotzt von schönen Wegen, auf denen Wanderer seine abwechslungsreichen Landschaften und vielfältigen Ökosysteme erkunden können. Radrouten erschließen zahlreiche Highlights von Küstenstrecken bis zu den Hängen des Mauna Kea hinauf.

Wandern

Vom Nachmittagsbummel durch eine Lavaröhre bis zum mehrtägigen Gipfeltrek bietet Big Island reichlich Wildnisabenteuer. Die abwechslungsreichsten Wanderwege warten im Hawai'i Volcanoes National Park (S. 256), aber Besucher können auch zu abgeschiedenen Stränden der Kona Coast oder Gebieten voller Felsbilder wandern. Einige der schönsten Strände und Schnorchelreviere sind ohnehin nur per Boot oder zu Fuß erreichbar. Generell bieten sich um Kailua-Kona eher Wüsten- und Strandwanderungen an, im Osten der Insel mehr Dschungelwanderungen. Touren ins Pololu und Waipi'o Valley zählen zu den schönsten Wanderrouten von ganz Hawaii.

Für alle mehrtägigen Wanderungen sind Camping Permits erforderlich; das gilt auch für den Hawai'i Volcanoes National Park und das Waimanu Valley. Am besten bringt man sich seine eigene Outdoor-Ausrüstung von zu Hause mit. Eine gute Adresse für alles, was noch fehlt, ist das Hauptgeschäft von Hawaii Forest & Trail (S. 163) in Kailua-Kona.

Hawaii Forest & Trail und Hawaiian Walkways (S. 94) bieten gute geführte Wandertouren an. Hilfreiche Informationsquellen für Wanderungen auf eigene Faust:

Na Ala Hele (www.hawaiitrails.org/trails) Online-Karten und Wegbeschreibungen für allgemein zugängliche Wanderwege, u. a. für den Fernwanderweg Ala Kahakai National Historic Trail.

Sierra Club – Moku Loa Group (☎808-965-9695; http://sierraclubhawaii.org/MokuLoa) Bietet inselweit Tageswanderungen für Gruppen und Möglichkeiten zur Freiwilligenarbeit bei der Instandhaltung von Wegen und Umweltsanierung.

Richtig wandern

Auf Big Island droht keine Gefahr durch Schlangen, wilde Tiere oder Giftsumach. Am gefährlichsten ist die Lava – von scharfkantiger *'a'a*-Lava, die schwer zu begehen ist, über giftige Dämpfe bis zu instabilen Lavabänken und höllischer Hitze. Wanderer sollten alle Warnhinweise beachten und immer mindestens zu zweit losziehen. Schilder mit der Aufschrift „*kapu*" (Zutritt verboten) unbedingt befolgen (die Bewohner des Waipi'o Valley sind da besonders eigen). Wer zu einem aktiven Lavastrom oder über die Lavafelder von Puna wandern will, sollte auf jeden Fall mit einem Führer gehen.

Es gibt zwei begehbare Lavatypen: die glatte *pahoehoe* (Seillava) und die *'a'a* (Brockenlava), die der Teufel an einem besonders langweiligen Höllentag erfunden haben muss. *'A'a* ist brockig, rau und scharfkantig – fast als würde man über ein Feld aus stumpfen Rasierklingen wandern. Viele Wege zu den schönsten Stränden von Big Island führen über *'a'a*-Lavaströme. Um sie zu queren, sollte man Turnschuhe oder mindestens Riffschuhe dabeihaben. Mit Flipflops kann man sich an den Basaltbrocken ganz schön die Füße aufschürfen.

Aber für Wanderer sind robuste, knöchelhohe Schuhe mit gutem Profil sowieso Pflicht. In vielen der steilen, engen Täler mit Flußquerungen (auch im Waipi'o Valley) droht Gefahr durch blitzartige Überflutungen. Wer den Gipfel des Mauna Loa oder Mauna Kea erklimmen will, braucht Bergsteigerausrüstung für winterliche Bedingungen.

Wanderer sollten einen Bogen um alles machen, was nach heiliger Stätte aussieht, und keinesfalls auf verfallenen *heiau*-Tempeln der Ureinwohner herumklettern. Außerdem schätzen viele Bewohner von Big Island die Ruhe und Abgeschiedenheit ihres Wohnorts über alles. Schilder mit der Aufschrift „No Trespassing" (Zutritt verboten) sind daher unbedingt zu beachten.

Bei einer Wanderung auf Big Island kann es ganz schön rauf und runter gehen. Deshalb sollten Wanderer hier auf rasch wechselnde Bedingungen gefasst sein, was Temperatur, Niederschlag und sogar Luftqualität angeht.

Radfahren & Mountainbiken

Die Kailua-Kona Ironman World Championship (S. 92), das absolute Topevent des Triathlon, ist eine der größten öffentlichen Veranstaltungen von Hawaii. Ihr Kernstück ist eine 180 km lange Fahrradstrecke durch Hügel und Lavawüste, bis nach Hawi hinauf und wieder zurück.

Was wir damit andeuten wollen: Big Island ist toll zum Radfahren, aber außerhalb von Hilo nichts zum relaxten Dahinrollen ohne Schalten. Die Fixie-Freaks von der Westküste mögen das anders sehen, aber die Radlerszene auf Big Island wird entschieden von tief über ihre Rennlenker gebeugten Typen in neonfarbenen Elastantrikots dominiert.

Radtouren auf der Straße sind heikel, denn viele Autostraßen sind schmal, kurvig und haben sehr bescheidene oder gar keine Seitenstreifen. Die Ironman-Route auf dem Hwy 19 nördlich von Kailua-Kona bildet da eine Ausnahme, und in Kailua-Kona gibt es auch die meisten Fahrradverleiher. Peoples Advocacy for Trails Hawaii (S. 100) hat eine gute Datenbank mit Infos über Radrouten auf der Insel. Der in Kona ansässige Ausrüster Bike Works (S. 100) organisiert tägliche Radtouren und mehrtägige Radurlaube. Kailua-Kona hat sogar ein Fahrrad-Verleihsystem. Die Räder sind für Erkundungstouren durch die Stadt und Keahou prima, aber wer weiter rausfahren will, dürfte mehr Gänge brauchen.

In South Kona geht es ziemlich steil auf und ab; außerdem regnet es häufig, und die Seitenstreifen sind schmal. Wer die nötige Kondition für die heftigen Höhenunterschiede mitbringt, kann aber auf der Middle Ke'ei Road und Painted Church Road herrliche Touren durch die beste Kaffeeregionen unternehmen.

Die Straßen von South Kohala haben tatsächlich Seitenstreifen für die Radfahrer, die hier bei glühender Hitze meilenweit durch die Lavawüste strampeln müssen. Die sonnenversengte Mondlandschaft ist durchaus faszinierend, aber man sollte daran denken, reichlich Wasser mitzunehmen. In North Kohala schrumpfen die Seitenstreifen bis auf Null; dafür frischt der Wind kräftig auf. Unerschrockene Radler bekommen traumhafte Landschaft zu sehen, sollten aber auf die radunfreundlichen Straßen- und Wetterbedingungen gefasst sein. In Waimea ist das Team von Mountain Road Cycles (S. 165) freundlich, kompetent und sehr hilfsbereit. Die Fahrt von Hawi nach Pololu gehört zu unseren Lieblingstouren. Aus dieser Gegend kommt man auch gut zur Saddle Road.

An der Ostküste ist Mid-Pacific Wheels (S. 231) in Hilo eine gute Adresse. Generell ist das Radfahren im Ostteil der Insel etwas entspannter als die Ironman-geprägten Routen der Westseite. Im Zentrum von Hilo kann man sich recht relaxt per Fahrrad fortbewegen. Die Hamakua Coast bietet umwerfende Aussichten für Radfahrer, vor allem auf der Strecke zur Hawaiian Vanilla Company hinaus. Südlich von Hilo ist der 16 km lange Old Mamalahoa Hwy ein Erlebnis von Weltklasse und ein Muss für begeisterte Radfahrer.

PHILIP ROSENBERG/GETTY IMAGES ©

Waipi'o Valley (S. 197)

Puna ist im Vergleich zur restlichen Insel relativ *(relativ!)* flach, hat aber immer noch einiges an Hügeln. Außerdem sorgen die größten Attraktionen der Gegend – ihre surrealen, verwunschenen Wälder – dafür, dass es auf den Seitenstreifen der Straßen ziemlich voll wird.

Im Volcanoes National Park können Radler einige der wildesten, großartigsten Landschaften der Inselgruppe aus nächster Nähe erleben, aber wie man sich denken kann, wartet der Park mit extremen Höhenunterschieden auf. Immerhin ist der Autoverkehr hier weniger gefährlich, da die niedrigen Tempolimits im Park strikt überwacht werden.

Auch Ka'u lockt mit überwältigenden Panoramen. Weite Horizonte, erstarrte Lavaströme und windgepeitschte Küste – was zugleich das Problem ist. Wie in North Kohala sind die Windböen hier nicht von schlechten Eltern. Radler müssen auch reichlich Wasser mitführen, weil Ortschaften in der Gegend dünn gesät sind.

Big Island (Hawai'i): Wandern

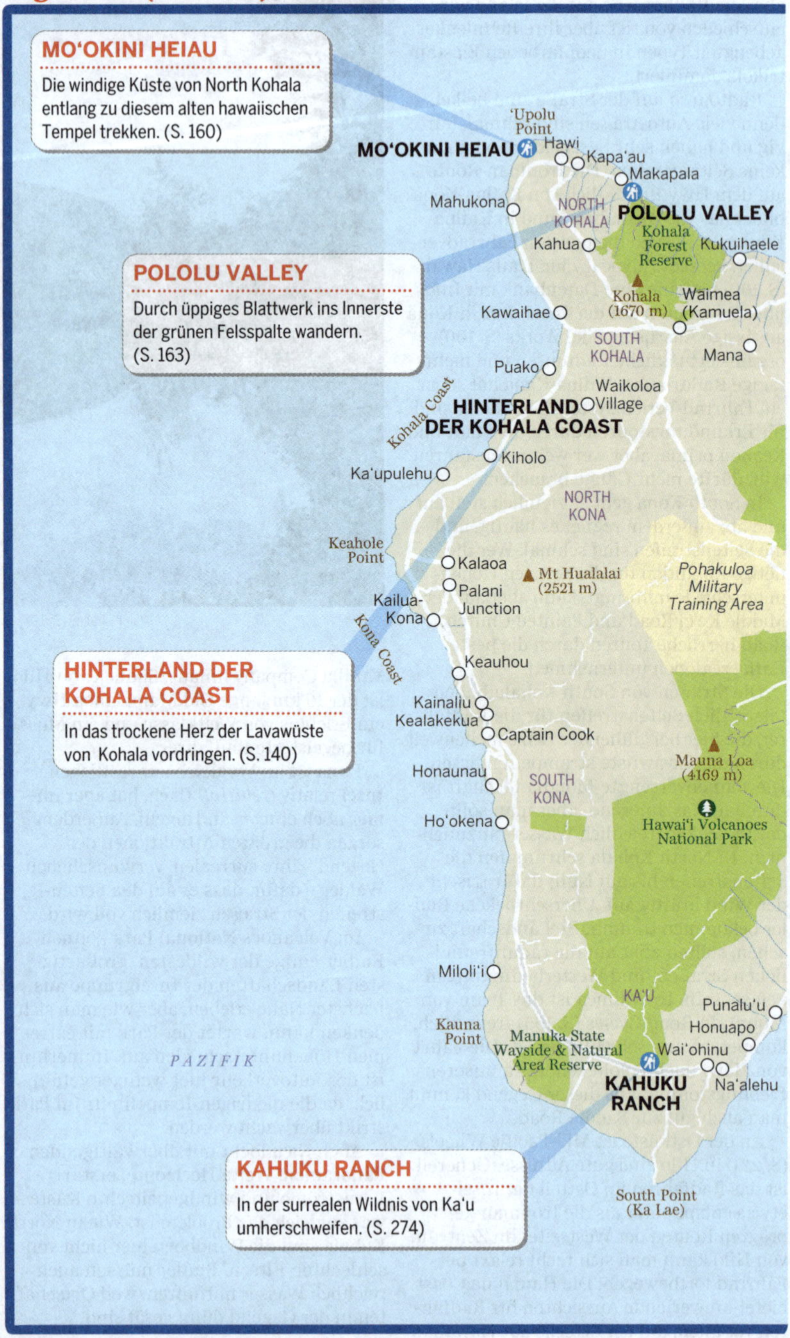

0 40 km
0 20 Meilen
PAZIFIK
MAUNA KEA SUMMIT TRAIL
Einmal in Hawaii durch den Schnee stapfen. (S. 173)
Hamakua Coast
Honoka'a
Pa'auilo
HAMAKUA
Keanakolu
Mauna Kea Forest Reserve
Honomu
Mauna Kea (4205 m)
Hakalau Forest National Wildlife Refuge
Papaikou
Hilo Bay
MAUNA KEA SUMMIT TRAIL
Wailuku River
Hilo
Leleiwi Point
Hilo Forest Reserve
Kea'au
Kaloli Point
Hawai'i Volcanoes National Park (Ola'a Forest Reserve)
Mountain View
Kapoho
Cape Kumukahi
PUNA
Glenwood
Pahoa
Kilauea Caldera
Volcano
Puna Forest Reserve
Kaimu
Hawai'i Volcanoes National Park
Pahala

CAMPPHOTO/GETTY IMAGES ©

Chain of Craters Road (S. 265)

Reiseplanung

Autofahren

Big Island ist die einzige der Hawaii-Inseln, die sich für richtige Autotouren eignet. Die Hawaii Belt Road, die je nach Region als Hwy 11 oder Hwy 19 ausgeschildert ist und auch Mamalahoa Highway genannt wird, führt rund um die ganze Insel. Die reine Fahrtzeit für eine Inselumrundung beträgt bei normalem Verkehr ungefähr vier Stunden. Genauere Informationen zum Autofahren auf Big Island gibt es auf den S. 32.

Kailua-Kona & Umgebung

Die größte Stadt auf der Westseite der Insel lässt sich zwar besser per Rad erkunden, aber die meisten Besucher kommen hier früher oder später mit dem Auto durch. Der Stadtverkehr kann stressig sein, vor allem rund um den Ali'i Drive, der oft für Veranstaltungen gesperrt wird. Stauträchtig sind auch die Ampeln von der Hauptverkehrsstraße (Queen Ka'ahumanu Hwy alias Hwy 19) zum Flughafen. In der Rushhour (werktags ca. von 7 bis 9 und von 16 bis 18 Uhr) brauchen Autofahrer in und um Kailua-Kona starke Nerven.

Wer höher hinaus will, kann über den kühlen, bewaldeten, kurvenreichen Hwy 180, der das Künstlerdorf Holualoa passiert, auf den Berg hinauffahren.

Der Costco-Markt am Highway in der Nähe des Kaloko-Honokohau National Historical Park hat das billigste Benzin der Insel – aber nur für Costco-Mitglieder.

South Kohala

Auf der Fahrt von Kailua-Kona nach Norden erreicht man zunächst South Kohala. Hier erstreckt sich die für den Westen der Insel typische ockerfarbene, schwarze und graue Lavawüste von den Bergen bis zum tiefblauen Meer. Bei frischem Wind und sonnigem Himmel ist dies ein guter Ort, um die Fenster zu öffnen und sich die Salzbrise durchs Haar wehen zu lassen. Unterwegs passiert man die Zufahrt zu einigen der größten Resorts der Insel. Benzin gibt es in Waikoloa Village.

North Kohala & Waimea

Eine der schönsten Ecken der Insel für Roadtrips. North Kohala besteht teils aus kahler, roter Lavawüste, die den Hwy 270 säumt, teils aus der feuchten, üppig grünen Nordküste, die sich bis zum Pololu Valley erstreckt. Wo der Hwy 270 von Kawaihae bergauf führt, ist mit heftigen Seitenwinden zu rechnen. Viele kleine Haltebuchten bieten die Chance, die Küste zu Fuß zu erkunden, aber wir haben an einigen davon Glasscherben entdeckt, die auf Autoeinbrüche hindeuteten. Die Nebenstraßen der Gegend sind nur für Geländewagen mit reichlich Bodenfreiheit geeignet.

Die Kohala Mountain Road – Hwy 250 – verbindet Hawi mit Waimea und führt rund 35 km durch sattgrünes Farmland mit umwerfenden Ozeanpanoramen. Eine der Traumstraßen von Big Island, die man nicht verpassen sollte.

Wenn sich Waimea mal wieder in Nebel hüllt, ist vorsichtiges Fahren geboten!

Saddle Road

Die Belt Road führt von Kohala nach Hilo, aber wer etwas für schmale Gebirgspisten übrig hat, kann auch die Saddle Road am Rand des Mauna Kea entlang nehmen. Wer hätte gedacht, dass Hawaii auch Bergwiesen und Schneemassen zu bieten hat? Die Straße ist größtenteils zweispurig, hat aber auch noch einspurige Abschnitte, die an lang vergangene Zeiten erinnern.

Hamakua Coast

An der Hamakua Coast ist endgültig die feuchte Seite der Insel erreicht. Riesige smaragdgrüne Bäume streben gen Himmel, während die Straße durch steile Täler auf und ab führt, immer mit Blick auf den Ozean. Diese Etappe zählt zu den schönsten Strecken auf Big Island, aber in den scharfen Haarnadelkurven ist Vorsicht geboten.

Von Hilo nach Volcano

Hilos Uferstraße ist ein nettes urbanes Intermezzo auf der Big-Island-Rundfahrt. Doch wie in Kailua-Kona kann der Verkehr zur Rushhour krass sein.

Ab hier heißt die Belt Road nicht mehr Hwy 19, sondern Hwy 11. Die Vororte von Hilo sind nicht weiter bemerkenswert, aber bald klettert die Straße durch weite, dunstige Wälder in die surreale Dschungel-und-Lava-Landschaft des Hawai'i Volcanoes National Park und zum Dorf Volcano hinauf. Der Park bietet viele Meilen unvergesslicher Landschaft, und die Chain of Craters Road zum Meer hinunter ist eine der großartigsten Autorouten der Insel.

Straße durch eine Obstplantage, Kona Coast (S. 52)

Puna

Der Bezirk Puna ist ein wilder, feuchter Winkel der Insel, eine Landschaft, deren Fruchtbarkeit und pulsierende Lebenskraft geradezu körperlich spürbar sind. Wälder aus Albizia, Papaya, Ingwer, Regenbäumen und Guaven bilden gewaltige „Baumtunnel" über vielen Straßen und Nebensträßchen.

Drei Straßen bilden hier ein Dreieck, mit dessen Erkundung man gut einen Sonntag verbummeln kann: Hwy 132, Red Rd (Hwy 137) und Kalapana Hwy (Hwy 130). Sie alle führen durch grüne Baumtunnel mit wuchernden Schlingpflanzen. Hwy 137 läuft außerdem an der schroffen schwarzen Felsküste entlang, an die der rastlose Pazifik brandet.

Ka'u

Die windgepeitschte Weite von Ka'u umfasst einige der urtümlichsten Landschaften der Insel, von den gezackten Wipfeln dunstiger Wälder bis zu Lavasteilküste und grasbewachsenen Landzungen, die ins tosende Meer ragen. Der Kahuku-Abschnitt des Volcanoes National Park ist ein sonderbarer Mix aus Big-Island-Wildnis und Weideland. Einfach atemberaubend ist die Straße zum South Point oder Ka Le, dem südlichsten Punkt der USA.

Kona Coast

Auf seinem Weg die Westküste hinauf schlängelt sich der Hwy 11 an Felswänden entlang, durch grüne Wälder und Kaffeeplantagen. Hier und da sind Blicke auf den Ozean zu erhaschen und auf die oft ausgedörrte Gestrüppwüste, die die Küstenebene der Kona Coast bedeckt. An der Abzweigung des Hwy 180 kann es zu massiven Verkehrsstaus kommen.

Zu einem traumhaften Abstecher lädt die Middle Ke'ei Rd ein, von der die Painted Church Rd abzweigt. Beide Straßen entführen auf eine Berg-und-Tal-Fahrt durch Dschungel, Kaffee- und Avocadoplantagen.

NEICEBIRD/GETTY IMAGES ©

Honu (Grüne Meeresschildkröte)

Reiseplanung

Tauchen & Schnorcheln

Big Island bietet schon an Land umwerfende Aussichten, doch unter dem türkisfarbenen Wasser, das an seine Strände brandet, tut sich eine ganz fremdartige und überaus verführerische Welt auf.

Schnorcheln

Big Island ist umschlossen von kristallklaren Tropengewässern mit bunten Korallencanyons, in denen sich Scharen von Rifffischen in allen Regenbogenfarben tummeln. Diese Unterwasserwelt als Hobby-Meeresforscher zu entdecken, ist ein Highlight für viele Besucher der Insel. Im Gegensatz zur wilden Landesnatur, die oft nur durch langwierige Wander-, Kletter- oder Radtouren zugänglich ist, brauchen Schnorchler hier vielerorts bloß Tauchflossen und -maske anzulegen und sich in den kühlen Ozean gleiten zu lassen.

Die besten Schnorchelstellen der Insel liegen mehrheitlich vor der trockeneren Westküste. Warum? Nun, das Süßwasser, das von Mauna Kea und Mauna Loa abfließt, strömt nach Osten und sorgt dort für trübere Sichtverhältnisse. In den Schnorchelrevieren der Ostküste ist oft zu beobachten, wie eine trübere, kältere Schicht Süßwasser über einer wärmeren, klareren Grundschicht aus dichterem, schwererem Salzwasser liegt.

Viele beliebte Schnorchelreviere in West Hawai'i – wie Kealakekua Bay (S. 115) und Kahalu'u Beach Park (S. 101) – wimmeln von Touristen. Wer den Massen entfliehen möchte, kann frühmorgens kommen (dann sind die Bedingungen sowieso am besten), weiter die Küste hinauf- oder hinunterfahren – zu Stellen wie Beach 69 (S. 151), Two-Step (S. 122) oder Puako (S. 151) – oder zu noch entlegeneren Orten wandern oder paddeln. In East Hawai'i können Schnorchler den Richardson's Ocean Park (S. 208) in Hilo anfahren oder die herrlichen Kapoho Tide Pools (S. 246) weiter südlich in Puna ansteuern. Ganz weit weg von den Besucherscharen ist man in North Kohala (S. 156). Dort gibt es ein paar Schnorchelreviere, die nur von Einheimischen und ganz vereinzelten Reisenden besucht werden (eine Beschreibung, die weitgehend auch auf North Kohala insgesamt zutrifft).

Im Wasser sind die üblichen Verhaltensregeln für Korallenriffe zu befolgen: Die Korallen – die lebende Tiere sind – nicht anfassen; darauf achten, mit den Flossen weder Sand aufzuwirbeln, noch Korallenstücke abzubrechen; die Fische nicht füttern! Schnorchelausrüstung kostet im Allgemeinen um die 10/25 $ pro Tag/Woche, je nach Qualität der Ausrüstung. Die meisten Verleiher haben auch Tauchmasken mit Korrekturgläsern für Kurzsichtige. Für Uferbereiche mit Lava und Seeigeln sind Riffschuhe ratsam. Der wohl beste Ort, um Kindern das Schnorcheln beizubringen, sind die Gezeitentümpel am Wawaloli Beach (S. 130), nur wenige Meilen nördlich von Kailua-Kona.

Katamaran- und Schlauchboottouren bringen Besucher zu Top-Schnorchelspots, inklusive Ausrüstung und Verpflegung. An der Kona Coast haben die Touren ab Keauhou Bay eine kürzere Anfahrt zur Kealakekua Bay als die Boote, die vom Kailua Pier in der Stadt oder vom Honokohau Harbor weiter nördlich, in der Nähe des Flughafens, ablegen. So bleibt mehr Zeit zum Schnorcheln. Rechtzeitig vorausbuchen, vor allem in der Hauptsaison und fürs nächtliche Schnorcheln mit Mantarochen.

VORSICHT SEEIGEL!

Beim Schnorcheln und Tauchen um Big Island muss man auf Hände und Füße aufpassen. Seeigel mit giftigen Stacheln sind hier extrem häufig, selbst in seichten Gezeitentümpeln. Wer gestochen wird, sollte den Stachel mit einer Pinzette ziehen und den Bereich dann mit Rasiercreme und einem Nassrasierer rasieren, um die Pedicellarien zu entfernen, winzige Zangen, die Gift enthalten können. Die Wunde abspülen und in heißem Wasser oder einer Essig-Wasser-Lösung baden, aber nicht verpflastern oder verbinden, damit etwaige Stachelreste an die Hautoberfläche wandern können.

Tauchen

Die Unterwasserlandschaften um Big Island sind mindestens so atemberaubend wie die Natur an Land. Die Meerestemperaturen sind ideal zum Tauchen: An der Wasseroberfläche herrschen ganzjährig Durchschnittstemperaturen von

VERANTWORTUNGSVOLL TAUCHEN

Die Beliebtheit vieler Tauchplätze bringt enorme Belastungen für die Ökosysteme mit sich. Hier ein paar Tipps, um die Riff- und Meereswelt der Insel zu schützen:

- Besucher sollten die Kultur und die heiligen Stätten der hawaiischen Ureinwohner respektieren; das gilt auch für ihre Fischgründe.
- Keine Riffanker benutzen; Boote nicht auf Korallen aufsetzen. Die Tauchveranstalter dazu anregen, feste Verankerungen an beliebten Stellen einzurichten.
- Keine Meereslebewesen berühren oder Ausrüstung übers Riff schleifen lassen. Selbst die kleinste Berührung schädigt die Polypen. Nie auf Korallen stellen. Wer sich am Riff festhalten muss, sollte nur freiliegenden Fels oder abgestorbene Korallen berühren.
- Auf die Tauchflossen achten. Durch zu starke Flossenschläge und in Riffnähe aufgewirbelten Sand können empfindliche Organismen Schaden nehmen.
- Möglichst wenig Zeit in Unterwasserhöhlen zubringen – die Luftblasen können sich an der Decke sammeln und dort Wasserlebewesen trockenlegen.
- Keine Korallen oder Steine mitnehmen – das ist verboten!
- Keine Korallen, Muscheln oder Schnecken kaufen. Ihre Gewinnung beeinträchtigt die Umwelt und die Schönheit der Meereswelt.
- Allen Müll mitnehmen, auch vor Ort gefundenen Abfall und verlorene Fischereiausrüstung. Vor allem Plastik ist eine ernste Gefahr für die Meeresfauna.
- Meerestiere nicht füttern oder aufstören. Es ist verboten, sich Schildkröten auf mehr als 50 m und Walen, Delfinen oder Hawaii-Mönchsrobben auf mehr als 100 m zu nähern. Keinesfalls auf dem Rücken von Meeresschildkröten reiten!

22–27 °C. Genial sind auch die Sichtverhältnisse, vor allem im ruhigen Wasser entlang der Kona Coast. September und Oktober gelten als die Monate mit der besten Unterwassersicht, aber es gibt keine schlechten Monate zum Tauchen rund um Big Island.

In diesen Gewässern sind ungefähr 700 Fischarten zu Hause, außerdem Ostpazifische Delfine, Meeresschildkröten und Muränen. Selbst bei Tauchgängen vom Strand aus ist kein Mangel an Abwechslung zu beklagen. Wer immer schon vom Tauchen geträumt hat, ist hier goldrichtig: Eine Fülle von Tauchschulen bietet Tauchschein-Kurse und Tauchgänge für Anfänger an. Was die Preise angeht, liegt Big Island irgendwo im Mittelfeld. Die Frage ist einfach: Wenn man sowieso ein nettes Sümmchen investiert, um das Tauchen zu lernen, will man das dann lieber im öffentlichen Schwimmbad tun oder draußen inmitten einer artenreichen Unterwasserwelt?

Die Kombination von perfekter Sicht, gesunden Korallen und Unterwasser-Lavaformationen macht die Westküste der Insel zu einem Taucherparadies. Zu den vielen phantastischen Tauchplätzen von West Hawai'i gehören Honokohau (S. 124), Turtle Pinnacle (S. 126) und Suck 'Em Up (S. 127) an der Kona Coast sowie Puako Point (S. 151) weiter nördlich in Kohala. Das Nachttauchen mit Mantarochen, das in Kailua-Kona angeboten wird, ist sehr beliebt und sollte frühzeitig gebucht werden. In Kohala gibt es brauchbare Tauchschulen und -infrastruktur bei Kawaihae, das etwas abseits der touristischen Trampfelpfade liegt.

An der Küste rund um Hilo kann der Süßwasserzufluss aus Flussmündungen die Sicht trüben, aber Pohoiki (Isaac Hale Beach Park (S. 240) in Puna – das beste Tauchrevier von East Hawai'i – wimmelt von Meeresgetier. Der Tauchtourismus ist an der Ostküste nicht ganz so weit entwickelt wie an der Kona Coast, aber es gibt hier trotzdem eine Menge zu sehen.

Immer beliebter werden auf Big Island die Nachttauchgänge, auch Black Water Dives genannt. Dabei kann man einer Fülle surrealer, teils durch Biolumineszenz leuchtender Meereswesen begegnen, die nur im Schutz der Dunkelheit aus ihren Schlupfwinkeln kommen.

Big Island (Hawai'i): Tauchen & Schnorcheln

MAHUKONA BEACH PARK

Dieser exzellente Schnorchel-Spot liegt definitiv abseits der Touristenpfade. (S. 163)

PUAKO

Im geschützten, klaren Wasser zwischen Korallen unter den Wellen abtauchen. (S. 151)

TWO-STEP

Ein echter Canyon aus Unterwasserlebewesen, in den man einfach hineinsteigen kann. (S. 122)

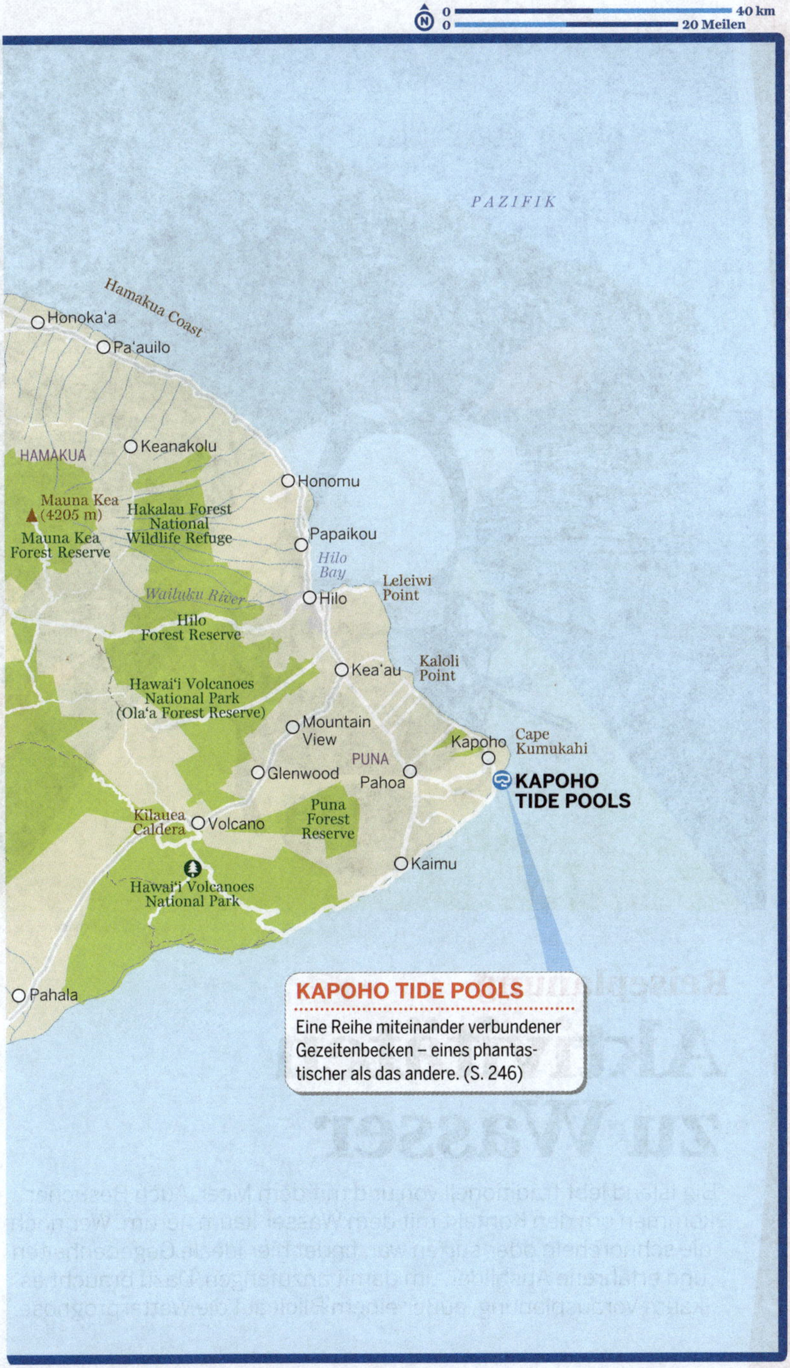

KAPOHO TIDE POOLS

Eine Reihe miteinander verbundener Gezeitenbecken – eines phantastischer als das andere. (S. 246)

RUSS BISHOP/ALAMY ©

Kajaktour vor der Kona Coast

Reiseplanung

Aktivitäten zu Wasser

Big Island lebt traditionell von und mit dem Meer. Auch Besucher kommen um den Kontakt mit dem Wasser kaum herum. Wer noch nie schnorcheln oder surfen war, findet hier ideale Gegebenheiten und erfahrene Ausbilder, um damit anzufangen. Dazu braucht es kaum Vorausplanung, außer einem Blick auf die Wetterprognose.

Am Puls der Natur

Ein Besuch auf Big Island weckt Abenteuerlust und Naturverbundenheit. Wie dicht ist der *vog* (Vulkandunst)? Muss der Hubschrauber wegen Regens am Boden bleiben? Wie hoch ist der Wellengang? Wer schlau ist, informiert sich genau, ob die klimatischen Bedingungen zur Tagesplanung passen. Am besten ruft man einen Surf-, Kajak- oder Tauchshop vor Ort an, um aktuelle Infos über Wind-, Wellen- und Wasserbedingungen zu bekommen, bevor man zum Tagesausflug aufbricht.

Auch die Gezeiten sind wichtig. Was die Tierwelt so macht und wie die Landschaft aussieht, hängt unauflöslich mit ihnen zusammen. Bei Niedrigwasser sind z. B. die Strände von Green Sands und Magic Sands breiter, an der Kiholo Bay gibt es mehr einsame schwarz-sandige Minibuchten zu erkunden und der Old Kona Airport Beach Park lockt mit Gezeitentümpeln. Ein hoher Wasserstand verspricht dagegen mehr Meeresgetier bei Two-Step und in den Kapoho Tide Pools, mehr Schildkröten am Punalu'u Beach und Schnorchelmöglichkeiten im Brackwasser hinter dem Keawaiki Beach.

Gezeitenkalender gibt es online unter www.hawaiitides.com.

Strände & Schwimmen

Die Strände von Big Island bestechen durch einen ganzen Regenbogen an Farben und eine Vielfalt an Texturen – glitzernder Sand in Weiß, Gelbbraun, Schwarz, Dunkelgrau oder Grün, übersät mit Meerglas, Kieseln und Felsblöcken oder durchsetzt mit Lava-Gezeitentümpeln.

Per Gesetz sind alle Strände von Hawaii unterhalb der Hochwasserlinie frei zugänglich. Grundstücksbesitzer können den Zugang zu ihrem Stück Küste von Land aus sperren, aber nicht vom Wasser. Resorthotels bieten oft allgemeinen Strandzugang mit begrenztem Parkraum, für den sie u. U. eine kleine Gebühr verlangen. Besucher sollten früh genug beim Resort aufkreuzen, um einen der begehrten Parkplätze zu ergattern. An Wochentagen ist die Lage meist entspannt, aber an Wochenenden und Feiertagen muss man sich dafür spätestens um 7 Uhr aus den Federn schälen.

West Hawai'i hat die schönsten Badestrände, wie den halbmondförmigen Mauna Kea Beach (S. 152) und den weißsandigen Manini'owali Beach (S. 131) mit türkisblauem Wasser. Kiholo Bay (S. 129) lädt sogar zum Schwimmen in einer Lavaröhre ein. Vor East Hawai'i ist die See generell rauer und vielerorts nur für gute Schwimmer geeignet. An den Stränden von Hilo tummeln sich aber auch einheimische Familien. Raue See und starke Strömungen können grundsätzlich überall um die Insel auftreten.

Stand Up Paddle Surfing

Im Jahr 2000 nahm der in Hawaii geborene Surfer Rick Thomas ein Paddel, stellte sich auf ein Board und machte die Festländer mit diesem traditionellen hawaiischen Sport bekannt, der hier *hoe he'e nalu* heißt. Viele Surfer sind allerdings nicht so happy, dass sie die Wellen nun auch noch mit den SUPlern teilen müssen.

Das Tolle an SUP: Es ist relativ einfach (jedenfalls das Paddeln, das Surfen ist einen Tick komplizierter) und sehr flexibel (auf Gewässern jeder Art möglich). Für Wasserratten gibt es nichts Schöneres, als daherzupaddeln und plötzlich einen Wal vor sich aus dem Wasser schnellen zu sehen oder zu beobachten, wie ein junger Delfin das Springen übt.

In und um Kailua-Kona und Hilo gibt es diverse Firmen, die Ausrüstung verleihen und SUP-Kurse anbieten.

Angeln

Die Kona Coast ist ein Traum für Hochseeangler: Hier geht jedes Jahr mindestens ein „grander" (ein Marlin mit mindestens 1000 Pound bzw. 454 kg) an die Angel. Über 100 Anbieter vermieten Boote und Kajaks für Angeltouren, die vom Honokohau Harbor (S. 124) ablegen. Diese Gewässer wimmeln auch von *ahi* (Gelbflossen-Thun) and *aku* (Bonito), Schwertfischen und *mahimahi* (Große Goldmakrele). Wer seinen Fang behält, sucht sich am besten ein Hafenrestaurant, das ihm den Fisch zubereitet.

Buckelwal vor Big Island

Bodyboarden

Das Boogie- oder Bodyboarden ist neben dem Surfen und dem Stand Up Paddle Surfing eine weitere beliebte Möglichkeit, auf den Wellen von Big Island zu reiten. Hauptsaison ist der Winter; Hotspots in West Hawai'i sind Hapuna Beach (S. 151), Magic Sands (S. 88), Honoli'i Beach (S. 215) und Kekaha Kai State Park (S. 132) – insbesondere Manini'owali Beach (S. 131). Reviere für erfahrene Bodyboarder sind Isaac Hale Beach Park (S. 240) in Puna oder der Honoli'i Beach Park (S. 215) bei Hilo, beide in East Hawai'i.

Kajakfahren

Die warme, ruhige See der Kona Coast, versteckte Buchten und türkisblaues Wasser voller Fische machen Big Island zu einem tollen Tummelplatz für Küstenpaddler. Ausrüster und Guides an der Kona und der Kohala Coast verleihen Kajaks und bieten Touren an, auch in Kombination mit Angeln, Surfen oder Segeln.

Die Kealakekua Bay (S. 115) ist mit ihren ruhigen Gewässern und ihrer Fülle von Fischen und Ostpazifischen Delfinen eines der beliebtesten Kajakreviere der hawaiischen Inseln. Weiter nördlich verspricht der touristenarme Küstenabschnitt um die Kiholo Bay (S. 129) selige Einsamkeit. Die Riffe bei Puako (S. 151) laden Paddler zum Schnorcheln ein.

Walbeobachtung

Die Buckelwale, die alljährlich von Alaska nach Hawaii und zurück wandern – insgesamt über 9000 km –, bringen zwischen Dezember und April in den Küstengewässern von Big Island ihre Jungen zur Welt.

Über 60 % der nordpazifischen Buckelwal-Population überwintern um Hawaii. So stehen die Chancen gut, ihre Sprünge bei einer Bootstour, vom Kajak oder sogar vom Ufer aus bewundern zu können – Fernglas nicht vergessen! Von Kailua-Kona starten auch ganzjährig Touren, um Pott-, Grind- und Zwergschwertwale so wie Breitschnabel- und Ostpazifische Delfine zu beobachten.

VINCENTSEAR/GETTY IMAGES ©

Surfen vor Big Island

Reiseplanung

Surfen

Die Surfszene von Big Island ist eine eigene Subkultur, aber zugleich Teil des Inselalltags. Die höchsten Wellen gibt es im Winter an der Nordküste. Surfreviere an der Kona Coast sind Kahalu'u Beach Park, Banyans und Lymans, alle südlich von Kailua-Kona, und Pine Trees in der Nähe des Wawaloli (OTEC) Beach. Unten in Ka'u hat die Kawa Bay eine bei den Einheimischen beliebte linke Welle. Zuverlässige Surfspots an der Ostküste sind Honoli'i Cove bei Hilo und Waipi'o Bay. Die Pohoiki Bay in Puna ist heikler, aber Surfprofis lieben die Riffbrecher des Isaac Hale Beach Park.

Surfstrände & Breaks

Weil Big Island die jüngste der Hawaii-Inseln und seine Küste noch sehr zerklüftet ist, denken viele, dass es hier kaum surftaugliche Wellen gibt. So richtet sich das Interesse der Surfer eher auf O'ahu und Kaua'i. Dabei glauben Archäologen und Forscher, dass die Kealakekua Bay (S. 115) der Ort war, an dem die alten Polynesier erstmals auf den Wellen ritten. Besucher können es ihnen allerdings heute nicht nachmachen, weil in der Kealakekua Bay das Surfen ohne Sondergenehmigung verboten ist.

Während auf den Nachbarinseln die Brandung an den Nord- und Südküsten am besten ist, hat Big Island an der Ost- und Westküste die zuverlässigste Brandung. Da Big Island durch die anderen Inseln abgeschirmt wird, sind die Wellen hier generell etwas niedriger. Die Kona Coast bietet die besten Bedingungen, mit Nord- und Süddünung und Passatwinden vor der Küste. Um den Kawaihae Harbor (S. 154) gibt es mehrere anfängertaugliche Riffbrecher in der Nähe der Mole. Weiter südlich, beim Kekaha Kai State Park (S. 132), wartet ein weit anspruchsvollerer Break auf Surfprofis.

Wer einen Geländewagen hat oder sein Board bei glühender Hitze eine Stunde durch die Lavawüste schleppen mag, sollte sich an den starken Riffbrechern von Mahai'ula (S. 132) und Makalawena (S. 131) versuchen. Sie brechen am besten bei Nordwestdünung, wofür die späten Wintermonate die optimale Zeit sind. Auch der beliebte Surfspot Pine Trees (S. 130) beim Keahole Point, nicht weit vom Flughafen Kailua-Kona, ist nur zu Fuß oder mit Allradantrieb zu erreichen.

In East Hawai'i gibt es bei Hilo mehrere gute mittelschwere Wellen. Richardson's Ocean Park (S. 208) ist ein guter Surfspot direkt in Hilo. Gleich westlich der Stadt liegt Honoli'i (S. 215), wo sich ein linker und ein rechter Peak in eine Flussmündung brechen.

Weiter nördlich an der Hamakua Coast lockt die Waipi'o Bay (S. 197). Der Strand ist nur durch einen langen Marsch oder per Allradantrieb zu erreichen, aber die Wellen lohnen die Mühe. Vorsicht: Die Gewässer an der Nordküste sind wild und launisch. Die Pohoiki Bay (S. 241) in Puna ist mit ihren drei Breaks für viele das beste Surfrevier der Insel, aber entschieden nichts für Anfänger – die Wellen brechen sich direkt auf schroffe Felsen.

In Ka'u paddeln die Einheimischen weit auf die raue See hinaus, um auf dem langen, fast perfekten Linksbrecher vor Kawa Bay (S.) und South Point zu surfen.

In Kailua-Kona können Anfänger im Kahalu'u Beach Park (S. 101) Unterricht nehmen und die Wellen testen.

Zu den besten Orten zum Bodyboarden und -surfen gehören Hapuna Beach (S. 151), Magic Sands Beach (S. 88), Honl's Beach (S. 88) bei Kailua-Kona und die Strände im Kekaha Kai State Park (S. 132).

Surfspots für Anfänger

Die Einheimischen sind normalerweise bereit, Surfspots, die sich zu beliebten Touristenzielen entwickelt haben, mit den Besuchern zu teilen, möchten aber andere, „geheime" Surfplätze lieber für sich behalten. Neulinge in der Warteschlange sollten nicht darauf vertrauen, jede Welle zu ergattern, die auf sie zurollt. Es gibt eine klare Hackordnung, in der Touristen ganz unten stehen.

Die Wellen, Shorebreaks und felsigen Küsten von Big Island sind eher etwas für Leute mit Surferfahrung, aber es gibt auch ein paar geeignete Stellen für Anfänger.

Eine Fülle von Stränden und Unterrichtsangeboten für Surfneulinge bietet die Touristenlandschaft zwischen Kailua-Kona und dem nahen Keahou. Hawaii Lifeguard Surf Instructors (S. 93) und HYPR Nalu (S. 92) sind ideale Anlaufstellen für Surfkurse. Der Kahalu'u Beach Park (S. 101) ist ein guter Ort, um in die Praxis einzusteigen.

Die Gewässer vor dem Hapuna Beach (S. 151) in South Kohala sind manchmal etwas rau, aber an ruhigeren Tagen ist die weite Bucht ein guter Tummelplatz für Surfanfänger. In North Kohala kann die Einfahrt des Hafens (S. 154) von Kawaihae zwar heikel sein, aber das Hafenbecken bietet sich als geschützter Surfraum an.

INFOS IM INTERNET

Außer den nachstehenden Websites informieren auch Wassersportprofis wie Kona Boys (S. 93) und das Hawai'i County Department of Parks and Recreation jederzeit über die aktuellen Surfbedingungen.

Surf News Network (www.surfnewsnetwork.com) Informationen über örtliche Gezeiten, Wetter und Wellenverhältnisse

Surfline (www.surfline.com) Auf der gut gemachten Website gibt es u. a. nützliche Karten, Gezeitentafeln, Wellen- und Windvorhersagen.

Surfspots für Fortgeschrittene & Könner

Big Island ist optimal für erfahrene Surfer. Besucher sollten aber im Hinterkopf behalten, dass die Einheimischen ihre Surfspots ziemlich besitzergreifend hüten. Wegen der Abgelegenheit vieler Strände gibt es kaum Rettungsschwimmer. Deshalb sollte man nie allein surfen gehen – selbst Einheimische, die diese Gewässer von klein auf kannten, sind hier schon ums Leben gekommen.

➡ **Kailua-Kona & Keahou** Der Ali'i Dr führt südwärts nach Banyans (Karte S. 102), wo – welche Überraschung – ein Banyanbaum steht. Nicht weit von hier pflegte Kamehameha höchstpersönlich auf den Wellen zu reiten. Honl's (S. 88) ist ideal zum Bodyboarden.

➡ **North Kona Coast** Manche behaupten, der abgelegene Pine Trees Beach (S. 130) sei ein guter Surfstrand für Anfänger. Unserer Meinung nach hat dieser Break aber eher ein mittleres bis hohes Niveau. Das gilt auch für die Strände im Kekaha Kai State Park (S. 132).

➡ **Hamakua Coast** Ins Waipi'o Valley (S. 51) hinabzusteigen, ist so schon mühsam genug – mit Board ist es eine Strapaze. Aber die Wellen gehören zu den besten der Insel. Die Einheimischen hüten den Ort allerdings wie ihren Augapfel.

➡ **Hilo** Honoli'i (S. 215) hat umwerfende Wellen, aber der Break ist ganz schön tricky.

➡ **Puna** Im Isaac Hale Beach Park (S. 240) surfen die Einheimischen auf den Wellen der Pohoiki Bay bis fast ans felsige Ufer. Dieser Nervenkitzel ist aber nur etwas für Surfer, die genau wissen, was sie tun.

➡ **Ka'u** Wegen der heftigen Winde ist der South Point nur für erfahrene Surfer geeignet.

Wie alles anfing

Die Ureinwohner Hawaiis haben das Surfen erfunden, das sie *he'e nalu* (Wellengleiten) nannten, aber es ist vielleicht nicht ganz so alt, wie manche glauben möchten. Es gibt keine zuverlässige Chronik des Wellenreitens, aber es dürfte erst einige Hundert Jahre alt sein – zweifellos eine Tradition, aber im Zeitrahmen der polynesischen Geschichte eher eine jüngere. Wahrscheinlich ritten Tahitianer und andere Polynesier zuerst mit ihren Auslegerkanus auf den Wellen (James Cook beschrieb solche Beobachtungen). Auf den Hawaii-Inseln entwickelte sich daraus der Vorläufer des modernen Surfens. Als die Europäer das erste Mal mit den Hawaiianern in Kontakt kamen, existierte wohl beides nebeneinander: das Wellenreiten mit Kanus und auf Brettern.

Surfbretter wurden aus *wiliwili-*, *koa-* und *'ulu-*Holz gefertigt. Die besten Bretter und Wellen waren für die *ali'i* (den Adel) reserviert. Knapp südlich von Kailua-Kona schützt der Keolonahihi State Historical Park (S. 87) das Gebiet um den Kamoa Point, wo Kamehameha der Große das Wellenreiten lernte. Deshalb gilt das Surfen auch als „Sport der Könige", wobei „Sport" vielleicht zu kurz gegriffen ist: Wellenreiten wurde nicht nur aus Spaß an der Freude ausgeübt, sondern hatte seinen festen Platz in der Religion, Kultur und sogar Politik.

Ende des 19., Anfang des 20. Jhs. verbreitete sich das Surfen von den Hawaii-Inseln in die Welt hinaus, doch Big Island kann sich auf einen weiteren Meilenstein der Surfgeschichte berufen: 1971 testete Tom Morey an Honl's Beach (S. 88), nur 3 km von Keolonahihi, den ersten Vorläufer des modernen Bodyboards.

Big Island (Hawai'i): Surfen

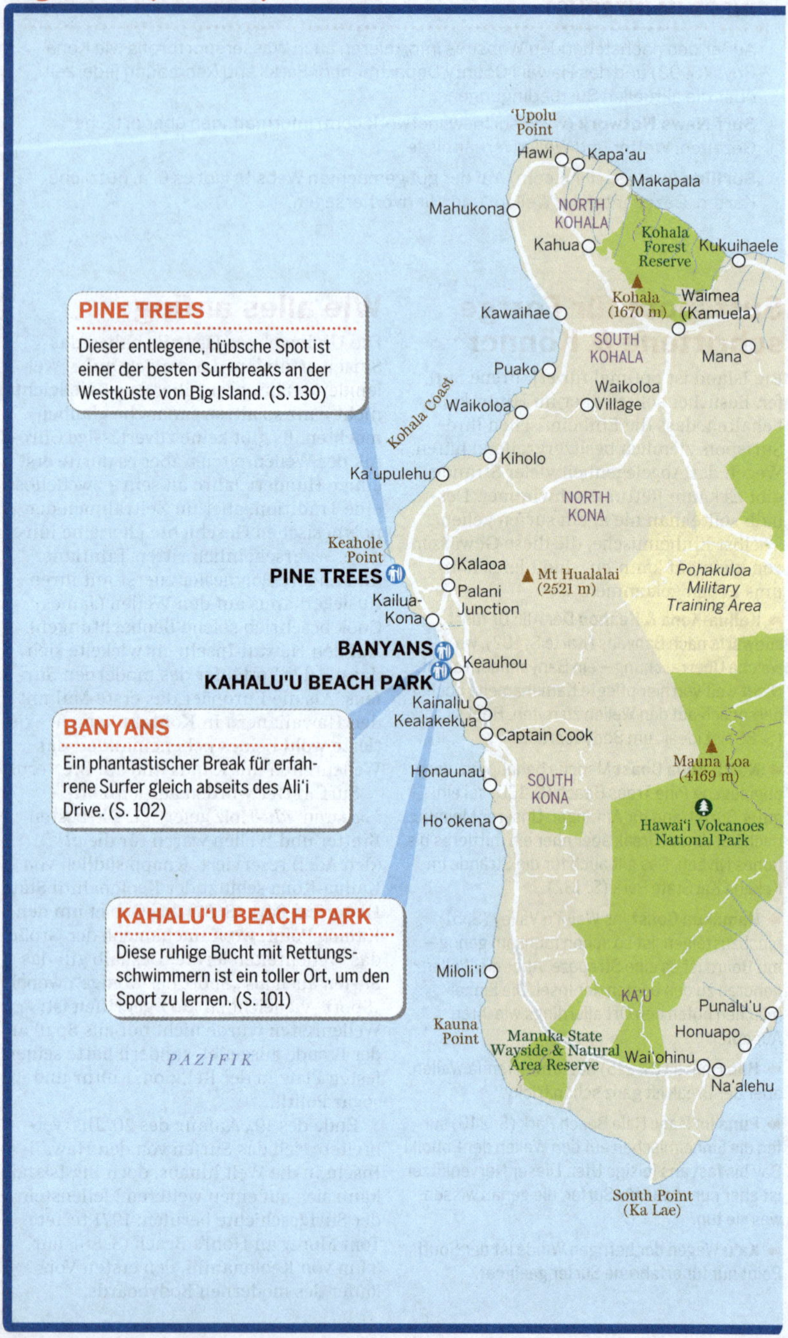

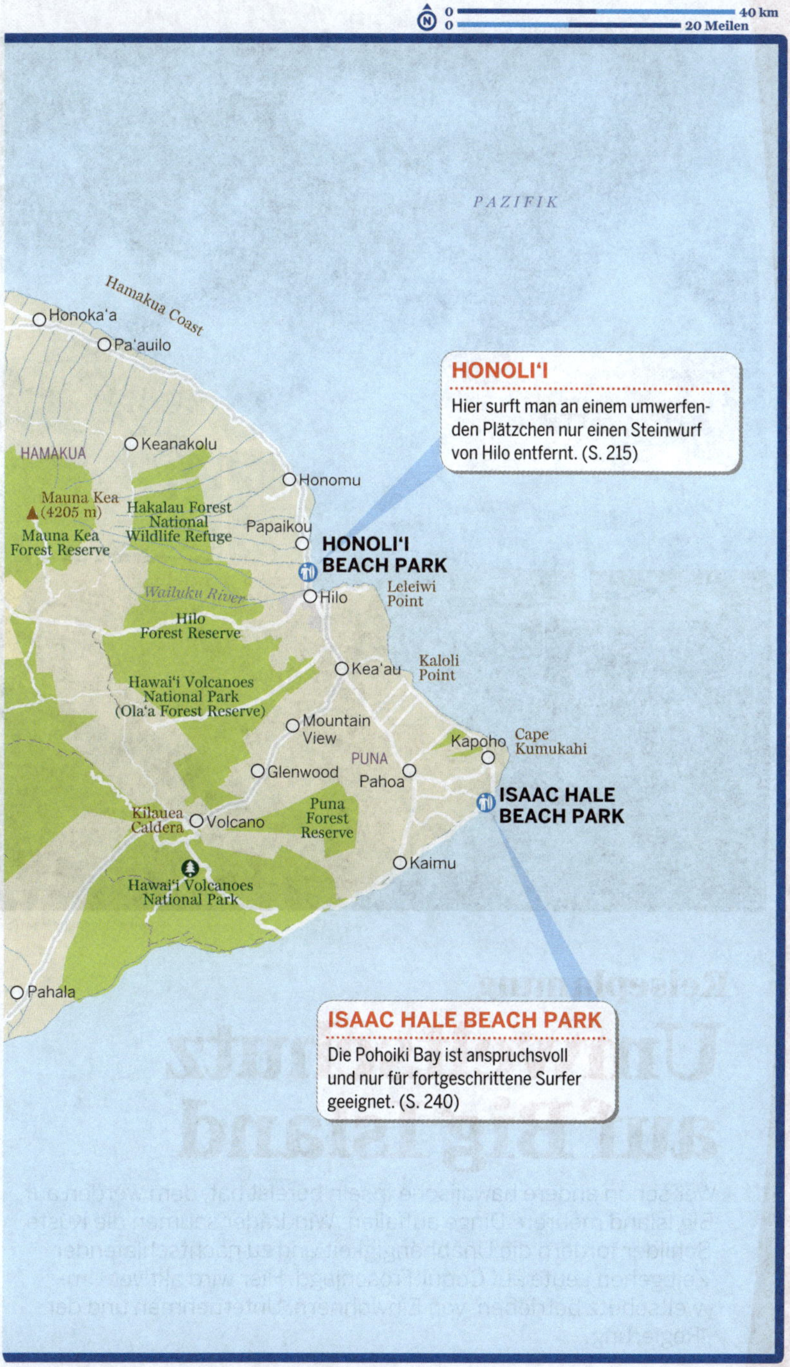
0 40 km
0 20 Meilen
PAZIFIK
Hamakua Coast
Honoka'a
Pa'auilo
Keanakolu
HAMAKUA
Mauna Kea (4205 m)
Mauna Kea Forest Reserve
Hakalau Forest National Wildlife Refuge
Honomu
Papaikou
HONOLI'I BEACH PARK
Wailuku River
Hilo
Leleiwi Point
Hilo Forest Reserve
Kea'au
Kaloli Point
Hawai'i Volcanoes National Park (Ola'a Forest Reserve)
Mountain View
Kapoho
Cape Kumukahi
PUNA
Glenwood
Pahoa
ISAAC HALE BEACH PARK
Kilauea Caldera
Volcano
Puna Forest Reserve
Kaimu
Hawai'i Volcanoes National Park
Pahala
HONOLI'I
Hier surft man an einem umwerfenden Plätzchen nur einen Steinwurf von Hilo entfernt. (S. 215)
ISAAC HALE BEACH PARK
Die Pohoiki Bay ist anspruchsvoll und nur für fortgeschrittene Surfer geeignet. (S. 240)

ROMAN TIRASPOLSKY/SHUTTERSTOCK ©

Windräder nahe Hawi (S. 156)

Reiseplanung

Umweltschutz auf Big Island

Wer schon andere hawaiische Inseln bereist hat, dem werden auf Big Island mehrere Dinge auffallen: Windräder säumen die Küste, Schilder fordern die Unabhängigkeit und zu nachtschlafender Zeit gehen Leute auf Coquí-Froschjagd. Hier wird aktiver Umweltschutz betrieben, von Einwohnern, Unternehmen und der Regierung.

Umweltbewusst reisen

Umweltbewusst zu handeln ist leichter gesagt als getan, besonders für Reisende. Glücklicherweise setzen die Bewohner von Big Island alles daran, ihren Gästen nachhaltige Optionen zu bieten. Wir haben ein paar Tipps gesammelt, wie man den Aufenthalt umweltfreundlicher gestalten kann.

➡ Den durchs Fliegen und den Mietwagen verursachten CO_2-Ausstoß ausgleichen: Enterprise, National, Hertz und Alamo bieten entsprechende Programme, die sie jedoch nicht offensiv bewerben. Alternativ berechnet man seinen reisebedingten CO_2-Wert (www.sustainabletravel.org/utilities/carbon-calculator/) und spendet eine Summe X für einen guten Zweck.

➡ Regionale, „grüne" und nachhaltige Unternehmen bevorzugen. Das Blattsymbol in unseren Beschreibungen dient als Wegweiser.

➡ Die Mülldeponien auf Big Island platzen aus allen Nähten, deshalb so wenig Müll wie möglich produzieren. Wasserflaschen wieder auffüllen und Frischhaltedosen o. Ä. für Essensreste/Proviant mitnehmen.

➡ In Restaurants und Lebensmittelläden auf biologisch abbaubare „Sustainable Island Products" achten und Einkäufe in wiederverwendbare Beutel einpacken.

➡ Produkte mit dem Label „Island Fresh", „Hawaii Seal of Quality" und „Made in Hawaii with Aloha" sind aus hiesigen Zutaten und lokaler Herstellung.

➡ In KTA Super Stores gibt's die Marke „Mountain Apple", ein Siegel für lokale Waren. Fisch von KTA stammt gewöhnlich aus der Region.

➡ Wo man einkauft, ist genauso wichtig wie was man einkauft. Nach einer Studie von 2008 verbleiben von 100 $, die in der Filiale einer überregionalen Kette ausgegeben werden, nur 43 $ in der Gemeinde. Gibt man denselben Betrag in einem Geschäft mit lokalem Inhaber aus, sind es 68 $.

➡ Touranbieter mit umweltfreundlicher Firmenpolitik auswählen und hawaiische Guides vorziehen.

➡ Freiwilligenarbeit leisten – etwas Gutes tun und dabei noch nette Leute kennenlernen.

Für die Bevölkerung bedeutet eine „grünere" Lebensweise natürlich mehr, als die Müllmenge zu mindern. Es geht um den Respekt gegenüber der Natur und Kultur auf vielen Ebenen. Alles beginnt und endet mit dem Aloha-Gedanken – einer Philosophie der Liebe und des Mitgefühls und einer humanistischen, harmonischen Lebensart.

Reisende können daran teilhaben, indem sie anderen Fahrern Vorfahrt gewähren, sich Wellen beim Surfen teilen, keine Privatgrundstücke betreten, an kulturellen Programmen und Aktivitäten teilnehmen und auf respektvolle Weise mit indigenen Hawaiianern in Kontakt treten, um besser zu verstehen, wie innig sie mit der Insel verbunden sind.

UNSER SYMBOL FÜR NACHHALTIGKEIT

Heutzutage schwimmt ja so ziemlich jeder auf der „grünen Welle" mit, aber woher weiß man, welche Unternehmen auf Big Island wirklich umweltbewusst agieren und nicht einfach nur auf den „Nachhaltigkeitszug" aufgesprungen sind?

Mit dem Blattsymbol 🍃 heben wir Unternehmen hervor, die den nachhaltigen Tourismus aktiv unterstützen. Vielfach sind die Besitzer und Betreiber von hier, manche engagieren sich im Umweltschutz oder der Umweltbildung, andere setzen sich für die Wahrung und Förderung der hawaiischen Identität und Kultur ein.

An der Basis

Was den Umweltschutz betrifft, ist der Tourismus erwartungsgemäß ein heißes Eisen. Er ist der wichtigste Wirtschaftsfaktor auf der Insel, verträgt sich jedoch nicht mit ökologischen Grundsätzen zur Nutzung von Land und fossilen Brennstoffen. Er verbraucht Ressourcen, produziert Müll und tangiert natürliche und kulturelle Besonderheiten. Das Inspirierende an Big Island ist, dass die Menschen nicht tatenlos herumsitzen, sondern handeln.

Innovative Umweltschutzinitiativen gebieten der „Bauwut" Einhalt. Unermüdliche Baugegner in Ka'u haben z. B. mithilfe des Trust for Public Land immer weiter Land an der Südküste erstanden und unter Naturschutz gestellt. Aktuell hoffen sie, ihren Kauf der Kawa Bay von 2011 (223 ha für 3,9 Mio. Dollar) durch den Kauf einer Fläche von 552 ha südlich von Na'alehu (Grundstückswert: 11,5 Mio. Dollar) noch zu toppen.

Im Bereich der Gastronomie ist die Slow-Food-Bewegung auf dem Vormarsch und hat Fans bei Feinschmeckern wie Lebensmittelhändlern. In vielen Restaurants wissen die Betreiber, wer den Fisch auf dem Teller gefangen hat und wie die Kuh hieß, die ihre letzte Ruhe zwischen zwei Burgerbrötchenhälften fand. „Locally Sourced" (sprich: von hier, aus der Region) steht so oft in den Speisekarten, dass es gar nichts Besonderes mehr zu sein scheint.

Bahnbrechend war der Gesetzesbeschluss von 2016, der staatliche Gelder in Höhe von 2 Mio. Dollar bereitstellte, damit Bauern die Gebühren für die Biozertifizierung (Anträge und Prüfungen) aufbringen können, ein komplizierter, kostspieliger Prozess. Das Geld soll kleinen Unternehmen dabei helfen, die Markteintrittsbarrieren zu überwinden, die vereiteln, dass sie die verdienten Preise für ihre Waren bekommen.

Hawaii ist überdies der erste amerikanische Bundesstaat, der Einwegplastiktüten flächendeckend abgeschafft hat. Außerdem ist Hawaii der erste Bundesstaat, der sich zum Ziel gesetzt hat, bis 2045 sämtlichen Strom aus erneuerbaren Energien zu gewinnen.

Beim Klimaschutz hat Big Island bereits die Nase vorn. Hier werden mehr erneuerbare Energiequellen genutzt als im Rest des Staates, Erdwärme und Sonnenenergie decken über 20 % des Bedarfs auf der Insel ab. 2016 verlieh man einer Biodieselanlage in Kea'au das erste Nachhaltigkeitszertifikat für Biokraftstoff in den USA; jeden Tag werden hier 50 000 l Treibstoff aus altem Speiseöl und schnell wachsenden Nicht-Nahrungsmitteln gewonnen.

Gentechnik auf Big Island

Gentechnisch veränderte Organismen (GVOs) sind ein Pulverfass, das Bauern und Umweltaktivisten gegen Politiker und Wirtschaftsinteressen aufbringt. Traditionell spielen die *kalo-* (Taro-)Bauern auf Big Island in diesem Drama die Hauptrolle. Sie votieren aus wissenschaftlichen wie kulturellen Gründen gegen GVOs. *Kalo* ist eine heilige Pflanze und hat eine zentrale Bedeutung in der hawaiischen Schöpfungsgeschichte. Sie wird seit mehr als 1000 Jahren in Hawaii angebaut; im Waipi'o Valley wächst sie noch heute. Die hawaiischen Tarofarmer bauen mehr als 300 verschiedene Arten dieses Grundnahrungsmittels an und bedienen sich dabei traditioneller Techniken, darunter der Bestäubung von Hand. Die Einführung von GVO-Taro, so fürchten sie, bedroht die Biodiversität der Pflanze und gefährdet ihre genetische Integrität.

Seit die Initiative „GMO Free Hawaii" aus der Taufe gehoben wurde, haben noch andere gentechnisch veränderte Pflanzen „Wurzeln geschlagen". Besonders berüchtigt: die Papaya. 1998 wurde die erste Gen-Papaya in Puna vorgestellt. Wie beabsichtigt war sie immun gegen das zerstörerische Ringfleckenvirus, doch einer Studie zufolge kontaminierte sie 50 % der nicht modifizierten Papayasorten auf der Insel durch Kreuzbestäubung. Auch Bio-Papayas wurden kontaminiert, genauso wie der (naturbelassene) Samenvorrat der University of Hawai'i. Daraufhin brachen die Exportzahlen für Papayas aus Big Island in Ländern wie Japan ein, da dort strenge GVO-Vorschriften galten. Das japanische Einfuhrverbot endete 2012. Heute sind über 85 % der exportierten Big-Island-Papayas gentechnisch verändert.

Umweltschützer konnten mehrere Gesetzesentwürfe im hawaiischen Parlament einbringen, die Beschränkungen des GVO-Anbaus vorsehen, darunter ein Moratorium zum Anbau von GVO-Taro im Jahre 2013. Ein Bundesrichter legte jedoch Ende 2016 fest, dass lokale Gesetze bezüglich der GVOs nicht Bundesrecht außer Kraft setzen können. Dieser Sieg für die industrielle Landwirtschaft erstickt die zunehmenden Verbote auf mehreren Inseln im Keim.

Heiße „grüne" Eisen

Wer weiß, welche Themen die Einheimischen umtreiben, begreift eher das Wesen dieser Insel. Unterwegs wird man Schilder, Graffitis, Protestler und Projekte in Eigeninitiative zu sehen bekommen, die sich z. B. mit invasiven Arten, dem Bau neuer Resorts, erneuerbaren Energien und der

Oben: Bio-Obst

Unten: Der invasive Coquí-Frosch (S. 238)

Unabhängigkeit befassen. Es hat den Anschein, dass wirklich jeder involviert ist, das heißt aber nicht, dass Einigkeit darüber herrscht, was das Beste für die Insel ist.

➡ **Kaffeemischungen mit 10 % Kona-Kaffee** Diese billigeren Mischungen mit ausländischen Bohnen stellen eine Bedrohung für einheimische Farmer dar. Die einheimischen Kaffeebauern wollen durchsetzen, dass der Kona Coffee eine geschützte Ursprungsbezeichnung erhält, etwa wie die Spreewälder Gurken oder der Parmesan-Hartkäse.

➡ **Delfinschwimmen** Ob in freier Wildbahn oder in Gefangenschaft, Begegnungen zwischen Mensch und Delfin können die Tiere immer gefährden. Wenn Boote oder Schwimmer stören, kommen freilebende Delfine manchmal nicht zum Fressen. „Show"-Delfine in Gefangenschaft leiden z. T. unter Stress, an Infektionen und verletzten Rückenflossen. Gesetzesentwürfe sehen ein Verbot des Schwimmens mit Delfinen vor. Tourveranstalter fürchten, dass das die Tourismusbranche schädigt.

➡ **Meeresschutzgebiete** 10 Jahre Fischereiverbot in der Kaupulehu Bay, 2016 verhängt, damit sich die Fischbestände erholen können, stößt Einheimischen übel auf, die ihre Rechte zum Schutz der Interessen der Mega-Resorts verletzt sehen.

➡ **Kealakekua Bay** Die Regierung erließ 2013 ein temporäres Kajakverbot in der Bucht, in der Ostpazifische Delfine übernachten. Einheimische und Biologen verweisen darauf, dass die Tiere durch die vielen Schnorchler und Boote gestört werden. Daher wird ein Verbot von Aktivitäten zu bestimmten Zeiten erwogen.

➡ **Thirty Meter Telescope** Der heiligste Ort Hawaiis, der Mauna Kea, könnte Standort des TMT werden, dessen Bau für 2018 geplant ist. Die öffentliche Meinung zu dem Projekt ist geteilt, denn es wird größer sein als sämtliche Observatorien auf dem Berg zusammen.

➡ **Erdwärme** Das einzige Geothermiekraftwerk auf der Insel (S. 241) hat Puna durch den Ausstoß giftigen Schwefelwasserstoffs auf die Barrikaden getrieben. Manch indigener Hawaiianer findet, dass das Kraftwerk das Land entweiht und Pele entehrt.

➡ **Sonnenenergie** Die hohen Stromkosten kombiniert mit der gleißenden Sonne und Subventionen setzten Hawaii an die Spitze der US-amerikanischen Solarenergiegewinnung. Energieversorger versuchen nun, ihre Ausgaben für den von Kunden ins Stromnetz zurückge-

Solarkraftwerk

FREIWILLIGENARBEIT

Statt einfach nur Urlaub auf Big Island zu machen, ermöglicht Freiwilligenarbeit, sich für einen guten Zweck zu engagieren. Kurze Einsätze runden eine Reise wunderbar ab, längerfristige Verpflichtungen lassen einen tiefer eintauchen in die abwechslungsreiche Natur von Big Island.

➡ **Sanctuary Ocean Count** (www.sanctuaryoceancount.org) Von Januar bis März beim Zählen der Buckelwale helfen.

➡ **Friends of Hawai'i Volcanoes National Park** (S. 266) Führt verschiedene Projekte und Wanderungen im Nationalpark durch.

➡ **Kalani Retreat** (☎808-965-7828, 800-800-6886; www.kalani.com; 12-6860 Hwy 137; Zi. mit Gemeinschaftsbad 95 $, Zi. mit eigenem Bad 140–245 $; 📶🏊) Kostenpflichtige Freiwilligenprogramme finanzieren Aktivitäten im Kalani-Yogazentrum.

➡ **Hawai'i Volcanoes National Park** (S. 248) Sporadisch werden Freiwillige für kurze oder längere Zeiträume im Park gebraucht.

➡ **WWOOF Hawaii** (www.wwoofhawaii.org) Kurz für „World Wide Opportunities on Organic Farms"; kurze und längere Freiwilligeneinsätze auf Biobauernhöfen.

➡ **Hawai'i Wildlife Fund** (www.wildhawaii.org/volunteer.html) Meeresschutzprogramme (z. B. mit Schildkröten oder Seehunden).

➡ **Mauna Kea Volunteer Program** (S. 181) Freiwillige sammeln Müll, zeigen Besuchergruppen die Sterne und helfen im Besucherzentrum.

➡ **USGS Hawaiian Volcano Observatory** (http://hvo.wr.usgs.gov/volunteer) Dreimonatige Stellen in Vollzeit; Freiwillige überwachen die Vulkane auf Big Island.

führten Saft zu drosseln, da sie die Instandhaltung der Energieinfrastruktur angeblich nicht mehr finanzieren können.

➡ **Coquí-Frösche** 2016 nahm die Regierung des Bundesstaats erneut den Kampf gegen invasive Arten auf, die eine unmittelbare Bedrohung für die menschliche Gesundheit darstellen. Leider fällt der Coquí-Frosch (S. 238) nicht in diese Kategorie. Um den Schlaf gebrachte Einheimische müssen allein mit dem laut quakenden Problem klarkommen.

➡ **Huftiere** Obgleich sie Schäden in Millionenhöhe anrichten und die Populationen endemischer Pflanzenarten dezimieren, empfinden Jäger und Unabhängigkeitsaktivisten die staatlichen Bemühungen, invasiven Hirsch-, Schwein- und Ziegenarten beizukommen, als Angriff auf ihre traditionelle Lebensweise.

Invasive Arten

Die Natur zu schützen bedeutet auch, endemische Arten von Big Island vor Eindringlingen von außerhalb zu schützen.

Wir können hier nicht alle invasiven Arten nennen; es sind zu viele. Die beiden Folgenden sind relativ neu auf Big Island. Sie haben das Potential, großen Schaden anzurichten, man hat sie aber (noch) im Griff.

➡ **Axishirsche** 2009 setzte jemand ein paar Axishirsche aus einem Hubschrauber ab, möglicherweise, um das Jagdwild auf Big Island zu diversifizieren. In weniger als drei Jahren war ihre Population auf fast 100 Tiere angewachsen. Die Behörden ließen sie ausrotten – restlos, so hofft man –, bevor sie Schäden in Millionenhöhe anrichten konnten wie auf Maui.

➡ **Himalaya-Wildhimbeere** Der dornige Busch, zu erkennen an den gelblichen Härchen an der Unterseite der Blätter, kann sich zu undurchdringlichem Gestrüpp ausweiten und endemische Pflanzen verdrängen. Umweltschützer haben Dickichte im Hawai'i Volcanoes National Park entfernt, fürchten aber, dass die Pflanze anderswo noch sprießt und gedeiht.

Wer einen Axishirsch oder eine Himalaya-Himbeere sichtet, sollte das **Big Island Invasive Species Committee** (☎808-961-3299; www.biisc.org/report-a-pest) kontaktieren.

Reiseplanung

Big Island mit Kindern

Mit seiner umwerfenden natürlichen Schönheit ist Big Island das perfekte Urlaubsziel für Familien. Nā keiki (Kinder) können an zahllosen Sandstränden spielen, zwischen tropischen Fischen schnorcheln, auf Seilrutschen durch die Baumkronen sausen und fließende Lava bestaunen. Bei Regen geht's in die familienfreundlichen Museen.

Die besten Gegenden für Kinder

Kailua-Kona

Shoppingspaß auf dem Ali'i Drive und gute „Anfängerstrände" zum Bodysurfen, Stand Up Paddling und Schnorcheln. Das Donkey Mill Arts Center den Berg rauf bietet ein üppiges Kinderprogramm.

South Kohala

Die hiesigen Resorts haben eine familienfreundliche Infrastruktur. Kinder können in Pools planschen, sollte das offene Meer zu rau sein.

North Kohala

Einrichtungen wie das Kohala Institute und die Kohala Mountain Educational Farm haben umfangreiche Bildungsprogramme für Kids.

Hilo

Viele Parks, Museen und Bildungseinrichtungen sind speziell für Kinder konzipiert oder zumindest kinderfreundlich.

Puna

Einige Märkte und wöchentliche Veranstaltungen und auch das allgemeine Hippieflair der Stadt werden Kindern zusagen.

Volcano & Umgebung

Größere Kinder sollten sich schon für die Schönheit des Nationalparks und die von Rangern angeleiteten Aktivitäten begeistern können.

Aktivitäten

Kinder hält man bei Laune, indem man ihnen einen ausgewogenen Mix aus Natur, Kultur und Aktivitäten auftischt und ihre Erwartungen in die richtige Bahn lenkt. Letzteres ist besonders wichtig, wenn es um das Thema Lava geht. Manche Kinder hoffen auf rotglühende Fontänen wie in den TV-Dokus und sind dann bitter enttäuscht. Vor dem Buchen teurer Hubschrauber- oder Bootstouren aktuelle Infos zu Lavaströmen über das Hawaiian Volcano Observatory (http://hvo.wr.usgs.gov/activity/kilaueastatus.php) einholen.

Kommerzielle *luaus* finden viele Erwachsene überzogen oder billig, Kinder hingegen stehen oft auf die effekthascherischen Tänze und den Feuerzauber. Meist ist der Eintritt für sie ermäßigt (oder, in Begleitung eines zahlenden Erwachsenen, sogar umsonst).

Essen & Trinken

In puncto Essen muss Big Island eins der unkompliziertesten Reiseziele für Kinder weltweit sein. Überall erhält man die gängigsten Leibspeisen und dazu exotische Snacks wie crack seed und Spam *masubi*. Auf Bauernmärkten kann man den Nach-

Spaziergang im 'Akaka Falls State Park (S. 202)

wuchs an Hawaiis tropische Genussvielfalt heranführen und sie schräges Obst wie schrumpelige Passionsfrüchte, stachelige Rambutan und Stachelannonen probieren lassen.

Es ist erstaunlich, wie viele Restaurants, auch gediegene wie das Brown's Beach House, Kinder herzlich willkommen heißen und sogar spezielle *keiki*-Menüs für Kinder haben – sie müssen sich aber benehmen können! Gekreische wird mit tadelnden Blicken quittiert. Eine unserer liebsten Adressen für gehobenes Speisen in Begleitung der Sprösslinge ist **Jackie Rey's Ohana Grill** (☎808-327-0209; www.jackiereys.com; 75-5995 Kuakini Hwy; Hauptgerichte mittags 13–19 $, abends 16–35 $; ⏲Mo–Fr 11–21, Sa & So 17–21 Uhr; 🅿 🚼) in Kailua-Kona. Dort dürfen die Tischdecken bemalt werden und Kinder können einen Blick in den Kühlraum werfen, in dem mehr als 130 kg schwere Fische an Haken hängen. Ganz großes (Aloha-)Kino.

Generell kinderliebe Stammkunden frequentieren die vielen Diners und *plate-lunch*-Lokale auf der Insel. Letztere sind genau richtig, wenn einem Sauberkeit, große Portionen und günstige Preise wichtig sind.

Highlights für Kinder

Tiere

Three Ring Ranch Exotic Animal Sanctuary (S. 89), Kailua-Kona Etwas ältere Kinder wird dieser Zufluchtsort für exotische Tiere begeistern.

Ocean Rider Seahorse Farm (S. 130), Keahole Point Hier werden niedliche Seepferdchen gezüchtet und großgezogen.

Pana'ewa Rainforest Zoo & Gardens (S. 209), Hilo Der einzige Zoo der USA mitten im Regenwald.

Schnorcheln für Anfänger, auf der ganzen Insel Top für Anfänger sind der Kahalu'u Beach (S. 101), Mahukona (S. 160) und der Wawaloli Beach (S. 130).

Meeresschildkröten, Kiholo Bay An der Nordseite des Strands nehmen Meeresschildkröten gern mal ein Sonnenbad.

Lernen & entdecken

'Imiloa Astronomy Center of Hawai'i (S. 209), **Hilo** Eintauchen in das Universum und die polynesische Kultur.

Hawai'i Volcanoes National Park Junior Ranger Program (S. 257), Volcanoes National Park Die Urgewalt der Natur anhand eines echten Vulkans kennenlernen.

Kohala Institute (S. 162), Kapa'au Veranstaltet Programme zu Nachhaltigkeit und Umweltbildung.

Donkey Mill Art Center (S. 105), Holualoa Mehr über Big-Island-Kunst erfahren.

Kona Coffee Living History Farm (S. 113), Captain Cook Ältere Kinder finden die Führungen unter freiem Himmel gewöhnlich spannend.

Reiseplanung

Wo übernachten?

Die Wahl der Unterkunft sollte sich an den Sightseeing-Prioritäten und bevorzugten Aktivitäten orientieren. Die Resorts haben phantastische Swimmingpools und bieten ganztägige Programme für Kinder und Babysitting auf Abruf. Viele Eltern sparen jedoch gerne Geld, indem sie eine eigene Küche und Waschmaschine/Trockner zur Verfügung haben, dies spricht für ein Apartment oder Ferienhaus. Kleinere B&Bs haben z. T. eine familiärere Atmosphäre (generell sind die Bewohner von Big Island sehr kinderlieb), doch manchmal fehlen Einrichtungen für jüngere Gäste bzw. sind limitiert.

Wenn sich Familien ein Hotel- oder Resortzimmer teilen, zahlen Kinder häufig nichts, solange keine Extrabetten verlangt werden. Beistellbetten sind gewöhnlich vorhanden, kosten aber meist 40 $ zusätzlich pro Nacht. In Ferienwohnungen gelten Kinder ab einem bestimmten Alter als zusätzliche Gäste, für die ein Aufpreis verlangt wird.

Lange Autofahrten bekommen nicht allen Kindern, deshalb ist es sinnvoll, sich mehr als eine Bleibe auf Big Island herauszusuchen. Oder aber man wählt eine Ausgangsstation, bei der alles, was man braucht, in nächster Nähe ist.

Reisezeit

Die meisten Familien übernachten an der sonnigen Leeseite der Insel, rund um Kailua-Kona oder an der Küste von South Kohala. Die windwärts gelegene Küste von Big Island bekommt ganzjährig mehr Regen ab und höhere Wellen im Winter (sprich: schwimmen ist zu riskant!). Auf der gesamten Insel kann jederzeit Vog

ALT GENUG?

Auf Big Island wird reichlich Familienspaß in freier Natur geboten, bei manchen Aktivitäten müssen die Kinder jedoch über ein bestimmtes Mindestalter oder -gewicht bzw. eine bestimmte Mindestgröße verfügen. Um Tränen der Enttäuschung zu vermeiden, gleich beim Buchen nach Beschränkungen fragen.

Surfen lernen Kinder müssen sicher und ohne Angst im offenen Meer schwimmen können. Teenager dürfen gewöhnlich an Gruppenunterricht teilnehmen, bei kleineren Kindern wird eventuell Einzelunterricht empfohlen.

Bootstouren Je nach Anbieter und Bootstyp ist vielleicht ein Mindestalter vorgeschrieben (meist zwischen 4 und 8 J.). Auf größeren Booten dürfen gegebenenfalls auch Zweijährige schon mitfahren.

Den Mauna Kea besteigen Erst ab 16 Jahren (Gesundheitsrisiken wie Höhenkrankheit!).

Hubschrauberrundflüge Die meisten Unternehmen schreiben ein Mindestalter vor (2–12 J.), manchmal auch ein Mindestgewicht (z. B. 15 kg). Kleinkinder bekommen einen eigenen Sitzplatz und zahlen den vollen Preis.

Ziplining Das Mindestalter liegt je nach Anbieter zwischen fünf und zwölf Jahren, das Mindestgewicht zwischen 23 und 36 kg.

Reiten Für Ausritte müssen Kids zwischen sieben und zehn Jahren alt sein. Die Reiterfahrung spielt auch eine Rolle. Für Kleinkinder wird schon mal Ponyreiten angeboten.

(vulkanischer Smog) auftreten. Diese Luftverschmutzung ist manchmal tolerierbar, doch zu anderen Zeiten sind die Werte bedenklich. Kleine Kinder und Schwangere sind besonders gefährdet.

Was muss mit?

Big Island hat das Flair einer Kleinstadt. Mal abgesehen von Sternekochrestaurants und 5-Sterne-Resorts gibt es kaum einen Ort, in dem es förmlich zugeht, weder was den Dresscode noch die Attitüde angeht. Kinder dürfen überall in T-Shirts, Shorts und *rubbah slippah* (Flip-Flops) rumlaufen. Im Hawai'i Volcanoes National Park und auf der Luvseite der Insel sind Regenkleidung und Sweatshirts oder Fleecejacken praktisch.

In Läden mit Touristenbedarf, z. B. dem ABC Store, bekommt man günstig Schwimmflügel, Schnorchel, Boogieboards u. Ä. Bei Snorkel Bob's (S. 93) in Kailua-Kona kann Wassersportausrüstung von Wasserschuhen bis Schnorchelmasken für Kinder geliehen oder gekauft werden. Babykrippen, Kinderwagen und -sitze, Strandspielzeug und mehr verleiht z. B. Big Island Baby Rentals (S. 229).

Infos im Internet

➡ **Travel with Children** (Lonely Planet) Voller wertvoller Tipps und witziger Geschichten, besonders für junge Eltern.

➡ **Lonely Planet** (www.lonelyplanet.com) Im Thorn-Tree-Forum „Kids to Go" Fragen stellen und sich Tipps von anderen Reisenden geben lassen.

➡ **Go Hawaii** (www.gohawaii.com) Auf der offiziellen Tourismusseite des Bundesstaats sind Aktivitäten, besondere Events etc. für Familien aufgeführt. Einfach nach Begriffen wie *kids* oder *family* suchen.

Gut zu wissen

➡ **Babynahrung und Muttermilchersatz** Wird in Supermärkten und Apotheken verkauft.

➡ **Babysitting** Im Hotel nachfragen, ob es eine Tagesbetreuung, ein Kinderprogramm o. Ä. gibt.

DENIS MOSKVINOV/GETTY IMAGES ©

Planschen in einem Gezeitenbecken

➡ **Essen gehen** Hochstühle und Kinderkarten stehen fast überall zur Verfügung (nicht in edlen Sternerestaurants).

➡ **Kindersitze** Bei Autovermietungen im Voraus reservieren.

➡ **Kinderwagen** Von daheim mitbringen oder bei Big Island Baby Rentals reservieren (S. 229).

➡ **Wandern** Viel Wasser mitnehmen und Sonnenmilch auftragen. *A'a-* (Zacken-)Lava und *kiawe*-Dornen können manchmal noch durch Gummisohlen zu spüren sein (bzw. sie durchbohren).

➡ **Wickeltische** In öffentlichen Toiletten die Norm, nicht jedoch an Stränden.

➡ **Windeln** In Super- und Minimärkten, Apotheken etc. erhältlich.

➡ **Stillen** In der Öffentlichkeit die Brust bedecken.

➡ **Schwimmen** Im Wasser vor Hawai'is Küsten sind sehr starke (Unter-)Strömungen am Werk. Am sichersten für Schwimmanfänger sind Gezeitenbecken.

Big Island im Überblick

Kailua-Kona & die Kona Coast

Aktivitäten
Strände
Natur

Hinein in die Fluten

Tollkühner Surfer? Tauchanfänger? Gelegenheitsschnorchler? Egal, auf welchem Niveau, auf Big Island kann jeder seinem Lieblingswassersport nachgehen. Das Wasser von Kona ist glasklar – top zum Schnorcheln und Tauchen.

Strände ohne Ende

In Kona gibt es alles von kleinen, mit dem Wagen erreichbaren Sandstreifen bis zu endlos scheinenden Stränden. Damit es der perfekte Strandtag wird, heißt es Prioritäten setzen – ruhiges Wasser oder gewaltige Wellen, Einsamkeit oder lebhafter Trubel?

Faszinierende Unterwasserwelt

Ui! Ist das da wirklich eine *honu* (Grüne Meeresschildkröte)? Meeresbewohner in ihrem natürlichen Lebensraum zu beobachten, ist ein ganz besonderes Erlebnis. Vor Konas Küste tummeln sich tropische Fische, Delfine, Mantarochen, *honu* und mehr. Rücksichtsvoll sein und Abstand halten!

S. 80

Kohala & Waimea

Strände
Resorts
Essen

Überirdisch schön

So kennt man es aus Hollywood-Streifen: Sanfte Wellen auf der einen und Palmen auf der anderen Seite begrenzen die seidenweißen Sandstrände an South Kohalas „Goldküste". Manche liegen in öffentlichen Parks, andere neben Resorts (und sind dennoch zugänglich).

Erholung pur

South Kohala bietet Resorts mit eigenen Spas, Golfplätzen und Stränden, in denen man sich nach Strich und Faden verwöhnen (lassen) kann. Resorts sind eine praktische Wahl für einen „3-in-1"-Aufenthalt (Essen, Vergnügen, Übernachten).

Lukullisch & lokal

Feinschmecker aufgepasst! Waimea und Hawi sind kleine, aber feine Gourmethochburgen mit Restaurants, in denen lokale Zutaten (hier gezogen, gezüchtet oder gefangen) mit Hingabe und Esprit zubereitet werden. In den Resorts von South Kohala wird der Blick aufs Meer und auf spektakuläre Sonnenuntergänge mit serviert.

S. 134

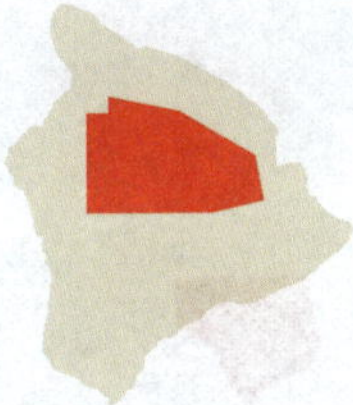

Mauna Kea & die Saddle Road

Landschaft
Abgeschiedenheit
Wandern

Das Außergewöhnliche entdecken

Schon nach wenigen Kilometern auf der Saddle Road ist klar, dass man sich auf unbekanntes Terrain begibt. Wer die knapp 3000 m hochfährt, gerät immer mehr ins Staunen. Die Fremdartigkeit des Mauna Kea verspricht ein unvergessliches Reiseerlebnis.

Über den Wolken

Den indigenen Hawaiianern war der Mauna Kea heilig und nur ihnen war der Aufstieg gestattet. Astronomen & Co. verehren den Berg, da der Himmel nachts pechschwarz ist. Ihn zu bezwingen (4207 m) ist anstrengend, aber vor allem eine Ehre.

Nur für Hartgesottene

Ambitionierte Gipfelstürmer sollten sich bei der Besteigung der majestätischen Berge Mauna Kea und Mauna Loa auf extreme Höhen, unerbittliches Lavagestein und eisige Temperaturen eingestellen. Und auf ein phantastisches und einmaliges Abenteuer.

S. 170

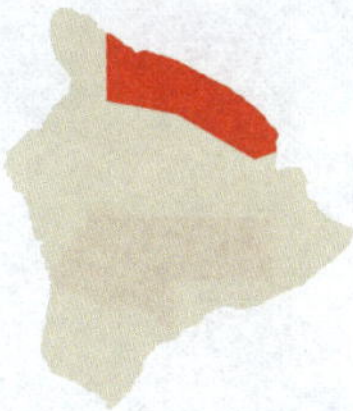

Hamakua Coast

Kultur
Geschichte
Landschaft

Kleinstadtvolk

Die größte Stadt an der Hamakua Coast ist Honoka'a mit genau einer Einkaufsstraße. Kein Hotel und keine Ampel weit und breit, stattdessen traditionelle Tarofelder im Waipi'o Valley, Kleinbauern, die Sonderkulturen anbauen, Nachfahren von Plantagenbesitzern und andere Menschen, die mitten in der Natur leben.

Plantagenerbe

Viele Städte in Hamakua verdanken ihren Aufstieg dem Zuckerrohranbau und die Erinnerung an die Zeit der Plantagen ist noch lebendig. Auch an traditionellen Werten wie Nachbarschaftlichkeit und harter Arbeit wird festgehalten. Kleine Museen entlang der Küste dienen Einheimischen als Gedächtnisstütze und Touristen als Infoquelle.

Grünoasen

Hamakuas üppig grüne Pracht zeigt sich an zahllosen Wasserfällen zwischen Blattwerk und tropischem Regenwald, auf Teepflanzungen und in drei gewaltigen Schluchten. Besonders eindrucksvoll ist das smaragdgrüne Waipi'o Valley.

S. 182

Hilo

Essen
Kultur
Geschichte

Gaumenkitzel

Für entdeckungsfreudige Leckermäuler hält Hilo unzählige Spezialitäten bereit: etwa frischen *ahi poke* (gewürfelter marinierter Thunfisch), riesige Portionen Seelentrösteressen, saftige Papayas, süßlich-herbe Minibananen sowie kreativ komponierte Menüs aus lokalen Zutaten.

Merrie Monarch Festival

Hilo, Veranstaltungsort des berühmten Merrie Monarch Festival, ist die Heimat einiger geachteter *kumu-hula*-Lehrer, die Besten ihrer Zunft. Hula ist nicht bloß ein Tanz, sondern auch Kommunikationsmittel, Medium zum Geschichtenerzählen und disziplinierter Lebensstil.

Tsunami-Überlebende

Warum man in Hilo nicht direkt an der bildschönen Bucht lebt? Weil zwei Tsunamis die Stadt im 20. Jahrhundert zerstörten. Daher rühren auch die Widerstandskraft und der Pragmatismus der Einheimischen. Mehr dazu im Hawaii Tsunami Museum.

S. 204

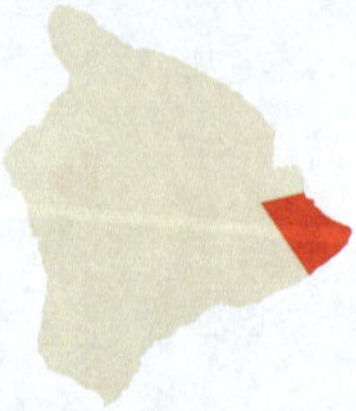

Puna

Aktivitäten
Kultur
Landschaft

Land & Meer

In Puna gibt's keine Stubenhocker. Schließlich ist es zu verlockend, durch Gezeitentümpel zu waten, Draufgängern auf den gewaltigen Wellen von Pohoiki zuzuschauen, zum Cape Kumukahi zu wandern, geschmolzene Lava zu bestaunen oder auf den herrlichen Nebenstraßen zu radeln.

Hochburg der Gegenkultur

Puna ist seit jeher ein Magnet für unangepasstes, alternatives Volk wie Mitglieder der hawaiischen Unabhängigkeitsbewegung, Neo-Hippies, vom Versorgungsnetz abgekoppelte Minimalisten, Biobauern, *pakalolo-* (Marihuana-) Züchter und andere unkonventionelle Zeitgenossen.

Peles Land

Der Kilauea ist so nah, dass Puna immer wieder Zeuge von Peles Feuerakrobatik wird. „Lavabäume" erinnern an frühere Eruptionen, es locken eine aufregende Unterwelt aus Lavahöhlen, Gezeitenbecken aus Lava und Wanderungen zu einem kleinen schwarzen Strand oder einem Lavastrom.

S. 232

Hawai'i Volcanoes National Park

Wandern
Kultur
Natur

Vulkanwanderungen

Hawai'is aktive Vulkane Mauna Loa und Kilauea sind für Bergsteiger wie gemütliche Spaziergänger gut zugänglich. Das ausgedehnte Wegenetz hat kräftezehrende hochalpine Treks und einfache Rundwege parat. Die Landschaft wechselt von kargen Landstrichen bis zu Urwäldern voller endemischer Arten.

Authentische Kunst

Volcano ist Wohnort vieler Künstler, die sich von der Einsamkeit und der Nähe zur Natur inspirieren lassen. Halema'uma'u Crater, die Heimat Peles, ist ein heiliger Ort und die hiesigen *kahiko*-Darbietungen (ein alter Hula-Stil) sind mitreißende spirituelle Ereignisse.

Heimische Arten

Die „Achtung *nene*"-Schilder im Park mit der Hawaiigans sind niedlich – und ernst zu nehmen! Die Vogelart ist nämlich bedroht und der Park ein fragiles Ökosystem für viele endemische Arten wie Türkisvögel, *i'o* (Hawaii-Bussard) und das Mauna-Loa-Silberschwert.

S. 248

Ka'u

Abgeschiedenheit
Geschichte
Landschaft

Ländliche Einsamkeit

Wer einmal quer über die Insel reisen will, nimmt die nördliche Hamakua-Route oder die zentrale Saddle Road. Weniger befahren ist die südliche Ka'u-Route. Diese Strecke zieht sich und bietet karge Lavafelder, windgepeitschte Felsen – und nicht viel mehr.

Zucker & Kaffee

Als die Ka'u Sugar Company 1996 dichtmachte, standen die Einheimischen vor dem Nichts: Hier auf dem Land gab es keine andere Industrie. Ein paar Bauern mit Unternehmergeist versuchten es mit dem Kaffeeanbau. Inzwischen produzieren sie preisgekrönte Bohnen; bei einer Führung auf einer Kaffeeplantage kann man sich von der Qualität überzeugen.

Windige Strände

Die Strände von Ka'u sind nicht unbedingt der Stoff, aus dem Tropenträume gemacht sind. Die Wellen sind rau, das Wasser ist kalt und oftmals erfolgt die Anreise durch unwegsames Terrain. Doch die wilde, urtümliche Szenerie hat ohne Zweifel *mana* (spirituelle Kraft).

S. 272

Reiseziele auf Big Island

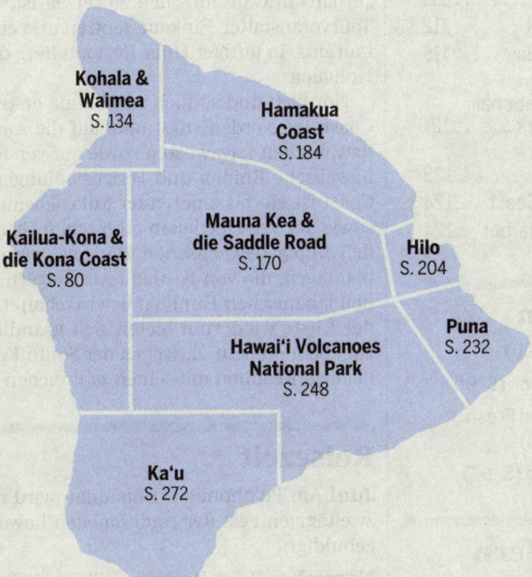

Kailua-Kona & die Kona Coast

☎ 808

Inhalt ➜

Gut essen

- ➜ Umekes (S. 95)
- ➜ Da Poke Shack (S. 95)
- ➜ Annie's Island Fresh Burgers (S. 110)
- ➜ Sushi Shiono (S. 97)

Mit Kindern

- ➜ Am Kikaua Beach (S. 132) im seichten Wasser planschen
- ➜ In der Kiholo Bay (S. 129) baden und den Strand erkunden
- ➜ Schnorcheln in der Ka'awaloa Cove (S. 117) oder am Two-Step (S. 122)
- ➜ Im Donkey Mill Art Center (S. 105) malen lernen

Auf nach Kailua-Kona & an die Kona Coast

Im Westen von Big Island, dem Tor zur Insel, locken unterschiedlichste Ziele mit jeweils ganz eigenem Flair. Das urbane Herz dieser Region schlägt in Kailua-Kona – wobei „urban" in Gänsefüßchen zu setzen ist. Hier befinden sich Tourveranstalter, Einkaufszentren und einige sehr gute Restaurants. In luftiger Höhe liegt am Berg die Künstlerenklave Holualoa.

Nördlich und südlich von Kailua erstreckt sich die Kona Coast. Im Norden stößt man auf die Ausläufer der großen hawaiischen Lavawüsten sowie auf versteckte Buchten, althawaiische Ruinen und Feriensiedlungen. Die South Kona Coast ist ein faszinierender Mikrokosmos der Ökosysteme sowie der verschiedenen ethnischen Gruppen der Insel. An den üppig bewachsenen Hängen verstecken sich Kaffeeplantagen, die von Festland-Aussteigern und alteingesessenen japanischen Familien bewirtschaftet werden. Unten an der Küste wiederum bieten sich grandiose Möglichkeiten zum Schnorcheln. Zwischen der South Kona Coast und Kailua liegt Keauhou mit seinen zahlreichen Ferienapartments.

Reisezeit

Juni Am Pu'uhonua o Honaunau wird mit einem zweitägigen Fest der traditionellen hawaiischen Kultur gehuldigt.

November Beim Holualoa Village Coffee & Art Stroll werden Erzeugnisse und Kunst aus der Region präsentiert.

März Beim Kona Brewers Festival feiert man mit einem kühlen Bier am Strand.

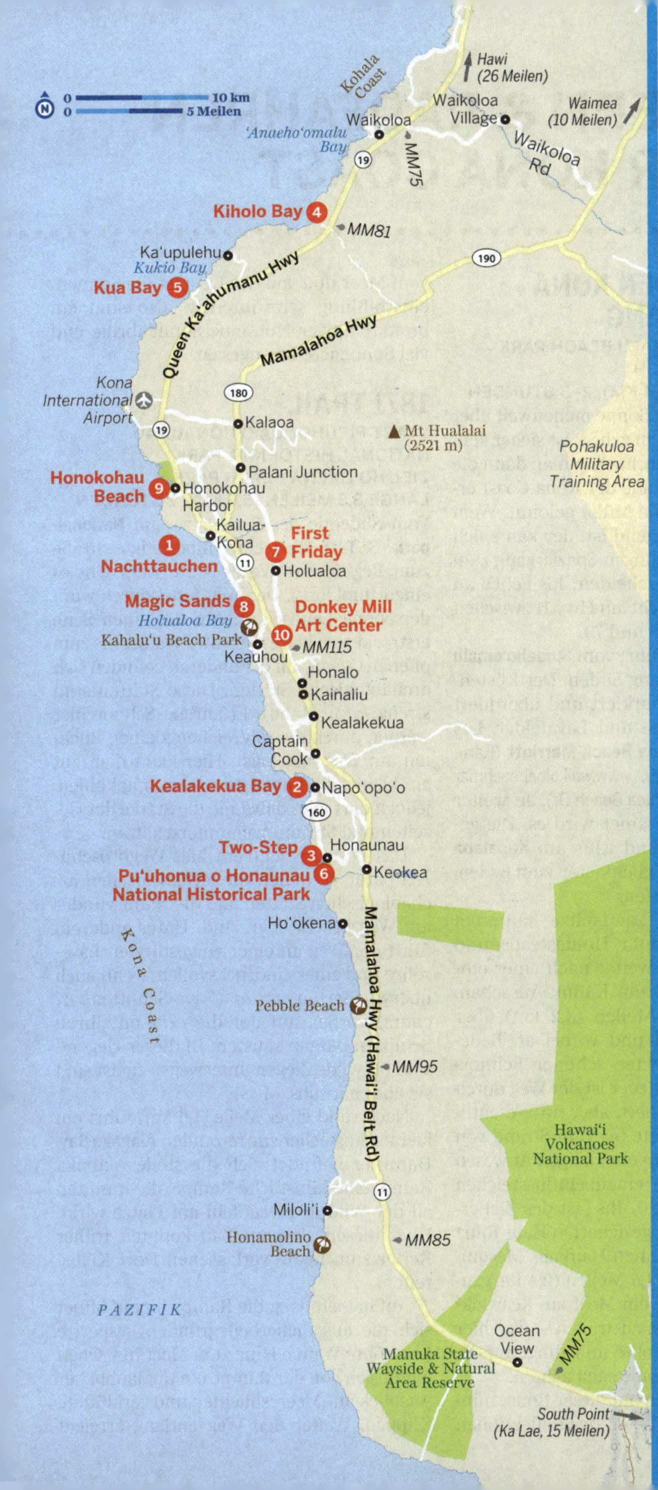

Highlights

1 Tauchen am Abend (S. 92) In einer himmlischen Unterwasserwelt mit geflügelten Mantarochen tauchen.

2 Kealakekua Bay (S. 115) Vom Highway zur Bucht wandern oder per Kajak herkommen.

3 Two-Step (S. 122) In Korallenschluchten und knallbunte Riffpanoramen eintauchen.

4 Kiholo Bay (S. 129) Durch die Wüste zu Meeresschildkröten und gewaltigen Wellen stapfen.

5 Kua Bay (S. 131) Am weißen Strand in blaugrünem Wasser bodyboarden oder schnorcheln.

6 Pu'uhonua o Honaunau National Historical Park (S. 121) Am „Place of Refuge" Zuflucht finden und hawaiische Geschichte erkunden.

7 First Friday (S. 106) Bei einem Bummel durch Holualoa in Kunst schwelgen.

8 Magic Sands (S. 88) Bei Sonnenuntergang bodysurfen.

9 Honokohau Beach (S. 124) An Lavafelsen und althawaiischen Ruinen vorbei zu diesem Strand wandern.

10 Donkey Mill Art Center (S. 105) Das perfekte handgefertigte Andenken finden.

WANDERN & RADFAHREN AN DER KONA COAST

AN DER WILDEN KONA COAST ENTLANG

START 'ANAEHO'OMALU BEACH PARK
ZIEL KEAWAIKI BEACH
LÄNGE 4 MEILEN (6,4 KM); 2–3 STUNDEN

Unter der brütenden Sonne meilenweit über zerklüftete *'a'a*-Lava zu gehen, ist sicher kein großes Vergnügen. Doch wenn man dann die abgeschiedenen Strände der Kona Coast erreicht, hat sich all die Mühe gelohnt. Wem das alles zu anstrengend ist, der kann sich auch für den 20-minütigen Spaziergang zum Keawaiki Beach entscheiden; los geht's an einer kleinen Parkbucht am Hwy 11 zwischen den Meilensteinen 78 und 79.

Die erste Etappe führt vom **'Anaeho'omalu Beach** (S. 140) Richtung Süden. Der Küstenpfad ist recht gut markiert und überquert verschiedene Strände und Lavafelder. Los geht es beim **Waikoloa Beach Marriott** (Karte S. 142; ☎808-886-6789; www.waikoloabeachmarriott.com; 69-275 Waikoloa Beach Dr). Je weiter man geht, desto einsamer wird es. Die geschützten Buchten und Riffs am **Kapalaoa Beach** bieten gute Möglichkeiten zum Baden, Schnorcheln und Surfen.

Nach der ersten Landspitze hält man nach den Pu'uanahulu Homesteads und eine Meile (1,6 km) weiter nach einer einsamen Palme bei Akahu Kaimu Ausschau. Weiter geht's zwei Meilen (3,2 km) über zerklüftete *'a'a*-Lava und vorbei an Badelöchern und versteckten schönen Schnorchelspots. Hin und wieder ist der Weg durch weiße Korallen markiert, aber im Wesentlichen folgt er der Küste bis zum Strand von **Keawaiki** (S. 133). Beim ehemaligen Anwesen von Francis I'i Brown, einem einflussreichen Geschäftsmann des 20. Jhs., ist das Ziel erreicht. Vorbei am gut gesicherten Haus führt ein Lavapfad durch einen Hain aus Mesquitebäumen und nach 1,5 Meilen (2,4 km) zurück zum Highway. Dem Meer am Keawaiki Beach ist nicht recht zu trauen – wer hier also baden möchte, sollte unbedingt auf die Gezeiten und die Strömungen achten.

Wanderer brauchen auf dieser Route mindestens 2 l Wasser. Wegen der Reflektionen vom Meer und von der Lava ist die Sonneneinstrahlung sehr intensiv, also sind ein breitkrempiger Hut, eine Sonnenbrille und viel Sonnencreme angesagt.

1871 TRAIL

START PU'UHONUA O HONAUNAU NATIONAL HISTORICAL PARK
ZIEL HO'OKENA BEACH PARK
LÄNGE 3,5 MEILEN (5,6 KM); 2 STUNDEN

Vom Südende des Parkplatzes im **Nationalpark** (S. 121) führt eine unbefestigte Straße zum Beginn des Weges (unterwegs gibt es einen Infokiosk). Der Weg führt durch wunderschöne Landschaft: Auf der einen Seite erstreckt sich klares, seichtes Wasser bis zum offenen Ozean, auf der anderen befinden sich archäologische Stätten. Diese Stätten sind streng *kapu* (tabu). Erfahrene Schnorchler werden durch die zahlreichen kleinen Buchten am Weg angelockt. Hier kann man gut ein kleines Bad nehmen und sich abkühlen, jedoch darf man dabei nie die Stärke der Gezeiten und Strömungen unterschätzen.

Das Besucherzentrum hält Wegbroschüren parat, in denen die althawaiischen archäologischen Stätten und die Naturwunder am Weg beschrieben sind. Unter anderem führt der Weg an einer eingestürzten Lavaröhre und einer eindrucksvollen, wenn auch überwucherten *holua* (Lava-Schlittenparcours) vorbei, auf der die *ali'i* mit ihren Schlitten bergab sausten. In dieser Gegend sind oft wilde Ziegen unterwegs – meist sind sie aber harmlos. Meist.

Nach rund einer Meile (1,6 km) führt ein kleiner Abstecher zur reizenden **Alahaka Bay**. Dahinter befindet sich die steile Alahaka Ramp, eine künstliche Rampe, die inmitten all der Wildnis etwas fehl am Platze wirkt. Über diesen cleveren Bau konnten früher Reiter zum heute verlassenen Dorf Ki'ilae reiten.

Auf halbem Weg die Rampe hinauf öffnet sich die aus Sicherheitsgründen gesperrte Lavaröhre Waiu o Hina zum Meer hin. Oben bietet sich von der Rampe ein unglaublicher Ausblick auf Meeresbuchten und zerklüftete Klippen. Weiter den Weg entlang erreicht

Ob man die Geschichte von Kona und die Küste von Big Island wandernd erforscht oder an Altären und Surfspots vorbeiradelt – an der Kona Coast bieten sich zahlreiche Outdooraktivitäten an.

man ein Tor, das einst die Grenze des Parks; hier befand sich das Dorf Ki'ilae, es ist jedoch kaum noch etwas davon zu sehen.

Hinter der Alahaka Ramp biegt der Weg landeinwärts und wird immer unwegsamer und feuchter. Schließlich führt er vorbei an einigen Wohnsiedlungen wieder zur Küste. Direkt an der Küste entlang erreicht man dann den **Ho'okena Beach Park** (S. 123) – geschafft!

RADTOUR: VON KAILUA NACH KEAUHOU

START ROYAL KONA RESORT
ZIEL KAHALU'U BEACH PARK
LÄNGE 4,2 MEILEN (6,8 KM); 2 STUNDEN

Auf dem Ali'i Dr kommt man Richtung Süden vorbei an einem schmalen Küstenstreifen mit Apartments, Ferienhäusern und Wohnstraßen, immer mit Blick aufs Wasser. Die Abschnitte des Ali'i Dr, die Kailua-Kona mit den Resorts von Keauhou verbinden, bilden eine merkwürdige Mischung aus Apartmenthäusern, Wohngebieten aus dem 20. Jh. und Spuren eines althawaiischen Erbes.

Leihräder gibt es beim **Bikeshare Kona Hawaii Island** (S. 100) oder bei **Bike Works** (S. 100) – und schon kann's losgehen! Hält man unterwegs, dann immer daran denken, das Fahrrad abzuschließen. Der Ali'i Dr ist ziemlich schmal und bei Radfahrern beliebt, also immer schön rechts halten. Eine knappe Meile (1,6 km) südlich des Royal Kona Resort erstreckt sich der **Honl's Beach** (S. 88) – hier testete der Boogie-Board-Entwickler Tom Morey seine Erfindung in der starken Brandung.

Weiter Richtung Süden weisen landeinwärts Schilder den Weg zum **Ali'i Gardens Marketplace** (S. 98), einem einladenden Freiluft-Einkaufszentrum. Hier kann man sich etwas zu essen besorgen oder man fährt eine halbe Meile (0,8 km) weiter zum **Da Poke Shack** (S. 95), wo bestes *poke* (Salat mit rohem Fisch) serviert wird.

Im weiteren Verlauf passiert die Straße den Keolonahihi State Historical Park, der heute größtenteils überwachsen ist, wo sich

früher jedoch ein *heiau* (Tempel) für Surfer befand. etwa eine halbe Meile (0,8 km) weiter südlich kann man die Tour am **Magic Sands Beach** (S. 88) ausklingen lassen und ein bisschen bodysurfen oder noch 1,3 Meilen (2 km)weiter zum **Kahalu'u Beach Park** (S. 101) fahren – hier hat man leichten Zugang zu phantastischen Schnorchelmöglichkeiten.

An- & Weiterreise

Der Kona International Airport ist der wichtigste Zugangspunkt nicht nur zu dieser Region, sondern zur gesamten Insel. Von hier zieht sich der Hwy 19, auch bekannt als Belt Rd und Mamalahoa Hwy, Richtung Süden nach Kailua-Kona und zur South Kona Coast sowie Richtung Norden nach Kohala. Das einzige öffentliche Verkehrsmittel in dieser Region – sowie auf der gesamten Insel – ist der Bus **Hele On** (☎808-961-8744; www.heleonbus.org; Erw. einfache Fahrt 2 $, Zehnerkarte 15 $, Monatskarte 60 $). Er ist zuverlässig, dient jedoch v. a. Pendlern, die in den Hotels und Resorts arbeiten, und verkehrt meist nicht zu Zeiten, die für Urlauber praktisch sind. Auf Big Island ist man insgesamt am besten mit einem eigenen fahrbaren Untersatz bedient.

KAILUA-KONA

☎808 / 12 000 EW.

Man liebt sie oder hasst sie: Die Stadt Kailua-Kona, auch bekannt als „Kailua", „Kona Town" oder einfach nur „Town". Die Hauptstraße Ali'i Dr am Meer bemüht sich sehr, die Lässigkeit eines Tropenparadieses heraufzubeschwören, wenn auch auf eher billige und künstliche Art.

Doch uns gefällt die seltsam verschrobene Atmosphäre, die sich hinter der Touristenfassade des Ortes verbirgt. Zwei gegensätzliche Kräfte prallen hier aufeinander: einerseits Festland-Amerikaner, die auf gemächliches hawaiisches Tempo herunterfahren möchten, andererseits ehrgeizige Insulaner, die den Ort zu einem Inselzentrum aufpeppen möchten. Irgendwie funktioniert diese Mischung. Kailua-Kona mag kitschig sein, aber es hat Charakter.

Kailua ist eine gute Ausgangsbasis für Ausflüge zu den Stränden der Kona Coast, zum Schnorcheln, für Wassersport oder Besuche bei althawaiischen Stätten, sodass man hier wahrscheinlich mindestens einen Tag verbringen wird.

Geschichte

Trotz des ganzen Touristenrummels ist Kailua-Kona von großer Bedeutung für die Geschichte Hawaiis. Kamehameha der Große verbrachte hier seine letzten Lebensjahre und betete in seinem eigenen Tempel, dem **Ahu'ena Heiau** (S. 85). Kurz nach seinem Tod 1819 brach sein Sohn Liholiho ein wichtiges Tabu, indem er mit Frauen zusammen speiste. Da ihn keine göttliche Rache ereilte, hatten die ersten Missionare, die 1820 in die Kailua Bay segelten, keine großen Probleme, die Hawaiianer zum Christentum zu bekehren.

Im 19. Jh. war der Ort ein Freizeitrefugium des hawaiischen Königshauses. Der **Hulihe'e Palace** (S. 85) diente König David Kalakaua, einem talentierten Förderer von Künsten wie Hula, Musik und Literatur, als bevorzugter Rückzugsort.

Seit den 1970er-Jahren ist Kailua-Kona das ökonomische Zugpferd von Big Island. Angetrieben wird die Wirtschaft vom Tourismus, dem Einzelhandel und der Immobilienbranche.

Sehenswertes

Am Ali'i Dr drängeln sich die Surfshops und ABC Stores, doch inmitten des Touristenramsches verstecken sich einige historische Gebäude und Wahrzeichen, die einen Besuch lohnen.

Old Kona Airport State Recreation Area STRAND

(Karte S. 126; www.hawaiistateparks.org; Kuakini Hwy; ⏲7–20 Uhr; P 🚻) Diesen ruhigen Park eine Meile (1,6 km) vom Zentrum übersehen Besucher oft. Schwimmen kann man hier zwar nicht besonders gut, aber es ist ein toller Ort für ein Picknick. Der Strand ist mit Lavagestein und Gezeitenbecken übersät, in denen die Meeresschildkröten gerne mal ein Nickerchen machen. In erster Linie wird der Strand zum Joggen und Fischen genutzt. Gerätetaucher und erfahrene Schnorchler können die Garden Eel Cove ansteuern, nicht weit vom Nordende des Strands entfernt. Anfahrt über den Kuakini Hwy bis zum Ende.

Gleich nach dem südlichen Eingangstor ist ein großes, sandiges Gezeitenbecken, das sich perfekt als Kinderplanschbecken eignet. Bei ausreichender Brandung zieht es die einheimischen Surfer hierher zu einem Break vor der Küste.

Duschen und Toiletten sind vorhanden und auf einer Rasenfläche mit kleinen Kokospalmen gibt es überdachte Picknicktische. Und was auf dem Weg zum Strand am meisten Spaß macht, ist die Anfahrt über die Landebahn des ehemaligen Flughafens am Old Airport Park. Hier war früher der Bezirksflughafen, bis man ihn für zu klein befand.

Herb Kane Paintings GALERIE

(75-5660 Palani Rd) GRATIS Im King Kamehameha's Kona Beach Hotel neben dem Ahu'ena Heiau (S. 85) sind historische Gemälde und ein Wandbild des legendären

Künstlers und Hawaii-Historikers Herb Kawainui Kane zu sehen. Jedes Bild präsentiert ein Element der Geschichte und Kultur der indigenen Hawaiianer wie Fischerei, Hula und Landwirtschaft. Ausgestellt sind außerdem ein seltener Federhelm und -umhang, einst getragen von den *ali'i* (Mitgliedern des Königshauses), alte hawaiische Waffen und Musikinstrumente sowie ein Walzahnanhänger an einer aus Menschenhaar geflochtenen Schnur.

Moku'aikaua Church KIRCHE

(☎808-329-1589, 808-329-0655; www.mokuaikaua.org; 75-5713 Ali'i Dr; ⊙7.30–17.30 Uhr) Das 1836 fertiggestellte Gotteshaus ist ein hübsches Gebäude mit Mauern aus Lavagestein, das durch einen Mörtel aus Sand und Korallenkalk zusammengehalten wird. Die Pfähle und Balken sind aus dem Holz des *ohia*-Baums, die Bänke und die Kanzel aus *koa*, dem begehrtesten einheimischen Hartholz. Der Kirchturm ist 34 m hoch und die Kirche somit das höchste Bauwerk in Kailua. Sonntags um 9 Uhr finden hier moderne Gottesdienste statt, eine traditionelle Messe folgt um 11 Uhr.

Moku'aikaua, oft als die „große Steinkirche am Ali'i" bezeichnet, ist die Keimzelle des hawaiischen Christentums. Am 4. April 1820 segelten die ersten christlichen Missionare in die Kailua Bay. Bei ihrer Ankunft wussten sie nicht, dass das hawaiische *kapu*- oder Tabu-System genau an dieser Stelle nur wenige Monate zuvor abgeschafft worden war.

Die Kirche ist sehr beliebt für Hochzeiten. Drinnen gibt's ein Modell der *Thaddeus*, des Schiffs der Missionare; dazu wird die Geschichte ihrer Ankunft erzählt.

Hulihe'e Palace HISTORISCHES GEBÄUDE

(☎808-329-1877; http://daughtersofhawaii.org; 75-5718 Ali'i Dr; Erw./Kind 10/1 $; ⊙Mo–Sa 9–16, So 10–15 Uhr) Dieser Palast zeigt auf faszinierende Art und Weise den Wechsel der hawaiischen Königsfamilie von polynesischen Gott-Königen zu westlichen Monarchen. Die Geschichte in aller Kürze: Der zweite Gouverneur von Big Island, „John Adams" Kuakini, ließ sich dieses schlichte zweistöckige Haus aus Lavagestein 1838 als Privatresidenz erbauen. Nach seinem Tod 1844 wurde das Gebäude das bevorzugte Feriendomizil der hawaiischen Monarchen. Der Palast enthält sowohl auf Europareisen gesammelte Antiquitäten als auch alte hawaiische Artefakte, darunter mehrere Kriegsspeere von Kamehameha dem Großen.

NICHT VERSÄUMEN

SONNENUNTERGANG IN KAILUA-KONA

Kailua Pier (S. 87)

Magic Sands Beach (S. 88)

Huggo's on the Rocks (S. 98)

Don's Mai Tai Bar (S. 98)

Kona International Airport (S. 100), während der Landung.

Zu Beginn des 20. Jhs. machte das Königshaus eine schwere Zeit durch. Das Haus wurde verkauft, Möbel und Kunstwerke ließ Prinz Kuhio versteigern. Glücklicherweise nummerierten seine Frau und andere Mitglieder des Königshauses jedes Stück sorgsam und notierten außerdem die Namen der Käufer.

1925 erwarb das Territory of Hawaii das Haus, um es in ein Museum umzuwandeln. Heute wird es von den Daughters of Hawai'i geführt, einer Frauengruppe, die sich der Bewahrung der hawaiischen Kultur und Sprache verschrieben hat. Sie spürten Einrichtungsgegenstände und Erinnerungsstücke wieder auf, wie etwa einen Tisch mit Intarsien aus 25 verschiedenen einheimischen Hölzern, diverse Kriegsspeere von Kamehameha dem Großen sowie das erstaunlich kleine Bett der Prinzessin Ke'elikolani (die immerhin 1,80 m groß und fast 200 kg schwer war).

Diese und weitere Geschichten hören Besucher bei den 40 Minuten dauernden Führungen (Erw. 2 $ extra) der Daughters of Hawai'i. Die kostenlosen Konzerte, die hier am dritten Sonntag eines jeden Monats um 16 Uhr stattfinden, sind ein echter Genuss: Auf der Rasenfläche vor der glitzernden Kailua Bay werden dann hawaiische Musik und Hula-Tänze aufgeführt.

Ahu'ena Heiau TEMPEL

(http://ahuenaheiau.org; 75-5660 Palani Rd;) Nachdem Kamehameha der Große 1810 die Hawaii-Inseln vereint hatte, etablierte er seinen königlichen Hof in Lahaina auf Maui, aber er kehrte immer wieder nach Big Island zurück. Nach ein paar Jahren ließ er diese heilige Stätte, die sich heute neben einem Hotel befindet, als seinen persönlichen Rückzugsort und Tempel wiederherrichten. Interessant ist u. a. das große hölzerne *ki'i* (Götterbildnis) mit einem Helm, auf dem

Kailua-Kona

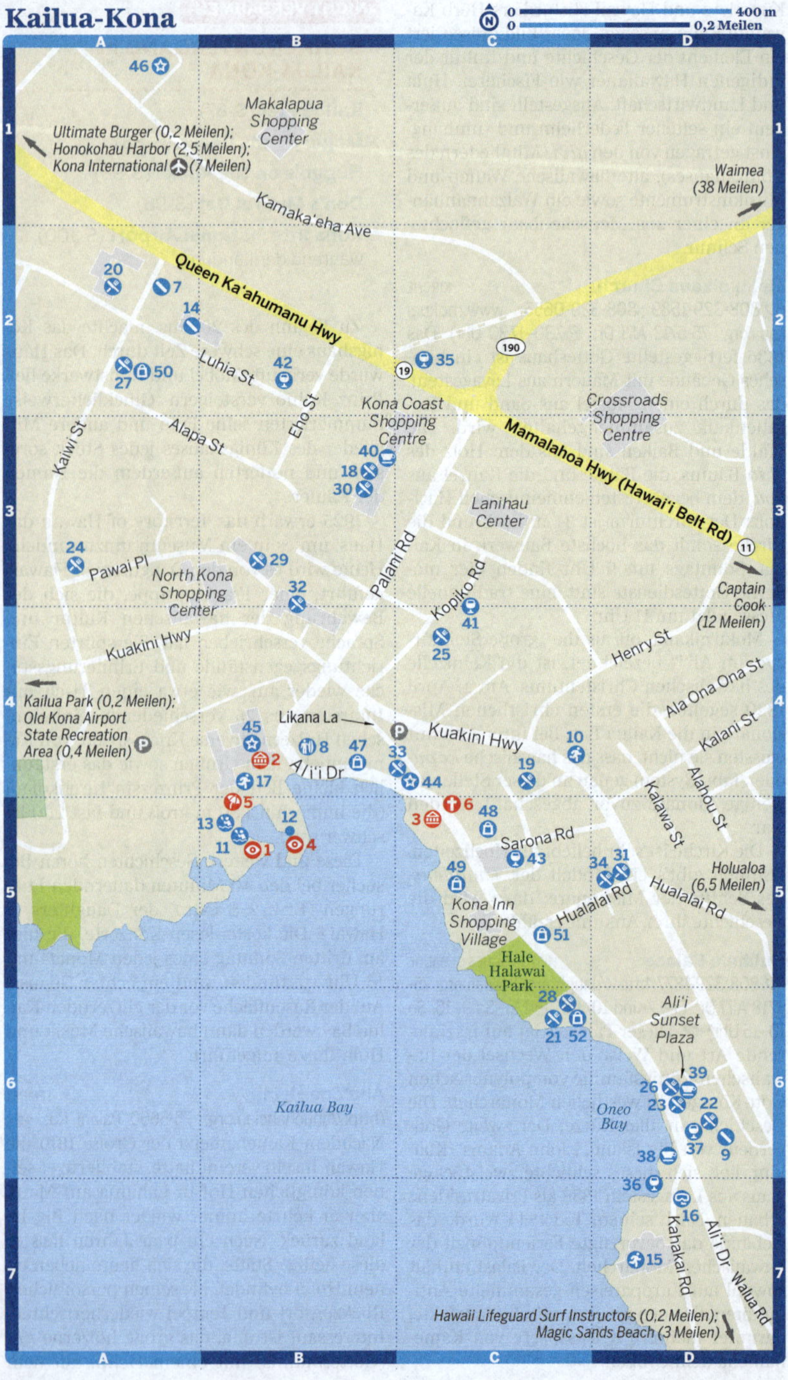

0 400 m
0 0,2 Meilen
Makalapua Shopping Center
Ultimate Burger (0,2 Meilen); Honokohau Harbor (2,5 Meilen); Kona International (7 Meilen)
Waimea (38 Meilen)
Kamaka'eha Ave
Queen Ka'ahumanu Hwy
Luhia St
Alapa St
Eho St
Kaiwi St
Kona Coast Shopping Centre
Crossroads Shopping Centre
Mamalahoa Hwy (Hawai'i Belt Rd)
Lanihau Center
Palani Rd
Kopiko Rd
Pawai Pl
North Kona Shopping Center
Kuakini Hwy
Captain Cook (12 Meilen)
Henry St
Ala Ona Ona St
Kalani St
Kailua Park (0,2 Meilen); Old Kona Airport State Recreation Area (0,4 Meilen)
Likana La
Ali'i Dr
Kalawa St
Alahou St
Sarona Rd
Holualoa (6,5 Meilen)
Hualalai Rd
Kona Inn Shopping Village
Hale Halawai Park
Ali'i Sunset Plaza
Kailua Bay
Oneo Bay
Kahakai Rd
Walua Rd
Hawaii Lifeguard Surf Instructors (0,2 Meilen); Magic Sands Beach (3 Meilen)

Kailua-Kona

Sehenswertes

1 Ahu'ena Heiau B5
2 Herb Kane Paintings B4
3 Hulihe'e Palace C5
4 Kailua Pier B5
5 Kamakahonu Beach B5
6 Moku'aikaua Church C5

Aktivitäten, Kurse & Touren

7 Big Island Divers A2
8 HYPR Nalu Hawaii B4
9 Jack's Diving Locker D6
10 Ka Lima Hana Kukui C4
11 Kai 'Opua Canoe Club B5
12 Kailua Bay Charter Company B5
13 Kona Boys Beach Shack B5
Kona Brewing Company .... (s. 29)
14 Kona Honu Divers A2
15 Lotus Center D7
16 Snorkel Bob's D7
SUP at Kona Boys Beach Shack .... (s. 13)
17 UFO Parasailing B4

Essen

18 Ba-Le Kona B3
Basik Acai .... (s. 16)
19 Big Island Grill C4
20 Broke Da Mouth Grindz A2
21 Daylight Mind C6
22 Evolution Bakery & Cafe D6
23 Foster's Kitchen D6
24 Fresh Off Da Boat Polynesian Deli A3
25 Hayama C4
26 Island Lava Java D6
27 Island Naturals Market & Deli A2
28 Kamana C6
29 Kona Brewing Company B3
30 KTA Super Store B3
31 Lemongrass Bistro D5
32 Original Thai B3
33 Scandinavian Shave Ice C4
Sushi Shiono .... (s. 26)
34 Umekes D5

Ausgehen & Nachtleben

35 Dolphin Spit Saloon C2
Don's Mai Tai Bar .... (s. 15)
36 Huggo's on the Rocks D7
37 Humpy's Big Island Alehouse D6
38 Java on the Rock D6
39 Kanaka Kava D6
40 Kona Coffee & Tea Company B3
41 Mask-Querade Bar C4
42 My Bar B2
43 Sam's Hideaway C5

Unterhaltung

44 Gertrude's Jazz Bar C4
45 Island Breeze Lu'au B4
46 Regal Makalapua Stadium 10 .... A1
Voyagers of the Pacific .... (s. 15)

Shoppen

47 Big Island Jewelers B4
48 Conscious Riddims Records C5
49 Honolua Surf Co C5
50 Kona Bay Books A2
51 Kona Farmers Market C5
52 Wyland Kona Oceanfront Gallery C6

ein goldener Regenpfeifer sitzt: Diese Vögel, die weite Strecken zurücklegen, könnten den alten Polynesiern einst dabei geholfen haben, den Weg nach Hawaii zu finden.

Als Kamehameha I. am 8. Mai 1819 im Ahu'ena Heiau starb, wurde hier sein Leichnam für die Beisetzung vorbereitet. Seine Gebeine wurden jedoch nach alter hawaiischer Tradition an einem geheimen Ort beigesetzt. Sie wurden nie gefunden – auch wenn viele glauben, dass sie sich in einer Höhle beim Kaloko Fishpond befinden.

Keolonahihi State Historical Park — ARCHÄOLOGISCHE STÄTTE

(abseits des Ali'i Dr; Sonnenaufgang bis Sonnenuntergang) Heute ist die Stätte zwar größtenteils vom Dschungel verschluckt und von Gebüsch überwachsen, doch einst war dies ein bedeutender religiöser Komplex der alten Hawaiianer. Ein *heiau* (Tempel) war den Surfern geweiht und der Überlieferung zufolge erlernte Kamehameha der Große in der Nähe das Wellenreiten. Die Stätte ist nur bedingt öffentlich zugänglich. Zur Zeit der Recherche führte jedoch ein schmaler Küstenpfad zu einem Strand mit Korallenschutt und den Überresten althawaiischer Gebäude. Wie überall müssen die archäologischen Fundstücke so bleiben, wie sie vorgefunden wurden.

Kailua Pier — WAHRZEICHEN

Die Kailua Bay war einst ein wichtiger Verladeplatz für Rinder. Diese wurden von den Ranches an den Hängen hinunter zur Stadt und dann ins Wasser getrieben und gezwungen, zu wartenden Dampfschiffen zu schwimmen, mit denen sie in die Schlachthöfe von Honolulu verfrachtet wurden. Heute kommen die Einheimischen mittags hierher, um ein Bad zu nehmen, und Kanuklubs lassen am Kailua Pier ihre Boote zu Wasser. Außerdem beginnt hier das Hawaiian International Billfish Tournament (S. 94), ein traditionelles Sportangel-Event, das bis auf das Jahr 1915 zurückgeht, das Jahr der Errichtung des Piers.

Strände

Kailua-Kona gibt sich zwar als Badeort, doch die meisten Strände im Ort gehören nicht gerade zu den großen Schönheiten der Kona Coast.

★ Magic Sands Beach STRAND

(La'aloa Beach Park; Ali'i Dr; ⊙Sonnenaufgang bis Sonnenuntergang; P) Der kleine, aber sehr feine Strand (auch White Sands sowie offiziell La'aloa Beach genannt) bietet türkisfarbenes Wasser, tolle Sonnenuntergänge, wenig Schatten und die vielleicht besten Bodysurf- und Bodyboard-Bedingungen auf Big Island. Die Brandung ist gleichmäßig und gerade stark genug, um Surfer in die sandige Bucht gleiten zu lassen – auf der Nordseite der Bucht gibt es allerdings einige Felsen. Im Winter kann die Brandung so stark werden, dass der Sand über Nacht komplett weggespült wird – daher der Beiname „Magic Sands". Der Park liegt etwa 4 Meilen (6,5 km) südlich des Zentrums.

Sobald die Felsen und Korallen durch den verschwindenden Sand freigelegt werden, wird der Strand für die meisten Schwimmer zu gefährlich. Allmählich kehrt dann der Sand zurück, bis der Strand vollständig zurückverwandelt ist. Es gibt Toiletten, Duschen, Picknicktische und einen Volleyballplatz; ein Rettungsschwimmer ist auch im Einsatz.

White Sands ist fast immer rappelvoll; allerdings haben Einheimische hier kaum ein Problem mit Fremden auf ihrem Strand. Mit Aufnahmen vom hiesigen Sonnenuntergang verschafft man sich in den sozialen Medien jede Menge Likes.

Honl's Beach STRAND

(Wai'aha Beach Park; Karte S. 126; Ali'i Dr) Für begeisterte Bodyboarder ist der Honl's Beach, auch als Wai'aha („sich sammelndes Wasser") bekannt, so etwas wie eine historische Pilgerfahrt: Hier probierte Tom Morey 1971 das Boogie Board aus – so der Name der beliebtesten Bodyboard-Marke. Der Sandstrand ist nur klein und für Badende sind die scharfen Felsen eher abschreckend, doch bei Bodyboardern ist das Gebiet recht beliebt. Es sind nur begrenzt Parkplätze vorhanden.

Kamakahonu Beach STRAND

(King Kam Beach;) Kailua-Konas einziger Badestrand in Zentrumsnähe ist dieser winzige Sandstreifen zwischen dem Kailua Pier und dem Ahu'ena Heiau: Hier ist das Meer ruhig und meist sicher für Kinder. Außerdem können alle möglichen Strandaccessoires ausgeliehen werden. Mit den Ausrüstungsläden in der Nähe und dem ruhigen Wasser ist dies eine perfekte Stelle, um das Stehpaddeln (SUP) zu erlernen. Wer bis hinter den *heiau* paddelt, erlebt die See etwas rauer. Kindern kann man hier außerdem gut das Schnorcheln beibringen.

Aktivitäten

In Keauhou, rund 5 Meilen (8 km) südlich von Kailua-Kona, sind mehrere Outdoor-Ausrüster und Tourenanbieter ansässig.

Paradise Sailing BOOTSTOUREN

(Karte S. 126; www.paradisesailinghawaii.com; Honokohau Marina; 94 $) Die Schönheit von Big Island lässt sich von einem lärmenden Motorboot aus nur schlecht erahnen – da bietet Paradise Sailing eine schöne Alternative, nämlich echtes Segeln mit einem 11-m-Katamaran und nur wenigen anderen Passagieren. Wer möchte, kann sich auch selbst ans Ruder stellen.

Kona Coast by Air RUNDFLÜGE

(Karte S. 126; ☎808-646-0231; http://konacoastbyair.com; 73-200 Kupipi St, Airport; 45-/75-min. Flug 230/330 $; ⊙6.30–11 & 17–18.30 Uhr) Big Island kann man auf Schusters Rappen erkunden oder unter Wasser tauchend – warum also nicht auch von oben? Diese Möglichkeit bietet Kona Coast by Air mit seinen motorisierten Drachen. Und dabei kann man das fliegende Dreirad sogar selbst steuern – ein echtes Abenteuer!

Hawaii Beach Yoga YOGA

(http://hawaiibeachyoga.webplus.net/) GRATIS Nichts ist so toll für den inneren Gleichmut wie Yoga am Meer – das verspricht zumindest Hawaii Beach Yoga und bietet in verschiedenen Beach Parks auf Big Island kostenlosen Yoga-Unterricht – bei unserem letzten Besuch fand der meistens im Pahoehoe Beach Park und dessen Umgebung statt. Näheres auf der Website und Facebook-Seite (www.facebook.com/HawaiiBeachYoga) des Anbieters.

Ka Lima Hana Kukui MASSAGE

(☎808-345-7542; www.lomilomihawaii.net; 75-5706 Kuakini Hwy, Suite 105; 1-std. Massage ab 80 $; ⊙Di–Sa 9–17 Uhr) Die freundliche Teresa leitet dieses Wellness-Spa mit traditionellen hawaiischen Massagen *(lomilomi)*, Tiefengewebe-

schwedischen, pränatalen und Warmsteinmassagen sowie anderen Anwendungen, um einen nach einem anstrengenden Urlaubstag wieder locker zu machen. Wer möchte, kann sich die Anwendungen auch in die Unterkunft bestellen. Aber auch sonst ist eine vorherige Terminabsprache erforderlich!

UFO Parasailing PARAGLIDING

(☎800-359-4836; www.ufoparasail.net; 75-5660 Palani Rd, Suite 111; ab 76 $) Beim Fallschirmsegeln macht man sich die Elemente Wind und Wasser zu eigen. Mit UFO, zu finden im Hotel King Kamehameha, kann man einzeln oder per Tandemsprung durch die Lüfte segeln.

Kailua Park PARK

(Karte S. 126; Kuakini Hwy; ⏲Mo–Fr 6.30–19.30, Sa & So 8.30–17.30 Uhr; 👪) Dieser County Park neben der Old Kona Airport State Recreation Area bietet etwas für jedes Alter, vom Spielplatz für Kleinkinder über einen schönen 50-m-Pool zum Bahnenschwimmen und ein Kinderbecken bis zu Fußball- und Softballplätzen, abendlich beleuchteten Tennisplätzen und einem Fitnesscenter. Wie zu erwarten ist hier am Wochenende, direkt nach Ende der Schule und am frühen Abend viel los.

Lotus Center SPA

(☎808-334-0445; www.konaspa.com; 75-5852 Ali'i Dr; 90-min. Massage & 1-std. Gesichtsbehandlung ab 255 $; ⏲8–20 Uhr) Das Lotus Center im Royal Kona Resort wartet mit einer langen Liste von Wellnessanwendungen wie Massagen, Akupunktur und chiropraktischen Behandlungen auf. Der Komplex könnte eine Modernisierung vertragen, doch das Personal erwischt meist genau den richtigen Punkt, um Körper und Geist zu entspannen.

Auslegerkanu & Kajak

Kona Boys Beach Shack KAJAK

(☎808-329-2345; www.konaboys.com; Kamakahonu Beach; Kajaktouren 140–190 $, Leihkajaks ab 19/54 $ pro Std./Tag; ⏲8–17 Uhr) Hier können sich die Paddler wie die alten Polynesier fühlen, die sich einst der Vulkaninsel Big Island näherten. Man kann mit dem Auslegerkanu in der Kamakahonu Bay herumpaddeln oder auch von Keauhou bis zur Kealakekua Bay fahren, um dort zu schnorcheln. Auch bei den Seekajaktouren wird oft eine Schnorchelpause eingelegt.

ABSTECHER

THREE RING RANCH EXOTIC ANIMAL SANCTUARY

Dr. Ann Goody ist so etwas wie ein echter Dr. Doolittle. Sie spricht nicht nur mit den Tieren, sie kümmert sich auch um ihre verletzten Knochen und ihre angeknackste Psyche. Nach der Behandlung werden die Tiere, wenn möglich, wieder in die Wildnis entlassen. Alternativ werden sie ständige Bewohner des **Three Ring Ranch Exotic Animal Sanctuary** (☎808-331-8778; www.threeringranch.org; 75-809 Keaolani Sbd; Mindestspende 50 $ pro Pers.; Führungen n. V.), eines schönen, 2 ha großen Geländes oberhalb von Kona.

Ein Besuch der Ranch ist eines der faszinierendsten Tiererlebnisse überhaupt. Es ist nur schwer zu erklären, wie natürlich Dr. Goody mit den Tieren umgeht. Sie scheint wirklich mit ihnen zu kommunizieren, auf eine Weise, die fast ebenso unheimlich wie reizend ist. Und die Tiere scheinen sich in ihrer Gegenwart genauso wohlzufühlen wie in der Wildnis – eine Aussage, die Dr. Goody vielleicht nicht gefallen würde, denn sie ist nicht nur klug, sondern auch unsentimental. Selbst für große Tierfreunde kann ein Besuch des Schutzgebietes eine echte Herausforderung darstellen. Ganz schnell räumt Dr. Goody mit jedem Versuch einer romantischen Vermenschlichung der Tiere auf. Auch Kinder sind hier natürlich willkommen, aber es sollte klar sein, dass dies kein Zoobesuch ist.

Three Ring ist vom US Department of Agriculture lizenziert und bei der American Association of Sanctuaries akkreditiert. Es beherbergt derzeit Zebras, Südafrikanische Kronenkraniche, Zwergflamingos, Riesenschildkröten und viele weitere Tiere, darunter bedrohte einheimische Arten wie die Hawaii-Eule.

Dr. Goody, die schon einen Blitzschlag, den Angriff eines Hais und eine Brustkrebserkrankung überlebte, kann mit Menschen genauso gut umgehen wie mit Tieren. So sind sehr erfolgreiche Bildungsinitiativen entstanden, z. B. für Schulkinder, Praktikanten und angehende Tierärzte. Da das Wohl der Tiere im Vordergrund steht, finden die zweistündigen Führungen nur nach Vereinbarung statt; E-Mail-Buchung bevorzugt. Näheres auf der Website.

Kai ʻOpua Canoe Club KANU
(www.kaiopua.org; Kamakahonu Beach; ⌚Mo–Sa) Dieser einheimische Club hat sich ganz dem hawaiischen Auslegerkanu verschrieben. Auch Besucher können an den Freizeitpaddeltouren teilnehmen, die jeden Morgen außer sonntags gewöhnlich gegen 6 oder 7 Uhr starten. Der Club hat kein Büro; Zeiten und Kontaktdetails stehen auf der Website und auf der Facebook-Seite des Clubs. Abfahrt ist neben dem Ahuʻena Heiau.

Angeln

Kailua-Kona genießt in Sachen Hochseeangeln einen legendären Ruf, besonders wenn es darum geht, den Pazifischen Blauen Marlin (vor allem Juni–Aug.) aus dem Wasser zu ziehen. Heimisch sind hier auch Gelbflossen-Thunfisch (Ahi), *aku* (Echter Bonito), Schwertfisch, Speerfisch und Mahimahi (ein Fisch mit weißem Fleisch, der im Englischen auch als *dolphinfish* bekannt ist). Die meisten Weltrekorde für Fänge solcher Fische werden von Anglern aus Kona gehalten.

Im Schnitt kosten Charterboote rund 600/750/900 $ (plus Steuern) für eine vier-/sechs-/achtstündige Tour. Diese Preise beziehen sich jeweils auf ein ganzes Boot und können je nach Boot auch erheblich höher liegen. Nachfragen, ob der Kapitän den Fang teilt!

Es gibt so viele Anbieter und Boote, dass sich keine verlässlichen Aussagen zur Qualität des Gebotenen machen lassen. Ein renommierter Bootsvermittler ist Charter Desk (S. 126), der 60 Boote auf der Liste hat.

Top Shot Spearfishing ANGELN
(Karte S. 126; ☎808-205-8585; http://topshotspearfishing.com; 75-6129 Ali'i Dr; ab 189 $ pro Pers.) Wem das Angeln mit dem Herumsitzen im Boot zu langweilig ist, der kann sich unter Wasser auf die Jagd nach dem Abendessen begeben. Diese Möglichkeit bietet Top Shot, und zwar mit Touren rund um die Insel für Anfänger und erfahrene Speerfischer gleichermaßen. Gut dabei ist, dass das Ziel invasive Arten sind – wenn man also einen Pfauen-Zackenbarsch aufspießt, fühlt man sich gleich doppelt so gut.

Captain Jeff's Charters ANGELN
(☎808-895-1852; http://fishinkona.com) Captain Jeff ist schon lange im Geschäft und macht keine krummen Dinger: Neben maßgeschneiderten Angeltrips bietet er Insidertipps und teilt den Fang mit seinen Gästen. Seit mehr als 15 Jahren ist er für seine tolle Ausbeute bekannt – er bemüht sich wirklich, damit seine Kundschaft ihren Fang macht. Die Preise sind unterschiedlich; ein Tagestrip kostet rund 500 $, aber am besten fragt man einfach beim Captain nach.

High Noon Sport Fishing Charters ANGELN
(Karte S. 126; ☎808-895-3868; http://fishingcharterskona.com/; Honokohau Harbor) Vom Honokohau Harbor aus startet Captain Dee seine geschätzten Angeltrips, für die auch die große Zahl von Stammkunden spricht. Angeboten werden Ganz-, Dreiviertel- und Halbtagestrips – Preise auf Anfrage.

Tauchen

Die Kona Coast ist für ihr ruhiges, klares Wasser, ihre einzigartigen Lavaformationen und Korallenriffe bekannt. In Küstennähe fällt der Meeresboden steil ab und Taucher können dort Lavaröhren, Höhlen und eine vielfältige Tier- und Pflanzenwelt sehen. In tieferen Gewässern werden Dutzende beliebte Tauchstellen vom Boot aus angefahren, darunter vor dem Keahole Point ein Flugzeugwrack.

Die meisten Tauchboote legen am Honokohau Harbor ab, doch die Büros der Anbieter sind in Kailua-Kona. Die Preise für eine normale Vormittagstour mit zwei Tauchgängen bzw. eine abendliche Tour zu den Mantarochen mit einem Tauchgang reichen von 110 bis 150 $. Mehrtägige PADI-Tauchkurse kosten ab 500 $.

Big Island Divers TAUCHEN
(☎808-329-6068; www.bigislanddivers.com; 74-5467 Kaiwi St; Tauchen/Schnorcheln mit Mantarochen 150/105 $; ⌚8–18 Uhr) Dieser Veranstalter hat sympathisches Personal und einen großen Laden, und an den Bootstouren können auch Schnorchler teilnehmen. Spezialisiert ist man auf abendliche und Mantarochen-Tauchgänge. Die Schwarzwasser-Tauchgänge (170 $ bzw. 250 $ in Kombination mit einem Manta-Tauchtrip) sind nur etwas für erfahrene Taucher, für die außerdem Langstrecken-Tauchgänge angeboten werden (209 $).

Sandwich Isle Divers TAUCHEN
(☎808-329-9188; www.sandwichisledivers.com; Tauchgänge mit/ohne Ausrüstung ab 120/140 $; 👪) Dieser kleine, von einem Ehepaar geführte Veranstalter bietet Ausflüge mit persönlichem Touch für bis zu sechs Personen. Das Paar hat jahrzehntelange Erfahrung in den Gewässern um Kona, Captain Steve hat einen Uniabschluss in Meeresbiologie und die beiden können sehr gut mit Neulingen umgehen. Abfahrtsorte erfragen! Hier können Urlauber außerdem wunderbar ihr Open-Water-Zertifikat machen (550 $).

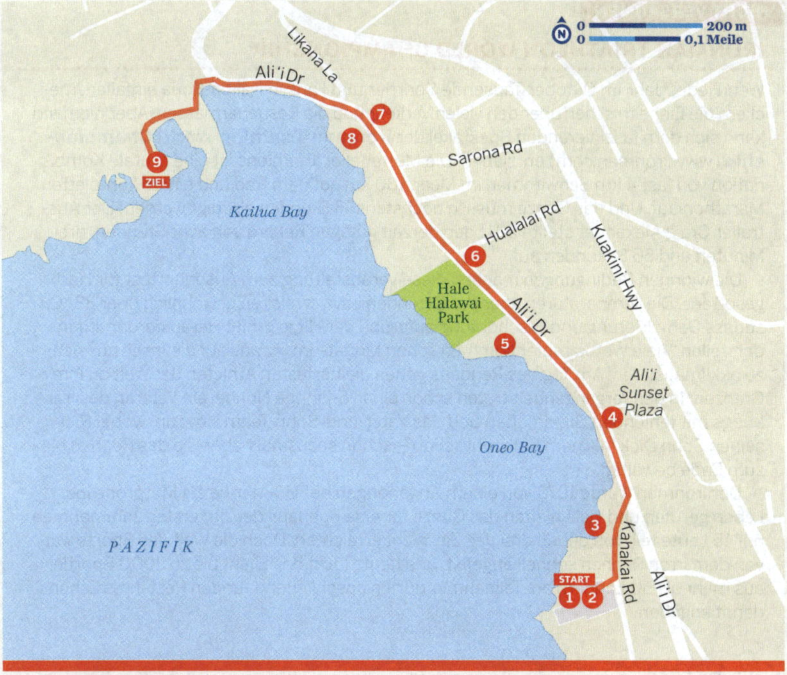

Stadtspaziergang
Eine Runde durch Kailua

START ROYAL KONA RESORT
ZIEL AHU'ENA HEIAU
LÄNGE 1 MEILE (1,6 KM); 2 STUNDEN

Auf diesem Rundgang erlebt man den Ali'i Dr in seiner ganzen natürlichen – mit Ufer und Meer – und kommerziellen Pracht. Unterwegs bieten sich einige Läden für eine Einkehr an und so beginnt der Spaziergang dann auch ganz stilecht mit einem Drink.

Los geht's also im 1 **Royal Kona Resort** mit 2 **Don's Mai Tai Bar** (S. 98): Hier mixen die Barkeeper schöne tropische Drinks mit Obstscheiben und kleinen Papierschirmchen. Gestärkt – oder auch nicht – führt der Weg weiter Richtung Norden zum Ali'i Dr. Links befindet sich 3 **Huggo's** (S. 98) und kurz danach rechts die Sunset Plaza. Zusammen bilden die beiden das Herz des Nachtlebens von Kailua-Kona.

Ein Stückchen weiter liegt rechts das 4 **Island Lava Java** (S. 96). Falls gerade Frühstückszeit ist oder man nach dem Mai Tai zu Beginn des Rundgangs eine Stärkung braucht, kann man sich hier einen Kaffee gönnen, den Wellen auf der anderen Straßenseite zuschauen und vor Wonne seufzen.

Links geht es an einem großen Einkaufszentrum mit der 5 **Wyland Kona Oceanfront Gallery** (S. 99) vorbei, mit zahlreichen neonfarbenen Bildern vom Meer. Ein Stück weiter nördlich liegt auf der anderen Straßenseite der 6 **Kona Farmers Market** (S. 99), der mittwochs bis sonntags geöffnet ist.

Nach einem knappen Kilometer kommt man dann an einigen Einkaufszentren vorbei, in denen Bekleidung, Kunst und Souvenirs verkauft werden – gegenüber lockt der blaue Ozean. Schließlich erblickt man rechts die Steinmauern der 7 **Moku'aikaua Church** (S. 85) und gegenüber den weiten Rasen und die großen Fenster des 8 **Hulihe'e Palace** (S. 85). Beide Bauten künden von der Kolonisierung von Big Island durch die Europäer.

Der Spaziergang endet am 9 **Ahu'ena Heiau** (S. 85), bei den alten Hawaiianern ein Sitz der Macht. Zwar wimmelt es in der umliegenden Bucht von Touristen, doch der Tempel selbst steht abseits des Trubels auf dem Ali'i Dr auf der Grenze zwischen geschützter Bucht und offenem Meer.

NICHT VERSÄUMEN

IRONMAN TRIATHLON WORLD CHAMPIONSHIP

Wenn jedes Jahr im Oktober Tausende Sportler und Fans in Kailua-Kona einfallen, meckern die Einheimischen über den vielen Verkehr und die Besuchermassen. Aber niemand kann sich dem faszinierenden Spektakel der **Ironman Triathlon World Championship** (www.ironman.com) entziehen. Die Mutter aller Triathlons ist eine brutale Kombination von fast 4 km Schwimmen im Meer, 180 km auf dem Rad und einem kompletten Marathonlauf. Und das Ganze muss in höchstens 17 Stunden erledigt werden! Der Australier Craig Alexander stellte 2011 den derzeit gültigen Rekord von acht Stunden, drei Minuten und 56 Sekunden auf.

Die widrigen Bedingungen machen diese Veranstaltung zum Ausdauertest für Hartgesottene. Die Temperaturen über der flirrenden Lava erreichen gewöhnlich über 38 °C, sodass Dehydrierung und Erschöpfung aufgrund der Hitze große Herausforderungen darstellen. Viele Wettkämpfer kommen schon Monate im Voraus auf die Insel, um sich zu akklimatisieren. Am Tag des Rennens gehen die härtesten Athleten der Welt an ihre Grenzen: In der Vergangenheit traten schon eine 75-jährige Nonne, ein Veteran des Irakkriegs mit fehlenden Gliedmaßen und das Vater-und-Sohn-Team Hoyt an, wobei Rick seinen Sohn Dick in einem Rollstuhl schob – schon sechsmal haben sie das Rennen bis zum Ende bewältigt.

Der Ironman wurde 1978 von einem Angehörigen der US-Marine als Mutprobe ins Leben gerufen und viele hielten das Ganze für eine Schnapsidee. Im ersten Jahr nahmen nur 15 Leute teil, von denen drei das Ziel nicht erreichten. Doch die Welt des Sports war von dem irren Rennen schnell angefixt, und heute lockt das Event bis zu 2000 Sportler aus mehr als 50 Ländern an. Teilnehmer dürfen anschließend für den Rest ihres Lebens damit angeben.

Jack's Diving Locker TAUCHEN
(☎808-329-7585; www.jacksdivinglocker.com; 75-5813 Ali'i Dr, Coconut Grove Marketplace, Building H; Tauchen/Schnorcheln mit Mantarochen ab 105/155 $; ⏱Mo–Sa 8–20, So 8–18 Uhr; 👪) 🌿 Einer der besten Anbieter von Tauchgängen und Unterricht für Anfänger, mit einem umfassenden Angebot für Kinder. Das umweltfreundliche Unternehmen residiert in einem 460 m² großen Gebäude mit Laden, Unterrichtsräumen, einem Flaschenraum und einem 3,65 m tiefen Tauchbecken. Es bietet Tauchgänge vom Boot oder direkt an der Küste sowie abendliches Tauchen mit Mantarochen; auf vielen Trips können auch Schnorchler mitfahren.

Kona Honu Divers TAUCHEN
(☎808-324-4668; www.konahonudivers.com; 74-5583 Luhia St; ⏱7.30–17 Uhr) Angesehener Tauchanbieter mit großer Auswahl an Ausflügen, darunter Abendtauchgänge mit Mantarochen, Schwarzwassertauchen und Nitrox-Tauchgänge.

Bodyboarding, Surfen & Stand Up Paddling

Der Magic Sands Beach (S. 88) ist besonders bei Bodyboardern und Bodysurfern beliebt. Die einheimischen Experten surfen bei Banyans nördlich von White Sands sowie bei Pine Trees (S. 130), südlich des Flughafens beim Wawaloli (OTEC) Beach.

Es ist nicht ganz einfach zu erklären, warum Stand Up Paddling (SUP) so populär ist. Ursprünglich balancierten Leute einfach nur auf Surfbrettern und paddelten herum. Auf den ersten Blick macht es das Surfen einfach nur langsamer und das Paddeln schwieriger. Aber die Kombi ist ein tolles Fitnessprogramm, gepaart mit einem Wasserabenteuer in Begleitung von Delfinen, Schildkröten und tropischen Fischen – sehr meditativ!

SUP ist die perfekte Art, zu entschleunigen und den Geist von Big Island auf sich wirken zu lassen. Allerdings besteht der erste Tag auf dem Brett zumeist weniger aus Entspannung, sondern mehr aus Stürzen ins tropische Nass. Versuchen kann man es z. B. in der Kailua oder Kahalu'u Bay.

HYPR Nalu Hawaii SURFEN
(☎808-960-4667; www.hyprnalu.com; 75-5663A Palanai Rd; halbprivater/Einzelunterricht 120/175 $) Zwar ist dies in erster Linie ein Laden für Surf- und SUP-Ausrüstung, es wird aber auch guter Surfunterricht geboten. Hier wird man nicht sofort ins kalte Wasser geworfen, sondern ausführlich an Land vorbereitet, mit

Übungen zur Technik und Hinweisen zur Physik und Philosophie des Surfens.

SUP at Kona Boys Beach Shack SUP
(Kona Boys; ☎808-329-2345; www.konaboys.com; Kamakahonu Beach; Surf-/SUP-Brett ab 29 $, SUP-Unterricht & -Touren Gruppe/einzeln 99/150 $ pro Pers.; ⊙8–17 Uhr) Organisiert SUP-Unterricht sowie anspruchsvollere Küstenpaddeltouren und verleiht direkt am Kamakahonu Beach SUP-Ausrüstung und Surfbretter – an dem geschützten Strand lässt sich das Stehpaddeln wunderbar erlernen. Wem der Sinn nach Gruppen- oder Einzel-Surf- bzw. SUP-Unterricht steht, sollte vorher anrufen. Man kann auch über den Laden in Kealakekua (S. 111) buchen.

Hawaii Lifeguard Surf Instructors SURFEN
(HLSI; Karte S. 126; ☎808-324-0442; www.surflessonshawaii.com; 75-5909 Ali'i Dr; Gruppen-/Einzelunterricht ab 75/110 $; ⊙8–20 Uhr) Die professionellen HLSI-Lehrer verfügen über mindestens 15 Jahre Surferfahrung und sind allesamt zertifizierte Lebensretter. Man kann Gruppenunterricht im Surfen oder SUP buchen oder auch Einzelunterricht (Kinder zwischen 3 und 10 Jahren werden nur einzeln unterrichtet). Vorher anrufen!

Schnorcheln

Fürs Schnorcheln in Ortsnähe bietet sich am besten der Kahalu'u Beach Park (S. 101) an, 5 Meilen (8 km) südlich in Keauhou. Wer weiter entfernt schnorcheln möchte, sollte vom Honokohau Harbor oder Keauhou Pier an einer Bootstour teilnehmen, am besten morgens, wenn das Wasser ruhiger und klarer ist. Im Preis für die Touren sind Schnorchelausrüstung, Getränke und Snacks gewöhnlich inbegriffen. Bei Buchung übers Internet winken Ermäßigungen.

Mit den schnellen Zodiacs (Schlauchbooten) lassen sich wunderbar Meereshöhlen, Lavatunnel und *blowholes* erkunden, doch muss man auf eine unruhige Fahrt ohne Schatten oder Toiletten gefasst sein. Weitaus größer, komfortabler und ruhiger ist die Fahrt auf Katamaranen, die aber nicht so weit in kleine Buchten hineinfahren können. Oder man nimmt an Tauchtouren teil, die zu ermäßigten Preisen oft auch Schnorchler mitnehmen.

Wild Hawaii Ocean Adventures SCHNORCHELN
(WHOA; Karte S. 126; ☎808-854-4401; www.wildhawaii.com; Honokohau Marina; Touren 100–160 $) Dieser tolle Anbieter nennt ein Sturmboot sein Eigen, wie es auch die Sondereinsatzkräfte der US-Marine benutzen, und die Wendigkeit des kleinen Boots wird auch bestens ausgekostet. Keine Kinder unter vier Fuß (1,20 m) und keine schwangeren Frauen! Abfahrt ist an der Honokohau Marina.

Snorkel Bob's SCHNORCHELN
(☎808-329-0770; www.snorkelbob.com; 75-5831 Kahakai Rd; Masken, Flossen, Netztasche & Antibeschlagmittel ab 9 $/Woche; ⊙8–17 Uhr; 👪) Schnorcheln ist eine tolle Art und Weise, das Meer zu erkunden, doch mit schlechter Ausrüstung hat man schlechte Sicht und eine Nase voller Wasser. Hier kommt Snorkel Bob's ins Spiel: Das engagierte, freundliche Personal verleiht Schnorchelmasken (mit Korrekturlinsen für Nahsichtige), Flossen, Riffschuhe, Neoprenanzüge und Schwimmhilfen. Mit der rechtzeitigen Rückgabe des Ausgeliehenen sieht man es hier nicht ganz so eng und die Preise sind phantastisch.

Schwimmen

Mit seiner felsigen Küste und den hohen Wellen eignet sich Kailua-Kona nicht unbedingt zum Schwimmen – dafür sollte man besser die Strände der North Kona Coast ansteuern. Wenn das Meer jedoch ruhig ist, kann man es beim Kahalu'u Beach Park (S. 101) 5 Meilen (8 km) südlich versuchen, oder, wenn man mit Kindern unterwegs ist, bei der Old Kona Airport State Recreation Area (S. 84). Gut für Familien mit Kindern ist außerdem der Wawaloli (OTEC) Beach (S. 130).

Geführte Touren

Kayak Fishing Hawai'i ANGELN
(☎808-936-4400; www.kayakfishinghawaii.com; geführte Tour 300 $) Wer je *Der alte Mann und das Meer* gelesen hat, möchte die Geschichte vielleicht einmal wahr werden lassen – aber sicher ohne die tragischen Hemingway-Weisheiten über die unausweichlichen Niederlagen im Leben! Man stelle sich vor, vom Kajak aus einen 10 kg schweren Gelbflossen-Thunfisch (Ahi) oder *ono* (Wahoo) zu fangen und ihn auf seinem eigenem Terrain niederzuringen. Der Veranstalter ist im Kawaihae Harbor ansässig, bietet aber inselweit Touren.

Kailua Bay Charter Company BOOTSFAHRT
(☎808-324-1749; www.konaglassbottomboat.com; Kailua-Kona Pier; 50-min. Tour Erw./Kind bis 12 J. 50/25 $; ⊙11 & 12.30 Uhr; 👪) Mit einem 11-m-Glasbodenboot mit netter Crew und einem Naturforscher an Bord werden die Küste um Kailua-Kona und die Unterwasserwelt an

den Riffen und im offenen Meer erkundet. Das Schiff ist auch für Personen mit eingeschränkter Beweglichkeit einfach zu besteigen. Die Touren finden zu unterschiedlichen Zeiten statt – Infos auf der Website oder telefonisch.

Hawaiian Walkways SPAZIERGANG
(808-322-2255; www.hawaiianwalkways.com; 120–190 $) Bietet eine Reihe von Wanderausflügen, u. a. zum Volcanoes National Park (S. 256), zum Pololu Valley (S. 163) und durch das Kona Cloud Forest Sanctuary (S. 125). Die Führer kennen sich mit Botanik und Geologie bestens aus. Für Kinder von 7 bis 11 Jahren kosten alle Touren 99 $. Robustes Schuhwerk tragen! Abholung vom Hotel.

Aloha Ocean Adventures BOOTSTOUREN
(www.alohaoceanexcursions.com; 74-380 Kealakehe Pkwy, Honokohau Marina; Walbeobachtung/Schnorcheln mit Mantarochen ab 70/90 $) Captain Kris Henry ermöglicht Besuchern mit seinen Schlauchbooten mit die spannendsten Wasserabenteuer von Big Island, z. B. Walbeobachtungstouren, Schnorcheln mit Mantarochen und Exkursionen hinaus zur Kealakekua Bay. Mit seinem tollen Kundenservice und den günstigen Preisen ist dies ein erstklassiger Anbieter.

Kona Brewing Company TOUREN
(808-334-2739; http://konabrewingco.com; 74-5612 Pawai Pl; 30-min. Führungen 10.30 & 15 Uhr) GRATIS Das 1994 gegründete Unternehmen war die erste Kleinbrauerei der Insel. Heute ist das einst kleine Familienunternehmen eine der am schnellsten expandierenden Craft-Brauereien der USA – von Maine bis nach Kalifornien kann man überall „flüssiges Aloha" schlürfen. Die Führungen durch den Betrieb sind kostenlos und umfassen auch eine Bierprobe. Keine Kinder unter 15 Jahren!

Festivals & Events

Kailua-Kona wartet mit einem vollen Veranstaltungskalender auf. Teils richten sich die Events an Touristen, doch im Großen und Ganzen feiern hier eher die Einheimischen.

★ Kokua Kailua KULTUR
(http://historickailuavillage.com/kokua-kailua; 3. So des Monats 13–18 Uhr;) Wer sich vom Gemeinschaftssinn in Kailua-Kona überzeugen möchte, kann das hier tun: Der Ali'i Dr ist dann für den Fahrzeugverkehr gesperrt und überall stehen Stände mit Essen, Kunst und Kunsthandwerk. Ab etwa 16 Uhr gibt's beim Hulihe'e Palace gratis Hawaii-Musik und Hula-Tanz. Zwar existieren offizielle Festzeiten, aber die Feierlichkeiten dauern meist bis Sonnenuntergang.

★ Kona Coffee Cultural Festival ESSEN
(www.konacoffeefest.com; Nov.;) Während der Erntezeit Anfang November werden zehn Tage lang ausgiebig die Kaffeepioniere Konas und ihre edlen Bohnen gefeiert. Zu den Dutzenden Veranstaltungen zählen Verkostungs- und Kochwettbewerbe, Kunstausstellungen, Konzerte und Hula-Darbietungen, Plantagenführungen und ein Kaffeekirschenpflück-Wettbewerb. Hier wird eigentlich die gesamte Region Kona gefeiert!

Don's Mai Tai Festival ESSEN & TRINKEN
(800-222-5642; www.donsmaitaifest.com; Aug.) Der tropische Drink mit den kleinen Schirmchen ist eines der wundervollen Geschenke der Hawaii-Inseln an die Welt und bei diesem Festival, das im August im Royal Kona Resort stattfindet, wird das Getränk ausgiebig gefeiert.

Queen Lili'uokalani Canoe Race SPORT
(www.kaiopua.org; Ende Aug. oder Anfang Sep.) Am Labor-Day-Wochenende findet das weltweit größte Langstrecken-Auslegerkanurennen statt. Es startet in der Kailua Bay und führt Richtung Süden nach Honaunau. Derzeit nimmt das Event, in dessen Rahmen auch noch zahlreiche kleinere Rennen ausgetragen werden, ein ganzes langes Wochenende von Donnerstag bis Montag ein.

Kona Brewers Festival BIER
(www.konabrewersfestival.com; 75 $; März) Am zweiten Samstag im März schmeißt die Kona Brewing Company ihre jährliche Bierfete; der Gewinn geht an örtliche Wohltätigkeitsvereine. Hier kann man Dutzende von Craft-Bieren sowie Gourmetessen von Inselköchen genießen. Tickets vorher übers Internet besorgen!

Hawaiian International Billfish Tournament ANGELN
(808-836-1723; www.hibtfishing.com; Spätsommer) Hawaiis renommiertester Wettbewerb für Sportangler findet über fünf Tage irgendwann zwischen Ende Juli und Anfang September statt – siehe Website. Dabei gibt's am Kailua Pier diverse Festivitäten.

Essen

Man muss nicht viel ausgeben für *'ono kine grinds* (gutes Essen), doch meist muss man sich dazu vom Ali'i Dr wegbewegen. Die dortigen Restaurants am Wasser sind in der Regel eher enttäuschend und überteuert. Dafür gibt es insgesamt in dieser eher kleinen Stadt eine tolle Ansammlung guter Restaurants.

★ Umekes HAWAIISCHE FUSIONSKÜCHE $

(808-329-3050; www.umekespoke808.com; 75-143 Hualalai Rd; Hauptgerichte 5–14 $; Mo–Sa 10–19 Uhr;) Das Umekes hievt das Inselessen auf ein höheres Niveau. Die regionalen Zutaten wie Ahi, würziger Krebssalat und gesalzenes Waimea-Rind werden im *plate-lunch*-Stil serviert, mit phantasievollen Beilagen wie Seetang und Gurken-Kimchi (sowie jeder Menge Reis). Mit das günstigste Essen auf der Insel! Filiale in der 74-5563 Kaiwi St.

★ Da Poke Shack FISCH & MEERESFRÜCHTE $

(808-329-7653; http://dapokeshack.com; 76-6246 Ali'i Dr, Castle Kona Bali Kai; Hauptgerichte & Mahlzeiten 5–12 $; 10–18 Uhr;) Die einheimische Spezialität *poke* ist ein Zwischending zwischen Ceviche und Sushi: rohe, marinierte Fischwürfel mit Sojasauce, Sesamöl, Chilis, Seetang und so ziemlich allem, was dem Koch so einfällt. Jedenfalls ist *poke* eine ganz wunderbare Sache und nirgends besser als im Da Poke Shack. Gegessen wird draußen an den luftigen Picknicktischen, oder man nimmt das Essen mit zum Strand.

Fresh Off Da Boat Polynesian Deli POLYNESISCH $

(FOB's Polynesian Deli; 808-327-4444; 74-5543 Kaiwi St; Hauptgerichte 7–12 $; Di–Fr 11–19, Sa 10–18 Uhr; P) Dieser von einem Ehepaar betriebene Imbiss bietet authentische polynesische Gerichte aus dem gesamten Pazifik mit Schwerpunkt auf Samoa und Neuseeland. Auf der sehr abwechslungsreichen Karte stehen vielleicht Ochsenschwanzsuppe, Taro oder Brotfrucht in Kokosmilch oder auch Neuseeland-Lamm – alles solide, sättigend und sehr erschwinglich.

Ultimate Burger BURGER $

(Karte S. 126; www.ultimateburger.net; 74-5450 Makala Blvd; Burger 6–15 $) Für die meisten ist Kailua-Kona das Tor nach Big Island – und Ultimate Burger führt in die wunderbare Welt des Big-Island-Rindfleischs. Hier liegt der Schwerpunkt auf Biozutaten aus der Region, aber davon mal abgesehen: Die Burger sind einfach köstlich! Dazu passt bestens die hausgemachte Limonade.

Ba-Le Kona VIETNAMESISCH $

(808-327-1212; 74-5588 Palani Rd, Kona Coast Shopping Center; Hauptgerichte 5–12 $; Mo–Sa 10–21, So bis 16 Uhr;) Der neonbeleuchtete Speiseraum und die Styroporteller sollten einen nicht abschrecken: Das Ba-Le serviert superköstliches vietnamesisches Essen. Die Speisen sind geradlinig und erfrischend, vom Salat mit grüner Papaya bis zum traditionellen *pho* (Nudelsuppe). Außerdem gibt es Reisgerichte mit pikantem Zitronengras-Huhn, Tofu, Rindfleisch und gebratenem Schweinefleisch.

KAILUA-KONA FÜR KINDER

Hier haben die Kleinen garantiert Spaß:

Kahalu'u Beach Park (S. 101)

Ocean Rider Seahorse Farm (S. 130)

Scandinavian Shave Ice (S. 96)

Fair Wind (S. 103) Schnorcheltrip zur Kealakekua Bay

Hawaii Lifeguard Surf Instructors (S. 93)

Three Ring Ranch Exotic Animal Sanctuary (S. 89)

TJ's BBQ By The Beach GRILL $

(Karte S. 126; 425-308-1815; www.tjsbbqbythebeach.com; 75-6129 Ali'i Dr; Hauptgerichte 8–15 $; Di–Sa 10.30–17 Uhr) TJ's im Ali'i Gardens Marketplace beeindruckt mit riesigen, köstlichen Rippchen und anderen Fleischklassikern, geräuchert und in Sauce ertränkt. Serviert wird das Ganze im *Plate-lunch*-Stil mit Reis und Macadamia-Salat. Wer hier isst, braucht danach den ganzen Tag nichts mehr!

Broke Da Mouth Grindz HAWAIISCH $

(808-327-1113; www.brokedamouthgrindzkailuakona.com; 74-5565 Luhia St; Hauptgerichte 6–13 $; Mo–Sa 6.30–21.30, So 9–17 Uhr) Dieses Lokal ist besonders wegen des *plate lunch* beliebt, mit gewaltigen Portionen Sirloin-Steak, *lau lau* (in Taroblätter gewickeltes gedämpftes Fleisch), Teriyaki und koreanischem *kalbi*, alles präsentiert mit Reis und viel Liebe.

Evolution Bakery & Cafe BÄCKEREI $

(808-331-1122; www.evolutionbakerycafe.com; 75-5813 Ali'i Dr; Hauptgerichte 5–10 $; 7–11.30 Uhr;) In Kailua-Kona fehlte lange ein Laden, in dem MacBooks und Rastalocken nicht auffallen. Und jetzt gibt es das Evolution, mit WLAN, Smoothies, veganen Bagels, Pfannkuchen und Sandwiches sowie Kona-Kaffee und echt gutem Macadamia-Bananenbrot. Ein Großteil der Speisen ist vegan und glutenfrei.

KTA Super Store SUPERMARKT $
(808-329-1677; www.ktasuperstores.com; 74-5594 Palani Rd, Kona Coast Shopping Center; 5–23 Uhr; P) Die beste Supermarktkette von Big Island bietet zahlreiche Produkte aus Hawaii.

Scandinavian Shave Ice DESSERTS $
(808-326-2522; www.scandinavianshaveice.com; 75-5699 Ali'i Dr; Snacks & Getränke 3–8 $; 11–21 Uhr;) *Shave ice* wird hier in riesigen superbunten Bergen serviert. Dazu kann man aus einer wahren Orgie an unterschiedlichen Sirupsorten und verschiedenen unterhaltsamen Brettspielen wählen.

Basik Acai CAFÉ $
(www.basikacai.com; 75-5831 Kahakai Rd; Snacks & Getränke 6–13 $; 8–16 Uhr;) Schälchen mit gesunden, nahrhaften Acai-Beeren, tropischen Früchten, Müsli, Nüssen, Kokosnuss und Kakao, außerdem frische Frucht-Smoothies – all dies wird in diesem winzigen Café frisch zubereitet.

Island Naturals Market & Deli SUPERMARKT $
(www.islandnaturals.com; 74-5487 Kaiwi St; Mo–Sa 7.30–20, So 9–19 Uhr;) Dieser Bioladen verfügt über eine Feinkostabteilung, in der es Sandwiches, Wraps und Salate zum Mitnehmen gibt, sowie eine Takeout-Theke für kalte und warme Speisen.

Island Lava Java CAFÉ $$
(808-327-2161; www.islandlavajava.com; 75-5799 Ali'i Dr, Ali'i Sunset Plaza; Frühstück & Hauptgerichte mittags 11–30 $; 6.30–21 Uhr;) Ein geselliger Treff zum Sonntagsbrunch oder für ein sonniges Frühstück (erhältlich bis 11.30 Uhr) mit Meerblick. Die Portionen in diesem gehobenen Café sind riesig, Fleisch und Fisch stammen von Big Island, die Zutaten direkt vom Bauernhof und der Kaffee zu 100 % aus Kona.

Foster's Kitchen AMERIKANISCH $$
(808-326-1600; 75-5805 Ali'i Dr; Hauptgerichte 14–32 $; 11–23 Uhr;) Mitten im feuchtfröhlichsten und kitschigsten Teil des Ali'i Dr überrascht Foster's mit *Farm-to-table*-Gerichten der neuen amerikanischen Küche wie Grillhühnchen, frischen Salaten und Lamm, serviert zusammen mit tollen Cocktails inmitten eines entspannten und halbschicken Ambientes – eine schöne Abwechslung zu frittiertem Kneipenessen.

Original Thai THAILÄNDISCH $$
(808-329-3459; 75-5629 Kuakini Hwy; Hauptgerichte 8–20 $; 11–15 & 17–21 Uhr) Das von einer freundlichen thailändischen Familie geführte Lokal beeindruckt mit erstklassigen Thai-Klassikern, u. a. Standard-Currygerichten. Besonders stark sind Gerichte aus der Region Isan vertreten – hervorragend ist z. B. *larb*, eine Art pikanter Salat.

Kamana INDISCH $$
(808-326-7888; http://kamanakitchen.com; 75-5776 Ali'i Dr; Hauptgerichte 13–22 $; 11–15 & 17–21.30 Uhr;) Für Freunde der indischen Küche ist das Kamana mehr oder weniger die einzige Option in Kailua-Kona. Doch glücklicherweise ist dies ein guter Inder mit umfangreicher Karte, die sich gleichermaßen an Fleischfreunde wie Fleischverächter wendet.

Lemongrass Bistro ASIATISCH $$
(808-331-2708; www.lemongrassbistrokona.com; 75-5742 Kuakini Hwy; Hauptgerichte 13–25 $; Mo–Fr 11–15 & 17–21, Sa & So ab 12 Uhr;) Das Essen beim Lemongrass ist tadellos und elegant zubereitet, aber auch herzhaft genug, um Hüftgold zu produzieren – gute Nervennahrung eben. Tipps: der gehaltvolle Ochsenschwanz und die knusprige Ente mit Knoblauch-Soja-Glasur.

Big Island Grill HAWAIISCH $$
(808-326-1153; 75-5702 Kuakini Hwy; Hauptgerichte 10–20 $; Mo–Sa 7–21, So 7–12 Uhr; P) Hier wird frisches und schmackhaftes hawaiisches Essen (*plate lunches* und *loco moco*) für die Seele serviert: Reis, Spiegelei und Frikadellen, übergossen mit dicker Bratensauce. Zur Auswahl stehen außerdem Hühnchen-*katsu* (frittierte Filets), gebratener Mahimahi-Fisch, Garnelen-Tempura und mehr. Zu jedem Gericht gibt's zwei Kellen Reis, Kartoffel-Macadamianuss-Salat und eine cremige Sauce.

Kona Brewing Company AMERIKANISCH $$
(808-334-2739; http://konabrewingco.com; 75-5629 Kuakini Hwy; Hauptgerichte 13–25 $; 11–22 Uhr;) In dieser großen Brauereikneipe mit von Petroleumfackeln beleuchtetem Außenbereich und lockerem Personal ist immer jede Menge los. Die Pizzabeläge erreichen fast Feinschmeckerniveau, doch der Teig kann zuweilen pampig sein. Besser sind die Grillsandwiches und die Fisch-Tacos. Zufahrt zum Parkplatz von der Kaiwi St.

★ **Sushi Shiono** JAPANISCH $$$
(808-326-1696; www.sushishiono.com; 75-5799 Ali'i Dr, Ali'i Sunset Plaza; Gerichte à la carte 4–18 $, Mittagsteller 10–19 $, Hauptgerichte abends 20–40 $; Mo–Sa 11.30–14 & 17.30–21, So 17–21 Uhr)

In einer kleinen Mall bietet dieses japanische Restaurant wunderbar frisches Sushi und Sashimi und dazu jede Menge Saki zur Auswahl. Das Lokal gehört einem Japaner und hinter der Theke werkeln nur beste japanische Sushi-Köche. Fürs Abendessen am besten reservieren!

Daylight Mind FUSIONSKÜCHE **$$$**
(☎808-339-7824; http://daylightmind.com; 75-5770 Ali'i Dr; Brunch 10–18 $, Abendessen 15–38 $; ⌚8–21 Uhr) Auf einer hübschen Veranda überm Wasser und in einem luftigen Speiseraum wird hier ein Essen serviert, das die gesamte Bandbreite von hawaiischer Regionalküche (z. B. in Kona-Kaffee geschmorte *short ribs*) bis zur pazifischen Fusionsküche (z. B. Hamakua-Pilz-Polenta) abdeckt. Alles ist köstlich, doch besonders gut ist der Vormittagsbrunch – ein ausgezeichneter Start in den Tag.

Hayama JAPANISCH **$$$**
(☎808-331-8888; 75-5660 Kopiko St; Hauptgerichte 14–35 $; ⌚Di–Sa 11–14 & 17–21 Uhr) Das Hayama verströmt authentisches Flair – u. a. dadurch, dass das Küchen- und Servicepersonal kaum Englisch spricht, die meisten Gäste aber fließend Japanisch. Das japanische Lokal in einem gesichtslosen Einkaufszentrum serviert üppig beladene Sushi-Teller, starken Sake und wunderbares Tempura.

Ausgehen & Nachtleben

Kailua-Konas Kneipenszene ist ziemlich touristisch, aber es gibt durchaus eine Handvoll guter Läden für einen Cocktail oder ein Bier. Immer einen Besuch wert ist eigentlich die Kona Brewing Company (S. 96) mit hawaiischer Livemusik sonntags von 17 bis 20 Uhr.

Sam's Hideaway BAR
(☎808-326-7267; 75-5725 Ali'i Dr; ⌚9–2 Uhr) Sam's ist ein dunkler, gemütlicher (na gut, einige würden sagen „klammer") Schlupfwinkel. Touristen verirren sich eher selten hierher, dafür jede Menge Einheimische, vor allem an den Karaoke-Abenden. Ganz ehrlich: Wer die Einheimischen nicht beim Karaoke gesehen hat, hat Kailua-Kona nicht wirklich erlebt.

My Bar LGBT
(☎808-331-8789; www.mybarkona.com; 74-5606 Luhia St) Zwar ist die My Bar eine der wenigen echten Schwulenkneipen der Insel, doch auch so ist es einfach eine vergnügliche Bar, weder Spelunke der Einheimischen noch schräger Club, sondern schön irgendwas dazwischen. Unter der Woche geht's hier eher chillig zu, am Wochenende gibt's dann wildere DJ- und Themenabende.

PARKPLATZPROBLEME

Der Parkplatz hinter der Sunset Plaza (wo sich das Oceans befindet) ist praktisch, wenn man in der Nähe der beliebtesten Bars am Ali'i Dr parken will und klar ist, wer heimfährt. Der explosive Cocktail aus Alkohol und Testosteron führt aber dazu, dass Touristen auf dem Rückweg zum Auto gerne mal von Einheimischen angepöbelt werden. Gruppen haben meist keine Probleme – aber aufpassen ist angesagt.

Mask-Querade Bar LGBT
(Mask Bar; ☎808-329-8558; 75-5660 Kopiko St; ⌚10–2 Uhr) Versteckt in einem Einkaufszentrum befindet sich „the Mask", eine der echten Schwulenbars in Kailua-Kona. In einem Ort, in dem die Palette der Kneipen von Touristenfallen bis zu Sportbars reicht, ist eine Bar, die sich verspielt kitschig gibt, eine nette Abwechslung. An einigen Abenden geht's hier recht sexy zu, an anderen ist's einfach eine gemütliche Kneipe.

Dolphin Spit Saloon BAR
(☎808-326-7748; 75-5626 Kuakini Hwy, Unit F; ⌚10.30–2 Uhr) In einer Stadt voller Zugezogener und Touristen ist das Dolphin Spit die Enklave der Einheimischen. Hier wird geraucht und getrunken, hier gehen sie auf Tuchfühlung oder streiten miteinander, schauen Sport und bräunen sich in der pazifischen Sonne.

Kona Coffee & Tea Company CAFÉ
(☎808-365-5340; www.konacoffeeandtea.com; 74-5588 Palani Rd; ⌚6–18 Uhr; 📶🐾) 🌿 Das Leben ist zu kurz für schlechten Kaffee: Hier gibt's echten Kona-Kaffee von nachhaltig wirtschaftenden Plantagen. Die frisch gerösteten Bohnen und leckeren Macadamia-Pasteten sind eine himmlische Kombination. Außerdem gibt's in dem betont hundefreundlichen Café WLAN.

Humpy's Big Island Alehouse BAR
(☎808-324-2337; http://humpys.com/kona; 75-5815 Ali'i Dr, Coconut Grove Marketplace; ⌚8–2 Uhr) Das direkt an der Straße oberhalb der Kailua Bay gelegene Humpy's würde im touristischen Kailua-Kona wohl auch dann überleben, wenn es nicht mit seinen Dut-

zenden Biersorten vom Fass beeindrucken könnte. Der Balkon der Kneipe erfreut mit Meeresbrise und Meerblick, während unten Bands spielen. Regelmäßige Happy Hours, Quizabende, offene Bühnen und ein bunt gemischtes Konzertprogramm runden das Bild ab.

Wenn sonntags NFL-Spiele sind, öffnet das Humpy's um 7 Uhr und zeigt die Spiele auf mehreren Bildschirmen.

Don's Mai Tai Bar BAR
(☎808-930-3286; www.royalkona.com; 75-5852 Ali'i Dr, Royal Kona Resort; ⏲10–22 Uhr) Das Don's im Royal Kona Resort ist ein Paradies für Salonlöwen und der Gipfel kitschiger Einrichtung. Dazu gibt's grandiose Meerblicke und verschiedene tropische Getränke mit Plastikschmuck. Die echten Tiki-Fans rauschen zum jährlichen Don's Mai Tai Festival (S. 94) Mitte August an.

Huggo's on the Rocks BAR
(☎808-329-1493; http://huggosontherocks.com; 75-5828 Kahakai Rd; ⏲So–Do 11–22, Fr & Sa bis 23 Uhr) Huggo's ist so nah am Wasser, wie das in Kailua-Kona überhaupt nur möglich ist (bzw. inzwischen bei neueren Bars gesetzlich untersagt ist). Drinks werden unter Strohdächern serviert, begleitet von Livemusik, Sonnenuntergängen und einer gelegentlichen Prise Gischt. Vormittags heißt das Ganze **Java on the Rock** (☎808-324-2411; www.javaontherock.com; ⏲6–11 Uhr; 📶) und serviert wird Kaffee.

Kanaka Kava CAFÉ
(https://kanakakava.com; 75-5803 Ali'i Dr, Coconut Grove Marketplace; ⏲10–23 Uhr) 🌿 Dieses kleine Reethüttenlokal für Einheimische bietet sich dafür an, einmal hawaiisches *kava* (den leicht berauschenden Saft der *'awa*-Pflanze) oder Bio-Nonibaumsaft zu probieren.

☆ Unterhaltung

Die kitschigen, kreuzfahrtschiffsfreundlichen *luau*-Veranstaltungen in Kailua-Kona umfassen eine Zeremonie, ein Abendbuffet mit hawaiischen Spezialitäten, eine offene Bar und eine polynesische Show mit extravaganten Tänzern und Feuerjongleuren. Bei Regen sollte man verzichten – ein *luau* drinnen lohnt sich nicht. In den Bars der Gegend wird am Wochenende hin und wieder Livemusik geboten.

Island Breeze Lu'au LUAU
(☎866-482-9775; www.islandbreezeluau.com; 75-5660 Palani Rd, Courtyard Marriott King Kamehameha's Kona Beach Hotel; Erw./Kind 5–12 J. 97/50 $; ⏲Di, Do & So 17 Uhr; 👪) Familienfreundliches *luau* in schöner Lage am Meer.

Voyagers of the Pacific LUAU
(☎808-329-3111, 888-359-7674; www.konaluau.com; 75-5852 Ali'i Dr, Royal Kona Resort; Erw./Kind 6–11 J. 91/45 $; ⏲Mo, Di, Mi & Fr 18 Uhr; 👪) Hula-Unterricht, kostenlose Mai Tais, Schweinebraten, Blick aufs Meer und anmutige Tänzer und Tänzerinnen stehen hier auf dem Programm.

Gertrude's Jazz Bar LIVEMUSIK
(☎808-327-5299; www.gertrudesjazzbar.com; 75-5699 Ali'i Dr; ⏲Mo–Sa 17–22.30, So 14–22.30 Uhr) Am Ali'i Dr gibt's jede Menge kitschige Kneipen, doch das Gertrude's hebt das Niveau etwas mit Livemusik (gewöhnlich 18–21 Uhr), Cocktails und Tanzabenden.

Regal Makalapua Stadium 10 KINO
(☎844-462-7342; Makalapua Shopping Center, 74-5469 Kamaka'eha Ave; Erw./Kind 12/8 $) Aktuelle Hollywood-Streifen in zehn Kinosälen.

Shoppen

Zwar bessert sich die Situation und es sind immer mehr heimische Waren zu finden, doch der Ali'i Dr quillt nach wie vor über von Souvenirshops mit „hawaiischen" Massenartikeln eher zweifelhafter Qualität – vieles davon stammt aus China.

★ **Kona Bay Books** BÜCHER
(☎808-326-7790; http://konabaybooks.com; 74-5487 Kaiwi St; ⏲10–18 Uhr) Das größte Angebot der Insel an gebrauchten Büchern, CDs und DVDs, darunter Hawaii-Titel, aufgestapelt vom Boden bis zur Decke in einem riesigen Buchladen.

Ali'i Gardens Marketplace EINKAUFSZENTRUM
(Karte S. 126; ☎808-937-8844; 75-6129 Ali'i Dr; ⏲10–17 Uhr; 👪) In diesem Freilicht-Einkaufszentrum kann man wunderbar eine Stunde vertrödeln, indem man an den vielen Ständen mit Kunst, Kunsthandwerk und anderen Erzeugnissen herumstöbert – und die Kinder können frei herumlaufen. Die oben genannten Öffnungszeiten gelten für den Markt insgesamt; die einzelnen Geschäfte haben wiederum ihre eigenen Öffnungszeiten.

Big Island Jewelers SCHMUCK
(☎888-477-8571, 808-329-8571; http://bigislandjewelers.com; 75-5695A Ali'i Dr; ⏲Mo–Sa 9–17.30 Uhr) Dieser seit fast vier Jahrzehnten bestehende Familienbetrieb unter Leitung von Meister-Juwelier Flint Carpenter ver-

kauft hochwertigen Schmuck von Big Island sowie Stücke mit Tahiti-Perlen. Man kann auch Bestellungen aufgeben.

Conscious Riddims Records MUSIK
(☎808-322-2628; 75-5719 Ali'i Dr, Kona Marketplace; ⏰Mo–Fr 10–19, So 10–17 Uhr) Reggae- und Jawaii-Musik (Hawaii-Reggae) sowie Dope-Kleidung.

Wyland Kona Oceanfront Gallery KUNST
(☎808-334-0037; http://wylandbigisland.com; 75-5770 Ali'i Dr; ⏰9.30–21 Uhr) Robert Wyland ist für seine Kunst mit neonfarbenen Meeresmotiven bekannt – sie hängen in zahlreichen Hotels. In dieser großen Galerie werden seine Originalwerke sowie Arbeiten anderer Künstler von Big Island verkauft. Außerdem finden regelmäßig Kunstevents und Galerieabende statt.

Honolua Surf Co BEKLEIDUNG
(☎808-329-1001; www.honoluasurf.com; 75-5744 Ali'i Dr, Kona Inn Shopping Village; ⏰9–21 Uhr) Der Surfwear-Laden, ein Unternehmen von der Insel, teilt sich mittig in Bekleidung für *kane* (Männer) und *wahine* (Frauen) – Surfershorts, Bikinis, Kapuzenjacken, T-Shirts und Beachwear für den ganzen Sommer.

Kona Farmers Market GESCHENKE & SOUVENIRS
(☎808-961-5818; www.konafarmersmarket.com; Hualalai Rd, Ecke Ali'i Dr; ⏰Mi–So 7–16 Uhr; 👪) Wie Kailua-Kona selbst schwankt auch dieser umtriebige kleine Markt zwischen Angeboten für Touristen und für Einheimische und so auch zwischen kitschig und erhaben. Hier gibt es neben jeder Menge falschem Muschelschmuck und Pseudo-Hawaii-Trödel auch frische Lebensmittel und Blüten-*leis*.

ℹ Praktische Informationen

GELD

Die Bank of Hawaii und die First Hawaiian Bank haben rund um die Uhr zugängliche Geldautomaten und Filialen auf der ganzen Insel.

Bank of Hawaii (☎808-326-3900; www.boh.com; 74-5457 Makala Blvd; ⏰Mo–Do 8.30–16, Fr 8.30–18, Sa 9–13 Uhr) Filiale der Bank of Hawaii.

First Hawaiian Bank (☎808-329-2461; www.fhb.com; Lanihau Center, 74-5593 Palani Rd; ⏰Mo–Do 8.30–16, Fr 8.30–18, Sa 9–13 Uhr) Filiale der First Hawaiian Bank.

MEDIEN

Beliebte Radiosender:

KAGB 99.1 FM (www.kaparadio.com) Die Heimat der Hawaii-Musik.

KKUA 90.7 FM (www.hawaiipublicradio.org) Hawaii Public Radio; klassische Musik, Gespräche und Nachrichten.

KLUA 93.9 FM Native FM spielt Inselmusik und Reggae.

Zeitungen:

Hawaii Tribune-Herald (www.hawaiitribune-herald.com) Die wichtigste Tageszeitung von Big Island.

West Hawaii Today (www.westhawaiitoday.com) Die Tageszeitung der Kona Coast deckt den Bereich Kohala bis Ka'u ab.

SONSTIGES

Big Island Visitors Bureau (www.gohawaii.com/big-island) Reiseinfos und umfassender Veranstaltungskalender.

CVS (☎808-329-1632; www.cvs.com; 75-5595 Palani Rd; ⏰Drogerie tgl. 7–22 Uhr, Apotheke Mo–Fr 7–20, Sa 8–19, So 8–18 Uhr) Zentral gelegene Apotheke und Drogerie.

Kona Hawaii Fishing Report (http://aloha-kona.com) Infos zu Angelchartertrips in der Gegend.

KonaWeb (www.konaweb.com) Website für Einheimische und Besucher mit inselweitem Eventkalender.

Manta Pacific Research Foundation (www.mantapacific.org) Diese Forschungsstelle widmet sich der Identifizierung und Erforschung sowie dem Schutz der Mantarochen.

ℹ An- & Weiterreise

AUTO

Für die 75 Meilen (121 km) lange Strecke von Kailua-Kona über die Saddle Rd nach Hilo müssen mindestens 1¾ Stunden veranschlagt werden, über Waimea (95 Meilen/153 km) zwei Stunden, über Ka'u und Volcano (125 Meilen/201 km) drei Stunden.

Während der Stoßzeiten sollte man den Hwy 11 um Kailua-Kona besser meiden und auf die Mamalahoa Hwy Bypass Rd ausweichen. Sie verbindet zwischen den Meilensteinen 111 und 112 des Hwy 11 den Ali'i Dr in Keauhou mit der Haleki'i St in Kealakekua.

BUS

Zwischen Kailua-Kona und Captain Cook in South Kona (1–1¾ Std.) verkehren Mo–Sa bis zu zehn Busse von Hele On (www.heleonbus.org); ein oder zwei davon halten auch am Flughafen. Sonntags verkehrt insgesamt nur je ein Bus Richtung Norden bzw. Süden. Von Kailua-Kona fahren außerdem dreimal täglich außer sonntags Busse über Waimea (1¼–1¾ Std.) nach Hilo (3 Std.), zwei davon über die Resorts von South Kohala.

Busse der Strecke Pahala–South Kohala (4 Std.) halten in Kailua-Kona, South Kona, Ka'u und manchmal am Flughafen von Kona und in Keauhou.

Alle Fahrpläne und Preise unterliegen Änderungen; siehe Website. Gepäck, Rucksäcke und Fahrräder kosten 1 $ extra; Surf- und Boogiebretter sind nicht erlaubt. Kinder bis sechs Jahre fahren gratis.

Keauhou Trolley (www.sheratonkona.com; einfache Fahrt 2 $; ⌚9–21.15 Uhr) Dieser Touristenbus, auch „Honu Express" genannt, pendelt sechsmal täglich zwischen Keauhou und Kailua-Kona, mit Stopps am White (Magic) Sands Beach, bei der Kona Brewing Company, am Kailua Pier und bei verschiedenen Einkaufszentren und Resorthotels. Fahrplan und Preise siehe Website.

Der luftige **Kona Trolley** (www.konaweb.com/forums/shuttle.shtml; ⌚9–21.15 Uhr) verkehrt sechsmal täglich vom Zentrum von Kailua-Kona zum Hotelbezirk Keauhou.

FLUGZEUG

Kona International Airport (KOA; Karte S. 126; ☎808-327-9520; http://hawaii.gov/koa; 73-200 Kupipi St) Auf dem wichtigsten Flughafen von Big Island, 7 Meilen (11 km) nordwestlich von Kailua-Kona, landen vor allem Flüge von den anderen Inseln sowie einige aus den USA und Kanada.

ℹ Unterwegs vor Ort

AUTO

Auf dem Ali'i Dr im Zentrum von Kailua-Kona ist es fast immer recht voll. Ein kostenloser Parkplatz befindet sich zwischen Likana Lane und Kuakini Hwy. Viele Einkaufszentren am Ali'i Dr verfügen über kostenlose Kundenparkplätze.

BUS

Der öffentliche Hele-On-Bus und die privat betriebenen Keauhou und Kona Trolleys halten mehrfach in Kailua-Kona.

FAHRRAD

Als Austragungsort des Ironman Triathlon World Championship ist Kailua-Kona ein fahrradfreundlicher Ort. Zur Zeit der Recherche befand sich ein **Radleihsystem** (30 Min. 3,50 $) gerade in den Startlöchern, mit Leihstationen beim Hale Halawai Park, bei Huggo's On the Rock's und beim Courtyard King Kamehameha's Kona Beach Hotel. Es werden Kreditkarten akzeptiert.

Bike Works (☎808-326-2453; www.bikeworkskona.com; 74-5583 Luhia St, Hale Hana Center; Leihräder 40–60 $ pro Tag; ⌚Mo–Sa 9–18, So 10–16 Uhr) verleiht Mountainbikes und Tourenräder von sehr guter Qualität. Inbegriffen sind Helm, Schloss, Luftpumpe und Flickzeug. Rabatte bei mehrtägiger und wöchentlicher Anmietung; Filiale in Waikoloa. Eine weitere Möglichkeit ist **Kona Beach and Sports** (☎808-329-2294; www.konabeachandsports.com; 75-5744 Ali'i Dr, Kona Inn Shopping Village; Leihräder 25–30 $ pro Tag; ⌚9.30–20 Uhr).

Die Website der **Peoples Advocacy for Trails Hawaii** (☎808-326-7284; https://pathhawaii.org) verfügt über eine ausgezeichnete Datenbank mit Radrouten in der Gegend – die Organisation ist außerdem einer der wichtigsten Unterstützer des Radleihprojekts.

MOPED & MOTORRAD

Mit dem Moped über den Ali'i Dr zu brausen macht Spaß – und Parkprobleme hat man auch nicht!

Scooter Brothers (☎808-327-1080; www.scooterbrothers.com; 75-5829 Kahakai Rd; ab 40/50/90 $ pro 8/24/48 Std.; ⌚9–17 Uhr) Wie ein Einheimischer bewegt man sich im Ort auf einem Moped oder Elektroroller. Befahren darf man das Gebiet vom Hapuna Beach im Norden bis nach Honaunau im Süden.

TAXI

Auf Big Island ist man ohne Auto ziemlich aufgeschmissen, aber wer nicht direkt bei der Ankunft am Flughafen eines mieten will, kann ein Taxi nehmen (Abholungen später am Abend vorausbuchen). Die Taxifahrt nach Kailua-Kona kostet rund 25 $, nach Keauhou 35 $, plus Trinkgeld.

Speedi Shuttle (☎808-329-5433, 877-242-5777; www.speedishuttle.com; Flughafentransfer nach Kailu Kona Gemeinschafts-/Privatshuttle 32/124 $, nach Mauna Lani 59/186 $ ⌚9 Uhr–letzter Flug) fährt zu Zielen entlang der Kona Coast und lohnt sich, wenn man mit mehreren Leuten unterwegs ist. Vorausbuchen und damit rechnen, dass die Shuttles nach Inselzeit verkehren!

Bei den folgenden Unternehmen kann man telefonisch ein Taxi anfordern:

Aloha Taxi (☎808-329-7779; www.alohataxihi.com)

Dakine Taxi (☎808-329-4446; www.dakinetaxi.com)

Laura's Taxi (☎808-326-5466; www.laurastaxi.com)

RUND UM KAILUA-KONA

Keauhou Resort Area

Mit seinen breiten Straßen und gepflegten Grünanlagen wirkt Keauhou wie ein Vorort auf US-amerikanischen Festland: nett, aber gesichtslos. Wie in den meisten Vororten gibt's außer dem Einkaufszentrum, dem Keauhou Shopping Center, kein eigentliches Zentrum. Vielmehr handelt es sich um eine Ansammlung verschiedener Anlaufstellen: So gibt es den Keauhou Harbor für Bootstouren, die Strände zum Schnorcheln und

Surfen, die Resorts und Apartmenthäuser zum Übernachten und die Bauernmärkte für ein bisschen heimisches Flair.

Sehenswertes

End of the World NATUR

(Kuamo'o Bay; Karte S. 108; Ali'i Dr) Wer meint, dass geografische Namen den Orten selbst doch nie entsprechen, hat das End of the World in Keauhou noch nicht gesehen. Eine Lavaebene aus scharfkantigen *'a'a*-Felsen erstreckt sich bis zur tiefblauen Küste und fällt dann steil ins Meer ab: Das könnte fast die Vorlage für Tolkiens Mordor gewesen sein. Anfahrt: Bis zum Ende des Ali'i Dr fahren und dann nach dem Weg zum Wasser suchen – es ist eine kurze, steinige Wanderung bis zu den Klippen. Hier auf keinen Fall baden – es haben sich schon einige schwer verletzt!

Manchmal donnert die Brandung an die Felsen, manchmal ist das Meer spiegelglatt. Häufig springen auch einheimische Teenager von den Klippen ins Wasser. Das sollte man ihnen aber nicht nachmachen, denn nur die Einheimischen kennen die Gezeiten und selbst sie ziehen sich hier oft Verletzungen zu.

Das „Ende der Welt" markiert auch das Ende einer Ära: Als Liholiho (Kamehameha II.), der Sohn von Kamehameha dem Großen, gekrönt wurde, unternahm der neue König schwerwiegende Schritte zur Abschaffung des *kapu-* (Tabu-)Systems, das bis dahin das tägliche Leben regelte. Dazu aß er am gleichen Tisch mit Frauen – damals noch bemerkenswert und unerhört. Häuptling Kekauokalani (sein Cousin) war außer sich. Vielleicht beanspruchte er auch nur die Krone für sich selbst. Jedenfalls forderte er Liholiho in End of the World zum Kampf heraus. Bei der folgenden Schlacht von Kuamo'o kamen 300 Menschen ums Leben, darunter auch Kekauokalani und seine Frau. Die Toten wurden auf dem Lavafeld unter Steinhügeln bestattet, Liholihos Herrschaft war gefestigt und das Tabu-System gebrochen.

Kahalu'u Beach Park STRAND

(78-6710 Ali'i Dr; 👪) Die Kahalu'u Bay ist das am leichtesten zugängliche Schnorchelrevier der Insel und daher zugegebenermaßen auch recht überlaufen. Ein uralter Wellenbrecher, der der Legende zufolge von den *menehune* (dem mythischen „kleinen Volk") erbaut wurde, schützt auf dem Riff die angenehm ruhige und seichte Bucht. Tropische Fische und *honu* (Grüne Meeresschildkröten) lassen sich hier leicht entdecken. Im Park ist auch ein Rettungsschwimmer anwesend, außerdem gibt's Duschen, Toiletten, Trinkwasser, einen Verleih von Schnorchelausrüstung, Schließfächer sowie Picknicktische. Später am Tag kann sich das Wasser etwas eintrüben.

Kahalu'u ist zuweilen so überlaufen, dass sich die Schnorchler gegenseitig behindern. Auf dem schwarz-weißen Strand aus Lava und Korallensand liegen die Sonnenanbeter oft wie die Sardinen nebeneinander – das ist je nach Geschmack gesellig oder ätzend. Auf jeden Fall sollte man früh da sein; um 10 Uhr ist der Parkplatz oft schon voll. Außerdem sollte man sich an die Korallenriffetikette halten und von den Meeresschildkröten im Wasser mindestens 50 m und an Land 6 m Abstand halten.

Bei starker Brandung – und die kann hier wirklich toben – nehmen es Surfcracks mit den Wellen vor der Küste auf, wobei sie jedoch den starken Brandungsrückströmen auf der Nordseite der Bucht bei der Kirche aus dem Weg gehen sollten. Bei sanftem Wellengang können Anfänger hier Surfen und Stehpaddeln lernen.

Kahalu'u Bay Education Center UMWELTZENTRUM

(KBEC; ☎808-887-6411; http://kohalacenter.org/kbec; 78-6710 Ali'i Dr; ⏲9.30–16 Uhr; P👪) GRATIS Das Kahalu'u Bay Education Center (KBEC) am Strand der Kahalu'u Bay ist ein familienfreundliches Umweltzentrum, das übers Schnorcheln und über die Riffetikette informiert – also darüber, wie man am besten mit dem Ozean umgeht. Außerdem wird Schnorchelausrüstung verliehen (Flossen, Schnorchel und Maske 13,50 $); alle Einnahmen werden in Bildungsprogramme investiert.

Original Hawaiian Chocolate Factory FARM

(Karte S. 108; ☎888-447-2626, 808-322-2626; www.ohcf.us; 78-6772 Makenawai St; Tour Erw./Kind bis 12 J. 15 $/frei; ⏲Mi 9, Fr 9 & 11 Uhr, mit Buchung; 👪) Ein Muss für alle Schokoladenfans sind die einstündigen Führungen, bei denen gezeigt wird, wie die *einzige* hawaiische Schokolade angebaut, geerntet, verarbeitet und verpackt wird. Am Ende der Tour werden Kostproben verteilt und man kann süße Verführungen erstehen. Die Führungen finden zu unterschiedlichen Zeiten statt und müssen mindestens eine Woche im Voraus

Keauhou

per Telefon oder E-Mail gebucht werden. Die Fabrik liegt landeinwärts vom Hwy 11 und von der King Kamehameha III Rd.

Keauhou Kahalu'u Heritage Center GALERIE

(www.keauhouresort.com; 78-6831 Ali'i Dr, Keauhou Shopping Center; ⏲10–17 Uhr; P) GRATIS Das nicht mit Personal besetzte Keauhou Kahalu'u Heritage Center dokumentiert die Restaurierungsarbeiten der Tempel in Keauhou. Schautafeln und Videos informieren außerdem über *holua*, den alten hawaiischen Sport des Schlittenfahrens auf Lavagestein an der nahen He'eia Bay. Das Heritage Center befindet sich auf der Seite des Einkaufszentrums, wo auch der KTA Super Store zu finden ist, versteckt hinter der Post bei den Toiletten.

St. Peter by the Sea KIRCHE

(☎808-326-7771; http://catholichawaii.org; 78-6684 Ali'i Dr) Die viel fotografierte „Little Blue Church" direkt an der Kahalu'u Bay ist äußerst beliebt für Hochzeiten. Das in den 1880er-Jahren aus Holz und Wellblech erbaute Gebäude wurde 1912 vom White (Magic) Sands Beach an diese Stelle am Ali'i Dr nördlich des Meilensteins 5 verfrachtet.

Einst stand an diesem Platz übrigens ein althawaiischer Tempel, der Ku'emanu Heiau. Hier beteten einst Angehörige des hawaiischen Königshauses, bevor sie am Nordende der Kahalu'u Bay zum Surfen gingen.

Keauhou

Highlights
1 Magic Sands Beach A2

Sehenswertes
2 Kahalu'u Bay Education Center A3
3 Kahalu'u Beach Park A3
4 Keauhou Bay A4
Keauhou Kahalu'u Heritage Center .... (s. 14)
5 Keolonahihi State Historical Park A1
6 St Peter by the Sea A3

Aktivitäten, Kurse & Touren
7 Banyans A1
8 Fair Wind A4
9 Ocean Safaris A4
Sea Paradise .... (s. 14)
10 Sea Quest A4

Essen
11 Bianelli's A3
12 Da Poke Shack A1
Kenichi Pacific .... (s. 14)
KTA Super Store .... (s. 14)
Peaberry & Galette .... (s. 14)
Sam Choy's Kai Lanai .... (s. 14)

Ausgehen & Nachtleben
Tropics Tap House .... (s. 11)

Unterhaltung
13 Haleo Luau A4
14 Keauhou Shopping Center A3
Regal Keauhou Stadium 7 .... (s. 14)

Shoppen
Ho'oulu Community Farmers Market .... (s. 13)
Keauhou Farmers Market .... (s. 14)
Kona Stories .... (s. 14)

Die Kirche ist nicht zu festen Zeiten geöffnet, jedoch begnügen sich die meisten Leute eh damit, sie von außen zu fotografieren.

Keauhou Bay BUCHT

(Kaleiopapa St) Vom kleinen Bootsanleger an dieser geschützten Bucht legen zahlreiche Touren ab. Zwar lohnt die Bucht keinen großen Umweg, doch der kleine Strand, die Picknicktische und die Beachvolleyballfelder locken Einheimische an. Zu den Anlagen zählen Toiletten und Duschen.

Richtung Berg markiert eine Tafel die Stelle, wo 1814 Kamehameha III. geboren wurde. Der Prinz soll tot geboren, doch dann durch einen *kahuna* wiederbelebt worden sein, der ihn hier in eine Heilquelle tauchte.

Zur Bucht gelangt man, indem man vom Ali'i Dr Richtung Meer *(makai)* auf die Kaleiopapa St abbiegt.

Aktivitäten

Viele Touren, auf denen die Westseite der Insel erkundet wird, starten in Keauhou.

Ocean Safaris KAJAK

(808-326-4699; www.oceansafariskayaks.com; 78-7128 Kaleiopapa Rd; Touren 79 $ pro Pers.) Dieser Veranstalter bietet Kajaktouren zu Meereshöhlen und Lavaröhren, wo man nach Delfinen, Meeresschildkröten und Mantarochen Ausschau hält. Am Ende dürfen die Teilnehmer ein bisschen von den Klippen springen.

Geführte Touren

Sea Quest BOOTSFAHRT

(808-329-7238; www.seaquesthawaii.com; 78-7106 Kamehameha III Rd; Bootsfahrt mit 2 Schnorchelgängen Erw./Kind 112/92 $; 7–21 Uhr;) Die Festrumpfschlauchboote von Sea Quest bieten Platz für maximal 14 Personen. Auf dem Programm stehen Schnorchelabenteuer mit zwei oder drei Schnorchelgängen entlang der South Kona Coast. Der beliebte Anbieter erfreut sich zahlreicher Stammkunden.

Fair Wind SCHNORCHELN

(800-677-9461, 808-322-2788; www.fair-wind.com; 78-7130 Kaleiopapa St; Bootsfahrt mit Schnorcheln Erw./Kind 4–12 J. ab 79/49 $;) Die *Fair Wind II* ist ein zweistöckiger Katamaran mit zwei 4,50 m langen Wasserrutschen, der jeden Morgen zur Kealakekua Bay fährt. Die Fahrten auf dem Luxus-Luftkissenkatamaran *Hula Kai* (149 $) führen zu weniger frequentierten Stellen. Sehr beliebt sind die Abendtrips zu den Mantarochen (119 $; Mindestalter 7 Jahre) – vorab buchen!

Sea Paradise BOOTSFAHRT

(808-322-2500; www.seaparadise.com; 78-6831 Ali'i Dr; Bootsfahrt mit Schnorcheln Erw./Kind 5–12 J. ab 77/47 $, Mantarochen Erw./Kind ab 112/100 $) Der sehr zu empfehlende Veranstalter bietet auf einem kleineren Katamaran mit einer freundlichen, professionellen Crew morgendliche Schnorcheltrips zur Kealakekua Bay und ausgezeichnete abendliche Mantarochen-Tauchtouren (wer beim ersten Mal keine Rochen sieht, darf ein zweites Mal umsonst mitfahren).

Kurse

Kona Surf Adventures SURFEN

(Karte S. 126; 808-334-0033; www.konasurfadventures.com; 75-5995 Kuakini Hwy, Ali'i Gardens Marketplace; Surfunterricht 99–150 $) Diese Surfschule führt „Kona Mike", dem gebürtigen Kalifornier zollen Anfänger wie Surfcracks große Anerkennung.

Essen

Vom Einkaufszentrumsflair darf man sich nicht abschrecken lassen – hier wird z. T. sehr gutes Essen aufgetischt. Köstliches, preisgünstiges Essen gibt's auf dem **Bauernmarkt** (Sa 8–12 Uhr) in Keauhou.

Peaberry & Galette CAFÉ $

(808-322-6020; www.peaberryandgalette.com; 78-6831 Ali'i Dr, Keauhou Shopping Center; Hauptgerichte 7–14 $; Mo–Sa 7–17, So 8–17 Uhr; P) Das Café im Stil eines europäischen Bistros serviert neben Kona- und Illy-Kaffee auch süße und herzhafte französische Crêpes sowie sättigende Salate, Sandwiches, Quiches und zum Nachtisch *liliko'i*-Zitronenkuchen.

KTA Super Store SUPERMARKT $

(www.ktasuperstores.com; 78-6831 Ali'i Dr, Keauhou Shopping Center; 6–22 Uhr; P) Regionale Supermarktkette für Lebensmittel, Strandsnacks und Getränke, mit Deli und Bäckerei.

Bianelli's ITALIENISCH $$

(808-322-0377; http://bianellis.com; 78-6831 Ali'i Dr, Keauhou Shopping Center; Pizza 14–25 $; Mo–Sa 16.30–21 Uhr;) Pizzerien gibt's in Keauhou nicht gerade wie Sand am Meer, aber bei Bianelli's ist die Pizza recht gut. Die „Bufala" mit Knoblauchsauce und weißem Mozzarella ist nach einem Schnorcheltag einfach perfekt!

Kenichi Pacific JAPANISCH $$$
(☎808-322-6400; www.kenichihawaii.com; 78-6831 Ali'i Dr, Keauhou Shopping Center; Gerichte 4–18 $, Hauptgerichte 25–42 $; ⏱16.30–21.30 Uhr; P) Die Lage im Einkaufszentrum muss man einfach ignorieren und stattdessen die schön präsentierte Pazifik-Fusionsküche genießen, mit Gerichten wie zartem Miso-Kabeljau, hawaiischem *ono* (Wahoo) mit *ponzu* (japanischer Zitrussauce) und Lamm mit Macadamiakruste. Sushi und Sashimi sind frisch und werden in großzügigen Portionen gereicht. Bei der Happy Hour (tgl. 16.30–18.30 Uhr) gibt's in der Bar Sushi und Getränke zum halben Preis (z. B. Sake!).

Sam Choy's Kai Lanai HAWAIISCHE FUSIONSKÜCHE $$$
(☎808-333-3434; www.samchoyskailanai.com; 78-6831 Ali'i Dr, Keauhou Shopping Center; Hauptgerichte mittags 10–15 $, abends 21–39 $; ⏱Mo–Do 10–21, Sa & So ab 8 Uhr; P) Sam Choy ist einer der Pioniere der Hawaii Regional Cuisine, der hawaiischen Version der Pazifik-Fusionsküche. Die Speisekarte dieses lockeren Restaurants mit umwerfenden Sonnenuntergängen strotzt vor Fusionsgerichten wie mit Soja, Ingwer und wilden Chilis aus der Region gebratenen Lammkoteletts. Allerdings reicht die Ausführung nicht ganz an den großartigen Ruf des Chefkochs heran.

Ausgehen & Nachtleben

In der Haupt-Mall gibt's ein paar Sportbars.

Tropics Tap House SPORTBAR
(☎808-498-4507; www.tropicstaphousekona.com; 78-6831 Ali'i Dr; ⏱11–24 Uhr) Die recht einfache Sportbar ist ein Ableger einer Kette aus Honolulu mit einer guten Auswahl an Bieren, annehmbarem Essen und Sportübertragungen.

Unterhaltung

Keauhou Shopping Center TANZ
(☎808-322-3000; www.keauhouvillageshops.com; 78-6831 Ali'i Dr) In dieser Mall finden freitags von 18 bis 19 Uhr fast immer Hula-Shows statt. Außerdem werden donnerstags von 10 bis 12 Uhr gewöhnlich kostenlose Workshops in hawaiischem Kunsthandwerk angeboten. Weitere Kulturaktivitäten und Events siehe Website.

Haleo Luau LUAU
(☎866-482-9775; www.haleoluau.com; 78-128 Ehukai St, Sheraton Keauhou Bay Resort; Erw./Kind 6–12 J. 95/45 $; ⏱Mo 16.30 Uhr) Beim touristischen *luau* des Sheraton werden Hawaii-Themen und Geschichte von alten Königen und Schlachten vermischt mit Feuertänzen aus ganz Polynesien. Das Buffet haut einen nicht um, aber dafür gibt's eine Bar mit Gratis-Drinks.

Regal Keauhou Stadium 7 KINO
(☎844-462-7342; 78-6831 Ali'i Dr, Keauhou Shopping Center) Hollywood-Streifen auf sieben Leinwänden, vor 18 Uhr ist's billiger.

Shoppen

Für viele Einheimische steht „Keauhou" für das Keauhou Shopping Center mit seinen zahlreichen Geschäften, von einheimischen Läden bis zu Filialen von Ketten. Außerdem gibt's in der Gegend ein paar interessante Bauernmärkte.

★**Ho'oulu Community Farmers Market** MARKT
(☎808-930-4900; www.hooulufarmersmkt.com; 78-128 Ehukai St, Sheraton Keauhou Bay Resort; ⏱Mi 9–14 Uhr) Im Gegensatz zum touristischen Markt in Kailua-Kona, auf dem Nippes von wer weiß woher verkauft wird, liegt der Schwerpunkt bei diesem Wochenmarkt auf landwirtschaftlichen Produkten von Kleinerzeugern; u. a. gibt's echten Kona-Kaffee und Blüten-*leis*. Livemusik, Inselkünstler und Essensstände machen diesen Markt zu einem tollen Mittagsziel.

Kona Stories BÜCHER
(☎808-324-0350; www.konastories.com; 78-6831 Ali'i Dr, Keauhou Shopping Center; ⏱Mo–Fr 10–18, Sa 10–17, So 11–17 Uhr) Unabhängiger Buchladen mit gut sortierter Hawaii-Abteilung und Veranstaltungen für Kids und Erwachsene. Beim KTA Super Store.

Keauhou Farmers Market MARKT
(www.keauhoufarmersmarket.com; 78-6831 Ali'i Dr, Keauhou Shopping Center; ⏱Sa 8–12 Uhr) Alle Produkte auf diesem auf einem Parkplatz stattfindenden Markt mit Nachbarschaftsflair und hawaiischer Livemusik stammen von Big Island, z. B. Obst und Gemüse, Biokaffee, hausgemachte Marmeladen und frische Blumen.

Praktische Informationen

Bank of Hawaii (www.boh.com; 78-6831 Ali'i Dr, Keauhou Shopping Center, Suite 131; ⏱Mo–Fr 9–18, Sa & So 9–14 Uhr) Geldautomat im KTA Super Store.

CVS (☎808-322-6627; www.cvs.com; 78-6831 Ali'i Dr, Keauhou Shopping Center; ⏱Drogerie tgl. 7–22 Uhr, Apotheke Mo–Fr 8–19, Sa 9–19, So 9–18 Uhr) Drogerie und Apotheke.

Keauhou Urgent Care Center (808-322-2544; www.konaurgentcare.com; 78-6831 Ali'i Dr, Suite 418, Keauhou Shopping Center; 9–19 Uhr) Ambulanz, nicht für Notfälle.

An- & Weiterreise

Der **Keauhou Trolley** (www.sheratonkona.com; einfache Fahrt 2 $; 9–21.15 Uhr), auch „Honu Express" genannt, pendelt fünfmal täglich zwischen Keauhou und Kailua-Kona, mit Stopps u. a. am White (Magic) Sands Beach, am Kailua Pier und an verschiedenen Einkaufszentren und Resorts. Aktueller Fahrplan und Preise siehe Website.

Die Busse von Hele On (www.heleonbus.org) passieren das Keauhou Shopping Center rund zehnmal täglich, vor allem zu den Pendlerzeiten (8–10 und 12–19.45 Uhr). Sonntags verkehren hier keine Busse.

Mit dem Auto ist das 6 Meilen (knapp 10 km) südlich von Kailua-Kona gelegene Keauhou leicht über den Ali'i Dr oder die Belt Rd zu erreichen.

Holualoa

808 / 8540 EW.

Je weiter man sich von Kailua-Kona entfernt und weiter den Berg hinaufgelangt, desto mehr Wohnhäuser umgeben einen, es wird ländlicher und künstlerisch angehaucht – kühler und feuchter sowieso. Diese ganzen Eigenschaften verdichten sich dann so ganz allmählich zum vernebelten Künstlerdorf Holualoa. Die Ortschaft sitzt auf einer Höhe von 427 m über dem Meeresspiegel an den üppig grünen Hängen des Mount Hualalai und ist längst nicht mehr der winzige, vergessene Weiler, der sie einmal war. Heute beherbergen die maroden Häuser eine nette Ansammlung von Künstlergalerien, die dem Ort ein ausgesprochen unkonventionelles Flair verleihen.

Die meisten Geschäfte sind sonntags und montags geschlossen. Offiziell erstreckt sich Holualoa übrigens bis hinunter zum Meer und umfasst einen Großteil des Ali'i Dr. Wenn die Einheimischen aber von Holualoa sprechen, meinen sie das am Hang gelegene Künstlerdorf, das hier beschrieben wird.

Sehenswertes

Donkey Mill Art Center KULTURZENTRUM

(Karte S. 108; 808-322-3362; www.donkeymillartcenter.org; 78-6670 Mamalahoa Hwy; Aug.–Mai Di–Sa 10–16 Uhr, Juni & Juli Mo–Fr 9–15 Uhr; P) GRATIS Dieses Gemeindekulturzentrum wurde 2002 von der Holualoa Foundation for Arts & Culture geschaffen. Hier gibt es kostenlose Ausstellungen, jede Menge Kunst aus der Gegend sowie Vorträge und Workshops, die von national und international bekannten Künstlern gegeben werden und auch Besuchern offenstehen. Woher der seltsame Name? Das Gebäude von 1953 war einst eine Kaffeemühle mit einem aufs Dach gemalten Esel. Es werden auch viele familienfreundliche Bildungsprogramme veranstaltet. Das Zentrum liegt 3 Meilen (4,8 km) südlich der Dorfmitte.

Japanese Cemetery FRIEDHOF

(Karte S. 126; 76-6018 Mamalahoa Hwy) Das sich die Berghänge hinaufziehende Kaffeeanbaugebiet an der Kona Coast ist von japanischen Einwanderern und ihren Nachfahren besiedelt und bewirtschaftet worden. Von diesem Erbe zeugt dieser am Berghang klebende Friedhof voller auf Kanji beschrifteter Grabsteine aus Korallen- und Lavastein. Hier sollte man sich respektvoll verhalten, denn dies ist nach wie vor ein Friedhof, der von Einheimischen besucht und genutzt wird.

Aktivitäten

Hula Daddy Kona Coffee PLANTAGE

(Karte S. 126; 808-327-9744; www.huladaddy.com; 74-4944 Mamalahoa Hwy; Mo–Sa 10–16 Uhr) GRATIS Der Gourmet-Verkostungsraum und die umweltbewusst geführte Plantage bieten eine tolle Einführung in die Kaffeeverkostung und umwerfende Ausblicke von der luftigen Veranda. Außerdem kann man sich nach den ungewöhnlichen Produktionsmethoden für die Kona-Oli- und Kona-Sweet-Bohnen des Erzeugers erkundigen. Knapp 5 Meilen (8 km) nördlich von Holualoa.

Malama I'ka Ola Holistic Health Center GESUNDHEIT & FITNESS

(Karte S. 126; 808-324-6644; www.malamatherapy.com; 76-5914 Mamalahoa Hwy) In einer Arztpraxis des 19. Jhs. bringt das ganzheitliche Gesundheitszentrum Leib und Seele wieder auf Vordermann, mit Yoga, Pilates, Massage, Akupunktur, chinesischen Kräutern und Naturkosmetik.

Geführte Touren

Holualoa Kona Coffee Company FARM

(800-334-0348, 808-322-9937; www.konalea.com; 77-6261 Mamalahoa Hwy, Holualoa; Mo–Fr 8–16 Uhr) GRATIS Die Kona Le'a Plantation setzt auf ihrer kleinen Bioplantage knapp 2 Meilen (3,2 km) südlich von Holualoa keine Pestizide und Herbizide ein. Auf dem Weg nach oben sollte man auf die freilaufenden Gänse achten, die gleichzeitig als Rasenmäher und Düngerlieferanten dienen.

Kona Blue Sky Coffee FARM
(☎877-322-1700; www.konablueskycoffee.com; 76-973 Hualalai Rd, Kailua-Kona; ⏲Besucherzentrum & Andenkenladen Mo–Sa 9–16 Uhr, Führungen 10–15 Uhr zur vollen Std., außer um 12 Uhr) GRATIS Eine gute Wahl für Leute mit wenig Zeit: Die winzige Kaffeeplantage im Dorf Holualoa bietet kostenlose Rundgänge vorbei an traditionellen Trockengestellen an, inklusive Einführungsvideo.

Kona Gold Rum Company BÄCKEREI
(Karte S. 108; ☎808-769-4322; www.konagoldrum.com; 78-1377 Bishop Rd; ⏲Mo–Fr 9–17, Sa bis 14 Uhr, So geschl.) Was besonders gut zum Kona-Kaffee passt: auf einer Veranda sitzen, aufs Meer schauen und Rumkuchen essen. Hier kann man erleben, wie dieser Kuchen hergestellt wird, und anschließend im Verkostungsraum einen bestellen. Außerdem befindet sich hier Buddha's Cup, ein einheimischer Kaffeeproduzent, der in der Gegend teils besonders hochwertige Bohnen erntet – den Kaffee kann man zusammen mit dem Kuchen probieren.

Festivals & Events

First Friday KUNST
(Art After Dark; www.holualoahawaii.com; ⏲1. Fr des Monats 17.30–20.30 Uhr;) Am ersten Freitag des Monats wird das Örtchen Holualoa zu einer einzigen großen Kunstgalerie – das ist es zwar eigentlich sowieso schon, doch beim Event „Art After Dark" öffnen die Galerien ihre Pforten, es bummeln Besucher umher und es herrscht ein Flair kunstbeflissener Geselligkeit.

Music & Light Festival KUNST
(www.holualoahawaii.com; ⏲Mitte Dez.) Mitte Dezember steigt ein weihnachtliches Fest mit Livemusik und einer Zeremonie, bei der die Weihnachtsbaumbeleuchtung in Betrieb genommen wird.

Coffee & Art Stroll ESSEN
(www.konacoffeefest.com) Während des Kona Coffee Cultural Festival (S. 94) im November findet in Holualoa eine unglaublich beliebte eintägige Straßenparty statt.

Essen

Doris Place, 77-6108 Mamalahoa Hwy, hinter den Holuakoa Gardens, ist ein beliebtes Lebensmittelgeschäft.

★ **Holuakoa Gardens & Café** GESUNDES $$
(Karte S. 126; ☎808-322-5072; www.holuakoacafe.com; 76-5900 Mamalahoa Hwy; Hauptgerichte Brunch 12–25 $, abends 17–35 $; ⏲Café Mo–Fr 6.30–18, Sa 8–18, So 8–14.30 Uhr, Restaurant Mo–Fr 10–14.30, Sa & So 9–14.30, Mo–Sa 17.30–20.30 Uhr;) Das Café vorne serviert echten Kona-Kaffee, Backwaren und Sandwiches, das Slow-Food-Biorestaurant im hinteren Bereich raffinierte, aber zwanglose Bistroküche aus frischen regionalen Zutaten. Abends reservieren!

Dies ist eines der Restaurants, die sich die Unterstützung der heimischen Bauern und Fischer ganz besonders auf die Fahnen geschrieben haben. Daher findet hier im Sommer auch ein Bauernmarkt statt.

Shoppen

Holualoa ist zwar nur ein winziges Dorf, aber die hier ansässigen Künstler sollte man nicht unterschätzen! Am Mamalahoa Hwy (Hwy 180) schaffen international bekannte Kunstschaffende Werke jenseits der stereotypen Tropenmotive. Die meisten Galerien und Geschäfte sind sonntags und montags geschlossen.

Holualoa Ukulele Gallery MUSIK
(Karte S. 126; ☎808-324-4100; www.konaweb.com/ukegallery; 76-5942 Mamalahoa Hwy; ⏲Di–Sa 11–16.30 Uhr und n. V.) Im alten Postamt von Holualoa verkauft Sam Rosen seine schönen handgefertigten Ukulelen sowie von anderen Meistern angefertigte Instrumente. Sam zeigt Besuchern gern seine Werkstatt. Wer zehn Tage Zeit hat, kann auch lernen, eine eigene Ukulele zu bauen.

Studio 7 Fine Arts KUNST & KUNSTHANDWERK
(Karte S. 126; ☎808-324-1335; www.studio7hawaii.com; 76-5920 Mamalahoa Hwy; ⏲Di–Sa 11–17 Uhr) In der stillen Galerie sind Aquarelle, Ölgemälde, Holzdrucke und Skulpturen des prominenten Künstlers und Galeristen Hiroki Morinoue zu sehen, außerdem die wundervollen Keramiken seiner Frau Setsuko. Die Stücke weisen allesamt japanische Einflüsse auf und stellen hervorragende zeitgenössische Kunst dar.

Ipu Hale Gallery KUNST & KUNSTHANDWERK
(Karte S. 126; ☎808-322-9069; www.holualoahawaii.com/member_sites/ipu_hale.html; 76-5893 Mamalahoa Hwy; ⏲Di–Sa 10–16 Uhr) In dieser Galerie werden großartige *ipu* (Flaschenkürbisse) verkauft, die hübsch mit hawaiischen Motiven verziert sind. Die alte Fär-

betechnik von der Hawaii-Insel Ni'ihau war über ein Jahrhundert lang in Vergessenheit geraten und wurde erst 1980 auf Big Island wiederbelebt.

Holualoa Farmers Market MARKT
(Karte S. 126; 76-5901 Mamalahoa Hwy; April–Okt. Sa 9–12 Uhr) Lebensmittelmarkt mit schön gemischtem Publikum.

Dovetail Gallery & Design KUNST & KUNSTHANDWERK
(Karte S. 126; 808-322-4046; www.dovetailgallery.net; 76-5942 Mamalahoa Hwy; Galerie Di–Sa 11–16 Uhr, Geschäft für Holzartikel Mo–Fr 8–16.30 Uhr) Elegante zeitgenössische Arbeiten von Bildhauern, Malern, Fotografen und Möbeldesignern von Big Island.

Kimura Lauhala Shop KUNST & KUNSTHANDWERK
(808-324-0053; www.holualoahawaii.com/member_sites/kimura.html; Hwy 180, Ecke Hualalai Rd; Mo–Fr 9–17, Sa 9–16 Uhr) Der von der Familie Kimura in vierter Generation geführte Laden verkauft *lauhala*-Erzeugnisse und ist eine echte örtliche Institution. Hier findet man eine schöne Auswahl an handgefertigten Artikeln aus den getrockneten Blättern des Schraubenbaums *(hala)*. Nicht auf billige Importe hereinfallen – hier werden authentische *lauhala*-Hüte, -Sets, -Körbe und -Taschen verkauft.

An- & Weiterreise

Holualoa liegt nördlich der Kreuzung mit der Hualalai Rd am Hwy 180 (Mamalahoa Hwy). Außer bei besonderen Veranstaltungen findet man auf dem Dorfparkplatz oder am Highway meistens problemlos einen Parkplatz. Öffentliche Verkehrsmittel fahren nicht hierher.

SOUTH KONA COAST

South Kona zeigt mehr als jeder andere hawaiische Distrikt die geographischen und kulturellen Einflüsse, die Big Island ausmachen. Hier gibt es sowohl die trockene Lavawüste der Kohala Coast als auch den triefend feuchten Nebelwald von Puna und Hilo. Einheimische Fischerdörfer existieren friedlich neben den Hippie-Kunstgalerien von Festland-Dissidenten und den Ferienwohnsilos, die von Millionären und Immobilienhaien hingeklotzt wurden.

Außerdem zählt der rund 20 km lange Abschnitt zwischen Kailua-Kona und der Kealakekua Bay zu den historisch interessantesten Gebieten Hawaiis. Hier vergruben die Angehörigen des alten hawaiischen Königshauses heimlich die Gebeine ihrer Vorfahren, Tabubrecher versuchten, die haiverseuchten Gewässer zu überwinden und die *pu'uhonua* (Zufluchtsstätte) zu erreichen, und der britische Entdeckungsreisende James Cook und seine Crew setzten hier zum ersten Mal ihren Fuß auf hawaiischen Boden.

An- & Weiterreise

Die Belt Rd, die einmal rund um die Insel führt, wird in South Kona zum Hwy 11, einer kurvenreichen, teils trügerischen Strecke – Flachlandtiroler müssen sich erst ans Fahren in den Bergen gewöhnen.

Stellenweise ist der Highway recht schmal. Zwar ist Radfahren hier nichts Außergewöhnliches, jedoch sollten Radler Kleidung mit Reflektoren tragen und gut beleuchtet sein. Richtung Süden werden die Meilensteine übrigens abwärts gezählt – das hört sich vielleicht merkwürdig an, da sie auch in North Kona Richtung Norden abwärts gezählt werden, doch offiziell befindet man sich hier unten auf dem Hwy 11 und nicht mehr auf dem Hwy 19.

Hin und wieder fährt auch ein Hele-On-Bus (www.heleonbus.org) durch diese Gegend, vor allem morgens und am frühen Abend, wenn die Pendler unterwegs sind. Wer möchte, kann sich unterwegs auch irgendwo absetzen lassen.

Honalo

808 / 2423 EW.

Das kleine Honalo an einer Straßenkurve hinter der Kreuzung der Highways 11 (Mamalahoa) und 180 unterscheidet sich mehr als nur durch die reine Entfernung vom touristischen Kailua-Kona. Das ausgeprägte japanische Erbe im Kona-Kaffeegürtel zeigt sich in Form von Tempeln und Restaurants.

Sehenswertes

Daifukuji Soto Mission TEMPEL
(Karte S. 108; 808-322-3524; www.daifukuji.org; 79-7241 Mamalahoa Hwy; Mo–Sa 8–16 Uhr; P) Das erste Gebäude, das man in Honalo zu sehen kriegt, sieht aus wie eine Kreuzung aus einer roten Scheune, einer Villa mit weißem Dach und einem japanischen Schrein. Stimmt fast – zumindest der letzte Teil. Es handelt sich nämlich um die buddhistische Soto-Mission Daifukuji („Tempel des großen Glücks"). Nachdem man die Schuhe abgelegt hat, bietet sich ein Blick auf die beiden

South Kona Coast

reich verzierten, liebevoll umsorgten Altäre. Jeder darf an den Zen-Meditationen, Tai-Chi-Stunden und Taiko-Übungssessions (japanische Trommel) teilnehmen, die im Laufe der Woche stattfinden; Details gibt's auf der Website oder telefonisch.

Higashihara Park PARK
(Karte S. 108; ⏲ Mo–Do 9.45–18.30, Fr 7.45–16.30 Uhr; 🅿 👪) Wer mit Kindern unterwegs ist, kann von Honalo rund eine Meile (1,6 km) zurück nach Norden zum schattigen Higashihara Park gehen. Ein einzigartiges, hüb-

South Kona Coast

Highlights
1 Kona Coffee Living History Farm C4
2 Pu'uhonua o Honaunau National Historical Park C6
3 St. Benedict's Painted Church D6

Sehenswertes
4 Big Island Bees C4
5 Captain Cook Monument B4
6 Daifukuji Soto Mission C2
7 Donkey Mill Art Center B1
8 End of the World B2
Great Wall .... (s. 10)
9 Greenwell Farms C3
10 Hale o Keawe Heiau C6
11 Higashihara Park B2
12 Hiki'au Heiau C4
13 HN Greenwell Store Museum C3
14 Kealakekua Bay State Historical Park C4
15 Ke'ei Beach C5
Keone'ele Cove .... (s. 10)
16 Manini Beach C4
17 Original Hawaiian Chocolate Factory B1
18 Paleaku Gardens Peace Sanctuary D5
19 Pali Kapu o Keoua C4
20 Picnic Area C6
21 Society for Kona's Education & Art D5

Aktivitäten, Kurse & Touren
22 1871 Trail C6
23 Adventures in Paradise C4
Aloha Kayak Co .... (s. 6)
24 Captain Cook Monument Trail C4
25 Coral Dome C5
26 Driftwood B3
27 Hammerhead C6
28 Ka'awaloa Cove B4
29 Kona Boys C3
30 Kona Gold Rum Company C2
31 Long Lava Tube B3
32 Mamalahoa Hot Tubs & Massage C3
33 Two-Step C6

Essen
34 Annie's Island Fresh Burgers C3
Big Jake's Island B-B-Q .... (s. 38)
35 Cafe Florian C3
36 ChoiceMart C4
37 Coffee Shack C4
38 Da Poke Shack D5
39 Dave's Hawaiian Ice Cream C3
Gypsea Gelato .... (s. 34)
40 Ke'ei Café C3
41 Keoki's Roadside Cafe D5
42 Manago Restaurant C4
43 Patz Pies C4
44 Rebel Kitchen C2
45 South Kona Fruit Stand D6
46 Super J's D5
Teshima's Restaurant .... (s. 6)

Ausgehen & Nachtleben
47 Korner Pocket Bar & Grill C3

Unterhaltung
48 Aloha Theatre B2

Shoppen
Blue Ginger Gallery .... (s. 44)
49 Discovery Antiques C3
50 Donkey Balls C2
Kiernan Music .... (s. 44)
51 Kimura H Store C2
Lavender Moon Gallery .... (s. 51)
52 South Kona Green Market C4

sches Holzklettergerüst mit hawaiischen Motiven bietet endlose Klettermöglichkeiten. Der Park liegt auf der dem Meer zugewandten Seite *(makai)* zwischen den Meilensteinen 114 und 115.

Geführte Touren

Aloha Kayak Co KAJAK
(Karte S. 108; ☎808-322-2868; www.alohakayak.com; 79-7248 Mamalahoa Hwy; 1er-/2er-/3er-Kajak 35/60/85 $ pro Tag, Touren 54–130 $; ⏲7.30–17 Uhr) Dieser hawaiische Anbieter kennt sich in den örtlichen Gewässern bestens aus und bietet halbtags (12–17 Uhr) einen Kajak- und SUP-Ausrüstungs-Verleih. Kajak-Schnorchel-Touren führen zur Kealakekua Bay und zu anderen Stellen an der Küste, u. a. zu Meereshöhlen sowie abends zu den Mantarochen.

Essen

Wer gern japanisch isst, kann sich hier glücklich schätzen. Beim Teshima's befindet sich auch ein kleiner Supermarkt.

Teshima's Restaurant JAPANISCH $$
(Karte S. 108; ☎808-322-9140; www.teshimarestaurant.com; 79-7251 Mamalahoa Hwy; Hauptgerichte abends 13–23 $; ⏲6.30–13.45 & 17–21 Uhr; 👪) Einen authentischen Einblick in die örtliche Kultur gewährt ein Essen in diesem familiengeführten Restaurant. Es zaubert schon seit den 1950er-Jahren japanische Hausmacherkost auf den Tisch. Die altmodische Atmosphäre und die schnörkellosen Landspeisen vermählen sich zu einem gelungenen Ganzen. Das Sashimi ist immer superfrisch und das Tempura leicht knusprig und golden.

An- & Weiterreise

Honalo liegt unmittelbar südlich von Keauhou. Die Kreuzung der Highways 11 und 180 ist etwas unübersichtlich, besonders bei Regen, der hier im Kaffeegürtel nicht ungewöhnlich ist. Während der Rushhour morgens und am frühen Abend staut sich hier außerdem der Verkehr.

Kainaliu

808 / 1600 EW.

Mit seinen Antiquitätenläden, Kunstgalerien und bunten Boutiquen ist Kainaliu ideal für ein Mittagessen und zum Verweilen – praktisch für alle, die im Verkehrsgewühl („Kainaliu Crawl") auf dem Mamalahoa Hwy stecken bleiben. Dies ist der erste etwas größere Ort im höher gelegenen South Kona, zwar nur 20 Minuten von Kailua-Kona entfernt, doch mit gänzlich anderem Flair – geprägt von Künstlern, umweltbewussten Leuten und schrägen Typen.

Essen

Wie in der restlichen Region befinden sich die Speiselokale praktischerweise am Hwy 11.

★Annie's Island Fresh Burgers BURGER $

(Karte S. 108; 808-324-6000; www.anniesislandfreshburgers.com; 79-7460 Mamalahoa Hwy, Mango Court; Burger 14–20 $; 11–20 Uhr;) Manchmal muss es einfach ein Burger sein, und zwar einer, bei dem man seufzt, glückselig grinst und hinterher ein leichtes Völlegefühl hat. Genau solche Burger – mit die besten auf der Insel – macht Annie aus regionalem Gemüse und Fleisch von Freilandrindern. Auch Vegetarier kommen nicht zu kurz, etwa bei mit Parmesan gefüllten Champignons.

Gypsea Gelato EISCREME $

(Karte S. 108; 808-322-3233; www.gypseagelato.com; 79-7460 Mamalahoa Hwy; Eiscreme ab 3,50 $; 12–20.30 Uhr;) Zum ersten Mal kamen wir nach einem Ironman hierher: Wir sahen einen drahtigen Italiener erst vorbei-, dann hineingehen und hörten ihn murmeln: „Ein Eis geht immer!" Das finden wir auch! An Sorten gibt's alles von solchen mit Inselbezug bis hin zum dekadenten Schokoeis.

Rebel Kitchen SANDWICHES $$

(Karte S. 108; 808-322-0616; www.rebelkitchen.com; 79-7399 Mamalahoa Hwy; Hauptgerichte 10,50–18 $; 11–20 Uhr;) Der ganze Laden verströmt verspielte Anarchie – vom jungen Personal bis zur Punk- und Reggaemusik, die aus der Küche plärrt. Was sonst noch aus der Küche kommt? Unglaublich gute Sandwiches. Allein schon für den geschwärzten *ono* mit scharfer Majo würde so mancher glatt töten, ganz zu schweigen von dem Hühnchen auf Rosmarinbrötchen.

Unterhaltung

Aloha Theatre THEATER

(Karte S. 108; 808-322-9924; www.apachawaii.org; 79-7384 Mamalahoa Hwy; Tickets 10–25 $;) Hier ist eine der umtriebigsten kleinen Theatertruppen der Inseln zu Hause: die Aloha Performing Arts Company. Gutes Theater, Filmkunst und Livemusik stehen hier auf dem Programm. Spartipp: Tickets aus dem Vorverkauf sind günstiger. Und noch ein ganz besonderer Geheimtipp: Nach den Premieren selbst produzierter Stücke kocht die Theatertruppe ihrem Publikum Abendessen.

Shoppen

Die „Hauptstraße", also das Stück Hwy 11 im Ort, ist von netten Antiquitätenläden und Galerien gesäumt.

Kiernan Music MUSIK

(Karte S. 108; 808-323-4939; www.kiernanmusic.com; 79-7401 Mamalahoa Hwy; Di–Fr 10–18, Sa 10–17 Uhr) Der freundliche Besitzer Brian Kiernan hat ein Händchen für die Restaurierung alter Ukulelen und Gitarren. Außerdem ist er eine wunderbare Informationsquelle sowohl für neugierige Anfänger als auch für echte Profis, die sich eine Ukulele oder eine Archtop-Gitarre bauen lassen möchten.

Lavender Moon Gallery KUNST & KUNSTHANDWERK

(Karte S. 108; 808-324-7708; www.lavendermoongallery.com; 79-7404 Mamalahoa Hwy; Di–Fr 11–18, Sa 11–17 Uhr) Hochwertige Gemälde, Drucke, Schmuck, Töpferwaren und handgemachte Taschen von Big-Island-Künstlern füllen die bunten Ladenfenster.

Donkey Balls SÜSSWAREN

(Karte S. 108; 808-322-1475; www.alohahawaiianstore.com; 79-7411 Mamalahoa Hwy; Mo–Sa 8–18, So ab 9 Uhr) In Sachen Süßigkeiten ist Donkey Balls die Krönung. Und nicht nur wegen des Namens. Die gehaltvollen Pralinen sind nämlich hervorragend und in den unterschiedlichsten Varianten zu haben. Die reinen Schokoteile sind ja sowieso schon der Wahnsinn. Gut sind aber auch die in 100 % Kona-Kaffee gerollten Jitter Balls und die Blue Balls, die mit blau gefärbter weißer Schokolade überzogen sind.

Und für alle, die zu ihren dicken Schokodingern noch einen Espresso brauchen, hat der Fabrikladen auch ein ziemlich gutes Café.

Blue Ginger Gallery KUNST

(Karte S. 108; ☎808-322-3898; www.bluegingergallery.com; 79-7391 Mamalahoa Hwy; ⏰Mo–Sa 10–17 Uhr) Diese urige kleine Galerie ist überaus vielseitig und aufgeschlossen. In maritimer Atmosphäre gibt's jede Menge Gemälde, Drucke und Kunsthandwerk, gefertigt von Künstlern und Kunsthandwerkern von der Insel – ein toller Laden für echte Big-Island-Souvenirs.

Kimura H Store KUNST & KUNSTHANDWERK

(Karte S. 108; 79-7408 Mamalahoa Hwy; ⏰Mo–Sa 9–17 Uhr) Der alteingesessene, familiengeführte Laden bietet bunt gemusterte hawaiische und japanische Stoffe.

An- & Weiterreise

Obwohl man zuerst Honalo erreicht, wirkt Kainaliu eher wie das Tor nach South Kona. Der Ort erstreckt sich ungefähr 20 Autominuten von Kailua-Kona entfernt über die Meilen 112 bis 114 am Highway entlang.

Kealakekua

☎808 / 2020 EW.

Vor Jahrhunderten befanden sich hoch auf diesen Klippen hawaiische *heiau* und die geheimen Begräbnishöhlen von Angehörigen des Königshauses. So war Kealakekua einst ein heiliger Ort; sein Name bedeutet „Pfad der Götter". Heute ist Kealakekua am verkehrsreichen Mamalahoa Hwy South Konas kommerzielles Zentrum.

Sehenswertes

Greenwell Farms FARM

(Karte S. 108; ☎808-323-2295; www.greenwellfarms.com; 81-6581 Mamalahoa Hwy; ⏰Führungen 8–16.30 Uhr; Ⓟ) GRATIS Diese 60 ha große Plantage wurde 1850 gegründet und wird heute von der Familie Greenwell in vierter Generation bewirtschaftet. Sie ist eine der ältesten und bekanntesten Kaffeeplantagen von Kona. Heute werden hier Kaffeebohnen von mehr als 200 Erzeugern der Umgebung geröstet. Besucher können an einer kostenlosen Führung teilnehmen und an schattigen Picknicktischen Kaffee und Obst probieren. Außerdem gibt's Kona Red (www.konared.com), einen Drink, der aus dem Fruchtfleisch der Kaffeekirschen hergestellt wird. Die Plantage liegt zwischen den Meilensteinen 110 und 111.

HN Greenwell Store Museum MUSEUM

(Karte S. 108; ☎808-323-3222; www.konahistorical.org; 81-6551 Mamalahoa Hwy; Erw./Kind 5–12 J. 5/2 $; ⏰Mo & Do 10–14 Uhr, Di nur Museum; Ⓟ) Das in einem der ältesten Gebäude von Kona untergebrachte Museum bietet einen Einblick ins Hawaii des 19. Jhs. In dem 1875 erbauten und liebevoll restaurierten Haus erwecken kostümierte Führer die multikulturelle Agrargeschichte Konas zum Leben, indem sie Agrarerzeugnisse erläutern und Geschichten erzählen. Gewöhnlich zieht den Besuchern donnerstags ab 11 Uhr der Duft von süßem Brot durch die Nase: Es wird im traditionellen portugiesischen Brotofen gebacken. Dienstags ist das Museum geöffnet, aber es sind keine Führer anwesend.

Das Museum liegt zwischen den Meilensteinen 111 und 112 am Hwy 11.

Geführte Touren

Kona Boys OUTDOORAKTIVITÄTEN

(Karte S. 108; ☎808-328-1234; www.konaboys.com; 79-7539 Mamalahoa Hwy; 1er-/2er-Kajak-Verleih 54/74 $ pro Tag, Touren 139–189 $; ⏰7.30–17 Uhr) Dieser unkomplizierte, aber professionelle Wassersportveranstalter ist der größte in South Kona und in der örtlichen Tourismusszene fest verankert. Kajak-, Schnorchel- und Auslegerkanutrips führen zur Kealakekua Bay und man kann Surfen und SUP lernen. Außerdem werden Schnorchel- und SUP-Ausrüstung sowie Surfbretter und Kajaks verliehen. Touren und Ausrüstung telefonisch reservieren!

Essen

Die Restaurants liegen am Hwy 11, darunter einige, die regionale Erzeugnisse verarbeiten.

Caffe Florian CAFÉ $

(Karte S. 108; ☎808-238-0861; www.caffeflorian kona.com; 81-6637 Mamalahoa Hwy; Hauptgerichte 5,50–12 $; ⏰Mo–Fr 6.30–16, Sa 7–14 Uhr, So geschl.; Ⓟ❄✍) Das saubere, gemütliche Café wartet hinterm Haus mit einer Veranda auf, wo man den Geckos zuschauen, starken Kona-Kaffee schlürfen und sich an Salaten, Sandwiches, Bagels, Rühreiern und anderen Frühstücks- und Mittagsgerichten gütlich tun kann. Mit einem der größeren vegetarischen Angebote in dieser Ecke der Insel.

Dave's Hawaiian Ice Cream EISCREME $
(Karte S. 108; ☎808-345-8042; www.daveshawaiianicecream.com; 81-6592 Mamalahoa Hwy; Snacks 3–6 $; ⌚11.30–21, Sa & So bis 17 Uhr; 👪) Daves sahnige, auf Oahu hergestellte Eiscremes strotzen vor Inselaromen: *poha* (Andenbeere), Guave, *liliko'i*, Kokosnuss, *ube* (Yamswurzel), Schokolade-Macadamianuss, Kona-Kaffee u. v. m. Toll ist auch eine Kugel Eis in einem Becher aus regenbogenfarbenem *shave ice*.

Ke'ei Café BISTRO $$
(Karte S. 108; ☎808-322-9992; www.keeicafe.net; 79-7511 Mamalahoa Hwy; Hauptgerichte 17–31 $; ⌚Di–Sa 17–21 Uhr; 👪) Wer in South Kona mal so richtig fein essen will, findet fast nichts Besseres als das Ke'ei Café, das sich als Außenposten der hawaiischen Haute Cuisine einen Namen gemacht hat. Der tolle Erdnuss-Miso-Salat ist eine ideale Basis für kräftige Hauptgerichte wie Grillhähnchen mit roter Curry- oder der westlicheren Pfefferkornsauce.

Reservierung empfohlen – am besten nach einem Tisch auf der Veranda fragen.

Ausgehen & Nachtleben

Korner Pocket Bar & Grill BAR
(Karte S. 108; ☎808-322-2994; 81-970 Haleki'i St; ⌚11–1 Uhr) Das hier ist so ziemlich die einzige Bar in South Kona. Der Laden wird hauptsächlich von Einheimischen frequentiert und hat am Wochenende Livemusik. Die Billardtische sind allerdings immer umlagert. Wenn nicht so viel los ist, wird manchmal früher geschlossen. Außerdem kommen viele Leute hierher, um sich Sportübertragungen anzuschauen.

Shoppen

Wie so oft in der Region befinden sich am Highway ein paar gute Antiquitätenläden.

Discovery Antiques ANTIQUITÄTEN
(Karte S. 108; ☎808-323-2239; 81-6593 Mamalahoa Hwy; ⌚Mo–Sa 10–17, So 11–16 Uhr) Blechspielzeug und Hawaiihemden, Trödel und alte Hawaiiartikel – man weiß nie, was man in diesem Secondhand-, Antiquitäten- und Trödelladen alles so findet. Außerdem wird hier köstliche Tropical-Dreams-Eiscreme aus Hilo verkauft.

Praktische Informationen

First Hawaiian Bank (☎808-322-3484; www.fhb.com; 81-6626 Mamalahoa Hwy; ⌚Mo–Do 8.30–16, Fr bis 18 Uhr)

Kona Community Hospital (☎808-322-9311; www.kch.hhsc.org; 79-1019 Haukapila St; ⌚24 Std.) Beste Unfallklinik im Westen von Big Island rund zehn Meilen (16 km) südlich von Kailua-Kona.

An- & Weiterreise

Kealakekua liegt am Mamalahoa/Hwy 11 und beginnt unmittelbar südlich von Kainaliu bei Meile 111. Auf der Strecke zwischen Keauhou und Kealakekua kann man auf die Mamalahoa Hwy Bypass Rd ausweichen und so dem schlimmsten Pendlerverkehr nach und aus Kailua-Kona ein Schnippchen schlagen.

Die Mamalahoa Hwy Bypass Rd verbindet die Haleki'i St in Kealakekua (seewärts zwischen den Meilensteinen 111 und 112 vom Hwy 11 abzweigend) mit der Kamehameha III Rd in Keauhou sowie schließlich mit dem Ali'i Dr und dem Hwy 11 (Mamalahoa).

Captain Cook

☎808 / 3429 EW.

Wenn sich der Hwy 11/Mamalahoa Hwy Richtung Süden windet, wird die Vegetation dichter und die Ausblicke auf das Meer werden immer fesselnder – es ist oft schwierig zu sagen, wo ein Ort aufhört und der nächste beginnt. Captain Cook kündigt sich durch das historische Manago Hotel an, das sein Dasein 1917 als Restaurant für Handelsreisende begann, die auf der damals langwierigen Strecke zwischen Hilo und Kona unterwegs waren. Das lang gestreckte Gebäude ist auch heute noch ein regionales Wahrzeichen für Reisende und Einheimische.

Captain Cook ist außerdem der Zugangspunkt zur Kealakekua Bay und hat eine großartige Auswahl an B&Bs und guter Hausmannskost. Die kurvenreiche Napo'opo'o Rd, die irgendwann in die Middle Ke'ei Rd übergeht, verbindet Berg und Meer und eignet sich wunderbar, um in hübscher Umgebung ziellos umherzufahren. Unterwegs sieht man Schilder mit der Aufschrift

„No Spray": Sie verweisen auf Biobauern (oder auch Hausbesitzer), die eine Kampagne gegen Pestizide führen.

Sehenswertes

Die **Middle Ke'ei Road** und die **Painted Church Road**, die beide vom Hwy 11 zum Meer führen, zählen zu den schönsten Straßen der Insel und lohnen durchaus einen Abstecher. Viele fahren auch mit dem Rad hier hinunter – doch Achtung: Die Straßen sind schmal und es gibt keinen Seitenstreifen. Außerdem ist es ganz schön anstrengend, wieder zurück hoch zum Highway zu kommen.

★ Kona Coffee Living History Farm HISTORISCHE STÄTTE

(Karte S. 108; ☎808-323-3222; www.konahistorical.org; 82-6199 Mamalahoa Hwy; 1-std. Führung Erw./Kind 5–12 J. 15/5 $; ⏲ Mo–Fr 10–14 Uhr; P) Viele Kaffeeplantagenführungen sind oberflächliche Veranstaltungen, die nicht länger als 15 Minuten dauern. Diese ist eine löbliche Ausnahme. Veranstaltet wird sie von der Kona Historical Society, die mit dem Smithsonian Institute verbandelt ist. Neben einer Erläuterung des Kaffeeanbaus und der Kaffeeernte erhält man hier einen bewegenden Einblick in das Leben japanischer Einwanderer in South Kona während mehrerer Jahrzehnte des 20. Jhs. Auf der 2 ha großen Kaffeeplantage, die immer noch in Betrieb ist, lebte bis 1994 die Familie Uchida. Heute ist die Pflanzung in den Zustand der 1920er- bis 1940er-Jahre zurückversetzt worden.

Mehrere der Guides sind auf ähnlichen Anwesen aufgewachsen und wissen, wovon sie reden, wenn sie den Gästen die Kaffeegärten, das Verarbeitungsgebäude, die Trockendächer und das Haupthaus zeigen. Bei den Rundgängen lernen die Teilnehmer, wie man Kaffeekirschen pflückt und ein traditionelles *bentō* (japanische Lunchbox) zubereitet.

Die Plantage liegt zwischen den Meilensteinen 110 und 111.

Big Island Bees FARM

(Karte S. 108; ☎808-328-7318; www.bigislandbees.com; 82-1140 Meli Rd; ⏲ Mo–Fr 10–16, Sa bis 14 Uhr; P) In diesem Andenkenladen und winzigem historischen Museum erklärt das freundliche Personal den Besuchern gern alles Mögliche über die Bienenzucht, lässt sie einen Blick ins Bienenhaus werfen und erläutert dann, wie ihr preisgekrönter Biohonig produziert wird. Wer möchte, kann *'ohi'a lehua*-Blütenhonig mit Zimt oder Macadamia-Blütenhonig probieren.

Aktivitäten

Captain Cook Monument Trail WANDERN

(Karte S. 108; abseits der Napo'opo'o Rd) Der einzige Landzugang zum Captain Cook Monument ist dieser Weg, an dem sich unterwegs schöne Ausblicke bieten und der direkt hinunter zur Schnorchelbucht führt. Der einfache Hinweg hinunter dauert etwa eine (insektenverseuchte) Stunde, der Rückweg eher zwei Stunden, denn der Höhenunterschied von 400 m bei einer Streckenlänge von knapp 3 km ist nach dem Schnorcheln nicht ohne.

Den Ausgangspunkt des Weges erreicht man, indem man vom Mamalahoa Hwy Richtung Meer *(makai)* auf die Napo'opo'o Rd abbiegt. Parken ist auf den ersten 150 m an der schmalen Straße möglich – wo immer es sicher erscheint und erlaubt ist. Der Weganfang liegt fünf Telefonmasten vom Beginn der Straße entfernt, Richtung Meer gegenüber von drei großen Palmen.

Der Weg ist recht gut zu finden; wer sich nicht sicher ist, hält sich am besten immer links. Auf dem Weg zurück nach oben hält man sich an der Gabelung rechts (zurück auf die Lavakante); links ist eine Allradpiste, die sich meilenweit Richtung Norden an der Küste entlangzieht.

Mamalahoa Hot Tubs & Massage SPA

(Karte S. 108; ☎808-323-2288; www.mamalahoa-hottubs.com; 81-1016 St John's Church Rd; Whirlpool für 2 Pers. 35–50 $ pro Std.; ⏲ Mi–Sa 12–21 Uhr) Inmitten dieser Minioase stehen in einem üppigen Garten zwei Teakholz-Becken. Die Becken, geschützt durch Flechtdächer und -wände, sind offen, aber gegen neugierige Blicke von außen geschützt. Außerdem werden unterschiedliche Massagen angeboten, von schwedischen Massagen bis zu *lomilomi* (traditionelle hawaiische Massage) und Warmsteinmassage. Buchung erforderlich; nach verbilligten Pauschalangeboten fragen!

Geführte Touren

Adventures in Paradise KAJAK

(Karte S. 108; ☎808-447-0080; www.bigislandkayak.com; 82-6020 Mamalahoa Hwy; Kajak-Schnorchel-Tour 100 $; ⏲ Büro 7–15 Uhr) Bei diesem pro-

DIE JAMES-COOK-STORY

Am 17. Januar 1779 segelte James Cook in die Kealakekua Bay und löste damit eine umstrittene Ära in der Geschichte Hawaiis aus.

Cooks Besuch fiel mit der jährlichen *makahiki*-Festzeit zusammen: Vier Monate lang wurden alle kriegerischen Auseinandersetzungen und alle schweren Arbeiten ausgesetzt, um Lono zu ehren, den Gott der Landwirtschaft und des Friedens. Gleichzeitig fand eine inselweite Prozession statt, bei der die jährlichen Tributzahlungen an den obersten Häuptling eingesammelt wurden, gefolgt von Feierlichkeiten, schrankenloser Sexualität und Spielen.

Der Empfang für Cook in der Kealakekua Bay war spektakulär: Über 1000 Kanus umringten seine Schiffe und 9000 Hawaiianer begrüßten ihn an Land. Nach seiner Anlandung wurde Cook mit großer Unterwürfigkeit behandelt – er wurde gefeiert wie ein amtierender Häuptling, mit umfangreichen Festlichkeiten und überwältigenden Gaben. Die Hawaiianer tauschten außerdem Waren; besonders erpicht waren sie auf Metallwaren, die sie vorher nie gesehen hatten. Cook wollte verhindern, dass sich seine Matrosen mit den hawaiischen Frauen einließen, scheiterte aber kläglich und gab diesen Versuch schließlich auf. Wiederholt tauschten die Matrosen Eisennägel für Sex.

Am 4. Februar hatte Cook seinen Proviant aufgefrischt und verließ die Kealakekua Bay, um weiterzusegeln. Jedoch geriet er ein kurzes Stück weiter nördlich in einen schweren Sturm. Auf der *Resolution* brach ein Fockmast. Da er so nicht weitersegeln konnte, kehrte Cook am 11. Februar in die Kealakekua Bay zurück.

Dieses Mal wurde Cook nicht von Booten begrüßt. Stattdessen schien Häuptling Kalaniopu'u anzudeuten, dass Cook nicht mehr willkommen war. Cook und seine Besatzung hatten die Essensvorräte der Hawaiianer bereits erschöpft, auch war die *makahiki*-Zeit beendet und die Party vorbei.

Während die Gastfreundschaft der Hawaiianer nachließ, wurden kleine Diebstähle häufiger. Beleidigungen und Verdächtigungen ersetzten nun auf beiden Seiten die Höflichkeit. Als ein Ruderboot gestohlen wurde, befahl Cook eine Blockade der Kealakekua Bay und nahm Häuptling Kalaniopu'u als Geisel, um die Rückgabe des Boots zu erzwingen.

Cook überzeugte Kalaniopu'u, auf die *Resolution* zu kommen, um ihren Zwist beizulegen. Als sie aber ans Ufer gingen, erfuhr Kalaniopu'u, dass die Seeleute einen Unterhäuptling getötet hatten, der versucht hatte, in seinem Kanu die Bucht zu verlassen. Da setzte sich Kalaniopu'u offenbar nieder und weigerte sich weiterzugehen. Eine große wütende Menge versammelte sich.

Um den Hawaiianern Angst einzujagen, feuerte Cook seine Pistole ab und tötete dabei einen der Leibwächter des Häuptlings. Daraufhin griffen die aufgebrachten Hawaiianer an. In dem tödlichen Handgemenge erlitt Cook einen Stich mit einem Dolch und wurde mit Keulen erschlagen.

Durch Cooks Tod wurden beide Seiten aufgeschreckt: Die Auseinandersetzungen wurden eingestellt. In den folgenden Tagen nahmen die Hawaiianer Cooks Leichnam an sich und zergliederten ihn auf die hohen Häuptlingen vorbehaltene traditionelle Weise. Die Engländer forderten seinen Leichnam zurück und zündeten in einem Akt grausamer Gewalt Hütten an. Sie schlachteten Inselbewohner ab, darunter auch Frauen und Kinder.

Die Hawaiianer gaben schließlich einige Teile des Leichnams zurück – Teile des Schädels, Hände und Füße –, die die Engländer dann gemäß Marinetradition auf See bestatteten. Jedoch behielten die Hawaiianer die Knochen zurück, die das meiste *mana* (spirituelle Kraft) besaßen – etwa die Oberschenkelknochen.

fessionellen Wassersportanbieter kümmert man sich gut um Anfänger und es werden tolle Kajak-Schnorchel-Touren zur Kealakekua Bay geboten. Außerdem im Programm: Bootstouren und Ausrüstungsverleih.

Essen

Manago Restaurant JAPANISCH $

(Karte S. 108; ☎808-323-2642; www.managohotel.com; 82-6155 Mamalahoa Hwy; Hauptgerichte Frühstück 4–6 $, mittags & abends 6–14 $; ⏰Di–So

7–9, 11–14 & 17–19.30 Uhr; P 🚼) Der Speisesaal des Manago ist ein echtes Big-Island-Erlebnis! Er sieht aus wie ein Diner aus dem frühen 20. Jh. und ist wie geschaffen für den ethnischen South-Kona-Mix aus Japanern, Chinesen, Portugiesen, Filipinos, ein paar Festlandamerikanern und Hawaiianern. Entsprechend ist die Zusammenstellung des Essens: Die Mahlzeiten sind herzhaft und kommen in amerikanischen Großportionen, werden aber mit Reis und gewürfeltem japanischem Gemüse serviert.

Coffee Shack CAFÉ $
(Karte S. 108; ☎808-328-9555; www.coffeeshack.com; 83-5799 Mamalahoa Hwy; Mahlzeiten 11–15 $; ⏲7.30–15 Uhr; P) Die gefährlich direkt am Highway gelegene Bude ist berühmt für die Wahnsinnsaussicht von der Veranda auf die Kealakekua Bay. Ohne Übertreibung: Wahrscheinlich ist der Ausblick beim Kaffeetrinken nirgends auf der Welt so schön wie hier. Das Essen – Sandwiches, Salate usw. – ist auch eine Wucht, vor allem die hausgemachten Süßspeisen wie *liliko'i*-Cheesecake.

Das Café residiert in einem historischen Gebäude auf der dem Meer zugewandten Seite des Hwy 11 zwischen den Meilensteinen 108 und 109.

Patz Pies PIZZA $
(Karte S. 108; ☎808-323-8100; www.patzpies.com; 82-6127 Mamalahoa Hwy; Stück/ganze Pizza ab 3/17 $; ⏲10–20, Fr & Sa bis 21 Uhr; P) Dünne Kruste, würzige Sauce. Dass es hier echte New Yorker Pizza gibt, ist kaum übertrieben – der Betreiber des Lokals südlich des Manago Hotel stammt von dort.

ChoiceMart SUPERMARKT $
(Karte S. 108; ☎808-323-3994; www.choicemart.net; 82-6066 Mamalahoa Hwy; ⏲5–22 Uhr; P) Im größten Lebensmittelladen in South Kona kann man sich gut für ein Picknick am Strand eindecken. Außerdem sehr gute Auswahl an Bier, Wein und Spirituosen.

Shoppen

South Kona Green Market MARKT
(Karte S. 108; 82-6160 Mamalahoa Hwy; ⏲So 9–14 Uhr; 🚼) Der Green Market ist eine Art Tratschzentrum, Rathaus und temporärer Dorfanger für die bunte Einwohnerschaft von South Kona. Aber natürlich gibt's hier auch frisches Obst, Bio-Obst und -Gemüse von der Insel, selbstgemachte Lebensmittel und schräges Kunsthandwerk zu kaufen, oft auch noch begleitet von Livemusik.

An- & Weiterreise

Das „Zentrum" von Captain Cook liegt rund 13 Meilen (21 km) südlich von Kailua-Kona am Hwy 11/Mamalahoa Hwy. Busse von Hele On (www.heleonbus.org) können Fahrgäste überall auf der Strecke nach Kailua-Kona absetzen.

Kealakekua Bay

Die Kealakekua Bay ist eine der großartigsten Stätten auf Big Island, weil sie eine unglaubliche natürliche Schönheit mit besonderer geschichtlicher Bedeutung verbindet. Hier liegt nicht nur eine der wichtigsten religiösen Stätten der Hawaiianer; dies ist außerdem der Ort, an dem James Cook – und mit ihm die Außenwelt – erstmals das Archipel betrat und dadurch unwiderruflich das Schicksal der Inseln und ihrer Bewohner veränderte.

Die weite, ruhige Bucht ist im Norden durch eine niedrige Lavaspitze, in der Mitte durch hohe rötliche *pali* (Klippen) und im Süden durch kilometerlange grüne Berghänge geschützt. Die Bucht ist sowohl ein State Park als auch ein Meeresschutzgebiet: Sie ist berühmt für ihr vielfältiges Meeresleben wie etwa Ostpazifische Delfine. Das gesamte Gebiet gilt als heilig und Besucher sollten sich entsprechend verhalten.

Sehenswertes

Kealakekua Bay State Historical Park PARK
(Karte S. 108; www.hawaiistateparks.org; 82-6099 Pu'uhonua Beach Rd; ⏲Sonnenaufgang bis Sonnenuntergang; P) Die schöne und geschichtsträchtige Kealakekua Bay ist die größte Attraktion der Küste von South Kona. Das soll auch so bleiben – allerdings gerät die Natur durch die wachsende Zahl an Besuchern in diesem Meeresschutzgebiet, das für seine reiche Meeresfauna bekannt ist, immer mehr unter Druck. Aus diesem Grund sind jetzt auch neue Vorschriften für Kajakfahrer erlassen worden.

Um zum Park zu gelangen, biegt man vom Mamalahoa Hwy auf die Napo'opo'o Rd ab. Nach 4,5 Meilen (7,2 km) geht es am Ende der Straße rechts Richtung Hiki'au Heiau. Dieser Tempel auf einer breiten Plattform war dem Kriegsgott Ku geweiht und deshalb das religiöse Zentrum von Kealakekua. Oder man fährt links zum Bootsanleger. In der Nähe des Tempels gibt es Toiletten und Duschen.

Ke'ei Beach STRAND
(Karte S. 108; abseits der Pu'uhonua Rd) Der Ke'ei Beach unmittelbar südlich der Kealakekua Bay liegt an einer hübschen Bucht, die zum Schwimmen allerdings meist zu rau und zu felsig ist, außer an einem sehr schmalen Sandstreifen am Nordende. Bei entsprechenden Bedingungen nutzen heimische Surfer den langen Reefbreak. An der Bucht gibt es einen kleinen Kanuanleger und ein paar Fischerhütten, aber keine öffentlichen Einrichtungen. Besucher sollten sich hier umsichtig verhalten – sie befinden sich praktisch im Vorgarten der Anwohner.

Hierher gelangt man, indem man rund einen halben Kilometer südlich der Manini Beach Rd von der Pu'uhonua Rd die holprige Piste Richtung Meer nimmt (bei der Ke'ei Transfer Station ist man schon zu weit). Die asphaltierte Pu'uhonua Rd führt mehrere Meilen weiter Richtung Süden zum „Place of Refuge".

Pali Kapu o Keoua HISTORISCHE STÄTTE
(Karte S. 108) Die „heiligen Klippen von Keoua" oberhalb der Kealakekua Bay sind nach einem Häuptling und Rivalen von Kamehameha I. benannt. In mehreren großen, unzugänglichen Höhlen in den Klippen sind Angehörige des hawaiischen Königshauses bestattet und es wird darüber spekuliert, ob nicht auch die Gebeine von James Cook hier teilweise beigesetzt sind. Für Leute, die es nicht glauben wollen: Es gibt tatsächlich keinen Zugang hoch zu diesen Höhlen und sie sind heilig und daher sowieso tabu.

Manini Beach STRAND
(Karte S. 108) Das Südufer der Kealakekua Bay ist felsig und einer regelmäßigen Dünung aus Nordwesten ausgesetzt, sodass die Bade- und Schnorchelbedingungen hier schlecht sind. Andererseits stellt der Manini Beach einen landschaftlich reizvollen, schattigen Picknickplatz dar. Wer hier trotz der unregelmäßig verteilten Korallen und *'a'a* (raue, scharfkantige Lava) ein Bad nehmen möchte, sollte sich am Strand rechts halten. Dort gibt es den besten Zugang für Schwimmer.

Anfahrt: Von der Napo'opo'o Rd links auf die Pu'uhonua Rd abbiegen, dann rechts auf die Manini Rd. Die Zahl der Parkplätze an der Straße ist begrenzt.

Captain Cook Monument HISTORISCHE STÄTTE
(Karte S. 108) In etwa einer Meile Entfernung ist an der Ka'awaloa Cove ein großer weißer Obelisk zu sehen. Er markiert die Stelle, wo Captain Cook 1779 bei einer Auseinandersetzung mit den Hawaiianern getötet wurde. 1877 schenkte das Königtum Hawai'i das 1,5 m² große Stück Land, auf dem das Monument steht, Großbritannien als Zeichen der Freundschaft. Hinter dem Denkmal befinden sich die Ruinen des alten Dorfes Ka'awaloa.

Hiki'au Heiau TEMPEL
(Karte S. 108; P) Am Ende der Napo'opo'o Rd geht es rechts zum Hiki'au Heiau auf einer großen Plattform. Von dem Steinstrand vor dem Tempel lässt sich ein atemberaubender Ausblick genießen, zum Schwimmen ist es allerdings zu rau hier. Das Herumklettern auf den Ruinen ist verboten.

Aktivitäten

Kajak

Der Streit über die zu starke Nutzung der Bucht und die Folgen für die Umwelt hat zu neuen Vorschriften für Kajaker geführt. Einzelkajaker können derzeit bei der Division of State Parks spezielle Genehmigungen für das Durchfahren der Bucht erhalten – jedoch nicht für das Anlanden an der Ka'awaloa Cove oder das Ablegen von der Napo'opo'o Wharf.

Darüber hinaus ist die einzige Option eine geführte Kajaktour mit einem lizenzierten Anbieter; eine aktuelle Liste findet sich auf www.hawaiistateparks.org. Die meisten Touren beginnen an der Napo'opo'o Wharf; von hier geht's 30 bis 45 Minuten über die Bucht zur Ka'awaloa Cove. Der Wind kommt meist aus Nordwest, sodass die Rückfahrt in der Regel schneller und leichter ist.

Tauchen

Rund um die Kealakekua Bay locken zahlreiche gute Tauchreviere, darunter die Ka'awaloa Cove mit ihrer außergewöhnlichen Vielfalt an Korallen und Fischen. Tauchgebiete weiter nördlich sind **Hammerhead** (Karte S. 108) fürs Tiefseetauchen, **Coral Dome** (Karte S. 108) mit einer großen Höhle mit viel Leben und riesigem Lava-„Skylight" und **Driftwood** (Karte S. 108) mit Lavaröhren und Weißspitzen-Riffhaien.

In der sehr treffend benannten **Long Lava Tube** (Karte S. 108), einem mittelschweren Tauchspot unmittelbar nördlich der Kealakekua Bay, lassen sogenannte Lava-„Skylights" Licht durch die Decke der 20 m langen Röhre. Wer Glück hat, sieht Krebstiere, Muränen – und vielleicht sogar Spanische Tänzerinnen. In den zahllosen Lavaformationen draußen tummeln sich Congeraale, Tritonshörner und Hawaii-Husarenfische.

Schnorcheln

Die geschützte Ka'awaloa Cove ganz im Norden der Kealakekua Bay zählt zu den besten Schnorchelspots von Big Island. Das vor der Meeresbrandung geschützte aquamarine Wasser ist besonders klar. Die Vielfalt an Fischen und Korallen ist großartig, und wer einen stabilen Magen hat, kann 30 m rausschwimmen, um dann über dem blauen Abgrund einer Unterwasserklippe zu schweben.

Mit Glück begleiten einen Schildkröten und Ostpazifische Delfine – aber nicht vergessen, zu diesen Tieren Abstand zu halten! Laut Gesetz muss der Mindestabstand zu Schildkröten im Wasser mindestens 50 Yard (46 m) betragen, zu Delfinen, Walen und Robben 100 Yard (92 m). Alle hawaiischen Meeresschildkröten sind vom Aussterben bedroht, also sollte man sie in Ruhe lassen und nie versuchen, sie zu berühren oder gar auf ihnen zu reiten!

Zur Zeit der Recherche war die Ka'awaloa Cove nur im Rahmen eines Schnorcheltrips ab Kailua-Kona oder Keauhou, mit einer von einem Anbieter in South Kona organisierten Kajaktour oder zu Fuß über den Captain Cook Monument Trail zu erreichen.

Ka'awaloa Cove SCHNORCHELN

(Karte S. 108) In der außerordentlich beliebten Ka'awaloa Cove in der Kealakekua Bay zu schnorcheln, ist wirklich einzigartig. Die Korallengärten, tropischen Fische und eine Unterwasserklippe nur 30 m von der Küste sind umwerfend. Wer im Winter hier ist, sollte vielleicht ein Rashguard tragen. Die großen Korallenklippen und die Abbrüche sind mit Schwärmen bunter Fischer bevölkert, die sich in der Bucht versammeln. Wer nicht in die Bucht paddeln oder wandern möchte, kann an einer **Schnorcheltour** teilnehmen.

Diese Bucht ist beliebt für Begegnungen mit Delfinen, weshalb bei Natur- und Tierschützern die Alarmglocken läuten. Denn solche Begegnungen können die Lebensräume der Tiere stark beeinträchtigen und ihre Nahrungs-, Schlaf- und Paarungsgewohnheiten durcheinanderbringen. Wer die Kealakekua Bay aufsuchen möchte, sollte vielleicht Touren zu weniger stark frequentierten, wenn auch nicht ganz so spektakulären Buchten in der Nähe wählen, die einige Anbieter im Programm haben.

An- & Weiterreise

Zur Kealakekua Bay fahren keine öffentlichen Verkehrsmittel; wer nicht hinunter zum Captain Cook Monument wandert oder (mit einer Genehmigung ausgestattet) im Boot herkommt, benötigt ein Auto oder Fahrrad. Die Napo'opo'o Rd, die vom Hwy 11 abzweigt, windet sich 4,5 Meilen (7,2 km) hinunter zum Meer; die üppige Vegetation der regenreicheren Hänge weicht allmählich, an der Küste scheint ununterbrochen die Sonne – Regen am Highway bedeutet also noch lange nicht Regen unten in der Bucht. Die Straße endet am Parkplatz des Napo'opo'o Beach and Wharf.

Honaunau

808 / 2600 EW.

Inmitten von dichten Kaffee- und Macadamiahainen liegt Honaunau, kaum mehr als ein paar verteilte, freundliche Geschäfte, die sich auf wunderbar leichte Art erkunden lassen. Hauptanziehungspunkt ist der nahe „Place of Refuge", aber auch ein Bummel die Painted Church Rd hinunter mit Stopps an Obstständen und Kaffeebuden – das Meer immer im Blick – hat durchaus seinen Reiz.

Sehenswertes

★ St. Benedict's Painted Church KIRCHE

(Karte S. 108; 808-328-2227; www.thepaintedchurch.org; 84-5140 Painted Church Rd; 9–18 Uhr, Gottesdienst Di, Do & Fr 7, Sa 16, So 7.15 Uhr; P) Eine Kanzel mit Aussicht, von tropischen Blüten umrankte Grabsteine und eine kleine Kapelle mit Bildern im Stil der „Outsider Art" vom Boden bis zur Decke machen diese Kirche zu einem malerischen Ziel für einen Abstecher. Der Kunstautodidakt und katholische Priester John Velghe kam 1899 aus Belgien nach Hawaii und schuf das Langschiff mit Gewölbe nach dem Vorbild einer gotischen Kirche im spanischen Burgos. Seine Trompe-l'œil-Kunst verbindet europäische Motive mit der polynesischen Landschaft: So vertreibt Jesus den Teufel vor einer Landschaft, die wie das Pololu Valley aussieht.

Zwar ist der Eintritt frei, doch eine kleine Spende hilft beim Erhalt dieses faszinierenden Stücks Kultur.

Society for Kona's Education & Art KULTURZENTRUM

(SKEA; Karte S. 108; 808-328-9392; www.skea.org; 84-5191 Mamalahoa Hwy; P) Im SKEA ist viel los: Unterricht in Pilates, polynesischem Tanz, Tai Chi und japanischem Tuschezeichnen, außerdem Ausstellungen und Dichterlesungen (Veranstaltungskalender auf der Website oder einfach anrufen). Hinter dem SKEA befindet sich die **Kona Potter's Guild**, wo Besucher Töpfern bei der Arbeit zuschauen und deren Werke kaufen können.

Zwischen den Meilensteinen 105 und 106.

1

2

1. Moku'aikaua Church (S. 85)
Die älteste christliche Kirche auf den Inseln von Hawaii.

2. Tauchen vor der Kona Coast (S. 90)
Klares, ruhiges Wasser bietet ausgezeichnete Sicht auf Lavaformationen und Korallenriffe.

3. Sonnenuntergang in der Kailua Bay (S. 85)
Einst ein wichtiger Handelshafen ist die Bucht heute ein beschaulicher Ort zum Schwimmen und Kanufahren.

4. *Honu* (Grüne Meeresschildkröte)
Wer diese gefährdete Art beim Schwimmen oder Sonnenbaden sieht, sollte Abstand halten.

4

KUMA/SHUTTERSTOCK ©

Paleaku Gardens Peace Sanctuary GARTEN
(Karte S. 108; ☎808-328-8084; www.paleaku.com; 83-5401 Painted Church Rd; Erw./Kind 6–12 J. 10/3 $; ⏲Di–Sa 9–16 Uhr; P) In diesem ruhigen, knapp 3 ha großen Garten in der Nähe der Kirche an der Painted Church Rd stehen Schreine für alle großen Weltreligionen. Außerdem ist hier der unglaublich beeindruckende „Galaxy Garden“, in dem der berühmte Weltraummaler Jon Lomberg ein maßstabgetreues Modell der Milchstraße geschaffen hat – aus Pflanzen! Die generell gute Stimmung wird noch unterstützt durch die Yoga- und Thai-Chi-Stunden, die hier angeboten werden.

Essen

Nach einem harten Urlaubstag locken am Highway einige sehr gute Esslokale.

★ Super J's HAWAIISCH $
(Ka'aloa's Super J's; Karte S. 108; ☎808-328-9566; 83-5409 Mamalahoa Hwy; Teller 8–12 $; ⏲Mo–Sa 10–18.30 Uhr; P 👪) Der vollständige Name des Ladens ist zwar eigentlich „Ka'aloa's Super J's Authentic Hawaiian“, aber alle sagen nur Super J's. Sie sagen außerdem, dass es hier saumäßig lecker ist. Das *laulau* (Schweine- oder Hühnchenfleisch oder Fisch, in Taroblätter gewickelt) wird so lange gegart, bis es so zart ist, dass es schon von selbst zerfällt. Auch das *lomilomi* (Lachs-Tomaten-Salat) ist verdammt gut. Und selbst das *poi* (Tarobrei) ist hier ein Festessen!

Am allerschönsten ist aber das Ambiente: Hier isst man praktisch im Wohnzimmer einer sehr freundlichen hawaiischen Familie. Das Lokal liegt auf der dem Meer zugewandten Seite des Hwy 11 zwischen den Meilensteinen 106 und 107.

Da Poke Shack FISCH & MEERESFRÜCHTE $
(Karte S. 108; ☎808-328-8862; www.dapokeshack.com; 83-5308 Mamalahoa Hwy; Hauptgerichte 5–12 $; ⏲So–Do 11–18, Fr & Sa bis 19 Uhr; P) Der Ableger des tollen Lokals in Kailua-Kona (S. 95) serviert ebenso superfrischen Fisch und Meeresfrüchte, mariniert oder in anderen Variationen, so etwa mit *shōyu* (Sojasauce), als „Dynamite“ mit Avocado-Aioli oder brennend scharf als „Pele's Kiss“. Alle Gerichte werden mit Reis serviert und alles ist einfach köstlich!

South Kona Fruit Stand MARKT $
(Karte S. 108; ☎808-328-8547; www.southkonafruitstand.com; 84-4770 Mamalahoa Hwy; Speisen 3–10 $; ⏲Mo–Sa 9–18, So 10–16 Uhr; ✎) Hier gibt's Obst in Hülle und Fülle, z. B. *apple bananas*, Brotfrucht, cremige *abiu* (Sapote) und purpurne Jaboticaba-Beeren. Wer draußen auf der Terrasse einen Smoothie schlürft, bekommt großartige Küstenblicke umsonst dazu. Zu erkennen ist der Obststand an den Ananasfahnen auf der Landseite des Hwy 11 zwischen den Meilensteinen 103 und 104.

Big Jake's Island B-B-Q GRILL $
(Karte S. 108; ☎808-328-1227; 83-5308 Mamalahoa Hwy; Hauptgerichte 7–12 $; ⏲11–15 Uhr; P) Grillrippchen, Schwein und Huhn werden in diesem Laden beim Meilenstein 106 langsam in einem Räucherfass gegart. Dahinter kann man sich an Picknicktischen niederlassen, und wer zum Fleisch was Fischiges möchte, kann sich nebenan im Da Poke Shack *poke* besorgen.

Keoki's Roadside Cafe FISCH & MEERESFRÜCHTE $$
(Karte S. 108; ☎808-328-2259; 83-5293 Mamalahoa Hwy; Hauptgerichte 11–22 $; ⏲10–18.30 Uhr; P 👪) In diesem Straßenlokal werden Fish and Chips aus örtlich gefangenem Fisch wie *ono* und Mahimahi serviert. Das Essen ist nicht schlecht und nach einem ausgedehnten Bad oder einer Wanderung auch sehr sättigend – nicht unbedingt die besten Fish and Chips auf der Insel, aber die Tische im Garten sind recht schön. Und wer möchte, kann sich hier auch gleich mit Inselkunst eindecken.

An- & Weiterreise

Die Intra-Kona-Linie des Hele-On-Busses (www.heleonbus.org) passiert Honaunau etwa drei- oder viermal täglich und ist auf die Bedürfnisse der Pendler ausgerichtet: Die Busse gen Norden Richtung Kailua-Kona fahren ab etwa 5 bis 9.30 Uhr, die Richtung Süden von etwa 16 bis 18.30 Uhr. Honaunau liegt rund 7 Meilen (11 km) südlich von Captain Cook.

Pu'uhonua o Honaunau National Historical Park

Der Nationalpark liegt an der Honaunau Bay am Ende einer langen Halbwüste aus dornigem Gestrüpp und Lavaflächen. Fast nirgends lässt sich das alte Hawai'i so lebendig erfahren wie hier; außerdem bietet die Bucht leichten Zugang zu einem der allerbesten Schnorchelgründe. Kurz gesagt kombiniert Pu'uhonua o Honaunau Geschichte zum Anfassen mit besten Möglichkeiten zur Tierbeobachtung – und dazu braucht's nicht mehr als einen Schnorchel. Der Zungenbrecher eines Parknamens heißt ganz einfach „Zufluchtsort in Honaunau".

Die besten Zeiten für einen Besuch sind der frühe Morgen und der späte Nachmittag – dann ist es nicht so heiß und es ist nicht so viel los. An dem Wochenende, das dem 1. Juli am nächsten liegt, findet im Park ein **Kulturfestival** mit traditionellem Kunsthandwerk und Essen, Hula-Tanz und anderen Kulturdarbietungen statt.

Geschichte

Im alten Hawaii war jedes Detail des Alltags durch das System des *kapu* (Tabu) geregelt. Ein *maka'aina* (Untertan) durfte einen *ali'i* (Mitglied der Königsfamilie) weder ansehen noch in seinen Fußstapfen gehen. Frauen durften nicht für Männer kochen und auch nicht zusammen mit ihnen essen. Angeln, Jagen und Holzsammeln z. B. waren auf bestimmte Jahreszeiten begrenzt – und so weiter.

Wer diese Tabus verletzte, wurde gejagt und getötet. Denn nach dem Glaubenssystem der Hawaiianer erzürnte ein Tabubruch die Götter. Und Götter sorgten für Vulkanausbrüche, Tsunamis, Hungersnöte und Erdbeben.

Jedoch gab es ein „Schlupfloch": Untertanen, die ein Tabu verletzt hatten, konnten ihren sicheren Tod abwenden, wenn sie das heilige Gelände eines *pu'uhonua* (Zufluchtsort) erreichten. Ein *pu'uhonua* beschützte auch geschlagene Krieger und in Kriegszeiten Männer, die zu alt, zu jung oder nicht kampffähig waren.

Solch einen Zufluchtsort zu erreichen, war jedoch nicht einfach. Da um die Zufluchtsstätte herum Angehörige des Königshauses und deren Krieger lebten, mussten die Tabubrecher durch teils stürmische offene See schwimmen und es dabei mit Strömungen und Haien aufnehmen. Wenn sie den Zufluchtsort tatsächlich erreicht hatten, führten Priester Absolutionszeremonien durch, um die Götter zu besänftigen. Danach konnten die Tabubrecher nach Hause zurückkehren und ihr Leben von Neuem in Angriff nehmen.

Der *pu'uhonua* in Honaunau wurde über mehrere Jahrhunderte lang genutzt – bis 1819; dann wurden die alten hawaiischen Glaubenssätze über Bord geworfen, nachdem König Kamehameha II. und Königin Ka'ahumanu öffentlich gemeinsam gespeist und so das alte Tabusystem für immer überwunden hatten.

Sehenswertes

Nach dem Rundgang lohnt es sich, noch nach Tieren Ausschau zu halten: Im Winter sind vor der Küste Buckelwale zu sehen, ansonsten Schildkröten und Delfine und sogar *hoary bats* (Eisgraue Fledermäuse), Letztere am besten nach Einbruch der Dunkelheit.

★ Pu'uhonua o Honaunau National Historical Park PARK

(Karte S. 108; ☎808-328-2326; www.nps.gov/puho; abseits des Hwy 160, Honaunau; 7-Tages-Karte 5 $ pro Auto; ⏲Park 7 Uhr bis Sonnenuntergang, Besucherzentrum 8.30–16.30 Uhr; P) Dieser wundervolle Park ist ein alter Zufluchtsort, ein *pu'uhonua* – hierher konnten Personen fliehen, die ein Tabu gebrochen hatten, und so ihr Leben retten. Die wichtigsten Stätten des Parks sind über einen knapp 1 km langen Rundweg zu erreichen – das Besucherzentrum hält Broschüren mit einer Karte und Informationen bereit. Besucher betreten den Nationalpark im dorfähnlichen königlichen Anwesen, in dem die *ali'i* von Kona und ihre Krieger lebten; die stille spirituelle Atmosphäre verstärkt sich noch durch die sanft ans Ufer plätschernden Wellen und das Rascheln der Palmen im Wind. Überall auf dem Gelände stehen bis zu 4,5 m große hölzerne *ki'i* (Götterfiguren).

Picknickplatz PICKNICK

(Karte S. 108; Pu'uhonua o Honaunau National Historical Park;) Gleich südlich des mittleren Dorfbereichs befindet sich in einem Palmenhain am Meer einer der schönsten Picknickplätze in South Kona. Hier gibt es Parkplätze, Picknicktische und Grills und eine große Fläche aus *pahoehoe*-Lava, die übersät ist mit Lavabrocken, die die Wellen verstreut haben, und Gezeitenbecken, in denen manchmal auch Meeresschildkröten schwimmen. Hier zu schwimmen ist möglich, kann aber gefährlich sein; Schnorcheln ist verboten.

Hale o Keawe Heiau TEMPEL

(Karte S. 108; Pu'uhonua o Honaunau National Historical Park) Der „Tempel an der Landspitze der Bucht" ein paar hundert Meter hinter dem Haupteingang wurde um 1650 errichtet und birgt die Gebeine von 23 Häuptlingen. Man glaubte, dass das *mana* (spirituelle Kraft) der Häuptlinge in ihren Gebeinen erhalten blieb und denjenigen, die das Gelände betraten, Unantastbarkeit verlieh. Außerdem gibt es hier noch einen Fischteich, Lavabaumsäulen, ein handgefertigtes *koa*-Kanu und strohgedeckte Hütten und Unterstände.

Great Wall RUINE
(Karte S. 108; Pu'uhonua o Honaunau National Historical Park) Zum Hale o Keawe Heiau führt die Great Wall, die den Königspalast vom *pu'uhonua* trennt. Die um 1550 errichtete Steinmauer ist mehr als 300 m lang und 3 m hoch. Innerhalb der Mauer befinden sich zwei ältere Tempelplattformen sowie legendäre Menhire.

Keone'ele Cove WAHRZEICHEN
(Karte S. 108; Pu'uhonua o Honaunau National Historical Park) Die einstige königliche Kanu-Anlegestelle in der Keone'ele Cove ist eine Sandzunge gegenüber vom Schnorchelspot Two-Step und ein beliebter Rastplatz von Meeresschildkröten.

Aktivitäten

★ Two-Step SCHNORCHELN
(Karte S. 108; Honaunau Beach Rd) Unmittelbar nördlich des Nationalparks liegt versteckt in einer (meist) ruhigen Bucht eine Reihe unglaublich bunter Korallengärten, in denen Riff und Meeresfauna einen Wettkampf um die bunteste Farbpalette zu führen scheinen. Wo es am meisten zu sehen gibt, erahnt man über Wasser nur an den vorhandenen Booten sowie an den Menschenmassen um die namensgebenden zwei Stufen.

Hier ist kein Strand – die Schnorchler gehen an einem abgestuften Lavavorsprung neben der Bootsrampe ins etwa 3 m tiefe Wasser, das schnell auf eine Tiefe von 7,5 m abfällt.

Einmal im Wasser fühlt man sich wie mitten in *Findet Nemo*. Die Sicht ist meist hervorragend, ganz besonders unter der Mittagssonne. Schon nahe der Küste sind recht große Rifffische und schöne Korallen zu sehen. Mit etwas Glück lassen sich räuberische Dornenkronenseesterne dabei erleben, wie sie gerade lebende Korallenpolypen verspeisen. Kühle Süßwasserquellen sprudeln aus dem Boden und trüben stellenweise das Wasser. Taucher können ein Stück weiter draußen einen 30 m tiefen Felsabbruch erkunden.

Wenn die Flut kommt ist es am schönsten: Dann gibt es mehr Fische. Im Winter herrscht eine stärkere Brandung und rauere See. Generell ist außerdem der Vormittag besser zum Schnorcheln.

Das Parken auf dem privaten Parkplatz kostet 3 $. Man kann auch auf dem Parkplatz des Nationalparks (5 $, gültig für 7 Tage) oder irgendwie an der Straße parken.

1871 Trail WANDERN
(Karte S. 108; Pu'uhonua o Honaunau National Historical Park) Damals, im Jahr – richtig! – 1871, wurde ein Abschnitt eines aufgegebenen Küstenpfads, der Richtung Süden bis hinunter nach Ho'okena führte, wieder instand gesetzt und für die Öffentlichkeit geöffnet – früher war dies eine wichtige Verbindungsroute zwischen den Küstendörfern der Region gewesen. Heute führt dieser Weg durch wilde Abschnitte von South Kona – Näheres auf S. 82.

An- & Weiterreise

Rund 17 Meilen (27 km) südlich von Kailua-Kona zweigt die City of Refuge Rd Richtung Meer ab. Nach etwa 2 Meilen (3,2 km) auf der kurvenreichen Straße erreicht man den Pu'uhonua o Honaunau. Öffentliche Verkehrsmittel verkehren keine hierher.

Ho'okena & Umgebung

Die meisten Touristen düsen an der Abzweigung nach Ho'okena einfach vorbei. Wer jedoch ein paar Meilen hinunter zu dieser Fischersiedlung fährt, wird mit einem wunderschönen Strand an der Bucht belohnt, den die Einheimischen lieben und den sie auch gern mit Besuchern teilen.

Ho'okena war früher voller Leben. Der Schriftsteller Robert Louis Stevenson beschrieb in seinen *Travels in Hawaii* einen Besuch in Ho'okena im Jahr 1889. In den 1890er-Jahren ließen sich chinesische Immigranten in Ho'okena nieder, eine Taverne und ein Hotel öffneten ihre Pforten, der Ort wurde immer rauer und lauter. Damals wurden vom Schiffsanleger von Ho'okena Rinder verschifft; als aber die Rundstraße um die Insel fertig war, legten hier keine Dampfschiffe auf dem Weg nach Honolulu mehr an und die meisten Menschen zogen weg.

Sehenswertes

★ Ho'okena Beach Park STRAND
(www.hookena.org; abseits der Ho'okena Beach Rd; 👪) Der bescheidene, dunkelgraue Strand erstreckt sich vor einem steilen grünen

Hang. Wenn die See ruhig ist, eignet sich die Bucht gut zum Schwimmen, Kajaken und Schnorcheln (der Meeresboden fällt jedoch recht schnell ab). Weiter draußen gibt es starke Strömungen. Wenn im Winter die Brandung höher ist, nutzen die Jugendlichen der Umgebung die Wellen zum Bodyboarden. Von Dezember bis April sind hier vielleicht auch Delfine und Buckelwale zu sehen. Es gibt Toiletten, Duschen, Trinkwasser, Zeltplätze, ein Picknickpavillon und ein Imbissstand.

Am Fuß der Klippen kann man direkt auf dem Sand zelten. Für Sicherheit sorgen eine Wachpatrouille und die Friends of Ho'okena Beach Park. Über deren Website sowie direkt vor Ort sind die erforderlichen Camping-Genehmigungen erhältlich und man kann Campingausrüstung leihen. Genehmigungen erteilt auch das County.

Pebble Beach STRAND

(abseits der Kaohe Rd) Die Größe der Lavakiesel an diesem Strand am Ende der Kona Paradise Subdivision reicht von Gummibärchen- bis Faustgröße. Hier legen gern Kajakfahrer ab. Der Strand ist schön ruhig und abgeschieden, sodass man ein Weilchen entspannen, herumpaddeln und der Sonne beim Untergehen zuschauen kann – allerdings können die Steine ganz schön heiß werden. Wer ins Wasser geht, sollte sich vor den Wellen in Acht nehmen, denn die Strömung ist stark und trügerisch.

Der Pebble Beach liegt am Ende der eine Meile (1,6 km) langen, sehr steilen und kurvenreichen Kaohe Rd, die zwischen den Meilensteinen 96 und 97 vom Hwy 11 abzweigt. Obwohl der Strand durch ein nicht versperrtes Siedlungsgebiet zu erreichen ist, stehen hier Schilder mit der Aufschrift „private road" und „keep out" – bei den Anwohnern also um Erlaubnis fragen!

ℹ Praktische Informationen

Friends of Ho'okena Beach Park (☎808-328-8430; http://hookena.org) Dieser Freundeskreis kümmert sich um die Erhaltung und Reinigung des Ho'okena Beach Park.

ℹ An- & Weiterreise

Drei Hele-On-Busse kommen gegen 5 Uhr morgens und 16 Uhr nachmittags vorbei. Für die Erkundung dieser Gegend 10 Meilen (16 km) südlich von Captain Cook braucht man jedoch eigentlich ein eigenes Fahrzeug. Die Abzweigung liegt zwischen den Meilensteinen 101 und 102.

Miloli'i

☎808 / 8110 EW.

Das Fischerdorf Miloli'i, kämpft darum, seine traditionelle Lebensweise zu bewahren, während aus der Lavalandschaft in der Umgebung eine schicke Siedlung erwächst. Miloli'i bedeutet „feines Garn", früher war das Dorf für die Kunstfertigkeit der Flechter bekannt, die aus Kokosfasern feine Fäden spannen und daraus gefragte Fischernetze fertigten. Auch heute fühlen sich die Bewohner noch eng mit dem Meer verbunden und viele bestreiten mit den Produkten der See ihren Lebensunterhalt.

Die Privatsphäre wird hier sehr geschätzt und neugierige Touristen werden gut behandelt, solange sie sich wie höfliche Gäste benehmen. Man sollte immer im Hinterkopf behalten, dass sich die Einwohner von Miloli'i bewusst gegen die touristische Erschließung entschieden haben.

◎ Sehenswertes

★ Honomalino Beach STRAND

Die wichtigste Sehenswürdigkeit von Miloli'i liegt rund eine Meile (1,6 km) südlich des Orts. Die Honomalino Bay ist einfach großartig: Der Sand weist sämtliche Farben der Big-Island-Strände auf – grün, golden, gelbbraun und schwarz – und man kann hier gut schwimmen und am Riff schnorcheln. Gleich hinter den öffentlichen Basketballplätzen von Miloli'i, bei der gelben Kirche, führt ein Pfad die Felsen hinauf hierher.

Im Zweifelsfall hält man sich bei Gabelungen immer rechts. Privatgrundstücke und *kapu*-Schilder sollten auf jeden Fall respektiert werden!

Miloli'i Beach Park STRAND

(abseits der Milolii Rd; ⏲Sonnenaufgang bis Sonnenuntergang; P 🐾) 🍃 An diesem County Beach Park wimmelt es vor Gezeitenbecken. Besonders am Wochenende nehmen die Einheimischen den Park gern ganz für sich in Anspruch. An Infrastruktur gibt's nur Toiletten und Picknicktische. Mit einem County Permit darf man am felsigen Ufer zelten.

ℹ An- & Weiterreise

Die Abzweigung nach Miloli'i liegt etwas südlich vom Meilenstein 89 am Hwy 11; das Dorf erreicht man nach 5 Meilen (8 km) auf einer steilen, kurvigen einspurigen Straße, die über einen Lavastrom von 1926 führt. Hinunter zum Dorf gibt es keine öffentlichen Verkehrsmittel.

NORTH KONA COAST

Wer meint, dass Big Island nur aus dschungelbedeckten Bergen und weißen Sandstränden besteht, wird an der North Kona Coast mit ihren cremefarbenen Wüsten und Lavafeldern in Schwarz und Rosttönen sein blaues Wunder erleben. Dahinter leuchtet am Horizont jedoch immer der blaue Pazifik und zwischen den trockenen Steinen blinken wie Jadesplitter einzelne Pflanzen hervor. Wer vom Queen Ka'ahumanu Hwy abbiegt und sich durch diese Lavawüste gekämpft hat, kann dann an der Küste mit Meeresschildkröten schnorcheln, sich auf fast leeren schwarzen Sandstränden in der Sonne aalen und tolle Sonnenuntergänge erleben. An klaren Tagen sind landeinwärts der Mauna Kea, der Mauna Loa – beide im Winter oft mit Schneekrone – und im Vordergrund zwischen den beiden der Mount Hualalai zu sehen.

North Kona zieht sich über 33 Meilen (53 km) am Queen Ka'ahumanu Hwy (Hwy 19) entlang, von Kailua-Kona die Kona Coast hinauf bis nach Kawaihae. Zwei Meilen (3,2 km) vom Zentrum von Kailua entfernt liegt der Honokohau Harbor.

An- & Weiterreise

Der Hele-On-Bus (www.heleonbus.org) verkehrt mindestens einmal täglich hinaus zu den Feriensiedlungen in Kohala in North Kona. Ansonsten ist North Kona von Kailua-Kona aus leicht mit dem Auto zu erreichen – allerdings herrscht während der Stoßzeiten (7–9 und 15.30–18 Uhr) um den Flughafen herum ziemlich viel Verkehr. Auch per Drahtesel kann man hierherkommen (Wasser nicht vergessen!); dies ist einer der wenigen Abschnitte der Belt Rd mit breiten Seitenstreifen. Richtung Norden werden die Meilen übrigens hinuntergezählt.

Honokohau Harbor

Fast der gesamte Fisch, den die Fischer von Kona fangen, wird hier an diesem Hafen 2 Meilen (3,2 km) nördlich von Kailua-Kona angelandet, darunter auch die *granders* – Fische mit einem Gewicht von mehr als 1000 amerikanischen Pfund (454 kg). Die meisten Angelchartertouren, Tauchboote und Schnorchel- und Walbeobachtungstouren, die ab Kailua-Kona gebucht werden, legen hier ab.

Sehenswertes

Am Hafen hat man Zugang zum Honokohau Beach (S. 124) im Kaloko-Honokohau National Historical Park. Am Ende des Parkplatzes weisen Schilder den Weg zum Strand – dahin sind es rund zehn Minuten zu Fuß.

★ Honokohau Beach STRAND

(Karte S. 126; ⌚tagsüber; 🚻) Das Wasser an diesem schönen hakenförmigen Strand mit einer Mischung aus schwarzer Lava, weißen Korallen und angespülten Muscheln ist gewöhnlich zu trübe zum Schnorcheln, aber auch vom Ufer aus sind Meeresschildkröten zu sehen. Weitere Schildkröten, die sich mit *limu* (Seetang) stärken, lassen sich bei der alten **'Ai'opio-Fischfalle** bei einem hawaiischen **heiau** am Südende des Strands beobachten. Landeinwärts kann man **Brackwasserbecken** finden, die einzigartige Lebensräume für Meerestiere und Pflanzen darstellen.

Zum Honokohau Beach gelangt man, indem man rechts in den ersten Parkplatz am Honokohau Harbor einbiegt (auf das kleine Schild achten, das auf den öffentlichen Zugang zum Ufer hinweist). Beim Ende der Straße beginnt der ausgeschilderte Weg; nach fünf Minuten auf dem gut ausgetretenen Pfad ist der Strand erreicht. Der Honokohau Beach ist vom Besucherzentrum aus außerdem über den schöneren, aber etwas längeren **Ala Hele Iki Trail** (1,2 km) zu erreichen.

Kaloko-Honokohau National Historical Park PARK

(Karte S. 126; ☎Verwaltung 808-329-6881, Besucherzentrum 808-326-9057; www.nps.gov/kaho; abseits des Hwy 19; ⌚Besucherzentrum 8.30–16 Uhr, Park 24 Std.; P) GRATIS Dieser gut 4,7 km² große Nationalpark gleich nördlich vom Honokohau Harbor auf der dem Meer zugewandten Seite des Hwy 19 ist wohl die am stärksten unterschätzte historische Stätte der Kona Coast. Versteckt unter Lavafeldern liegen Zeugnisse wichtiger Erfindungen, die es den alten Hawaiianern erlaubten, in dieser abweisenden Landschaft zu überleben: Fischfallen, Lavatöpfe zum Anbau von Taro und anderen Grundnahrungsmitteln sowie die *ahupua'a* (alte Landteilungsgebiete) zwischen Kaloko und Honokohau, denen der Nationalpark seinen Namen verdankt. Außerdem sind Tempel, Begräbnishöhlen und Felsbilder zu bewundern.

Trotz der scheinbaren Ödnis der schwarzen Lava und der unerträglichen Mittagshitze lohnt sich eine Erkundung des Gebiets, am besten am frühen Vormittag, am späten Nachmittag oder wenn der Himmel bewölkt ist. Auf keinen Fall sollte man jedoch auf den

Felsformationen herumklettern oder diese irgendwie beschädigen. Besonders sollte man auch auf die vom Aussterben bedrohten *honu* (Grüne Meeresschildkröten) achten, die hier in der Sonne liegen.

Der Hauptzugang zum Park liegt abseits des Hwy 19 zwischen den Meilensteinen 96 und 97. Hier gibt's einen Parkplatz und ein kleines, aber informatives Besucherzentrum, das mit Parkrangern besetzt ist.

Kona Cloud Forest Sanctuary WALD

(Karte S. 126; ☎808-325-6440; www.konacloudforest.com; P) Auf einer Höhe von über 900 m liegt an den Hängen des Mount Hualalai die kleine Ansiedlung Kaloko Mauka. Hier breitet sich ein spektakuläres, 28 ha großes Schutzgebiet aus. Der Kona Cloud Forest ist nicht irgendein Wald – es ist ein Nebelwald, ein feuchtes Waldgebiet, in dem Dunst und Nebel an der Tagesordnung sind. Das Schutzgebiet ist eine üppige Oase für einheimische Flora und Vögel; und der permanente Teppich aus graugrünen Nebelschwaden macht es so mysteriös wie schön.

Der Wald ist nur im Rahmen von Führungen zugänglich, z. B. mit KapohoKine Adventures (S. 218) oder Hawaiian Walkways (S. 94).

Zum Schutzgebiet gehören Schaugärten mit nicht einheimischen Arten, darunter mehr als 100 Bambusarten, deren Nutzbarkeit auf Big Island von Gartenbauexperten untersucht wird. Wer sich für nachhaltige Landwirtschaft oder Gartenbau interessiert, wird einen Besuch nicht versäumen wollen. Dieses gut gehütete Geheimnis bleibt selbst den meisten Einheimischen verborgen.

Kaloko Fishpond HISTORISCHE STÄTTE

(Karte S. 126; www.nps.gov/kaho) Dieser Fischteich am nördlichen Ende des Kaloko-Honokohau National Historical Park ist von besonderem Interesse, denn hier werden die massiven Felswände auf eine althergebrachte Weise ohne Mörtel und Steinbehau neu aufgebaut, sodass wieder auf traditionelle Weise gefischt werden kann. Teils wird spekuliert, dass die Gebeine von Kamehameha dem Großen heimlich in einer Höhle in der Nähe bestattet wurden.

Vom Besucherzentrum folgt man dem Hwy 19 Richtung Norden bis zu einem weiteren Eingang an der Ala Kaloko Rd. Oder man geht vom Besucherzentrum über den Ala Kahakai National Historic Trail (S. 133), einen restaurierten althawaiischen Küstenpfad, rund anderthalb Kilometer nach Norden.

'Aimakapa Fishpond HISTORISCHE STÄTTE

(Karte S. 126; www.nps.gov/kaho) Der 'Aimakapa im südlichen Teil des Kaloko-Honokohau National Historical Park ist der größte Fischteich an der Kona Coast. Hier sind der *ae'o* (Hawaii-Schwarznacken-Stelzenläufer) und das *'alae kea* (Hawaii-Blässhuhn) zu Hause, vom Aussterben bedrohte einheimische Wasservögel. In der Nähe sind die Überreste einer alten *holua* (Schlittenbahn) zu sehen.

Aktivitäten

Am Honokohau Harbor starten jede Menge Angeltrips. Wer einen Schnappschuss von einem wirklich eindrucksvollen Fang machen möchte, kann gegen 11.30 oder 15.30 Uhr dabei zuschauen, wie die zurückkehrenden Boote anlegen und der Fang gewogen wird – im Hafengebiet die erste Straße rechts nehmen, bei der Tankstelle parken und zum Anleger gehen, gleich hinter Bite Me Fish Market Bar & Grill.

Plenty Pupule KAJAK

(Karte S. 126; ☎808-880-1400; www.plentypupule.com; 73-4976 Kamanu St, Kaloko Industrial Park; Verleih 1er-/2er-Kajaks 25/38 $ pro Tag, Touren 80–250 $; ⏲Mo–Fr 10–17.30, Sa 10–17 Uhr) Dies ist einer der besten Anbieter von Abenteuer-Kajaktouren auf Big Island: Hier gibt's die besten Tipps für gute Startpunkte und Schnorchelgebiete, maßgeschneiderte Touren, Unterricht im Kajaksurfen und Touren zum Kajaksegeln – Letzteres ist besonders während der winterlichen Walsaison ein unvergessliches Erlebnis.

Charter Desk ANGELN

(Karte S. 126; ☎888-566-2487, 808-326-1800; www.charterdesk.com; Honokohau Marina; ⏲6–18 Uhr) Die renommierte Agentur kann über 60 Boote vermitteln.

Tauchen

Vom Honokohau Harbor erstreckt sich Richtung Süden bis zur Kailua Bay ein Meeresschutzgebiet, das nur per Boot zugänglich ist. Dieser Küstenabschnitt ist mit Tauchspots gespickt, u. a. dem **Turtle Pinnacle** (Karte S. 126), einer tollen Schildkröten-Beobachtungsstelle direkt vor dem Hafen. Im Norden liegt Richtung Flughafen die **Garden Eel Cove** (Karte S. 126), auch als „Manta Heaven" bekannt.

Ein weiterer guter Tauchspot befindet sich vor dem **Kaiwi Point** (Karte S. 126) südlich vom Honokohau Harbor. Vor dieser

North Kona Coast

Landspitze schwimmen Meeresschildkröten, große Fische und riesige Adlerrochen um einige respektable Abbrüche. Ganz in der Nähe liegt **Suck 'Em Up** (Karte S. 126), zwei Lavaröhren, in die man hineinschwimmen kann – die Brandung zieht Taucher hindurch.

Kurse

FBI Surf School SURFEN

(Karte S. 126; ☎ 808-557-7089; www.fbisurfschool.com; 74-4966 Mamalahoa Hwy; Gruppen-/halbprivater/Einzelunterricht 99/125/165 $ pro Pers.) Zwar lässt der Name zunächst vermuten, dass man hier in Agentenmanier im Trenchcoat ins Wasser steigt, doch FBI steht in diesem Fall für „From Big Island". Die freundliche Schule wird von Ossian (Ozean) geleitet, einem engagierten Surfer und beliebten Surflehrer. Das Büro von FBI befindet sich zwar in Holulaloa, doch der Unterricht findet am Ali'i Dr oder im Kaloko-Honokohau National Historical Park statt. Vorher anrufen!

Geführte Touren

Dan McSweeney's Whale Watch WALBEOBACHTUNG

(Karte S. 126; ☎ 888-942-5376; www.ilovewhales.com; 2½-std. Bootsfahrt Erw./Kind bis 12 J. 110/

North Kona Coast

Highlights
1 Honokohau Beach C3
2 Kikaua Beach B1
3 Kua Bay B1
4 Makalawena Beach B2

Sehenswertes
5 'Aimakapa Fishpond C3
6 Hawaii Ocean Science & Technology Park A3
7 Honl's Beach B5
8 Japanese Cemetery C5
9 Kaloko Fishpond B4
10 Kaloko-Honokohau National Historical Park D2
Kampachi Farms .... (s. 6)
11 Kanaloa Octopus Farm A3
12 Ka'upulehu Cultural Center B1
13 Kekaha Kai State Park B2
14 Kiholo State Park Reserve D1
15 Kona Cloud Forest Sanctuary C3
16 Kukio Beach B1
17 Mahai'ula Beach B2
18 Makole'a Beach A2
Ocean Rider Seahorse Farm .... (s. 6)
19 Old Kona Airport State Recreation Area B5
20 Three Ring Ranch Exotic Animal Sanctuary C5
21 Wawaloli (OTEC) Beach A3

Aktivitäten, Kurse & Touren
Big Island Abalone .... (s. 6)
22 Captain Zodiac D3
23 Charter Desk C3
Dan McSweeney's Whale Watch .... (s. 23)
24 FBI Surf School C4
25 Garden Eel Cove A4
26 Hawaii Forest & Trail B4
27 Hawaii Lifeguard Surf Instructors B5
High Noon Sport Fishing Charters .... (s. 35)
28 Hula Daddy Kona Coffee C4
29 Kailua Park B5
30 Kaiwi Point A3
Kamanu Charters .... (s. 35)
Ke Kai Ola .... (s. 6)
31 Kona Coast by Air A3
32 Kona Surf Adventures B5
Malama I'ka Ola Holistic Health Center .... (s. 40)
33 Mountain Thunder Coffee Plantation C4
34 Ocean Eco Tours D3
35 Paradise Sailing C3
36 Pine Trees A4
37 Plenty Pupule B4
38 Suck 'Em Up B5
Top Shot Spearfishing .... (s. 43)
39 Turtle Pinnacle A4
Wild Hawaii Ocean Adventures .... (s. 35)

Essen
Beach Tree .... (s. 12)
40 Holuakoa Gardens & Café C5
41 Pine Tree Cafe B4
TJ'S BBQ By The Beach .... (s. 43)
42 Ultimate Burger B5
'ULU Ocean Grill + Sushi Lounge .... (s. 12)

Ausgehen & Nachtleben
Kona Mountain Coffee .... (s. 41)

Shoppen
43 Ali'i Gardens Marketplace C5
44 Dovetail Gallery & Design C5
Holualoa Farmers Market .... (s. 40)
Holualoa Ukulele Gallery .... (s. 44)
Ipu Hale Gallery .... (s. 40)
45 Kailua Candy Company B4
Studio 7 Fine Arts .... (s. 44)

99 $; 👪) Captain Dan McSweeney ist ein netter, geduldiger Typ mit einer aufrichtigen Liebe zum Meer und zur Meeresbiologie – genau die Art Reiseleiter, die man sich wünscht. Seine Wintertouren zur Beobachtung hauptsächlich von Buckelwalen beschäftigen sich in erster Linie mit dem Schutz des Lebensraums Meer. In den Gewässern vor Kona sind das ganze Jahr über mehrere Wal- und Delfinarten anzutreffen. Mit Horchgeräten können die Teilnehmer den Gesängen der Wale lauschen.

Hawaii Forest & Trail TOUREN
(Karte S. 126; ☎808-331-8505; www.hawaii-forest.com; 73-5593 A Olowalu St; Touren ab 169 $) Dieser mehrfach preisgekrönte Anbieter wendet sich an aktive Reisende, die sich die grüne Wildnis von Big Island erschließen wollen. Vom beliebten Ausflug zum Gipfel des Mauna Kea über Minibustouren zur Sternenbeobachtung bis zu exklusiven geführten Wanderungen mit Vogelbeobachtung im Hakalau Forest National Wildlife Refuge – einen Abenteuertrip mit diesen Experten und Naturschützern wird man nicht bereuen.

Mountain Thunder Coffee Plantation FARM
(Karte S. 126; ☎Touren 808-325-2136; www.mountainthunder.com; 73-1944 Hao St; 20-min. Führung kostenlos, 3-std. VIP-Tour Erw./Kind bis 6 J. ab 135 $/

frei; ⏲ Touren stündl. 10–16 Uhr, VIP-Touren Mo–Fr 10 Uhr) Diese preisgekrönte Plantage liegt hoch oben im üppigen Kaloko Mauka, 20 Minuten mit dem Auto vom Zentrum von Kailua-Kona bzw. vom Dorf Holualoa entfernt. Die VIP-Touren (mind. einen Tag vorher buchen) vermitteln einen tieferen Einblick in die Kaffeekultur von Kona und man kann sich ein halbes Pfund Bohnen zum Mitnehmen rösten. Außerdem werden kleine Führungen über eine Bio-Kaffeeplantage (65 $) angeboten.

Ocean Eco Tours SCHNORCHELN
(Karte S. 126; ☎808-324-7873, 808-331-2121; www.oceanecotours.com; 74-425 Kealakehe Pkwy; Schnorchel-/Tauchtrip ab 99/150 $, Surfunterricht Gruppe/einzeln 95/150 $) Der Surfunterricht im Kaloko-Honokohau National Historical Park bietet eine schöne Zusammenschau von Sport und Geschichte. Außerdem im Programm sind geführte Schnorchel- und Tauchausflüge entlang der Küste, darunter Nachttauchen mit Mantarochen. Im kleinen Laden am Hafen werden Surf- und Boogiebretter sowie Schnorchel- und Tauchausrüstung verliehen.

Kamanu Charters BOOTSFAHRT
(Karte S. 126; ☎808-329-2021; www.kamanu.com; Schnorcheln mit Mantarochen 95 $) Bietet eine breite Palette an Wassersportaktivitäten wie Touren zum Schnorcheln mit Mantarochen sowohl per Schlauchboot als auch per Katamaran, dazu Sonnenuntergangstouren und im Winter Beobachtung von Buckelwalen. Interessant sind auch die Ausflüge zur Pawai Bay, einem Schnorchelparadies abseits der Touristenpfade. Besonders spezialisiert ist der Anbieter auf Schnorchel-Anfänger und Nichtschwimmer.

Captain Zodiac SCHNORCHELN
(Karte S. 126; ☎808-329-3199; www.captainzodiac.com; 74-425 Kealakehe Pkwy; Schnorcheltrip Erw./Kind 4–12 J. ab 89/59 $) Seit 1974 bietet Captain Zodiac täglich lustige Piratenfahrten in gut 7 m langen Festrumpfschlauchbooten für bis zu 16 Passagiere die Küste hinunter etwa zur Kealakekua Bay.

Essen

Pine Tree Cafe HAWAIISCH $
(Karte S. 126; ☎808-327-1234; 73-4038 Hulikoa Dr; Hauptgerichte 9–13 $; ⏲ Mo–Sa 6–20, So ab 6.30 Uhr; P ❄ 👪) Mit einem einzigen *plate lunch* in dieser Institution könnte man glatt über einen entbehrungsreichen Winter kommen! Das Essen hier – *short ribs*, Brathuhn mit Knoblauch, *loco moco* usw. – ist nicht nur köstlich, sondern wird auch in wirklich atemberaubenden Portionen serviert.

Ausgehen & Nachtleben

Kona Mountain Coffee CAFÉ
(Karte S. 126; ☎808-329-5005; www.konamountaincoffee.com; 73-4038 Hukiloa Dr; ⏲ Mo–Fr 7–18, Sa & So 8–17 Uhr) Gut zwei Meilen (3,2 km) nördlich der Abzweigung zum Honokohau Harbor liegt am Hwy 19 diese Rösterei und Kaffeebar, in der es auch Backwaren und kleine Speisen gibt – ein netter Stopp auf dem Weg zum Flughafen oder auch, um sich für die Fahrt auf der Belt Rd mit Proviant und Koffein zu versorgen.

Shoppen

Kailua Candy Company ESSEN
(Karte S. 126; ☎808-329-2522, 800-622-2462; https://kailuacandy.com; 73-5612 Kauhola St, Kaloko Industrial Park; ⏲ Mo–Sa 9–17 Uhr) Ein Abstecher zu diesem Schokoladen-Fabrikverkauf ist ein Muss für alle Leckermäuler. Hier kann man Mauna-Kea-„Schneebälle" (weiße Schokolade mit Kokosraspeln), Kona-*coffee swirls*, hawaiische „Schildkröten" und Pralinen mit tropischen Aromen probieren. Anfahrt: Vom Hwy 19 landeinwärts auf die Hina Lani St abbiegen, dann rechts in die Kamanu St.

An- & Weiterreise

Zum Hafen biegt man etwas nördlich vom 98er-Meilenstein vom Hwy 19 seewärts auf den Kealakehe Parkway ab.

Keahole Point

Am Keahole Point fällt der Meeresboden kurz vor der Küste steil ab. Hier herrschen ideale Bedingungen für ein Meereswärmekraftwerk: stets kühles Wasser aus 600 m Tiefe und gleichzeitig warmes Oberflächenwasser. Außerdem ist der Abschnitt gut geeignet für die Tiefsee-Wasserextraktion und für Aquakulturen – all das wird hier auch praktiziert. Außerdem gibt's einen Strand und einen der besten Surfbreaks der Insel.

Ganz in der Nähe ist der Kona International Airport, sodass man hier mit ziemlicher Sicherheit irgendwann einmal vorbeikommt.

ABSEITS DER ÜBLICHEN PFADE

KIHOLO BAY

Makelloses türkisfarbenes Wasser gesäumt von Kokospalmen – das ist das Markenzeichen der **Kiholo Bay** (Karte S. 126; www.hawaiistateparks.org; abseits des Hwy 19; ⏲ April–Aug. 7–19 Uhr, Sept.–März bis 18 Uhr; P) , einer weiteren abgelegenen Schönheit von Big Island. Sie ist weniger ein durchgehender Strand als eine Kette von kleineren Stränden. Nur wenige Touristen kommen hierher.

Der Hauptstrand beim Parkplatz besteht aus Kieseln; hier kann man bei ruhiger See gut schwimmen. Wer über Lava einem Pfad Richtung Süden folgt (mit Blick auf das Wasser nach links), gelangt zu abgeschiedenen Plätzchen mit feinem schwarzem Sand sowie weiter südlich zum **Luahinewai**, einem hübschen, aus Quellen gespeisten Becken in einem Kokospalmenhain.

Richtung Norden sind bei Ebbe Gezeitenbecken zu sehen, in denen gern Meeresschildkröten nach Nahrung suchen und ausruhen und wo man gut schnorcheln kann. Landeinwärts befindet sich beim Ende des Schotterwegs eine mit klarem Süßwasser gefüllte Lavaröhre (Queen's Bath), die von abenteuerlustigen Schwimmern erkundet werden kann. Gerüchten zufolge gibt es in der Umgebung die längsten Lavaröhren der Insel. Viele waschen sich in diesem Tümpel gerne das Salz von der Haut, allerdings sollte man dabei keinen Sonnenschutz mit abwaschen, da dieser das empfindliche Ökosystem stören kann. Gleich hinter dem Queen's Bath liegt eine sandige Stelle mit einem seichten Tümpel, der ideal für Kleinkinder ist.

Weiter Richtung Norden führt der Weg vorbei an einem riesigen Privatanwesen mit gelber Villa und Tennisplätzen, gefolgt von einem ebenfalls riesigen balinesischen Haus. Das Gebäude wurde in Indonesien gebaut, dann zerlegt und hier wieder aufgebaut. Mit gebührendem Abstand geht's an der Privatresidenz vorbei zum nördlichen Ende von Kiholo.

Hier ist eine glatte *pahoehoe*-Lavafläche zu sehen, und wer dem sich anschließenden schwarzen Sandstrand folgt, erreicht nach einer runden Bucht und einer Brücke über einen Fischteich den **Wainanali'i Pond**, auch Blue Lagoon genannt. Bei Meeresschildkröten ist der Tümpel ganz besonders beliebt – bei unserem letzten Besuch aalten sich gleich zehn Prachtexemplare in der Sonne. Wer hier schnorchelt, kann sie auch beim Schwimmen sehen, allerdings wird die Sicht durch einen Süßwasserzufluss getrübt. Nicht vergessen, von den Schildkröten gebührenden Abstand zu halten! Der Strand besteht aus schwarzem Kieselsand – nicht so toll zum Sonnenbaden oder Spazierengehen, dafür aber wunderschön!

Kiholo erreicht man über eine nicht ausgeschilderte planierte Schotterstraße, die zwischen den Meilensteinen 82 und 83 Richtung Meer abzweigt. Nach einer Meile (1,6 km) geht's bei einer Gabelung links bis zum Parkplatz. Landschaftlich schöner ist ein Wanderweg, der neben einem kleinen, steinigen Parkplatz gleich nördlich des Meilensteins 81 beginnt. Der Weg nimmt 20 bis 30 Minuten in Anspruch (Wasser mitnehmen!) und wird auch oft von Ziegen frequentiert. Er endet kurz vor dem balinesischen Haus. Die Einheimischen campen gerne am Kiholo; wer zelten möchte, benötigt eine Genehmigung von der Verwaltung der Hawaii State Parks. Trinkwasser gibt es hier übrigens keins. Auf *kiawe*-Dornen achten!

Sehenswertes

Kanaloa Octopus Farm AQUARIUM
(Karte S. 126; ☎ 818-514-5997; www.kanaloaoctopus.com; abseits des Makako Bay Dr; Führungen 20 $; ⏲ Führungen 10 & 14 Uhr; P) Wer hofft, hier Landeier zu sehen, die Kopffüßern das Treckerfahren beibringen, wird enttäuscht: Die weltweit einzige Tintenfischfarm beschäftigt sich mit nachhaltiger Aquakultur und der Biologie (und Psychologie?) eines der faszinierendsten Wesen der Welt – spannend!

Kampachi Farms FARM
(Karte S. 126; www.kampachifarm.com; HOST Park; P) Die Aquakultur-Spezialisten züchten den Gelbflossen-Thunfisch, der auf den Spei-

sekarten edlerer Inselrestaurants zu finden ist. Führungen organisiert der Hawaii Ocean Science & Technology Park.

Hawaii Ocean Science & Technology Park BEMERKENSWERTES GEBÄUDE
(HOST Park; Karte S. 126; ☎808-327-9585; www.nelha.hawaii.gov; 73-4660 Queen Ka'ahumanu Hwy; Vortrag & Führung Erw./Kind bis 9 J. 10 $/frei, Umweltschutz- und Aquakultur-Führung Erw./Kind bis 9 J. 32 $/frei; P) In dem etwas merkwürdig aussehenden Gebäude mit den riesigen Solarzellen residiert die Natural Energy Laboratory of Hawaii Authority (NELHA). Der Nullenergie-Bau wurde 2007 zu einem der zehn ökologischsten Gebäude der USA gewählt. Hier kann man sich montags bei den öffentlichen Vorträgen über die Ocean Thermal-Energy Conversion (OTEC; Meeres-Wärmeenergieumwandlung) und weiteren Forschungsvorhaben zu alternativen und zu erneuerbaren Energiequellen informieren. Mittwochs und freitags werden Führung durch nachhaltige Aquakultur-Einrichtungen wie die Kampachi Farms und Big Island Abalone angeboten, dienstags und donnerstags Führungen durch Ke Kai Ola und die Kanaloa Octopus Farm. Reservierung erforderlich.

Die Abzweigung zur NELHA befindet sich gut 1,5 km südlich des Kona International Airport zwischen den Meilensteinen 94 und 95.

Wawaloli (OTEC) Beach STRAND
(Karte S. 126; Makako Bay Dr; ⏲ Sonnenaufgang bis Sonnenuntergang; P) Der ruhige Strand am Ende der Zugangsstraße zur Natural Energy Laboratory of Hawaii Authority (NELHA) wird vor allem von Einheimischen genutzt. Er ist perfekt für romantische Sonnenuntergänge – die Düsenflugzeuge, die über ihn hinwegbrausen, muss man einfach ignorieren. Bei Flut füllen sich die geschützten Gezeitenbecken am felsigen Lavaufer; ansonsten eignen sich dieselben Becken, besonders das südlichere, wunderbar dazu, Kindern das Schwimmen beizubringen. Der Ort ist ein schöner Picknickplatz und auch Kinder kommen auf ihre Kosten. Es gibt Toiletten sowie Duschen im Freien.

Ocean Rider Seahorse Farm FARM
(Karte S. 126; ☎808-329-6840; www.seahorse.com; 73-4388 Ilikai Pl; Touren Erw./Kind 4–9 J. 42/32 $; ⏲ Mo–Fr 9.30–15.30 Uhr; P) Bei Ocean Rider werden auf nachhaltige Weise Seepferdchen für die Forschung und für Aquarien gezüchtet, sodass diese Tierchen nicht in der freien Natur gefangen werden müssen. Auf von Biologen geführten Touren erfährt man alles Mögliche über die Seepferdchen – reservieren!

Aktivitäten

Pine Trees SURFEN
(Karte S. 126) Pine Trees gehört zu den besten Surfbreaks im Westen von Big Island. Der Break erstreckt sich entlang eines Strandes, der zu felsig zum Baden ist. In der letzten Bucht sind die Wellen am beständigsten, jedoch eher einfach. Am besten ist eine einlaufende mittlere Gezeit, aber wenn die Dünung im Winter stärker wird, tendieren diese Breaks oft dazu, auf der gesamten Länge gleichzeitig umzuschlagen.

Wer hier surfen möchte, sollte sich mit den einheimischen Wellenreitern anfreunden – besonders am Wochenende ist hier viel los. Wo die Zugangsstraße zur NELHA eine Rechtskurve beschreibt, führt links eine Holperpiste 2 Meilen (3,2 km) Richtung Süden. Mit einem normalen Pkw ist die Straße nicht zu befahren; man kann zu Fuß gehen, aber der Weg ist heiß. Die Tore der Zugangsstraße sind zwischen 20 und 6 Uhr geschlossen.

Ke Kai Ola TIERE
(Marine Mammal Center; Karte S. 126; ☎808-987-0765; www.marinemammalcenter.org) *Ke Kai Ola* bedeutet „das heilende Meer" – ein passender Name für dieses Tierhospiz, in dem man sich um die gefährdete Hawaii-Mönchsrobbe kümmert. Führungen können über den Hawaii Ocean Science & Technology Park arrangiert werden.

Geführte Touren

Big Island Abalone AQUARIUM
(Karte S. 126; ☎808-334-0034; www.bigislandabalone.com; 73-357 Makako Bay Dr; Erw./Kind 12 $/frei) Abalonen – auch als Meerschnecken oder Seeohren bekannt – haben ein köstliches Fleisch und prächtige Muscheln. In dieser Einrichtung wird nach nachhaltigen Zuchtmethoden geforscht. Bei einer Führung durch die Einrichtung kann man Aquakultur hautnah erleben.

An- & Weiterreise

Keahole liegt rund 7 Meilen (11 km) nördlich von Kailua-Kona und (je nach Unterkunft) 20–25 Meilen (32–40 km) südlich von Kohala;

auf der Fahrt zum Flughafen oder zum Ort Kona kommt man hier vorbei. Um den Flughafen herum herrscht während der Stoßzeiten (7–9 und 15.30–18 Uhr) ziemlich viel Verkehr. Hele-On-Busse halten hier lediglich um etwa 8.30 Uhr.

Ka'upulehu

Ka'upulehu, einst eines von zahlreichen blühenden Fischerdörfern an diesem Küstenabschnitt, wurde durch den Tsunami von 1946 ausgelöscht und aufgegeben, bis 1965 das Kona Village Resort eröffnet wurde. Nach Schäden durch den Tsunami von 2011 wurde das Hotel geschlossen, soll aber jetzt 2019 wieder eröffnen. Nach wie vor geöffnet ist das luxuriöse Four Seasons Resort Hualalai. Diese und andere Resorts sind gesetzlich verpflichtet, einen öffentlichen Zugang zur Küste zu gewährleisten, sodass Besucher schöne Strände genießen können, ohne die hohen Resortpreise zahlen zu müssen.

Sehenswertes

Ka'upulehu Cultural Center GALERIE

(Karte S. 126; ☎808-325-8000; www.fourseasons.com/hualalai; 72-100 Ka'upulehu Dr, Four Seasons Resort Hualalai; ⏲Mo–Fr 8.30–16 Uhr; P) GRATIS Im hawaiischen Kulturzentrum des Four Seasons befindet sich eine schöne Ausstellung mit einer Sammlung von elf Originalgemälden von Herb Kawainui Kane. Jedem Gemälde ist ein Stück der traditionellen hawaiischen Kultur zugeordnet, das Besucher in die Hand nehmen können, z. B. eine *'uli'uli* (gefiederte Hula-Rassel), ein *kapa*-(Rindenstoff-)Stampfer und steinerne Köpfe von *adzes* (Queräxten). Außerdem werden hier (gewöhnlich nur für Resortgäste) Kurse in hawaiischer Kultur geboten, und es wird hawaiisches Kunsthandwerk vorgeführt.

Am Tor des Four Seasons Bescheid sagen, dass man zum Cultural Center möchte. Dann fährt man ganz hinunter zum Parkplatz des Hotels; von dort ist es nur noch ein kleines Stückchen zu Fuß zum Kulturzentrum.

Strände

★ Kua Bay STRAND

(Manini'owali Beach; Karte S. 126; www.hawaiistateparks.org; ⏲8–19 Uhr; P) Hier lockt ein sichelförmiger Strand mit weißem Sand, glitzerndem türkisfarbenem Wasser, besten Möglichkeiten zum Baden und Bodyboarden und bei ruhiger See sogar mit guten Gelegenheiten zum Schnorcheln auf der Nordseite der Bucht bei den großen Felsen. Eine geteerte Straße führt direkt zu dem auch als Manini'owali bekannten Strand. Daher kann es recht voll werden, besonders am Wochenende. Spätaufsteher müssen ggf. einen knappen Kilometer entfernt an der Straße parken. Am Parkplatz gibt's Toiletten und Duschen.

Die Straße zum Strand zweigt zwischen den Meilensteinen 88 und 89 nördlich der Hauptzufahrt zum Kekaha Kai ab. Wanderer können vom Strand über einen schönen Küstenweg zum Kukio Beach gehen.

★ Makalawena Beach STRAND

(Karte S. 126) Wer sich nach einem beinahe völlig verlassenen, malerischen Stück Strand mit reinem weißem Sand sehnt, gesäumt von kristallklarem blaugrünem Wasser, der ist hier richtig. „Maks", wie der Strand oft genannt wird, ist zwar beliebt, doch die Besucher verteilen sich an den idyllischen kleinen Buchten so gut, dass man sich hier fast im Paradies wähnt. Die nördlichste Bucht ist sandiger und sanfter, die südlichste Bucht wird (illegalerweise) von nackigen Sonnenanbetern bevorzugt. Auch Baden kann man hier sehr gut, doch zum Teil ist die Brandung heftig und es gibt Felsen im Wasser. Außerdem kann man bodyboarden und schnorcheln.

Auf jeden Fall sollten Besucher ihren Müll von hier wieder mitnehmen und die Privatsphäre der anderen Gäste respektieren. Für die Einheimischen ist dies ein inoffizieller Camping- und Angelspot, und dass dieser Strand bei Außenstehenden immer beliebter wird, stößt nicht bei allen auf Gegenliebe. Um die vom Aussterben bedrohten Meeresschildkröten sollte immer ein großer Bogen gemacht werden.

Die Anfahrt zum Makalawena Beach erfordert etwas Einsatz. Vom Hwy 19 zweigt zwischen den Meilensteinen 90 und 91 die ungeteerte Zufahrtsstraße zum Kekaha Kai (Kona Coast) State Park ab (am besten mit Allradfahrzeug zu befahren, aber viele Einheimische sind hier auch im normalen Pkw unterwegs). Knapp 2,5 km weiter biegt man bei der Kreuzung vor dem Parkplatz des Mahai'ula Beach rechts ab. Wo Drahtseile den Zugang zu einer Anliegerstraße versperren, parkt man am Straßenrand und geht dann eine halbe Stunde Richtung Norden über den Lavastrom und die Sanddünen zum Strand, entweder über die Anliegerstraße oder einen raueren Pfad über krustige *'a'a*-Lava.

Kekaha Kai State Park PARK

(Kona Coast State Park; Karte S. 126; www.hawaiistateparks.org; 8–19 Uhr; P) Die wunderschönen Strände von Kekaha Kai entfalten auch deshalb eine so große Wirkung, weil sie jenseits einer riesigen schwarzen Lavawüste liegen. Dieser 6,5 km² große Park wartet mit vier Stränden auf, von denen nur einer über eine geteerte Straße zu erreichen ist. Die anderen sind am besten mit einem Geländewagen oder zu Fuß zu erreichen. Wer zu Fuß geht, sollte aber gute Schuhe anhaben und Proviant und jede Menge Wasser mitnehmen, denn es kann hier brutal heiß werden. Einmal am Strand angekommen, wollen die meisten bleiben, bis auch noch der letzte Sonnenstrahl verblichen ist.

★ Kikaua Beach STRAND

(Karte S. 126; bei Meile 87, Hwy 19; P) Es ist zwar offensichtlich, dass dieser Strand – eine dünne Schicht Sand auf hartem Beton – künstlich angelegt wurde, doch der Kikaua Beach ist trotzdem schön. Die Palmen wiegen sich in der Brise, der Sand ist weiß und in der geschützten Bucht können Kinder schwimmen und schnorcheln lernen. Und ganz in der Nähe tummeln sich oft Schildkröten. Der Strand verfügt über Toiletten, Duschen und Trinkwasser.

Die Zufahrt erfolgt durch einen privaten Country Club und eine Wohnsiedlung und ist auf 28 Fahrzeuge pro Tag beschränkt, sodass es hier nie richtig voll wird. Vom Hwy 19 zweigt beim Meilenstein 87 die Kuki'o Nui Rd ab; am Tor nach einem Passierschein und dem Weg zum Strand fragen.

Mahai'ula Beach STRAND

(Karte S. 126; P) Der größte Strand des Kekaha Kai (Kona Coast) State Park lockt mit grauem Sand, felsigen Gezeitenpools, schattigen Picknicktischen und Plumpsklos. Er eignet sich in der Regel nicht gut zum Baden, aber im Winter kann man hier surfen. Ein paar Fußminuten weiter nördlich befindet sich ein zweiter, weniger felsiger Strand mit hellbraunem, weichem Sand (mit dem Namen Magoon's), wo man klasse sonnenbaden und schwimmen kann. Die Zufahrt zum Mahai'ula erfolgt über eine holprige Lavastraße zwischen den Meilensteinen 90 und 91 des Hwy 19.

Zwar ist ein Allradfahrzeug besser, aber viele Einheimische befahren die unbefestigte Zufahrtsstraße zum Strand mit normalem Pkw. Nachahmer sollten auf jeden Fall vorsichtig fahren, oder man läuft die 1,5 Meilen (2,4 km) vom Hwy 19. Dann parkt man auf einem improvisierten Parkplatz landeinwärts vom Highway. Auch trampen ist einen Versuch wert – vielleicht hat jemand Mitleid mit sonnengeplagten Spaziergängern. Am Ende der Straße liegen die Abzweige zum Makalawena und zum Makole'a Beach.

Makole'a Beach STRAND

(Karte S. 126) Erstaunlicherweise gehört dieser abgeschiedene schwarzsandige Strand zum Kekaha Kai (Kona Coast) State Park. Zwar fehlt es dem Makole'a an Schatten und es ist hier zu felsig zum Baden, doch der Strand, der vor allem bei den Fischern der Gegend beliebt ist, entschädigt durch seine natürliche Schönheit für die Mühe der Anreise. Wer dieses kleine schwarze Juwel zu Fuß erreichen möchte, geht am Mahai'ula Beach Richtung Süden und folgt der Straße oder der Küste in Richtung eines einsamen Baumes.

Mit einem Allradwagen hält man sich an der Straßenkreuzung am Mahai'ula Beach links und fährt einen knappen Kilometer Richtung Süden bis zu einem mit weißem Korallengestein markierten Pfad. Von hier geht's zu Fuß weiter, da die Lava zu rau wird.

Kukio Beach STRAND

(Karte S. 126;) Die palmengesäumten Buchten der Kukio Bay gehören offiziell zum Four Seasons Resort Hualalai. Hier gibt's weichen Sand und man kann toll baden (auch Kinder). Ein befestigter Pfad führt Richtung Norden an der Felsküste entlang zu einem weiteren Strand. Es gibt Toiletten, Duschen und Trinkwasser.

Die Anfahrt erfolgt zwischen den Meilensteinen 87 und 86 des Hwy 19 über die (nicht ausgeschilderte) Ka'upulehu Rd; an der Einfahrt zum Four Seasons fragt man nach einem Parkschein für den Strandparkplatz. Dort gibt es Platz für 50 Fahrzeuge, und es ist so gut wie nie voll.

Keawaiki Beach STRAND

Der Keawaiki Beach ist wirklich sehr abgeschieden, vor allem da er nur nach einem 15- bis 20-minütigen Spaziergang auf einem *'a'a*-Lavapfad zu erreichen ist. Aber am Ende wird man für die Mühe belohnt: mit einem felsigen Strand mit schwarzem Sand, über den eine einsame Palme wacht, und dem blauen Ozean. Das Meer kann hier recht rau sein, also Vorsicht beim Baden! Der Weg hierher beginnt an einer Parkbucht beim Meilenstein 79.

Aktivitäten

Ala Kahakai National Historic Trail WANDERN

(Karte S. 142; www.nps.gov/alka) Ehrgeizige Sonnenanbeter erreichen die bekannten Strände von South Kohala über einen knapp 6 Meilen (10 km) langen Abschnitt des 175 Meilen (282 km) langen Ala Kahakai National Historic Trail. Der Weg führt vorbei an wunderbaren Küstenabschnitten und natürlichen anchialinen Teichen, Brackwasserbecken, aus denen die alten Hawaiianer ihr Trinkwasser gewannen.

Vom Norden aus beginnt der Wegabschnitt am südlichen Ende des Spencer Beach Park, von wo es durch dichte *kiawe*-Haine geht, bis der Mau'umae Beach und schließlich die Mauna Kea Resort Area mit dem berühmten Golfplatz erreicht werden. Hinter dem Hapuna Beach führt der Weg weiter zum Beach 69. Der gesamte Weg, besonders der letzte Teil, liegt unter praller Sonne. Man kann natürlich jederzeit umkehren oder den Weg auch an anderer Stelle beginnen.

Essen

Beach Tree KALIFORNISCH $$$

(Karte S. 126; 808-325-8000; www.fourseasons.com/hualalai; 72-100 Ka'upulehu Dr, Four Seasons Resort Hualalai; Hauptgerichte mittags 14–24 $, abends 16–39 $; 11.30–20.30 Uhr;) Gibt es etwas Besseres, als auf der luftigen Strandveranda im Beach Tree *pupu* oder einen der besten Burger der Insel zu essen? Kaum. Bei den dünnen Steinofenpizzas stehen köstliche Beläge zur Auswahl; daneben gibt's verschiedene Leckereien mit Fleisch und Seafood (feurige Paella). Und man kann barfuß essen – klasse!

'ULU Ocean Grill + Sushi Lounge HAWAIISCHE FUSIONSKÜCHE $$$

(Karte S. 126; 808-325-8000; www.uluoceangrill.com; 72-100 Ka'upulehu Dr, Four Seasons Resort Hualalai; Hauptgerichte 24–52 $, Probiermenü ab 65 $; Restaurant 6.30–11 & 17.30–21 Uhr, Sushilounge 17.30–22 Uhr; P) *'Ulu* bedeutet „Brotfrucht", und in diesem nachhaltig ausgerichteten Restaurant dreht sich alles um Gemüse, Fisch und Fleisch aus regionalen Quellen: Drei Viertel der Gerichte werden aus hawaiischen Zutaten zubereitet. Auf der Karte gesellen sich Zutaten vom Land zu Meeresfrüchten, und zwar in Gerichten wie Kona-Muscheln mit Curry, auf *kiawe*-Holz geräucherten Kartoffeln und mit *liliko'i* glasiertem Wildschwein. Doch leider reicht die Qualität des Essens nicht an den Hype und die exorbitanten Preise heran.

An- & Weiterreise

Ka'upulehu liegt rund 15 Meilen (24 km) nördlich des Zentrums von Kaliua-Kona und ist über den Hwy 19 zu erreichen. Wo die Schilder den Weg zum Four Seasons Resort Hualalai weisen, geht's ab Richtung Meer. Am Resorteingang muss man einen Sicherheitscheck durchlaufen; man kann dabei Bescheid sagen, dass man nur zu Besuch ist.

Kohala & Waimea

☎ 808

Inhalt ➡

Gut essen

➡ Kohala Burger & Taco (S. 155)

➡ Merriman's (S. 169)

➡ Sushi Rock (S. 159)

➡ Anuenue (S. 155)

➡ Bamboo (S. 159)

Mit Kindern

➡ Reiten in Waimea (S. 166) oder North Kohala (S. 161)

➡ Planschen im Spencer Beach Park (S. 154)

➡ Seilrutschen durch die Kohala-Baumkronen (S. 158)

➡ Erkunden der Puako Tide Pools (S. 151)

Auf nach Kohala & Waimea

Die Kohala Coast ist ein Landstrich aus ausgedehnten Wüsten, die zu weißen Sandstränden abfallen und schließlich in die Grashügel des Viehzuchtlands und die dichten Dschungel der Nordküste übergehen. Hier draußen heult der Wind und brennt die Sonne – ein Landstrich der Extreme, der auf Entdeckung wartet.

South Kohala ist das typische Urlaubsmekka für Sonne und Strand. Von Waikoloa bis Kawaihae zeugen uralte Wege, *heiau* (Tempel), Fischteiche und Petroglyphen von der hawaiischen Geschichte – von der Straße aus sind jedoch nur nackte Lavawüsten und die Abgrenzungen der Golfplätze von Hotelanlagen zu sehen.

North Kohala wirkt im Gegensatz zum Wüstenklima und den künstlichen Attraktionen des Südens wie aus einer anderen, üppigeren Welt: mit fetten Weiden, malerischen Plantagenstädtchen und den kaskadenförmigen Felswänden des Pololu Valley. Der ländliche Charakter wird stolz gepflegt, auch nicht ein Hochhaus behindert die Sicht. Waimea, eine Viehzüchterstadt, ist eine zentrale Station für Reisende quer über die Insel.

Reisezeit

Juni Das Leben von König Kamehameha wird mit einer typischen North-Kohala-Parade von Hawi nach Kapa'au gefeiert.

Februar Das Cherry Blossom Heritage Festival in Waimea sollte niemand versäumen.

September Auf dem Taste of the Hawaiian Range werden die besten heimischen Erzeugnisse und Nutztiere präsentiert.

Highlights

1 **Hawi** (S. 156) Durch das alternative Städtchen bummeln.

2 **Kohala Mountain Road** (S. 162) Auf einer der schönsten Straßen der Inseln fahren.

3 **Mo'okini Heiau** (S. 160) Zu dem alten hawaiischen Tempel wandern.

4 **Hapuna Beach** (S. 151) Der klassisch hinreißende Strand ist perfekt fürs Instagram-Foto.

5 **Mahukona** (S. 160) Ein tolles Schnorchelrevier abseits der üblichen Pfade.

6 **Mau'umae Beach** (S. 153) Noch ein Kohala-Strand wie aus dem Bilderbuch? Warum nicht.

7 **Pu'ukohola Heiau** (S. 154) Das Fundament dieses riesigen hawaiischen Tempels umrunden.

8 **Pololu Valley** (S. 163) Steile Felsen umgeben dieses paradiesische grüne Refugium.

9 **Beach 69** (S. 151) Unglaublich: Es gibt noch mehr tolle Strände in Kohala!

10 **Flumin' Kohala** (S. 158) Einen historischen Bewässerungskanal erkunden.

WANDERN & RADFAHREN UM KOHALA & WAIMEA

RADTOUR: VON HAWI ZUM POLOLU VALLEY LOOKOUT

START HAWI
ZIEL POLOLU VALLEY LOOKOUT
LÄNGE 8 MEILEN (13 KM); 3 STUNDEN

Die Tour von Hawi zum Pololu Valley führt durch grüne Wälder, über Hügel und in enge Hohlwege sowie durch einige Siedlungen des modernen North Kohala bis hin zu einer bedeutenden alten hawaiischen Stätte, heute ein kleines, abgeschiedenes Stück herrlich paradiesischer Natur.

Vor dem Start in Hawi empfiehlt sich eine Stärkung in einem der exzellenten Restaurants dieses kleinen Dorfs, z. B. Sushi im **Sushi Rock** (S. 159) oder ein herzhaftes vegetarisches Essen in der **Sweet Potato Kitchen** (S. 158). Reichlich Biowaren gibt es 1½ Meilen (2,4 km) weiter östlich im Lebensmittelladen **Takata Store** (S. 158). Aber zuerst sollten die vielen Galerien und Kunsthandwerksläden in Hawi besucht werden, wie **Elements** (S. 159) mit Schmuck oder die **Kohala Mountain Gallery** (S. 159) mit lokaler Kunst.

Von Hawi nach Kapa'au sind es etwa 2,5 Meilen (4 km), vorbei an der **Statue von Kamehameha** (S. 161), der an dieser windigen Küste aufwuchs und einst als Zeichen seiner Stärke den **Kamehameha Rock** (S. 161; ein Stück weiter) schleppte.

Nach Verlassen von Kapa'au wird die Straße schmaler und die Randstreifen verschwinden vor Pololu schließlich gänzlich (an einer Stelle ist sogar eine einspurige Brücke zu überqueren). Vorsicht bei Wind, er kann beim Radfahren gefährlich werden.

Die Straßen führen bald bergauf und -ab; der Lohn ist schließlich der **Pololu Valley Lookout**, der wie eine grüne Narbe in den Kohala Mountains geschnitten ist. Nach dem Genuss der Aussicht lohnt eine Wanderung ins Tal.

Pololu Valley Trail

Eine Reise durch diese Region führt durch vielfältige Landschaften und zu alten und modernen Kulturen. Ob zu Fuß oder mit dem Rad, am Ende ist die Aussicht schöner als auf jeder Postkarte.

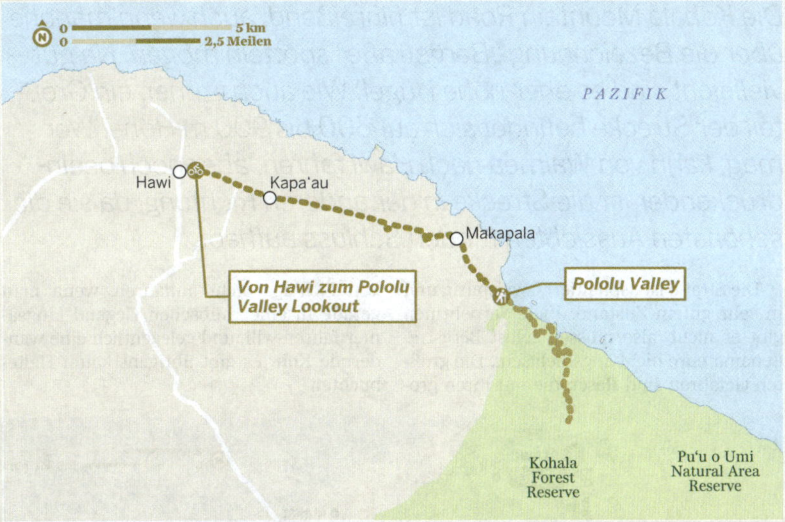

WANDERUNG: POLOLU VALLEY

START POLOLU VALLEY LOOKOUT
ZIEL HONOKANE NUI LOOKOUT
LÄNGE 3 MEILEN (5 KM); 2–4 STUNDEN

Das Pololu Valley hat etwas spektakulär Endgültiges. Pololu bedeutet „langer Speer", eine treffende Bezeichnung – das Tal sieht aus, als wäre es von einer rachsüchtigen Gottheit aus dem Dschungel und den Bergen gemeißelt.

Auf andere Touristen und Schilder weisen achten, um vom Aussichtspunkt die Richtung bis zum Wegbeginn zu finden. Selbst wer dem Pfad nicht bis zum Ende folgen will, sollte mindestens versuchen, ganz den Anfang des Wegs zu bewandern. Nach ein paar Serpentinen ist der Blick ins Tal vom Aussichtspunkt am Hwy 270 sehr viel schöner.

Der Talboden liegt etwa 500 m unterhalb des Starts des Wanderwegs. Die Bäume auf dem Weg hinab sind dicht gewachsen, hier unten aber werden sie zu fremdartigen Dschungelwesen. Wo der (seichte) Pololu River ins Meer fließt, muss er durchquert werden.

Der Strand ist wunderschön, aber ein Bad ist nicht zu empfehlen – die Strömungen sind hier besonders gefährlich. Von hier geht's auf flachem, grünen Gelände ostwärts ins Tal; das kurze Stück ist nur 650 m lang. Zu achten ist auf einen undeutlichen Weg nach oben, der sich gut eine Meile (1,6 km) zum Honokane Nui Valley Lookout hochwindet. Der Blick von dort ist so wunderbar, wie man sich das vorstellt.

WANDERWEG VON MAHUKONA NACH KAPA'A

Die Beach Parks Mahukona und Kapa'a verbindet ein schöner, kaum bekannter 3 km langer Weg. Am Kapa'a Beach Park beginnt er links an einem alten Gleisbett, der am Eingang zu sehen ist. Vom Mahukona Beach Park geht's am zweistöckigen, braunen Metallhaus vorbei bis zum Abzweig rechts, dann zu Fuß links am Metallgatter vorbei zum Wegweiser. Wanderer brauchen Wasser und einen Hut und sollten immer auf dem Weg bleiben.

AUTOTOUR: KOHALA MOUNTAIN ROAD

Die Kohala Mountain Road ist hinreißend, auch wenn manche über die Bezeichnung „Bergstraße" spötteln mögen. Na gut – vielleicht sind es eher hohe Hügel. Wie auch immer, ein Großteil der Strecke befindet sich auf 600 bis 900 m Höhe. Wer mag, kann von Waimea nach Hawi fahren, aber noch beeindruckender ist die Strecke in der anderen Richtung, da sie die schönsten Aussichten für den Schluss aufhebt.

Die Straße ist asphaltiert, zweispurig und in sehr gutem Zustand. Viele Serpentinen gibt es nicht, also müssen selbst Bergstraßenamateure nicht ängstlich sein. Die größten Gefahren sind Raser, die mit ihren großen Pick-ups dicht auffahren, wenn man gerade in einer hübschen Gegend langsamer fahren will, und gelegentlich eine wandernde Kuh. Es gibt übrigens kaum Haltebuchten.

Start Hawi

Ziel Waimea

Länge 22 Meilen (35 km); 1 Stunde

ALVIS UPITIS/GETTY IMAGES ©

Die Kohala Mountains (S. 162)

Die Fahrt ist zu jeder Tageszeit machbar. Die Sonnenuntergänge sind herrlich, aber es bringt nicht viel, nachts zu fahren, da dann nichts zu sehen ist. Ein Problem ist manchmal dichter Nebel, ein Blick in den Wetterbericht ist daher ratsam.

1 Hawi

Startpunkt ist Hawi. Nach einem Kaffee und Frühstück in der farbenfrohen **Kohala Coffee Mill** (S. 158) – es ist niemals zu früh für den Eisbecher „Tropical Dreams" – geht es auf die Hawi Rd/Hwy 250, was andere Namen für die Kohala Mountain Road sind. Sofort kommt der Platz in Sicht, wo der **Hawi Farmers Market** (S. 156) stattfindet. Wer samstags oder dienstags fährt, kann sich hier mit etwas Proviant eindecken, Livemusik lauschen oder auch nur die Atmosphäre genießen.

Die Strecke > Die Kohala Mountain Road führt zunächst berghoch durch dichte Wälder, die sich nach etwa 4 Meilen (6,5 km) zu offenem Weideland lichten. Ab hier führt die Straße durch eine Mischung aus Hochlandwiesen und Hainbuchentunnel.

2 The Pullback

Auf der Weiterfahrt geht es an den Toren von Ranchanwesen vorbei, mit kurzen Blicken auf die Gipfel des Hualalai, Mauna Kea und Mauna Loa. Wenn die Straße Richtung Waimea abfällt, taucht eine **offizielle Aussichtshaltebucht** auf. Dort sollte man parken, ein Foto schießen und in den sozialen Medien alle neidisch machen.

Die Strecke > Von hier ist es nur noch ein kurzes Stück bis Waimea.

3 Waimea

In Waimea geht's direkt zum **Hawaiian Style Cafe** (S. 167). Ob der Sinn nun nach *loco moco* (Reis, Spiegelei und Frikadelle mit Sauce oder anderen Beilagen), Pfannkuchen oder Burger steht, die Portionen liefern Kalorien für die nächsten paar Monate. Danach gibt's heimische und internationale Kunst im **Isaacs Art Center** (S. 164) – vielleicht befindet sich ein Bild der perfekten Landschaft darunter, die gerade durchfahren wurde.

An- & Weiterreise

Kohala liegt nördlich von Kailua-Kona; die großen Resorts befinden sich etwa 30 Meilen (50 km) die Straße hoch, Hawi und North Kohala sind 55 Meilen (knapp 90 km) entfernt. Der Hwy 19 verläuft nach Osten gleich am Mauna Kea Resort vorbei und weiter nach Waimea. Der Hwy 270 zweigt dort vom Hwy 19 ab und verläuft nordwärts nach North Kohala und Hawi, bis er am Pololu Valley endet. Der **Hele-On-Bus** (808-961-8744; www.heleonbus.org; Erw. einfach 2 $, 10er-Karte 15 $, Monatskarte 60 $) fährt an den Resort-Hotels vorbei, mit Anschluss über eine weitere Hele-On-Linie nach Hilo. Generell ist es jedoch am einfachsten, mit dem eigenen Auto zu reisen.

Der Hwy 250, eine der hübschesten Straßen auf der Insel, verbindet Hawi mit Waimea.

SOUTH KOHALA

Der Queen Ka'ahumanu Hwy (Hwy 19) führt durch kahle Lavafelder, aber weiter Richtung Meer kommen sanft gewellte, grüne Golfplätze vor Apartmenthäusern und leuchtend grünblaue Swimmingpools in Sicht. Dies ist die Gold Coast der Big Island, und was immer man von Hotelanlagen halten mag, hier befinden sich auch die schönsten Strände der Gegend.

Merkwürdigerweise findet man in South Kohala auch zahlreiche althawaiische Sehenswürdigkeiten. Als sie entstanden, war diese Küste dichter bevölkert als heute. Die Region steckt voller alter Dorfreste, *heiau*, Fischteiche, Petroglyphen und historischer Wege – Areale, die oft für Besucher erhalten wurden.

Das Küstengewässer vor South Kohala ist sauber und reich an Meeresbewohnern und es ist relativ wenig überlaufen. Das Riff fällt hier sanfter ab als an der Kona Coast, es kann also sein, dass Haie, Delfine, Schildkröten und Mantarochen zu sehen sind.

An- & Weiterreise

Die Resorts und Sehenswürdigkeiten von South Kohala liegen nördlich von Kailua-Kona am Hwy 19 – je nachdem, welche Hotelanlage gewählt wurde, ist der Ort 25 bis 35 Meilen (40–56 km) entfernt.

Der Hele-On-Bus (www.heleonbus.org) zwischen Pahala und South Kohala befährt diese Strecke montags bis samstags dreimal täglich, sonntags einmal.

Verkehrsstaus um den Flughafen KOA während der Stoßzeiten können die Fahrzeit erheblich verlängern.

Waikoloa Resort Area

Unter den Hotelanlagen in South Kohala ist das Waikoloa Beach Resort das erschwinglichste und trubeligste. Die Megahotels und Golfplätze sind zwar nicht so repräsentativ wie jene weiter die Küste hoch, aber die Anlage bietet zwei Einkaufszentren und den Löwenanteil an Events. Das Management von Waikoloa hat, wie im Mauna Lani weiter die Straße hoch, auf wirkungsvolle und großartige Weise historische hawaiische Stätten in die Anlage des Resorts integriert – Fischteiche, Petroglyphengruppen und alte Wege liegen direkt neben den Apartmenthäusern und Einkaufspassagen. Zu Waikoloa gehört neben dem faszinierenden Kulturerbe auch einer der tollsten Strände der Kohala Coast.

Nicht verwechseln: Das Waikoloa Beach Resort ist nicht das Waikoloa Village, ein Wohngebiet weiter landeinwärts.

Sehenswertes

'Anaeho'omalu Beach Park STRAND

(A Bay; Waikoloa Beach Dr; 6–20 Uhr;) Keine Angst vor dem zungenbrecherischen offiziellen Namen; alle auf der Insel nennen diesen Strand „A Bay". „Eins A" kann man ihn auch nennen: Dieser klassisch schöne Strand ist leicht zugänglich, besteht aus Salz- und Pfeffersand und das ruhige Gewässer ist prima zum Windsurfen geeignet. Zudem ist er von Hunderten Palmen gesäumt und einfach eine phantastische Kulisse für Sonnenuntergänge. Trinkwasser, Duschen und Toiletten sind ebenfalls vorhanden. Zu erreichen ist er über den Weg, der links vom Waikoloa Beach Dr gegenüber der Kings' Shops abzweigt.

Das Waikoloa Beach Marriott liegt am Nordende des Strands, aber alte Fischteiche bilden eine Pufferzone zwischen den beiden Abschnitten. Das Areal direkt vor dem Schleusentor ist ein recht gutes Schnorchelrevier mit vielen verschiedenen Fischen und manchmal auch Meeresschildkröten. Zu beachten ist, wie gesetzlich festgelegt: mindestens 45 m Abstand zu den Schildkröten im Wasser halten.

Archäologen haben Nachweise menschlicher Besiedlung aus der Zeit vor über 1000 Jahren entdeckt. Ein kurzer Pfad mit Erklärungstafeln beginnt nahe den Duschen.

Waikoloa Anchialine Pond Preservation Area WAHRZEICHEN

(WAPPA) Hier nun die tägliche Dosis Wissenschaft in einem Reiseführer: Anchialine

Teiche sind Küstenteiche, die keine oberirdische Verbindung zum Meer haben, aber dennoch mit den Gezeiten steigen und sinken. In Waikoloa gibt es eine ganze Reihe solcher Teiche, die von der University of Hawai'i unterhalten und erforscht werden. In dem klaren Wasser sind Mollusken, Fische und andere Meereslebewesen zu sehen (aber nicht hineintreten!). Der Weg zwischen den Teichen ist in fünf Minuten zu Fuß zu bewältigen.

Fischteiche Ku'uali'i und Kahapapa ARCHÄOLOGISCHE STÄTTE

Ein ganzes Aquakultursystem bildete in früheren Zeiten ein wichtiges Rückgrat der Lebensmittelversorgung der indigenen Hawaiianer. Sichtbare Belege dieses Systems befinden sich direkt hinter dem Anaeho'omalu Beach (nebenbei: Anaeho'omalu bedeutet „begrenzte Meeräsche", bezogen auf die Fischart in den Fischteichen und wohl einer der besten Namen für einen Strand). Die zwei Fischteiche waren gut bestückt mit essbaren Meerestieren der Saison; es wird erzählt, dass Läufer dem Adel frischen Fisch brachten, indem sie über den Ala Kahakai rannten.

Ala Kahakai NATIONALPARK

(www.nps.gov/alka) Ein Abschnitt des Ala Kahakai (S. 283) – des Königswegs – windet sich durch Waikoloa. Inmitten der herausgeputzten Landschaft und der Resortanlagen von Waikoloa verkörpert er ein Stück Geschichte und Erbe des alten Hawaii. Der Weg ist an mehreren Punkten am Strand der 'Anaeho'omalu Bay zugänglich; bitte beachten, dass in Richtung Golfplatz scharfkantige Lavabrocken auf dem Weg liegen. Alle Ruinen in diesem Gebiet stehen auf geschütztem, staatseigenem Land.

Waikoloa Petroglyph Preserve HISTORISCHE STÄTTE

(Waikoloa Beach Dr) GRATIS Die Petroglyphen auf Lavagestein sind so einfach zu erreichen, dass sie einen Besuch verdienen. Allerdings ist das Puako Petroglyph Preserve (S. 146) weiter nördlich spektakulärer und grenzt nicht an ein Einkaufszentrum. Viele Petroglyphen stammen aus dem 16. Jh.; einige sind bildlich (Menschen, Vögel, Kanus), andere kryptisch (Punkte, Linien). Westliche Einflüsse erscheinen in Form von Pferden und englischen Initialen. Sie sind vom Parkplatz der Kings' Shops in fünf Minuten zu Fuß über den ausgeschilderten Weg zu erreichen.

Kostenlose, einstündige Führungen zu den Petroglyphen werden an den meisten Donnerstagen und Freitagen ab dem Einkaufszentrum angeboten.

Aktivitäten

Outdoor-Aktivitäten können über Unternehmen gebucht werden, die entweder hier ihren Sitz oder Zweigstellen in den Resorts haben.

Hilton Waikoloa Village Pools SCHWIMMEN

(808-886-1234; www.hiltonwaikoloavillage.com; 425 Waikoloa Beach Dr; Pool-Pass für Nichtgäste bis zu 4 Pers. 90 $; Sonnenaufgang–Sonnenuntergang;) Die aufwendigen Pools in diesem protzigen Resort werden aller Wahrscheinlichkeit nach die Kids begeistern. Es gibt drei riesige

NICHT VERSÄUMEN

HAWAIISCHE HEILIGE STÄTTEN

Die alten Hawaiianer bauten verschiedene *heiau* (Tempel) für verschiedene Götter und Zwecke: Heilung der Kranken, Teilen der Ernte, anderes Wetter, für Menschenopfer und Erfolg bei Kriegen.

Einige waren schlichte, strohgedeckte Bauten, andere große Steingebäude, deren verwitterte Ruinen heute nur noch einen Hauch ihrer einzigen Pracht vermitteln. Nachdem Kamehameha II. (Liholiho) 1819 das Prinzip des *kapu* (Tabu) abgeschafft hatte, wurden viele Tempel zerstört oder aufgegeben. Aber auf Big Island befinden sich noch zwei der größten und am besten erhaltenen *heiau*: **Pu'ukohola Heiau** (S. 154) und **Mo'okini Luakini Heiau** (S. 160)..

Die *Luakini Heiau* für Menschenopfer waren stets dem Kriegsgott Ku geweiht. Nur Ku verdiente das größte Geschenk, ein menschliches Leben, und nur die höherrangigen Häuptlinge konnten es befehlen. Ein Feind, der in der Schlacht getötet wurde, war ein ausreichendes Opfer. Aber es musste ein gesunder Mann sein, niemals eine Frau, ein Kind oder ein alter oder missgestalteter Mann.

South Kohala

Pools mit Wasserfällen und -rutschen sowie einen künstlichen Strand und eine Salzwasserlagune. Alles Sachen, die natürlich auch in der freien Natur zu finden sind, aber bei Gruppen von vier Personen könnte sich der Eintritt lohnen.

Waikoloa Beach & Kings' Courses GOLF
(☎808-886-7888; www.waikoloabeachgolf.com; 69-275 Waikoloa Beach Dr, Waikoloa Beach Marriott; Greenfee 145 $) Das Waikoloa Beach Marriott besitzt zwei Spitzengolfplätze: Der Beach Course an der Küste ist für sein zwölftes Par-5-Loch bekannt; der Kings' Course ist anspruchsvoller und bietet eine Anlage nach schottischem Vorbild. Wer später am Tag den Ball schlägt, zahlt weniger (11.30/13/14 Uhr 120/119/95 $). Golfwagen sind vorgeschrieben.

Geführte Touren

Ocean Sports OUTDOOR-AKTIVITÄTEN
(☎808-886-6666; www.hawaiioceansports.com; 69-275 Waikoloa Beach Dr; Schnorcheln Erw./Kind 147/73,50 $; ⏲7–21.30 Uhr) Ocean Sports hat das Monopol auf dem Markt der Meeresaktivitäten in South Kohala. Zum Glück wird das

South Kohala

Highlights
1 Beach 69 .... C3
2 Hapuna Beach State Recreation Area C3
3 Mauna Kea Beach C2
4 Mau'umae Beach C2

Sehenswertes
5 Ala Kahakai A5
6 'Anaeho'omalu Beach Park A5
7 Hamakua Macadamia Nut Company C1
8 Hokuloa United Church C3
9 Holoholokai Beach Park B4
Kalahuipua'a Fishponds .... (s. 22)
Kalahuipua'a Historic Trail .... (s. 22)
Ku'uali'i and Kahapapa Fishponds .... (s. 6)
10 Puako Petroglyph Preserve B4
11 Puako Tide Pools C3
12 Pu'ukohola Heiau National Historic Site C1
13 Spencer Beach Park C2
Waikoloa Anchialine Pond Preservation Area .... (s. 6)
14 Waikoloa Petroglyph Preserve B5

Aktivitäten, Kurse & Touren
Ala Kahakai National Historic Trail .... (s. 13)
15 End of the Road B4
Francis I'i Brown North & South Golf Courses .... (s. 22)
16 Hapuna Golf Course D2
17 Hilton Waikoloa Village Pools A5
18 Kawaihae Harbor C1
19 Kohala Divers C1
20 Lat 20 .... C3
21 Mauna Kea Golf Course C2
22 Mauna Lani Sea Adventures B4
Mauna Lani Spa .... (s. 22)
23 Ocean Sports A5
24 Spa Without Walls B4
25 Star Gaze Hawaii C3
Sunshine Helicopters .... (s. 25)
26 Waikoloa Beach & Kings' Courses A5
Yoga at The Shops at Mauna Lani .... (s. 30)

Essen
Anuenue .... (s. 19)
27 Blue Dragon Restaurant C1
28 Brown's Beach House B4
Cafe Pesto .... (s. 19)
29 CanoeHouse B4
Coast Grille .... (s. 25)
Copper Bar .... (s. 21)
Dragon Wagon .... (s. 27)
30 Foodland Farms B4
Hale I'a Da Fish House .... (s. 19)
Hau Tree .... (s. 21)
Island Gourmet Markets .... (s. 35)
Kohala Burger & Taco .... (s. 19)
31 KTA Waikoloa Village D5
Lava Lava Beach Club .... (s. 23)
Monstera .... (s. 30)
Napua .... (s. 22)
Original Big Island Shave Ice Co, Inc. .... (s. 27)
32 Puako General Store C3
Pueo's Osteria .... (s. 31)
Roy's Waikoloa Bar & Grill .... (s. 34)
Sansei Seafood Restaurant & Sushi Bar .... (s. 35)
Sushi Shiono .... (s. 35)
Three Frogs .... (s. 2)
Under the Bodhi Tree .... (s. 30)
Waikoloa Kings' Shops Farmers Market .... (s. 34)

Ausgehen & Nachtleben
Banjy's Paradise Bar & Grill .... (s. 31)
Luana Lounge .... (s. 24)

Unterhaltung
Hawaii Loa Luau .... (s. 24)
Kona Cozy Comedy & Tiki Club .... (s. 30)
Legends of the Pacific .... (s. 17)
Mauna Kea Hawaiian Luau .... (s. 21)
33 Waikoloa Beach Marriott Sunset Luau A5

Shoppen
34 Kings' Shops B5
35 Queens' MarketPlace B5
Shops at Mauna Lani .... (s. 30)
Waikoloa Highlands Shopping Center .... (s. 31)

Unternehmen gut geführt, hat aber recht hohe Preise. Zum Angebot gehören Walbeobachtungsausflüge (119 $) und Touren in Glasbodenbooten (27 $) in einem Katamaran für 49 Personen. Abfahrt ist in der 'Anaeho'omalu Bay und dem Kawaihae Harbor.

Im 'Anaeho'omalu Beach Park und im Hilton Waikoloa Village vermietet das Unternehmen auch Strandzubehör.

Festivals & Events

★ A Taste of the Hawaiian Range ESSEN & TRINKEN
(www.tasteofthehawaiianrange.com; Hilton Waikoloa Village; Eintritt Vorverkauf/vor Ort 40/60 $) Berühmte Köche der Big Island zaubern Ende September oder Anfang Oktober Gerichte aus heimischem Freilandfleisch und

Gemüse. Seit Kurzem wird versucht, das Event abfallfrei zu halten, auch nachhaltige Lebensmittel sind ein Thema.

Moku O Keawe KULTURELL
(www.mokif.com; Waikoloa Resort Area; Eintritt pro Abend 15–25 $;) Zu dem Hula-Wettbewerb Anfang November gehören die Kategorien *kahiko* (historisch), *'auana* (modern) und *kupuna* (älter). Er ist eine gute Alternative zum schnell ausverkauften, ähnlich ausgerichteten Merrie Monarch Festival in Hilo um Ostern.

Essen

Sushi Shiono SUSHI $
(808-886-3588; www.sushishiono.com; Queens' MarketPlace; Sushi 5–18 $; 7–21.30 Uhr; P) Eine exzellente kleine Sushi-Bar, die Sushi und *nigiri* (längliche Sushi) nach Wunsch zubereitet und auch Packungen zum Mitnehmen verkauft.

Island Gourmet Markets MARKT $
(Queens' Market Place; 808-886-3577; www.islandgourmethawaii.com; 7–23 Uhr; P) Der Laden ist großartig gepflegt und bestückt und bietet so ziemlich alles: Essen zum Mitnehmen, frisch zubereitete Sushi, allgemeine Lebensmittel und Spezialitäten, Zeitschriften, Geschenke und noch vieles mehr. Er ist auch prima, was gesundes Essen angeht, und es gibt eine kleine Terrasse mit Tischen. In dem Markt bereitet eine exzellente kleine Sushi-Bar namens Sushi Shiono (S. 144) Röllchen und *nigiri* (längliche Sushi) nach Wunsch zu.

Lava Lava Beach Club FUSIONSKÜCHE $$
(808-769-5282; http://lavalavabeachclub.com/bigisland; 69-1081 Ku'uali'i Pl; Hauptgerichte 15–37 $; 11–21 Uhr; P) Das fröhliche Lokal ist bei Touristen und Einheimischen beliebt, die sich hier exzellente Kokos-Garnelen mit Ingwer-Guaven-Sauce, mit Ingwer panierten *ahi* mit *ponzu*-Sauce sowie Brathähnchen schmecken lassen. Die Pommes frites, die mit Parmesan und *furikake* (japanisches Gewürz) serviert werden, sollten unbedingt probiert werden. Cocktails und Livemusik sorgen dafür, dass das Essen gut runtergeht. Reservierung ist ratsam.

Sansei Seafood Restaurant & Sushi Bar JAPANISCH $$$
(808-886-6286; www.sanseihawaii.com; Queens' MarketPlace; Hauptgerichte 25–52 $, Sushi 5–23 $; So–Do 17.30–22, Fr & Sa bis 24 Uhr; P) Der hawaiische Promikoch DK Kodama ist bekannt für seine innovative japanische Fusionsküche, z. B. seine Sushi mit kurzgebratenem *ahi*, sowie für seine umfängliche Weinkarte. Diese Filiale aus Kodamas Food-Imperium ist von wechselhafter Qualität, wie es in Resorts üblich ist, also Vorsicht – wenn jedoch alles klappt in der Küche, ist es toll.

Roy's Waikoloa Bar & Grill HAWAIISCH $$$
(808-886-4321; www.roysrestaurant.com; Kings' Shops; Hauptgerichte 31–50 $; 17.30–21.30 Uhr) Roy's ist stets unglaublich trubelig und laut, das kann Spaß machen oder nerven. Wir empfehlen, sich auf das Essen zu konzentrieren, nicht auf die quirlige Atmosphäre. Die Hauptgerichte, wie Lammkoteletts in einer Sauce aus *liliko'i* (Passionsfrucht) und Cabernet oder scharf gebratener *ahi* mit eingelegtem Ingwer, sind heute nicht mehr so avantgardistisch, aber immer noch ganz schön lecker.

Waikoloa Kings' Shops Farmers Market MARKT
(www.kingsshops.com; Kings' Shops; Mi 8.30–14 Uhr; P) Auf dem Bauernmarkt werden Lebensmittel (kein Kunsthandwerk) verkauft, die zu 100 % aus lokalem Anbau stammen, darunter Obst und Gemüse, Honig, Backwaren, Kaffee, Tee und Orchideen.

Unterhaltung

Auf Waikoloa Nights (www.waikoloabeachresort.com) werden besondere Abendveranstaltungen angekündigt, von Rockkonzerten bis zu Hula-Shows. Kostenlose Konzerte am frühen Abend mit Slack-Key-Gitarre, Ukulele und Hula werden in den Einkaufszentren Kings' Shops und Queens' MarketPlace geboten.

Legends of the Pacific LUAU
(808-886-2929; www.hiltonwaikoloavillage.com; Hilton Waikoloa Village; Erw./Kind 125/68 $; Di, Fr & So 17.30 Uhr;) Verschiedene südpazifische Tänze einschließlich Abendbuffet und einem Cocktail. Dieses *luau* ist besonders familienfreundlich und eröffnet mit einem interaktiven Kunsthandwerksmarkt für Kinder.

Waikoloa Beach Marriott Sunset Luau LUAU
(808-886-8111; www.waikoloabeachmarriott.com; 69-275 Waikoloa Beach Dr; Erw./Kind 6–12 J. 102/48 $; Mo & Mi 17 Uhr;) Das *luau* am Meer besteht aus einem hawaiischen Abendbuffet, Freigetränken und verschiedenen polynesischen Aufführungen, darunter ein samoanischer Feuertanz.

Shoppen

Queens' MarketPlace EINKAUFSZENTRUM
(☎808-886-8822; www.queensmarketplace.net; 201 Waikoloa Beach Dr; ⌚9.30–21.30 Uhr, Öffnungszeiten einzelner Läden sind unterschiedlich) Gepflegte und begrünte Einkaufspassage im Herzen des Resorts. In absehbarer Zeit wird ein Luxuskino eröffnet.

Kings' Shops EINKAUFSZENTRUM
(☎808-886-8811; www.kingsshops.com; 250 Waikoloa Beach Dr; ⌚9.30–21.30 Uhr, Öffnungszeiten einzelner Läden sind unterschiedlich; 📶) Ein großer Freiluftkomplex aus Edelgeschäften.

Waikoloa Village

Essen

KTA Waikoloa Village SUPERMARKT $
(☎808-883-1088; www.ktasuperstores.com; 68-3916 Paniolo Ave, Waikoloa Highlands Shopping Center; ⌚6–21 Uhr; P) Die Filiale der hervorragenden KTA Super Stores liegt *mauka* (landeinwärts) der Fernstraße in Waikoloa Village und ist ein Lebensmittelladen mit Deli, Bäckerei und Geldautomat.

★ **Pueo's Osteria** ITALIENISCH $$
(☎808-339-7566; http://pueososteria.com; 68-1845 Waikoloa Rd, Waikoloa Highlands Shopping Center; Pizza 18–22 $, Hauptgerichte 18–36 $; ⌚tgl. 17–21 Uhr, Bar Mo–Do bis 1, Fr & Sa bis 2, So bis 22 Uhr; P) Das versteckte, von einem ehemaligen Küchenchef eines Spitzenresorts geführte Kleinod erfüllt alle Wünsche nach rustikaler italienischer Gourmetküche: Pizza, Pasta und Klassiker wie z. B. leckere Gorgonzola-Gnocchi. Alles ist hausgemacht und aufs Feinste zubereitet. Das Angebot zum Sonntagsbrunch, von Pfannkuchen mit Zitronen-Ricotta bis hin zu den Sandwiches mit Schinkenspeck, Salat und Tomate, übertrifft die Standardauswahl. Reservierung ist zu empfehlen.

Es befindet sich im Waikoloa Highlands Shopping Center, landeinwärts von der Fernstraße.

Ausgehen & Nachtleben

Banjy's Paradise Bar & Grill SPORTBAR
(☎808-883-3853; 68-1790 Melia St; ⌚11–23 Uhr) Die Bar mit Grillrestaurant ist ziemlich gut besucht, sowohl von Einheimischen als auch von Resortgästen, die es gerne etwas lässiger hätten. Es ist eine Sportbar ohne viel Extras, außer einem ganz netten *lanai*, recht guten Fisch-Tacos und kaltem Bier – mehr braucht man letztlich auch nicht.

Shoppen

Waikoloa Highlands Shopping Center EINKAUFSZENTRUM
(68-1845 Waikoloa Rd) Das Einkaufszentrum für die Leute, die in den Einkaufszentren der Resorts (oder in den Resorts allgemein) arbeiten.

Praktische Informationen

Post (☎808-885-6239; 68-1875 Pua Melia St; ⌚Mo–Fr 9–16.30, Sa 10–12 Uhr, So geschl.) Das Hauptpostamt für die Region South Kohala.

An- & Weiterreise

Anreise zu den Resorts ist über den Abzweig *makai* (meerwärts) gleich südlich der Meile 76 am Hwy 19. Hele-On-Busse (www.heleonbus.org) halten hier täglich um 6.20 und 7.50 Uhr, montags bis samstags um 11 und 15.05 Uhr.

Mauna Lani Resort Area

Die Mauna Lani Resort Area, die 1983 von einem japanischen Unternehmen gebaut wurde, ist ebenso wie ihre Nachbarn ein gepflegtes Fleckchen Erde mit Grünanlagen, Spitzenklassehotels, Apartmenthäusern und Golfplätzen inmitten einer glühend heißen Lavawüste. Besonders erwähnenswert ist sie wegen ihrer bedeutenden historischen Stätten. Außerdem gewährt das Mauna Lani Bay Hotel & Bungalows auch Nichtgästen Zutritt, die die Fischteiche und Wege auf seinem Gelände erkunden wollen.

Klar, große Resorts haben nicht den besten Ruf, wenn es um den Erhalt von historischen Stätten geht. Aber das Mauna Lani ist der Beweis, dass ein verantwortungsvoller Umgang keine Nebensache oder lästige Verpflichtung sein muss – sie kann tatsächlich eine der wesentlichsten Attraktionen des Resorts selbst sein.

Das nördliche Ende des Golfplatzes von Mauna Lani grenzt an den Südrand von Puako.

Sehenswertes

Der Holoholokai Beach (S. 146) ist wunderbar, die schönsten Strände der Kohala Coast liegen allerdings in anderen Resorts. Das ist schade, da Mauna Lani so viele andere Kriterien eines großartigen Resorts exzellent erfüllt.

Kalahuipua'a Historic Trail HISTORISCHE STÄTTE
(68-1400 Mauna Lani Dr, Mauna Lani Bay Hotel & Bungalows; P) GRATIS Der erste Abschnitt dieses bequemen Wegs mäandert durch eine hawaiische Siedlung aus dem 16. Jh. und führt zu **Lavaröhren**, die einst als Unterschlupf dienten, und einigen anderen archäologischen und geologischen Stätten mit Erklärungstafeln. Der Weg verläuft dann an alten, von Kokospalmen gesäumten Fischteichen vorbei und weiter bis zum Strand, wo ein strohgedeckter Unterstand mit einem Auslegerkanu und eine **historische Hütte** stehen. Hinter der Hütte Richtung Südwesten geht es um die Fischteiche herum und zurück zum Ausgangspunkt (etwa 2,5 km hin und zurück).

Der Weg auf dem Gelände des Mauna Lani Bay Hotel & Bungalows beginnt an einem Parkplatz gegenüber dem Gemischtwarenladen des Hotels.

Kalahuipua'a Fishponds HISTORISCHE STÄTTE
(www.maunalani.com) GRATIS Diese alten Fischteiche gehören zu den wenigen noch genutzten auf der Insel und sind noch immer, wie in alten Zeiten, mit *awa* (hawaiischer Milchfisch) bestückt. Meereswasser kann durch traditionelle *makaha* (Schleusentore) zirkulieren, durch die auch kleine Fische hineinschwimmen, aber ausgewachsene, gemästete Fische nicht entkommen können. Das Areal ist von dürren Bäumen beschattet, was ihm einen beschaulichen, sogar romantischen Anblick verleiht. Die Fischteiche sind direkt (ohne den Kalahuipua'a Historic Trail zu nehmen) vom Ausgang der Hotellobby und dann südwärts Richtung Strand zu erreichen.

Puako Petroglyph Preserve HISTORISCHE STÄTTE
GRATIS Das Naturschutzgebiet gehört mit seinen über 3000 Petroglyphen zu den größten Ansammlungen alter Lavaritzungen in Hawaii. Die einfachen Darstellungen mögen manchen unverständlich sein, aber alle zusammen betrachtet sind sie faszinierend und lohnen einen Besuch.

Der 1,2 km lange Spaziergang vom Holoholokai Beach Park zum Schutzgebiet ist Teil des Erlebnisses, der gut ausgeschilderte Weg beginnt am Parkplatz. Er ist zwar einfach, aber steinig: Feste Schuhe sind ein Muss. Schatten bietet der Weg nicht.

Strände

Die besten Strände zum Schwimmen und Schnorcheln sind klein und befinden sich um die beiden großen Hotels.

Der Strand vor dem Mauna Lani Bay Hotel & Bungalows ist geschützt und relativ still, aber das Wasser ist flach. In der **Makaiwa Bay**, nur zehn Minuten zu Fuß südlich vom Hotel, ist eine kleine, stille Lagune vor dem Apartmenthaus des Mauna Lani Beach Club. Zu erreichen ist sie vom Parkplatz des Hotels und dann zu Fuß südwärts über den Weg an den Fischteichen vorbei.

Eine Meile (1,6 km) südlich des Hotels befindet sich ein kleiner, schwarz durchsetzter Strand in der **Honoka'ope Bay**. Bei ruhigem Wasser sind die Schwimm- und Schnorchelbedingungen ganz gut, aber nicht phantastisch. Die Resortanlage am Strand reserviert täglich 20 Parkplätze für externe Besucher. Zu erreichen über die Straße Richtung Golfplätze, dann links am Honoka'ope Place abzweigen und am Eingangstor einchecken.

Die **Pauoa Bay** am Fairmont Orchid ist ein exzellentes, kaum bekanntes Schnorchelrevier, aber der Parkplatz ist kostenpflichtig. Umsonst ist dagegen der Parkplatz am Puako Petroglyph Preserve, von wo es noch gut 800 m zu Fuß bis zur Bucht sind.

Holoholokai Beach Park STRAND
(Holoholokai Beach Park Rd; ⌚6.30–18.30 Uhr) Es muss nicht immer Sand sein, ein Spaziergang und ein Picknick an diesem angenehm wenig besuchten Strand voller Korallen- und Lavabrocken sind auch schön. Ausgestattet ist der Strand mit Toiletten, Duschen, Trinkwasser, Picknicktischen und Grillplätzen. Schwimmen ist hier nicht so toll; wer ins Wasser will, sollte zu einem der anderen Strände der Gegend gehen.

Zu erreichen ist er über den Mauna Lani Dr, dann am Kreis nach rechts und nochmal rechts auf die ausgeschilderte Straße unmittelbar vor dem Fairmont Orchid. Hier beginnt der Weg zu den Puako-Petroglyphen.

Aktivitäten

Eine ganze Palette an Aktivitäten, Abenteuern und Entspannungsprogrammen wird den Gästen (und Besuchern) in Mauna Lani geboten. Natürlich gibt es auch Golfplätze. Star Gaze Hawaii taucht hier regelmäßig auf.

Star Gaze Hawaii STERNEGUCKEN
(☎808-323-3481, 808-987-9582; www.stargazehawaii.com; 62-100 Kauna'oa Dr; Erw./Kind 40/20 $; ⌚20–21 Uhr) Bei dem ständig klaren Nachthimmel über Kohala lohnen sich diese „Sternentouren", die von professionellen Astronomen geführt werden. Die Profis kommen zu den Resorts und bieten Sternenkurse am

Strand an, meist von etwa 20 bis 21 Uhr. Sie können aber auch privat angeheuert werden (1/2 Std. 550/800 $). Auf der Website ist angekündigt, in welchem Resort von Kohala ein Sternenkurs stattfindet.

Francis I'i Brown North & South Golf Courses GOLF

(☎808-885-6655; www.maunalani.com/golf; 68-1400 Mauna Lani Dr, Mauna Lani Bay Hotel & Bungalows; Greenfees Gäste/Nichtgäste 170/225 $) Das Mauna Lani besitzt zwei Golfplätze von Weltrang. Der South Course mit seinem charakteristischen 15. Loch, wo der Ball über die krachende Brandung geschlagen wird, ist malerischer. Der North Course ist anspruchsvoller und interessanter mit einem Par 3 am 17. Loch inmitten eines Amphitheaters aus schwarzer Lava. Die Preise gelten für Golfrunden am Vormittag, später am Tag sinken die Gebühren.

Spa Without Walls SPA

(☎808-887-7538; www.fairmont.com/orchid-hawaii/spa; 1 North Kaniku Dr, Fairmont Orchid; Massagen & Gesichtsbehandlungen 159 $; ⌚7–19 Uhr) Behandlungen werden in offenen *hale* (Häusern) inmitten von Orchideen, Kokospalmen, Bächen und Wasserlilienteichen angeboten; der plätschernde Wasserfall untermalt die Reflexzonenmassage. Die Wellnessangebote beruhen überwiegend auf pflanzlicher Basis, von Kona-Kaffee bis zu grünem Matcha-Tee. Die Anlage ist vornehm, wenn auch nicht unbedingt luxuriös.

Yoga at the Shops at Mauna Lani YOGA

(☎808-638-2928; www.shopsatmaunalani.com/yoga/; 68-1330 Mauna Lani Dr, Suite 306; pro Std. 15 $; ⌚Di, Do & Fr 8.30, Di 18, So 10 Uhr) In den Shops at Mauna Lani werden mehrmals wöchentlich Yogakurse angeboten, mit Schwerpunkt auf Vinyasa und Dehnen. Teilnehmer jeder Könnensstufe, von Anfängern bis zu Fortgeschrittenen, sind willkommen. Je nach Jahreszeit können sich die Kursangebote und auch die Zeiten ändern, vorher anrufen ist also ratsam.

Mauna Lani Spa SPA

(☎808-881-7922; www.maunalani.com; 68-1365 Pauoa Rd, Mauna Lani Bay Hotel & Bungalows; Massagen & Gesichtsbehandlungen ab 165 $; ⌚Behandlungen 10–16 Uhr) Ein großer Innen- und Außenbereich mit exotischen tropischen Pflanzen und einer schönen Freiluftsauna aus Lavagestein. Das Behandlungsangebot ist enorm, von Lymphdrainage bis Shiatsu-Massage und Brazilian Waxing, aber diese Behandlungen sind teuer, womöglich zu teuer. Am besten ist etwas Hawaiisches (z. B. *lomilomi*-Massage oder heiße Steine) als Erinnerung.

Geführte Touren

Mauna Lani Sea Adventures OUTDOOR-AKTIVITÄTEN

(☎808-885-7883; http://maunalaniseaadventures.com; 68-1292 S Kaniku Dr, Mauna Lani Bay Hotel & Bungalows; Schnorcheltour Erw./Kind 3–12 J. 99/45 $, Walbeobachtung 85/45 $;) Das Unternehmen bietet fast täglich Bootstouren zu anständigen Preisen, ob zum Schnorcheln, Tauchen oder zur Walbeobachtung. Zwar ist Kailua-Kona das Schnorchel- und Tauchzentrum der Big Island, aber das Gewässer vor Mauna Lani ist hervorragend und weniger überlaufen. Auch gibt es hier am Strand ein Zentrum, das Kurse für Auslegerkanus (150 $ für 90 Min.) und Surfen (99 $) anbietet und Stand Up Paddleboards verleiht (30 Min./1 Std. 30/50 $).

Essen

Die Restaurants in Mauna Lani gehören zu den feinsten und teuersten an der Westseite, aber seit jüngster Zeit gibt es auch eher mittelpreisige Angebote.

Under the Bodhi Tree VEGETARISCH $

(☎808-895-2053; www.underthebodhi.net; 68-1330 Mauna Lani Dr, Ste 116; Hauptgerichte 9–16 $; ⌚7–19 Uhr; P) Vegetarier zieht es in dieses biologisch orientierte Restaurant, dessen Gerichte heimischen Erzeugnissen und pazifischen Einflüssen verpflichtet sind. Gegrillter Tofu nach koreanischer Art wird mit Kimchi und Vollkornreis serviert; gut sind auch die Nudeln mit Kokos, grünem Curry und Hamakua-Pilzen. Frühstück, Mehrkorn-Sandwiches und verschiedene Säfte runden das Angebot ab, das es auch als vegane Version gibt.

Foodland Farms SUPERMARKT $

(☎808-887-6101; 68-1330 Mauna Lani Dr, Shops at Mauna Lani; ⌚6–23 Uhr; P) Gourmetsupermarkt mit umfassendem Angebot und einer eindrucksvollen Feinkostauswahl.

Monstera JAPANISCH $$

(☎808-887-2711; www.monsterasushi.com; 68-1330 Mauna Lani Dr; Portion 16–30 $, Sushi 13–20 $; ⌚17.30–22 Uhr) Küchenchef Norio Yamamoto hat sein gleichnamiges Restaurant im Fairmont Orchid verlassen, um seine eigene *iza-*

1. Petroglyphen (S. 141)
In diesen alten Lavaritzungen ist hawaiische Geschichte konserviert.

2. Pololu Valley (S. 163)
Ein üppiges, smaragdgrünes Stück Dschungelparadies.

3. Pu'ukohola Heiau National Historic Site (S. 154)
Das steinerne Fundament eines riesigen, dem Kriegsgott Kuka'ilimoku gewidmeten *heiau*.

4. Pferde einer Ranch, Waimea (S. 164)
Mit seinem saftigen Weideland ist Waimea *paniolo*-(Cowboy-)Revier.

3

GEORGE BURBA/SHUTTERSTOCK ©

kaya (japanische Kneipe) zu eröffnen. Es ist ein zwangloseres, cooleres Lokal mit einem Speisenangebot von klassischem *nigiri*-Sushi und Thunfisch-*tataki* (sautierter und mit Ingwer gewürzter Thunfisch) bis zu warmen Gerichten wie pfannengerührte Schweinelende mit Kimchi oder Teriyaki-Huhn. Reservierung ist ein Muss.

★ Brown's Beach House HAWAIISCH $$$
(☎808-887-7368; 1 North Kaniku Dr, Fairmont Orchid; Hauptgerichte 41–69 $; ⌚Do–Mo 17.30–20.30, Di–Mi 17.30–21 Uhr;) Die Preise mögen einschüchternd sein, aber für alle, die das nicht abschreckt, bleibt Brown's ein Spitzenlokal. Geboten werden liebenswürdiger Service und die besten heimischen Zutaten: Das Surf and Turf besteht aus Rindfleisch aus lokaler Zucht und Hummer aus Kona, die Wildschweinrippchen werden mit heimischen Farnsprossen serviert und das Puna-Huhn mit Grieß und Schwarzlauch. Ein umfassendes veganes Angebot gibt es auch.

Napua FUSIONSKÜCHE $$$
(www.napuarestaurant.com; 68-1292 Mauna Lani Point Dr; Hauptgerichte mittags 15–18 $, abends 38–42 $; ⌚11–16 & 17–21 Uhr; P) Edle Küche und pazifische Einflüsse verbinden sich in diesem lebhaften Kleinod an einem schönen Abschnitt des Meeresufers von Mauna Lani. Lohnend sind das Ribeye-Steak, der Schweinebraten mit Guavenglasur und vor allem der exzellente Fisch des Tages. Die Salate aus den Früchten (buchstäblich) der Felder Hawaiis sind besonders super. Reservierung ist ratsam.

CanoeHouse HAWAIISCH $$$
(☎808-881-7911; 68-1400 Mauna Lani Dr, Mauna Lani Bay Hotel & Bungalows; Hauptgerichte 32–48 $; ⌚18–21 Uhr; P) Das Vorzeigerestaurant des Mauna Lani präsentiert heimische Zutaten auf kreative, aber einfache Art. Die Zutaten von der Insel werden sorgfältig zubereitet; das Risotto mit Hamakua-Pilzen ist eine cremige Köstlichkeit. Wer etwas ganz Besonderes will, kann sich den „Captain's Table" bestellen (2–8 Pers.; 125 $ pro Pers., mit Wein-Pairing 175 $), ein fünfgängiges Menü, das in Zusammenarbeit mit dem Chefkoch speziell kreiert wurde. Ambiente und Service sind wunderbar.

Ausgehen & Nachtleben

Für Drinks am Abend (und ein erschwingliches Essen) empfiehlt sich eine Bar am Meeresufer.

Luana Lounge BAR
(☎808-885-2000; 1 North Kaniku Dr, Fairmont Orchid; ⌚17–24 Uhr) Ein nettes Lokal mit Hausgetränken und *pupus* (kleiner Imbiss), um bei Sonnenuntergang zu entspannen. Es gibt eine lange Liste hausgemachter Cocktails, allerdings sind sie nicht billig (11–16 $). Von 18 bis 21 Uhr gibt's manchmal Livemusik.

Unterhaltung

Das Resort hat ein paar erstklassige Acts im Programm, um die Gäste bei Laune zu halten, aber für den Zugang muss man hier schon nächtigen.

Kona Kozy Comedy & Tiki Club COMEDY
(☎808-430-1957; http://konakozy.com; Shops at Mauna Lani; Tickets ab 60 $; ⌚Shows tgl. 20 Uhr, Galerie 10–19 Uhr) „Kozy" Kozak – halb Komiker, halb Zauberer und durch und durch ein Original – und seine turbulente Comedy- und Zaubershow sind einzigartig auf Big Island. Kozaks rasantes Programm ist ebenso schräg wie das wahrhaft surreale Galerieambiente, wo das Konzept des pseudopolynesischen Kitsches – auch als „Tiki" bekannt – fast zum Kultstatus erhoben wird. Die Show ist nur für Leute ab 18 Jahren.

Hawaii Loa Luau LUAU
(☎808- 892-2082, 866-482-9775; www.gatheringofthekings.com; Fairmont Orchid; Erw./Kind 6–12 J. 115/80 $; ⌚Sa 17.30 Uhr;) Das *luau* verknüpft Geschichten, um leicht modernisierte Versionen von Tanz und Musik aus Polynesien und Hawai zu präsentieren. Es schildert Erkundungsfahrten der Polynesier über das Meer und ihre letztendliche Niederlassung auf den hawaiischen Inseln. Beliebt sind das hervorragende polynesische Abendbuffet und die freien Getränke.

Shoppen

Nach Betreten des Resorts kommen bald die Shops at Mauna Lani in Sicht, eine Einkaufsstraße, die so etwas wie ein Nervenzentrum des Resorts ist. Die vielen Parkplätze und die Musikberieselung vermitteln den Eindruck, man sei mitten in der Lavawüste von Kohala in eine Vorstadtkulisse vom amerikanischen Festland geraten.

Shops at Mauna Lani EINKAUFSZENTRUM
(☎808-885-9501; www.shopsatmaunalani.com; 68-1330 Mauna Lani Dr; ⌚10–21 Uhr, Öffnungszeiten individueller Läden sind unterschiedlich;) Die

Einkaufsstraße enthält viele der Läden, Dienstleistungen und Restaurants, die das Rückgrat der Freizeitanlagen und Unterhaltungsangebote im Resort Mauna Lani bilden.

An- & Weiterreise

Mauna Lani liegt etwa 29 Meilen (56 km) über den Hwy 19 nördlich von Kailua-Kona. Der Hele-On-Bus (www.heleonbus.org) zwischen Pahala und Kohala hält hier täglich um 14.50 und 6.40 Uhr, montags bis samstags auch um 11.20 und 7.35 Uhr.

Puako

808 / 772 EW.

Puako ist das genaue Gegenteil der Mega-Resorts, nämlich im Prinzip eine etwa eine Meile lange Reihe Wohnhäuser. Die einzige Straße durch den Ort ist mit zahlreichen Zugangspunkten zum Meer („Shoreline Access") markiert, die gerne von den Einheimischen und Halbeinheimischen, also den Teilzeitbewohnern von Puako, genutzt werden. Es gibt einige sehr gute Tauch- und Schnorchelreviere an der Küste vor Puako, einige sind gut auf eigene Faust zu erreichen, andere einfacher auf einer organisierten Tour.

Sehenswertes

★ Hapuna Beach State Recreation Area — STRAND

(Tor 7–20 Uhr; P) Der Hapuna Beach ist ein Postkartenbild von Strand – er ist wegen seines herrlichen, ca. 800 m langen Streifens aus weißem, pudrigen Sand entlang des wunderbar klaren Wassers weltberühmt. Im Sommer sind die Wellen sanft, ideale Bedingungen zum Schwimmen, Schnorcheln und Tauchen. Wenn im Winter die Brandung donnert, ist Bodyboarding dank der verlässlichen Dünung aus dem Nordwesten klasse. Generell ist das Gewässer von Hapuna zu bewegt für kleine Kinder und Nichtschwimmer. Über 1 m hohe Wellen sollten besser den Könnern überlassen werden; es sind schon einige ertrunken.

Die Toiletten und Picknickbereiche in diesem Freizeitareal können überlaufen und schlimmstenfalls schmuddelig sein. Rettungsschwimmer sind vorhanden. Wer hier nicht ansässig ist, muss 5 $ Parkgebühr zahlen.

Zu erreichen ist der Strand über die Hapuna Beach Rd gleich südlich der Mile 69. Frühe Ankunft ist ratsam, um einen Parkplatz und ein schönes Fleckchen zu ergattern. Ein sehr hoher Sonnenschutzfaktor ist nötig, da es hier praktisch keinen Schatten gibt.

★ Beach 69 — STRAND

(Waialea Beach; Old Puako Rd; 7–19.30 Uhr; P) Der wunderbare Bogen aus weißem Sand ist sehr beliebt bei den Anwohnern, bei Touristen aber nicht so bekannt. Er ist familien- und schwulenfreundlich und sein ruhiges, geschütztes Gewässer ist ideal für eine zwanglose Schnorcheltour. Am Rand des Strands sorgen Bäume für willkommenen Schatten. Das nördliche Ende des Strands eignet sich am besten zum Schnorcheln; dieses Areal ist übrigens auch beliebt bei Nudisten. Toiletten und Duschen sind vorhanden, aber keine Rettungsschwimmer.

Vom Puako Beach Dr geht es über den ersten Abzweig nach rechts auf die Old Puako Rd. Am Telefonmast Nr. 71 (ursprünglich Nr. 69) auf der linken Seite kann man parken. Weiter geht's zu Fuß über die „Straße" bis zum Ende und dann auf dem Pfad, der parallel zu einem Holzzaun verläuft.

Puako Tide Pools — WAHRZEICHEN

(Puako Beach Dr) Puako ist bekannt für die riesigen Gezeitentümpel, einige tief genug, um Lebensraum für Korallen und andere Meereslebewesen zu bieten. Einen Sandstrand gibt es nicht, aber die Ufer bestehen aus einem schmalen Streifen aus pulverisierter Koralle und Lava. Sie sind ideal für Strandspaziergänge und manchmal sind auch *honu* (Meeresschildkröten) beim Sonnenbad auf den Felsen zu sehen. Parken kann man an der Straße in der Nähe der Pfade, die zum Strand führen. Wer jenseits der Tümpel hinausschwimmen will, sollte damit rechnen, dass das Wasser dort ziemlich unberechenbar sein kann.

Hokuloa United Church — KIRCHE

(808-883-8295; 69-1600 Puako Beach Dr; P) Auf dem Weg zum Ort Puako liegt rechts die Hokuloa United Church. Sie ist wohl die hübscheste kleine weiße Küstenkirche auf Big Island. Das ursprünglich 1860 errichtete Gebäude verfiel und wurde 1990 restauriert. Gottesdienstzeiten sind telefonisch zu erfahren.

Aktivitäten

Puako gilt als eines der besten Tauchreviere auf Big Island. Zum Meer führen Schilder mit der Aufschrift „Shoreline Access", aber an vielen dieser Küstenfleckchen ist das Wasser zu seicht und rau, um gut ins Meer zu gelangen. Tauchtouren können bei Kohala Divers (S. 155) in Kawaihae gebucht werden.

End of the Road TAUCHEN
(N 19° 57 ' 30,9", W 155° 51' 28,8") „End of the Road" wird weithin für eines der besten Tauchreviere auf Big Island gehalten – es ist für Taucher leicht zugänglich und hat klares Wasser mit hervorragenden Korallen, einschließlich Schluchten mit 6 bis 12 m tiefen, senkrechten Korallenwänden. Schnorcheln ist hier ziemlich prima. Auf die Brandung achtgeben – wenn Leute surfen, ist nichts mit Tauchen.

Der Weg dorthin führt 3 Meilen (5 km) über den Puako Beach Dr bis kurz vor dem Ende der Straße. Von dort geht es zu Fuß Richtung Wasser bis zu einem natürlichen Becken aus Lavagestein, das als einfacher Zugangspunkt gilt. Im Wasser ist auf kleine Lavahöhlen zu achten, in denen Schildkröten gerne schlafen. Bei Kohala Divers (S. 155) können Traveler erfragen, ob sie Tauchtouren an dieser Stelle unternehmen.

Lat 20 KAJAKFAHREN
(808-785-4466; www.lat20hawaii.com; am Puako Beach Dr) Lat 20 ist ein Unternehmen, das vorrangig Ausrüstung für Wassersport verleiht, ein Superladen, wenn Kajaks, Fahrräder (Tag/Woche 30/120 $) und Stand Up Paddleboards (75 $) benötigt werden. Die Leute hier haben einen erstklassigen Ruf und geben auch gerne Tipps zur Sicherheit (und zum Spaß) auf dem Meer, egal, wie erfahren die Kunden mit Wassersport bereits sind.

Geführte Touren

Kohala Kayak Club KAJAKFAHREN
(808-882-4678; www.kohalakayak.org; 3-std. Tour oder 2-std. SUP-Kurs 70 $; Abfahrt gegen 9 Uhr;) Im Angebot sind Paddeln und Schnorcheln in den klaren, weniger befahrenen Gewässern von Puako unter kompetenter, kundenorientierter Anleitung. Alle Kenntnisstufen sind willkommen, auch Kurse im Stand Up Paddling werden angeboten. Der „Club" hat kein Büro, aber die Boote legen in der Regel in Pukao ab.

Essen

Puako General Store LADEN $
(808-882-7500; www.thepuakostore.com; 69-1649 Puako Beach Dr; Fertigmahlzeiten 8–13 $; 8–19 Uhr;) Es mag zwar kein offizielles Rathaus in Pukao geben, aber dieser Gemischtwarenladen erfüllt diesen Zweck mehr oder weniger. Es ist im Prinzip ein Laden, der alle möglichen Waren verkauft, aber es gibt auch Lebensmittel, leckere, hawaiisch inspirierte Fertigmahlzeiten aus der Küche des exzellenten Blue Dragon (S. 156) in Kawaihae und viel Gequatsche über den Ort und seine Einwohner.

Three Frogs AMERIKANISCH $
(Hapnua Beach State Recreation Area; Hauptgerichte 9–12 $; 10–16 Uhr; P) Zwei freundliche Brüder betreiben diesen Imbissstand am Hapuna Beach (S. 151) und verkaufen enorme Fisch-Tacos, Burger und anderes Essen, das nach dem Schwimmen höchst willkommen ist. Die Bude liegt an dem Weg, der zum Strand runterführt.

An- & Weiterreise

Zwischen Mile 70 und 71 geht es *makai* (meerwärts) in den Puako Beach Dr. Die Hele-On-Busfahrer (www.heleonbus.org) halten auf Wunsch am Beginn der Straße, aber von dort muss man immer noch zu Fuß marschieren, was mit Gepäck anstrengend ist. Puako liegt etwa 32 Meilen (51 km) nördlich von Kailua-Kona.

Mauna Kea Resort Area

Das Mauna Kea Resort mag zwar nicht das historische Erbe und die schiere Menge an Restaurants der Resorts im Süden besitzen, aber es liegt immerhin in der Nähe von zwei der großartigen Strände auf Big Island – einer davon wirkt trotz seiner Lage inmitten eines Resorts noch immer untouristisch.

Die Erschließung begann, als der inzwischen verstorbene Laurance Rockefeller das Land um die Kauna'oa Bay für 99 Jahre pachtete. „Jeder großartige Strand verdient ein großartiges Hotel", soll Rockefeller gesagt haben. Nicht alle würden zustimmen, aber er bekam, was er wollte.

Sehenswertes

★ **Mauna Kea Beach** STRAND
(P) Die sichelförmige Kauna'oa Bay (die den Namen „Mauna Kea Beach" erhielt, nachdem Rockefeller hier sein Hotel gebaut hatte) besteht aus pudrigem weißen Sand und das klare Wasser ist ruhig und flach (generell unter 3 m). Schnorcheln lässt sich am besten am Nordende am Felsvorsprung. Der unbevölkerte Strand ist öffentlich zugänglich; für Nichtgäste des Hotels werden täglich 40 Parkplätze reserviert. Um 9 Uhr ist Einlass,

am Eingangstor sind Parkscheine und Wegbeschreibungen erhältlich.

★ Mau'umae Beach STRAND

(P) Weißer Sand, schattige Bäume, blaugrünes und geschütztes Wasser – und er ist noch abgeschiedener als die Kauna'oa Bay. An Mau'umae (ausgesprochen Mao-u-mai) ist wirklich nichts auszusetzen. Die Einheimischen behalten dieses Kleinod lieber für sich und das aus gutem Grund. Beide Enden der Bucht eignen sich großartig zum Schnorcheln. Nur zehn Parkplätze stehen zur Verfügung, an Wochentagen sollte man daher bis 9 Uhr, an Wochenenden möglicherweise schon früher erscheinen. Es ist auch möglich, vom Spencer Beach Park weiter nördlich hierher zu laufen; es sind etwa 400 m.

Zu erreichen ist der Strand über die Straße Richtung Mauna Kea Beach Hotel, dann rechts auf die Kamahoi und über zwei Holzbrücken hinweg. Das Auto kann am Telefonmast Nr. 22 neben den anderen Wagen geparkt werden. Dann geht es zu Fuß über den Weg zum Schild „Ala Kahakai" und links zum Strand.

Aktivitäten

Jenseits des Strands befinden sich die üblichen Country-Club-Resorts für Golfer. Viele Outdoor-Anbieter in Kailua-Kona (S. 88) organisieren Ausflüge ab dem Resort.

Hapuna Golf Course GOLF

(☎808-880-3000; www.princeresortshawaii.com; Hapuna Beach Prince Hotel; Greenfees 160 $) Der Golfplatz inmitten von Lavafeldern und Blick auf das schimmernde Maui in der Ferne steigt insgesamt um 213 m an und wurde von Arnold Palmer und Ed Seay entworfen. Er ist bekannt für seine charakteristischen Par-5-Löcher und schwierigen erhöhten Grüns.

Mauna Kea Golf Course GOLF

(☎808-882-5400; www.princeresortshawaii.com; Mauna Kea Beach Hotel; Greenfees 275 $) Ein Par-72-Meisterschaftsplatz, der zu den Spitzenplätzen in den USA zählt. Er wurde von Robert Trent Jones Senior entworfen und 2008 von seinem Sohn Rees Jones umgestaltet.

Festivals & Events

Big Island Chocolate Festival ESSEN & TRINKEN

(www.bigislandchocolatefestival.com; Tickets ab 75 $; ⌚Ende April) Schokolade in allen köstlichen Variationen wird bei dieser jährlichen Feinschmeckerparty gefeiert und serviert. Das Event findet im **Hapuna Beach Prince Hotel** (☎888-977-4623; www.princeresortshawaii.com; 62-100 Kauna'oa Dr) statt.

Essen

Essensangebote jenseits der Hotelküchen gibt es in Waimea, Kawaihae oder in der Waikoloa Resort Area. Das **Mauna Kea** (☎808-882-7222, 877-880-6524; www.maunakeabeachhotel.com; 62-100 Mauna Kea Beach Dr) bietet samstags von 18 bis 20 Uhr ein **Muschelbuffet** am Strand mit all den Kreaturen aus dem Meer (Erw./Kind 120/60 $).

Copper Bar HAWAIISCH $$

(☎808-882-5707; Hauptgerichte 18-26; ⌚11–21.30 Uhr; P ❄) Rio Miceli aus Hawi serviert hier vielseitige, hawaiisch orientierte Gerichte, z. B. kalte *soba*-Nudeln mit Hummer, Fladenbrot mit *kalua*-Schwein oder *kung pao ahi*. Wir sind nicht immer Fans von aufgemotzten traditionell hawaiischen Speisen, aber diese Küche wird dem Genre gerecht, und die Preise sind akzeptabel.

Hau Tree HAWAIISCH $$

(☎808-882-5707; Hauptgerichte mittags 13–22 $, abends 18–29 $; ⌚tgl. 7–15.30, So–Mi 17.30–20.30 Uhr P) Zwangloses Speisen und Freizeitkleidung, alles mit Blick auf den tiefblauen Pazifik. Zu den soliden, wenn auch nicht superoriginellen Speisen gehören gegrillter *mahi* mit Miso-Butter, Schweinebraten vom Grill mit Guavensauce und ein erstklassiger Brunch, mit dem die Woche richtig durchstarten kann.

Coast Grille AMERIKANISCH $$$

(☎808-880-1111; Hapuna Beach Prince Hotel; Hauptgerichte 23–38 $; ⌚18–21 Uhr, Bar bis 22 Uhr; P) Wer frische hawaiische Meeresfrüchte und Steaks essen will, tut das am besten im Freien mit dem Wind im Haar, stimmt's? Das ist zumindest die Philosophie in diesem Restaurant. Empfehlenswert ist das Meeresfrüchte-Trio mit drei verschiedenen Fischsorten aus lokalem Gewässer – *ono, mahimahi* und *ahi*. Gut sind auch die Nachos mit *ahi poke*.

Unterhaltung

Mauna Kea Hawaiian Luau LUAU

(☎808-882-5707; www.princeresortshawaii.com; 62-100 Mauna Kea Beach Dr; Erw./Kind 5–12 J. 106/53 $; ⌚Di & Fr 17.30 Uhr) Das Freiluft-*luau* bietet Standardunterhaltung (aufregenden Feuertanz, Gruppen-Hula) und einen hinreißenden Schauplatz am Strand. Das Buffet ist großzügig und überdurchschnittlich.

An- & Weiterreise

Mauna Kea liegt 33 Meilen (53 km) über den Hwy 19 nördlich von Kailua-Kona und ist das nördlichste Resort in South Kohala. Fast unmittelbar dahinter ist der Abzweig des Hwy 270 vom Hwy 19, der Richtung Osten nach Waimea und Richtung Norden und Westen nach Hawi und Pololu führt. Der Hele-On-Bus (www.heleonbus.org) zwischen Pahala und Kohala fährt von hier täglich um 14.30 Uhr und montags bis samstags um 7.15 Uhr nach Süden.

Kawaihae & Umgebung

Kawaihae ist eher zweckmäßig als freizeitorientiert, eine aktive „Hafenstadt" (falls man eine Siedlung, die nur zwei Straßenzüge umfasst, als Stadt bezeichnen kann), in der Brennstofftanks und Frachtcontainer eine industriell geprägte Identität vermitteln. Trotz all der kompakten Zweckmäßigkeit gibt es auch bemerkenswerte Restaurants, einen Familienstrand, eine gute Brandung und einen historischen *heiau* (Tempel) Richtung Süden. Das schludrige kleine Kawaihae markiert das Ende des Resort-Gebiets South Kohala und den Beginn von North Kohala, das insgesamt eine flippigere Atmosphäre ausstrahlt. Da Kawaihae gewissermaßen auf der Grenze liegt, ist sein Charakter gemischt; es gibt im gleichen Straßenzug Geschäfte, deren Angebot sich an die großen Resorts wendet, und Bauern, die einen heimischen Markt beliefern.

Einen Insider-Blick auf Kawaihae bietet die Website Pacific Worlds Kawaihae (www.pacificworlds.com/kawaihae).

Sehenswertes

Spencer Beach Park STRAND

(☎808-323-4322; www.hawaiicounty.gov; ⏱Rettungsschwimmer 7–16 Uhr; P 👪) Der seichte, sandige und sanfte Strand besitzt nicht den spektakulären Bogen von Mauna Kea oder Hapuna, aber er ist ideal für Kinder und beliebt bei heimischen Familien. Er ist eher zum Schwimmen als zum Schnorcheln geeignet; das Wasser ist wegen der Nähe zum Kawaihae Harbor ein Stück weiter nördlich etwas schlickig. Der Park abseits vom Akoni Pule Hwy gleich nördlich der Markierung Mile 2 hat einen Rettungsschwimmer, Picknicktische, Grillplätze, Toiletten, Duschen, Trinkwasser und Campingplätze (nur mit Genehmigung).

Pu'ukohola Heiau National Historic Site HISTORISCHE STÄTTE

(☎808-882-7218; www.nps.gov/puhe; 62-3601 Kawaihae Rd; ⏱8–16.45 Uhr; P) GRATIS 1790 hatte Kamehameha der Große Maui, Lana'i und Moloka'i erobert. Aber die Herrschaft über seine Heimatinsel Hawai'i gestaltete sich schwieriger. Als ein Prophet ihm sagte, dass er alle hawaiischen Inseln beherrschen würde, wenn er auf dem Pu'ukohola (Walhügel) in Kawaihae einen *heiau* für seinen Kriegsgott Kuka'ilimoku baute, errichtete

ATOMARE ARCHITEKTUR: KAWAIHAE HARBOR

In der eisigen Zeit des Kalten Kriegs, als nukleare Vernichtung nur einen Knopfdruck im Weißen Haus oder im Kreml entfernt zu sein schien, stellte die US-Regierung ein Programm namens Project Plowshare auf die Beine. Der Plan: Nutzung von Atomsprengkörpern zu friedlichen Zwecken, um damit das Bild einer „freundlichen Atomkraft" zu verbreiten – zu einer Zeit, als „atomar" synonym mit „Apokalypse" war.

Das Programm wurde nach einer Protestwelle gegen die atomare Entsorgung und Wasserverseuchung 1977 eingestellt, aber es hatte die amerikanische Landschaft bereits buchstäblich umgestaltet – z. B. Kawaihae, die trockene Nordwestecke der Big Island.

Im Sommer 1969 traf die Nuclear Cratering Group (NCG) des Corps of Engineers der US-Armee in Kawaihae ein. Im Jahr zuvor hatte der US-Kongress den Bau eines kleinen Bootshafens in dem Ort bewilligt. Die NCG war zuständig für das Ausbaggern des Hafens – und sollte den Beweis erbringen, dass streng überwachte Kernexplosionen für friedliche Zwecke genutzt werden konnten.

Die NCG verwendete zwar kein Kernmaterial, aber sie erhielten die Erlaubnis, 120 t eines Sprengstoffs aus Ammoniumnitrat und Aluminium einzusetzen, dessen Sprengkraft offenbar fast der einer Atombombe glich. Die Chemikalien erfüllten ihren Zweck – der Hafen wurde ausgebaggert und der lokale *heiau*, der sogar als Schutz vor den Schockwellen der Explosionen befestigt worden war, erlitt keine Schäden. Innerhalb eines Programms, das sich viele Kontroversen und Kritik eingehandelt hatte, trug das Project Plowshare immerhin dazu bei, dass Kawaihae letztlich einen kleinen Bootshafen erhielt.

Kamehameha dieses gewaltige Bauwerk. Heute sind nur noch die steinernen Grundmauern erhalten, aber sie umfassen immer noch eine Fläche von 68 mal 30 m und sind 5 bis 6 m hoch.

Hamakua Macadamia Nut Company FABRIK
(☎888-643-6688, 808-882-1690; www.hawnnut.com; 61-3251 Maluokalani St; ⏲9–17.30 Uhr; P) GRATIS Es ist ein Touristenziel, aber ein verflixt gutes mit blitzblanker Fabrik, Andenkenladen und großzügigen Gratisproben. Das umweltbewusste Unternehmen bezieht 75 % seines Energiebedarfs aus Sonnenkraft und 10 % aus gemahlenen Nussschalen. Die in Hamakua angebauten Macadamianüsse sind sehr hochwertig und halbwegs preiswert. Zu erreichen gleich nördlich von Mile 4 über den Abzweig *mauka* (landeinwärts).

Aktivitäten

Kawaihae Harbor SURFEN
Der Surf-Break ist bei den Einheimischen beliebt und wird oft von Besuchern völlig übergangen. Die Wellen werden von der Nordwestdünung erzeugt, die an die Küste und die Hafenmole donnert und ununterbrochene Righthander schafft. Die Hafenmole sorgt für einen willkommenen Schutz, wenn man vom Surfen erschöpft ist.

Geführte Touren

★ **Kohala Divers** OUTDOOR-AKTIVITÄTEN
(☎808-882-7774; www.kohaladivers.com; 61-3665 Akoni Pule Hwy, Kawaihae Shopping Center; 1/2 Tauchgänge ab 109/149 $; ⏲8–18 Uhr) Das alteingesessene Unternehmen organisiert hervorragende Tauchausflüge in den Gewässern von Kohala, auch Schnorchel- und in der Saison Walbeobachtungstouren. Ein unvergesslicher Ausflug führt zu einer „Waschstation" der *honu* (Meeresschildkröten), wo die Tiere Fischen erlauben, Parasiten von ihrem Körper zu picken.

Essen

★ **Kohala Burger & Taco** BURGER, MEXIKANISCH $
(☎808-880-1923; www.kohalaburgerandtaco.com; Akoni Pule Hwy, Kawaihae Shopping Center; Hauptgerichte 9–16 $; ⏲Mo–Sa 11–19.30, So bis 16 Uhr; P) Wer unbedingt einen echten Burger braucht, sollte sich hier einen Viertelpfünder aus Fleisch von Weiderindern mit hausgemachten Beilagen gönnen, die schlichtweg absolut großartig sind. Wer Rindfleisch nicht mag, bekommt hier auch Fisch-Tacos, Quesadillas und traumhafte Shakes und Malzgetränke.

★ **Anuenue** EIS $
(☎808-882-1109; Akoni Pule Hwy, Kawaihae Shopping Center;Tüten ab 4 $; P) Seit 1998 erfreut Tim Termeer alle Kunden mit schneeartigem *shave ice* und erstklassiger Eiscreme, was perfekt an einem heißen Tag oder z. B. nach einem sättigenden Burger von Kohala Burger & Taco ist. Zu den Dutzenden Geschmacksrichtungen gehören Ingwer-Zitronengras, Zitrus-Minze und Lavendellimonade. Im Angebot sind auch Hotdogs, vegetarische Burger und Chili-Portionen.

Original Big Island Shave Ice Co, Inc. SÜSSSPEISEN $
(www.obisic.com; 61-3616 Kawaihae Rd; Shave ice 3,75 $; ⏲Mo–Sa 11–17.30 Uhr; P) Der einzige Imbisswagen von Kawaihae steht auf dem Parkplatz des Blue Dragon Restaurant und verkauft auch extrem gutes *shave ice*. Die Geschmacksrichtungen sind lecker und die Konsistenz des Eises ist schön weich, aber wirklich herausragend ist nach unserer Meinung die Eiscreme und das *halo-halo* mit *ube*-Eis (aus Süßkartoffel), Azukibohnen, Taro, Kokosnuss und Fruchtgelee. Es ist auf seine ganz eigene Art lecker.

Dragon Wagon HAWAIISCH $
(☎808-882-7500; 61-3616 Kawaihae Rd; Hauptgerichte 6–9 $; ⏲Mi–So 11–16 Uhr; P) Die Leute des Blue Dragon betreiben tagsüber einen Imbisswagen auf ihrem eigenen Parkplatz. Wer hier also nicht zum Abendessen vorbeischaut, kann immerhin noch heimische Mini-Sandwiches, *musubi* und kreative Versionen von Hotdogs (mit guter Wasabi-Mayo und Kimchi) genießen, die in besagtem Ableger des Restaurants serviert werden.

Hale I'a Da Fish House FISCH & MEERESFRÜCHTE $
(☎808-882-1052; 61-3659 Akoni Pule Hwy; Poke 8–13 $; ⏲Mo–Fr 9–17, Sa bis 15 Uhr) Der Laden, auch einfach „Da Fish House" genannt, verkauft hauptsächlich frischen Fisch, aber es gibt hier auch frischen, köstlichen *poke* für ein Picknick.

Cafe Pesto BISTRO $$
(☎808-882-1071; www.cafepesto.com; Akoni Pule Hwy, Kawaihae Shopping Center; mittags 11–14 $, Pizza 10–20 $, Hauptgerichte abends 17–33 $; ⏲So–Do 11–21, Fr & Sa 11–22 Uhr; P) Das allseits beliebte Bistro serviert vielseitige, inno-

vative Gerichte, die als mediterran mit asiatischem Touch oder auch italienisch mit hawaiischen Einflüssen bezeichnet werden könnten. Angeboten werden Currys und griechische Salate, Meeresfrüchte-Risotto und Räucherlachs *alfredo*, brutzelnd heiße Pizzataschen und dünnkrustige Gourmet-Pizza.

Blue Dragon Restaurant HAWAIISCH $$$
(☎808-882-7771; www.bluedragonhawaii.com; 61-3616 Kawaihae Rd; Hauptgerichte 18–38 $; ⏲Mi–Do & So 17–22, Fr & Sa 17–23 Uhr; P) Die Speisen in diesem dachlosen Restaurant mit Retroschick sind schwer zu definieren. Das gehobene regionale Angebot reicht von Pfannengerichten und Currys bis zu Ribeye-Steak, aber alles ist generell gut. Das Restaurant ist gesellig und familienfreundlich; später am Abend verführen die starken Cocktails des Hauses vielleicht zum Tanzen.

An- & Weiterreise

Kawaihae liegt 35 Meilen (56 km) nördlich von Kailua-Kona, 12 Meilen (19 km) westlich von Waimea und 19 Meilen (30 km) südlich von Hawi, zudem gleich nördlich der Gabelung zwischen dem Hwy 19 und Hwy 270. Der Hele-On-Bus (www.heleonbus.org) zwischen North Kohala und Waimea hält hier um 10.20 Uhr (Richtung Waimea) und um 12.30 Uhr (Richtung Hawi).

NORTH KOHALA

Wenn der Wind vom Pazifik herüberheult und das hohe Gras zu einer spröden, gelben Prärie niederdrückt, die bis zum aufgewühlten Meer vor einer Küste aus schwarzem Lavagestein reicht – dann, liebe Freunde, ist North Kohala erreicht und North Kohala ist eine Welt für sich. Es ist der Geburtsort von Kamehameha, „dem Einsamen“, was angesichts dieser kargen Landschaft ein passender Spitzname ist. Sie karikiert in gewisser Weise das Klischee eines üppigen Gartens, das viele von den hawaiischen Inseln haben. Das trifft jedenfalls auf die Westseite von North Kohala zu; weiter nach Osten prasselt der Regen mit dem Wind nieder, lässt die Hügel immer grüner werden, bis das fruchtbare Dschungeltal Pololu Valley erreicht ist. Die einzigartige Landschaft und ihre Bewohner verleihen North Kohala eine unleugbare Authentizität, und die Einheimischen in dieser windgepeitschten Ecke von Big Island haben allen Grund zum Stolz.

An- & Weiterreise

Etwa 33 Meilen (53 km) nördlich von Kailua-Kona dreht der Hwy 19 – die Hauptverkehrsader – nach Osten ab. Der Hwy 270 führt dicht an der Küste nach Norden und direkt ins Zentrum von North Kohala; von Waimea führt auch der Hwy 250 dorthin.

Öffentliche Verkehrsmittel sind beschränkt auf einen Hele-On-Bus (www.heleonbus.org), der hier täglich morgens und am Frühnachmittag durchfährt.

Hawi & Umgebung

☎808 / 1081 EW.

Hawi ist ein kleines Stück des malerischen North Kohala, das von Festlands-Amerikanern (und ihrem Geld) in eine alternative Enklave aus Cafés, regional orientierten Restaurants, Galerien und Kunsthandwerk verwandelt wurde – all das in etwa zwei Straßenzügen, die praktisch den ganzen Ort ausmachen. Nur selten lassen sich „Snowbirds“, wie die wohlhabenden Winterflüchtlinge in Amerika genannt werden, irgendwo permanent nieder. In Hawi haben Zugezogene und Einheimische etwas Besonderes geschaffen und es ist schlichtweg einer der nettesten Orte, um bei einem Bio-Kaffee eine Pause zu machen.

Hawi war einst eine wichtige Plantagenstadt der Kohala Sugar Company und viele Einwohner stammen von Arbeitern der Zuckerrohrfelder ab. Trotz seiner Entwicklung von einer rückständigen Provinz zum Touristenziel hat sich der Ort die sehr Kohala'sche Eigenart bewahrt, sich resolut abzugrenzen – ein sympathischer Hang zur Unabhängigkeit.

Übrigens: Die Kohala Mountain Rd (Hwy 250) heißt in Ortsnähe Hawi Rd.

Sehenswertes

Hawi Farmers Market MARKT
(www.hawifarmersmarket.com; Hwy 250; ⏲Sa 8–14, Di 12–17 Uhr;) All die originellen, biologischen, umweltbewussten Produkte von North Kohala werden auf diesem wöchentlichen Bauernmarkt unter dem Schatten eines riesigen Banyanbaums neben dem Hwy 250 von all den originellen, biologischen, umweltbewussten Gestalten der Region verkauft. Hier kann man Honig, Pilze oder Süßkartoffeln kaufen, heimischer Musik lauschen und generell die Eigenwilligkeiten der Region genießen.

North Kohala

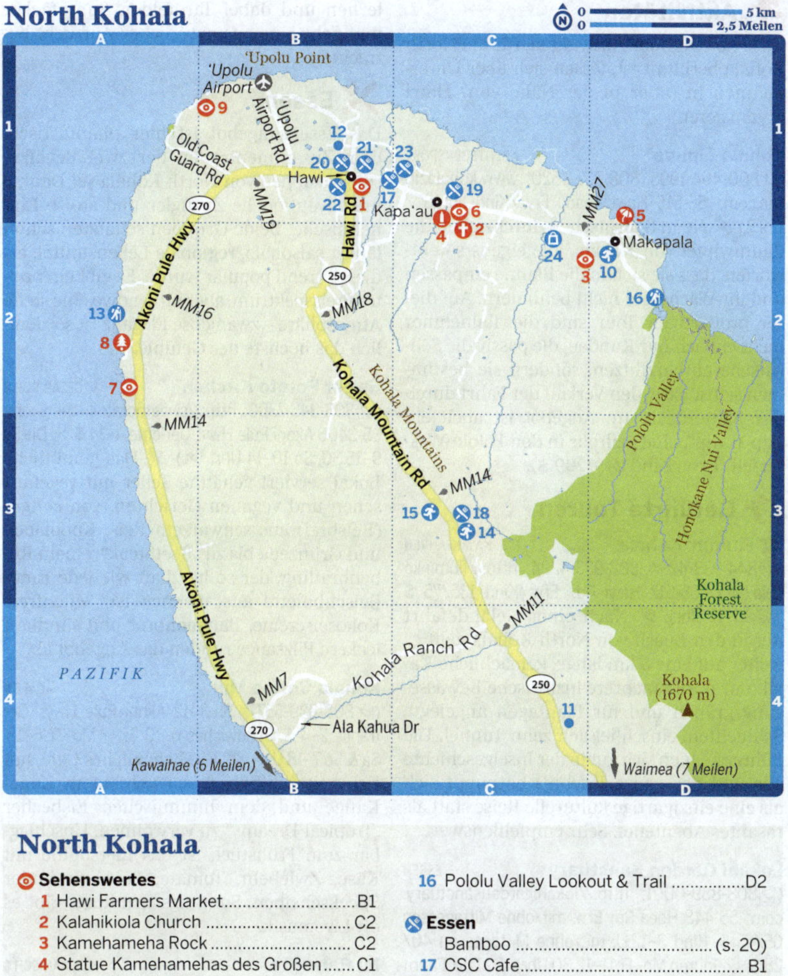

North Kohala

Sehenswertes
1 Hawi Farmers Market B1
2 Kalahikiola Church C2
3 Kamehameha Rock C2
4 Statue Kamehamehas des Großen C1
5 Keokea Beach Park D1
6 Kohala Institute C1
7 Lapakahi State Historical Park A2
8 Mahukona Beach Park A2
9 Mo'okini Heiau B1
Geburtsort Kamehamehas .... (s. 9)

Aktivitäten, Kurse & Touren
Flumin' Kohala .... (s. 1)
10 Hawaii Paso Finos D2
11 Kohala Mountain Educational Farm C4
Kohala Zipline .... (s. 1)
12 Lokahi Garden Sanctuary B1
13 Mahukona to Kapa'a Walking Trail A2
14 Na'alapa Stables C3
Palili 'O Kohala .... (s. 12)
15 Paniolo Riding Adventures C3
16 Pololu Valley Lookout & Trail D2

Essen
Bamboo .... (s. 20)
17 CSC Cafe B1
Gill's Lanai .... (s. 4)
18 Kahua Ranch C3
19 King's View Cafe C1
Kohala Coffee Mill .... (s. 22)
20 Mi Ranchito B1
21 Sushi Rock B1
22 Sweet Potato Kitchen B1
23 Takata Store C1
Trio .... (s. 21)

Shoppen
As Hawi Turns .... (s. 22)
Elements .... (s. 20)
Hawi Gallery .... (s. 22)
Kohala Mountain Gallery .... (s. 20)
L Zeidman Gallery .... (s. 20)
MakiSun .... (s. 22)
24 Rankin Gallery & Studio C2

Aktivitäten

Viele der Outdoor-Aktivitäten, für die North Kohala berühmt ist, lassen sich über Unternehmen in (oder in der Nähe von) Hawi organisieren.

Kohala Zipline ABENTEUERSPORT
(☎800-464-1993, 808-331-3620; www.kohalazipline.com; 55-515 Hawi Road; Erw./Kind ab 169/129 $) Neun Seilrutschen durchziehen die Baumwipfel von Kohala, alle eigens so entworfen, dass sie sich in die Bäume einpassen und ihr Wachstum nicht behindern. Auf dieser großartigen Tour sind die Teilnehmer nicht einfach nur Kunden, die passiv die Seilrutsche entlangflitzen, sondern sie bestimmen selbst aktiv den Verlauf der Fahrt durch das Blätterdach. Im Angebot ist auch ein „zip 'n' dip", eine Seiltour in den Pololu-Wasserfall (Erw./Kind 249/209 $).

Geführte Touren

★ **Flumin' Kohala** KAJAKFAHREN
(☎844-933-4294, 808-933-4294; http://fluminkohala.com; 55-517 Hawi Rd; Erw./Kind 135/75 $ ⏲7.30–17 Uhr) Nach einer Geländefahrt tief in den Busch von North Kohala geht es weiter auf eine 5 km lange, gemächliche Kajaktour durch mehrere historische Bewässerungsgräben und für Plantagen angelegte Schluchten, einschließlich zehn Tunnel. Die Führer kennen sich gut in der Inselgeschichte aus und das ganze Erlebnis entpuppt sich als eine einzigartige kulturelle Reise statt als rasantes Abenteuer. Sehr empfehlenswert.

Lokahi Garden Sanctuary ESSEN
(☎808-889-0001; http://lokahigardensanctuary.com; 55-448 Hoea Rd; Erw. mit/ohne Mittagessen 65/45 $, Kind 3–12 J. mit/ohne Mittagessen 40/25 $; ⏲Touren Mo–Fr 11–12.30 Uhr) Die Farm baut überwiegend nachhaltige Nutzpflanzen an und hat auch große Parzellen mit Kräutern und Heilpflanzen. Eine Tour macht mit der oben erwähnten Flora sowie der Fauna bekannt (Schafe, Hühner, Hunde usw.). Besucher können zusätzlich auch ein Mittagessen mit Zutaten direkt von der Farm einnehmen.

Palili 'O Kohala ESSEN
(☎808-960-3727; www.kahuapaamua.org; Tour 50 $; ⏲Fr 9–12.30 Uhr) Taro ist ein traditionelles Grundnahrungsmittel der Hawaiianer und der Existenzgrundlage dieser nachhaltigen Farm. Besucher können hier etwas über die landwirtschaftliche Vergangenheit (und Zukunft) von North Kohala lernen und dabei Tarofelder, Sumpfäcker und Schweine aus natürlicher Aufzucht betrachten.

Essen

Das Essensangebot ist hier phantastisch, dem Zusammentreffen der zwei Bevölkerungsgruppen von North Kohala sei Dank – unkonventionelle Zuzügler und stolze Einheimische. Beide Gruppen schätzten schon längst saisonale, regionale Lebensmittel, als dieser Trend populär wurde. Es gibt ein breites Preisspektrum, aber nirgendwo eine steife Atmosphäre – zwanglose Eleganz ist so ziemlich das höchste der Gefühle.

Sweet Potato Kitchen VEGETARISCH $
(☎808-345-7300; http://sweetpotatokitchen.com; 55-3406 Akoni Pule Hwy; Gerichte 4–14 $ ⏲Di–Sa 9–15.30, So 10–14 Uhr) Das gemütliche Lokal serviert gehäufte Teller mit vegetarischen und veganen Gerichten, von *congee* (Reisbrei) aus schwarzem Reis, Knoblauch und Grünzeug bis zu „BeetSteak", einem Rübenbratling, der so herzhaft wie jede Rindfleischbulette aus Weimea ist. Milchfreie Kokoseiscreme, Bananenbrot und sündhaft leckere Pilzsauce runden das Angebot ab.

Kohala Coffee Mill CAFÉ $
(☎808-889-5577; 55-3412 Akoni Pule Hwy; Getränke 2–4 $, Sandwiches 6–10 $; ⏲Mo–Fr 6–18, Sa & So 7–18 Uhr) Ein behagliches Café, um sich mit Muffins, frisch gebrautem Kona-Kaffee und dem himmlischen Eisbecher „Tropical Dreams" zu verwöhnen. Unschlagbar zum Frühstück ist das Eiersoufflé mit Käse, Zwiebeln, Tomate, Pesto und/oder Speckscheiben. Sonntagsvormittags gibt es oft Livemusik.

Mi Ranchito MEXIKANISCH $
(808-756-4636; 55-3419 Akoni Pule Hwy; Hauptgerichte 7–15 $; ⏲11–20, Fr bis 21 Uhr) Hawi-Einwohner und Zuzügler von der West Coast (ehrlich gesagt gibt es zwischen beiden Kategorien reichlich Überschneidungen) lieben dieses kleine mexikanische Lokal, das im Prinzip ein Imbissladen mit ein paar Tischen ist. Wir meinen, die Gerichte sind sättigend und okay – das übliche Angebot an Tacos, Enchiladas und Burritos, serviert mit Reis und Bohnen. Nur Barzahlung.

Takata Store SUPERMARKT $
(☎808-889-5413; Akoni Pule Hwy; ⏲Mo–Sa 8–19, So bis 13 Uhr; P) Lebensmittel gibt es in diesem gut bestückten, familiengeführten Geschäft zwischen Hawi und Kapa'au.

★ **Bamboo** HAWAIISCH $$$
(☎808-889-5555; www.bamboorestaurant.info; 55-3415 Akoni Pule Hwy, Kohala Trade Center; mittags 12–17 $, abends 25–38 $; ⌚Di–Sa 11.30–14.30 & 18–20 Uhr, so nur mittags; 👪) Das stets volle Bamboo bietet interessante Variationen traditioneller Gerichte, z. B. *mahimahi* auf Focaccia mit geriebener Papaya. Es teilt sich den Raum mit einer Galerie und einem Geschenkeladen, was den Eindruck erweckt, als würde man in einem Gemischtwarenladen essen – was ja auch der Fall ist. Die einladende Ausstattung – hängende balinesische Schirme, funkelnde Weihnachtsbeleuchtung und Wände aus warmem Holz – ist fröhlich und typisch Hawi.

★ **Sushi Rock** SUSHI $$$
(☎808-889-5900; www.sushirockrestaurant.net; 55-3435 Akoni Pule Hwy; Sushi 5–20 $, Hauptgerichte 18–36 $; ⌚12–15 & 17.30–20 Uhr) 🍃 Die seit je beliebte Sushi-Bar ist wegen ihrer tropischen „Fusions"-Sushi auf der ganzen Insel berühmt. Die Röllchen sind z. B. mit Papaya, Macadamianüssen, Fuji-Apfel oder Ziegenkäse gefüllt. Einige sind besser als andere, aber wir waren immer zufrieden. Auf der Speisekarte stehen auch vegetarische/vegane Sushi, kreative Salate und Sandwiches sowie eine tolle Cocktail-Auswahl.

Trio FUSIONSKÜCHE $$$
(☎808-889-5900; www.sushirockrestaurant.net; 55-3435 Akoni Pule Hwy; 3-Gänge-Menü 29 $; ⌚12–15 & 17.30–20 Uhr) Das Trio spezialisiert sich auf dreigängige, kreative hawaiische Fusionsküche. Die Speisekarte zeigt viel Abwechslung; an einem einzigen Abend mag es indonesisches Huhn, dann Mini-Burger mit Waimea-Rindfleisch und zum Schluss vegetarischen *poke* geben. Ein ganz schön verwegenes gastronomisches Abenteuer für einen so kleinen Ort wie Hawi. Das Lokal gehört zum Sushi Rock.

Ausgehen & Nachtleben

Hawi ist zwar spannend, aber ein richtiges Nachtleben gibt es nicht – das Sushi Rock mag etwas länger geöffnet sein, falls Leute noch was trinken wollen, und im Bamboo gibt es oft Livemusik, aber als wir uns gegen 20 Uhr im Ort rumtrieben, wirkte er wie ausgestorben.

Shoppen

Hawi Gallery MUSIK
(☎206-452-3697; www.hawigallery.com; 55-3406 Akoni Pule Hwy; ⌚11–16 Uhr) Die Ukulele als Kunstwerk? Aber ja, wie diese faszinierende Sammlung beweist. Neben den Klassikern lohnt auch ein Blick auf das kubanische, aus einer Zigarrenkiste gefertigte Modell und die geschwungene Polk-a-lay-lee, ein seltener Werbeartikel eines Chicagoer Möbelhauses aus den 1960er-Jahren. Verkauft werden auch hawaiische Vintage-Shorts und ein tolles Angebot hawaiischen Krimskrams.

L Zeidman Gallery KUNSTHANDWERK
(☎808-889-1400; http://zeidmangallery.wix.com/aloha; 55-3419 Akoni Pule Hwy; ⌚10–17 Uhr) Die wunderschön gefertigten Holzschalen in Museumsqualität, die vom Eigentümer geschaffen wurden, sind in der schieren Anzahl faszinierend. Sie kosten jeweils zwischen 150 und 2500 $.

MakiSun GESCHENKE & SOUVENIRS
(www.makisun.com; 55-3410 Akoni Pule Hwy; ⌚Mo–Sa 10–18 Uhr) Die bezaubernde kleine „Lifestyle"-Boutique spezialisiert sich auf jene Art von alternativ-schicken Artikeln und Geschenken, die von Hawi auch nicht anders zu erwarten sind. Verkauft werden Sojakerzen, Surf-Kunstkarten, Anhänger mit Big-Island-Motiven, handgemachte Strandtücher und Tragetaschen, Meersalzseife, Sonnenschutzmittel und jene hawaiische modische Grundausstattung des 21. Jhs., die Trucker-Mütze.

MakiSun ist offiziell an den „meisten" Samstagen geöffnet.

As Hawi Turns KLEIDUNG
(☎808-889-5023; 55-3412 Akoni Pule Hwy; ⌚9.30–18 Uhr) Der Name ist ziemlich doof, aber gut sind die luftige, szenige Kleidung, im Ort entworfener Schmuck und Kunsthandwerk, handgemachte Ukulelen und ein allgemeines Sortiment an Geschenken, die interessanter sind als ein T-Shirt mit Aufdruck „I Heart the Big Island". Nicht nur die Artikel des Ladens sind nett, auch die Unterbringung im Toyama Building von 1932 ist schön.

Kohala Mountain Gallery KUNST
(55-3435 Hawi Rd; ⌚10.30–17.30 Uhr, So geschl.) Lokale Künstler zeigen in dieser eleganten Galerie ihre Werke mit einer breiten Preisspanne. Aber es handelt sich um Originale und die Preise schrauben sich entsprechend hoch. Die Öffnungszeiten können wechseln, je nach anstehenden Ausstellungen und Sonderveranstaltungen.

Elements SCHMUCK
(☎808-889-0760; www.elementsjewelryandcrafts.com; 55-3413 Akoni Pule Hwy; ⌚Di–Sa 10–18, So &

Mo bis 17 Uhr) Der Schmuck- und Geschenkeladen führt ein vielfältiges Sortiment von lokal hergestellten Schmuckstücken.

Praktische Informationen

North Kohala Community Center (☎808-889-5523; www.northkohala.org; 55-3393 Akoni Pule Hwy; ⏲Mo–Fr 9–16, Sa 10–14, So 11–13 Uhr) Hier ist das Kohala Welcome Center untergebracht samt einer ganzen Armee ehrenamtlicher Mitarbeiter, die mehr als gewillt sind, Besuchern Tipps zur Erkundung North Kohalas zu geben.

An- & Weiterreise

Hawi ist etwa 22 Meilen (35 km) von Waimea über den Hwy 250 (Kohala Mountain Rd, in Ortsnähe heißt sie Hawi Rd) und 18 Meilen (29 km) von Kawaihae über den Hwy 270 entfernt. Der Ort selbst erstreckt sich über ein paar Straßenzüge beidseitig des Hwy 270, er ist also nicht zu verfehlen.

Akoni Pule Highway

Das Land, durch das der Akoni Pule Hwy (Hwy 270) verläuft, ist weitgehend unbebaut und ermöglicht spektakuläre Ausblicke auf den Pazifik (und auf Maui in der Ferne). Auf der herrlichen Strecke werden die Kontraste North Kohalas deutlich sichtbar; am südlichen Abschnitt ist der Hwy 270 von roten Felsen, Dornenbüschen und staubiger Prärie umgeben. Nach Umrundung der Spitze der Halbinsel North Kohala beginnt nach dem trockenen, regenlosen Teil Kohalas die Feuchtzone. Das Land wird zusehends grüner – der Wechsel ist so abrupt, dass es wie der Eintritt in ein neues Level in einem Videospiel wirkt.

Hier weht der Wind ziemlich heftig und viele Bäume sehen aus, als wären sie seitwärts eingepflanzt. Das sieht witzig aus – aber gar nicht komisch ist die Tatsache, dass der Wind manchmal auch Autos wegschieben kann. Das sollten besonders alle beachten, die hier Rad fahren wollen.

Sehenswertes

★ Mo'okini Heiau TEMPEL

(⏲Sonnenaufgang–Sonnenuntergang) Der *heiau* in der Nähe des 'Upolu Point an der nördlichsten Spitze Hawai'is liegt zwar ziemlich abseits, aber er ist eine der ältesten (ca. 480 n. Chr.) und historisch bedeutendsten hawaiischen Stätten. Die gewaltige Steinruine mit einer Fläche von etwa 76 m mal 38 m und 1,80 m hohen Mauern steht düster auf einer windzerzausten Grasebene. Die völlige Abgeschiedenheit dieses Orts trägt zu der düsteren Wirkung bei. Die Wanderung hierher ist eine Attraktion für sich – ein einsamer, manchmal gespenstischer Marsch entlang einer hinreißenden, abgeschiedenen Küste.

★ Mahukona Beach Park PARK

(am Hwy 270, zwischen Mile 14 & 15; ⏲Sonnenaufgang–Sonnenuntergang; P) Der verlassene Hafen besitzt keinen Sandstrand, was also ist sein Reiz? *Hervorragende* Schnorchel- und Tauchbedingungen! Unter Wasser sind von Korallen überkrustete Ankerketten zu sehen, die zum Wrack eines alten Schiffs in der Mitte des Hafens führen; in besagtem Schiff tummeln sich vielfarbige Fische und schlängelnde Aale. Auf der linken Seite des Parks liegt ein County Park, wo an einem malerischen, wenn auch respekteinflößenden Strand eine etwas schäbige Ansammlung Picknicktische und Toiletten stehen.

Lapakahi State Historical Park HISTORISCHE STÄTTE

(☎808-587-0300; www.hawaiistateparks.org; am Hwy 270, Mile 14; ⏲8–16 Uhr, an Landesfeiertagen geschl.; P) Der Park war vor 600 Jahren ein abgelegenes Fischerdorf. Ein schattenloser, eineinhalb Kilometer langer Rundweg führt über das 106 ha große Gelände mit Resten von Steinmauern, Häusern, Kanuschuppen und Fischerschreinen. Besucher können hawaiische Spiele ausprobieren, für die Utensilien und Anweisungen bereitliegen, z. B. für *'o'o ihe* (Speerwerfen), *konane* (Dame) und *'ulu maika* (Stein-Bowling). Nichts wird hier aufwendig präsentiert, Besucher brauchen also ihre eigene Vorstellungskraft, um die bescheidenen Reste würdigen zu können. Der Park liegt gleich südlich des Marksteins Mile 14.

Geburtsstätte von Kamehameha WAHRZEICHEN

Einige niedrige Steinmauern auf windigen Grasflächen sind alles, was vom Geburtshaus des berühmtesten Monarchen der hawaiischen Geschichte übrig ist. Sie liegen neben dem Mookini Heiau.

Aktivitäten

Informationen zum Wanderweg von Mahukona nach Kapa'a s. S. 137.

An- & Weiterreise

Der Akoni Pule Highway – Hwy 270 – zweigt vom Hwy 19 gleich südlich von Kawaihae ab und verläuft an der Küste bis nach Hawi. Hele-On-Busse (www.heleonbus.org) fahren diese Strecke zwar zweimal täglich (gegen 9 und gegen 12 Uhr), aber am schönsten ist es, nach eigener Lust und Laune zu fahren oder zu radeln.

'Upolu Airport (808-327-9520; http://hawaii.gov/upp) Der Flughafen für Kleinflugzeuge liegt in der Nähe der Nordspitze der Insel.

Kapa'au

808 / 1734 EW.

Kapa'au ist nicht ganz so alternativ und öko wie Hawi und wirkt daher authentischer und/oder unerschlossen und ruhig, je nach Sichtweise. Auf jeden Fall ist es eine weitere frühere Zuckerstadt, die zu einem attraktiven Touristenziel umgestaltet wurde. Der Regionalstolz von North Kohala ist hier ebenso deutlich zu spüren wie in Hawi, und ähnlich wie dort gibt es eine reizvolle Koexistenz von Zuzüglern und Einheimischen.

Kapa'au gute Restaurantszene wächst immer noch weiter und dient als Ausgangspunkt mehrerer Aktivitätstouren. Die Stadt ist größer als Hawi, aber folgt dem gleichen Plan: Der Hwy 270 führt durch das Zentrum, das sich auf beiden Seiten der Straße ausbreitet.

Sehenswertes

Kamehameha Rock WAHRZEICHEN

Der Legende nach soll Kamehameha diesen Felsen vom Strand den Hügel hinauf getragen haben, um seine außerordentliche Kraft zu beweisen. Als viel später Straßenbauarbeiter versuchten, den Felsen abzutransportieren, fiel er stur vom Wagen – ein Zeichen, dass er bleiben wollte. Die Arbeiter, die das *mana* (den Geist) Kamehamehas nicht verstimmen wollten, ließen ihn in Ruhe. Der Brocken ist leicht zu übersehen: Er liegt am Straßenrand landeinwärts etwa 2 Meilen (3 km) östlich von Kapa'au an einer Kurve gleich nach einer kleinen Brücke.

Keokea Beach Park STRAND

(808-961-8311; www.hawaiicounty.gov; 52-128 Keokea Park Road, am Akoni Pule Hwy; 6–23 Uhr; P) Der County Park, etwa 3,5 Meilen (5,6 km) von Kapa'au, hat zwar keinen nennenswerten Strand, aber dafür den besten Picknickplatz der Gegend: ein erhöhter Pavillon mit hinreißendem Blick auf eine Felsenbucht und den bunten Haufen einheimischer Surfer, die mutig genug sind, sich in die gefährlichen Shorebreaks und starken Strömungen zu stürzen. Neben Picknicktischen gibt es auch Grillplätze, Duschen, Trinkwasser und mobile Toiletten. Der markierte Abzweig ist etwa 1,5 Meilen (2,4 km) vor dem Pololu Valley Lookout.

Statue von Kamehameha dem Großen DENKMAL

(Akoni Pule Hwy) Die Statue auf dem Rasen vor dem North Kohala Civic Center hat einen berühmten Zwilling in Honolulu gegenüber dem Iolani Palace. Die in Kapa'au war die ursprüngliche, die 1880 der amerikanische Bildhauer Thomas Gould in Florenz geschaffen hatte. Als das Schiff mit der Statue an Bord vor den Falklandinseln sank, wurde ein Duplikat aus der originalen Form gegossen und 1883 in Honolulu aufgestellt. Später wurde die gesunkene Statue geborgen und hierher zum Elternhaus Kamehamehas geschickt.

Aktivitäten

★ **Hawaii Paso Finos** REITEN

(808-884-5625; Ausritte 85–130 $) Paso Finos sind unglaublich gute Reitpferde. Ihre weiche Gangart und ihr einnehmender Charakter lassen sich auf diesem Reiterhof erfahren. Die Pferde werden hier spitzenmäßig gepflegt und behandelt und die Reiter fühlen sich ihren vierhufigen Schützlingen so tief verbunden, wie es auf Big Island einzigartig ist. Unterrichtet werden Umgang mit Pferden, Reiten, therapeutische Kommunikation und sogar Yoga auf dem Pferderücken. Letzteres ist selbst für erfahrene Reiter eine besondere Aktivität.

Festivals & Events

North Kohala Kamehameha Day Celebration KULTURELL

(www.kamehamehadaycelebration.org) Am 11. Juni ehren die Inselbewohner Kamehameha den Großen in seiner Geburtsstadt. Die spektakuläre Parade blumengeschmückter Reiter und Festwagen kulminiert in einem ganztägigen Fest mit Musik, Kunsthandwerk, Hula und Essen.

Essen

King's View Cafe HAWAIISCH $

(808-889-0099; www.kingsviewcafe.com; 54-3897 Akoni Pule Hwy; Hauptgerichte 10–15 $, Pizza 15–26 $; 7–20.30 Uhr; P) Das King's View hat sich schnell zum kommunalen Stammlokal in North Kohala entwickelt. Es bietet warm belegte Brötchen, kreative Pizza (wie wär's mit Rosmarin und Knoblauch?), Omelettes, Burger und Tellergerichte zu niedrigen Preisen, besonders im Vergleich zur regionalen Konkurrenz. Die Salatauswahl ist auch gut, allerdings haben fast alle noch irgendeine Art von Fleisch obenauf.

Gill's Lanai CAFÉ $

(☎808-315-1542; 54-3866 Akoni Pule Hwy; Hauptgerichte 7–14 $; ⏲11–17 Uhr;) Das avocadogrüne Café bietet mit seiner beschirmten Terrasse und winzigen Küche Strandatmosphäre und unglaublich gutes Essen, was im kleinen Kapa'au überrascht. Renner sind hier Fisch-Tacos, Fish and Chips, herzhafte Sandwiches, Schalen mit *ahi poke* (gewürfelter, marinierter Fisch) und vegetarische Quesadillas. Vorwarnung: Die wenigen Tische sind mittags alle besetzt.

CSC Cafe HAWAIISCH $

(☎808-889-0208; 54-3615 Akoni Pule Hwy; Hauptgerichte 6–13 $; ⏲6–21 Uhr; P) In der Gegend von Hawi und Kapa'au wird sehr viel Wert auf biologische, gesunde, glutenfreie und welchem Trend auch immer folgende Küche gelegt. Nicht so im CSC – hier geht's um geradlinige, riesige hawaiische Portionen, die auf heimische Art serviert werden: *plate lunches* mit Teriyaki- oder koreanischem Huhn, große Frühstücksteller mit Omelettes aus drei Eiern und natürlich *loco moco*. Sehr beliebt bei einheimischen Familien.

Shoppen

Rankin Gallery & Studio KUNST

(☎808-889-6849; www.patricklouisrankin.net; 53-4380 Akoni Pule Hwy; ⏲Di–Sa 11–17 & So–Mo 12–16 Uhr) Die Galerie auf halber Strecke zwischen dem Pololu Valley und Kapa'au ist bekannt für ihre Landschaftsbilder von Hawaii und dem amerikanischen Westen (und für die Kontaktfreudigkeit von Patrick Rankin, eines lokalen Charakters, der Besucher sehr gerne durch sein Atelier führt).

An- & Weiterreise

Kapa'au liegt 2,5 Meilen (4 km) ab Hawi ostwärts über den Hwy 270. Ein Hele-On-Bus (www.heleonbus.org) fährt hier morgens und am frühen Nachmittag durch.

Kohala Mountain Road

Die Kohala Mountain Rd (Hwy 250) ist zweifellos die landschaftlich schönste Straße auf Big Island, mit umwerfenden Ausblicken auf den Küstenstreifen zwischen Kohala und Kona und drei majestätische Vulkane: Mauna Kea, Mauna Loa und Hualalai. Ab Waimea führt die Straße bergauf an einem Aussichtspunkt vorbei, dann die Längsachse der Halbinsel durch grünes Weideland entlang und schließlich hinab zum Meer bei Hawi. In Ortsnähe heißt die Straße Hawi Rd.

Aktivitäten

Paniolo Riding Adventures REITEN

(☎808-889-5354; www.panioloadventures.com; Kohala Mountain Rd, Mile 13,2; Ausritte 69–175 $) Paniolo Adventures bietet fünf verschiedene Ausritte an, von ein bis vier Stunden, genug für jeden, um den eigenen Reitrhythmus zu finden, ob Schritt oder Galopp. Besonders schön ist der „Sunset Ride", bei dem man schließlich – ähm – in den Sonnenuntergang reitet. Die Pferde werden je nach Reiterfahrung zugeteilt, Ausrüstung wird gestellt.

Na'alapa Stables REITEN

(☎Kahua Ranch 808-889-0022, in Waipi'o 808-775-0419; www.naalapastables.com; Kahua Ranch Rd; Ausritte 73–94 $) Na'alapa Stables organisiert Ausritte ins Waipi'o Valley und über die sanften Hügel und Weiden der knapp 3500 ha großen Kahua Ranch, die von ihrer Lage auf fast 1000 m Höhe außerordentlich schöne Aussichten auf die Küste bietet. Allerdings finden alle Ausritte überwiegend in großen Gruppen und auf dem Niveau der unerfahrensten Reiter statt. Die Reitführer sind sympathisch und kenntnisreich. Keine Kinder unter acht Jahren.

Geführte Touren

Kohala Mountain Educational Farm FARM

(☎808-937-7432; www.kohalamountainpumpkinpatch.com; Kohala Mountain Road, Mile 12,5; ⏲Mo–Fr 7–17 Uhr;) Farmtouren und viele Veranstaltungen sorgen für ein volles Programm in dieser Bildungseinrichtung, das Besucher und Jugendlichen die Bedeutung der Landwirtschaft auf Big Island vermitteln will. Touren und Veranstaltungen richten sich nach den Jahreszeiten; im Herbst z. B. werden Heuwagenfahrten zu einem Kürbisfeld angeboten.

Essen

Kahua Ranch GRILLPARTY $$$

(☎808-882-7954; www.exploretheranch.com; Kahua Ranch Rd; pro Pers. ohne/mit Transport 115/139 $, Kind 6–11 J. halber Preis, Kind unter 5 J. frei; ⏲Sommer Mi 18–21 Uhr, Winter Mi 17.30–20.30 Uhr;) Lust auf eine bodenständige Grillparty auf dem Land? Die Kahua Ranch bietet eine von allererster Sahne. Einer der Ranchbesitzer, der seine Bestimmung als

ABSEITS DER ÜBLICHEN PFADE

DAS KOHALA INSTITUTE

Eine zukunftsweisende Mischung aus indigener Kultur, Bewahrung der Geschichte und Umweltbildung wird in North Kohala gefördert. ʻIole, ein knapp 1000 ha großer Landstreifen zwischen dem Pazifik und den Kohala Mountains, wird nun vom **Kohala Institute** (ʻIole; ☎808-889-5151; www.kohalainstitute.org; 53-580 ʻIole Rd; ⊙Mo–Fr 8–16 Uhr; P) GRATIS verwaltet.

Das Institut bietet auf diesem riesigen Stück traditionellen Lands verschiedenste Bildungsaktivitäten, viele davon für Familien. Kinder und Eltern lernen auf traditionellen Farmen nachhaltigen Ackerbau und Traditionen der indigenen Hawaiianer kennen. Mehr Informationen zum ständig wechselnden Programm stehen auf der Website.

Zum Gelände gehört auch der 22 ha große **Bond Historic District**, der aus drei historischen Häusern besteht, die alle vom Missionar Elias Bond (1813–1862) erbaut wurden, einer wichtigen Persönlichkeit in Kohala, der Bereiche wie Erziehung, Straßenbau oder Zuckerindustrie maßgeblich prägte. Das **Bond Homestead** (1889) war der ursprüngliche Standort für das Wirken Bonds. Die **Kohala Girls School** ist ein nostalgischer Rückblick auf den Einfluss missionarischer Moral aus New England auf Hawaii. Das Gleiche gilt für die **Kalahikiola Church** (☎808-889-6703; www.kalahikiolacongregationalchurch.com; 53-496 ʻIole Rd; ⊙Gottesdienst 9.30 Uhr; P). Alle Bauten, die mit Gehwegen verbunden sind, die Besuchern offenstehen, werden vom Kohala Institute verwaltet und derzeit restauriert.

Stand-up-Komiker verfehlt hat, bringt die Sache mit Witzen über das Ranchleben in Schwung. Busladungen von *lei*-geschmückten Touristen stellen sich dann für ein deftiges Buffet aus Fleisch und Bier in einer Wellblechhütte in der Nähe an.

An- & Weiterreise

Die Mountain Road ist zwischen Hawi und Waimea etwa 22 Meilen (35 km) lang. Sie ist von beiden Orten über einen Abzweig leicht zu erreichen.

Pololu Valley

Der Hwy 270 führt von der dünn besiedelten und sturmgepeitschten Halbwüste nördlich von Kawaihae bis zur Verkörperung eines absolut fruchtbaren grünen Tals: das Pololu („langer Speer") Valley, ein breites, von dschungelbewachsenen Hügeln gesäumtes Tal, das an einem schwarzen Sandstrand endet. Dies alles zusammen bietet einen unvergesslichen Anblick.

In der Gegend gab es einstmals reichlich Sumpf-Tarofelder, als der Fluss Pololu aus dem tiefen, feuchten Binnenland den Talboden mit Wasser versorgte. 1906 wurde der Kohala Ditch gebaut, um das Wasser für die Zuckerplantagen umzuleiten. Anders als das Schwestertal Waipiʻo ist das Pololu Valley seit den 1940er-Jahren nicht mehr bewohnt. Statt auf Bewohner treffen Besucher hier also auf ein Waldreservat.

Wer eine Wanderung in das Tal unternehmen will, sollte sich auf einige enge Serpentinen und steile Hänge gefasst machen. Aber abgesehen davon ist eine Wanderung in das Pololu Valley nicht so schwierig wie im Waipiʻo Tal.

Aktivitäten

Informationen zu Wanderungen im Pololu Valley s. S. 137.

Geführte Touren

Hawaii Forest & Trail WANDERN
(☎808-331-8505; www.hawaii-forest.com; Erw./Kind unter 12 J. 179/129 $) Zum Kohala Waterfalls Adventure gehört eine gemächliche, 1,5 Meilen (2,4 km) lange Wanderung zu Wasserfällen (Schwimmen eingeschlossen), die Besichtigung von Hawi sowie von alten hawaiischen Ruinen. Der Transfer von der Waikoloa Resort Area oder Kailua-Kona ist inklusive. Eine weitere Abenteuertour in der Gegend ist eine kürzere Wanderung die nur zu den Wasserfällen führt (Erw./Kind 89/79 $).

An- & Weiterreise

Das Pololu Valley liegt etwa 8 Meilen (13 km) über den Hwy 270 östlich von Hawi. Hier endet die Straße. Von Kailua-Kona ist das Tal etwa 55 Meilen (88 km) entfernt; bei halbwegs gutem Verkehr ist die Strecke in rund 1½ Stunden zu schaffen.

WAIMEA (KAMUELA)

808 / 9212 EW.

Das dunstige, hügelige Weideland um Waimea ist vermutlich das überraschendste Gesicht von Hawai'i. Dies ist *paniolo*-Land (Cowboy-Land), und über fast das ganze Gebiet, einschließlich Waimea selbst, herrscht die Parker Ranch, die fünftgrößte Rinderzuchtranch der USA.

Aber keine falschen Schlüsse ziehen: Waimea ist keine Rancherstadt. Für ihre Größe besitzt sie außergewöhnlich viel Substanz, und es ist ein Vergnügen, diese zu ergründen. Von der Fernstraße sind lediglich langweilige Ladenzeilen zu sehen, aber bei genauerer Betrachtung zeigen sich eine lebendige Kunstszene, eine lange Liste von Restaurants, herausragende Läden, Bauernmärkte und eine reiche Cowboy-Tradition. Dann sind da noch all die faszinierenden Zuzügler – Biobauern, Astronomen, Künstler, Lehrer –, ein aufgeklärtes, weit gereistes Völkchen. Die Höflichkeit des alten Wilden Westens und kleinstädtische Gemächlichkeit bestimmen die Atmosphäre und machen es einfach, mit den Leuten ins Gespräch zu kommen.

Sehenswertes

Bis Ende der 2000er-Jahre waren Waimeas Hauptattraktionen das Museum der Parker Ranch und die historischen Wohnhäuser aus dem 19. Jh. Sie sind nun endgültig geschlossen, aber es gibt noch andere besuchenswerte Sehenswürdigkeiten.

Isaacs Art Center GALERIE

(808-885-5884; http://isaacsartcenter.hpa.edu; 61-1268 Kawaihae Rd; Di–Sa 10–17 Uhr; P) GRATIS Die hellen, reizvollen Galerieräume in einem sorgfältig wieder errichteten Schulhaus von 1915 zeigen eine vielfältige Sammlung heimischer und internationaler Kunst. Die ständige Sammlung besteht überwiegend aus Werken bekannter verstorbener Meister, während die zum Verkauf stehenden Arbeiten von zeitgenössischen Künstlern stammen. Zu den Werken gehören Gemälde, Keramik, Möbel, Schmuck und hawaiische Kunst. Gleich hinter dem Eingang lohnt ein Blick auf Herb Kawainui Kanes klassisches *The Arrival of Captain Cook at Kealakekua Bay in January 1779*. Die Galerie gehört zur renommierten Hawaii Preparatory Academy.

Paniolo Heritage Center MUSEUM

(808-854-1541; www.paniolopreservation.org; 67-139 Pukalani Rd; Di, Do & Fr 9–14, Mi bis 16, Sa 12–19 Uhr; P) GRATIS Die Paniolo Preservation Society richtet dieses Museum in den Pukalani Stables ein, in denen die Parker Ranch einst Pferde züchtete. Es ist noch nicht fertiggestellt und birgt derzeit eine Fotoausstellung und eine Sattlerei. Das Beeindruckendste ist der persönliche Touch: Die Angestellten erzählen gerne über die Geschichte der *pa-*

NICHT VERSÄUMEN

RANCH-LEBEN

Windige Weiden. Grasendes Vieh. Von Wolken gesprenkelter Himmel. North Kohala lässt Großstädter davon träumen, ein *paniolo* (Cowboy) zu sein, wenigstens für einen Tag. Die Ranches bieten diese Gelegenheit (siehe auch **Hawaii Paso Finos** (S. 161) in Kapa'au).

Paniolo Riding Adventures (S. 162) bietet verschiedene Ausritte (kurze, lange, mit Picknick und mit Sonnenuntergang) für alle Kenntnisstufen über die 4500 ha große Ponoholo Ranch an. Die Pferde werden entsprechend der Fähigkeit der Reiter ausgewählt. Die Ranch ist die beste Wahl für erfahrene Reiter. Stiefel, Hüte, Cowboy-Überhosen und Jacken werden zur Verfügung gestellt.

Na'alapa Stables (S. 163) organisieren Ausritte über die Weiden der 3500 ha großen Kahua Ranch, die mit ihrer Lage auf knapp 1000 m Höhe schöne Aussichten auf die Küste bietet. Gruppenausritte werden auf das Niveau des am wenigsten erfahrenen Reiters abgestimmt, die meisten Ausritte sind daher im Gänsemarsch.

Wer ein bodenständiges, ländliches Barbecue vorzieht, kann sich von der Familie Richards auf der **Kahua Ranch** (S. 163) ein deftiges Abendbuffet (einschließlich Bier) servieren lassen, gefolgt von Country-Musik, Line Dance, Lagerfeuer und Peggy Wiggly, dem tanzenden Schwein. Das weitläufige Weideland ist perfekt, um den Sonnenuntergang und durch ein Teleskop die Sterne zu betrachten.

niolo (Cowboys) und die Tradition der Viehwirtschaft in dieser Ecke von Hawaii.

Artikel aus der traditionellen Viehzucht und Waren vom Bauernmarkt werden auf dem Waimea MidWeek Market (S. 168) und auf dem **Kamuela Farmers Market** (☎808-960-1493; www.kamuelafarmersmarket.com; ⌚Sa 7–12 Uhr; Ⓟ), beide sind in den Stallungen, verkauft.

Waimea Nature Park PARK

(Ulu La'au; ☎808-443-4482; www.waimeaoutdoorcircle.org; erbetene Spende 3 $; ⌚7–17.30 Uhr; 🚻) Der Waimea Nature Park, nicht zu verwechseln mit dem angrenzenden Waimea Park, ist eine 4 ha große Grünanlage im Ortszentrum mit Picknicktischen und kostenlosem WLAN. Er ist außerdem ein Projekt zur Wiedereinführung heimischer Pflanzen. Eine sehr gute Broschüre über diese Pflanzen und die Projektarbeit ist im Park erhältlich (3 $ oder gratis, wenn sie wieder zurückgebracht wird). Der Park ist leicht zu verfehlen: Die Straße an der Seite des Canada-France-Gebäudes führt dorthin.

Church Row KIRCHEN

(Church Rd) Die Church Row mit christlichen, buddhistischen und mormonischen Gotteshäusern ist eine lebendige Geschichtsstunde über das religiöse Leben auf der Insel. Es gibt mehrere bemerkenswerte, wenngleich bescheidene Gebäude in dieser krummen Straße, darunter die oft fotografierte, typisch hawaiische Ke Ola Mau Loa Church. Zu erkennen am grünen Turm.

Ke Ola Mau Loa Church KIRCHE

(Green Church; Church Rd) Eine viel fotografierte, historische hawaiische Kirche mit einem auffallenden grünen Turm. Es gibt keine festen Öffnungszeiten, aber sonntagvormittags ist natürlich garantiert offen.

Imiola Congregational Church KIRCHE

(www.imiolachurch.com; 65-1084 Mamalahoa Hwy; ⌚Gottesdienst 9.30 Uhr; Ⓟ) Waimeas erste christliche Kirche entstand 1830 als Grashütte und wurde 1857 gänzlich aus *koa*-Holz gebaut. Hier befindet sich das Grab des Missionars Lorenzo Lyons, der 1832 eintraf und 54 Jahre in Waimea verbrachte. Er schrieb viele Hymnen auf Hawaiisch, darunter den Klassiker „Hawai'i Aloha". Das Gebäude ist übrigens in der Church Rd zu finden.

Parker Ranch RANCH

(☎808-885-7311; www.parkerranch.com; 66-1304 Mamalahoa Hwy; Ⓟ) Einst die größte privat bewirtschaftete Ranch des Landes, die zu ihrer Glanzzeit über 100 000 ha einnahm. Im Lauf der Jahre musste die Ranch stückweise Land verkaufen, darunter 2006 knapp 10 000 ha an das US-Militär. Trotz alledem ist sie die fünftgrößte Rinderzuchtranch der USA mit mindestens 12 000 Mutterkühen auf über 52 000 ha und einer Produktion von 5 Mio. Kilogramm Rindfleisch pro Jahr.

VON RINDERN & COWBOYS

Die Viehzucht auf Big Island wurde 1793 eingeführt, als der britische Offizier George Vancouver König Kamehameha eine Herde Langhornrinder schenkte. Die Herde, die durch das *kapu* (Tabu) des Königs geschützt war, vermehrte sich, bis sie schließlich 1815 zur Plage wurde.

John Palmer Parker, ein Seemann aus Massachusetts, der hier 1809 im Alter von 19 Jahren eintraf, war ein geschickter Schütze und erhielt den Auftrag, das Rinderproblem unter Kontrolle zu bringen. Nachdem er die Herde auf eine erträgliche Größe dezimiert hatte, erhielt er zum Lohn nicht nur die besten Kühe, sondern auch die Hand der Enkelin Kamehamehas und ein erstklassiges Stück Land. Die **Parker Ranch** (S. 165) wurde 1847 gegründet.

WM Keck Observatory Office OBSERVATORIUM

(☎808-885-7887; www.keckobservatory.org; 65-1120 Mamalahoa Hwy; ⌚Mo–Fr 10–14 Uhr; Ⓟ) GRATIS Die Lobby dieser Behörde steht Besuchern offen. Zu sehen sind Modelle der zwei Keck-Teleskope mit einem Durchmesser von 10 m, faszinierende Fotos und ein Teleskop, das auf den Mauna Kea gerichtet ist. Ehrenamtliche Mitarbeiter informieren über eine Tour auf den Gipfel des Mauna Kea.

Aktivitäten

★ **Mountain Road Cycles** RADFAHREN

(☎808-885-7943; www.mountainroadcycles.com; 64-1066 Mamalahoa Hwy; Fahrrad pro Tag ab 30 $; ⌚Mo–Fr 9.30–17.30, Sa 10–15 Uhr) Der Fahrradladen verleiht nicht nur Räder, sondern organisiert auch Mountainbike- und Straßentouren, die ab 50 $ kosten. Die Leute bevorzugen kleine Gruppen und engagierte Radfahrer, auch haben sie phantastische Tipps zum Radfahren auf Big Island.

Waimea (Kamuela)

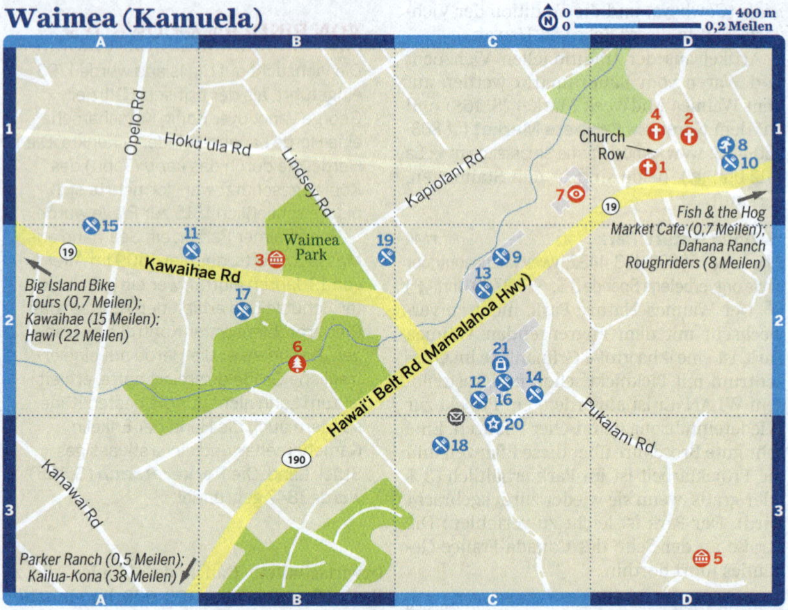

Waimea (Kamuela)

Sehenswertes
1 Church Row ... D1
2 Imiola Congregational Church ... D1
3 Isaacs Art Center ... B2
4 Ke Ola Mau Loa Church ... D1
5 Paniolo Heritage Center ... D3
6 Waimea Nature Park ... B2
7 WM Keck Observatory Office ... C1

Aktivitäten, Kurse & Touren
8 Mountain Road Cycles ... D1

Essen
9 Aka Sushi Bar ... C2
10 Big Island Brewhaus & Taqueria ... D1
11 Hawaiian Style Cafe ... A2
12 Healthways II ... C2
Kamuela Farmers Market ... (s. 5)
13 KTA Super Store ... C2
14 Lilikoi Cafe ... C2
Merriman's ... (s. 15)
15 Pau ... A2
16 Village Burger ... C2
17 Waimea Coffee & Co ... B2
18 Waimea Homestead Farmers Market ... C3
Waimea MidWeek Market ... (s. 5)
19 Waimea Town Farmers Market ... B2

Unterhaltung
20 Kahilu Theatre ... C3

Shoppen
Gallery of Great Things ... (s. 17)
21 Wishard Gallery ... C2

Geführte Touren

Big Island Bike Tours RADFAHREN
(☎800-331-0159; http://bigislandbiketours.com; 65-1480 Kawaihae Rd; Touren ab 159 $) Bietet jede Menge Radtouren auf der Big Island an, u. a. zur Hamakua Coast und ins Waipi'o Valley (beide 159 $); wer in anderen Inselteilen radeln möchte, kann sich auch Touren z. B. durch Ka'u (239 $) organisieren lassen. Das Unternehmen fährt Teilnehmer auch bis zu einem hoch gelegenen Punkt oberhalb Waimeas (35 $), wo sie bergab in den Ort radeln können.

Dahana Ranch Roughriders REITEN
(☎808-885-0057; www.dahanaranch.com; 90 Min. Erw./Kind 80/70 $; ⌚9, 11, 13 & 15 Uhr; 👪) Die Reitpferde sind American Quarter, die von *paniolo* (Cowboys) der dritten und vierten Generation aufgezogen und trainiert wurden. Im Angebot sind Ausritte im offenen Land für Kinder ab drei Jahren sowie Ausritte für Fortgeschrittene (115 $) und ein

Viehtrieb (150 $) für jene, die Galopp reiten können. Die Ranch, die einer indigenen hawaiischen Familie gehört, liegt 7,5 Meilen (12 km) östlich von Waimea am Mamalahoa Hwy. Reservierung erforderlich.

Festivals & Events

Waimea Ukulele & Slack Key Guitar Institute Concert MUSIK
(808-885-6868; www.kahilutheatre.org; Tickets ab 20 $) Das jährliche Konzert Mitte November ist eine super Gelegenheit, die Musikgrößen Hawaiis zu erleben. Headliner waren u. a. schon Ledward Ka'apana und Cyril Pahinui.

Waimea Paniolo Parade and Ho'olaule'a PARADE
(www.waimeatown.org; Mitte Sept.) Die Parade mit authentischen *paniolo* (Cowboys), Inselprinzessinnen und prächtigen Rössern beginnt im historischen Church Row Park und führt durch den Ort, gefolgt von einem lebhaften Jahrmarkt im Waimea Park. Findet im Zusammenhang mit den inselweiten Hawaii Island Festivals statt.

Waimea Cherry Blossom Heritage Festival KULTUR
(waimeacherryblossom@gmail.com; Parker Ranch Center & Church Row Park) Die dunkelrosa Kirschblüten werden am ersten Sonntag im Februar mit *taiko*-Trommeln, dem Stampfen von *mochi* (Klebreisküchlein) und anderen japanischen Traditionen begrüßt.

Christmas Twilight Parade WEIHNACHTEN
(http://waimeatown.org; Anfang Dez.) Anfang Dezember kommt die Stadt mit einem Straßenfest in *kalikimaka*-Stimmung (Weihnachtsstimmung).

Round-Up Rodeo RODEO
(808-885-7311; www.parkerranch.com; 67-1435 Mamalahoa Hwy, Parker Ranch Rodeo Arena; 8 $) Das peitschenknallende Event findet am ersten Montag im September nach dem Wochenende des Labor Day statt.

Essen

Das Essensangebot ist hier phantastisch. Lebensmittel gibt es im **KTA Super Store** (808-885-8866; www.ktasuperstores.com; 65-1158 Mamalahoa Hwy, Waimea Center; Take-away 8–11 $; 6–23 Uhr; P), einem großen Supermarkt mit einer Apotheke, und im Naturkostladen **Healthways II** (Kona Natural Foods; 808-885-6775; www.konanaturalfoods.net; 67-1185 Mamalahoa Hwy, Parker Ranch Center; Mo–Sa 9–19, So bis 17 Uhr; P); in beiden gibt es Delis.

Lohnend sind der **Waimea Homestead Farmers Market** (808-333-2165; www.waimeafarmersmarket.com; 67-1229 Mamalahoa Hwy; Sa 7–12 Uhr; P) und der MidWeek Market (S. 168).

Es versteht sich von selbst, dass dies Cowboy-Territorium ist und daher das Rindfleisch ziemlich gut ist.

★ **Aka Sushi Bar** SUSHI $
(808-887-2320; www.bigakasushi.com; 65-1158 Mamalahoa Hwy, Waimea Shopping Center; Sushi 5–14 $, Portionen 12–18 $ Di–Fr 10.30–14.30 & 17–20.30, Sa 17–20.30 Uhr, So & Mo geschl.; P) Der Standort in einer Ladenzeile ist zwar nicht schön, aber diese beliebte lokale Institution bietet Sushi, auch zum Mitnehmen, zu vernünftigen Preisen. *Nigiri* (längliche Sushi) und Röllchen haben einen hohen Fischanteil und alles ist frisch. Sehr probierenswert ist der saftige *hamachi kama* (gegrillte Schulter des Gelbschwanzfisches).

★ **Village Burger** BURGER $
(808-885-7319; www.villageburgerwaimea.com; 67-1185 Mamalahoa Hwy, Parker Ranch Center; Burger 8–14 $ Mo–Sa 10.30–20, So 10.30–18 Uhr) Burger-Feinschmecker werden beeindruckt sein. Die Frikadellen aus Rind-, Kalb- und Lammfleisch von der Big Island sind saftig und zart, auch die vegetarischen Variationen (Taro aus dem Waipi'o Valley oder Pilze aus Hamakua) sind lecker. Alle Hauptzutaten stammen von der Insel, abgerundet von frisch geschnittenen Pommes frites und „Epic Shakes", die wirklich super sind. Es gibt nur wenige Tische, aber viel Platz im angrenzenden Food-Court.

★ **Hawaiian Style Cafe** DINER $
(808-885-4295; http://hawaiianstylecafe.com; 64-1290 Kawaihae Rd, Hayashi Bldg; Gerichte 7,50–13 $; Mo–Sa 7–13.30, So 7–12 Uhr) Der Appetit ist riesig? Wer nach den Portionen in diesem beliebten Imbisslokal nicht satt ist, wird von uns mit Ehrfurcht (und vielleicht ein bisschen Abscheu) bedacht. Hier gibt's riesige Portionen *loco moco* (Reis, Spiegelei und Fleischklops mit Sauce oder anderen Beilagen), Pfannkuchen, gebratenen Reis, Burger und dergleichen. Nichts für Gesundheits- und Schlankheitsbewusste.

Waimea Town Farmers Market MARKT $
(http://waimeatownmarket.com; 65-1224 Lindsey Rd; Sa 7.30–12 Uhr) Der Bauernmarkt mit Verkaufsständen um eine Wiese hat eine

ABSEITS DER ÜBLICHEN PFADE

NEBENWEGE UM WAIMEA

Der **Old Mamalahoa Hwy**, eine beschauliche, dufterfüllte Nebenstraße, zweigt gleich westlich der Markierung Mile 52 rechts vom Hwy 19 ab (bei der Anfahrt von Hilo geht es an der Markierung Mile 43 gegenüber dem Tex Drive-In nach links und dann sofort rechts ab). Der 10 Meilen (16 km) lange Abstecher windet sich durch hügeliges Land mit kleinen Ranches, alten Holzzäunen und weidenden Pferden. Ausflügler sollten es langsam angehen lassen, einige Fotos schießen und einen Hauch des alten Waimea erleben. Es ist auch eine landschaftlich schöne Strecke für **Radtouren**, aber Radler sollten auf der engen, kurvigen Straße vorsichtig sein, besonders auf den waldigen Biegungen in Ahualoa.

Unermüdliche können auch die alte **Steinbruchhöhle** an der Straße 4 Meilen (6,5 km) vom Abzweig aus Richtung Waimea besichtigen. Der Eingang befindet sich an der Kurve, die von wurzelbewachsenen Felswänden verengt wird. Jenseits der welkenden Farne der östlichsten Höhle gibt es Abfall, Bierflaschen und ein Tunnellabyrinth, das von früheren Bergarbeitern gegraben wurde. Weitere Höhlen gleich westlich sehen wie zwei Augenhöhlen aus, deren Eingänge nur durch eine Kraxelei bergauf zu erreichen sind.

Eine weitere Nebenstraße ist die 44 Meilen (71 km) lange, schwierige **Mana Rd** nach Südosten, die sich um den Mauna Kea windet. Die Landschaften sind hier noch spektakulärer, mit weitem Bergblick und Grün, so weit das Auge reicht. Aber nach 1,7 Meilen (2,7 km) verstößt man gegen die Vertragsbedingungen für den Mietwagen, da dann die Straße zur Piste wird. Für die ganze Strecke ist ein guter Geländewagen nötig, aber dafür ist es wirklich eine kaum befahrene Straße. Sie ist auch prima für eine **Mountainbiketour**. Die Mana Rd beginnt an der Markierung Mile 55 am Mamalahoa Hwy.

freundliche, von Zusammenhalt gekennzeichnete Atmosphäre. Verkauft werden handgefertigte Lebensmittel, z. B. Pasta und Würste, frisch in einem mobilen Ofen gebackenes Brot, Produkte aus Ziegenmilch, lokales Meersalz und frische Säfte. Der Markt findet vor der Parker School statt.

Waimea MidWeek Market MARKT $
(☎808-747-4300; 67-139 Pukalani Rd; ⏰Mi 9–15 Uhr; P) Auf dem Wochenmarkt gibt's tolle Sachen, wie heimische Bioerzeugnisse, Honig, handgemachte Seifen, warme *plate lunches* und *paniolo*-Livemusik. Vor dem Stöbern lohnt ein Besuch des Paniolo Heritage Center (S. 164), ist ebenfalls in den Stallungen.

Lilikoi Cafe CAFÉ $
(☎808-887-1400; 67-1185 Mamalahoa Hwy, Parker Ranch Center; Mahlzeiten 7–15 $; ⏰Mo–Sa 7.30–16 Uhr; 🖉) Das heitere Café serviert gesunde, innovative Speisen wie Frühstücks-Burrito mit Ei, Tofu und süßer Paprika sowie deftige Gemüselasagne. Der „House Cocktail" (5,50 $) aus frischen Möhren, Äpfeln, Roter Bete und Ingwer verleiht neue Kräfte. Es liegt versteckt hinten in einem Einkaufszentrum.

Waimea Coffee & Co CAFÉ $
(☎808-885-8915; www.waimeacoffeecompany.com; 65-1279 Kawaihe Rd, Parker Sq; Sandwiches 3–12 $; ⏰Mo–Fr 6.30–15, Sa 7–12, So 8–12 Uhr; 📶) Ein lebhafter Ort für Espresso und leichte Speisen, falls man einen Terrassentisch erwischt. Wie zu erwarten stammt der exzellente Kaffee aus heimischem Anbau.

Big Island Brewhaus & Taqueria MEXIKANISCH $
(☎808-887-1717; www.bigislandbrewhaus.com; 64-1066 Mamalahoa Hwy; Hauptgerichte 7,50–16 $; ⏰Mo–Sa 11–20.30, So 12–20 Uhr; P) Die ausgezeichnete Brauereikneipe schafft perfekt die Verbindung von Bier und deftigen Speisen. Der Besitzer Thomas Kerns braut über ein Dutzend bemerkenswerter Biere, u. a. das White Mountain Porter, gewürzt mit Kaffee und Kokosnuss, und Golden Sabbath Belgian Ale, das ein tolles Aroma hat. Das Ambiente ist zwanglos und fast schon nachlässig. Das Essen stammt überwiegend aus dem Umland.

Fish and the Hog Market Cafe GRILL $$
(☎808-885-6268; 64-957 Mamalahoa Hwy; Sandwiches 10–13 $, Grillgerichte 15–26 $; ⏰11–20 Uhr; P) Grillgerichte sind nicht gerade das Essen, das die Leute mit Hawaii assoziieren, aber diese Insel liebt nun mal geräuchertes Fleisch. Das Restaurant serviert Rippchen, *pulled pork*, Rinderbrust und anderes über Kiawe-Holz geräuchertes Fleisch mit hausgemachten Barbecue-Saucen. Fischgerichte,

von *gumbo* bis Tacos, sind ebenfalls prima zubereitet. Etwas Platz sollte noch für die berühmte Bananencremetorte bleiben.

Pau PIZZA $$
(☎808-885-6325; www.paupizza.com; 65-1227 Opelo Rd, Opelo Plaza; Pizza 17–28 $; ⏱11–20 Uhr) Das zwanglose Lokal serviert verlässlich kreative, leckere und gesunde Salate, Sandwiches, Pasta und über ein Dutzend knusprige, dünnkrustige Pizzasorten.

★ **Merriman's** HAWAIISCH $$$
(☎808-885-6822; www.merrimanshawaii.com; 65-1227 Opelo Rd, Opelo Plaza; mittags 13–18 $, abends 28–58 $; ⏱Mo–Fr 11.30–13.30, tgl. 17.30–20 Uhr; P) Das Restaurant des Kochs und Besitzers Peter Merriman in Waimea lockt schon seit Langem Gäste mit seiner kreativen Verarbeitung von Biolebensmitteln von der Insel an. Heute gibt es vier Filialen dieses ursprünglichen Restaurants, das noch immer das Beste in der Stadt ist. Der in *ponzu* (japanischer Zitrussauce) marinierte *mahimahi*, im Wok gebratene *ahi* und die knusprige „Tasche" mit geschmolzener Schokolade sind Klassiker. Die Mittagsgerichte sind verhältnismäßig preiswert.

☆ Unterhaltung

★ **Kahilu Theatre** THEATER
(☎808-885-6868; www.kahilutheatre.org; 67-1185 Mamalahoa Hwy, Parker Ranch Center; ⏱Theaterkasse Mo–Fr 9–13 Uhr, Vorstellung zu unterschiedlichen Zeiten) Das Theater, ein Brennpunkt für Musik und Tanz, hat den Finger am Puls der Zeit auf Big island und bietet vielfältige Spitzenaufführungen – z. B. die hawaiischen Kultmusiker Brothers Cazimero, den neuesten Gewinner des Van-Cliburn-Klavierwettbewerbs und das jährliche Waimea Ukulele & Slack Key Guitar Institute Concert. Das aktuelle Programm steht auf der Website.

Shoppen

Wishard Gallery KUNST
(☎808-887-2278; www.wishardgallery.com; 67-1185 Mamalahoa Hwy, Parker Ranch Center; ⏱Mo–Sa 10–18, So 11–16 Uhr) Abgesehen von den eigenen Werken Harry Wishards – phantasievolle Landschaften, die in Häusern und Restaurants auf der ganzen Insel hängen – repräsentiert die Galerie über zwei Dutzend andere Künstler. Bemerkenswert sind Ethan Tweedies hinreißende Panoramen des Mauna Kea auf Aluminum.

Gallery of Great Things KUNSTHANDWERK
(☎808-885-7706; www.galleryofgreatthingshawaii.com; 65-1279 Kawaihae Rd, Parker Sq; ⏱Mo–Sa 9–17.30, So 10–16 Uhr) Die unprätentiöse Galerie steckt voller Antiquitäten, hochwertiger Kunst und Sammlerstücken aus Hawaii, Polynesien und Asien. Zu den hawaiischen Arbeiten gehört auch *kapa:* Stoffe aus Bast, die aufwendig auf traditionelle Weise handgefertigt werden. Es gibt für jeden Geldbeutel etwas im Angebot.

ℹ Praktische Informationen

North Hawaii Community Hospital (☎808-885-4444; www.nhch.com; 67-1125 Mamalahoa Hwy; ⏱24 Std.) Notaufnahme rund um die Uhr.

Post (☎808-885-6239; 67-1197 Mamalahoa Hwy; ⏱Mo–Fr 9–16.30, Sa 9–12 Uhr) Alle Post nach Waimea muss nach Kamuela adressiert werden.

ℹ An- & Weiterreise

Kailua-Kona ist 37 Meilen (60 km) über den Hwy 190 entfernt, Hilo 51 Meilen (82 km) über den Hwy 19. Wer die Kohala-Küste erkunden will, kann auch den Hwy 19 nach Kailua-Kona.

Montags bis samstags fährt der Hele-On-Bus (www.heleonbus.org) von Waimea (Parker Ranch Center) nach Kailua-Kona und nach Hilo.

Mauna Kea & die Saddle Road

☎ 808

Inhalt ➜

Mauna-Kea-Webcams

- Keck Cosmic Cams (www.keckobservatory.org/video)
- Gemini Cloud Cams (www.gemini.edu/sciops/telescopes-and-sites/weather/mauna-kea/cloud-cam)
- CFH Telescope Timelapse Webcam (www.cfht.hawaii.edu/webcam)
- MKVIS Live Allsky Cam (www.ifa.hawaii.edu/info/vis/photo-gallery/live-webcam.html)
- NASA Infrared Telescope Facility Cameras (http://irtfweb.ifa.hawaii.edu/~irtfcameras)
- Subaru Telescope Webcams (www.naoj.org/Weather)

Auf zum Mauna Kea & zur Saddle Road

Die grasbewachsenen, von Lavagestein durchzogenen Ebenen zwischen den massiven Schultern des Mauna Loa und Mauna Kea sind eine eindrückliche, aber karge Mondlandschaft. Hier wird das Gefühl, klein und unbedeutend zu sein, ausgesprochen intensiv.

Das Militär baute die Saddle Road in großer Eile, um den Truppentransport auf der Insel zu gewährleisten. Die Originalstrecke war mit ihren engen Kurven, nicht einsehbaren Bergkuppen und der schlechten Fahrbahnoberfläche eine abschreckende, gefährliche Route und die meisten Autovermietungen verboten Kunden ausdrücklich, sie mit ihren Mietwagen zu befahren. Inzwischen ist die Straße offiziell in Daniel K. Inouye Hwy umbenannt und die umfassenden Umbauarbeiten an der Saddle Road sind nun fast abgeschlossen; bei der Sanierung hat man ihr auch gleich die Krallen gestutzt. Sie ist dadurch nicht weniger beeindruckend – sie gewährt einen umwerfenden Blick quer über das einsame Herz von Big Island (sofern dieser nicht durch Nebel behindert wird, der nach wie vor ein ernst zu nehmendes Risiko darstellt).

Kurz vor Meile 42 knickt die alte Straße nach Norden, Richtung Waimea, ab, während der neue Abschnitt auf einer Strecke von 9 Meilen (14 km) 900 m abfällt und zum Hwy 190 führt.

Reisezeit

November–März In den Höhenlagen schneit der Winter herein und beeinträchtigt die Bedingungen auf Straßen und Wanderwegen – das Autofahren und Trekking birgt zu dieser Zeit mehr Risiken. Auch in den übrigen Monaten kann Schnee fallen.

August & Dezember Einen Meteorschauer vom Mauna Kea aus mitzuverfolgen, ist ein so tolles Erlebnis, dass es sich lohnt, die Reiseplanung danach auszurichten. Infos bietet StarDate (http://stardate.org/nightsky/meteors). Verlässliche Sternschnuppenschwärme bieten die Perseiden (August) und Geminiden (Dezember).

Highlights

1 Mauna-Kea-Gipfel (S. 178) Zwischen den beeindruckenden Teleskopen stehen und über die Weiten des Himmels und des Universums nachsinnen.

2 Subaru Telescope (S. 178) Das Innenleben eines riesigen Präzisionsinstruments inspizieren.

3 Lake Wai'au (S. 178) Den hawaiischen Göttern der Erde und des Himmels am Nabel *(piku)* von Big Island seine Aufwartung machen.

4 MKVIS Stargazing (S. 181) Auf dem Dach der Welt eine visuelle Reise durch den Kosmos starten.

5 Mauna Loa Observatory Trail (S. 172) In den gähnenden Schlund des weltweit größten Vulkans blicken.

WANDERN AM MAUNA KEA

MAUNA LOA OBSERVATORY TRAIL

START/ZIEL MAUNA LOA OBSERVATORY
LÄNGE EINFACHE STRECKE 6,4 MEILEN (10 KM); EIN TAG

Der Aufstieg vom Mauna Loa Observatory aus, bei dem man 762 m an Höhe gewinnt, ist zwar die einfachste Wanderroute auf den Gipfel des Mauna Loa, dennoch ist sie steil und kräftezehrend – und ein außergewöhnliches Erlebnis. Achtung: Es kann jederzeit schneien. Taschenlampen sind wichtig, man wird länger unterwegs sein als gedacht.

Früh aufbrechen! Wenn am Nachmittag Wolken aufziehen, sollte man schon wieder auf dem Rückweg sein und der Gipfel hinter einem liegen. *Ahu* (Steinhaufen) dienen als Wegmarkierungen, sind aber im Nebel nicht zu sehen. Dann nicht weiterwandern, sondern einen Unterstand suchen (entlang des Trails gibt es mehrere kleine Tunnel und Höhlen), bis die Sicht wieder klar ist, selbst wenn das erst am nächsten Morgen ist. Die Gefahr, sich hier oben zu verirren, ist zu groß.

Bis zur Kreuzung mit dem **Mauna Loa Trail** (S. 250; eine alternative mehrtägige Rucksackwanderung zur Spitze) sind es fast 4 Meilen (6 km). Für die kontinuierliche Steigung (um die 600 m) sollten drei Stunden eingeplant werden. Hilfreich ist ein langsamer, gleichmäßiger Rhythmus mit nur kurzen Pausen. Bei Anzeichen von Höhenkrankheit sofort umkehren! Nach etwa zwei Stunden erreicht man die Grenzen des Hawai'i Volcanoes National Park. Die alten Lavaströme schillern in Saphirblau, Türkis, Silbern, Ocker, Orange, Gold und Magenta.

An der Wegkreuzung raubt einem der majestätische Anblick der Gipfelcaldera Moku'aweoweo den Atem (oder ist es doch nur die Anstrengung …?). Wanderer können entweder noch mal 2,6 Meilen (4 km; ca. 3 Std.) auf dem Summit Trail zum Gipfel (4169 m) laufen oder auf dem 2,1 Meilen (3 km) langen Mauna Loa Cabin Trail die Caldera erkunden. Die zweite Option verspricht noch tollere Panoramen der Caldera und einen schwindelerregenden Blick in die Tiefen des **Lua Poholo** (Fallender Schacht), einen Schachtkrater, der nach innen einstürzte, als Lava vom Gipfel abfloss. Beide Etappenziele abzugrasen, wäre eine extreme Herausforderung.

Der Abstieg dauert nur halb so lang; hin und zurück dauert die Tour – je nach gewähltem Ziel – sieben bis zehn Stunden. Wanderer brauchen reichlich Wasser und Proviant, eine Taschenlampe, Regenkleidung, Stiefel, eine Winterjacke und eine Mütze, denn hier ist es ganzjährig kalt und windig.

Tageswanderungen sind genehmigungsfrei, für eine Übernachtung in der Mauna Loa Cabin holt man sich tags zuvor im **Backcountry Office** (S. 265) des Hawai'i Volcanoes National Parks eine Genehmigung für 10 $ pro Gruppe. Die dortigen Ranger kennen den aktuellen Zustand der Wanderwege und wissen, wie viel Regenwasser in der Hütte zur Verfügung steht.

Toiletten gibt's weder am Ausgangspunkt des Trails noch am Mauna Loa Observatory.

PU'U HULUHULU TRAIL

Der einfache, 0,6 Meilen (1 km) lange **Wanderweg** (Kreuzung Saddle Rd & Mauna Kea Rd) auf den Aschekegel **Pu'u Huluhulu** (Shaggy Hill; 2060 m) ist ein netter Appetitanreger und bietet Gelegenheit zum Akklimatisieren, bevor man sich an den Mauna Kea heranwagt. In einer *kipuka* (Vulkanoase) gelegen klettert der zwanzigminütige Weg durch geschützten heimischen Wald den Hügel hinauf. Oben angekommen eröffnet sich bei klarem Himmel ein Panoramablick auf den Mauna Kea, Mauna Loa und Hualalai. Die Tore geschlossen halten.

LAKE WAI'AU & MAUNA KEA ADZ QUARRY

START/ZIEL MAUNA KEA ACCESS RD, PARKPLATZ BEI MEILE 6
LÄNGE HIN & ZURÜCK 3,6 MEILEN (6 KM); 2 STUNDEN

Diese Wanderung führt zu zwei der wichtigsten Kulturstätten auf dem Mauna Kea.

Zunächst läuft man vom Parkplatz aus ein Stück auf der Straße zurück (ca. 100 m), um den nicht sehr gut erkennbaren Weg

Eisige Winde fegen über Federgrasfelder und graue Geröllhänge. Tropisches Hawaii? Fehlanzeige. Doch die Wanderwege und Mondlandschaften um den Mauna Kea sind zweifellos zauberhaft und einzigartig.

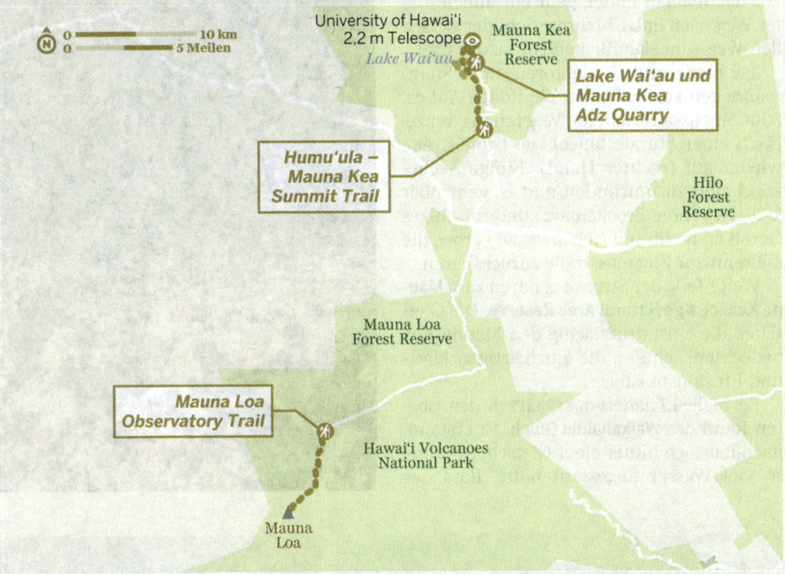

nach Westen zu einem Schild mitten im Tal zu finden. Linker Hand ragt der **Pu'u Wai'au** auf. Von den umliegenden Schlackekegeln unterscheiden ihn die hellere Farbe und die Erosionsfurchen. Dampf, heißes Wasser und Schwefel drangen durch den Kegel und sorgten für feineres Gestein.

Der Weg führt bergab, bis er auf den **Mauna Kea Summit Trail** trifft. Geradeaus weitergehen und den Sattel gleich westlich überqueren, dann erblickt man den winzigen **Lake Wai'au** (S. 178) unterhalb. Magere 20 cm Regen pro Jahr reichen offenbar – der heilige See trocknet nicht aus.

Es geht zurück zur Wegkreuzung, dieses Mal biegt man jedoch nach Süden ab und spaziert auf dem Summit Trail bergab. Dabei fallen die hellgrauen „Flecken" ins Auge, diese **Sedimente** aus pulverisierter Lava sind durch Bewegungen der Gletscher entstanden, die den Berggipfel einst bedeckten. Ebenfalls auffällig sind die dunkleren, fast schwarzen Felsnasen. Wenn Lava unter einer Eisschicht austritt und durch die Kälte rasch abkühlt, können dichte, feinkörnige Basaltblöcke entstehen, aus denen die alten Hawaiianer die Köpfe ihrer Querbeile fertigten.

Genau eine Meile (1,6 km) unterhalb der Wegkreuzung zeugt ein erstaunlicher „Berg" aus schwarzen Spänen von jahrhundertelanger Querbeilherstellung aus harten Steinblöcken, die in dem **Bruch** (S. 179) in der Nähe abgebaut wurden.

Dies ist ein heiliger Ort, deshalb: Alle Felsbrocken an ihrem Platz lassen!

HUMU'ULA, DER MAUNA KEA SUMMIT TRAIL

START MAUNA KEA VISITOR INFORMATION STATION
ZIEL UH-2,2-M-TELESKOP
LÄNGE EINFACHE STRECKE 6 MEILEN (10 KM); 5 STUNDEN

Aufbruch am besten vor 6 Uhr morgens. Bis zum Gipfel sind es gewöhnlich fünf Stunden, der Rückweg dauert halb so lang – und dazwischen soll ja auch noch etwas Zeit zum

Entdecken bleiben. In der Visitor Information Station (S. 182) gibt's die Registrierung und noch ein paar Tipps. Zum rauen Wetter können Schnee und Windgeschwindigkeiten von 160 km/h gehören.

Von der Visitor Information Station geht man ca. 300 m die Straße hinauf Richtung **Onizuka Center for International Astronomy**. Wo der Asphalt endet, geht ein unbefestigter Weg nach links. Mehrere Schilder weisen den Weg zum eigentlichen Humu'ula Trail.

T-Pfosten mit Reflektoren und Steinmännchen kennzeichnen die Route. Auf ca. 3000 m passiert man die Vegetationsgrenze. Nach einer Stunde taucht die Gipfelstraße wieder auf (rechter Hand). Einige Aschekegel sind zu umrunden und es geht über *'a'a*-Lava (raue Brockenlava) und rutschiges Geröll an mehreren Nebenwegen vorbei, die allesamt zur Zugangsstraße zurückführen.

Weite Teile der Strecke gehören zum **Mauna Kea Ice Age Natural Area Reserve**. Die Gletscher, die einst großflächig den Mauna Kea bedeckten, schufen die einzigartigen Lava- und Erosionsmuster.

Bei Meile 1,7 nähert man sich z. B. dem oberen Rand des **Waikahalulu Gulch**. Er erstand, nachdem sich hinter einer Gletschermoräne so viel Wasser angestaut hatte, dass der

GALYNA ANDRUSHKO/SHUTTERSTOCK ©

Mauna Kea

Lake Wai'au

Druck zu groß wurde und sich eine gewaltige Sturzflut tief in den Hang hineingrub. Der härteste Wegabschnitt ist hier geschafft.

Bei Meile 3,1 nach dunkelgrauen oder schwarzen Basaltformationen Ausschau halten. Schon die alten Hawaiianer wussten, wie kostbar Basalt war. Sie legten einen **großen Steinbruch** (S. 179) an und fertigten Beilköpfe aus dem abgebauten Basalt. Der Weg verläuft gleich westlich eines beeindruckenden Felsspanhaufens. Er entstand vermutlich im Verlauf von mehreren hundert Jahren, während Handwerker vor ihren Höhlen hockten und den Fels bearbeiteten.

An der Wegkreuzung bei Meile 4 führt ein Abstecher gen Westen in zehn Minuten über den Sattel zum **Lake Wai'au** (S. 178), dem heiligen *piku* von Hawaii. Vermutlich lag dieser Ort zur Zeit der Gletscherschmelze unter Wasser, das schließlich ablief und den **Pu'u Pohakuloa Gulch** formte.

Zurück am Vier-Wege-Kreuz hält man sich Richtung Norden (bergauf). Dies ist die letzte Etappe zur Mauna Kea Summit Rd (Parkplatz). Urplötzlich liegt das **Millimeter Valley** vor einem, benannt nach den dortigen Observatorien (Submillimeter und Millimeter). Offiziell endet der Weg bei Meile 7 der Access Rd, der tatsächliche Gipfel ist aber noch mal 1,5 Meilen (2 km) entfernt.

Für die indigenen Hawaiianer ist die Gipfelzone weit mehr als nur ein Punkt auf der Landkarte, wer trotzdem seinen Stiefel auf den **Pu'u Wekiu** (S. 180), Mauna Keas „wahren" Gipfel setzen möchte, läuft weiter bis zum **UH-2,2-m-Teleskop** (S. 181). Dort startet der kurze Pfad zur Spitze. Doch nicht vergessen: Dies ist ein heiliger Berg und viele meinen, dass er schon genug unter der Erschließung hat leiden müssen.

Zurück geht's den gleichen Weg, mit dem Panorama direkt vor Augen, nicht mehr im Rücken. Das gilt allerdings auch für den Wind. Falls es zu stark pustet, die Zufahrtsstraße anstelle des Wanderwegs nehmen. Diese Route ist 2 Meilen (3 km) länger, aber leichter zu laufen, vor allem bei schwindendem Tageslicht.

AUTOTOUR: MAUNA KEA ACCESS ROAD

Diese Straße windet sich von einzigartigen Vulkanformationen zu den glitzernden Kuppeln des Astronomy Precinct. Hawaiis Tropeninselklischee scheint Lichtjahre entfernt.

1 Pu'u Huluhulu

Dieser unvergessliche Road Trip auf das Dach von Big Island in einer luftigen Höhe von 4199 m beginnt auf respektablen 2005 m. Deshalb lohnt es sich, einen Moment zu verweilen, um **Pu'u Huluhulu**, die bewaldete *kipuka* (Oase) auf der anderen Seite des Highways zu erkunden und die Lunge schon mal an die dünnere Luft zu gewöhnen. Die Höhenkrankheit kann jeden erwischen und die Fahrtüchtigkeit einschränken.

Der Auftakt der Mauna Kea Access Rd, auch als Mauna Kea Summit Rd oder John A. Burns Way (der zweite Gouverneur von Hawaii) bekannt, ist entspannt. Es geht durch Grasland, vorbei an einem Schild, das vor (unsichtbaren) Kühen warnt, in Richtung der historischen **Humu'ula Sheep Station** (S. 180).

Die Route > Fährt man weiter Richtung Mauna Kea, kommt man bis Meile 6 und einer Off-Road-Piste an ein paar Aschekegeln vorbei. Letztere markiert den Anfang eines echten Jeep-Abenteuers abseits der üblichen Pfade: Die 37 Meilen (60 km) lange Kahinahina Rd führt einmal rund um den Berg zur Saddle Road zurück.

2 Mauna Kea Visitor Information Station

Am **Besucherzentrum** (S. 182) halten, um sich zu akklimatisieren, die Straßenbedingungen zu klären und nachzusehen, ob eventuell noch ein paar Traveller eine Mitfahrgelegenheit brauchen! Den Kilometerzähler auf Null stellen; die Meilenmarkierungen beginnen hier und an ihnen orientieren sich unsere Angaben.

Das **Onizuka Center for International Astronomy**, in dem Gastforscher und Observatoriumsmitarbeiter wohnen, rechts liegen lassen. Das Zentrum ist nach dem in Hawaii geborenen Ellison Onizuka benannt, dem ersten asiatisch-amerikanischen Astronauten im Weltall. Er kam bei der Challenger-Explosion ums Leben.

Die Route > Für die Weiterfahrt empfiehlt sich dringend ein Jeep. Autos mit Zweiradantrieb (auch SUVs) geraten auf dem Weg nach oben ins Schlingern und graben Furchen in die ansonsten gleichmäßige Schotteroberfläche. Außerdem ist kein Gang niedrig genug, um den Berg heil wieder hinunterzukommen. Die Steigung beginnt ziemlich unmittelbar hinter dem Zentrum. Vorsicht walten lassen und nur an ausgewiesenen Stellen parken.

3 Apollo Valley

Bei Meile 4,4 geht's an einer Kiesbucht vorbei. Direkt östlich erstreckt sich ein graues Schotterareal mit dem Spitznamen **Apollo Valley** (S. 180). Hier haben sich im Lauf der Jahrzehnte schon so einige Astronauten und Ingenieure auf Mond- und Marsmissionen vorbereitet. Die Oberfläche besteht aus Till; dieses Sediment entstand, als gewaltige Eisflüsse das Lavagestein darunter zu Staub zermahlten. Noch vor 13 000 Jahren bedeckten bis zu 170 m dicke Gletscher den Mauna Kea, dessen geologische Merkmale deshalb untypisch sind für die Vulkane auf Hawai'i. Bei Meile 5,1 gibt's einen Parkplatz.

Die Route > Auf der Access Rd weiterfahren bis Meile 5,6.

4 Very Long Base Array

Bei Meile 5,6 knickt eine Nebenstraße nach Osten zur westlichsten Antenne des **Very Long Base Array** (S. 180) ab. In westlicher

Start Kreuzung Saddle Rd und Mauna Kea Access Rd

Ziel UH-2,2-m-Teleskop

Länge 15 Meilen (24 km); 1½ Stunden plus

Richtung erblickt man vielleicht Erhebungen aus schwarzem Fels; von hier kann man das Ausmaß der **Mauna Kea Adz Quarry** (S. 179) kaum erahnen. Aus dem Bruch stammt das härteste Gestein der Insel. Der dichte, feste Basalt entstand, als unter Gletschern austretende Lava beim Kontakt mit dem Eis innerhalb kürzester Zeit abkühlte.

Die Route > Zurück auf der Mauna Kea Access Rd ist es nicht einmal eine Meile (1,6 km) bis zur nächsten Station.

5 Lake Wai'au

Bei Meile 6,5 startet der Weg zum Steinbruch und zum Lake Wai'au, ein Abstecher in die heiligen Gefilde des Mauna Kea. Wer in westlicher Richtung den Pfad hinauf blickt, entdeckt die hellere, fast schon gelblich-orange Schlacke des Pu'u Wai'au. Geologen vermuten, dass heißes Wasser und Schwefelgas die Asche in einen feinen, lehmartigen Silt verwandelt haben. Deshalb zeigt der Kegel deutlichere Spuren von Wassererosion.

Die Route > Der Access Rd bis Meile 7,4 folgen. Wenn man um die Flanke des Pu'u Haukea herumfährt, tauchen nach und nach die funkelnden Kuppeln der Observatorien auf. Die hier ansässigen Forschungseinrichtungen haben einen Wert von 600 Millionen Dollar!

6 Teleskope & Zwillinge

Bei Meile 7,4 gabelt sich die Straße; beide Routen führen auf der teilweise asphaltierten Gipfelschleife zu den einzelnen Observatorien. Uns ist die rechte Abzweigung sympathischer. Sie führt die letzten 1,2 Meilen (2 km) im Zickzack zu dem Parkplatz neben dem **UH-2,2-m-Teleskop** (S. 181) hinauf, wo man einen traumhaften Blick auf die Gipfelcaldera und die Landschaft dahinter hat.

Willkommen auf dem Dach des Pazifiks! Anschließend sollte man unbedingt die **Keck Twins** besuchen, zwei der größten astronomischen Teleskope der Welt.

An- & Weiterreise

Ostwärts auf dem Hwy 200 Richtung Hilo gabelt sich die Straße bei der 6-Meilen-Markierung. Der Hwy 200 knickt unter dem Namen Kaumana Dr nach Nordosten ab und führt in die Innenstadt, der Hwy 2000 passiert die Vororte auf dem Weg zum Hwy 11. Die Abzweigung ist leicht zu verpassen.

Am anderen Ende leitet eine neue Route bei Meile 41,6 den Verkehr Richtung Kailua-Kona, die Old Saddle Road führt rechts nach Waimea.

Entlang der Saddle Road gibt es weder Tankstellen noch andere Serviceeinrichtungen.

Mauna Kea

Der Mauna Kea (White Mountain) wird in der indigenen Kultur Mauna O Wakea (Berg von Wakea) genannt. Big Island gilt als das erstgeborene Kind von Wakea (Himmelsvater) und Papahanaumoku (Erdmutter) und der Mauna Kea ist der heilige *piku* (Nabel), der das Land mit dem Himmel verbindet.

Für die Wissenschaft wurde der Berg 1968 interessant, als Mitarbeiter der University of Hawai'i (UH) begannen, von seinem Gipfel aus die Weiten des Universums zu erforschen. In diesen luftigen Höhen ist es so trocken, dunkel und sauber (keine Licht- und Luftverschmutzung), dass man noch in die entlegensten Winkel des beobachtbaren Weltalls spähen kann.

Die „Golfbälle" – die weißen Observatorien auf dem Gipfel, die die Skyline beherrschen – stoßen vielen Hawaiianern übel auf. Sie sind nicht per se gegen die Wissenschaften, befürchten jedoch, dass die ungehemmte Bebauung des Mauna Kea eine Gefahr für die *wahi pana* (heilige Orte wie Tempel und Begräbnisstätten) darstellt. Die Erschließung geht mit mehr Müll, Vandalismus und Umweltverschmutzung (etwa durch austretendes Quecksilber) einher. Besucher sollten deshalb bewusst und respektvoll mit diesem Ort umgehen und keinen Müll hinterlassen.

Sehenswertes

★ Gipfelzone
WAHRZEICHEN

Mit einer Höhe von 4205 m thront der Gipfel des Mauna Kea oberhalb von 90 % des Wasserdampfs und 40 % der Atmosphäre der Erde. Das sind offensichtlich die idealen Bedingungen für Observatorien, die in der Gipfelzone wie Pilze aus dem Boden geschossen sind. Sie glitzern in der Sonne und heben sich von der öden Landschaft ab. Der Anblick lässt an eine Menschenkolonie auf einem außerirdischen Planeten denken. Tatsächlich handelt es sich um die bedeutendste Ansammlung von Teleskopen weltweit. Man spürt förmlich, wie Erkenntnisse und Wissen aus dem Himmel herausgesaugt werden!

★ Lake Wai'au
ARCHÄOLOGISCHE STÄTTE

Auf einer Insel mit einem auffälligen Mangel an Oberflächenwasser ist das Vorhandensein eines winzigen Sees wie des Lake Wai'au auf einem porösen Lavaberg geradezu rätselhaft. Der hawaiische Volksmund sagt, dass der See keinen Grund hat und Himmel und Erde miteinander verbindet. Als *piku* der Inselkette ist sein Wasser ganz besonders heilig. Manche Einheimische legen die Nabelschnur ihrer neugeborenen Babys in den See, auf dass eine enge Bindung zu den Göttern entstehe. Diesen Ort als bedeutungsschwer zu beschreiben, ist noch untertrieben.

Geologen sind uneins darüber, was das Wasser an diesem Fleck hält: glazialer Schluff (oder Silt) oder Permafrost ... in den Tropen! Noch vor 13 000 Jahren bedeckten Gletscher den Gipfel und es könnte sein, dass sich bei Eruptionen unter der Eisdecke feine Asche bildete. Permafrost wurde auf dem Kegel des nahen **Pu'u Wekiu** entdeckt, hier ist jedoch noch keiner nachgewiesen worden. Am wahrscheinlichsten erscheint die dritte Theorie, nach der sich ausbreitendes Schwefelgas die Zusammensetzung der Asche veränderte, wodurch Mergel entstand. Gespeist wird der See derweil eindeutig von Regen und Schnee. Dies zeigte sich, als er 2015 nach einer langen Dürreperiode beinahe austrocknete.

Besucher stellen ihren Wagen gleich hinter dem 6-Meilen-Marker an der Ostseite der Mauna Kea Access Rd auf der asphaltierten Fläche ab. Der ca. 1 km lange Pfad zum Lake Wai'au ist auf der Westseite der Straße und beginnt ein kurzes Stück wieder den Hügel hinunter.

★ Subaru Telescope
OBSERVATORIUM

(☎808-934-7788; www.subarutelescope.org; ⏲Führungen Di–Do Englisch/Japanisch 11.30/10.30 & 13.30 Uhr) GRATIS Bei seiner Inbetriebnahme 1999 war das japanische Subaru Telescope die teuerste Sternwarte aller Zeiten. Der 22 t schwere Hauptspiegel hat einen Durchmesser von 8,2 m und ist einer der größten optischen Spiegel der Welt. Vor Kurzem wurde mithilfe des Teleskops eine 3-D-Karte von 3000 Galaxien erstellt; sie belegt, dass Einsteins Relativitätstheorie bis heute Gültig-

Mauna Kea – Gipfelzone

Mauna Kea – Gipfelzone

Highlights

1 Lake Wai'au B4
2 Mauna Kea – Gipfelzone B1

Sehenswertes

3 Pu'u Wekiu C2
4 Subaru Telescope B1
5 University of Hawai'i 2,2 m Telescope C2
6 WM Keck Observatory B1

keit hat. Führungen finden auf Englisch oder Japanisch statt; leider gehört ein Blick durch das Teleskop nicht dazu. Die Plätze sind dennoch schnell ausgebucht. Frühzeitig online reservieren!

WM Keck Observatory OBSERVATORIUM
(808-935-6268; www.keckobservatory.org; Besuchergalerie Mo–Fr 10–16 Uhr) GRATIS Spiegel mit einem Durchmesser von mehr als 8 m wiegen so viel, dass die Schwerkraft sie bei Bewegung verzieht. 1993 konnte dieses Manko durch Kecks revolutionäre Teleskopbauweise beseitigt werden. Man brachte 36 hexagonale Spiegelsegmente an, die einzeln justiert wurden, aber als ein großer Spiegel mit einem Durchmesser von 10 m zusammenwirken. Die Ergebnisse waren so gut, dass 1996 nebenan Keck II errichtet wurde. Die Darstellungen in der Besuchergalerie sind knapp, es gibt öffentliche Toiletten und man kann einen Blick in die Kuppel von Keck I werfen.

Mauna Kea Adz Quarry HISTORISCHE STÄTTE
(Keanakako'i) In den über ein 12 km² großes Gelände verteilten Steinbrüchen gewann man tonnenweise sehr dichten, feinkörnigen Basalt (Hawai'iite genannt), aus dem ein Werkzeug ähnlich einer Axt hergestellt wurde: die Dechsel (Querbeil). Wie aufwendig das war, ist erst nachvollziehbar, wenn man neben einem der riesigen Haufen übrig-

ABSEITS DER ÜBLICHEN PFADE

MANA ROAD

Die 50 Meilen (80 km) lange Mana Rd (manchmal auch Keanakolu Rd genannt) ist eine Jeepstrecke. Sie kurvt um den Mauna Kea herum nach Waimea und bietet Landschaftspanoramen noch und nöcher. Zudem findet sich hier ein Denkmal für den schottischen Botaniker David Douglas, nach dem die Douglasfichte benannt ist.

1833 wanderte der damals 35-jährige Douglas allein in dieser Gegend und stürzte in eine Grube – eine Falle für wilde Bullen. Leider war die Grube schon „belegt" und Douglas wurde aufgespießt. So (oder so ähnlich) sagt man. Einer anderen Erzählung zufolge war Douglas' Sturz kein Unfall, sondern wurde von einem entflohenen Sträfling mit einer Axt herbeigeführt.

Das erste Stück Schotterstraße ab der Saddle Road ist annehmbar, doch das Vorankommen wird zunehmend mühsamer, wenn es auf das Denkmal – Dr's Pit (Grube des Doktors) genannt – zugeht, das 17,6 Meilen (28 km) weiter entfernt liegt. **Keanakolu Ranger & Bunkhouse Cabins** (http://camping.ehawaii.gov; Hütten 50–90 $) liegen ein paar Meilen dahinter.

Auf der Waimea-Seite kann die Straße holprig sein (aktuellen Zustand klären), auf einem Mountainbike – unser bevorzugtes Fortbewegungsmittel auf dieser Route – ist sie aber jederzeit zu bewältigen.

gebliebener Späne steht. Die Adz Quarry liegt am **Mauna Kea Trail** (Humu'ula Trail; S. 173), 1,2 Meilen (1,8 km) unterhalb der Kreuzung mit dem Lake Wai'au Trail. Sie ist eine National Historic Landmark (nationales historisches Wahrzeichen) und gilt als heiliger Ort.

Thirty Meter Telescope (in Planung) OBSERVATORIUM

(TMT; www.tmt.org) Wer hinter den „Keck-Zwillingen" den Blick in Richtung Nordwesten schweifen lässt, erspäht ... nichts. Noch. Denn dort soll das TMT entstehen, und zwar in der Keck-Wabenbauweise, nur größer (492 Einzelspiegel!). Wenn es fertig ist, wird es das fortschrittlichste und leistungsstärkste optische Teleskop der Welt sein und dabei helfen, die größten Geheimnisse des Universums offenzulegen. Gebaut wird das TMT in jedem Fall; falls sich eine Gruppe entschiedener Gegner des Projekts (S. 181) durchsetzen kann, allerdings nicht auf dem Mauna Kea.

Very Long Base Array OBSERVATORIUM

(National Radio Observatory; http://science.nrao.edu/facilities/vlba) Dies ist eins von zehn identischen Radiointerferometern zwischen Mauna Kea und St Croix auf den Virgin Islands, 8600 km entfernt. Das 85 Millionen Dollar schwere Projekt startete 1993 und hat bereits mehrere seinen Dimensionen entsprechende Aufgaben in Angriff genommen. Dazu gehören ein vollständiges 3-D-Modell der Milchstraße und die Ermittlung genauerer Werte zur Masse schwarzer Löcher. Die Observatorien werden von einer Basisstation in Socorro, New Mexico, aus gesteuert. Zu finden an der Access Rd bei Meile 5.

Apollo Valley HISTORISCHE STÄTTE

(Moon Valley) Gleich hinter der 4-Meilen-Markierung erstreckt sich an der Ostseite der Gipfelstraße ein ausgewaschenes Tal voller gräulichem Gletschersediment (Till) und Felsen, das an den Mond denken lässt. Tatsächlich ist die Ähnlichkeit so frappierend, dass Apollo-Astronauten hier für ihre Missionen trainierten. Im Lauf der Jahre wurden zudem Mond- und Marsfahrzeuge auf dem Gelände getestet; die Reifenspuren sind z. T. noch immer zu sehen. Nur in den ausgewiesenen Bereichen parken.

Humu'ula Sheep Station HISTORISCHE STÄTTE

Ein Jahrhundert grasten Schafe auf den hiesigen Weiden; davon zeugen die nahen Felsmauern, die von japanischen Arbeitern errichtet wurden, und die Schafstation Humu'ula an der Ecke Saddle Rd und Mauna Kea Access Rd. 1963 beherbergte die Anlage nicht länger Schafe, sondern wurde bis 2002 für den Viehbetrieb genutzt, was rentabler war.

Pu'u Wekiu BERG

(True Summit) Hawaiianer, die sich der Bewahrung der indigenen Kultur verschrieben haben, bitten Besucher um einen respektvollen Umgang mit dem eigentlichen Gipfel (True Summit) des Mauna Kea, der als heilig gilt. Den Wanderweg sollen sie nicht bis zur

Spitze des Schlackekegels (4205 m) hochlaufen. Er befindet sich gegenüber dem **UH-2,2-m-Teleskop** (UH 2,2, UH 88), wo es zahlreiche Parkgelegenheiten gibt. Bereits dort, auf 4199 m, hat man einen atemberaubenden Blick bei Sonnenuntergang. Abgesehen davon sorgen peitschender Wind, die kräftezehrende Höhe und die extreme Kälte nicht unbedingt für ein lauschiges Ambiente.

Aktivitäten

Informationen zum Mauna Kea Summit Trail stehen auf S. 173.

★ MKVIS Stargazing Program STERNE BEOBACHTEN
(www.ifa.hawaii.edu/info/vis; 18–22 Uhr;) GRATIS Die Mauna Kea Visitor Information Station (MKVIS) bietet jeden Abend die Möglichkeit, die Sterne zu beobachten. Außerhalb der Station stehen einige Teleskope, die auf jeweils ein bestimmtes Himmelsobjekt eingestellt sind. An einem ganz normalen Abend kann man so einen Blick auf den Ringnebel, die Andromedagalaxie und Galaxienhaufen sowie Jupitermonde werfen. Einmalig.

MKVIS Volunteer Program FREIWILLIGENARBEIT
(www.ifa.hawaii.edu/info/vis/volunteer-program.html) Im Besucherzentrum und im Buchladen arbeiten Freiwillige und helfen bei öffentlichen Sternbeobachtungen (längerfristige Aufenthalte).

Geführte Touren

Hawaii Forest & Trail TOUR
(808-331-8505; www.hawaii-forest.com; Tour 209 $ pro Pers.; bei gutem Wetter tgl.) Die erstklassige Tour kombiniert Sonnenuntergang und Sternbeobachtung in der Begleitung kundiger Guides. Sie führen die Teilnehmer zum Gipfel, anschließend steht die Erkundung des Himmels mithilfe eines 11-Zoll-Celestron-Teleskops an. Abholung nahe Kailua-Kona, in Waikoloa und an der Kreuzung der Highways 190 und 200. Inbegriffen sind Parkas, Handschuhe und ein Picknick-Dinner auf einem privaten Gelände. Mindestalter: 16 Jahre. Frühzeitig buchen!

TMT: STREIT AUF DEM GIPFEL

Für die Hawaiianer ist der heilige Gipfel des Mauna Kea der *piku*, der Kontaktpunkt zwischen Himmel und Erde, für Astronomen ist er der ideale Standort über den Wolken, um mehr über den Ursprung des Universums zu erfahren. Doch manche Einheimische glauben, dass die Observatorien den heiligen Boden entweihen.

Die Gefühle kochten 2014 hoch, als friedliche Demonstranten den Abbruch des zeremoniellen ersten Spatenstichs für das 1,4 Milliarden Dollar schwere Projekt **Thirty Meter Telescope** (TMT; S. 181) herbeiführten. Der Protest überraschte die Bauherren, hatten sie doch während des langen Genehmigungsprozesses Dutzende Gemeindegespräche anberaumt und ein Areal unterhalb des Gipfels (optisch dezenter) ausgesucht, das eine Meile (1,6 km) von den bekannten Begräbnisstätten entfernt und frei von gefährdeten Pflanzen ist. Zudem hatte sich das TMT-Management verpflichtet, jährlich eine Million Dollar in die wissenschaftliche Bildung auf Hawaii zu stecken.

Für die Gegner macht dies alles jedoch keinen Unterschied. Der Berg ist heilig, doch die Pläne der Bauherren nähmen keine Rücksicht auf die Hawaiianer, sondern knüpften an ein Muster kolonialer Geringschätzung an, das schon seit Langem zu einer Entrechtung der Menschen führe. Neben der Forderung, die TMT-Pläne fallen zu lassen, wollen die Protestler erreichen, dass die kostenlose Verpachtung der Gipfelzone an die University of Hawaiʻi an eine Gemeindebehörde abgegeben wird, die als Interessenvertretung agieren soll.

2015 führten Protestblockaden, Petitionen und Klagen dazu, dass die Angelegenheit vom Obersten Gericht von Hawaii verhandelt wurde. Der Supreme Court verbannte das Projekt zurück in die Genehmigungsphase.

Unterdessen hat der Gouverneur eingewilligt, 25 % der bestehenden Teleskope auf dem Gipfel stillzulegen, bevor das TMT seine Arbeit aufnimmt, und versprochen, dass es das letzte neue Teleskop sein wird. Bei Redaktionsschluss fanden gerade die abschließenden Anhörungen zum Schicksal des TMT statt.

Egal, was dabei herauskommt, die Unterstützer des TMT halten daran fest, dass 2018 Baubeginn sein wird, wenn nicht am Idealstandort auf dem Mauna Loa, dann – Plan B – auf den Kanarischen Inseln.

GIPFELTOUR: ORGANISIERT ODER AUF EIGENE FAUST?

Touren haben viele Vorzüge: den Transfer aus anderen Teilen der Insel zur Visitor Station, die Jeepfahrt zum Gipfel, warme Kleidung, ein (abgepacktes) Abendessen, hervorragende Guides mit profundem astronomischem Wissen und überhaupt, es ist so entspannt, sich um nichts kümmern zu müssen. Auf der Kontraseite stehen die erheblichen Kosten (um 200 $ pro Pers.), der festgelegte Zeitplan und der „Herdenfaktor".

Was den Ablauf betrifft: Eine typische Sonnenuntergangstour startet am frühen Nachmittag, dann gibt's Abendessen. Die Ankunft auf dem Gipfel ist kurz vor Sonnenuntergang, dort bleibt man etwa 40 Minuten (nicht lang genug für eine Wanderung). Anschließend geht's zurück zum Sternebeobachten (nur durch ein Teleskop) am Besucherzentrum. Zuhause ist man nach 21 Uhr.

Und hier die Do-it-yourself-Variante: Wer mit einem geeigneten Fahrzeug unterwegs ist, kann sich die Zeit nehmen, um ein Stück wandern zu gehen, einen Blick ins Keck-Observatorium werfen und den heiligen Berg im eigenen Tempo erkunden. An der Visitor Station besteht die Möglichkeit, Sterne durch viele unterschiedliche Teleskope zu beobachten. Um Proviant und warme Kleidung muss man sich natürlich selbst kümmern, aber abgesehen von den Sprit-/Leihkosten fürs Auto (das man vielleicht sowieso schon geliehen hat), zahlt man nichts.

Mauna Kea Summit Adventures TOUR
(☎808-322-2366; www.maunakea.com; Touren 212 $ pro Pers.) Der dienstälteste aller Mauna-Kea-Touranbieter befördert seit mehr als 30 Jahren Touristen auf den Gipfel. Ein warmes Abendessen vorm MKVIS, Leih-Parkas und Sternegucken durch ein 11-Zoll-Celestron-Teleskop sind im Preis inbegriffen. Abholung in Kailua-Kona, in Waikoloa und an der Kreuzung zwischen Hwy 190 und Hwy 200. Mindestalter: 13 Jahre.

Arnott's Lodge Summit Tours TOUR
(☎808-339-0921; www.arnottslodge.com; Tour 180 $ pro Pers.; ⊙Touren Mi–Mo abends) Gipfelbesteigungen und Sternbeobachtungen ab Hilo, egal bei welchem Wetter. Die Guides deuten mit Laserpointern auf die Konstellationen, ein Teleskop und Verpflegung haben sie nicht im Gepäck. Übernachtungsgäste der Arnott's Lodge erhalten einen Rabatt.

ℹ Praktische Informationen

Mauna Kea Visitor Information Station (MKVIS; ☎808-961-2180; www.ifa.hawaii.edu/info/vis; ⊙9–22 Uhr) Die nicht besonders große MKVIS schöpft mit Videos zur Astronomie und der Erforschung des Weltalls sowie haufenweise Postern aus dem Vollem. Außerdem erhält man hier Infos zur Geschichte, Ökologie und Geologie des Bergs. Naturwissenschaftsfans aller Altersgruppen durchstöbern den Andenkenladen und kundige Mitarbeiter vertreiben einem mit ihrem Input die Zeit, bis sich der Körper an die Höhe gewöhnt (2800 m). Informationen zu besonderen Veranstaltungen (gewöhnlich samstagabends) wie Vorträgen zu wissenschaftlichen Themen oder zur hawaiischen Kultur stehen auf der Website.

Jeden Abend von 18 bis 22 Uhr können hier Sterne beobachtet werden, sofern das Wetter mitspielt, ein exzellentes kostenloses Angebot.

ℹ An- & Weiterreise

Wer aus Waimea oder Kona kommt, nimmt die Saddle Road (Hwy 200) oder den neuen Daniel K. Inouye Hwy. Aus Hilo kommend fährt man auf dem Kaumana Dr (Hwy 200) oder der Puainako Extension (Hwy 2000) landeinwärts; beide Straßen gehen in die Saddle Road über. Mit vollem Tank starten, unterwegs gibt's keine Tankmöglichkeiten.

Die Visitor Information Station (MKVIS) und der Gipfel liegen an der Mauna Kea Access Rd, nahe der 28-Meilen-Markierung an der Saddle Road. Die MKVIS liegt von der Saddle Rd aus 6 Meilen (10 km) hügelaufwärts, zum Gipfel sind es ab da noch mal 8 Meilen (13 km). Die aktuellen Straßenbedingungen telefonisch erfragen: ☎808-935-6268.

ℹ Unterwegs vor Ort

Viele Unfälle zeugen davon, dass man die Fahrt zum Gipfel am besten in einem Jeep in einem niedrigen Gang unternimmt. Mehr als die Hälfte der Gipfelstraße besteht aus losem Schotter und die Steigung liegt z. T. bei 15 %. Das falsche Fahrzeug ist nicht nur für die Insassen ein Risiko. Durchdrehende Reifen graben Furchen in den Schotter, die auch für andere Straßennutzer gefährlich sind.

Bei der Autovermietung nachfragen, ob es überhaupt erlaubt ist, den Wagen weiter als bis zum Besucherzentrum zu fahren. Alternativ bucht man einfach eine geführte Gipfeltour.

Einen niedrigen Gang einlegen und vor allem auf dem Weg nach unten nicht auf die Bremsen treten, da sie überhitzen und ausfallen können. Bei Sonnenaufgang und Sonnenuntergang wird man mitunter so geblendet, dass man nichts mehr sieht. Auch Nebel und Eis sorgen für Angst einflößende Fahrbedingungen.

Die Gipfelfahrt auf tagsüber legen, da das Abblendlicht astronomische Beobachtungen stört. Autos müssen den Gipfel 30 Minuten nach Sonnenuntergang verlassen.

Saddle Road

Wenn man von Hilo aus auf die Saddle Road fährt, passiert man ein paar interessante Wanderrouten in mittlerer Höhenlage. An *kipuka* (Vulkanoasen) und Lavaströmen vorbei geht's zur Mauna Loa Observatory Rd im Süden und zur Mauna Kea Access Rd im Norden (ca. 500 m). Ein Großteil des von Aschekegeln geprägten, hügeligen Graslands dahinter gehört zur **Pohakuloa Training Area**, einem 538 km² großen Komplex der US-Armee. Die Bauten sehen von oben wie nachgebaute Dörfer, Schützengräben und eine zerbombte Landebahn aus.

Sehenswertes

Mauna Kea Recreation Area PARK

(☎808-961-8311; http://hawaiicounty.ehawaii.gov/camping; Saddle Rd, Meile 34; Hütten/Schlafbaracke 150/480 $; ⏲6–19 Uhr; 👪) Die längst überfällige Renovierung hat aus der einzigen öffentlichen Einrichtung an der Saddle Road ein durch und durch angenehmes Plätzchen für eine Rast gemacht. Die Toiletten sind sauber und der Spielplatz wartet mit vielen Kletterseilen auf, ideal zum Beinevertreten und für hibbeligen Nachwuchs. Die Hütten waren bei unserem Besuch noch nicht fertig; hoffentlich werden sie dickere Wände als die Vorgänger haben, denn in dem militärischen Ausbildungszentrum nebenan stehen manchmal aufwendige (und geräuschvolle) Manöver auf dem Trainingsplan.

Mauna Loa Observatory OBSERVATORIUM

(MLO; www.esrl.noaa.gov/gmd/obop/mlo/) Die Wettermessungen sind so genau, dass die Wissenschaftler bei Eröffnung des Observatoriums 1956 das Nationalparkmanagement baten, in der Gipfelhütte die Verwendung von Öfen zu verbieten. Sie befürchteten, dass die 10 km entfernt verursachten Emissionen ihre Messwerte verzerren könnten ... Das Management kam diesem Wunsch nicht nach und die Observatoriumsbelegschaft passte sich an. Seit der Inbetriebnahme messen sie kontinuierlich das Ausmaß von CO_2 und anderen vom Menschen verursachten Treibhausgasen. Die Werte tragen maßgeblich zu unserem Verständnis des Klimawandels bei. Führungen nur nach vorheriger Absprache.

Aktivitäten

Informationen zum Mauna Loa Observatory Trail und zum Pu'u Huluhulu Trail, s. S. 172.

Mauna Loa Observatory Road AUTOROUTE

Wer dem beeindruckenden Mauna Loa nicht widerstehen kann, der Anblick aber auch nicht verlockend genug ist, um die drei- bis fünftägige Rucksackwanderung zu unternehmen (S. 250), kann die Nordflanke hinauffahren. Die einspurige 17,5 Meilen (28 km) lange Straße ist asphaltiert. Sie führt vorbei an *'a'a* (raue, zerklüftete Lava) und durch Flüsse aus *pahoehoe* (glatte Lava), während sie zum Mauna Loa Observatory (3397 m) hin ansteigt. Die Fahrt ist kurzweilig, aber auch recht anstrengend. Auf dem Motorrad oder Fahrrad macht sie sogar noch mehr Spaß. Auf entgegenkommenden Verkehr achten (selten, aber vorhanden).

Unterhaltung

Mauna Kea Polo Club SPORT

(☎808-960-5098; www.maunakeapoloclub.com; Waiki'i Ranch; Erw./Kind unter 12 J. 5 $/frei; ⏲Okt.–Dez. So 11–15.30 Uhr) Mal was ganz anderes – Polo! Ein altes Spiel mit einem Ball, Schlägern und Ponys auf einem großen Feld. Die Wettbewerbe sponsert der Mauna Kea Polo Club; sie finden 6,4 Meilen (10 km) von Waimea die Old Saddle Rd hinauf auf der exklusiven Waiki'i Ranch statt. Anders als auf Long Island ist Polo auf Big Island eine entspannte Angelegenheit, die mit BBQ-Gelagen und T-Shirt-Verkauf einhergeht. Parkplatz-Partys erlaubt!

Die perfekte Entschuldigung für eine Spritztour mit Picknick – und vielleicht lernt man sogar noch etwas über Polo. Auf halber Strecke zwischen dem Daniel K. Inouye Hwy und dem Mamalahoa Hwy von der Old Saddle Rd Richtung Westen abbiegen. Der Torwärter wird einen hineinlassen.

Hamakua Coast

☎ 808

Inhalt ➡

Gut essen

- Gramma's Kitchen (S. 193)
- Papa'aloa Country Store & Cafe (S. 201)
- Honoka'a Farmers Market (S. 193)
- Waipi'o Cookhouse (S. 199)
- Cafe il Mondo (S. 196)
- Sea DandeLion Cafe & Awa Bar (S. 196)

Farmführungen

- Hamakua Mushrooms (S. 200)
- Mauna Kea Tea (S. 192)
- Onomea Tea Company (S. 203)
- Hawaiian Vanilla Company (S. 193)
- Long Ears Coffee (S. 192)

Auf an die Hamakua Coast

Die Hamakua Coast ist eine herbe Schönheit voller felsiger Küsten und einer donnernden Brandung. Sie erstreckt sich vom Waipi'o Valley bis Hilo, eine sehr fruchtbare Gegend mit tropischem Regenwald und rauschenden Wasserfällen. Die Farbe Grün bekommt hier eine ganz neue Bedeutung, insbesondere im Waipi'o Valley. Reisende können es auf dem Pferderücken und bei einer tollen, aber durch die Steigung anstrengenden Wanderung entdecken.

An den Hängen des Mauna Kea werden Vanille, Tee, Pilze und andere edle Kulturpflanzen angebaut, was die Landwirtschaft modernisiert und diversifiziert. Bei Besuchen der Kleinbauern gewinnt man einen Einblick in das Inselleben und kann die leckeren heimischen Erzeugnisse kosten. Einst war die Hamakua Coast vor allem vom Zuckerrohranbau geprägt; die Plantagen nahmen riesige Flächen ein und lange Züge schnauften die Küste entlang und überwanden auf hohen Brücken gähnende Schluchten. Stimmungsvolle Museen erinnern an diese Zeit und machen die Geschichte erlebbar. Es lohnt sich innezuhalten, um sich das Leben auf den Plantagen vorzustellen. Wer ein langsames Tempo anschlägt und auch die Nebenstraßen erkundet, begibt sich auf eine spannende Reise in die Vergangenheit.

Reisezeit

Mai–September Geringere Regenwahrscheinlichkeit, insbesondere bei Wanderungen im Waipi'o Valley (an der windwärts gelegenen Hamakua Coast sind Schauer ganzjährig möglich).

Dezember–Februar In der Hochsaison im Winter steigen die Übernachtungspreise. Unterkünfte sind weit im Voraus ausgebucht.

März–April Das Laupahoehoe Music Festival zeichnet sich durch original hawaiische Musik und ein echtes Gemeinschaftsgefühl aus.

Highlights

1 Wanderung im Waipi'o Valley (S. 186) Die abschüssige Straße zum schwarzen Sandstrand von Waipi'o hinunterkraxeln.

2 Hawaii Plantation Museum (S. 203) Die faszinierenden Ausstellungsstücke aus der Zeit betrachten, als Zucker der Motor der Insel war.

3 Hamakua Harvest Farmers Market (S. 193) Im gemütlichen Honoka'a regionale Erzeugnisse einkaufen.

4 Hamakua Mushrooms (S. 200) Die Farm besuchen, auf der die legendären Ali'i-Oyster-Pilze gezüchtet werden.

5 'Akaka Falls State Park (S. 202) Durch hoch aufragenden Regenwald zu dem viel besuchten, beeindruckenden Wasserfall (128 m) spazieren.

6 Hawaii Tropical Botanical Garden (S. 203) Durch hübsch zurechtgestutzte Gartenanlagen mit erstaunlichem Laubwerk schlendern.

WANDERN & RADFAHREN AN DER HAMAKUA COAST

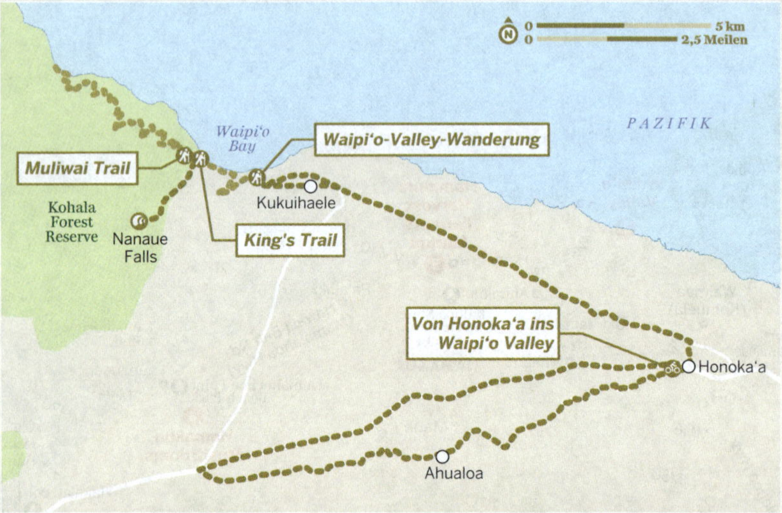

WAIPI'O VALLEY

Wer allein wandert, sollte unbedingt auf den ausgewiesenen Wanderwegen bleiben und auf keinen Fall Privatland betreten! Man kann den Waipi'o Beach besuchen und dem **King's Trail** zu den Nanaue Falls folgen (für durchschnittlich fitte Personen ausreichend), aber nicht weiter – es sei denn, man hat eine Tour gebucht. Die Route entlang des Waipi'o Stream nach Hi'ilawe ist nicht zu empfehlen, da Wanderer entweder privates Land durchqueren oder den Fluss durchwaten müssen, was schwierig und nicht ganz ungefährlich ist. Ambitioniertere Outdoorfans können dem **Muliwai Trail** über den Grat ins Waimanu Valley folgen.

Für weniger erfahrene Wanderer lohnt sich eine **geführte Tour** (S. 199) ins Hinterland von Waipi'o. Das ist sicherer und gewährt überdies Zutritt zu Gebieten, die ohne Guide nicht zugänglich sind.

Nicht vergessen: Was man ins Tal schleppt, anschließend wieder mitnehmen und keinen Müll zurücklassen! Das gilt besonders für urtümliche, heilige Orte wie das Waipi'o Valley. Immer wieder stecken Leute Verpackungen & Co. in Spalten in den Lavafelswänden rund um die Campingplätze, was Kakerlaken und andere Schädlinge anzieht. Manchmal wird sogar nicht mehr benötigte Ausrüstung einfach liegen gelassen – ein absolutes No-Go.

WAIPI'O-VALLEY-WANDERUNG

START/ZIEL WAIPI'O VALLEY LOOKOUT
LÄNGE 3 MEILEN (5 KM), 2 STUNDEN

Der Wanderweg beginnt links vom **Waipi'o Valley Lookout** (S. 197). Die harmlos aussehende Straße (wird auch von Jeeps genutzt) hat eine durchschnittliche Neigung von 25 %! Gut sitzende Schuhe tragen (sonst gibt's Blasen), die schmutzig werden dürfen.

Auf dem Weg nach unten hat man das Tal gut im Blick, der Strand ist aber durch die vielen Bäume noch nicht zu sehen. Nach ca. 1 km stößt man rechter Hand auf einen unbefestigten Abzweig zum Waipi'o Beach. Die asphaltierte Straße führt zu Wohnhäusern und Tarofarmen.

Dem Abzweig, der matschig und von Pfützen durchsiebt sein kann, ca. 800 m folgen. Das Dschungeldach spendet Schatten und es

Entlang der Hamakaua Coast sind die Berge von Dschungel bedeckt und reichen bis ans Meer. Hier verlaufen ein paar phantastische Wander- und Radrouten.

ist um einiges kühler als zuvor. Dann kommt der **Waipi'o Beach** in Sicht (Toiletten vorhanden). Im Wasser tummeln sich manchmal Ostpazifische Delfine und Wale, die Unterströmungen (*rip currents* oder *riptides*) sind allerdings nicht ohne. Erfahrene Surfer nehmen es mit den Wellen auf, Besucher sollten sich mit dem Zuschauen begnügen.

Nach Regenfällen erhascht man vielleicht einen Blick auf die **Kaluahine Falls** unterhalb des Aussichtspunkts. Den Felsblöcken an der Küste rund 800 m nach Osten folgen – allerdings nicht bei Flut (wenn die Steinbrocken von Wasser bedeckt sind).

Weiter geht's in westlicher Richtung über den Strand und durch den Fluss, aber nur bei Niedrigwasser – ist man sich unsicher, die Einheimischen nachahmen bzw. fragen. Auf der anderen Seite gabelt sich der Weg bald; der **Muliwai Trail** (das Ziel ist das ferne Waimanu Valley) erklimmt die Felsen auf der anderen Seite des Tals im Zickzackkurs, der **King's Trail** führt an einem Zaun entlang landeinwärts.

Zurück geht's bergauf – Cardio-Training!

KING'S TRAIL

START/ZIEL WAIPI'O BEACH
LÄNGE EINFACHE STRECKE 1,7 MEILEN (3 KM); 1½ STUNDEN

Der King's Trail ist etwas anspruchsvoller als die Route zum Waipi'o Beach. Den Waipi'o Stream überqueren (Wasserstand checken!), um zum westlichen Strandende zu gelangen. Der Pfad verläuft landeinwärts. Die erste Station nach 45 Minuten sind die **Nanaue Falls**, ein mehrstufiger Wasserfall mit drei natürlichen Becken. Einheimische kommen gern zum Baden her. Man sollte Rücksicht auf sie und die hiesigen Farmer nehmen, auf den markierten Pfaden bleiben und keinen Müll zurücklassen.

Der King's Trail verläuft parallel zur Talwand und passiert einen von Mutter Natur angelegten Garten mit Kaffeepflanzen, *liliko'i* (Passionsfrucht), Regenbäumen, Papayas, Taro („Elefantenohr"), Avocados und mehr. Wildpferde streifen in kleinen Herden umher, die Nachfahren domestizierter Tiere, die nach dem Tsunami zurückgelassen wurden.

Nach 30 Minuten endet der Trail an einer T-Kreuzung. Rechts halten und an einem Zaun entlang weiter ins Tal vordringen. Nach zehn Minuten erreicht man ein Tor. Dahinter ist schon ein paar Minuten später der Wasserfall zu sehen. Hier endet der öffentliche Wanderweg; nach dem Schwimmen dieselbe Route zurück nehmen.

MULIWAI TRAIL

START WAIPI'O VALLEY
ZIEL WAIMANU VALLEY
LÄNGE EINFACHE STRECKE 8,5 MEILEN (14 KM), 6½–8 STUNDEN

Diese Route ist nur für erfahrene Wanderer geeignet. Sie führt über steiles, rutschiges und mitunter tückisches Terrain und durchquert 13 Schluchten (gulches) – An- und Abstieg sind brutal, doch die Szenerie ist zauberhaft – es locken kleine Wasserfälle und Badestellen mit eiskaltem Wasser. Mindestens zwei Nächte im Waimanu Valley zelten und nicht im oder nach dem Regen loslaufen. Detaillierte Wanderinfos bietet Na Ala Hele (www.hawaiitrails.org/trails) in Hilo.

Es gibt einen Parkplatz (24 Std.; ausgeschildert). Der Muliwai Trail startet am Fuß der Felsen auf der anderen Seite des Tals; in Serpentinen geht's die Steilwand hoch. Über einen schattigen Weg am Strandende ge-

DEN MULIWAI TRAIL SICHER MEISTERN

- Springfluten sind bei starken Regengüssen keine Seltenheit. Flüsse nicht überqueren, wenn einem das Wasser übers Knie reicht.
- Wasser aus Flüssen etc. vorm Trinken abkochen und entkeimen (Leptospirose!)
- Vorsicht vor Wespen und Tausendfüßlern.
- Für Notfälle eine Signalleuchte o. Ä. einpacken, da regelmäßig Hubschrauber über das Gelände fliegen.

langt man zu den Ausgangspunkten zweier Wanderrouten: Muliwai ist rechter Hand (geradeaus ist der King's Trail). Nach 1,6 km hat man mehr als 360 m Höhe gewonnen, ein hartes Stück Arbeit. Die anstrengenden Zickzack-Kehren haben dem alten hawaiischen Fußweg den Spitznamen „Z-Trail" eingetragen. Er liegt exponiert (heiß!) – besser am Morgen in Angriff nehmen.

Schließlich führt der Pfad in einen Wald aus Eisenholzbäumen (Kasuarinen) und Norfolktannen und über eine kleine Anhöhe, dann fällt er leicht ab. Hier wimmelt es von Moskitos. Es geht durch eine Schlucht und an einem Schild zum **Emergency Helipad No. 1** vorbei. In den nächsten Stunden werden abwechselnd Schluchten überwunden und Anstiege im Wald bewältigt. Ein Wasserfall in der dritten Schlucht liefert frisches Wasser (erst entkeimen!). Als Orientierungspunkt dient der Emergency Helipad No. 2 ungefähr auf halber Strecke vom Waipi'o Beach. Dahinter kommen ein offener **Unterstand** mit Plumpsklos und der Emergency Helipad No. 3.

Am Helipad No. 3 rasten. Es folgt der letzte schwierige Abstieg. Man passiert drei weitere Schluchten und den Emergency Helipad No. 4. Von dort sind es weniger als 2 km bis zum Waimanu Valley. Der letzte Abschnitt mit Spitzkehren beginnt recht harmlos mit ein paar Steinstufen, doch dann wird der Weg schlechter. Es geht 360 ungemütliche Meter hinab. Ein kurzer Blick auf die Wai'ilikahi Falls (45 Min., leicht) auf der anderen Talseite mag Wanderer zum Weitergehen verleiten, doch der Pfad ist schmal und z. T. ausgewaschen. Zum Meer hin gähnen senkrechte Abgründe und es gibt nichts zum Festhalten, mit Ausnahme moosbewachsener Felsen und stacheliger Pflanzen. Bereitet der Abstieg nur ansatzweise Probleme, zum Unterstand zurückkehren und dort übernachten.

Das **Waimanu Valley** ist ein Stück vom Paradies. Steilwände säumen das tief eingeschnittene Tal und der Strand ist mit Felsblöcken gespickt. Ruinen von Häusern und *heiau*, steinerne Umfriedungen und alte *lo'i* (Tarofelder) fallen ins Auge. Anfang des 19. Jhs. lebten noch um die 200 Menschen hier, doch nach dem Tsunami 1946 verließen auch die letzten drei Familien das Tal.

Am unteren Ende der Spitzkehren sind es an dem Schild mit den Campingregeln noch zehn Minuten bis zum **Waimanu Beach**. Ein Seil soll die Überquerung des Flusses erleichtern, an dessen Westseite die Zeltplätze liegen, doch das Wasser ist hier tief. Besser sucht man sich eine seichtere Stelle, näher an der Mündung ins Meer. Zum Zelten ist eine Genehmigung der **Division of Forestry & Wildlife** (☎808-974-4221; http://camping.ehawaii.gov/camping; 19 E Kawili St, Hilo; ⏲Mo–Fr 8–16.30 Uhr) für maximal sechs Nächte vonnöten.

Wildpferde an den Ufern des Waipi'o Valley River

MAVRICK/SHUTTERSTOCK ©

Waimanu Beach

Die Zeltplätze verfügen über Feuerstellen und Kompostklos. Hinter Zeltplatz Nr. 9 befindet sich eine Wasserquelle (10 Min.); vor dem Trinken entkeimen.

Auf dem Rückweg landeinwärts vom Waimanu Beach kommend nicht versehentlich links auf den Trampelpfad abbiegen, der durch ein felsiges Flussbett ansteigt, sondern weiter geradeaus laufen, vorbei an dem Schild mit den Campingregeln, um zu dem Serpentinenpfad zu gelangen. Bis zum Unterstand sind es ca. zwei Stunden und dann noch mal etwa zwei bis zu der Schlucht mit dem Wasserfall. Kurz darauf endet der Eisenholzwald und der Weg fällt zum Grund des Waipi'o Valley ab.

RADTOUR: VON HONOKA'A INS WAIPI'O VALLEY

START/ZIEL TEX DRIVE-IN
LÄNGE 40 MEILEN (64 KM), HALBER TAG

Vom **Tex Drive-In** (S. 193) aus den Hwy 19 überqueren, um auf den **Old Mamalahoa Hwy** zu gelangen. Die Straße aus der Zuckerrohrära windet sich durch die Wälder und Weiden von Ahualoa. Nach 16 km gen Osten trifft sie wieder auf den Hwy 19. Dem Highway zurück zum Tex Drive-In folgen.

Nach einer Kaffeepause mit frischen *malasadas* (portugiesische Krapfen) nimmt man die Pakalana St hügelabwärts Richtung Honoka'a. Nach ca. 1 km ist man bereits an der Mamane St, Honoka'as Hauptstraße, die hinter der Plumeria Rd (dort ist eine Post) in den Hwy 240 (bzw. Honoka'a-Waipi'o Rd) übergeht. Nach Osten fahren.

Der **Hwy 240** ist nicht so stark befahren wie der Hwy 19 und hat richtige Seitenstreifen. Er führt durch offene Felder, vorbei an kleinen Siedlungen. Am 8-Meilen-Marker knickt ein Abzweig zur Kukuihaele Rd ab, man radelt jedoch auf dem Hwy 240 weiter.

Am Ende der Straße gewährt der **Waipi'o Valley Lookout** (S. 197) eine Aussicht über das smaragdgrüne Tal und den schwarzen Strand. Wer noch Kraft und zusätzliche eineinhalb Stunden Zeit hat, kann das Rad nahe der Rangerstation anschließen und hinunterwandern.

Hat man das Waipi'o Valley ausgiebig bewundert, geht es zurück; links auf die Kukuihaele Rd abbiegen, die zunächst eng und gewunden ist. Sie führt erst über eine einspurige Brücke und dann durch ein kleines Wohnviertel. Bei **Waipi'o Valley Artworks** (S. 199) gibt's Souvenirs.

Anschließend kehrt man zum Hwy 240 zurück und radelt Richtung **Honoka'a**. Die Geschäfte, Restaurants und das altmodische Theater an der Mamane St sind sehenswert. Die Holzgebäude (frühes 20. Jh.) unterstreichen das nette Kleinstadtflair.

Die Steigung zum Tex Drive-In hochstrampeln, wo man sich noch ein paar *malasadas* holen kann.

AUTOTOUR: DIE HIGHLIGHTS DER HAMAKUA COAST

Diese malerische Route führt von Norden nach Süden und in einem Bogen zurück. Früh losfahren, um das morgendliche Licht auskosten zu können!

❶ 20-Meilen-Markierung

Auf dem Hwy 19 nach Süden fahren bis zum 20-Meilen-Marker und nach dem „Waikaumalo Park"-Schild Ausschau halten. Landeinwärts abbiegen und dem Old Mamalahoa Hwy folgen, der mit reichlich Möglichkeiten für Erkundungen auf eigene Faust gespickt ist. Kurz hinter dem Abzweig führt ein grasbewachsener Hang mit Picknickbereich zu einem hübschen Flüsschen.

Die Route > Schließlich wird aus dem alten Highway eine einspurige Straße, die mehrere dicht bewachsene gulches durchquert. Etwa auf halber Strecke stößt man auf einen historischen japanischen Friedhof, den Honohina Cemetery.

❷ World Botanical Gardens

Am südlichen Ende der Straße liegen die **World Botanical Gardens** (S. 201), nahe der 16-Meilen-Markierung. Der Eintritt ist etwas teuer, doch nirgendwo sonst erhascht man einen Blick auf die hübschen, dreistufigen **Umauma Falls**.

Die Route > Zurück auf dem Hwy 19 geht's nach Süden, Richtung Hilo. In Honomu kurz vor dem 13-Meilen-Marker rechts abbiegen, dann sind es noch 4 Meilen (6 km).

❸ ʻAkaka Falls State Park

Den einfachen gepflasterten Weg an den **ʻAkaka Falls** (S. 202) läuft man am besten gegen den Uhrzeigersinn ab. Als Erstes kommen die 30 m hohen **Kahuna Falls** in Sicht, danach die 135 m hohen Wasserfälle, nach denen der Park benannt ist.

❹ Honomu

In dem Dorf kann man ein Tässchen Kaffee aus hiesigen Bohnen im **Hilo Sharks Coffee** (S. 202) und selbst Eingewecktes in **Mr Ed's Bakery** (S. 202) genießen.

Die Route > Dem Highway bis Papaikou folgen; dort passiert man eine Schule. Als nächstes rechts auf die Papaikou Rd fahren.

❺ Hawaii Plantation Museum

Das **Hawaii Plantation Museum** (S. 203) ist an dem Wandbild draußen zu erkennen. Der Gründer, Historiker mit Leib und Seele, und die Angestellten unterhalten sich gern mit Besuchern und informieren über die bewegte Inselgeschichte.

❻ Alae Cemetery

Die 5-Meilen-Markierung passieren und kurz hinter der Honoliʻi Bridge rechts abbiegen. Auf dem Friedhof wacht ein ca. 50 m hoher Regenbaum über die Grabsteine von Plantagenarbeitern und ihren Nachfahren.

Die Route > Zurück auf dem Hwy 19 gen Norden fahren und zwischen den Markierungen für Meile 7 und 8 nach dem Schild „Pepeʻekeo 4-Mile Scenic Drive" links abbiegen.

❼ Pepeʻekeo 4-Mile Scenic Drive

Der **Pepeʻekeo 4-Mile Scenic Drive** nimmt einen mit in die Vergangenheit. Auf der schmalen Straße durch dichte Vegetation geht man automatisch vom Gas. Auf den vielen einspurigen Steinbrücken ist Vorsicht geboten. Wer sich unsicher ist, sollte erst die anderen Fahrer passieren lassen.

An manchen Stellen sieht man vor lauter *lilikoʻi-* (Passionsfrucht), Guaven-, Mango- und afrikanischen Tulpenbäumen das Sonnenlicht nicht. Hie und da plätschern Wasserfälle und Flüsse. An einer Lichtung sind auf einmal das Meer und der frühere Onomea Arch (jetzt hat der eingestürzte Bogen die Form eines „U") zu sehen.

Start Abzweigung zum Waikaumalo Park

Ziel Pepe'ekeo 4-Mile Scenic Drive, nördliches Ende

Länge 30 Meilen (48 km); ganzer Tag

Die Route > Der Na-Ala-Hele-Pfad zur Onomea Bay beginnt an der Meerseite der Straße, nördlich vom botanischen Garten. Nach zehn Minuten auf dem rutschigen Dschungelweg (es geht bergab) erreicht man einen Lavafinger, der ins Wasser hineinragt.

8 Hawaii Tropical Botanical Gardens

Bald erreicht man den gepflegten **Hawaii Tropical Botanical Garden** (S. 203) mit um die 2000 tropischen Pflanzenarten. Das Areal ist wie gemacht für entspanntes Schlendern zwischen Flüssen und Wasserfällen. Das Eintrittsticket ist in dem gelben Gebäude auf der landeinwärts gelegenen Seite der Straße erhältlich.

Die Route > Zurück auf der Straße geht's weiter gen Norden zu grasbewachsenen Feldern. Nächste Station: das gelbe Haus zur Linken.

9 Boxenstopp

Bei **What's Shakin'** (S. 203) gibt's die besten Smoothies der ganzen Insel. Für etwas Herzhaftes empfiehlt sich das ein Stück weiter nördlich gelegene **Low Store** (S. 203). Frisch gestärkt geht's wieder auf die Straße; sie trifft schließlich erneut auf den Hwy 19.

An- & Weiterreise

Um die Hamakua Coast auf dem Hwy 19 zu bereisen, benötigt man ein eigenes Auto. Honoka'a, die größte Stadt, ist etwa 50 Meilen von Kailua-Kona (80 km; 1¼ Std.) und 40 Meilen von Hilo (64 km; 1 Std.) entfernt.

Hele-On-Busse (808-961-8744; www.heleonbus.org; Erw. einfach 2 $, 10er-Karte 15 $, Monatskarte 60 $) halten auf der Strecke zwischen Kona und Hilo in verschiedenen Küstenstädten, z. B. in Honoka'a, Pa'auilo, Laupahoehoe, Hakalau, Honomu und Papaikou. Es verkehren täglich drei Busse zwischen Kona und Hilo, zwischen Hilo und Honoka'a bestehen mehr Verbindungen. Die Fahrpläne können auf der Website eingesehen werden.

Honoka'a

808 / 2258 EW.

Wenn man sich die verschlafene Hauptstraße von Honoka'a ansieht, fällt es schwer zu glauben, dass dies einmal die drittgrößte Stadt Hawaiis (nach Honolulu und Hilo) und ein wichtiger Dreh- und Angelpunkt der Rinderzucht und Zuckerindustrie war. Als es mit diesen beiden Erwerbszweigen bergab ging, musste sich Honoka'a neu erfinden. 1993 fuhr die Honoka'a Sugar Company die letzte Zuckerernte ein. Zu diesem Zeitpunkt war die Stadt schon stark geschrumpft und emsig bemüht, sich neue Standbeine aufzubauen. Zuletzt verlegten sich findige Farmer erfolgreich auf den Anbau von Nischenprodukten wie z. B. den Hamakua-Pilzen – Gourmetköche loben sie in den höchsten Tönen.

Das Honoka'a von heute ist klein, aber quirlig und die einzige „richtige" Stadt an der Hamakua Coast. Bewohner vom Lande und Farmer aus Pa'auilo und Ahualoa kaufen hier ein, genauso wie Touristen auf dem Weg ins 10 Meilen (16 km) weiter westlich gelegene Waipi'o Valley. Den Gebäuden im Retrostil haftet ein fröhliches Western-Flair an, das zur Honoka'a Western Week besonders zelebriert wird.

Sehenswertes

NHERC Heritage Center MUSEUM

(808-775-8890; www.hilo.hawaii.edu/academics/nherc/HeritageCenter.php; 45–539 Plumeria St; Mo–Fr 8–16, Sa 9–13 Uhr) GRATIS Man wird Honoka'a um einiges besser verstehen, nachdem man dieses Museum besucht hat. Es wurde vom Northern Hawai'i Education and Research Center gesponsert. Die Sammlung umfasst zahlreiche historische Fotografien aus der Plantagenzeit und ihrem Niedergang und lässt sich mit einem Blick auf Omas Dachboden mit den gesammelten Schätzen aus der gesamten Region vergleichen. Jedes Bild erzählt eine Geschichte.

Ab der größten Kreuzung im Zentrum folgt man der Plumeria St hügelaufwärts und biegt rechts ab in die Lehua St.

Katsu Goto Memorial DENKMAL

(Mamane St) Der Japaner Katsu Goto arbeitete auf den Zuckerrohrplantagen und eröffnete irgendwann einen Laden in Honoka'a. Lokale Zuckerbarone und ihre Komplizen hängten Goto im Jahre 1889, weil er versucht hatte, die Arbeitsbedingungen auf den Plantagen zu verbessern. Er gilt als einer der ersten Gewerkschaftsaktivisten und taucht in verschiedenen Büchern auf, etwa in P. Y. Iwasakis Graphic Novel *Hamakua Hero: A True Plantation Story*.

Das Denkmal auf der Mamane St gegenüber der Honoka'a High School besteht aus einer großen Gedenktafel mit einer kurzen Zusammenfassung von Gotos Leben.

Geführte Touren

Das Waipi'o Valley ist das bekanntere Ausflugsziel für Outdooraktivitäten, doch die Nebenstraßen von Pa'auilo und Ahualoa sind wie gemacht fürs Radfahren. Wer sich allein nicht so recht traut, kann sich einer Gruppe anschließen. **Big Island Bike Tours** (800-331-0159; www.bigislandbiketours.com; Radtouren ab 160 $;) mit Sitz in Waimea bietet verschiedene Radtouren rund um Honoka'a an.

Wer sich für Essen, die lokale Landwirtschaft oder die Natur interessiert, sollte eine der kleinen, familiengeführten Farmen in Pa'auilo oder Ahualoa besuchen. Sie liegen an der *mauka*-Seite (landeinwärts) des Highways. Da es sich um Höfe mit normalem Arbeitsbetrieb handelt, müssen Besuche unbedingt im Voraus angemeldet werden.

★ Mauna Kea Tea FARM

(808-775-1171; www.maunakeatea.com; 46–3870 Old Mamalahoa Hwy, Ahualoa; 1½-std. Führung pro 2/3/ab 4 Pers. 30/25/20 $; Führungen Mo, Mi & Do 10 Uhr) Teeliebhaber und Fans ökologischer Landwirtschaft und philosophischer Fragen sollten sich diesen 8000 m² großen Familienbetrieb ansehen. Die Grün- und Oolong-Tees sollen nach dem Land und dem Boden schmecken, auf dem sie angebaut wurden – nicht nach den künstlichen Düngemitteln, die in der Massenproduktion zum Einsatz kommen. Führungen vorab buchen.

Long Ears Coffee FARM

(808-775-0385; www.longearscoffee.com; Führung 35 $) Auf dieser Farm, ebenfalls in

Familienbesitz, können die Besucher etwas Einzigartiges kosten: drei Jahre alten, „abgelagerten" Hamakua-Kaffee. Wendell und Irmanetta Branco verarbeiten neben eigenen Bohnen die von anderen Hamakua-Betrieben und schaffen eine nachhaltige Agrarwirtschaft für die Farmer. Die Führung umfasst sämtliche Produktionsschritte: die Aufzucht der Kaffeepflanzen, die Ernte der Kaffeekirschen sowie das Trocknen, Enthülsen und Rösten. Nach der Buchung erhält man eine Wegbeschreibung.

Hawaiian Vanilla Company ESSEN
(808-776-1771; www.hawaiianvanilla.com; 43–2007 Paauilo Mauka Rd, Pa'auilo; Führung 25 $, Farmtour mit Mittagessen pro Erw./Kind 42/28 $; Führung Mo–Fr 13 Uhr, Schlemmertour Mo–Fr 12.30 Uhr) Der erste kommerzielle Vanilleproduzent in den Vereinigten Staaten ist ein Familienbetrieb und ein voller Erfolg in Sachen Agritourismus. Die Schlemmertouren sind teuer und erhalten tolle Kritiken, die Farmführung ist zu oberflächlich für den Preis.

Essen

In Honoka'a gibt's einen mittelgroßen Supermarkt und die Restaurants sind vielfältig genug, um die unterschiedlichsten Gelüste zu befriedigen. Die meisten sind in der Mamane St. Das Ambiente ist generell leger und familienfreundlich. Sonntag ist vielerorts Ruhetag, aber der Hamakua Harvest Farmers Market (S. 193) ist eine gute Alternative.

★ Hamakua Harvest Farmers Market MARKT
(www.hamakuaharvest.org; Ecke Hwy 19 & Hwy 240; So 9–14 Uhr) Dieser Bauernmarkt lohnt sich, wartet er doch mit mehr als 35 Verkäufern, Livemusik und Vorträgen auf. Alles, was man hier findet, stammt aus der Umgebung, ob Obst und Gemüse, Honig, Ziegenkäse, Kokosmilcheis oder geräucherter Fisch. Und das war längst nicht alles! Einfach am östlichen Ende der Mamane St *makai* (Richtung Meer) vom Hwy 19 abbiegen.

Honoka'a Farmers Market MARKT
(Mamane St; Sa 7.30–12 Uhr) Frische Erzeugnisse direkt vom Bauern, Bäckereiwaren und mehr, zu finden vor der Honoka'a Trading Company (S. 196). Dies ist vielleicht nicht der größte oder beste, aber wohl der älteste Bauernmarkt auf der Insel.

★ Gramma's Kitchen AMERIKANISCH $
(808-775-9943; www.facebook.com/grammaskitchenhonokaa; 45–3625 Mamane St; Hauptgerichte 12–20 $; tgl. 8–15, Fr & Sa auch 17–20 Uhr) Auf dem Schild an der Fassade steht „Very homestyle cooking" (sprich: nach Hausfrauenart) und das trifft absolut zu. Gramma's ist ein Garant für lokaltypische Gerichte wie herzhafte portugiesische Bohnensuppe, Teriyaki-Cheeseburger mit Ananas und Speck und eine auf den Punkt gebratene *ahi roll* (Thunfischrolle) mit Kruste. Das Ambiente ist leger, das Personal gut gelaunt und die Stimmung kleinstädtisch-liebenswürdig (Aloha!).

★ Tex Drive-In BÄCKEREI $
(808-775-0598; www.texdriveinhawaii.com; 45–690 Pakalana St; malasadas 1,20 $, Hauptgerichte 5–10 $; 6–20 Uhr) Eine *malasada* ist eigentlich nur ein Donut – mit oder ohne Füllung –, doch im Tex werden sie frisch und heiß serviert und die Leute reisen dafür quer über die Insel. Das Tex bietet aber auch vernünftige *plate lunches* und *loco moco* (Reis, ein gebratenes Ei und ein Burger-Patty oder anderes Hauptgericht mit Gravy-Sauce) sowie, in der Saison, Taroburger. Wer etwas Gesundes essen möchte, ist hier falsch, wer Lokalkolorit sucht, liegt genau richtig.

Im Laden (9–17 Uhr) neben dem Drive-in werden in der Gegend hergestellte Souvenirs von Kosmetik bis T-Shirts verkauft.

Hamakua Living LOKALTYPISCH $
(808-775-1033; www.hamakualiving.com; 45–3551 Mamane St; Mahlzeiten 5–7 $; Mo–Do 7–15 & 16–19, Fr 10–15 Uhr) So sieht also ein Gemischtwarenladen aus der Plantagenära aus. Man hat die Wahl zwischen frisch zubereiteten *plate lunches* und vielen lokaltypischen Snacks wie *seed* (Trockenfrüchte, die süß, salzig oder sauer schmecken), sahniger Erdbeereistorte und getrocknetem Tintenfisch. Der Laden läuft wie ein Uhrwerk. Frühstück wird bis 10 Uhr serviert, danach gibt's Mittagessen bis 15 Uhr.

ABSEITS DER ÜBLICHEN PFADE

ABSTECHER: LÄNDLICHES IDYLL IN AHUALOA

Westlich des 52-Meilen-Markers vom Hwy 19 auf den Old Mamalahoa Hwy abbiegen. (Bei Anfahrt aus Hilo geht's bei Meile 43 gegenüber vom Tex Drive-In nach links und gleich wieder rechts.) Dieser 10 Meilen (16 km) lange Abstecher führt durch hügeliges Land, vorbei an kleinen Ranches, alten Holzzäunen und weidenden Pferden. Hier kann man sich einen Eindruck von der Viehhaltung vergangener Zeiten verschaffen. Auch mit dem Rad schön!

GEORGE BURBA/SHUTTERSTOCK ©

1. Waipi'o Valley (S. 197)
Dieses fruchtbare Tal ist ein natürlicher botanischer Garten.

2. *Malasada* (Portugiesische Krapfen)
Das Tex Drive-In (S. 193) ist berühmt für das teigige Naschwerk.

3. 'Akaka Falls State Park (S. 202)
Der Wasserfall, der über 130 m in die Tiefe stürzt, ist eine der bekanntesten Attraktionen auf Big Island.

4. Honoka'a People's Theatre (S. 196)
Honoka'as Retro-Gebäude verleihen dem Städtchen eine Wild-West-Atmosphäre.

LEENA ROBINSON/SHUTTERSTOCK ©

Sea DandeLion Cafe & Awa Bar VEGETARISCH $
(☎808-765-0292; www.facebook.com/seadandelion; 45-3590 Mamane St; Mahlzeiten 8–12 $; ⊙Mo & Do 11.30–18.45, Di 11.30–14.30, Fr 16.15–21 Uhr; ✎) Das Betreiberehepaar serviert gesunde, vegetarische Küche in einem gemütlichen Restaurant mit New-Age-Flair. Man kann sich gleich mehrere *sliders* (Mini-Burger) angedeihen lassen, entweder herzhaft mit einem „Superfoods"-Patty (natürlich ohne Fleisch) und Sauerkraut oder süß mit Banane, Avocado und Macadamianussbutter. Am Freitagabend (17-21 Uhr) gibt es die dritte Portion *'awa* (medizinischer Heiltrunk) umsonst.

Simply Natural CAFÉ $
(☎808-775-0119; 45-3625 Mamane St; Gerichte 5–12 $; ⊙Mo–Sa 8.30–16, So 11–15 Uhr; ✎) Gemütlicher, angesagter Treffpunkt für gesundes Essen à la Taropfannkuchen und aufgeklapptes *tuna-melt*-Sandwich (mit Thunfisch und geschmolzenem Käse). Die Kinderkarte, die kompostierbaren Behälter für Mitnehmgerichte und das Wandbild, auf dem die ganze Welt zusammenkommt, um gesund zu essen, trägt zum Charme dieses Cafés bei.

Cafe il Mondo ITALIENISCH $$
(☎808-775-7711; www.cafeilmondo.com; 45-3580 Mamane St; Calzone-Pizzas 14 $, normale Pizzas 15–20 $; ⊙Mo–Sa 11–14 & 17–20 Uhr) Die edelste Adresse von Honoka'a ist das alteingesessene Cafe il Mondo. Spezialität des Italieners sind Pizzas mit dünnem Boden, Pastagerichte und riesige Calzone-Pizzas, die so großzügig befüllt werden, dass sie fast platzen. Mit seinem Patio mit Steinboden, den glänzenden Holzmöbeln, der schnittigen Bar und Livemusik verströmt das Lokal ein romantisches Flair, doch das Publikum ist erfrischend „normal", freundlich und bunt gemischt.

☆ Unterhaltung

★ Honoka'a People's Theatre THEATER
(☎808-775-0000; http://honokaapeople.com; 45-3574 Mamane St; Kinokarten Erw./Kind/Sen. 6/3/4 $; ⊙übliche Vorführzeiten Di–So 17 & 19 Uhr) Einen Film in einem riesigen, altmodischen Kino wie diesem anzusehen hat einen ganz besonderen Charme. Das Lichtspieltheater von 1930 hat eine 15 m breite Leinwand und mehr als 500 Sitzplätze. Es wird auch als Veranstaltungsort für spezielle Events genutzt. Wer einen günstigen Kinoabend haben und sich dabei unters (einheimische) Volk mischen will, landet mit dem People's Theatre auf jeden Fall einen Volltreffer. Auf der Website schauen und anrufen, um die Spielzeiten bestätigen zu lassen.

Shoppen

The Knickknackery ANTIQUITÄTEN
(raynwatcher@yahoo.com; 45-3611 Mamane St; ⊙Di–Fr 10–17, Mo bis 16 Uhr) Selbst wer nicht auf Antiquitäten steht, wird diesen smart aufgemachten Laden mögen. Er bietet etwas für jeden Geschmack und jedes Portemonnaie, von Vintage-Möbeln aus Holz über Retro-Deko für zu Hause und Sammlerstücke lokaler Künstler. Gern gibt der herzliche Besitzer sein Insiderwissen weiter.

Taro Patch GESCHENKE & SOUVENIRS
(☎808-775-7228; www.taropatchgifts.com; 45-3599 Mamane St; ⊙9–17 Uhr) Taro Patch hat ein bisschen von allem: Es ist eine prima Anlaufstelle für Mitbringsel und Geschenke, z. B. bunte Keramikteller, luftige Insel-Outfits, Mousepads, auf denen das Waipi'o Valley abgebildet ist, oder Bioseife. Die Macadamianüsse aus ökologischem Anbau (in der Schale geröstet) machen süchtig.

Honoka'a Trading Company ANTIQUITÄTEN
(☎808-775-0808; 45-3490 Mamane St; ⊙Do–Mo 10–16.30 Uhr) Wenn ein paar ältere Tantchen aus Honoka'a auf dem Dachboden, im Keller und in der Garage ausmisten würden, ergäbe sich aus den Funden wahrscheinlich ein Sammelsurium wie in diesem riesigen Geschäft mit den Dimensionen eines Hangars. Man bahne sich einen Weg durch das erstaunliche Sortiment aus hawaiischer Vintage-Kleidung, lokalen Antiquitäten, Büchern aus (mindestens) zweiter Hand (darunter eine gute Auswahl an Titeln zu Hawaii) und Rattan- und *koa*-Mobiliar und nehme dann die Verhandlungen mit der Besitzerin auf, einer echten Persönlichkeit (die es, genau wie ihre Tochter, mit den Öffnungszeiten nicht so genau nimmt).

ℹ An- & Weiterreise

Auf dem Hwy 19 gibt es mehrere Abfahrten nach Honoka'a, darunter die Plumeria Rd am westlichen und die Mamane St am östlichen Ende der Stadt. Ein praktischer Orientierungspunkt ist der Tex Drive-In; die Straße direkt östlich vom Drive-in führt in die Stadt. Ab Hilo braucht man ca. eine Stunde mit dem Auto.

Von Hilo und Kailua-Kona aus fahren Hele-On-Busse (www.heleonbus.org) nach Honoka'a, allerdings nicht sehr regelmäßig. Genaueres dazu auf der Website. Um die Gegend rund um die Stadt zu erkunden, braucht man definitiv ein Auto.

Waipi'o Valley

Das Waipi'o Valley ist ein besonderer Ort auf dieser besonderen Insel. Am Ende des Hwy 240 blickt man über ein spektakuläres, von der Natur geschaffenes Amphitheater. Es sieht aus, als hätte jemand eine riesige Kugel aus der smaragdgrünen Küste herausgehöhlt. Waipi'o („gebogenes Wasser") ist eins von sieben Tälern an der windwärts gelegenen Seite der Kohala-Berge; am anderen Ende befindet sich das Pololu Valley in North Kohala. Das Tal ist 6 Meilen (10 km) tief eingeschnitten. Der ebene Talboden ist von einem grünen Flickenteppich aus Dschungel, Hütten und Tarofeldern bedeckt. Versteckt gelegen (und nicht zugänglich, ohne unterwegs Privatgrund zu überqueren) stürzt sich Hi'ilawe (442 m), der höchste Wasserfall im Staat, in die Tiefe. Das Wasser rauscht in einen Fluss, der sich am schwarzen Strand von Waipi'o ins Meer ergießt. Der Strand ist eine raue Schönheit, die von einer umwerfenden Steilküste begrenzt wird.

Geschichte

Das als „Tal der Könige" bekannte Waipi'o Valley war früher einmal die Kornkammer der Insel, aber auch ihr politisches und religiöses Zentrum, denn hier lebten die höchsten *ali'i* (hawaiische Häuptlinge). Mündlichen Überlieferungen zufolge waren hier mehrere Tausend Menschen vor der Ankunft der Entdecker aus dem Westen ansässig und noch heute sind Überbleibsel verschiedener *heiau* zu sehen. 1823 schätzte William Ellis, der erste Missionar in Waipi'o, die Talbevölkerung auf um die 1300 Leute. In den 1880ern ließen sich chinesische Einwanderer in den grünen Falten des Tals nieder und begannen, Reis anzubauen. So ergänzten sie den traditionellen Taroanbau.

1946 verwüstete der schlimmste Tsunami in Hawai'is Geschichte das Tal. Er drang mehr als einen Kilometer weit ins Inland vor. Niemand verlor sein Leben in den gewaltigen Fluten, doch nachdem sich das Wasser zurückgezogen hatte, beschlossen die meisten Talbewohner, eine Etage höher, nach Kukuihaele, zu ziehen. Die Talsohle ist seither nur dünn besiedelt und wird von einer überschaubaren Anzahl von Naturfreunden, Einsiedlern, Marihuana-Bauern, Hippies und *kama'aina* (in Hawaii geboren und aufgewachsen, wörtlich übersetzt „Kinder des Landes") bewohnt.

Das Tal gilt unverändert als heiliger Ort und es herrscht eine Art völlig freiwillige Isolationspolitik. Der Taroanbau und die *poi*-Produktion sind Säulen der hawaiischen Identität und sowohl die Talbewohner als auch indigene Hawaiianer auf der ganzen Insel beschützen das Waipi'o Valley nach Kräften. Die Menschen aus dem Tal stehen schon seit Urzeiten mit der Welt außerhalb auf Kriegsfuß. Sie verweisen denn auch immer wieder darauf, dass ihre Heimat gemäß der traditionellen hawaiischen Kultur heilig ist, eine unantastbare spirituelle Energie und einen besonderen Platz in der Landesgeschichte hat, räumlich begrenzt ist und sich durch eine traumhafte Natur auszeichnet, die es zu bewahren gilt. Viele Bewohner aus der Gegend oberhalb des Talkessels sind der Auffassung, dass die Talbewohner sich einfach abkapseln wollen, und das aus ganz unterschiedlichen Gründen – sei es, weil sie Misanthropen sind oder weil sie in Ruhe Gras anbauen wollen.

Sehenswertes

★ Waipi'o Valley Lookout AUSSICHTSPUNKT

Der Aussichtspunkt am Ende des Hwy 240 gewährt einen Blick auf Waipi'os smaragdfarbenes Amphitheater, den schwarzen Strand und die donnernde Brandung, bei dem einem die Spucke wegbleibt. Hier offenbart sich eins der Panoramen, für die Hawaii berühmt ist.

Aktivitäten

Oben auf der To-do-Liste steht: ins Tal wandern oder fahren. Wer mehr Action braucht, kann sich auf ein Pferd schwingen, ein ATV (Quad) mieten oder auf ein von Mulis gezogenes Fuhrwerk steigen. Manche Touren beschränken sich auf die Talsohle, andere führen in den oberen Teil von Waipi'o, zwei ganz unterschiedliche, aber jeweils schöne Exkursionen. Bei Fragen kann man sich an die Mitarbeiter der tagsüber besetzten Information Booth (Infokiosk; S. 199) wenden, die sich in

NACHTWANDERER

Kukuihaele bedeutet auf Hawaiisch „Licht, das kommt und geht". Gemeint sind die *huaka'ipo* („Nachtwanderer") – Fackeln tragende Geister hawaiischer Krieger, die auf dem Weg nach Waipi'o durch Kukuihaele wandern. Der Legende zufolge stirbt ein jeder, der die Nachtwanderer ansieht oder sich ihnen in den Weg stellt. Ihre Nachfahren überleben die Begegnung ebenso wie jene, die sich mit dem Gesicht nach unten auf den Boden legen.

Waipi'o Valley

der Nähe des Parkplatzes befindet. Mehr zu Wanderungen im Waipi'o Valley auf S. 186.

Vor dem Strand von Waipi'o sind Strömungen und Sog so tückisch, dass sich nur die besten hiesigen Surfer ins Wasser wagen. Erfahrene Kajakfahrer können bei Plenty Pupule (S. 125) in Kona Touren buchen.

Geführte Touren

Waipi'o on Horseback REITEN

(808-775-7291; www.waipioonhorseback.com; 2½-std. Ausritt 90 $; Ausritte Mo–Sa 9.30 & 13.30 Uhr;) Für diese Reittouren auf dem Talboden werden die Pferde so ausgesucht, dass es zur Persönlichkeit und Erfahrung des Reiters passt. Selbst Anfänger werden sich sicher fühlen.

Waipi'o Ridge Stables REITEN

(877-757-1414, 808-775-1007; www.waipioridgestables.com; 2½-/5-std. Ausritt 90/175 $; Ausritte 9 & 13.30 Uhr;) Reiter erkunden den oberen Teil des Tals und reiten zum Scheitel der Hi'ilawe Falls (2½ Std.). Bei der fünfstündigen Tour sieht man weitere Wasserfälle, schlemmt beim Picknick und legt eine Schwimmpause ein. Die Guides sind toll! Höchstens zehn Personen pro Gruppe.

Na'alapa Stables REITEN

(808-775-0419; www.naalapastables.com; 2½-std. Ausritt 90 $; Ausritte Mo–Sa 9 & 12.30 Uhr;) Dieser etablierte Anbieter hat einen guten zweieinhalbstündigen Ausritt über die Talsohle im Programm. Mindestalter für Kinder: 8 Jahre. Höchstteilnehmerzahl: 12 Personen pro Gruppe.

Ride the Rim QUAD-TOUR

(808-775-1450; www.ridetherim.com; 3-std. Tour Erw./Kind ab 160/100 $; Touren 8.45 & 12.45 Uhr) Reiten ist altmodischer Kram? Vielleicht ist eine Fahrt in einem Quad (bzw. ATV, *all-terrain vehicle*) im oberen Teil des Tals die richtige Alternative. Es geht über unbefestigte Pisten und durch kleine Flüsse; dabei wird sonst nicht zugänglicher Privatwald

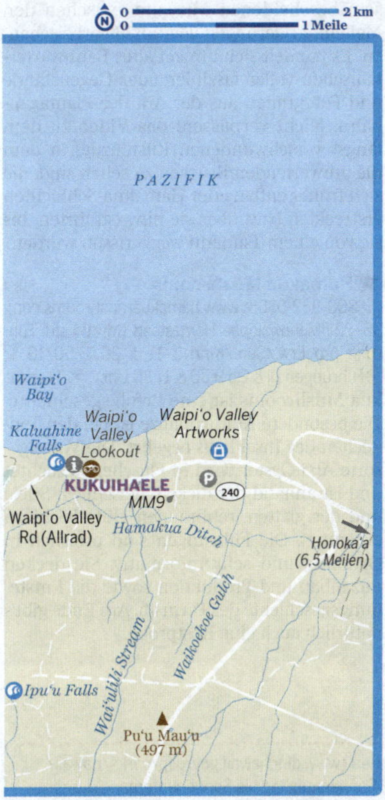

passiert. Der Halt an einer Badestelle ist optional (bibber, fröstel … eiskalt!). Kinder unter 16 Jahren und Erwachsene, die nicht selbst fahren wollen, können in Zweisitzern Platz nehmen oder mit einem Guide mitfahren. Der Treffpunkt ist Waipi'o Valley Artworks (S. 199).

Hawaiian Walkways TOUREN
(☎808-322-2255; www.hawaiianwalkways.com; 8-std. Touren Erw./Kind unter 11 J. 190/100 $; 👪) Tagestouren umfassen Honoka'a, Jeepfahrten ins Waipi'o Valley, Wanderungen zu einem *heiau* und einem Aussichtspunkt zum Wasserfallgucken und das Mittagessen.

Waipi'o Valley Wagon Tours KUTSCHFAHRT
(☎808-775-9518; www.waipiovalleywagontours.com; 1½-std. Fahrten Erw./Kind 60/30 $; ⏲Fahrten Mo–Sa 10.30, 12.30 & 14.30 Uhr; 👪) Eine nette Abwechslung, vor allem für kleine Leute. Maultiere ziehen die altmodischen Fuhrwerke, mit denen man den Talgrund erkundet.

Essen

Waipi'o Cookhouse LOKALTYPISCH
(☎808-775-1443; 48-5370 Honoka'a-Waipi'o Rd; Hauptgerichte 12–14 $; ⏲7.30–18 Uhr) Bestellung am Fenster und Sitzplätze auf der Veranda lassen entfernt an einen Drive-in denken, doch auf den Teller kommt kein Fast Food, sondern gesunde Küche aus Zutaten direkt vom Erzeuger. Alles wird frisch zubereitet. Wer *kalua loco moco* bestellt, erhält zwei lokaltypische Gerichte in einem. Das Sandwich mit gegrillter Aubergine besteht aus hiesigem Gemüse und cremig-zartem Big-Island-Ziegenkäse. Bei den Toiletten handelt es sich um die mobile Variante.

Shoppen

★ **Waipi'o Valley Artworks** KUNST & KUNSTHANDWERK
(☎808-775-0958, 800-492-4746; www.waipiovalleyartworks.com; 48-5416 Kukuihaele Rd; ⏲8–17 Uhr) Der nette kleine Laden hat viele Gesichter. Die Kunden stöbern nach handgefertigten Gegenständen aus *koa*-Holz (Schaukelstühle, Schüsseln, Schachspiele), kaufen sich ein Eis oder Sandwich und plauschen mit dem netten Besitzer. Außerdem kann man seinen Wagen hier abstellen, wenn man im Waimanu Valley zeltet (15 $ pro Tag).

Praktische Informationen

Infokiosk (Waipi'o Valley; ⏲8 Uhr–Sonnenuntergang) Unweit des Parkplatzes. Tagsüber beantwortet ein kundiger Mitarbeiter Fragen.

An- & Weiterreise

Von Honoka'a aus sind es knapp unter 10 Meilen (16 km) auf dem Hwy 240 bis zum Waipi'o Valley Lookout. Die Abzweigung auf die Kukuihaele Rd findet man in der Nähe des 8-Meilen-Markers. Unweit des Aussichtspunkts trifft sie wieder auf den Hwy 240. Es bestehen keine Busverbindungen hierher.

Laupahoehoe

Laupahoehoe, was so viel wie „Blatt des *pahoehoe* (gleichmäßig fließende Lava)" bedeutet, ist ein treffender Name für diesen Ort: Die auffällige Landzunge, Laupahoehoe Point, ist eine flache Halbinsel aus Lavagestein, die nach einem Ausbruch des Mauna Kea entstand. Die kleine Stadt erreichte ihren Zenit zur Zeit der Zuckerrohrplantagen, ist aber noch heute eine beständige

Gemeinde mit einem hübschen Strandpark und ein paar Sehenswürdigkeiten.

Am 1. April 1946 ereignete hier sich eine furchtbare Tragödie: Ein 9 m hoher Tsunami riss das Schulgebäude auf der Landzunge fort, 20 Kinder und vier Erwachsene starben. Daraufhin ließ sich die Einwohnerschaft weiter oberhalb nieder.

Sehenswertes & Aktivitäten

Laupahoehoe Point Beach Park STRAND

(abseits des Hwy 19) Nur wirklich durchgeknallte *buggahs* würden sich am windigen, rauen Laupahoehoe Point ins Wasser trauen. Manchmal rauscht die gewaltige Brandung über die Felsen hinweg auf den Parkplatz. Das Areal mit dem Wellenbrecher und den Lavafingern, die aus dem Wasser ragen, ist dennoch bestechend hübsch. Einheimische kommen gern zum Picknicken und Campen her (Infrastruktur vorhanden).

Laupahoehoe Train Museum MUSEUM

(808-962-6300; www.thetrainmuseum.com; 36-2377 Mamalahoa Hwy; Erw./Stud./Sen. 6/3/5 $; Do–So 10–17 Uhr, Mo–Mi nach Vereinbarung; P) Wer sich für die kleinen Schrullen der Geschichte interessiert, sollte unbedingt in diesem bescheidenen Museum zwischen den Meilenmarkierungen 25 und 26 vorbeischauen. Es handelt sich um ein altes Bahnwärterhäuschen voller faszinierender Gegenstände und Fotografien aus der Ära der Plantagenbahn. Nicht verpassen: das Video zu dem längst verschwundenen Küstenzug, in dem die umwerfenden Brücken zu sehen sind, die sich früher entlang der Hamakua-Schluchten erstreckten bzw. über sie hinwegführten, bis sie von einem Tsunami weggerissen wurden.

★ **Hamakua Mushrooms** FARM

(808-962-0305; www.hamakuamushrooms.com; 36–221 Manowaiopae Homestead Rd; 1¼-std. Führung pro Erw./Sen./Kind 3–11 J. 20/17,50/10 $; Führungen Di & Do 9.30 & 11.30 Uhr) Hamakua Mushrooms ist eine Erfolgsgeschichte. Die besondere Kulturpflanze ist bei den Topköchen der Insel heiß begehrt. Die Vorzeigesorte Ali'i Oyster wird in Flaschen gezüchtet und ist anhand der dicken, fleischigen Stiele und der glatten, rehbraunen Hüte leicht zu erkennen. Die Führungen sind preislich in Ordnung und sehr informativ. Sie decken Pilzanbau und Produktion sowie die Entstehungsgeschichte der Farm ab. Am Ende gibt's natürlich auch eine Kostprobe.

ABSEITS DER ÜBLICHEN PFADE

KALOPA STATE RECREATION AREA

Die 40 ha große **Kalopa State Recreation Area** (www.dlnr.hawaii.gov/dsp/parks/hawaii/kalopa-state-recreation-area; abseits des Hwy 19; Sonnenaufgang bis Sonnenuntergang) liegt auf 610 m und wartet mit Campingmöglichkeiten, Hütten und einfachen Spazierwegen inmitten heimischer Bäume auf, verzeichnet aber nur wenige Besucher (vielleicht zu einsam für Alleinreisende), dabei ist die üppige Vegetation phantastisch – der ideale Ort zum Zelten in größerer Runde (z. B. für Familien). Hübsch (aber ziemlich zugewuchert) ist der 1,2 km lange **Nature Trail** durch alten *ohia*-Bestand. Manche Stämme haben einen Durchmesser von knapp einem Meter.

Der Park umfasst zwei Hauptwegenetze. Der Nature Trail beginnt, wo die Straße bei den Hütten endet. Auslassen kann man den Dryland Forest Trail, der bereits nach 100 m endet, und den Arboretum Trail, der so zugewachsen ist, dass man sich leicht verläuft. Der kleine **polynesische Garten** beherbergt ein Dutzend der 25 ursprünglichen „Kanupflanzen", die die ersten polynesischen Seefahrer mit nach Hawaii brachten.

Das zweite, interessantere **Wegenetz** führt in das benachbarte Waldschutzgebiet mit alten Bäumen und ausladenden Baumfarnen. Es beginnt an der Robusta Lane, linker Hand zwischen Verwalterhaus und Campingplatz. Nach 550 m durch dichten Eukalyptuswald erreicht man den Rand des Kalopa Gulch. Der Weg folgt dem Rand der Schlucht noch weitere 1,6 km; unterwegs gehen mehrere Seitenpfade ab und führen über den Perimeter Trail zurück zum Naherholungsbereich. Die Beschilderung ist verwirrend; besser ein Foto von der Karte bei den Hütten machen und sich daran orientieren. Auf den idyllischen, aber nur teilweise instand gehaltenen Wanderwegen kann man insgesamt über 6 km spazieren.

Campen (Einheimische/Besucher 12/18 $ pro Nacht) darf man nur mit Permit (vorab einholen). Die **Hütten** (Einheimische/Besucher 60/80 $ pro Nacht) für bis zu acht Personen sind mit Etagenbetten, Küchen, warmen Duschen und Gemeinschaftstoiletten ausgestattet.

Zur Anfahrt: Nahe Meile 42, am Kalopa Dr, landeinwärts von der Hawai'i Belt Rd abbiegen und den Parkschildern 3 Meilen (5 km) folgen.

Zucht- und Produktionsstätten sind ausnahmslos in Hallen untergebracht. Die Anlage ist solarbetrieben, das Nährsubstrat umweltfreundlich.

Festivals & Events

Laupahoehoe Music Festival MUSIK

(☎808-962-2200; www.laupahoehoemusicfestival.org; Laupahoehoe Point Beach Park; 10–15 $; ⌚April) Das „bodenständige" Musikfestival wird Anfang April im Laupahoehoe Point Beach Park ausgerichtet, um Stipendiengelder für hiesige Studenten zu sammeln. Geboten werden authentische Küche, Hula und urhawaiische Musik im Gedenken an den Festivalbegründer Braddah Smitty.

Essen

★ **Papa'aloa Country Store & Cafe** MARKT, CAFÉ

(☎808-339-7614; 35-2032 Old Mamalahoa Hwy; ⌚Café Mo–Sa 7–18.30 Uhr, Markt Mo–Sa bis 19 Uhr) Das adrette kleine Markt-Café mitten im Niemandsland trumpft mit leckeren Mahlzeiten und selbstgebackenen süßen Teilchen auf. Wir empfehlen die frischen Fisch-Tacos, selbstgemachten Pizzas und Eclairs. Der Markt bietet lokale Erzeugnisse und in der Region gefertigte Waren. Die Betreiber sind zwei einheimische Brüder und der Laden ist die neue Version des ursprünglichen Geschäfts aus der Plantagenära; es wurde mit viel Liebe zum Detail restauriert.

An- & Weiterreise

Für die 25 Meilen (40 km) von Hilo nach Laupahoehoe benötigt man etwa 40 Minuten. Ab Honoka'a sind es ca. 20 Meilen (32 km) und 30 Minuten Fahrzeit. Papa'aloa ist ein Stück östlich von Laupahoehoe.

Hele-On-Busse (www.heleonbus.org) halten mehrmals am Tag in Laupahoehoe. Genaueres auf der Website.

Hakalau & Umgebung

In den guten alten Zeiten waren Hakalau und Wailea richtige Dörfer, heute sind sie nicht viel mehr als kleine, eingeschworene Gemeinden aus Alteingesessenen und Zugezogenen. Da es weder Restaurants noch Geschäfte gibt, lohnt sich ein Abstecher nur, wenn man in der Nähe übernachtet.

Sehenswertes

World Botanical Gardens GARTEN

(☎808-963-5427; www.worldbotanicalgardens.com; 31-240 Old Mamalahoa Hwy; Erw./Jugendl. 13–17 J./Kind 5–12 J. 15/7/3 $; ⌚9–17.30 Uhr; 👪) Auf dem weitläufigen Gelände des botanischen Gartens findet man ein Labyrinth, einen Wasserfall und ein Arboretum – nichts Ausgefallenes. Um den Ausflug etwas spannender zu gestalten, könnte man mit einem Segway (57–187 $ pro Pers.) fahren oder eine Ziplining-Tour bei Zip Isle Zipline Adventures (befindet sich vor Ort) buchen. An den World Botanical Gardens wird seit 1995 gearbeitet. Es ist ein ambitioniertes Projekt, reicht jedoch nicht an die Hawaii Tropical Botanical Garden (näher an Hilo) heran. Auf dem Hwy 19 in der Nähe des Meilenmarkers 16 dem Schild folgen und landeinwärts abbiegen.

Kolekole Beach Park PARK

Unter einer Highway-Brücke erstreckt sich dieser Park neben dem Fluss Kolekole in einem üppigen tropischen Tal. Der Break an der Flussmündung ist bei einheimischen Surfern und Bodyboardern sehr beliebt, im Meer zu schwimmen ist allerdings gefährlich. Der Park wartet mit kleinen Wasserfällen und allen typischen Einrichtungen auf. Mit Genehmigung des Countys darf gezeltet werden, das schmale Areal ist jedoch manchmal sehr voll und es kann laut werden, wenn die Einheimischen ihre Picknickkörbe auspacken.

Aktivitäten

Beim Ziplining im Regenwald von Hamakua muss man für eine Moskitoattacke gewappnet sein; lange Ärmel/Hosen und Insektenschutz helfen. Auch mit Regenschauern ist zu rechnen.

Umauma Falls & Zipline Experience ZIPLINING

(☎808-930-9477; http://umaumaexperience.com; 31-313 Old Mamalahoa Hwy; 190 $ pro Pers.; ⌚8–15 Uhr; 👪) Dies ist die aufregendste Zipline in der Region. Das Basispaket umfasst neun Seilrutschen (darunter vier Zweierseile), die Überquerung einer 61 m hohen Hängebrücke und den Anblick von 18 (!) Wasserfällen. Mindestalter: 4 Jahre, Gewicht: mindestens 16 kg, höchstens 125 kg.

Zip Isle Zipline Adventures ZIPLINING

(☎808-963-5427, 888-947-4753; www.zipisle.com; 165 $ pro Pers.; ⌚9.30–14.30 Uhr; 👪) Eine gute Adresse für Kinder und ängstliche Zipline-Neulinge. Die sieben Seilrutschen (ein Zweierseil) sind harmlos und die Hängebrücke ist nur 46 m hoch. Diesen Anbieter findet man in den World Botanical Gardens (Eintritt zum Garten frei). Gewichtvorgaben: 32 bis 122 kg.

An- & Weiterreise

Die Fahrt von Hilo nach Hakalau dauert etwa 15 Minuten (15 Meilen, 24 km). Auf dieser Strecke verpasst man gern einmal die gewünschte Abzweigung, deshalb langsam fahren, sobald man sich dem Zielort nähert.

Mehrfach am Tag halten die Hele-On-Busse (www.heleonbus.org) in Hakalau. Genaueres dazu auf der Website.

Honomu

Honomu ist ein malerisches, altes Zuckerstädtchen, das vielleicht in Vergessenheit geraten wäre, lägen nicht die 'Akaka Falls ganz in der Nähe, eine beliebte Touristenattraktion. Dennoch ist das Leben hier unverändert idyllisch und langsam. Es gibt gerade mal eine Handvoll Geschäfte und Restaurants, die in historischen Holzgebäuden untergebracht sind.

Sehenswertes

★ 'Akaka Falls State Park PARK

(www.hawaiistateparks.org; 'Akaka Falls Rd; Auto/Fußgänger 5/1 $; 👪) Der beste „Touristenwasserfall" der Insel ist in diesem tollen, familienfreundlichen Park zu finden. Dem asphaltierten Weg gegen den Uhrzeigersinn folgen; der Rundgang führt oberhalb eines üppig bewachsenen Fluss-Steilufers. Den bescheidenen Auftakt bilden die **Kahuna Falls** (30 m), danach versetzt einen der Anblick der prächtigen **'Akaka Falls** (134 m) ins Staunen. Das Wasser stürzt hinab in ein tiefes, smaragdgrünes Becken. Davon abgesehen lockt ein üppiger Garten, der sich in manchen Monaten in ein Blütenmeer verwandelt (im Juni und Juli blühen z. B. die Helikonien).

Die besten Bedingungen, um Fotos zu machen, herrschen morgens, denn die Wasserfälle liegen gen Osten. Zur Anfahrt: zwischen den Meilenmarkierungen 13 und 14 auf den Hwy 220 wechseln und 4 Meilen (6 km) landeinwärts fahren. Wer Geld sparen möchte, stellt den Wagen nicht auf dem Parkplatz, sondern außerhalb ab. Um den Eintritt für Fußgänger kommt man aber nicht herum.

Aktivitäten

Skyline EcoAdventures Akaka Falls ZIPLINING

(☎888-864-6947, 808-878-8400; www.zipline.com; 28-1710 Honomu Rd; 170 $ pro Pers.; ⏰10-15 Uhr; 👪) Die beste Ziplining-Anlage an der Hamakua Coast – ein echter Kracher. Die sieben Seilrutschen werden stufenweise länger und höher. Zuletzt sausen die Teilnehmer an einer mehr als 1 km langen Zipline unmittelbar über einen 76 m hohen Wasserfall hinweg. Mindestalter: 10 Jahre. Gewichtsbeschränkungen: 36 bis 118 kg.

Essen

Die Cafés von Honomu sind ideal für einen Kaffee oder kalte Getränke, für Lebensmittel oder Abendessen muss man jedoch die kurze Strecke bis Hilo zurücklegen.

★ Mr Ed's Bakery BÄCKEREI $

(☎808-963-5000; www.mredsbakery.com; Hwy 220; ⏰Mo–Sa 6–18, So 9–16 Uhr) Die Auswahl an selbstgemachten Marmeladen aus hiesigen Früchten ist gigantisch (7,50 $ pro Glas); *liliko'i* (Passionsfrucht) ist ein Klassiker. Es sind auch Varianten mit wenig oder gar keinem Zucker erhältlich. Die süßen Teilchen sind mal so, mal so. Immer großartig ist das portugiesische süße Brot.

★ Woodshop Gallery & Cafe CAFÉ $

(☎808-963-6363; www.woodshopgallery.com; Hwy 220; Gerichte mittags 6–9 $; ⏰11–17.30 Uhr) Ob Burger und Limo oder selbstgemachtes Eis und Espresso, alles auf der Karte ist amerikanisch und gut und wird mit einer freundlichen Prise Aloha serviert. Nach dem Mittagessen lockt die außergewöhnliche Sammlung handgefertigter Gegenstände aus *koa*: Schaukelstühle, Schüsseln, Schmuckkästchen ...

Hilo Sharks Coffee CAFÉ $

(☎808-963-6706; www.hilosharkscoffee.com; 28-1672 Old Mamalahoa Hwy; Sandwiches 6–7 $; ⏰Mo–Sa 8–18, So bis 16 Uhr; 📶☎) Jeder Ort hat seinen ultimativen Treffpunkt. In Honomu ist es das Hilo Sharks Coffee mit seinem Kaffee (und Schokolade) aus regionalem Anbau, Plätzen im Freien, leckeren Sandwiches, erfrischenden Smoothies und günstigen Preisen.

An- & Weiterreise

Die 13,5 Meilen (22 km) ab Hilo sollten nicht mehr als 15 Minuten in Anspruch nehmen. Die Abzweigung zum 'Akaka Falls State Park (S. 202) ist beschildert.

Mehrmals täglich halten Hele-On-Busse (www.heleonbus.org) in Honomu. Mehr Infos auf der Website.

Von Pepe'ekeo nach Papaikou

Pepe'ekeo, Onomea und Papaikou (geografisch von Ost nach West geordnet) sind drei Plantagendörfer, die für Traumlandschaften und -ausblicke bekannt sind. Darüber hinaus bieten sie mehrere Sehenswürdigkeiten (und ein Postamt, in Pepe'ekeo), eine richtige Stadt wird man allerdings vergeblich suchen. Die Bewohner der Gegend zwischen Papaikou und Hakalau fühlen sich Hilo zugehörig (diese Dörfer zählen auch tatsächlich zu North Hilo).

Sehenswertes

★ Hawaii Plantation Museum

MUSEUM

(☎808-964-5151; www.plantationmuseum.org; 27–246 Old Mamalahoa Hwy, Papaikou; Erw./Sen./Kind 8/6/3 $; ⏲Di–Sa 10–15 Uhr) Das gut aufgemachte Museum stellt Hawai'is Zuckerindustrie ins Rampenlicht, die ab der Mitte der 1880er bis 1996 der führende Erwerbszweig war. Der Kurator, Wayne Subica, hat die Sammlung im Alleingang zusammengestellt und Plantagenwerkzeuge, Memorabilien aus Tante-Emma-Läden, alte Fotografien und Retro-Schilder erstanden. Subica hat zudem 16 Bücher über die Inselhistorie mit sorgfältig ausgewählten Archivbildern verfasst. Seine Leidenschaft für Geschichte ist ansteckend.

Auf dem Haupt-Highway aus Hilo kommend muss man nach der 6-Meilen-Markierung links abbiegen, aus Kona kommend geht's nach der 8-Meilen-Markierung rechts ab. Dann rechts abbiegen und vor dem farbenfrohen Wandbild parken.

★ Hawaii Tropical Botanical Garden

GARTEN

(☎808-964-5233; www.hawaiigarden.com; 27–717 Old Mamalahoa Hwy, Papaikou; Erw./Kind 15/5 $; ⏲9–17 Uhr, letzter Eintritt um 16 Uhr; 🚻) Der Regenwaldgarten ist ein Garant für zufriedene Gemüter. Er liegt direkt am Meer und hat ein tolles Management. Ein gepflasterter Weg windet sich an 2000 tropischen Pflanzenarten vorbei. Hie und da gurgelt ein Bach oder rauscht ein Wasserfall. Für den Spaziergang bis zur Onomea Bay sollte mindestens eine Stunde eingeplant werden. Der Garten liegt auf halber Strecke am Pepe'ekeo 4-Mile Scenic Drive (S. 190). Parken und die Eintrittskarte in dem gelben Gebäude auf der landeinwärts gelegenen Seite der Straße kaufen.

Aktivitäten

In der Region ist der Pepe'ekeo 4-Mile Scenic Drive (S. 190) die Adresse für Aktivitäten. Man kann z. B. einen kurzen Spaziergang zur Onomea Bay machen.

Geführte Touren

Onomea Tea Company

FARM

(☎808-964-3283; www.onomeatea.com; 27–604 Alakahi Pl; 2½-std. Führung 40 $) Die 3,6 ha große Teeplantage bringt seit 2003 einzigartige grüne, weiße, Oolong- und Schwarztees hervor, die zu 100 % Bio sind. Die Führungen zeigen den Anbau und die Verarbeitung des Tees und enden mit einer Verkostung; dazu werden frisch gebackene Scones gereicht. Die engagierten Eigentümer beantworten sämtliche Fragen zum Farmbetrieb. Nur mit Reservierung.

Essen

Wer gern eine größere Restaurantauswahl hätte, fährt einfach ins weniger als 10 Meilen (16 km) entfernte Hilo. Es gibt keine Supermärkte vor Ort; Selbstversorger können sich in Hilo mit Vorräten eindecken.

★ What's Shakin'

GESUNDE KÜCHE $

(☎808-964-3080; 27–999 Old Mamalahoa Hwy; Smoothies 7,25 $; ⏲10–17 Uhr; 🖉) Für die schönsten Erinnerungen an den Pepe'ekeo 4-Mile Scenic Drive sorgt vielleicht dieses Restaurant am Highway. Am nördlichen Ende des Scenic Drive nach dem fröhlichgelben Häuschen Ausschau halten, denn dort gibt's phantastische Smoothies (100 % Frucht). Die sehr großzügig gefüllten Fisch-Wraps und Taroburger werden mit reichlich Gemüse und einer Beilage aus tropischen Früchten serviert.

Low Store

LOKALTYPISCH $

(☎808-964-1390; www.facebook.com/lowscorner; 28–1099 Old Mamalahoa Hwy; Mahlzeiten 8–10 $; ⏲6–18 Uhr) Ein Stand mit Tropenfrüchten; ein Gemischtwarenladen; ein Café mit Patio. Und dann auch noch so malerisch! Im Low Store am nördlichen Ende des Pepe'ekeo 4-Mile Scenic Drive gibt es leckere, günstige Wraps und Burger, das Vorzeigegericht sind die „Island Nachos" mit *kalua*-Schwein, dazu Mango-Salsa, Avocado, frisches Gemüse und Käse. Unbedingt Platz für *shave ice* oder normale Eiscreme lassen. Ein weiteres Plus sind die kompostierbaren Verpackungen.

An- & Weiterreise

Von Hilo aus fährt man ca. zehn Minuten zu diesen drei Dörfern. Papaikou (liegt näher an Hilo) geht quasi in Pepe'ekeo über. Das meiste Sehenswerte liegt am Pepe'ekeo 4-Mile Scenic Drive (S. 190).

Die Hele-On-Busse (www.heleonbus.org) halten mehrfach täglich in Papaikou. Siehe dazu die Website.

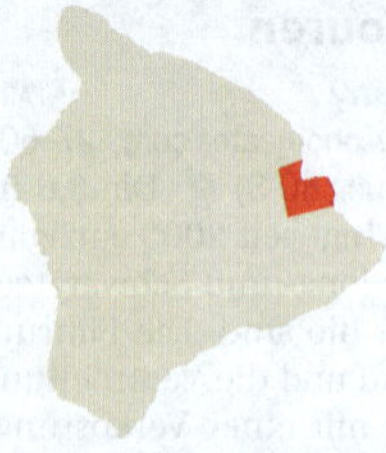

Hilo

45 380 EW. / ☎ 808

Inhalt ➡

Gut essen

- Hilo Bay Cafe (S. 225)
- Pineapples (S. 225)
- Paul's Place (S. 221)
- Sweet Cane Cafe (S. 221)
- Moon & Turtle (S. 225)

Highlights für Kinder

- Lili'uokalani Park (S. 208)
- Coconut-Island-Fußgängerbrücke (S. 212)
- Onekahakaha Beach Park (S. 208)
- Pana'ewa Rainforest Zoo & Gardens (S. 209)
- 'Imiloa Astronomy Center of Hawai'i (S. 209)

Auf nach Hilo

Kailua-Kona mag mehr Besucher verzeichnen, doch hier schlägt das Herz von Big Island. Unter dem häufigen Nieselregen hat sich Hilo eine ruhige und ursprüngliche Atmosphäre bewahrt, dazu gehört ein guter Zusammenhalt und echter Aloha-Spirit. Hilos Bevölkerungsmix zeugt von seinen Wurzeln als Zuckerstadt, hier wohnen indigene Hawaiianer, Japaner, Philippiner, Portugiesen, Puerto-Ricaner, Chinesen und Kaukasier.

Die Einheimischen machen einen sehr entspannten Eindruck, doch sie sind ganz schön hart im Nehmen. Sie haben schon zwei Tsunamis getrotzt, boten den vernichtenden Lavaströmen des Mauna Loa die Stirn, haben den höchsten Niederschlag pro Jahr in den USA und kämpfen um jeden Touristendollar. Hilo weiß, wie man sich durchbeißt – und floriert!

Hilo hatte ein Leben vor dem Tourismus, weshalb die Stadt erfrischend authentisch wirkt. Sie bietet viele Attraktionen in Form von faszinierenden Museen, einem Zentrum, das zu Fuß erkundet werden kann, zwei quirligen Bauernmärkten und Dutzenden alternativen Restaurants. Hilo macht sich prima als Ausgangspunkt für Touren in den Hawai'i Volcanoes National Park, zum Mauna Kea, nach Puna und an die Hamakua Coast.

Reisezeit

März & April Das Merrie Monarch Festival startet am Ostersonntag; dann sind sämtliche Betten in Hilo belegt. Wer das Festival miterleben möchte, muss sich ab dem 1. Dezember des Vorjahres schnellstmöglich um Tickets kümmern und die Unterkunft bis zu einem Jahr im Voraus buchen.

Juni–November Die Sommer sind heiß und schwül in Hilo. Der meiste Regen fällt im November.

Dezember–Februar Die Wintertemperaturen sind mild und angenehm. In der Hauptsaison steigen die Übernachtungspreise und die Zimmer sind oft restlos ausgebucht.

Highlights

1 Lili'uokalani Park (S. 208) Durch den hübschen japanischen Garten wandeln.

2 Pacific Tsunami Museum (S. 212) Sich über die beiden historischen Tsunamis informieren, die Hilo heimgesucht haben.

3 Pana'ewa Rainforest Zoo & Gardens (S. 209) Bengalische Tiger und andere faszinierende Kreaturen inmitten von tropischer Flora erleben.

4 Hilo Bayfront Trails (S. 216) Auf dem familienfreundlichen Weg von Downtown zum Banyan Dr wandern oder radeln.

5 Onekahakaha Beach Park (S. 208) Mit Kindern und einheimischen Familien im seichten Wasser planschen.

6 Hilo Bay Cafe (S. 225) Hawaiische Küche mit Blick über die Bucht genießen.

7 KTA Super Store (S. 220) Frisches *poke* (marinierter roher Fisch) erstehen, der hier zu Top-Preisen verkauft wird.

8 Local Antiques & Stuff (S. 228) Vielfältige Artefakte und Souvenirs aus der Gegend durchstöbern.

WANDERN & RADFAHREN RUND UM HILO

RADTOUR: VON HILO ZU DEN 'AKAKA FALLS

START HILO (DOWNTOWN)
ZIEL 'AKAKA FALLS
LÄNGE 30 MEILEN (48 KM); 3 STUNDEN

Entlang der Route haben die Brücken am Hwy 19 nur schmale Seitenstreifen. Wem der Autobahnverkehr nicht ganz geheuer ist, der kann auch einfach eine Runde durch die Stadt drehen.

Abfahrt sollte bei schönem Wetter und am frühen Morgen sein. Los geht's in Downtown Hilo, wo man noch Sunblocker o. Ä. bei **Abundant Life Natural Foods** (S. 220) besorgen kann. Nach Norden fahren, über die Singing Bridge, und ca. 5 Meilen (8 km) auf dem Hwy 19 bleiben. Vorsicht beim Überqueren der Honoli'i Bridge (schmaler Seitenstreifen).

An dem Schild **Pepe'ekeo 4-Mile Scenic Drive** nach rechts abbiegen. Die Straße ist schmal, gewunden und mit zahlreichen einspurigen Brücken gespickt, doch es herrscht nicht so viel Verkehr. Wer Zeit hat, kann Fotos von der Dschungelvegetation, alten Plantagenhäusern, Wasserfällen und wettergegerbten Brücken knipsen. Unterwegs sind leichte Steigungen und Neigungen sowie uneinsehbare Kurven zu bewältigen. An einer Lichtung mit Blick bis zum Meer erspäht man die Überreste des eingestürzten **Onomea Arch**; jetzt sieht er aus wie ein U.

Den **Hawaii Tropical Botanical Garden** (S. 203; an einem anderen Tag besuchen) passieren und durch noch mehr üppigen Regenwald radeln, vorbei an vereinzelten Häusern. Links steht das What's Shakin' mit seiner fröhlichen gelben Fassade, dann kommt der Low Store in Sicht, zwei gute Adressen zum Essen (aber nicht heute). Nach einer letzten einspurigen Brücke geht's nach links zurück auf den Hwy 19.

Nach ein paar Meilen biegt man links auf den Hwy 220 zum **'Akaka Falls State Park** (S. 202). Es geht 4 Meilen (6,4 km) bergauf, doch mit Glück präsentiert sich der Mauna Kea in all seiner Pracht. Am Nachmittag blendet die Sonne fürchterlich.

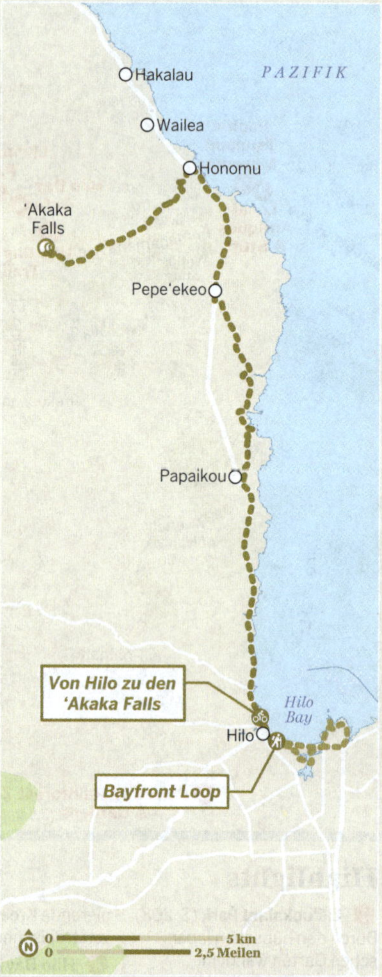

Im State Park das Rad irgendwo anschließen, während man die Wasserfälle besucht (Eintritt: 1 $). Auf dem Rückweg kan man sich in der **Woodshop Gallery & Cafe** (S. 202) in Honomu umschauen und einen Belohnungskaffee trinken.

Entweder oder: Ein malerischer Kleinstadt-Streifzug oder steil hinauf radeln und von der Aussicht belohnt werden

RADOSLAW LECYK/SHUTTERSTOCK ©

Lili'uokalani Park (S. 208)

SPAZIERGANG: BAYFRONT LOOP

START/ZIEL MO'OHEAU BANDSTAND
LÄNGE 4 MEILEN (6,4 KM); 2 STUNDEN

Im Mittelpunkt dieses hübschen Spaziergangs steht die Hilo Bay. Die Route eignet sich auch für eine Radtour. Die meiste Zeit folgt man den sicheren asphaltierten Hilo Bayfront Trails.

Ausgangspunkt ist der **Mo'oheau Bandstand** (S. 227). Der Pavillon dient als Veranstaltungsort für Konzerte, Hula-Shows u. Ä. Wer mag, könnte die Kamehameha Ave überqueren, um auf dem Bauernmarkt oder in einem Imbiss Proviant zu besorgen. Der Weg beginnt ein Stück östlich vom Bandstand.

Am Ende des Highways lockt linker Hand der **Suisan Fish Market** (S. 221; hier gibt's köstliches *poke*). In diese Richtung zum **Lili'uokalani Park** (S. 208) laufen. Die japanischen Brücken, Rasenflächen und prächtigen Bäume laden zum Schlendern und Picknicken ein. Der Blick auf die Hilo Bay und die Hamakua Coast mit dem Mauna Kea im Hintergrund ist umwerfend.

Am Nordende des Parks führt eine Fußgängerbrücke nach **Mokuola** (Coconut Island; S. 212) – toll für Kinder! Als nächstes geht's zum Banyan Dr mit den kultigen, namensgebenden Bäumen.

Bald erreicht man den **Reeds Bay Beach Park** (S. 215). Das ruhige Wasser der verschlafenen Bucht ist ideal, um Stand Up Paddling zu lernen. Zurück zur Kamehameha Ave laufen; es geht am Golfplatz entlang. Gegenüber von Coqui's Hideaway steht die grüne **Tsunami Clock** (S. 215), die der zweite verheerende Tsunami in Hilo am 23. Mai 1960 um 1:04 Uhr zum Stehen brachte.

Der Kamehameha Ave auf der *mauka*-Seite (landeinwärts) weiter folgen und links zum **Wailoa River State Park** (S. 215) abbiegen. Über hübsche Bogenbrücken überquert man Fisch- und Ententeiche. Auf der Westseite des Flusses lohnt sich, im **Wailoa Center** (S. 215) vorbeizuschauen, ob eine Ausstellung läuft, und an den Mahn-/Denkmälern zum **Vietnamkrieg** und **Shinmachi-Tsunami** innehalten.

Dann auf der Kamehameha Ave nach Westen laufen, an den Sportplätzen vorbei, bis man wieder im Stadtzentrum ankommt.

Geschichte

Seitdem die ersten polynesischen Siedler Ackerbau am Wailuku River betrieben und im Fluss fischten, ist Hilo eine geschäftige Hafenstadt. Im 20. Jh. war sie der Handelsumschlagplatz für in Puna und Hamakua angebautes Zuckerrohr. Hilo war in beiden Richtungen an das Eisenbahnnetz der Hawaii Consolidated Railway angeschlossen.

Damals bauten Einheimische Wohnhäuser und Geschäfte entlang der Bucht. Nach den beiden verheerenden Tsunamis von 1946 und 1960 wollte jedoch niemand mehr im Zentrum wohnen. Heute erstrecken sich an der Kamehameha Ave Parks, Strände und unbebautes Land.

Als die Zuckerindustrie in den 80er- und 90er-Jahren zusammenbrach, konzentrierte sich die Lokalindustrie auf die diversifizierte Landwirtschaft, die Universität, den Einzelhandel und natürlich den Tourismus. Die Innenstadt ist unverändert das charmante Herzstück von Hilo, zum Shoppen zieht es die Menschen inzwischen aber in die Filialen großer Ladenketten südlich des Flughafens.

Sehenswertes

Die meisten Sehenswürdigkeiten befinden sich im Zentrum, wo Bauwerke aus dem frühen 20. Jh. auf die Küste blicken. Die Einheimischen sprechen von der Bayfront. Weiter östlich liegt Hilos Vorzeigedock und Wahrzeichen, der Suisan Fish Market (S. 221), sowie das Viertel Keaukaha mit sämtlichen Stadtstränden, ausgenommen dem Honoli'i Beach Park. Am Wochenende ist mit überfüllten Parkplätzen und Staus auf der Kalaniana'ole Ave zu rechnen. Ansonsten ist es kein Problem, einen Parkplatz zu finden.

★ Lili'uokalani Park — PARK

(189 Lihiwai St; 👪) Wer die einfachen Freuden von Hilo genießen möchte, zieht sich mit einem Picknick in den schönen japanischen Garten mit Blick auf die schimmernde Bucht zurück. Der 12 ha große staatliche Park ist nach der letzten Königin Hawaiis benannt (reg. 1891–1893) und wartet mit hohen Bäumen, weitläufigen Rasenflächen und niedlichen kleinen Fußgängerbrücken über seichte Teiche auf. Bei Sonnenaufgang oder -untergang kann man sich den Einheimischen anschließen und eine Runde joggen oder walken. Oder auch einfach nur den Mauna Kea bewundern.

Neben dem Park liegt der Banyan Dr, Hilos kleine „Hotelmeile", bekannt für die riesigen Banyan-Bäume zu ihren Seiten. Adlige und Berühmtheiten pflanzten sie in den 1930ern. Wenn man genau hinschaut, sieht man unter den Bäumen die Schilder von berühmten Sportlern, Schauspielern und anderen Promis. Ebenfalls in der Nähe ist die Fußgängerbrücke nach Mokuola (Coconut Island) (S. 212), eine winzige Insel, die Kindern jeden Alters gefallen wird.

★ Carlsmith Beach Park — STRAND

(Kalaniana'ole Ave; 👪) Obwohl dieser Strand felsig aussieht, ist er familienfreundlich, denn ihm vorgelagert befindet sich ein schützendes Riff. Die anchialinen Teiche, die eine unterirdische Verbindung zum Ozean besitzen, sind ideal für Kinder geeignet. Wenn das Wasser ruhig ist, herrschen recht gute Schnorchelbedingungen. An den Wochenenden und an Feiertagen sind Rettungsschwimmer zugegen. Außerdem gibt es Toiletten, Duschen und Picknickbereiche.

★ Richardson's Ocean Park — STRAND

(Kalaniana'ole Ave; ⌚7–19 Uhr; 👪) Nahe dem Ende der Kalaniana'ole Ave stößt man auf diese kleine „Tasche" mit schwarzem Sand, ein beliebter Strand für alle Bedürfnisse. Bei ruhiger See lädt das Wasser zum Schwimmen und Schnorcheln ein und Begegnungen mit Meeresschildkröten sind keine Seltenheit (im Wasser mindestens 50 m Abstand halten). Die hohen Wellen, innig geliebt von den hiesigen Bodyboardern, sind allerdings nicht ohne. Wasserschuhe tragen (Felsen!). Lebensretter überwachen täglich das Geschehen. Außerdem: Toiletten, Duschen, Picknickbereiche und ein Parkplatz.

★ Onekahakaha Beach Park — STRAND

(Kalaniana'ole Ave; ⌚7–21 Uhr; 👪) Perfekt für Kinder. Der großzügige Strand liegt an einem breiten, seichten (an manchen Stellen nur 30 bis 60 cm tiefen) „Pool" mit Sandboden und wird von einem Wellenbrecher aus Felsblöcken abgeschirmt – ein richtiggehender Babystrand. Das Wasser in der ungeschützten Bucht nördlich vom „Kinderbecken" ist etwas tiefer, dort sind die Wellen allerdings ziemlich heftig. Außerdem bedecken *wana* (Seeigel) den Boden. Auf den umliegenden Grasflächen stehen schattenspendende Bäume, gerade richtig zum Picknicken. An den Wochenenden und an

Feiertagen haben Rettungsschwimmer Aufsicht. Es gibt Toiletten, Duschen, Pavillons und Picknickbereiche.

★ Lyman Museum & Mission House MUSEUM

(Lyman Museum; Karte S. 210; ☎808-935-5021; www.lymanmuseum.org; 276 Haili St; Erw./Kind 10/3 $; ⏲Mo–Sa 10–16.30 Uhr; 👪) Kompakt und zugleich umfassend fängt dieses kleine Museum die unglaubliche Vielfalt der hawaiischen Natur- und Kulturgeschichte ein. Unter den geologischen Exponaten unten sind faszinierende Lavagesteinsproben, Mineralien und Muscheln, oben steht die indigene Bevölkerung im Fokus, mit Darstellungen zu den traditionellen Sportarten, zur Religion und dem *kapu*- (Tabu-)System. Das angrenzende Mission House, 1839 errichtet von Reverend David Lyman und seiner Frau Sarah, ergänzt die historischen Fakten durch einen Einblick in den Alltag seiner Bewohner. Gut ausgebildete Museumsführer zeigen Besuchern das Haus immer um 11 und 14 Uhr (30 Min.).

★ 'Imiloa Astronomy Center of Hawai'i MUSEUM

☎808-969-9700; www.imiloahawaii.org; 600 'Imiloa Pl; Erw./Kind 6–17 J. 17,50/9,50 $; ⏲Di–So 9–17 Uhr; 👪) 'Imiloa, das bedeutet „neues Wissen erkunden", ist ein 28 Mio. Dollar teurer Museums- und Planetariumskomplex mit besonderem Kniff: Er stellt die moderne Astronomie, die auf dem Mauna Kea Anwendung findet, den vor Urzeiten durchgeführten Seefahrten der Polynesier gegenüber. Das Astronomiezentrum ist eine tolle Familienattraktion und die logische Ergänzung einer Gipfeltour. Im Eintritt ist eine Vorführung im Planetarium inbegriffen. Freitags werden besondere Abendprogramme angeboten, u. a. eine Led-Zeppelin-Rock-Show.

★ Pana'ewa Rainforest Zoo & Gardens ZOO

(☎808-959-9233; www.hilozoo.com; abseits des Hwy 11; ⏲9–16 Uhr, Streichelzoo Sa 13.30–14.30 Uhr; 👪) GRATIS Durch tropische Gärten wandeln und dabei die tierischen Bewohner – Affen, Reptilien, Faultiere, Papageien und mehr – kennenlernen, eine kleine, aber interessante Truppe. Die absoluten Stars sind die beiden bengalischen Tiger, Sriracha (das orangefarbene Weibchen) und Tzatziki (das weiße Männchen). Hilos 5 ha großer Zoo ist ein tolles Gratisangebot für Familien. Es gibt zwei Spielgerüste und einen schattigen Picknickbereich, gewöhnlich ist die Besu-

HILO IN ...

... einem Tag

Ein schöner Tag in Hilo beginnt damit, gemütlich durch die Innenstadt mit ihren gepflegten alten Gebäuden, ausgefallenen Läden und Restaurants zu bummeln. Der **Hilo Farmers Market** (S. 224; mittwochs und samstags) zieht viele Besucher an. Im **Pacific Tsunami Museum** (S. 212) erfährt man mehr über die zwei Tsunamis, die Hilo heimgesucht haben. Am Nachmittag packt man etwas zu essen ein, z. B. *poke* vom **Suisan Fish Market** (S. 221), und spaziert durch den japanischen Garten im **Lili'uokalani Park** (S. 208). Abends gibt's Gerichte aus regionalen Zutaten im **Hilo Bay Cafe** (S. 225), eine Feinschmeckeradresse.

... drei Tagen

Als nächstes steht ein Strandtag im **Richardson's Ocean Park** (S. 208) an. Mit kleinen Kindern empfehlen wir das seichte Wasser am **Onekahakaha Beach** (S. 208). Am Nachmittag können Traveler im **Lyman Museum & Mission House** (S. 209) vorbeischauen und etwas über die Geologie, das alte Hawai'i und den Plantagenalltag lernen. Ein Muss sind auch die beiden Antiquitätenläden gegenüber. Abends lockt regionaltypische Küche im **Moon & Turtle** (S. 225) oder, noch schicker, das **Jackie Rey's Ohana Grill** (S. 226) in einem historischen Innenstadt-Bau.

Der dritte Tag startet mit einem Spaziergang über die **Hilo Bayfront Trails** (S. 216). Ein anschließender Besuch des **'Imiloa Astronomy Center of Hawai'i** (S. 209) ist besonders interessant, wenn man später noch zum Mauna Kea reisen wird. Bei **Big Island Candies** (S. 220) kann man leckere Geschenke oder Proviant für unterwegs besorgen.

Hilo

A
B
C
D
1
2
3
4
5
6
7
Orchid Tree B&B (0,8 Meilen); Honoli'i Beach Park (1 Meile)
Wainaku St
19
Bayfront Hwy
Pu'u'eo St
Iliahi St
Ohai St
Amau'ulu Rd
Singing Bridge
Wailuku River
s. Karte Downtown Hilo (S. 214)
Ka'iulani St
Waianuenue Ave
3
Lyman Museum & Mission House
31
Rainbow Falls (0,5 Meilen)
Hilo Bay
Mokuola (Coconut Island)
7
24
13
Lili'uokalani Park
2
Banyan Dr
Naniloa Golf Course
18
27
Bayfront Beach Park
Kamehameha Ave
Bayfront Hwy
9
29
Wailoa River State Park
6
10
Hawaii Department of Land & Natural Resources
Kilauea Ave
Kino'ole St
Ululani St
Kapi'olani St
Ponahawai St
25
20
Waiakea Pond
15
Manono St
Pi'ilani St
19
Hualani St
17
23
14
11
Kukuau St
Kekuanaoa St
12
28
Hilo Shopping Center
16
Mililani St
Hinano St
Laukapu St
Kalanikoa St
5
Mohouli St
Komohana St
Lanikaula St
30
E Kawili St
Hawaii Community College
Kanoelehua Ave
W Lanikaula St
University of Hawai'i at Hilo
W Kawili St
'Imiloa Astronomy Center of Hawai'i
1
Nowelo St
Kilauea Ave
Kino'ole St
Waiakea Center
32
W Puainako St
22
21
Hilo Municipal Golf Course (1,6 Meilen);
Pana'ewa Rainforest Zoo & Gardens (3 Meilen);
Mauna Loa Macadamia-Nut Visitor Center (5,5 Meilen);
Hawai'i Volcanoes National Park (26,5 Meilen)
HILO

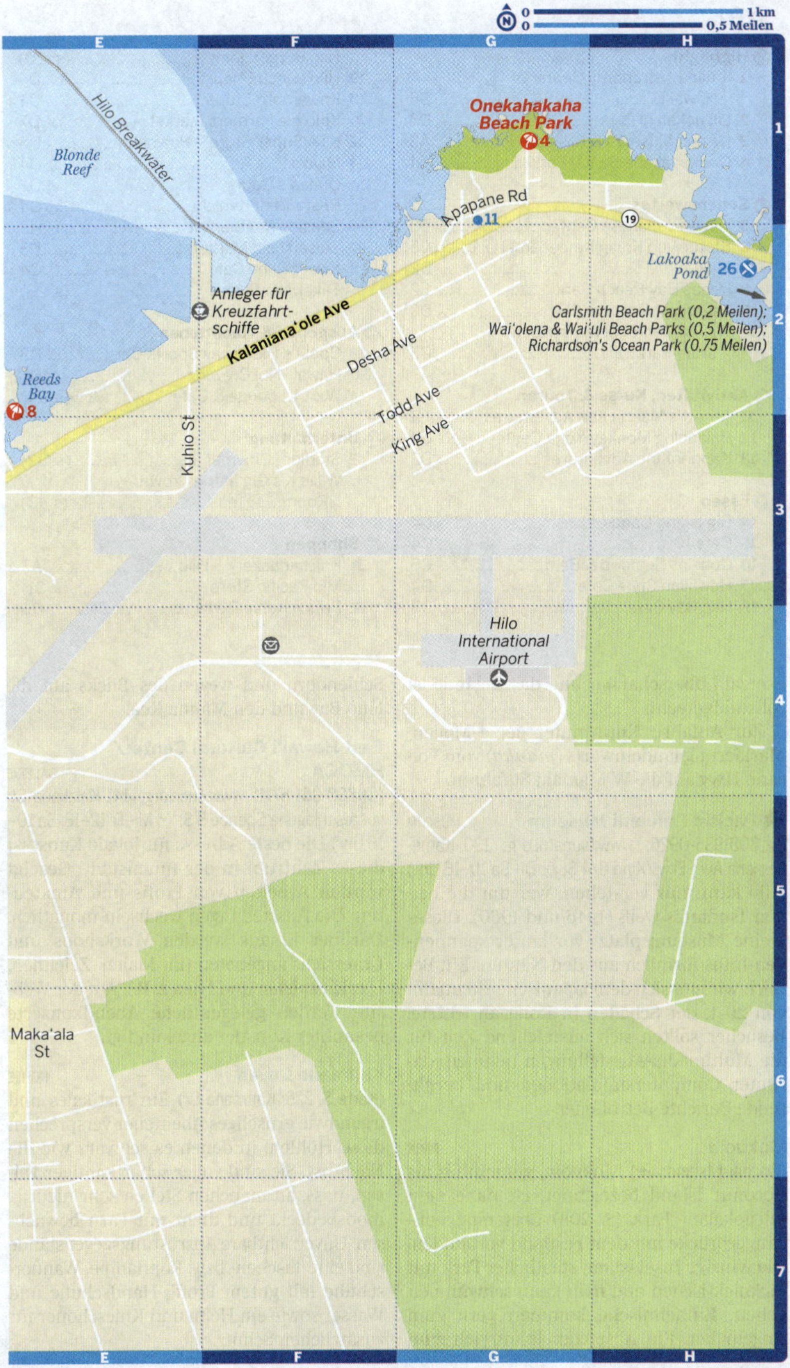
0 1 km
0 0,5 Meilen
E
F
G
H
1
2
3
4
5
6
7
Hilo Breakwater
Blonde Reef
Onekahakaha Beach Park
4
Apapane Rd
11
19
Lakoaka Pond
26
Anleger für Kreuzfahrt-schiffe
Kalaniana'ole Ave
Carlsmith Beach Park (0,2 Meilen); Wai'olena & Wai'uli Beach Parks (0,5 Meilen); Richardson's Ocean Park (0,75 Meilen)
Desha Ave
Todd Ave
King Ave
Reeds Bay
8
Kuhio St
Hilo International Airport
Maka'ala St

Hilo

Highlights	
1 'Imiloa Astronomy Center of Hawai'i	B6
2 Lili'uokalani Park	D3
3 Lyman Museum & Mission House	A3
4 Onekahakaha Beach Park	G1
Sehenswertes	
5 Hawaii Japanese Center	D5
6 Statue von König Kamehameha	C3
7 Mokuola	D2
8 Reeds Bay Beach Park	E2
9 Tsunami Memorial Clock	D3
10 Wailoa Center & Wailoa River State Park	C3
Aktivitäten, Kurse & Touren	
11 Arnott's Mauna Kea Adventures	G1
12 Balancing Monkey Yoga Center	C4
13 KapohoKine Adventures	D2
Essen	
14 Big Island Candies	D4
15 Cafe 100	C4
16 Cousins Seafood & Bento	C5
17 Hawaiian Style Cafe	D4
18 Hilo Bay Cafe	D3
Hilo Burger Joint	(s. 20)
19 Hilo Lunch Shop	D4
20 Kawamoto Store	C4
21 Kino'ole Farmers Market	D7
22 KTA Super Store – Puainako	D6
23 Miyo's	D4
24 Queen's Court	D2
25 Restaurant Kenichi	C4
26 Seaside Restaurant	H2
27 Suisan Fish Market	D3
28 Sweet Cane Cafe	C4
Takenoko Sushi	(s. 23)
Ausgehen & Nachtleben	
29 Coqui's Hideaway Sports Bar	D3
30 Hawai'i Nui Brewing	D5
Wai'oli Lounge & Cafe	(s. 24)
Unterhaltung	
Stadium Cinemas	(s. 32)
Willie K's Gig at the Crown Room	(s. 13)
Shoppen	
31 Knickknackery – Hilo	A3
Mid Pacific Store	(s. 31)
32 Prince Kuhio Plaza	D6

cherzahl überschaubar und das Gelände ist rollstuhlgerecht.

Zur Anfahrt: Kurz hinter der 4-Meilen-Markierung landeinwärts (*mauka*) vom Volcano Hwy auf die W Mamaki St fahren.

★ Pacific Tsunami Museum — MUSEUM

(☎808-935-0926; www.tsunami.org; 130 Kamehameha Ave; Erw./Kind 8/4 $; ⊙Di–Sa 10–16 Uhr) Hilo kann nur verstehen, wer um die beiden Tsunamis weiß (1946 und 1960). Dieses kleine Museum platzt vor lauter spannenden Infos förmlich aus den Nähten. Ein Bereich widmet sich dem japanischen Tsunami von 2011, der Schäden in Kona anrichtete. Besucher sollten sich ausreichend Zeit für die Multimedia-Ausstellungen nehmen, darunter Computersimulationen und berührende Berichte Betroffener.

Mokuola — PARK

(Coconut Island; 👪) Mokuola, gemeinhin als Coconut Island bezeichnet, ist nahe dem Lili'uokalani Park (S. 208) über eine Fußgängerbrücke mit dem Festland verbunden. Die winzige Insel ist ein staatlicher Park mit Picknicktischen und man kann schwimmen gehen. Einheimische kommen gern zum Angeln her. Ein Abstecher lohnt sich zum Schlendern und wegen des Blicks auf die Hilo Bay und den Mauna Kea.

East Hawai'i Cultural Center/ HMOCA — GALERIE

(☎808-961-5711; www.ehcc.org; 141 Kalakaua St; vorgeschlagene Spende 5 $; ⊙Mi–Fr 12–18, Sa 10–16 Uhr) Die beste Adresse für lokale Kunst ist dieses Zentrum in der Innenstadt. Gezeigt werden Arbeiten von Profis und Amateuren. Die Ausstellungen wechseln monatlich. Darüber hinaus werden Workshops und Unterricht angeboten (im Malen, Zeichnen, Ukulelespielen und Hula z. B.). Auf der Website werden gelegentliche Abendkonzerte bekannter Künstler angekündigt.

Kaumana Caves — HÖHLE

(Karte S. 225; Kaumana Dr) Ein rustikales und irgendwie gruseliges Abenteuer versprechen diese Höhlen, in denen es schwarz wie die Nacht ist. Sie sind voller scharfkantiger Felsen, nass, an manchen Stellen sehr niedrig, moosbedeckt und dicht mit Farn bewachsen. Unverzichtbare Ausrüstungsgegenstände sind eine Taschen- bzw. Kopflampe, Wanderschuhe mit gutem Profil, Handschuhe und Wasser sowie ein Helm und Knieschoner für zusätzlichen Schutz.

Die Höhlen sind keine große Attraktion und meist leer; das Gelände wird nur oberflächlich gepflegt. Manchmal werden Autos aufgebrochen. Den Kaumana Dr (Hwy 200) knapp 6 km hinauffahren, die Kaumana Caves sind auf der rechten Straßenseite ausgeschildert. Sie bestehen aus Lava, die 1881 aus dem Mauna Loa austrat, und sind Teil eines weitläufigen, 40 km langen unterirdischen Netzwerks aus Lavaröhren. Diese entstanden, als der Lavastrom versiegte und die Ränder und die Oberseite des tiefen „Flusses" abkühlten, wodurch sich eine Kruste bildete. Als die heiße, geschmolzene Lava darunter abfloss, blieben diese Hohlräume und Höhlen zurück.

Statue von König Kamehameha — STATUE

(Kamehameha Ave) Am nördlichen Ende des Wailoa River State Park (S. 214) blickt eine 4 m hohe Bronzestatue von König Kamehameha auf die Bucht. Der Bildhauer R. Sandrin fertigte sie bereits 1963 in der Fonderia Fracaro in Vicenza, Italien, sie wurde jedoch erst im Juni 1997 an ihrem jetzigen Standort aufgestellt. Die Princeville Corporation erteilte ursprünglich den Auftrag, die 125 000 $ teure Statue für ihr Resort auf Kaua'i zu gestalten. Doch Anwohner beschwerten sich, weil König Kamehameha Kaua'i nie erobert hat. Daraufhin stiftete Princeville das Kunstwerk Big Island.

2004 wurden die Blattgoldverzierungen für 30 000 $ restauriert. Am Kamehameha Day (S. 161) zieren Dutzende *leis* die Statue.

Kalakaua Park — PARK

(136 Kalakaua St) Dieser Minipark sollte wegen seiner Lage eigentlich der zentrale Platz von Hilo sein, in erster Linie ist er jedoch eine Grünfläche; Fußgänger gehen meist außen herum. Doch am ersten Freitag im Monat geht die Post ab (First Fridays), wenn im Zentrum bunte *block parties* (Straßenfeste) steigen. Eine Bronzestatue des Namenspaten, König David Kalakaua, steht in der Mitte auf dem Rasen.

Hawaii Japanese Center — MUSEUM

(☎808-934-9611; www.hawaiijapanesecenter.com; 751 Kanoelehua Ave; ⏲Mi–Sa 11–14 Uhr; P) GRATIS Die japanische Einwanderergemeinde ist groß und hat viel Einfluss auf Hawai'i – und ganz besonders in Hilo. Hier kann man mehr über diese Bevölkerungsgruppe erfahren. Die Gegenstände aus der Plantagenära, Andenken und Fotos sind wie neu und fein säuberlich angeordnet. Nicht verpassen: den vielseitigen Souvenirladen, in dem Vintage-Geschirr, Textilien und andere Schätzchen zu vernünftigen Preisen angeboten werden.

Auf Wunsch können weitere archivierte Sammlungen, z. B. seltener Bücher, besichtigt werden.

Mauna Loa Macadamia Nut Visitor Center — FABRIK

(☎888-628-6256, 808-966-8618; www.maunaloa.com; 16-701 Macadamia Rd; ⏲8.30–17 Uhr) GRATIS An riesigen Flächen voller Macadamia-Bäumen vorbei gelangt man zu dieser Fabrik, die dem Schokoladenhersteller Hershey gehört. Besucher können in Eigenregie eine Tour über das Gelände unternehmen und dabei zusehen, wie die heiß begehrte Nuss geknackt, geröstet, in Schokolade getaucht und verpackt wird. Im dazugehörenden Laden (tägl. geöffnet) verkauft man das fertige Produkt zu erschwinglichen Preisen. Außerdem gibt's Macadamia-Eiscreme (eine Kugel 3,75 $) zum Verzehr auf der Veranda hinten. Die Fabrik ist an Wochenenden und Feiertagen geschlossen.

Rainbow Falls — WASSERFALL

(Karte S. 225; Waianuenue; Rainbow Dr, abseits der Waianuenue Ave) Reisebusse halten regelmäßig an diesem 24 m hohen Wasserfall, der je nach Regenfall in die Tiefe donnert oder plätschert, denn der Aussichtspunkt ist nur wenige Schritte vom Parkplatz entfernt. Wenn sich Sonne und Nebel kooperativ zei-

DIE VIELEN BILDNISSE DES KÖNIGS KAMEHAMEHA

Leichte Anwandlungen von Déjà-vu? Tatsächlich ist die Statue von König Kamehameha im Wailoa River State Park keine Reproduktion der „identischen" Figuren in Honolulu und Kapa'au: Die Skulptur in Hilo (1963) hat ein anderes Gesicht und ist größer. Die zwei anderen Statuen stammen aus den 1880ern, und: die in Honolulu ist vergoldet, die in Kapa'au bemalt. Als Hawaii 1959 der 50. Staat der USA wurde, gab man eine weitere Kopie in Auftrag, die 1969 am Kapitol enthüllt wurde. Das Grand Wailea Resort auf Maui hat ebenfalls einen eigenen König Kamehameha, der von dem bekannten hawaiischen Künstler Herb Kawainui Kane gestaltet wurde.

Downtown Hilo

gen, sieht man am Morgen jene Regenbogen, die der Name verspricht. Der hawaiische Name lautet übrigens Waianuenue („Regenbogen, der im Wasser zu sehen ist").

Vom Zentrum aus die Waianuenue Ave ca. 2,4 km hochfahren (an der Gabelung, wo sie in den Kaumana Dr übergeht, rechts halten); den Schildern folgen.

Mokupapapa Discovery Center
MUSEUM

(☎808-933-8180; www.papahanaumokuakea.gov/education/center.html; 76 Kamehameha Ave; ⏲Di–Sa 9–16 Uhr) GRATIS Der hawaiische Archipel reicht weit über die acht Hauptinseln hinaus bis zu den Nordwestlichen Hawaii-Inseln, einer langen Kette unbewohnter Inselchen und Atolle. Hier erstrecken sich die intaktesten Korallenriffe der USA. In diesem spannenden Museum erfährt man mehr über die unberührten Ökosysteme der Inseln; es paart Naturwissenschaften mit dem hawaiischen Schöpfungsgesang. Die akustische Kulisse dient als Erinnerung an die Bräuche und das Kulturgut, die tief verankert sind in der einzigartigen Natur ringsum.

Wailoa Center & Wailoa River State Park
GALERIE

(☎808-933-0416; www.wailoacenter.com; 200 Piopio St; ⏲Zentrum Mo–Fr 8.30–16.30 Uhr, Park Sonnenaufgang–Sonnenuntergang; 👪) Die vielseitige staatliche Galerie beherbergt verschiedene monatliche Ausstellungen zu Themen wie z. B. Quilts (Steppdecken), Bonsai, chinesische Wasserfarben oder historische Fotos, die allesamt auf das Konto von Einheimischen gehen. Rings um das Zentrum erstreckt sich ein einfacher Park mit Grasflächen und hübschen Bogenbrücken für Fußgänger über den Wailoa River. Das wichtigste Wahrzeichen ist die mehr als 4 m hohe, in Italien gefertigte Bronzestatue von König Kamehameha. Außerdem erinnern zwei Mahn- bzw. Denkmäler an den Vietnamkrieg und den Shinmachi-Tsunami.

Downtown Hilo

Honoli'i Beach Park STRAND
(Karte S. 225; 180 Kahoa St) 3 km nördlich der Innenstadt befindet sich Hilos beste Adresse zum Surfen und Bodyboarden, eine felsige Bucht. Ist die Brandung ordentlich, geben sich hier jede Menge Einheimische ein Stelldichein. Für Anfänger sind die Bedingungen nicht geeignet. Zuschauer können auf den Grasflächen Platz nehmen oder auch von der Straße oberhalb zugucken. Sand, Badespaß und Anfahrt mit dem Auto – alles Fehlanzeige! Doch es sind jeden Tag Lebensretter vor Ort, es gibt Toiletten, Duschen und Bereiche zum Picknicken.

Maui's Canoe WAHRZEICHEN
Ein Stück den Wailuku River hinauf strudelt das Wasser um einen großen Fels herum. Der Legende nach paddelte der Halbgott Maui in seinem Kanu mit einem solchen Affenzahn übers Wasser, dass er an dieser Stelle havarierte – und sein Kanu zu Stein erstarrte. Maui wollte seiner Mutter Hina zu Hilfe eilen; ein Wassermonster versuchte, sie zu ertränken, indem es den Fluss staute und Hinas Höhle unterhalb der Rainbow Falls flutete.

Zur Pu'ueo-Street-Brücke am nördlichen Ende der Keawe St gehen, kurz hinterm Wailuku Dr.

Tsunami Memorial Clock DENKMAL
(Karte S. 210; Kamehameha Ave) Diese hohe grüne Uhr ist stehen geblieben und wird den Rest ihrer Tage 1:04 Uhr anzeigen. Sie erinnert an den frühen Morgen des 23. Mai 1960, als ein gewaltiger Tsunami die Stadt zerstörte. Mehrere Seebebenwellen walzten Hunderte Gebäude nieder und töteten 61 Menschen. Den Tsunami von 1946 hatte die alte Uhr noch unbeschadet überstanden.

Aktivitäten

Die Küste von Hilo wird mehr von Felsen als von Sandstränden gesäumt. Das ruhige Wasser eignet sich bestens zum Stand Up Paddling (SUP). Aufs Brett aufsteigen könnte man im **Reeds Bay Beach Park** (Karte S. 210; 251 Banyan Dr;) oder auf Mokuola (Coconut Island; S. 212). Zum Surfen empfehlen wir den Honoli'i Beach Park (S. 215), allerdings nur, wenn man Erfahrung hat.

Zum Tauchen ist die Küste auf der Kona-Seite am besten, doch auch in oder bei Hilo gibt es ein paar nette Tauchgründe; das Nautilus Dive Center kontaktieren.

★ Hilo Bayfront Trails WANDERN
(www.hilobayfronttrails.org) Vom Zentrum aus kann man über einen asphaltierten Küstenpfad zum Banyan Dr laufen (oder radeln). Das Meer ist nicht durchweg zu sehen, die Strecke ist dennoch sehr malerisch. In der City oder am Lili'uokalani Park parken und einen entspannten Spaziergang genießen. Unterwegs einkehren auf eine Portion *shave ice* oder zum Mittagessen.

Orchidland Surfboards SURFEN
(☎808-935-1533; www.orchidlandsurf.com; 262 Kamehameha Ave; ⌚Mo–Sa 9–17, So 10–15 Uhr) Bretterverleih, Surfausrüstung und Tipps vom Besitzer Stan Lawrence, der 1972 den ersten Surfershop auf Big Island eröffnete.

Nautilus Dive Center TAUCHEN
(☎808-935-6939; www.nautilusdivehilo.com; 382 Kamehameha Ave; Einführungstauchgang 85 $; ⌚Mo–Sa 9–17 Uhr) Hilos zuverlässiges Tauchgeschäft bietet Tauchausflüge mit Lehrer, PADI-Kurse und allgemeine Infos zum Tauchen vom Ufer aus (shore diving).

Mids SURFEN
Mids, ein *right-hander* (bricht nach rechts), ist eine der Wellen am Honoli'i Beach und nur für versierte Surfer zu empfehlen. Der left-hander namens Point ist näher an den Felsen und hat meist höhere Wellen.

Yoga Shala YOGA
(☎808-443-1979; www.facebook.com/hiloshala; 284 Keawe St; Unterricht für Spontanbesucher 15 $) Unterricht, Körperarbeit und mehr. Wer Ashtanga-Yoga praktiziert, kann schon am frühen Morgen zum Mysore in dieses Studio in der City pilgern. Den „Stundenplan" findet man online.

Rogue SUP WASSERSPORT
(☎808-935-1188; 263 Keawe St; Unterrichtseinheiten 45–65 $ pro Pers.; ⌚Mo–Fr 9–17 Uhr) In diesem Geschäft werden SUP-Bretter vermietet und verkauft. Bietet Unterricht (auch Privatstunden) im Reeds Bay Beach Park an.

Balancing Monkey Yoga Center YOGA
(☎808-633-8555; www.balancingmonkeyyoga.com; 1221 Kilauea Ave, Hilo Shopping Center; Unterricht für Spontanbesucher 10 $) Die Spezialität des kleinen Studios ist Flow-Yoga. Das Programm findet man online.

Hilo Municipal Golf Course GOLF
(☎808-959-7711; 340 Haihai St; Green Fee Mo–Fr 35 $, Sa & So 40 $, Golfcart 20 $) Hilos Haupt-

Stadtspaziergang
Hilos historisches Zentrum

START MO'OHEAU BANDSTAND
ZIEL HILO FARMERS MARKET
LÄNGE 1 MEILE (1,6 KM); HALBER TAG

An der Kamehameha Ave parken und einen Blick auf den historischen **1 Mo'oheau Bandstand** (S. 227) von 1905 werfen. Er hat dem Tsunami von 1946 getrotzt! Vielleicht gibt die County-Band zufällig gerade ihr monatliches Konzert ... Als nächstes überquert man die Straße zum Hilo Farmers Market und läuft weiter auf der Kamehameha Ave zum **2 S Hata Building** (1912), einem Neorenaissance-Bau. Im Zweiten Weltkrieg konfiszierte die US-Regierung das Gebäude mit den auffälligen Bogenfenstern; nach dem Krieg konnte die Tochter des früheren japanischen Besitzers es für 100 000 $ zurückkaufen.

An der Kamehameha Ave buhlen Souvenirläden um die Aufmerksamkeit der Touristen. Am besten konzentriert man sich auf solche mit lokalen Produkten statt importierten Billigkopien. Tolle Vulkanfotografien bietet die **3 Extreme Exposure Fine Art Gallery** (S. 228). An der Haili St befindet sich das erste große Theater der Insel, das **4 Palace Theater** (S. 227; 1925) im Art déco, mit Sitzreihen wie in einem Stadion. Es zeigt Theaterstücke, Konzerte und Kinofilme. Ein Stück weiter auf der Kam Ave lohnt ein Blick auf das **5 SH Kress Company Building**. Bis 1980 beherbergte das Art-déco-Gebäude eine Filiale der beliebten Ladenkette.

Das **6 Pacific Tsunami Museum** (S. 212) informiert über die Tsunamis von 1946 und 1960, die das Stadtbild für immer veränderten. Das Museum ist im alten Gebäude der First Hawaiian Bank untergebracht, das der berühmte Architekt C. W. Dickey aus Honolulu entwarf. Nebenan kann man die kultigen Kollektionen von **7 Sig Zane** (S. 229) bewundern.

Einen Blick wert ist zudem das Mokupapapa Discovery Center im **8 FW Koehnen Building** (1910), dessen blaue Fassade ein echter Blickfang ist. Drinnen erwarten einen *koa*-Wände und *ohia*-Böden. Im Fokus stehen die Nordwestlichen Hawaii-Inseln. Unbedingt im **9 Locavore Store** (S. 229) am Ende des Häuserblocks mit hundertprozentig lokalen Produkten vorbeischauen.

Die Waianuenue Ave hochlaufen. Linker Hand stehen zwei Holzgebäude, typisch für das Hawai'i des frühen 20. Jhs.: Das ⑩ **Burns Building** (1913) – inzwischen ein Hostel – und das ⑪ **Pacific Building** (1922). Gegenüber erhebt sich das ⑫ **Kaikodo Building** (1908). Damals waren die verbauten „feuerfesten" Stahlträger auf Stahlbeton revolutionär. Es war Sitz der ersten Freimaurerloge in Hilo, heute residiert hier das Rey's Ohana Grill.

Ein echter Prachtbau ist Henry Whitfields ⑬ **Federal Building** (1919) an der Kekaulike St. Der Stil ist typisch für Hilos Verwaltungsgebäude des frühen 20. Jhs.

Als nächstes durchquert man den hübschen kleinen ⑭ **Kalakaua Park** (S. 213). In seiner Mitte wacht eine Bronzestatue von König David Kalakaua (dem „Merrie Monarch"). Der Seerosenteich wurde zu Ehren von Veteranen des Koreakriegs angelegt. Unter dem Rasen begraben liegt seit der letzten totalen Sonnenfinsternis (11. Juli 1991) eine Zeitkapsel, die bei der kommenden (3. Mai 2106) ausgebuddelt werden soll.

Nächster Halt ist das ⑮ **East Hawai'i Cultural Center/HMOCA** (S. 212) mit wechselnden Kunstausstellungen. Das Galeriegebäude (1932) diente erst als Gerichtshof und dann als Polizeihauptquartier des County und steht nun im nationalen Register historischer Orte. Das Haus mit dem grünen Dach nebenan ist das ⑯ **Hawaiian Telephone Company Building**. Es basiert auf einem Entwurf von C. W. Dickey aus den 1920ern und weist Einflüsse spanischer, italienischer und kalifornischer Missionen auf.

Auf der Keawe St einen halben Block zurücklaufen, um einen Blick auf die Gegenstände aus der Plantagenzeit im ⑰ **Local Antiques & Stuff** (S. 228) zu werfen. Dann im ⑱ **Bears' Coffee** (S. 225) nebenan auf einen Kaffee einkehren.

Als nächstes geht's auf der Keawe St in die Gegenrichtung (nach Nordwesten) weiter. Hier ist weniger los als auf der Kamehameha Ave, obwohl es tolle alternative Läden gibt. Im ⑲ **Still Life Books** (S. 228) ist das gemütliche Untergeschoss vollgestopft mit gebrauchten Büchern und LPs. Bevor es Richtung Meer geht, kostet man noch Schokolade im ⑳ **Hawaiian Crown** (S. 221); der Kakao wird auf der Insel angebaut und verarbeitet.

Auf dem ㉑ **Hilo Farmers Market** (S. 224) ist mittwochs und samstags ab Tagesanbruch der Teufel los, wenn Einheimische und Touristen frisches Obst und Gemüse, Blumen und lokal gefertigte Waren erstehen. Bargeld und einen Beutel mitbringen!

golfplatz (18 Loch) wird nur „Muni" genannt und ist ein schön angelegtes Gelände ohne Bunker (den beständigen Regenfällen sei Dank!). Die Mitarbeiter sind freundlich, das Clubhaus-Restaurant ist gut und der „Morgentee" steht bei einheimischen Spielern (in erster Linie passionierte Senioren) hoch im Kurs. Vorher anrufen, um Wartezeiten zu vermeiden.

Yoga Centered YOGA
(☎808-934-7233; www.yogacentered.com; 37 Waianuenue Ave; Unterricht für Spontanbesucher 14 $) Eine hübsche Yogaschule in der Innenstadt. Hauptsächlich werden Flow-Stunden angeleitet. Die Boutique ist gut bestückt mit hochwertigen Matten und Kleidung. Der Unterrichtsplan steht auf der Website.

Geführte Touren

★ **Hawaii Forest & Trail** WANDERN
(☎808-331-3657; www.hawaii-forest.com; 224 Kamehameha Ave; Mauna-Kea-Gipfeltour 215 $; ⌚Mo–Fr 9–17, Sa bis 16 Uhr) Der verlässliche Anbieter von geführten Touren organisiert Aktivitäten wie Wanderungen, Ziplining, Schwimmen, Vogelbeobachtungen und mehr auf der gesamten Insel. Die Gipfeltour zum Mauna Kea beinhaltet das Abendessen. Parkas mit Kapuze sowie Handschuhe werden gestellt. Dieses Büro ist Treffpunkt für alle Touren ab Hilo. Nette Angestellte.

Arnott's Mauna Kea Adventures TOUREN
(☎808-339-0921; www.arnottslodge.com; 98 Apapane Rd; Touren 180 $; ⌚Touren Mi–Mo) Die Touren von Arnott's Lodge sind für Budget-Reisende gedacht, nicht für ambitionierte Sterngucker. Der Anbieter ist sicher und verlässlich, aber die Preise sind günstig. Abfahrt ist in Hilo (oder aber man fährt selbst und trifft sich an der Saddle Road mit dem Rest der Truppe; 160 $). Die Guides haben Laserpointer (keine Teleskope), der Astronomieteil der Tour ist also recht schlicht. Eigenen Proviant und warme Kleidung mitnehmen. Wer in der **Arnott's Lodge** (☎808-339-0921; www.arnottslodge.com; 98 Apapane Rd; Camping 16 $ pro Pers., B ab 30 $, Zi. mit/ohne Bad 90/70 $, Suite ab 100 $; P ⊜ ❄ ᯤ) übernachtet, zahlt weniger für die Ausflüge.

KapohoKine Adventures ABENTEUERTOUREN
(Karte S. 210; ☎808-964-1000; www.kapohokine.com; 93 Banyan Dr, Grand Naniloa Hotel; Touren 110–520 $) Im Vorzeigeladen dieses Anbieters von Abenteuertouren kann man Ausflüge buchen und Ausrüstung kaufen. Ab Hilo können z. B. Ziplining, Lavawanderungen, Helikopterflüge oder eine coole (wenngleich teure) Kombination aus allem organisiert werden.

HILO MIT KINDERN

Hilo ist eine familienfreundliche Stadt und Kinder sind in fast allen Restaurants und bei den meisten Attraktionen willkommen. Wickeltische, Hochstühlchen etc. findet man allerdings nur in größeren Lokalen, Geschäften und Einrichtungen.

Viele B&Bs und Inns beherbergen jedoch keine Familien mit (kleinen) Kindern; beim Buchen lieber noch mal nachfragen. Wenn man nicht gern Kinderwagen Treppen hochschleppt, ist eine Übernachtung im Hotel mit Aufzug sowieso angenehmer.

Für jüngeren Nachwuchs sind der **Onekahakaha Beach Park** (S. 208) und der **Lili'uokalani Park** (S. 208) zum Spielen im Freien ideal. Größere Kinder können vielleicht schon etwas mit den Museen anfangen, die informativ sind, ohne zu überfordern. Das **'Imiloa Astronomy Center of Hawai'i** (S. 209) ist speziell auf aufgeweckte Grundschüler ausgerichtet.

Kurse

Hulakai WASSERSPORT
(☎808-896-3141; www.hulakai.com; 284 Kamehameha Ave; Unterricht im SUP/Surfen 98/150 $ pro 1½ Std., Leihbrett SUP/Surfboard 70/20 $ pro Tag; ⌚Mo–Sa 9.30–17.30, So 10–16 Uhr) Das Hulakai, gegründet von einer hiesigen Wasserratte, ist die Adresse für Unterricht im SUP, Surfen und Kanufahren. Außerdem sind Schnorchel- und Angelausflüge im Programm und man kann Kajaks, Boards, Schnorchelausrüstung und mehr ausleihen. Der Originalladen befindet sich im Shops at Mauna Lani.

Festivals & Events

★ **Merrie Monarch Festival** KULTUR
(☎808-935-9168; www.merriemonarch.com; Edith Kanaka'ole Tennis Stadium; Zutritt für 3 Abende 25–40 $; ⌚Ende März/Anfang April) Das Merrie Mo-

DAS ERBE ZWEIER TSUNAMIS

Am 1. April 1946 um sechs Minuten vor 7 Uhr traf ein Tsunami die Hilo Bay ohne Vorwarnung. Das Epizentrum des Seebebens war auf den Aleuten; die Flutwellen erreichten vor Hilo eine Höhe von 15 m und überschwemmten die Stadt. Die erste Häuserreihe wurde niedergerissen und landeinwärts gespült, wo sie mit den Gebäuden dahinter kollidierte. Als sich die Wellen zurückzogen, trug der Sog die Trümmer und mehrere Menschen aufs Meer hinaus. Um 7 Uhr war Hilo von den Überresten zerstörter Häuser bedeckt.

Der Tsunami forderte insgesamt 159 Menschenleben in Hawaii und verursachte Schäden in Höhe von 25 Mio. Dollar. Hilo hatte es mit 96 Toten am schlimmsten getroffen. Außerdem war „Little Tokyo" an der Bayfront zerstört. Hier entstand später Shinmachi („Neustadt" auf Japanisch).

Am 23. Mai 1960 löste ein Beben vor der chilenischen Küste einen Tsunami aus, der mit über 700 km/h auf Hilo zuraste. Drei Wellen überrollten die Stadt kurz hintereinander. Dieses Mal wurde die Bevölkerung per Lautsprecherdurchsagen gewarnt, doch viele nahmen sie nicht ernst.

Menschen wurden von der Küste landeinwärts gespült, wer sich ein Stück höher aufgehalten hatte, wurde in die Bucht getragen. Ein paar Glückliche konnten sich an Treibgut festhalten und gerettet werden, doch 61 Menschen starben. Dieses Mal belief sich die Schadenssumme auf 20 Mio. Dollar. Shinmachi lag erneut in Trümmern. Im Folgenden wurde die Bayfront zu Parkland umgestaltet und die Überlebenden bauten ihre Häuser weiter landeinwärts wieder auf.

narch Festival hält um Ostern herum Einzug in Hilo. Dann will einfach jeder in diesem entspannten Städtchen sein. Kurzentschlossene müssen erst gar nicht versuchen, noch auf den letzten Drücker ein Zimmer zu bekommen. Den zuverlässig ausverkauften dreitägigen Hula-Wettstreit gibt es seit 1964. Er wurde zu Ehren von König David Kalakaua (1836–1891) ins Leben gerufen, der die hawaiische Kunst und Kultur zurück ins Leben holte, die Missionare 70 Jahre lang verboten hatten.

Die besten Hula-Tanzgruppen von allen Inseln messen sich in den Kategorien *kahiko* (alt) und *'auana* (modern) miteinander. Die *kahiko*-Darbietungen sind streng und ernst und werden nur von Gesang begleitet, *'auana* ist derweil näher am gängigen Stil, mit wellenförmigen Armbewegungen, lächelnden Tänzern und musikalischer Untermalung, u. a. mit Streichinstrumenten. Der Gesang, die akribisch ausgearbeitete Choreographie und die traditionellen Kostüme gehen ans Herz.

Die Wettbewerbe werden im Fernsehen übertragen, wer jedoch live dabei sein möchte, muss ab dem 1. Dezember per Post Tickets bestellen (frühere Poststempel werden nicht akzeptiert); dabei gilt es, die detaillierten Anweisungen zu Sitzplätzen und Bezahlung auf der Website zu befolgen. Die 2700 Karten sind innerhalb eines Monats vergriffen. Unterkünfte und Mietwagen ein Jahr im Voraus reservieren!

Kostenlose Darbietungen finden früher in der entsprechenden Woche im Afook-Chinen Civic Auditorium statt.

★ Black & White Night STRASSENFEST
(www.downtownhilo.com; ⌚17–21 Uhr) Am ersten Freitag im November wird in der Innenstadt ein lebendiges Straßenfest geschmissen. Dann bleiben die Geschäfte bis spät in die Nacht geöffnet, es wird Livemusik geboten und die Feiernden werfen sich in (schwarze oder weiße) Schale.

Aloha First Friday STRASSENFEST
(www.downtownhilo.com; ⌚17–21 Uhr) Im Zentrum bleiben Restaurants, Geschäfte und Galerien am ersten Freitag des Monats bis spät abends geöffnet (oder zumindest länger als gewöhnlich).

International Festival of the Pacific KULTUR
(☎808-934-0177; ⌚Aug.) Die Japaner auf Hawaii feiern mit einem Laternenumzug und einer japanischen Teezeremonie im Lili'uokalani Park.

Fourth of July UNABHÄNGIGKEITSTAG
Im Lili'uokalani Park gibt es den ganzen Tag Unterhaltung und Essen. Das Feuerwerk

wird auf Mokuola (Coconut Island) gezündet; am besten zu sehen ist es vom Park oder von der Bayfront.

Hawai'i County Fair JAHRMARKT
(www.hilojaycees.org; 323 Manono St, Afook-Chinen Civic Auditorium; Erw./Kind 6/2,50 $; ⏲Sept.) Vier Tage im September geht es in Hilo nostalgisch zu. Fahrgeschäfte, Livemusik, Zirkusvorführungen, Spiele und Zuckerwatte locken.

King Kamehameha Day Celebration KULTUR
(www.kamehamehafestival.org; Mokuola; ⏲11. Juni) Am 11. Juni werden König Kamehameha und die hawaiische Kultur mit traditionellem Hula, Musik, Essen und Kunsthandwerk gefeiert.

May Day Lei Day Festival KULTUR
(www.facebook.com/hiloleidayfestival; ⏲Mai) Wunderschöne *lei*-Kompositionen, Vorführungen, Livemusik und Hula. Den ganzen Mai über.

Essen

Gemessen an der Größe hat Hilo kulinarisch einiges zu bieten. Selbst Sparfüchse können hier hervorragend schmausen, insbesondere wenn sie frischen Ahi (Gelbglossen-Thun) und anderen lokalen Fisch mögen. Ein günstiges, leckeres und absolut lokaltypisches Gericht ist *poke* (gewürfelter roher Fisch mit unterschiedlicher Würzung), entweder abgewogen (per Pfund) oder fertig zubereitet in einer Schüssel.

Auch in den eleganten Restaurants ist der Dresscode erstaunlich leger. Wer gern gesund isst, wird vegetarische Küche vorfinden, Schüsseln voller Acai-Beeren (voll im Trend), selbstgemachtes Kraut und Kombucha vom Fass. In Restaurants darf nicht geraucht werden.

Auf keinen Fall verpassen: die beiden Bauernmärkte. Der in der Innenstadt (S. 224) ist ein wuseliges Spektakel mit Dutzenden Verkäufern, die landwirtschaftliche Erzeugnisse und bereits fertig zubereitete Speisen, aber auch Kleidung und Souvenirs verkaufen. Weniger toll sind die Waren von außerhalb wie Gemüse vom Festland und billiger Kram aus China. Der Kino'ole-Markt (S. 224) ist kleiner, an den Ständen arbeiten aber die Bauern persönlich. Alles, was sie feilbieten, stammt aus der Region und wurde hier gefertigt.

★ **Big Island Candies** SÜSSIGKEITEN
(☎800-935-5510, 808-935-8890; www.bigislandcandies.com; 585 Hinano St; ⏲8.30–17 Uhr) Der ehemalige Tante-Emma-Laden beherbergt inzwischen eine ungeheuer erfolgreiche Konfiserie. Eine kleine Attraktion! Im Verkaufsraum der Fabrik können Besucher großzügige Kostproben verzehren und die hübsch verpackten Süßigkeiten und Kekse bewundern, die toll in Szene gesetzt sind. Mit Menschenaufläufen (Einheimische und japanische Touristen) ist zu rechnen. Ein Muss ist das Macadamia-Shortbread.

★ **KTA Super Store – Puainako** SUPERMARKT
(☎808-959-9111, Apotheke 808-959-8700; 50 E Puainako St, Puainako Town Center; ⏲Lebensmittelhandlung 5.30–0 Uhr, Apotheke Mo–Fr 8–19, Sa 9–19 Uhr) Dies ist der Flagshipstore des herausragenden Familienbetriebs KTA. Zum Supermarkt gehören eine Bäckerei, eine Apotheke und ein Deli. Angeblich bekommt man hier den besten *poke* der Stadt. Das Hauslabel Mountain Apple weist auf regionale Erzeugnisse hin (Milch, Obst und Gemüse, Fertiggerichte etc.). Unbedingt kaufen: die wie japanische Bento abgepackten Gerichte zum Mitnehmen (sind am späten Vormittag meist schon ausverkauft).

Abundant Life Natural Foods MARKT
(☎808-935-7411; www.abundantlifenaturalfoods.com; 292 Kamehameha Ave; ⏲Mo–Di & Do–Fr 8.30–19, Mi & Sa 7–19, So 10–17 Uhr, Café nur bis 15 Uhr & So geschl.; ✎) Abundant Life im Zentrum öffnete 1977, als nur Hippies in Hilo „Health Food" (gesundes Essen) verzehrten. Neben jeder Menge Lebensmitteln bekommt man hier Naturkosmetik, Yogamatten und andere gesunde Lifestyle-Produkte. In dem Café gibt's Fertiggerichte, Smoothies und mehr zum Mitnehmen.

★ **Two Ladies Kitchen** SÜSSIGKEITEN $
(☎808-961-4766; 274 Kilauea Ave; Schachtel mit 8 Stück 6 $; ⏲Mi–Sa 10–17 Uhr) Der kleine Laden ist im ganzen Staat bekannt für seine herausragenden japanischen *mochi* (Klebreiskuchen) in traditionellen und inseltypischen Geschmacksrichtungen wie *liliko'i* (Passionsfrucht) und *poha* (Physalis). Sie werden in Schachteln verkauft (6–8 Stück). An der Wand hängt eine Karte mit den aktuellen Sorten.

★ Sweet Cane Cafe GESUNDE KÜCHE $

(☎808-934-0002; www.sweetcanecafe.com; 48 Kamana St; Hauptgerichte 7,50–9 $, Obstschüsseln 8–10 $; ⏰Mo–Sa 8–18 Uhr; 📶) 🌿 Ein Café mit lockerer Atmosphäre, in dem alles frisch ist und aus der Region stammt. Die Sandwiches sind mit gegrilltem Gemüse oder einem *ulu*-Jalapeño-Patty gefüllt, die Pesto Zoodles (rohe Zucchini-Nudeln) haben die perfekte Textur und werden mit viel saftigem Macadamia-Pesto serviert. Die Smoothies und die Acai- bzw. Drachenfruchtschüsseln sind sehr beliebt und gesunde Minimahlzeiten. Begrenzte Parkplatzanzahl.

★ Hawaiian Crown Plantation & Chocolate Factory SÜSSIGKEITEN $

(☎808-319-6158; www.hawaiiancrown.com; 160 Kilauea Ave; Schokolade 6,50–8,50 $; ⏰Di–Sa 8.30–17.30, So 11.30–16 Uhr) 🌿 Die Schokoriegel und „Schildkröten" (Kakaogehalt bis zu 80 %) machen sich prima als Mitbringsel – oder als Belohnung für einen selbst. Der verwendete Kakao wird in der Region angebaut und verarbeitet. Wer Kakao liebt, kann auch Kernbruch kaufen, entweder mit Agave oder ungesüßt, und sich von dem herzlichen Besitzer etwas über diese wunderbare Nutzpflanze erzählen lassen. Im Laden gibt es auch heißen oder kalten Big-Island-Kaffee, glücklichmachende Smoothies und gesunde Schüsseln voller Acai-Beeren.

★ Paul's Place CAFÉ $

(☎808-280-8646; http://paulsplcafe.wixsite.com/paulsplacecafe; 132 Punahoa St; Hauptgerichte 8–12 $; ⏰Di–Sa 7–15 Uhr) Paul serviert exquisite Variationen bekannter Speisen in einem Raum mit sechs Sitzplätzen, z. B. leichte, knusprige belgische Waffeln, bodenständige Salate und Eier Benedict, seine Spezialität, mit geräuchertem Lachs, Spargel und einer einzigartigen Sauce. Sämtliche Gerichte sind gesund und werden mit vielen frischen Früchten und Gemüse serviert. Besser reservieren!

★ Suisan Fish Market FISCH & MEERESFRÜCHTE $

(☎808-935-9349; 93 Lihiwai St; Poke zum Mitnehmen 10–12 $, Poke pro Pfund (lb) 18 $; ⏰Mo–Fr 8–18, Sa bis 16, So 10–16 Uhr) Ein Muss für alle, die eine besonders leckere Art frisch gemachtes *poke* kosten wollen; es wird per *libra* (knapp 500 g) verkauft. Eine Schüssel *poke* und Reis zum Mitnehmen ordern und draußen vorm Laden verspeisen oder auf der anderen Straßenseite, im Lili'uokalani Park. Das Leben könnte kaum schöner sein!

Conscious Culture Cafe GESUNDE KÜCHE $

(Big Island Booch Kombucha; ☎808-498-4779; www.bigislandbooch.org; 110 Keawe St; Hauptgerichte 9–12 $; ⏰8–20 Uhr; 📶) Dieses farbenfrohe Café sorgt für den Fortbestand des Hippie-Flairs in der Innenstadt und hebt die Messlatte für gesunde Küche ein Stückchen an. Zum Frühstück empfehlen wir das großzügig mit Grillgemüse gefüllte Omelett oder die Buchweizenpfannkuchen, die schön saftig sind vor lauter Apfelbananen. Die Mittags- und Abendgerichte reichen von *mahi-mahi*-Ceviche-Tacos zu herzhaften Quinoa-Portionen. Glutenfreie und vegane Speisen sind ebenfalls im Angebot, und der Service könnte kaum aufmerksamer sein.

Mehrere Lebensmittel und Getränke stammen aus hauseigener Herstellung, darunter Kimchi, Sauerkraut, Kombucha und Jun (wie Kombucha, wird jedoch mit Honig gesüßt), die im Glas/Krug oder auch zum

OZAKU-YA

Wie wäre es mit einem typischen Hilo-Picknick, mit leckeren Häppchen aus einem *okazu-ya*? In diesen Läden, ähnlich einem japanischen Deli, gibt's Dutzende Gerichte zum Mitnehmen, z. B. *musubi* (Reisbällchen), *maki-* (Röllchen-) oder *inari-* (Taschen-)Sushi, *chicken long rice* (Hühnersuppe mit Glasnudeln), Tofu-Bratlinge, Krabben- und Gemüse-Tempura, *nishime* (Wurzelgemüseeintopf), Teriyaki-Rind, gegrillte Makrele, koreanisches oder *nori*-Hühnchen (mit getrockneten Algen) und mehr.

Vor elf Uhr vorbeischauen, damit noch alles da ist, und Bargeld mitbringen. Vegetarier müssen nicht verhungern, aber *okazu-ya* sind schon auf „Fleischpflanzen" ausgerichtet. Empfehlenswert: der **Kawamoto Store** (Karte S. 210; ☎808-935-8209; www.kawamotostore.com; 784 Kilauea Ave; 1–1,50 $ pro Stück; ⏰Di–So 6–12.30 Uhr) und der **Hilo Lunch Shop** (Karte S. 210; ☎808-935-8273; 421 Kalanikoa St; 1–1,50 $ pro Stück; ⏰Di–Sa 5.30–13 Uhr).

JOHN ELK III/ALAMY ©

1. Lyman Museum & Mission House (S. 209)
Das kompakte Gebäude ist vollgestopft mit Exponaten zur Natur- und Kulturgeschichte Hawaiis.

2. Rainbow Falls (S. 213)
Waianuenue („Regenbogen, der im Wasser zu sehen ist") ist der hawaiische Name für diesen Wasserfall.

3. Richardson's Ocean Park (S. 208)
Der kleine Strand aus schwarzem Sand ist beliebt zum Schwimmen, Schnorcheln und Surfen.

4. Hilo Farmers Market (S. 224)
Ein Händler verkauft frisch gepflückte Kokosnüsse.

DOUGLAS PEEBLES PHOTOGRAPHY/ALAMY ©

Mitnehmen bestellt werden können. Kombucha gibt's in vielen Geschmacksrichtungen wie Super Ginger Tumeric Tonic (klingt krass, ist aber ein Gaumenschmeichler).

Sweet Cane By The Bay GESUNDE KÜCHE $
(☎808-657-4198; www.sweetcanecafe.com; 116 Kamehameha Ave; Hauptgerichte 9–11 $, Smoothies 7 $; ⏰Mo–Sa 10–15 Uhr) Die Innenstadtfiliale dieses Restaurants für gesunde Küche ist kompakt und hat ein helles, modernes Design. Die Salate und Wraps werden mit Grünzeug aus der Region gemacht und manche Zutaten sind wirklich exotisch, etwa die Mangos aus Kona oder der Ziegenkäse aus Puna. Durstig? Dann empfehlen wir einen Smoothie mit Acai-Beeren oder Durian und Kakao – so was gibt's nur in Hawaii.

Kino'ole Farmers Market MARKT $
(☎808-557-2780; www.facebook.com/kinoolefarmersmarket; Kino'ole Ave, Ecke Kahaopea St; ⏰Sa 6–11.30 Uhr) Hilos authentischer Kino'ole-Bauernmarkt macht sich nicht größer, als er ist, und hat vor allem einheimische Kundschaft. Die Waren stammen zu 100 % aus der Region und werden von ihren Erzeugern persönlich verkauft. Bei den 15 bis 20 Bauern bekommt man alles, was man braucht: frisches Obst und Gemüse, Backwaren, Taro-Chips, *poi* (gedämpften, gestampften Taro), Kaffee, Pflanzen und Blumen. Parkplätze stehen ausreichend zur Verfügung.

Miyo's JAPANISCH $
(☎808-935-2273; http://miyosrestaurant.com; 681 Manono St; abends 11–15 $; ⏰Mo–Sa 11–14 & 17.30–20.30 Uhr;) Miyo's ist schon lang ein Lieblingstreffpunkt der Einheimischen und bekannt für sehr leckere japanische Hausmannskost und eine allabendlich volle Hütte. Zu empfehlen sind Favoriten wie gegrillter Ahi oder *saba* (Makrele), knusprige Tempura und *tonkatsu* (panierte und gebratene Schweinekoteletts). Im vollen Speisesaal herrscht immer eine ordentliche Geräuschkulisse. Unbedingt reservieren.

DAS BESTE POKE

KTA Super Store – Puainako (S. 220)

Suisan Fish Market (S. 221)

Cousins Seafood & Bento (Karte S. 210; ☎808-969-9900; 14 W Lanikaula St; Mahlzeiten 7–11 $; ⏰Mo–Fr 6.30–19.30, Sa bis 14 Uhr)

Hilo Farmers Market MARKT $
(☎808-933-1000; www.hilofarmersmarket.com; Kamehameha Ave, Ecke Mamo St; ⏰Mi & Sa 6–16 Uhr) Ein weiterer beliebter Treffpunkt ist dieser Bauernmarkt im Stadtzentrum, den es seit 1988 gibt. Damals standen hier vier Bauern mit Lkw und verkauften ihre Waren, heute versammelt sich auf dem betriebsamen Markt stets einiges an Kundschaft. Im „Essenszelt" findet man köstliche Mangos und Papayas, allerdings muss der Fairness halber gesagt werden, dass nicht alles aus der Region stammt – bei den Verkäufern nachfragen.

Wer den Mittwochs- und Samstagsmarkt verpasst, muss nicht traurig sein. Hier sind jeden Tag ein paar Händler zugegen und verkaufen Lebensmittel und Blumen.

Cafe 100 LOKALTYPISCH $
(☎808-935-8683; www.cafe100.com; 969 Kilauea Ave; Loco moco 3–5 $, Plate lunches 5–7 $; ⏰Mo–Do 6.15–20.30, Fr bis 21, Sa bis 19.30 Uhr;) Fast Food vom Feinsten à la Hawaii. Einheimische lieben diesen Drive-in, weil die *plate lunches* und 20 Arten *loco moco* (tolles Hüftgold!) satt machen. Fisch- und Gemüseburger sind ebenfalls im Angebot. Sauberer Sitzbereich, effizienter Service. Dieser Familienbetrieb ist Kult.

Hilo Bay Sugar Shack SHAVE ICE $
(☎808-989-2175; 330 Kamehameha Ave; Shave ice 2,25–4,75 $; ⏰Mo–Sa 11–17 Uhr) Hier gibt's *shave ice* mit kultureller Note: *Halo-halo*, ein beliebtes philippinisches Dessert, besteht aus Kokosmilch, lilafarbener Süßkartoffeleiscreme, Agar und Avocado. Das japanische *kakigori* beinhaltet Vanilleeis, *mochi* (Klebreiskuchen), Erdbeersauce und gesüßte Azukibohnen. Die zuckrigen Sirupe zum *shave ice* leuchten neonfarben, ganz wie früher.

Hawaiian Style Cafe DINER $
(☎808-969-9265; www.facebook.com/hschilo; 681 Manono St; ⏰tägl. 7–14, Di–Do 17–20.30, Fr & Sa bis 21 Uhr) Bärenhunger? Keine Angst vor Fleisch, brauner Bratensauce und Frittiertem? Dann lohnt sich ein Besuch hier, um sich zusammen mit einheimischen Familien den Ranzen mit typisch hawaiischen Wohlfühlgerichten vollzumachen. Beliebt zum Frühstück sind Eier mit *kalua*-Schwein oder Corned-Beef-Hack und Frisbee-große Pfannkuchen (be-

liebt, aber eigenartig trocken). Hier zählt Quantität, nicht Qualität. Zu den Stoßzeiten ist mit langen Schlangen zu rechnen.

Bears' Coffee CAFÉ $
(☎808-935-0708; 106 Keawe St; Hauptgerichte 4–9 $; ⌚Mo–Fr 6.30–16, Sa bis 13, So bis 12 Uhr;) Ein alteingesessener Coffee Shop mit einem ausgefallenen nostalgischen Flair (Teddys schmücken die Wände). Das Bears ist eine entspannte Adresse für ein Tässchen Kaffee und toll für alle, die neugierig darauf sind, was die Bohemiens aus der Gegend so umtreibt. Zu essen gibt's Gerichte im Diner-Stil, z. B. fluffiges Rührei auf Toast und Deli-Sandwiches, aus denen Sprossen hervorquellen.

★ **Hilo Bay Cafe** REGIONALTYPISCHE KÜCHE, SUSHI $$
(☎808-935-4939; www.hilobaycafe.com; 123 Lihiwai St; Hauptgerichte 18–32 $; ⌚Mo–Do 11–21, Fr & Sa bis 21.30 Uhr;) Ein weiter Blick über die Bucht und tolle hawaiische Küche. Dieses wie beiläufig gediegene Restaurant könnte auch spießig sein – ist es aber nicht. Ein gemischtes Publikum bestellt von der vielseitigen Karte für „Allesesser", z. B. Gourmetversionen bodenständiger Hausmannskost wie Topfpastete mit Hamakua-Pilzen. Außerdem: frisches, z. T. richtiggehend kreatives Sushi und ein Sashimi-Salat mit großen Ahi-Stücken.

Die Bar mit Blick aufs Meer fährt denkwürdige Cocktails (9,50 $) auf, darunter ein Erdbeer-Guaven-Mojito und ein GC&T (Gin, Cucumber – also Gurke – und Tonic).

★ **Moon & Turtle** REGIONALTYPISCHE KÜCHE $$
(☎808-961-0599; www.facebook.com/moonandturtle; 51 Kalakaua St; Tapas 8–22 $; ⌚Di–Sa 11.30–14 & 17.30–21 Uhr) Gourmets lieben diesen Laden, in dem es Gerichte im Tapas-Stil gibt. Die Spezialität sind lokaler Fisch und Meeresfrüchte, Fleisch und andere Erzeugnisse, die auf ungeahnt kreative Weise zubereitet werden. Die ständig wechselnde Karte ist kurz, aber jede Speise wird sorgfältig komponiert. Ganz sicher wird man sich noch lang an das rauchige Sashimi, den knusprigen Rosenkohl und das Wildschwein mit gebratenem Reis erinnern. Unbedingt Platz lassen für die himmlische, süß-säuerliche Tarte mit *liliko'i* (Passionsfrucht).

★ **Pineapples** REGIONALTYPISCHE KÜCHE $$
(☎808-238-5324; www.pineappleshilo.com; 332 Keawe St; Hauptgerichte 14–24 $; ⌚So & Di–Do 11–21.30, Fr & Sa bis 22 Uhr;) Egal an welchem Tag, in dem offenen Speisesaal drängt sich stets ein geselliges Publikum, darunter auch ein paar Einheimische. Die Speisen werden aus Zutaten von der Insel zubereitet; für jeden ist etwas dabei. Die „Insel-Tacos" sind mit *kalua*-Schwein gefüllt, die Burger vom Weiderind werden mit einer gegrillten Ananas serviert und das Kürbiscurry ist herrlich sämig (und mächtig). An der Wand hängt lokale Kunst und abends treten hiesige Musiker auf.

Kanpai JAPANISCH $$
(☎808-969-1000; www.facebook.com/kanpais; 190 Keawe St; Sushi 7–12 $, Hauptgerichte 12–18 $; ⌚Mo–Do 17–0, Fr & Sa bis 1 Uhr) Das hippe Kanpai wäre auch für Brooklyn schick genug, doch Hilos Kleinstadtcharme und -freundlichkeit, die lockere Atmosphäre und die pazifische Fusionsküche nehmen dem Ambiente die Kühle. Die Spezialitäten: Ramen,

Rund um Hilo

Sushi und Sake. Das Sushi weist japanische und koreanische Einflüsse auf und ist geradezu unerhört experimentell, es gibt aber auch wunderbare Nigiri für alle, die es gern traditionell haben. Die Schüsseln angefüllt mit dampfender Ramen sind schön pikant und stecken voller frischer Zutaten.

Zu vorgerückter Stunde kann man sich ausgefallene Cocktails mit deutlichem Hawaii-Einschlag und guten japanischen Whiskey bestellen.

Jackie Rey's Ohana Grill REGIONALTYPISCHE KÜCHE $$

(☎808-961-2572; www.jackiereyshilo.com; 64 Keawe St, Kaikodo Bldg; Hauptgerichte 14–30 $; ⏲ Mo–Fr 11–21, Sa & So 17–21 Uhr) Das Jackie Rey's befindet sich im historischen Kaikodo Building. Es verfügt über ein stylisches Design und eine ausladende Bar. Die Karte ist etwas überteuert, doch das Essen ist optisch sehr ansprechend und enthält lokale Zutaten. Unter den Angeboten mit frischem Fang ist z. B. das saftige „Togarashi Mixed Grill" mit Jakobsmuscheln, Shrimps und Gemüse in Kokos-Limetten-Sauce. An der Bar ist der Service mal so, mal so.

★ Takenoko Sushi SUSHI $$$

(☎808-933-3939; 681 Manono St; Nigiri 2,50–8 $, Wahl des Küchenchefs 40 $; ⏲ Do–Mo 11.30–13.30 & 17–21 Uhr) Einen Tisch in dieser herausragenden Sushibar mit gerade mal acht Sitzplätzen muss man ein Jahr im Voraus reservieren! Das lange Warten wird mit der obersten Riege der japanischer Kochkunst belohnt. Der Fisch ist von bester Qualität (und wird größtenteils frisch aus Japan eingeflogen), der Speisesaal blitzsauber, der Sushi-Koch ist ein Experte und der Service top. Jeder einzelne Happen ist denkwürdig. Abendessen (3 Gänge) gibt's jeweils um 17, 19 und 21 Uhr.

Queen's Court AMERIKANISCH, HAWAIISCH $$$

(☎808-935-9361, 800-367-5004; www.queenscourtrestaurant.com; 71 Banyan Dr, Hilo Hawaiian Hotel; Frühstück Erw./Kind 23/12 $, Buffet abends 45 $, Sonntagsbrunch 33/19 $; ⏲ tägl. 6.30–21.30 & 17.30–20, Fr–So bis 21 Uhr) Der Speisesaal dieses alteingesessenen Hotelrestaurants ist 08/15, bietet aber einen tollen Blick auf die Bucht. Wer so richtig Kohldampf hat, ist mit dem All-You-Can-Eat-Buffet an Wochenendabenden gut beraten (am Freitag gibt's Fisch und Meeresfrüchte, samstags und sonntags Fisch und Meeresfrüchte aus Hawaii). Sonntags zum Brunch (11–14 Uhr) gibt's noch mehr Fisch und Meeresfrüchte, Omeletts, saimin (eine lokaltypische Nudelsuppe) und mehr. Anschließend rollt man nach Hause.

Seaside Restaurant FISCH & MEERESFRÜCHTE $$$

(☎808-935-8825; www.seasiderestauranthilo.com; 1790 Kalaniana'ole Ave; Mahlzeiten 26–46 $; ⏲ Di–Do 16.30–20.30, Fr–So bis 21 Uhr) An einem natürlichen hawaiischen Fischteich steht dieses auf frischen Fisch spezialisierte Restaurant, ein Familienbetrieb (seit Generationen). Hier gibt es lokal gefischten mahimahi (Große Goldmakrele), pfannengroßen *aholehole* (Flaggenschwanz) und mehr. Das Essen ist nicht übel, aber für den Preis könnten sich die Köche etwas mehr ins Zeug legen. Trotzdem, das Seaside muss man eigentlich gesehen haben.

Ausgehen & Nachtleben

Nachtleben? In Hilo? Na ja. Generell werden um 22 Uhr die Bürgersteige hochgeklappt und Bars gibt es nur wenige, aber man könnte es mal in einem Restaurant mit Kneipenatmosphäre versuchen. Sportfans sollten das **Cronies Bar & Grill** (☎808-935-5158; 11 Waianuenue Ave; Burger 12–14 $, Hauptgerichte 20–30 $; ⏲ 11–21, Fr bis 22 Uhr) und den **Hilo Burger Joint** (Karte S. 210; ☎808-935-8880; www.hiloburgerjoint.com; 776 Kilauea Ave; Burger 12–14 $; ⏲ Mo–Sa 11–23, So bis 22 Uhr) besuchen. Wer Lust auf viele Menschen hat, ist im Pineapples (S. 225) goldrichtig. Die schicke Bar des Hilo Bay Cafe (S. 225) gewährt eine sensationelle Aussicht. Und das Kanpai (S. 225) verströmt trendiges, urbanes Hipsterflair.

Tagsüber kann man sich mit frischen Obstsäften, Kombucha und Kaffee aus hiesigen Bohnen versorgen. Die besten Cafés findet man in Downtown-Hilo.

Wai'oli Lounge & Cafe LOUNGE

(www.queenscourtrestaurant.com/waioli; 71 Banyan Dr, Hilo Hawaiian Hotel; ⏲ Sa–Do 7–22, Fr bis 23.30 Uhr; 📶) Diese Lounge in Mainstream-Optik bietet ein gutes Abendprogramm. Wir empfehlen Lito Arkangels Happy Hour am Donnerstag (17.30–20 Uhr) oder die beliebte einheimische Sängerin Darlene Ahuna freitags (19–21 Uhr). Tagsüber ist das Wai'oli hell und luftig, bietet WLAN und einen hübschen Blick auf Coconut Island. Das Essen und der Kaffee sind allerdings eher so na ja.

AUSGEHEN & NACHTLEBEN

- **Kanpai**
- **Cronies Bar & Grill**
- **Pineapples**

Coqui's Hideaway Sports Bar SPORTBAR
(☎808-934-7288; www.coquishilo.com; 1550 Kamehameha Ave; Eintritt nach 20 Uhr 5 $; ⊙Mo & Mi–Sa 15–1 Uhr) Das Coqui's ist eine Kleinstadtbar par excellence. Das Mobiliar ist unauffällig, die Kellner sind unprätentiös. Man kann Billard und Jakkolo spielen oder darten. An bestimmten Abenden werden Karaoke bzw. Livemusik geboten. Happy Hour ist täglich von 16.30 bis 19 Uhr. Im angrenzenden Diner (6.30–14 Uhr) wird ganz gutes Frühstück serviert.

Perfect Harmony Tea Room TEEHAUS
(☎808-934-0333; www.perfectharmonyhawaii.com/tea-room; 276 Keawe St; Kanne Tee 5–10 $; ⊙Sa & Mo–Do 10–17.30, Fr bis 21.30 Uhr) Der ruhige Teesalon versteckt sich im hinteren Teil einer Boutique für Ethnokleidung. In dunklen Farben gehalten und mit Asia-Motiven verziert ist er sehr gemütlich. Sitzplätze gibt es reichlich und die Teeauswahl ist gut. Die Preise scheinen deftig, die Teeportionen sind aber zum mehrfachen Aufgießen gedacht. Ankündigungen für Livemusik am Freitagabend sind auf der Website nachzulesen.

Hawai'i Nui Brewing BRAUEREI
(☎808-934-8211; www.hawaiinuibrewing.com; 275 E Kawili; ⊙Mo, Di & Do 12–17, Mi & Fr bis 18, Sa bis 16 Uhr) In dem kleinen Verkostungszimmer kann man hervorragende Craft-Biere probieren, auch aus dem Hause Mehena Brewing (Hilos erste Mikrobrauerei), das 2009 übernommen wurde. Mehanas Mauna Kea Pale Ale ist die beliebteste Sorte. Auch super: das starke Hawai'i Nui's Southern Cross, das belgische Trappistenbiere alt aussehen lässt.

Hilo Town Tavern BAR
(www.hilotavern.com; 168 Keawe St; Hauptgerichte 9–11 $; ⊙11.30–2 Uhr) Eine superentspannte, altmodische Taverne mit Sitzbereichen drinnen und draußen, einem Billardraum, Gute-Laune-Musik und einer gemischten Klientel aus Einheimischen und Touris – eine der wenigen Adressen mit lokaltypischer Kneipenküche, kaltem Bier und Stimmung nach Mitternacht.

Bayfront Kava Bar BAR
(☎808-345-1698; www.bayfrontkava.com; 264 Keawe St; Tasse Kava 5 $; ⊙Mo–Sa 16–22 Uhr) Wie schmeckt eigentlich *kava* (*'awa* auf Hawaiisch)? Freundliches Barpersonal serviert das frisch aufgebrühte Getränk aus hiesigen Kava-Wurzeln in Kokosschalen – ein interessantes Geschmackserlebnis. In der minimalistischen Bar werden regelmäßig Livemusik und Kunstausstellungen geboten. Es herrscht ein entspanntes Treiben.

☆ Unterhaltung

Auf den Websites der Veranstaltungsorte und in lokalen Zeitungen nach anstehenden Shows stöbern!

Palace Theater THEATER
(☎808-934-7010; www.hilopalace.com; 38 Haili St; ⊙Ticketkasse 10–15 Uhr) Das historische Theater ist Hilos kulturelles Kronjuwel. Das vielseitige Programm umfasst Experimental- und Stummfilme (begleitet von der hauseigenen Orgel), Musik und Tanzkonzerte, Broadway-Musicals und Kulturfestivals.

Willie K's Gig at the Crown Room LIVEMUSIK
(☎808-969-3333; www.grandnaniloahilo.com/crown-room; 93 Banyan Dr, Grand Naniloa Hotel) In den 80ern war das Crown Room im Grand Naniloa Hotel *die* Adresse für Musikveranstaltungen. 2016 erlebte es eine Renaissance. Der Top-Act ist der in Maui ansässige, gefeierte Musiker Willie K, der alle drei Monate auftritt. Den Rest der Zeit treten andere lokale Künstler auf. Das Hotel kontaktieren oder Veranstaltungskalender nach anstehenden Events durchforsten.

Mo'oheau Bandstand VERANSTALTUNGEN
(parks_recreation@hawaiicounty.gov; 329 Kamehameha Ave) In dem historischen Pavillon finden gelegentlich Hula-Vorführungen, Konzerte, politische Kundgebungen und andere Versammlungen statt. Auf der Facebook-Seite nachschauen oder in der Lokalzeitung nach Veranstaltungstipps suchen.

Stadium Cinemas KINO
(☎808-959-4595; 111 E Puainako St, Prince Kuhio Plaza; Tickets 6,25–9,50 $) Ein klassisches Shopping-Mall-Kino. Gezeigt werden die üblichen Hollywood-Streifen.

Shoppen

Die Einheimischen zieht es in die Prince Kuhio Plaza (S. 229) südlich vom Flughafen, wo sich viele Filialen großer Warenhausketten drängen. Die Innenstadt wartet derweil mit unabhängigen Geschäften auf, darunter auch ein paar sehr gute Antiquitätenläden. Es ist manchmal nicht so einfach, zwischen Waren made in Hawaii und importierter Billigware zu unterscheiden.

★ Local Antiques & Stuff ANTIQUITÄTEN
(104 Keawe St; ⌚Di–Sa 10.30–16.30 Uhr) Lokale Artefakte und Memorabilien so weit das Auge reicht – unbedingt sehenswert! Für jeden Geldbeutel ist etwas dabei, z. B. Retro-Glasflaschen, Haushaltsartikel aus der Plantagenzeit, japanische *kokeshi*-Puppen, Vintage-Hawaiihemden, jede Menge Tand und wertvolle *koa*-Möbel. Die Betreiber, ein einheimisches Paar, haben all diese Dinge im Lauf der Jahre zusammengesammelt.

★ Still Life Books BÜCHER
(☎808-756-2919; stillife@bigisland.com; 58 Furneaux Lane; ⌚Di–Sa 11–15 Uhr) Leseratten und Musikfans sollten sich ausreichend Zeit für diesen gemütlichen Laden im Untergeschoss nehmen. Er steckt voller toller Fundstücke (darunter auch der Besitzer, ein echter Bücherwurm und Musikliebhaber), die Second-Hand-Bücher und LPs sind handverlesen. Man wird Literatur und Titel zu Geschichte, Kunst, Reisethemen und Philosophie finden – klassische Reißer sind nicht dabei.

★ Basically Books BÜCHER
(☎808-961-0144; www.basicallybooks.com; 160 Kamehameha Ave; ⌚Mo–Sa 9–17, So 11–15.30 Uhr) Ein absolutes Stöberparadies. Die Spezialität dieser Buchhandlung sind Karten, Reiseführer und Hawaii-Titel, darunter auch eine große Auswahl an Kinderbüchern. Geschenke von Spielzeug bis CDs runden das Sortiment ab. Die Mitarbeiter sind hilfsbereit und kennen sich gut aus.

★ Extreme Exposure Fine Art Gallery FOTOGRAFIE
(☎808-936-6028; www.extremeexposure.com; 224 Kamehameha Ave; ⌚Mo–Sa 10–20, So 11–17 Uhr) In der unprätentiösen Galerie ist wunderbare Naturfotografie ausgestellt, die die hawaiische Fauna und (Meeres- und Lava-)Landschaften in den Mittelpunkt rücken. Die Fotografen heißen Bruce Omori und Tom Kuali'i. Es ist etwas für jedes Budget dabei, von gerahmten Drucken bis Grußkarten.

Most Irresistible Shop in Hilo GESCHENKE & SOUVENIRS
(☎808-935-9644; www.facebook.com/mostirresistibleshop; 256 Kamehameha Ave; ⌚Mo–Fr 9–18, Sa bis 17, So 10.30–15.30 Uhr) Nomen est omen. Dieses Geschäft ist mit absolut unwiderstehlichen, hochwertigen Schätzen angefüllt: mit Schmuck, japanischem Porzellan, Spielen und Spielzeug für Kids, Kleidung, Heimtextilien, diesem und jenem von Hello Kitty und noch mehr niedlichem Zeug. Die Mitarbeiter sind freundlich und lassen die Besucher in Ruhe stöbern.

Bryan Booth Antiques MÖBEL
(☎808-933-2500; www.bryanboothantiques.com; 94 Ponahawai St; ⌚Mo–Sa 10–17 Uhr) Einen Schaukelstuhl oder einen Esszimmertisch mit nach Hause zu nehmen, kommt eigentlich nicht infrage, doch angesichts der von Bryan Booth fachmännisch restaurierten Holzmöbel macht man das Unmögliche vielleicht möglich. In dem Ausstellungsraum stehen exquisite Stücke (Ende 19. Jh. bis frühes 20. Jh.), antike Lampen, gerahmte Kunst und Porzellan. Typisch sind Preise zwischen 500 und 5000 $ (und aufwärts).

Knickknackery – Hilo ANTIQUITÄTEN
(72 Kapi'olani St; ⌚Di–Fr 10–18, Sa bis 13 Uhr) Diese erstaunliche Antiquitätensammlung umfasst ausgesuchte Schmuckstückchen für unterschiedlich zahlungskräftige Kunden. Zuletzt gesichtet wurden z. B. eine 50er-Jahre-*koa*-Kommode, ein altmodischer Singer-Nähmaschinentisch, ein seltener Ni'ihau-Muschel-*lei* und ein Hawaiihemd mit der Aufschrift STATEHOOD. Die Originalfiliale befindet sich in Honoka'a.

Grapes: A Wine Store WEIN
(☎808-933-1471; www.grapeshawaii.com; 207 Kilauea Ave; ⌚Di–Sa 12–18 Uhr) Noch eine kleine Schatzkiste ist dieses Fachgeschäft, das einem echten Weinliebhaber gehört. Es ist bis unters Dach vollgestopft mit Tropfen aus aller Welt. Gratisverkostungen jeden zweiten Donnerstag.

Hilo Guitars & Ukuleles MUSIK
(☎808-935-4282; www.hiloguitars.com; 56 Ponahawai St; ⌚Mo–Fr 10–17, Sa bis 16 Uhr) Die Auswahl an hochwertigen Ukulelen ist umfangreich. Darunter sind Sammlerstücke aus *koa* oder Mahagoni, aber auch gute Instrumente für Anfänger.

Sig Zane Designs KLEIDUNG
(☎808-935-7077; www.sigzane.com; 122 Kamehameha Ave; ⌚Mo–Fr 9.30–17, Sa 9–16 Uhr)

Sig Zane ist eine Legende in der Hula-Gemeinde; er designt Kleidung mit Kultcharakter. Sein Markenzeichen sind kräftige Farben und grafische Drucke, die hawaiische Pflanzen und Blumen zum Motiv haben. Ein „Sig" erkennt man auf Anhieb!

Hawaiian Force KLEIDUNG
(☎808-934-7171; www.hawaiianforce.com; 184 Kamehameha Ave; ⌚Mo–Fr 10–17, Sa bis 16 Uhr) Craig Neffs Designs für Hawaiihemden und andere Kleidung sind farbenfroh, haben lokaltypische Motive und erinnern an die modernen Grafikdrucke von Sig Zane, sind aber oft mit einer politischen (manchmal auch witzigen) Botschaft versehen, insbesondere die Shirts.

Big Island BookBuyers BÜCHER
(☎808-315-5335; www.bigislandbookbuyers.com; 14 Waianuenue Ave; ⌚Mo–Sa 10–17 Uhr) Ein einladender, inhabergeführter Buchladen mit Antiquariat. Sämtliche Genres sind vertreten, darunter Hawaiiana (Titel zu Hawaii, z. T. neu), Reiselektüre (ebenfalls teilweise neu), Religion, Kochen, Geschichte und Belletristik.

Mid Pacific Store ANTIQUITÄTEN
(☎808-895-7377; 76 Kapiolani St; ⌚Mo–Fr 12–16.30 Uhr) In dem alteingesessenen Laden kann man eine kleine Reise in die Vergangenheit unternehmen. Zu kaufen sind Antiquitäten, Devotionalien und ausgewählte Dinge, die einen zu Ausrufen wie „Hätte ich das damals bloß nicht weggeschmissen!" verleiten.

Locavore Store LOKALE ERZEUGNISSE
(☎808-965-2372; www.bigislandlocavorestore.com; 60 Kamehameha Ave; ⌚Mo–Fr 9–18, Sa bis 16 Uhr) Zu 100 % von hier sind die saisonalen Erzeugnisse und handgefertigten Produkte von mehr als 80 Bauern und Kunsthandwerkern aus Big Island, die in diesem Geschäft verkauft werden, das größer wirkt, als es ist. Die Preise sind nicht günstig, da die Waren von Kleinbauern stammen und oft das Prädikat „Bio" tragen. Schmuck, Kosmetik, Honig und Schokolade, alles auf Hawaii produziert, sind tolle Mitbringsel.

Big Island Running Co SPORT- & OUTDOORAUSRÜSTUNG
(☎808-961-5950; www.bigislandrunningcompany.com; 308 Kamehameha Ave; ⌚Mo–Sa 10–17 Uhr) Schuhe kaputt? Dieser Fachhandel für Laufschuhe hat das passende Modell. Die Auswahl ist limitiert, umfasst aber beliebte Designs bekannter Marken. Die „Run Big"- und „Run Aloha"-Shirts machen sich gut als Souvenirs. Tipps zu Laufstrecken in der Gegend gibt's natürlich auch.

TOP-EINKAUFSBUMMEL

- Extreme Exposure Fine Art Gallery
- Local Antiques & Stuff
- Basically Books
- Locavore Store
- Knickknackery
- Hilo Guitars & Ukuleles

Dragon Mama HAUSHALTSWAREN
(☎808-934-9081; www.dragonmama.com; 266 Kamehameha Ave; ⌚Mo–Fr 9–17, Sa bis 16 Uhr) Hier bekommt man u. a. feine, maßgeschneiderte Bettwäsche aus herrlichen Importstoffen aus Japan.

Prince Kuhio Plaza EINKAUFSZENTRUM
(☎808-959-3555; www.princekuhioplaza.com; 111 E Puainako St; ⌚Mo–Do 10–20, Fr & Sa bis 21, So bis 18 Uhr) In Hilos größtem Einkaufszentrum sind große Ketten wie Macy's, Sears und American Eagle sowie ein Kino, Indoor-Spielplätze und Videospielhallen zu finden.

Filialen von Target, Safeway und Walmart sind in der Nähe, aber nicht in der eigentlichen Mall.

ℹ Praktische Informationen

Bank of Hawaii (Kaikoʻo- (Hilo-)Filiale; ☎808-935-9701; www.boh.com; 120 Pauahi St; ⌚Mo–Do 8.30–16, Fr bis 18 Uhr) Hat noch eine weitere Niederlassung auf der Kawili St (Waiakea-Filiale; ☎808-961-0681; www.boh.com; 417 E Kawili St; ⌚Mo–Do 8.30–16, Fr bis 18 Uhr).

Big Island Baby Rentals (☎808-319-9304; www.bigislandbabyrentals.com; 26b Waianuenue Ave) Vermietet Kinderwagen, Sitzerhöhungen und andere Dinge, die Eltern mit Babys, Klein- oder größeren Kindern nützlich sein können.

First Hawaiian Bank (☎808-969-2211; www.fhb.com; 1205 Kilauea Ave, Hilo Shopping Center; ⌚Mo–Do 8.30–16, Fr bis 18, Sa 9–13 Uhr)

Hauptpost (Karte S. 210; ☎808-933-3019; 1299 Kekuanaoa St; ⌚Mo–Fr 8–16.30, Sa 9–12.30 Uhr) Nahe dem Flughafen.

Hilo Public Library (Stadtbücherei; ☎808-933-8888; www.librarieshawaii.org; 300 Waianuenue Ave; ⌚Di & Mi 11–19, Do & Sa 9–17, Fr 10–17 Uhr; 📶) Reisende können sich für 10 $ einen Mitgliedsausweis *(nonresident*

WARUM EIGENTLICH HILO?

Einst lagerte König Kamehameha nahe der Mündung des Wailuku River, der vom Mauna Kea in die Bucht fließt. Er trug seinen Dienern auf, sein Kanu zu bewachen, und ging fort, um einen Freund zu besuchen. Stunden vergingen, doch die Diener trauten sich nicht, das Kanu unbeaufsichtigt zurückzulassen. Schließlich kam einer von ihnen auf die Idee, es mit einem Seil aus geflochtenen *ti*-Blättern festzubinden.

Sie zogen los, den König zu suchen. Als sie ihn fanden, brüllte er: „Wo ist mein Kanu? Ihr solltet es doch bewachsen!" Seine Untergebenen erzählten ihm von dem ti-Seil. Beschwichtigt taufte Kamehameha die Gegend daraufhin auf den Namen „Hilo", was auf Hawaiisch „drehen" oder „zwirbeln" heißt.

library card) für 3 Monate besorgen und damit die Computer (Internet) kostenlos nutzen und Bücher leihen.

Polizei (☎808-935-3311; www.hawaiipolice.com; 349 Kapi'olani St) Die lokale Nummer wählen, wenn kein Notfall vorliegt.

Postfiliale – Innenstadt (☎808-933-3014; 154 Waianuenue Ave, Federal Bldg; ⌚Mo–Fr 9–16, Sa 12.30–14 Uhr)

GEFAHREN & ÄRGERNISSE

Die Stadt ist relativ sicher, aber nachts ist wirklich tote Hose. Deshalb sollte man in einsamen Gegenden, auch in der Innenstadt, besondere Vorsicht walten lassen.

INTERNETZUGANG

Teilweise findet man kostenloses WLAN, während Internetcafés längst Geschichte sind. Am besten in einer größeren Café-Kette o. Ä. etwas konsumieren, um das Haus-WLAN nutzen zu dürfen.

MEDIZINISCHE VERSORGUNG

Das Hilo Medical Center ist das wichtigste Krankenhaus in Hilo und die erste Anlaufstelle bei Notfällen. Bei weniger schwerwiegenden Problemen tut es vielleicht auch eine *urgent-care clinic*. Medikamente erhält man in den zahlreichen Apotheken, etwa denen im **KTA Super Store – Puainako** (S. 220) und in großen Lebensmittelgeschäften.

Hilo Medical Center (☎808-932-3000; www.hilomedicalcenter.org; 1190 Waianuenue Ave; ⌚Notaufnahme 24 Std.) Hilos Hauptkrankenhaus mit Notaufnahme befindet sich unweit der Rainbow Falls.

Longs Drugs (☎808-935-3357, Apotheke 808-935-9075; 555 Kilauea Ave; ⌚24 Std.) Rund um die Uhr geöffneter Gemischtwarenladen mit Apotheke. Unterhält eine weitere Filiale im Prince Kuhio Plaza (☎808-959-5881, Apotheke 808-959-4508; 111 E Puainako St; ⌚7–0 Uhr, Apotheke Mo–Fr 7–22, Sa bis 19, So 8–18 Uhr).

REISENDE MIT BEHINDERUNG

Die meisten Museen und überdachten Attraktionen sind rollstuhlgerecht. Gleiches gilt für den **Pana'ewa Rainforest Zoo** (S. 209) und den **Lili'uokalani Park** (S. 208). Was die Strände betrifft, ist der **Onekahakaha Beach Park** (S. 208) für Rollstuhlfahrer zu empfehlen. Er verfügt über gepflasterte Wege.

Die meisten Hotels haben Aufzüge, bei B&Bs und Mietshäusern müssen aber gegebenenfalls Stufen erklommen werden. Vorm Buchen noch mal nachfragen.

SCHWULE & LESBEN

Hilo ist zu klein und zu ruhig für eine Schwulen- und Lesbenszene, aber die Stadt ist bunt und einladend und es ist unwahrscheinlich, dass homosexuelle Reisende auf Ressentiments stoßen. Man bedenke jedoch, dass die Einheimischen tendenziell zurückhaltend sind, Sexualität deshalb lieber nicht übermäßig zur Schau stellen, ob Homo oder Hetero.

ℹ An- & Weiterreise

AUTO

Für die 95 Meilen (153 km) von Hilo nach Kailua-Kona (via Waimea) auf dem Hwy 19 müssen etwa 2½ Stunden einkalkuliert werden. Wer die Saddle Rd nimmt, spart eine Viertelstunde.

BUS

Hele-On Bus (☎808-961-8744; www.heleonbus.org; Erw./Sen. & Stud. 2/1 $ pro Fahrt) Ausgangspunkt aller Busse ist das Mo'oheau Bus Terminal (☎808-961-8343; 329 Kamehameha Ave) im Stadtzentrum. Von dort aus werden Ziele auf der ganzen Insel angesteuert, aber die Busse fahren unregelmäßig (ein- oder zweimal am Tag). Manchmal gibt's auch nur eine Verbindung sehr früh am Morgen für Pendler. Dennoch ist der Bus eine brauchbare Transportalternative, wenn man ein größeres Reiseziel wie Kailua-Kona oder ein Resort in South Kohala erreichen will. Den aktuellen Fahrplan und das Streckennetz findet man auf der Website.

FLUGHAFEN

Hilo International Airport (ITO; Karte S. 210; ☎808-961-9300; www.hawaii.gov/ito; 2450 Kekuanaoa St) Der internationale Flughafen befindet sich im Nordosten von Hilo. Er ist weniger als 5 km vom Zentrum entfernt. Fast alle Maschinen, die hier landen, kommen von den Nachbarinseln, meist aus Honolulu. Gleich hinterm Gepäckbandbereich findet man die Schalter von Autovermietungen und Taxis.

ℹ Unterwegs vor Ort

AUTO

In der Stadt gibt's ausreichend kostenlose Parkplätze. In Downtown ist Parken bis zu zwei Stunden umsonst (oder auch länger; Strafzettel werden nur selten ausgestellt); auch hier findet man leicht ein Plätzchen, wenn nicht gerade Bauernmarkt ist (mittwochs und samstags).

BUS

Die Hele-On-Busse decken einen Großteil von Hilo ab, fahren aber nur sporadisch. Drei Routen führen durch die Stadt; die Keaukaha-Linie hält am Hilo Airport, an der Prince Kuhio Plaza und an den Stränden.

FAHRRAD

In Hilo wird nicht besonders viel geradelt und wenn, dann als Freizeitvergnügen, nicht, um von A nach B zu gelangen. Dabei ist die Stadt ausgesprochen fahrradtauglich. Der beste Radverleih ist **Mid-Pacific Wheels** (☎ 808-935-6211; www.midpacificwheelsllc.com; 1133c Manono St; Mietpreis normales Straßenrad 35 $ pro Tag, Mountainbike 25–45 $; ⏲ Mo–Sa 9–18, So 11–17 Uhr).

TAXI

Vom Flughafen in die Innenstadt werden etwa 15 $ für ein Taxi fällig. Zwei Taxiunternehmen sind **AA Marshall's Taxi** (☎ 808-936-2654) oder **Percy's Taxi** (☎ 808-969-7060).

Puna

40 000 EW. / ☎ 808

Inhalt ➔

Gut essen

- ➔ Pele's Kitchen (S. 239)
- ➔ Pahoa Fresh Fish (S. 239)
- ➔ Paolo's Bistro (S. 239)
- ➔ Kaleo's Bar & Grill (S. 239)

Schöne Aussichten

- ➔ Flüssige Lava zu Lande (S. 242) oder zu Wasser (S. 242)
- ➔ Meeresfauna in den Kapoho Tide Pools (S. 246)
- ➔ Leute beobachten am Kehena Beach (S. 241)
- ➔ Baumtunnel entlang der Red Road (S. 235)

Auf nach Puna

Der Osten von Hawai'i ist nicht gerade der unkomplizierteste Wohnort: Er ist vom Rest der Insel ziemlich abgeschnitten, es fällt viel Regen und zwischendurch versengt Lava das Land. Vielleicht leben in Puna deshalb so viele Freigeister, denen der „Tanz auf dem Vulkan" keine Angst einjagt.

Unter ihnen sind Hippies, alternative Künstler und Heiler, Unabhängigkeitsaktivisten, *pakalolo-* (Marihuana-) und Biobauern sowie Überlebenskünstler, die abgekoppelt vom allgemeinen Versorgungsnetz leben. Ihren Spitznamen „Punatics" haben sie sich gerne zu eigen gemacht. Sie verkörpern eine Mischung aus entspannter Gleichgültigkeit gegenüber der Welt und großer Emotionalität.

Wer es vorzieht, sein *mana* (spirituelle Kraft) auf einem niedrigen Level zu halten, findet genügend andere Attraktionen: Das Land, in dem die Sonne aufgeht, lockt mit warmen Quellen, wunderbaren Schnorchelarealen, Yogazentren und ein paar tolle Surfbreaks. Man sollte sich schnell auf den Weg machen – bevor Pele mal wieder auf den Resetknopf drückt.

Reisezeit

April, Mai & September Vor und nach den Sommerferien sind Unterkünfte günstiger und es ist weniger los. Milde, sonnige Tage.

Oktober & November Eine überschaubare Besucherzahl, günstige Preise für Flüge und Unterkünfte. Um Thanksgiving herum wird es voller und viele Geschäfte und Restaurants bleiben geschlossen.

Dezember–März & Juni–August Übernachtungen sind doppelt oder dreimal so teuer wie sonst. Um Ostern (Merrie Monarch Festival!) ist im Großraum Hilo der Teufel los.

Highlights

1 Lavaströme beobachten (S. 242) Pele aus nächster Nähe dabei beobachten, wie sie die Welt neu erschafft, und staunen.

2 Kapoho Tide Pools (S. 246) Fischschwärmen kreuz und quer durch ein Labyrinth aus seichten Gezeitenpools folgen.

3 Uncle Robert's Wednesday Night Market (S. 244) Auf Punas wöchentlichem Abendmarkt ausgefallene Charaktere, Leckereien und tolle Musik genießen.

4 Cape Kumukahi (S. 245) Am östlichen Ende der Insel eine der saubersten Brisen der Welt im Gesicht spüren.

5 Pohoiki Bay (S. 241) An Punas bestem Surfspot lokalen Nachwuchstalenten beim Zähmen der Wellen zusehen.

AUTOTOUR: SOUTH-PUNA-DREIECK

Die von zackigen Lavaströmen durchzogene Küstenregion von South Puna bietet einen bizarren Anblick und erinnert daran, dass sich Big Island kontinuierlich verändert.

1 Pahoa & Lava Tree State Monument

In **Pele's Kitchen** (S. 239) frühstücken oder sich für nachmittags etwas bei **Pahoa Fresh Fish** (S. 239) mitnehmen (die kleine Box reicht, wenn man danach noch aktiv sein will). Anschließend dem Hwy 132 nach Osten zum **Lava Tree State Monument** (S. 238; Meile 2,5) folgen und spazieren gehen. Toll!

Die Route > An der „Y"-Gabelung links halten. Die Pohiki Rd rechts ist eine hübsche, schmale Alternativroute, die auf dem Weg zur Küste das freundlichste Hostel Hawai'is passiert, das Hedonisia. Hinter Meile 3,3 verläuft eine (gesperrte) Route nach Süden zum Puna Geothermal Venture. Dort wird Peles Kraft in saubere Energie verwandelt (nicht ohne Kontroversen).

Start Pahoa

Ziel Pahoa

Länge 35 Meilen (56 km); mind. 2 Stunden

❷ Meile 6,8

Die Straße kurvt gen Norden, links geht die Railroad Ave ab (nach Westen). Einst verkehrte hier eine Eisenbahnlinie zwischen der Puna Sugar Company und Hilo. Die Straße wurde 2014 ausgebessert, als zusätzlicher Fluchtweg vor der Lava. Man passiert das, was von Kapoho übrig ist, und gelangt bei Meile 7,7 an eine Kreuzung. Geradeaus sind es knapp 5 km hin und zurück zum **östlichsten Punkt** (S. 245) Hawaiis und dem offiziellen Zugangspunkt zum **Champagne Pond** (S. 246).

Die Route > Rechts abbiegen (nach Süden) und auf der gar nicht roten Red Road bleiben.

❸ Kapoho Tide Pools

Die **Kapoho Tide Pools** (S. 246) sind die Adresse zum Schnorcheln in Puna und einer der Höhepunkte dieser Spritztour. Bis zu den Becken läuft man ca. 800 m.

❹ Ahalanui Beach Park

Weiter südlich erreicht man bei Meile 10,5 den **Ahalanui Beach Park** (S. 242). Die Freibadatmosphäre mag nicht jeder, aber das Ufer mit dem Felsband und rauschender Brandung ist ein Foto wert. Der Abzweig zu Punas Surfbreak und dem **Isaac Hale Beach Park** (S. 240) ist keine Meile entfernt.

Die Route > Die Red Road führt entlang der bewaldeten Küste zu Baumtunneln und Gezeitenbecken, in denen Kinder toben. Kurz hinter Meile 15 stellt die Kama'ili Rd eine weitere Alternative zur Rückkehr nach Pahoa dar. Versteckt hinter dem Friedhof bei Meile 15,7 liegt ein alter *heiau* (Tempel).

❺ Kehena Beach & Umgebung

Bei Meile 16,5 überquert die Straße den ersten „Finger" des Lavastroms von 1955, der aus einer 6,4 km langen Erdspalte quoll, die quer über den Hwy 130 führte. Die Eruption dauerte 88 Tage an. Bei Meile 18,8 gibt's einen Parkplatz; über einen Weg an der Meerseite der Straße gelangt man zu Punas schönstem Strand, dem **Kehena Beach** (S. 241).

Die Route > Bis zum Hwy 130 sind es ab hier ungefähr 2 km.

❻ Chain of Craters Road

Direkt nachdem man in nördlicher Richtung auf den Hwy 130 abgebogen ist, fährt man scharf links auf die alte Chain of Craters Road. Wer keine Zeit für die 13-Kilometer-Wanderung zu dem aktiven Lavastrom hat (sofern die Lava auch wirklich fließt), kann sich angesichts der Ödnis dennoch ein Bild davon machen, wie gefährlich das Leben in Puna ist – und von der Zähigkeit der Menschen, die sich nicht von der Lava verjagen lassen.

❼ Star of the Sea Church

Wieder auf dem Hwy 130 ca. 100 m hinter der Kreuzung mit der Chain of Craters Road Ausschau halten nach dem Abzweig zur **Star of the Sea Church** (S. 243) im Osten. Die Kirche war es wert, dass sie vor der heranrollenden Lava gerettet wurde, die Kalapana zerstörte. Auf der Nonibaum-Farm gegenüber wird eins der Allheilmittel von Puna produziert. Dass es von Husten über grauen Star bis Krebs alles heile, konnte zwar nicht nachgewiesen werden, die Warnung, dass es die Leber schädige, aber auch nicht.

Die Route > Von hier aus geht's geradewegs zurück nach Pahoa, zum (je nach Begleitung) romantischen Candlelight-Dinner in Paolo's Bistro oder zu Tacos und Bier bei Luquin's.

Gefahren & Ärgernisse

In Gezeitenbecken und warmen Teichen zu planschen, hat eine mögliche Schattenseite: Hier tummeln sich Bakterien, darunter Staphylokokken. In manchen Fällen führt eine Infektion zu nekrotisierender Fasziitis, bei der infiziertes Gewebe (Haut, Unterhaut, Muskelfaszien) abstirbt. Der letzte Fall wurde 2016 von einem Kapoho-Besucher gemeldet.

Um das Infektionsrisiko zu minimieren, früh am Morgen baden, wenn erst wenige Leute in den Becken waren. Auf die Flut warten und nicht an Montagen sowie unmittelbar nach Feiertagen schwimmen. Besonders wichtig: Nicht mit offenen Wunden ins Wasser gehen und sofort nach dem Bad abduschen.

An- & Weiterreise

Hele-On Bus (808-961-8744; www.heleonbus.org; Erw./Sen. & Stud. 2/1 $ pro Fahrt, 10er-Karte 15 $, Monatskarte 60 $) fährt von den meisten Ecken in Puna aus nach Hilo. Aus Kona Anreisende müssen mehrfach umsteigen.

Unterwegs vor Ort

Vom Trampen raten wir generell ab. In Puna ist es üblich, per Anhalter zu fahren, doch da die Bewohner eine recht laxe Einstellung zu Gesundheit, Sicherheit und Polizei haben, müssen Tramper hier noch mehr auf der Hut sein als gewöhnlich.

Wir wünschten, wir könnten das Radfahren in Puna genießen, doch die schmalen Straßen mit unterbrochenen (und z. T. fehlenden) Seitenstrei-fen und rücksichtslose Fahrer machen es uns schwer.

Kea'au

808 / 2253 EW.

Zwischen Hilo und Volcano erstrecken sich mehrere alte Zuckerplantagen, Waldstücke und kleine Dörfer, die sich alle ziemlich ähneln. Die größte „Stadt", Kea'au, ist nicht viel mehr als eine Ansammlung von Tankstellen und Geschäften, darunter ein Supermarkt. Hinter Kea'au in Richtung Pahoa haben sich Wohnviertel allerdings zu großflächigen Vororten ausgewachsen, inklusive der typischen Staus zu den Stoßzeiten.

Sehenswertes

★ Ha'ena Beach STRAND

(Shipman Beach; Anfang des Strandpfads bei 15-1458 Beach Rd) Vertreter der Ansicht, dass man sich das Paradies verdienen muss, sollten zu diesem unberührten, hübschen Strand mit schwarzem und weißem Sand in einer geschützten Bucht auf dem Shipman Estate pilgern. Man läuft 4 km auf dem öffentlichen Puna Trail; man wird schwitzen und möglicherweise kurzzeitig verzweifeln, denn der Weg ist matschig und führt durch Dschungel, aber: von nichts kommt nichts. Die Mühen werden damit belohnt, dass man dieses traumhafte Fleckchen (am schönsten bei Ebbe) vermutlich ganz für sich hat. Der Weg startet im Viertel Hawaiian Paradise Park.

Der Strand hat keinerlei Infrastruktur und die Gebäude und das Land ringsum sind allesamt in Privatbesitz.

Hilo Coffee Mill KAFFEEFARM

(808-968-1333; www.hilocoffeemill.com; 17-995 Hwy 11; Di 8–16.30, Do–Sa 8–14 Uhr) Einen Espresso und einen Snack genießen, während man eine Runde mit dem „Meisterröster" dieser angenehm netten Kaffee- und Teepflanzung fachsimpelt. Kurze, kostenlose Führungen vermitteln einen Begriff davon, was eine gute Tasse Kaffee ausmacht, die längeren (90 min.) Farmtouren (vorher reservieren; mit/ohne Essen 25/20 $) offenbaren einen detaillierteren Einblick in den Herstellungsprozess. Auf dem Plantagengelände befindet sich ein Discgolfplatz – am 9. Loch auf scharrende Hühner achten! Zwischen Meile 12 und 13 gelegen.

Fuku-Bonsai Cultural Center GÄRTEN

(808-982-9880; www.fukubonsai.com; 17-856 Ola'a Rd; Mo–Sa 8–16 Uhr) GRATIS Es hat nicht sollen sein. Das Schicksal hat David Fukumotos ehemals große Träume „geschrumpft", u. a. durch ein angeblich 30 Mio. Dollar teures Pestiziddesaster, bis nur noch eine Miniversion dessen übrig war, was hätte sein können. Der Ausstellungsraum wirkt verlassen, doch David lässt sich nicht unterkriegen und zeigt noch immer voller Enthusiasmus verschiedene beeindruckende Vertreter seines Lieblingsbäumchens: der Schefflera- (Strahlenaralie-)Zimmerbonsai. Auf dem Hwy 11 zwischen Meile 9 und 10 an der Ola'a Rd Richtung Süden abfahren.

Geführte Touren

Kilauea Caverns of Fire HÖHLENWANDERUNG

(808-217-2363; www.kilaueacavernsoffire.com; abseits des Volcano Hwy 11, nahe Kurtistown; Führungen 29–89 $ pro Pers.; n. V.) Die Gruppen sind z. T. etwas groß (1 Std.: bis zu 20 Pers.; 3 Std.: bis zu 8 Pers.), doch dafür sind die Führungen durch die Kazumura Cave (S. 269) ziemlich cool! Die kürzere Tour ist optimal für Familien; Mindestalter: 5 Jahre.

DER LAVASTROM VOM 27. JUNI

Am 27. Juni 2014 begann ein neuer Schlot an der Nordostflanke des Pu'u-'O'o-Kraters Lava zu spucken, die sich quer durch Puna auf Pahoa zuwälzte.

Sie floss wie zäher Sirup, also nicht besonders schnell, und der Alltag der Anwohner verlief relativ ungestört. Dennoch mussten die Bewohner mit der beunruhigenden Unklarheit leben, wohin die Lava wohl weiterfließen würde. Begeisterte Schulklassen unternahmen Ausflüge zu den Lavafeldern, während sich die Anwohner bereits auf den Ernstfall vorbereiteten.

Aus Angst, dass die Lava den Hwy 130 überrollen und einen Teil Punas vom Rest der Insel abschneiden würde, setzte die Regierung Bulldozer ein und wendete 8 Mio. Dollar auf, um die zuvor begrabene Chain of Craters Road im Westen wieder befahrbar zu machen und andere Fluchtrouten an der Ostküste auszubessern.

Im Oktober hatte die Lava den Stadtrand von Pahoa erreicht und drohte, die Müllumschlagstation und den Recyclinghof zu zerstören. Das Energieversorgungsunternehmen umhüllte Strommasten mit feuerfestem Material und Formsteinen, Unternehmen und Anwohner begannen mit der Evakuierung.

Doch im Januar 2015 verlangsamte sich der Lavafluss, nachdem er ein Haus verschlungen hatte und durch den Zaun der Umschlagstation „getropft" war. Im März versiegte er vollständig – kurz vorm Highway und mehreren Geschäftsgebäuden.

Rasch kehrte wieder Normalität in Pahoa ein, doch den Anwohnern ist bewusst, wie viel Glück sie hatten. Sie sind dankbar für das, was sie haben, denn Pele kann es ihnen jederzeit wieder wegnehmen.

Essen

Lebensmittel gibt es bei **Foodland** (☎808-966-9316; 16-586 Old Volcano Rd; ⏰6–22 Uhr) oder **Kea'au Natural Foods** (☎808-966-8877; 16-586 Old Volcano Rd; ⏰Mo–Fr 8.30–20, Sa 8.30–19, So 9.30–17 Uhr) im Kea'au Shopping Center. Zum Essengehen fährt man am besten weiter nach Pahoa oder Volcano, dort ist das Angebot abwechslungsreicher.

Honi Wai Cafe CAFÉ $
(☎808-966-9645; www.facebook.com/HoniWai; 17-937 Volcano Rd; Sandwiches 11–13 $; ⏰Di–Sa 10–18 Uhr) Ein frisches, warmes Pastrami-Sandwich zum Mitnehmen holen oder im offenen Speisebereich (ein Mix aus modernem Schick und Landhausstil) Platz nehmen und hawaiische Nachos mit frischem *poke* und *kalua*-Schwein verspeisen, dazu einen Bubble Tea. Die Spezialitäten wechseln häufig, deshalb lohnt es sich, auf dem Rückweg durch die Stadt noch mal hier vorbeizuschauen.

Spoonful Cafe THAILÄNDISCH $$
(☎808-982-8899; 16-569 Old Volcano Rd; Hauptgerichte 11–15 $; ⏰mittags 10–14, abends 17–21 Uhr; 📶) In Kea'au gibt es drei asiatische Restaurants. Das Spoonful ist das verlässlichste von ihnen. Abseits des größten Trubels wird klassische Thai-Küche in einem gemütlichen Ambiente serviert.

Shoppen

Dan DeLuz's Woods KUNST & KUNSTHANDWERK
(☎808-968-6607; 17-4003 Ahuahu Pl, Hwy 11, hinter Meile 12; ⏰Di–Sa 10–17 Uhr; 📶) Der beliebte Holzkünstler Dan verstarb 2012, doch der von ihm ausgebildete Enkelsohn führt die Familientradition fort. Es sind noch immer viele Kalebassenschalen des großen Meisters auf Lager.

An- & Weiterreise

Zu den Stoßzeiten ist der Verkehr zwischen Kea'au und Hilo die Hölle; falls möglich vermeiden.

Montags bis freitags fahren Hele-On-Busse (www.heleonbus.org) elfmal von Kea'au nach Hilo und Pahoa, samstags einmal. Montags bis samstags bestehen fünf Busverbindungen zum Hawai'i Volcanoes National Park.

Pahoa

☎808 / 945 EW.

Pahoa kann man sich als den Spross einer Pionierstadt aus dem Wilden Westen und einer Hippiekommune vorstellen (ein Kind der Liebe). Die runtergekommene Hauptstraße samt überdachten Holzbürgersteigen und abblätternder Farbe verströmt ein unverkennbares Bohemien-Flair und hat schon so manchen Reisenden betört. Alle Straßen führen (sprichwörtlich) nach Pahoa, weshalb man hier, im authentischen, bunten Herzen Punas, auf so ziemlich jeden Menschenschlag treffen wird.

Die Hauptdurchgangsstraße ist leicht zu übersehen, wenn man den Hwy 130 hinunterbraust. Die Pahoa Village Rd nehmen, die am Kreisverkehr am nördlichen Ende der Stadt nach Süden abgeht und südlich des Zentrums auf die Kreuzung zwischen Hwy 130 und Hwy 132 stößt.

Sehenswertes

★ Maku'u Farmers Market — MARKT

(☎808-896-5537; www.facebook.com/makuufarmersmarket; 15-2131 Pahoa-Kea'au Hwy; Parken 1 $; So 8–14 Uhr) Man folge den vielen Autos, die jeden Sonntagmorgen vom Hwy 130 abfahren, um zu diesem großen, bunten Bauernmarkt zu gelangen. Das Angebot umfasst Hellseher, Massagen, Orchideen, Schmuck, gebrauchte Bücher und natürlich auch Obst und Gemüse. Außerdem gibt's hawaiisches, mexikanisches und thailändisches Essen lokaler Restaurants und Livemusik. Zwischen Meile 7 und 8 auf der Meerseite gelegen.

Pahoa Transfer Station — AUSSICHTSPUNKT

(Cemetery Rd) Die preisgekrönte, 3,9 Mio. Dollar teure, solarbetriebene Umschlagstation ist ein Wunder der Abfallwirtschaft, Reisende kommen jedoch hierhin, um die Spur der Verwüstung zu bestaunen, die ein Arm des Lavastroms vom 27. Juni 2014 (S. 237) hinterließ: *Pahoehoe* (gleichmäßig fließende Lava) quoll durch den Geländezaun. Der geradezu apokalyptische Anblick ist ein cooles Fotomotiv und erinnert die Anwohner jeden Tag daran, dass sie um ein Haar alles verloren hätten.

Lava Tree State Monument — PARK

(Hwy 132, Meile 2,5; Sonnenaufgang bis Sonnenuntergang) GRATIS Ein einfacher 1 km langer gepflasterter Rundweg führt vorbei an sehr alten Lavabäumen, die 1790 entstanden, als *pahoehoe*-Lava aus der East Rift Zone des Kilauea sehr feuchte *ohia*-Bäume umschloss, bevor sie sich wieder zurückzog. So entstanden hoch aufragende „Abdrücke" der zerstörten Stämme. Einst wuchsen hier (eingeschleppte) Albizia-Bäume; als Hurricane Iselle wütete, stürzten sie durch den Starkwind um und verschlimmerten die Schäden. Daraufhin wurden große Anstrengungen unternommen, um invasive Arten vom Gelände des Lavabaumparks zu entfernen.

Ebenfalls hier zu finden ist *phallus indusiatus*, eine phallisch geformte Stinkmorchel, deren ungewöhnlicher Geruch angeblich bei manchen Frauen gewisse Empfindungen auslöst.

Aktivitäten

★ Jeff Hunt Surfboards — SURFEN

(☎808-965-2322; www.jeffhuntsurfboards.com; 15-2883 Pahoa Village Rd; Leihboard 20 $ pro Tag; Mo–Sa 10–17, So 11–15 Uhr) Jeff Hunt ist einer der besten Surfboardhersteller der Insel. In dieser kleinen Hütte kann man seine Bretter und Zubehör kaufen, übers Surfen philosophieren und Soft-Top-Surfboards leihen.

LAUTE NACHBARN – COQUÍ-FRÖSCHE

Hawaiis meistgesuchter „Alien" ist der puerto-ricanische Coquí-Frosch (Pfeiffrosch), gerade mal 2,5 cm lang, aber unverfroren laut. Bei Sonnenuntergang startet das nächtliche Froschkonzert aus zwei Tönen („ko-kie" oder, spanisch geschrieben, „co-quí"), die aus 60 cm Entfernung zwischen 90 und 100 Dezibel haben. Selbst aus der Distanz erreicht der Froschchor noch 70 Dezibel, in etwa die Lautstärke eines Staubsaugers.

Die Pfeiffrösche gelangten um 1988 versehentlich nach Hawaii. Auf Big Island haben sie sich rasant vermehrt. Die größte Population des Bundesstaats ist rund um das Lava Tree State Monument beheimatet. Dort leben doppelt so viele Tiere wie in ihrem ursprünglichen Habitat! Nicht nur ihr nächtlicher Radau stört; sie fressen den heimischen Vögeln das Ungeziefer weg und bringen so das Ökosystem aus dem Gleichgewicht.

Es scheint so, als hätten Staat und County aufgegeben, denn sie konzentrieren sich auf andere invasive Arten, die eine „ernstzunehmende Bedrohung für die menschliche Gesundheit" darstellen. Schlafentzug zählt anscheinend nicht dazu. Manch emsiger Grundstückseigner geht zwar immer noch nachts mit Sprühflaschen voller Bleiche oder Zitronensäure auf Froschjagd, doch eins ist klar: Die Coquí-Frösche haben gewonnen. Ohrstöpsel einpacken.

Pahoa Community Aquatic Center SCHWIMMEN
(☎808-965-2700; 15-2910 Puna Rd; ⌚Mo–Fr 9–17.45, Sa & So 9–16.45 Uhr) GRATIS Lust auf richtiges Bahnenschwimmen? Dieses Freibad hinter der Pahoa Neighborhood Facility hat olympische Maße. Die Duschen sind nur für Schwimmbadnutzer.

Essen

Diese kleine Stadt hat das beste Restaurantaufgebot auf dieser Seite der Insel.

★ **Golden Goat** FUSIONSKÜCHE $
(☎510-883-4783; www.facebook.com/goldengoathawaii; 15-2929 Pahoa Village Rd; Hauptgerichte 6–8 $; ⌚9–16 Uhr, Fr & Sa länger geöffnet; ✎) Die regelmäßigen Taco-Specials für 2 $ sind ein Selbstläufer und die Ingwerschüsseln so gesund, dass man sich schon beim Bestellen fitter fühlt. All das und Smoothies werden durch ein Fenster serviert. An der Hauptstraße von Pahoa.

★ **Pele's Kitchen** FRÜHSTÜCK $
(☎808-935-0550; www.facebook.com/PelesKitchenRestaurant/; 15-2929 Pahoa Village Rd; Hauptgerichte 5–12 $; ⌚Di–So 7.30–12 Uhr; 📶) Dicke Pfannkuchen, leckeres Rührei und Armer Ritter – alles frisch gemacht. Hier ist das Frühstück so, wie es sein sollte. Eine vollständigere Komposition lokaler Früchte als den Puna Exotic Fruit Sampler wird man nicht finden. Das *loco moco* kann man derweil auslassen (aber das ist eigentlich überall so).

Tin Shack Bakery CAFÉ $
(☎808-965-9659; www.facebook.com/TinShackBakery; 15-1500 Akeakamai Loop; Hauptgerichte 4–8 $; 📶) Hier holt sich ganz Puna den morgendlichen Kaffee und Frühstücksbagels. Ja. Ganz Puna. Und alle zur selben Zeit. Das verspricht Leutebeobachten vom Feinsten und man kann beim Warten interessante Gesprächsthemen aufschnappen. Die Kekse, Kuchen, Brownies, Muffins und Pasteten sind prima Strandsnacks!

Pahoa Fresh Fish FISH & CHIPS $
(☎808-965-8248; 15-2670 Pahoa Village Rd; Hauptgerichte 8–14 $; ⌚9.30–18.30 Uhr) Wir wissen nicht, ob es in diesem Laden noch etwas anderes als Fisch mit Pommes frites gibt … Wir hatten jedoch auch nie das Bedürfnis zu fragen. *Ono* and *mahimahi* werden paniert und gebraten und sind wunderbar knusprig, aber doch saftig. Da ist es leicht, die wenig einladende Atmosphäre und die vielen Einwegverpackungen auszublenden. Abseits des Hwy 130 am Kreisverkehr.

Ning's Thai Cuisine THAILÄNDISCH $
(☎808-965-7611; www.ningsthaicuisine.com; 15-2955 Pahoa Village Rd; Hauptgerichte 12–16 $; ⌚Mo–Sa 12–21, So 17–21 Uhr; 📶✎) Verlässliche, überdurchschnittlich gute Thai-Küche aus vornehmlich lokalen Biozutaten. Das grüne Curry ist gewöhnlich erstklassig, genauso wie der originale grüne Papayasalat. Alkohol wird nicht ausgeschenkt, darf aber mitgebracht werden.

Sirius Coffee Connection CAFÉ $
(15-2874 Pahoa Village Rd; ⌚Mo–Sa 7–18, So 7–15 Uhr; 📶) Ein einfaches Lokal mit gutem Kaffee, Kuchen etc., WLAN und Computern (30 Min. mit/ohne Verzehr 2/3 $).

Island Naturals MARKT $
(www.islandnaturals.com; 15-1870 Akeakamai Loop; Sandwiches 6–10 $; ⌚Mo–Fr 7–20, Sa & So 7–19 Uhr; ✎) Hier findet man Biowaren, gesunde Sandwiches, warme Hauptgerichte und die lokale Neo-Hippie-Gemeinde.

Paolo's Bistro ITALIENISCH $$
(☎808-965-7033; 15-2955 Pahoa Village Rd; Hauptgerichte 14–28 $; ⌚Di–So 17.30–21 Uhr) 🍃 Die Küche und die Atmosphäre sind um Klassen besser als in sämtlichen anderen Restaurants in Puna. Man könnte glatt denken, man wäre in Norditalien gelandet. Dies ist die beste Anlaufstelle in Pahoa für ein romantisches Abendessen zu zweit. Wer das „Dinner Special" kosten will, sollte jedoch früh hier sein, sonst es ist es vielleicht ausverkauft. Den Wein selbst mitbringen.

Kaleo's Bar & Grill REGIONALTYPISCHE KÜCHE $$
(☎808-965-5600; www.kaleoshawaii.com; 15-2969 Pahoa Village Rd; Hauptgerichte mittags 10–16 $, abends 12–26 $; ⌚11–21 Uhr; 📶) Burger, Pizzas und hawaiische Fusionsküche – z. B. Tempurarollen, Orzo-Nudelsalat und Kokos-Hühnchencurry – in relaxter, familienfreundlicher Atmosphäre. Fast jeden Abend wird Livemusik gespielt, es gibt Sitzplätze draußen und die Einheimischen geben sich die Klinke in die Hand. An Wochenenden lieber reservieren.

Luquin's Mexican Restaurant MEXIKANISCH $$
(☎808-965-9990; 15-2942 Pahoa Village Rd; Hauptgerichte 10–19 $; ⌚7–21 Uhr, Frühstück bis 11 Uhr)

Bei Luquin's bekommt man großzügige Portionen mexikanischer Leibspeisen. Vorweg noch eine frische *liliko'i-* (Passionsfrucht-) Margarita an der belebten Bar; dort kann man mit Einheimischen quatschen und auf einen netten Abend anstoßen. Auch das Frühstück ist toll.

Ausgehen & Nachtleben

Black Rock Cafe BAR

(15-2872 Pahoa Village Rd; ⌚7–21 Uhr) Die eine Hälfte des Black Rock ist ein durchschnittliches Restaurant mit passablen Burgern und Frühstück, die andere Hälfte ist eine Bar, die besser zu Rockern als zu Hippies passt – das heißt nicht, dass es hier rau zugeht (und Hippies schauen durchaus auch mal vorbei!), aber das Black Rock ist einfach ein bisschen hemdsärmeliger.

Unterhaltung

Akebono Theater LIVEMUSIK

(☎808-965-9990; 15-2952 Pahoa Village Rd; Karten 10–20 $) In dem historischen Theater werden ab und an Konzerte, Filmvorführungen und gemeinschaftliche Events geboten. Es befindet sich hinter Luquin's Mexican Restaurant.

An- & Weiterreise

Zu den Stoßzeiten ist der Verkehr zwischen Hilo und Puna ein Albtraum. Wenn es sich irgendwie vermeiden lässt, sollte man nicht am frühen Morgen Richtung Hilo oder am späten Nachmittag Richtung Kea'au und Pahoa fahren.

Hele-On-Busse (www.heleonbus.org) fahren montags bis freitags elfmal täglich von Hilo nach Kea'au und Pahoa, drei Busse fahren anschließend weiter gen Süden, nach Kalapana und Kapoho. Samstags bestehen weniger Verbindungen, sonntags gar keine.

Red Road

Der gewundene Hwy 137, auch Red Road genannt, ist nicht mehr mit roter Schlacke gepflastert, ermöglicht aber noch immer eine abwechslungsreiche Reise entlang der Südküste Punas. Hin und wieder taucht man unter den dicht verzweigten Ästen von Regen- und Mangobäumen hindurch, bevor es über gelegentliche Lavaströme hinweg bergauf geht, wo sich weite Blicke über die zerklüftete Küste eröffnen.

Die „Rote Straße" verbindet die Gezeitenbecken von Kapoho mit der alternativen Enklave Kalapana. An der Strecke liegen Punas beste Surfwelle, einsame Wälder mit bildhübschen Friedhöfen und *heiau* (Tempel), ein paar Yogazentren und ein abgeschiedener schwarzer Sandstrand.

Viele unscheinbare Pfade führen von der Red Road zum Wasser. Einfach einem der Wege folgen und zu seinem „eigenen" kleinen Stück Küste laufen, dabei jedoch Rücksicht auf Angler nehmen, die vielleicht schon ihre Köder ausgeworfen haben.

Der Hwy 137 ist auch als Kapoho-Kalapana Road bekannt.

Sehenswertes

★ **MacKenzie State Recreation Area** PARK

Der stimmungsvolle, windzerzauste Eisenholzhain endet abrupt an dem steil abfallenden Ufer hoch überm Meer. Diese energiegeladene Landschaft, eine raue Schönheit, lädt zum Picknicken ein. Allerdings wurden ihr auch schon übernatürliche Ereignisse angedichtet – und zu kriminellen Handlungen ist es ebenfalls bereits gekommen. Vom Parkplatz gehen Wanderwege ab. Die Lavaröhre 150 m östlich bietet sich für eine Erkundungstour an. Die Wellen, die durch einen versteckten Steinbogen nahe dem Lavatunnel rauschen, bieten einen fesselnden Anblick.

Zum Schwimmen ist es weniger verlockend. Manche Angler sind ertrunken, weil sie urplötzlich von Wellen erfasst und von den Felsen gespült wurden. Auf dem Parkgelände darf nicht mehr gezeltet werden, möglicherweise aus Respekt vor den *huaka'i po,* den „Nachtwanderern": Die singenden Geister hawaiischer Krieger tragen Fackeln und folgen der historischen King's Road, die hier verläuft. Wahrscheinlicher ist aber, dass das Verbot eine Reaktion auf die Diebstähle und Übergriffe ist, die sich in den letzten Jahren in dem abgeschiedenen Areal ereignet haben.

Zugang hat man abseits des Hwy 137 zwischen Meile 13 und 14.

Isaac Hale Beach Park PARK

(Pohoiki; 13-101 Kalapana Kapoho Beach Rd) Der felsige Strandpark ist *der* Surfspot im Großraum Puna. Viele alte Hasen (Surfer wie Bodyboarder) bezeichnen Pohoiki als beste Welle der ganzen Insel, obgleich *wana* (Seeigel) allgegenwärtig sind. Es ist ein idyllisches Fleckchen, um lokalen Surfgenies beim Bezwingen der Wellen zuzusehen, besonders an den (überlaufenen) Wochenenden. Zum Schwimmen ist das Meer zu rau, aber rechts vom Parkplatz, an der Bootsrampe, spielen immer viele einheimische Kinder im Wasser.

Ein Trampelpfad führt hinter der Rampe nach Westen zu einem kleinen, etwas schaumigen natürlichen Teich mit heißem Wasser.

Der Campingplatz (linker Hand, wenn man den Park betritt) besteht aus einer gepflegten Rasenfläche mit Picknicktischen, Grills und sanitären Anlagen mit richtigen Toiletten (sprich: mit Spülung) und Trinkwasser. Der Nachtwächter wird sich die Campinggenehmigung ansehen wollen, eine gute Sache angesichts der gelegentlich anwesenden lauten Herumtreiber. Am Parkplatz starten Lava-Bootstouren. Etwa bei Meile 11,5 vom Hwy 137 meerwärts *(makai)* abbiegen.

Kehena Beach STRAND

(Hwy 137, Meile 19) Wenn irgendein Ort die Essenz von Puna einfängt, ist es dieser wunderschöne Strand mit schwarzem Sand unter einer Steilküste, denn hier trifft sich einfach alles und jeder – Hippies, Hawaiianer, Schwule, Familien, Senioren und Touristen – und tut, was er/sie/es will. FKK ist so verbreitet wie der Duft nach *pakalolo* (Marihuana), aber wenn man es selbst anders halten will, ist das auch okay. Baden zu gehen ist keine gute Idee, da in der tückischen Brandung auch schon Leute ertrunken sind. Bei Meile 19 auf den kleinen Parkplatz fahren; ein steiler Pfad führt zum Strand hinab.

Sonntags sorgt eine Trommlertruppe für einen beständigen Hintergrundrhythmus für Tänzer, (Feuer-)Jongleure und andere.

An Wochentagen und möglichst früh hier sein, wenn man keine Lust auf einen Menschenauflauf hat, und nicht vergessen: nackt (Sonnen-)Baden ist an den Stränden Hawaiis eigentlich verboten. Keine Wertgegenstände im Wagen lassen.

Aktivitäten

★ **Pohoiki Bay** SURFEN

(Isaac Hale Beach Park) Anfänger sollten um die Pier neben der Bootsrampe herumpaddeln, sich an dem linken Break der First Bay versuchen und dabei herausfinden, wie die Hierarchie aussieht. In der stark frequentierten Second Bay sind die Verhältnisse um einiges heikler und „Fehltritte" werden schneller krummgenommen. Bevor man sich an die Third Bay heranwagt, sollte man wirklich wissen, was man tut: Bei guten Bedingungen sind die Wellen riesig!

Shacks & Bowls SURFEN

(Isaac Hale Beach Park) Links vom Parkplatz des Isaac Hale Beach Park am Ende der Straße erwarten einen die beiden Breaks Shacks und Bowls, solide Wellen für Surfer,

ERDWÄRME PRO & KONTRA

Erdwärme klingt erst mal toll – das Wasser, das tief unter der Erdoberfläche beheizt wird, liefert zuverlässig emissionsfreie Energie. Puna Geothermal Venture (PGV) war derselben Meinung und errichtete 1993 ein Kraftwerk außerhalb von Pahoa. Leider hat das heiße Wasser von PGV ein ungewolltes Nebenprodukt: Schwefelwasserstoff (H_2S). Dieses reizend wirkende Gift kann die Augen schädigen, Lungenödeme hervorrufen und sogar tödlich sein kann. Eigentlich ist der Wasserkreislauf des Geothermiewerks geschlossen, doch es gab schon einige Zwischenfälle (Lecks!), weshalb zahlreiche Einheimische vor Wut kochen.

Viele von ihnen fordern eine Untersuchung der Gesundheitsrisiken und strengere Sicherheitsvorschriften, andere wollen, dass das Kraftwerk komplett dichtmacht. Letzterer Gruppe gehören ein paar indigene Hawaiianer an, die die Anlage als Beleidigung ihrer Religion und Missachtung Peles betrachten. Andere wiederum verstehen sie als Geschenk der Göttin. Viele Gegner wie Befürworter lehnen Fracking zur Erhöhung des Ertrags ab, dabei ist nicht klar, ob das in Puna überhaupt möglich ist.

Während fleißig weitergestritten wird, setzt das Erdwärmekraftwerk abseits des Hwy 132 (nicht öffentlich zugänglich) den Betrieb fort, und es werden weiterhin 10 Mio. Barrel Öl pro Jahr verbrannt, um Hawaii mit Strom zu versorgen (dreizehn Mal mehr als der Durchschnitt aller anderen Bundesstaaten). Dabei werden 7 Mio. t CO_2 und andere schädliche Gase freigesetzt. 2015 verpflichtete sich Hawaii dazu, bis 2045 vollständig auf erneuerbare Energien umzusteigen.

die den rechten statt den linken Fuß nach vorn stellen. Vor dem (besetzten) Lebensretterhochsitz ins Wasser gehen, um die Strömung aufs Meer hinaus zu erwischen, dann aber scharf nach links paddeln, sonst landet man auf der anderen Seite der Landzunge in der Pohoiki Bay ... oder ganz woanders.

Ahalanui Beach Park SCHWIMMEN
(⏲7–19 Uhr) Das große, von einer Quelle gespeiste Thermalbecken ist tief genug zum Schwimmen und lockt immer massig Besucher (und tropische Fische!) an. Eine Betonmauer schützt es vor der Meeresbrandung. Die Temperaturen liegen um 32 °C, das Wasser kühlt jedoch ab, wenn die Flut kommt. Auch die Sauberkeit schwankt; das unbehandelte Wasser mit offenen Wunden zu betreten, kann zu bakteriellen Infektionen führen. Die Parktore sind immer geöffnet; am frühen Morgen oder zu späterer Stunde hat man mehr Ruhe beim Planschen. Für Besucher stehen Picknicktische und mobile Toiletten zur Verfügung und Lebensretter überwachen das Areal (tägl.).

Keine Wertgegenstände im Auto lassen!

Geführte Touren

Moku Nui Lava Tours BOOTSTOUR
(☎808-938-1493; www.mnlavatour.com; 195 $ pro Pers.) Eine Lavatour mit persönlichem Flair. Kanoa nimmt höchstens sechs Personen auf seinem über 7 m langen Katamaran mit, sodass jeder von seinem Drehstuhl aus gut sehen kann. Die Plätze sind nicht überdacht, deshalb Regenjacke und wasserfeste Tasche für die Kamera einstecken. Die Tour zur Lavaeintrittsstelle ins Meer dauert 30 Minuten. Abfahrt im Isaac Hale Beach Park.

Lava Ocean Tours BOOTSTOUR
(☎808-966-4200; www.seelava.com; Erw./Kind ab 180/145 $) Die komfortable *Lavaone* (Kapazität: 49 Passagiere) bringt einen so nah an die Lava heran, dass man ihre Wärme spürt – sofern sie denn fließt. Die informativen und unterhaltsamen Touren führen vom Isaac Hale Beach Park zum Eintrittspunkt der Lava ins Meer nahe Kalapana. Die Veranstalter versuchen es so einzurichten, dass jeder Gast auf seinem überdachten Sitzplatz einen unverstellten Blick aufs Geschehen hat, und fährt daher 30 Minuten lang im Zickzackkurs. Nicht von dieser Welt ist der Anblick der Lava bei Einbruch der Dunkelheit. Allerdings werden manche Leute seekrank.

An- & Weiterreise

Hele-On-Busse (www.heleonbus.org) bedienen den kompletten Hwy 137 auf dem Weg von Kapoho nach Kalapana (Mo–Fr 3-mal, Sa 2-mal).

Kalapana & Umgebung

Kalapana liegt nahe dem Kaimu Beach (Big Islands berühmtestem schwarzen Sandstrand). Bis zum Pu'u-'O'o-Kupaianaha-Ausbruch am Kilauea im Jahre 1990 war es ein Fischerdorf mit gut funktionierender Gemeinschaft. Die Lava verschlang alles bis auf die Kirche Star of the Sea (die Gemeinde konnte sie rechtzeitig an eine andere Stelle versetzen) und Uncle Robert's Family Compound (auf dem Anwesen wird heute nahezu ununterbrochen das Leben gefeiert). Die Dorfbewohner, die ihren Besitz verloren hatten, akzeptierten das Unglück – schließlich hat Pele das Recht, sich das Land wiederzuholen, das sie den Menschen gegeben hat – und machten weiter.

Der Lavastrom hat sich (für den Moment) nach Westen verschoben. Manch sturer Einwohner hatte sein Zuhause quasi schon wieder aufgebaut, bevor die Felsen vollständig abgekühlt waren. Wanderer in großer Zahl kommen hierher, um die Schöpfungskraft der Erde aus nächster Nähe zu betrachten. Am Ende des Hwy 130 gibt's einen Parkplatz mit Infobereich.

Sehenswertes

★ **Lava Viewing Area** AUSSICHTSPUNKT
(www.hawaiicounty.gov/lava-viewing; am Ende des Hwy 130; ⏲15–21 Uhr) Pele, die Göttin des Feuers, ist eine launische Dame. Mal entzündet sie zur Unterhaltung der Besucher ein Feuerwerk aus flüssigem Gestein, das in den Wellen explodiert, mal steht ihr nicht der Sinn danach und sie zeigt – nichts. Dessen eingedenk sollte man seine Erwartungen runterschrauben. Wenn die Lava beständig fließt, wird ein Informationszentrum eingerichtet. Vor Kurzem befand es sich am Ende des Hwy 130. Die Lava ist jederzeit zugänglich, doch von 15 bis 21 Uhr ist der Parkplatz mit kundigen Mitarbeitern besetzt und es gibt einen Rettungsdienst.

Bei unserem letzten Besuch folgten wir der Schotterstraße 6,4 km (einfache Strecke) bis zum Aussichtspunkt für die Lavaeintrittsstelle ins Meer. Nach weiteren 1 bis 5 km über warmes Lavagestein stößt man auf Austritt-

WAS AUS KALAPANA WURDE

Als der Lavastrom von 1986, der sich bedächtig auf Kalapana zubewegte, nach dem „Verzehr" von nur 14 Wohnhäusern abrupt abriss, entfuhr den Anwohnern (den Hütern des berühmten, von Palmen bestandenen schwarzen Sandstrands Kaimu und mehreren kulturellen Stätten) ein kollektiver Stoßseufzer der Erleichterung. Tatsächlich hatte das Schicksal ihnen nur einen Vollstreckungsaufschub gewährt; Ende der 1990er waren sämtliche Einwohner von Kalapana obdachlos.

Die verheerende Eruption begann schon 1983, als der Kilauea Druck über einen Schlot in der East Rift Zone abließ, der später auf den Namen Pu'u 'O'o (S. 264) getauft wurde. Zunächst folgte die Lava dem natürlichen Relief und landete in der dünn besiedelten Royal Gardens Subdivision am Hang unterhalb.

1986 verlagerte sich die Eruption jedoch nach Osten zum Kupaianaha-Schlot und Lavaflüsse verschlangen neues Territorium. Verstopfte Lavaröhren veranlassten die Ströme, neue, unvorhersehbare Wege zu suchen, was die Bevölkerung in höchste Alarmbereitschaft versetzte. Im Mai 1990 richtete der Vulkan seine zerstörerische Kraft direkt auf Kalapana. Als der Kupaianaha-Strom Anfang 1991 versiegte, hatte er 180 Häuser, ein Besucherzentrum und mehrere archäologische Stätten verschlungen. Die Lava lief in die Kaimu Bay und bedeckte den Strand.

stellen in der Erdoberfläche. Einheimische vermieten unterschiedlich fahrtüchtige Räder (10 $ pro Std.).

An geeignete Kleidung, viel Wasser und eine Taschenlampe denken und keine Privatgrundstücke betreten. In der Nähe eines aktiven Lavastroms nicht vergessen: Was wie festes Gestein aussieht, kann nicht mehr sein als eine dünne Kruste über einem tiefen Loch.

New Kaimu Beach STRAND

(südwestliches Ende des Hwy 137) Kaimu war der schönste schwarze Sandstrand Hawaiis, bis der Lavafluss von 1990, der auch Kalapana ausradierte, die stattlichen Palmen verschlang und die Bucht mit *pahoehoe* ausfüllte. Jetzt gelangt man nach ca. 500 m auf einem roten Schlackeweg zu einer winzigen Bucht, in der sich schwarzer Sand ansammelt und wieder zerstreut, während nahe gelegene Lavaströme mit Erosionsvorgängen kämpfen. Anwohner haben Hunderte Palmensetzlinge gepflanzt und hoffen, dass das Land irgendwann wieder so schön und grün sein wird wie früher. Hier lieber nicht schwimmen gehen.

Auf dem Weg zurück lohnt sich ein Blick auf das **Hawaii Star Visitors Sanctuary**, den zweiten offiziellen UFO-Landeplatz der Welt, eingeweiht 2014. Die Gründer hoffen, dass die Steinhaufen und kleinen Schreine Außerirdische dazu verleiten werden, hier zu landen und diplomatische Beziehungen mit dem friedlichen Königreich Hawai'i aufzunehmen (Augenzwinker).

Star of the Sea Church KIRCHE

(⌚9–16 Uhr) Die historische katholische Kirche wird in der Gegend nur „Painted Church" (bemalte Kirche) genannt. Sie wartet mit zahlreichen Wandbildern auf, darunter eine schlichte Illusionsmalerei von einer Kathedrale hinterm Altar. Errichtet wurde sie 1928 in Kalapana, wo sie im Mai 1990 beinahe von Lavamassen überrollt wurde. Doch Anwohner ackerten die ganze Nacht, um das Bauwerk auf einen Lkw zu verladen und den Highway freizuräumen, sodass die Kirche gerettet werden konnte. Heute steht sie bei Meile 20 abseits des Hwy 130.

Die Wandmalereien zeigen einen Mix aus Motiven der katholischen und indigenen Geschichte und Mythologie.

Abgesehen von der Gestaltung des Innenraums kennt man die Kirche auch wegen einer flüchtigen Verbindung zu Kalapanas erstem Priester, Father Damien. Er wurde 1990 heiliggesprochen; seine Arbeit mit Leprakranken auf Moloka'i und die Wunder, die er posthum wirkte, sind legendär. Sein Abbild ziert ein Buntglasfenster.

Geführte Touren

Es schadet nicht, die Lavaberichte gründlich studieren, bevor man eine teure Tour bucht und bitter enttäuscht wird. Während des letzten Zyklus, in dem sich Lava ergoss, konnte man die Eintrittsstelle ins Meer die meiste Zeit erreichen, indem man erst einer Schotterstraße 6,4 km folgte und dann et-

RESPEKTVOLL HANDELN

Würden jemand über dem Ewigen Licht in der Kirche ein Würstchen grillen? Dem Glauben der indigenen Hawaiianer zufolge handelt es sich bei Lava um die *kinolau* (physische Erscheinungsform) von Pele. Sie sollte daher entsprechend respektvoll behandelt werden. Essen über Lava zu garen oder mit Stöcken darin herumzustochern, widerspricht diesem Gedanken. Letzteres ist auf Nationalparkgelände sogar illegal.

was mehr als 100 m bis zum Aussichtspunkt lief – nichts, wofür man unbedingt einen Guide bräuchte.

Oberflächenausbrüche sind eine andere Sache; sie können am Straßenrand auftreten oder am Ende eines gefährlichen 10 km langen Trecks über brüchige Bodenkruste bestaunt werden. Bei letzterem Unterfangen tut man gut daran, einen Guide anzuheuern.

★ Native Guide Hawaii WANDERN
(☎808-982-7575; www.nativeguidehawaii.com; Tour inkl. Mittagessen 150–300 $ pro Pers.) Für eine etwas persönlichere Note. Warren Costa, ein waschechter Hawaiianer und „Cultural Practitioner" (Bewahrer der hawaiischen Kultur und Traditionen) bietet maßgeschneiderte Tagestouren an, bei denen Schätze zutage befördert werden, die man allein nicht aufspüren würde. Ab zwei Teilnehmern sinkt der Pro-Kopf-Preis auf 150 $.

★ Hawaii Outdoor Guides WANDERN
(☎808-937-5472; www.hawaiioutdoorguides.com; Tour inkl. Transport 179 $ pro Pers.) Der Top-Tourenveranstalter aus Kona bietet jetzt auch Lavawanderungen an. Die Preise beinhalten den Transfer ab Hilo oder Kona.

Volcano Discovery Hawai'i TOUREN
(Volcano Adventures; www.volcanodiscovery.com/tours/hawaii.html; 7-Tages-Tour 2950 $ pro Pers.) Wer ganz viel Wissen über die Vulkane Hawai'is anhäufen möchte, ist mit der einwöchigen Tour zu aktuellen Ausbruchsstellen und historischen Lavaströmen gut beraten. Die Guides sind Geologen und das Programm wird an die Interessen der Teilnehmer angepasst.

Kalapana Cultural Tours WANDERN
(☎808-345-4964; www.kalapanaculturaltours.com; Tour 150 $ pro Pers.) Ein solides Unternehmen im Besitz einer einheimischen Familie. Eine kleine Gruppe junger, engagierter Guides organisiert Lavawanderungen und Bootstouren. Sie können in Kaimu gebucht werden. Vorab bestätigen lassen, dass die Mindestteilnehmerzahl erreicht ist.

Essen

The Hot Dog Guy FAST FOOD $
(www.facebook.com/thehotdogguy.pahoahi; Kalapana-Lavaaussichtspunkt, Hwy 130; Hotdog 2–7 $; ⌚bei gutem Wetter tägl.) Jesse, der „Hot Dog Guy", tischt Hotdogs aus Bison-, Elch- und Rindfleisch sowie Bratwürste auf und bereitet sie „al gusto" zu. Mit seinem kleinen Imbisswagen ist er mobil: Auf der Facebook-Seite nachsehen, wo er sich gerade herumtreibt.

★ Uncle Robert's Wednesday Night Market MARKT
(Ho'olaule'a Market; ⌚Mi 17–21 Uhr) *Die* Adresse am Mittwochabend ist das Uncle Robert's Family Compound. Ein großer Teil der Bewohner pflegt die Aloha-Gemütlichkeit. Die Livemusik lokaler Bands geht in die Beine, gegen den Hunger gibt's jede Menge Essen frisch vom Bauernhof und Kunsthandwerker verkaufen ihre Arbeiten. Wer näher dran parken möchte, zahlt 2 $, die Straße runter zahlt man nichts. Ein paar Restaurants sind täglich geöffnet.

Uncle's Kaimū Farmers Market MARKT
(⌚Sa 8–12 Uhr) Etwas weniger ausgelassen als der Abendmarkt am Mittwoch, aber am selben Standort. Hier kann man sich einen Vorrat an lokalen Erzeugnissen zulegen.

Ausgehen & Nachtleben

Uncle Robert's Awa Bar BAR
(am Ende des Hwy 137; ⌚So & Mo 13–18, Di–Fr 15–21, Sa 9–21 Uhr) Wie wäre es mit einer Tasse *'awa* (Kava) im Anschluss an den Marsch zum New Kaimu Beach? Das muskelentspannende Getränk findet bei vielen traditionellen Zeremonien Verwendung und kann Reisenden dabei helfen, die innere Uhr auf „Puna-Zeit" zu drosseln. Hier, am Ende der Straße, sitzen immer ein paar lokale Urgesteine und erzählen sich was bzw. vertreiben sich die Zeit mit Nichtstun.

An- & Weiterreise

Ab Pahoa fahren die Hele-On-Busse (www.heleonbus.org) im Uhrzeigersinn über den Hwy 132, 137 und 130 und kommen unterwegs montags bis freitags dreimal, samstags zweimal hier vorbei.

Kapoho & Umgebung

Hier sind die so ziemlich schönsten Schnorchelreviere auf Big Island. Davon abgesehen machen diese vergessene Ecke von Puna kaum mehr als ein paar verstreut liegende Farmen und ein paar geschlossene Wohnanlagen aus.

Das kleine Dorf Kapoho befand sich bis Januar 1960 auf dem Gelände der **Four Corners** (wo der Hwy 132 auf die Red Road trifft), als ein 800 m langer Vorhang aus feuriger Lava aus einem nahe gelegenen Zuckerrohrfeld in die Höhe schoss. Der Hauptstrom aus *pahoehoe* floss Richtung Meer, doch ein Nebenzweig aus rauer, krümeliger *'a'a*-Lava begrub auf seinem Weg Richtung Stadt mehrere Orchideenfarmen. Zwei Wochen später waren die fast 100 Wohnhäuser und Geschäfte in Kapoho Geschichte.

Von den Four Corners kann ein Abstecher nach Osten, zum Cape Kumukahi, unternommen werden. Das Kap ist der östlichste Punkt von Hawaii. Wer der ungepflasterten Government Beach Road nach Norden folgt, wird einen Teil von Puna entdecken, der aus der Zeit gefallen zu sein scheint.

Sehenswertes

★ Cape Kumukahi AUSSICHTSPUNKT

(am Ende des Hwy 132) Kumukahi („erste Anfänge"), der östlichste Punkt der Insel, spielt eine wichtige Rolle im hawaiischen Sagengut. Die **Kings Pillars** (Steinhaufen, die sich kaum von der natürlichen Lava unterscheiden lassen) markieren die Sonnenwenden; die Sonne wandert von einer „Königssäule" zur anderen. Peles Haibruder Kamohoali'i lebt vor der Küste und wacht über die Kalebasse mit den Wassern des Lebens. Manche sagen, dass Peles Reise hier begann: Auf ihrem Weg zum Kilauea bohrte sie Löcher entlang der Eastern Rift Zone.

Kapitän James Cook lief beinahe auf Grund, als er das Kap umsegelte, weil ein wilder Sturm wütete. Welch glückliche Fügung: In letzter Minute drehte der Wind und brachte ihn und das Schiff in Sicherheit – und zurück auf Kurs, der ihn seinem tragischen Schicksal zuführte.

Vom Kumukahi Lighthouse sind es ungemütliche, knöchelverdrehende 400 m auf schwindenden Pfaden bis zur Küste. Die Bedeutung dieses Orts spürt man eher, als dass

PUNAS LIEBLINGSONKEL

Als der Lavastrom vor Robert Keli'iho'omalus Türschwelle haltmachte, fand sich sein Familiensitz mit einem Mal in einer außergewöhnlichen Position wieder: am Ende der Straße neben brandneuem Land, das zuvor auf keiner Karte der Welt verzeichnet war. Der nächste Strom bestand aus Touristen, die die Lava bewundern wollten. Als dieser nicht abriss, ergriff „Onkel Robert" die Gelegenheit, kundzutun, dass das „Königreich Hawai'i" friedvoll Anspruch auf das neue Gebiet erhob.

Uncle Robert's Awa Club war geboren: ein Ort, an dem alle willkommen sind in einer Art kontinuierlicher Live-Demonstration des Aloha-Spirits, in dem Intoleranz, Hass und Gewalt keinen Platz haben.

Onkel Robert zog 1955 als junger Mann nach Kaimu, ging 1958 als Soldat nach Deutschland und kehrte vier Jahre später zurück. Darauf arbeitete er im öffentlichen Dienst. Derweil wuchs seine *'ohana* (Familie); er hat 33 Enkel! Viele von ihnen teilen Roberts Vision, lieben Musik wie er und sind geblieben, um den Betrieb des Familienanwesens aufrechtzuerhalten.

Roberts Tod am 15. Februar 2015 riss ein tiefes Loch in Punas Gemeinschaft, doch seine Familie organisiert unverändert den Bauernmarkt am Mittwochabend (S. 244), ein Event, das Musik, Kunst und das Leben feiert und von Einheimischen, Hippies, Touristen, Künstlern und Geschäftsleuten gleichermaßen frequentiert wird, die Onkel Roberts Sinn für Zusammenhalt teilen.

ABSEITS DER ÜBLICHEN PFADE

GOVERNMENT BEACH ROAD

Entlang der staubigen Windungen der Government Beach Rd findet man betagte Mangohaine, überzogen von Ranken und Nestfarnen, alte Steinmauern und vereinzelte Siedlungen außerhalb des Versorgungsnetzes. Hier suchen alteingesessene Einwohner aus Puna Zuflucht, wenn sie eine Pause vom Alltag brauchen.

Die einsamen Abschnitte zerklüfteter Küste im **Nanawale Forest Reserve** im Osten Punas sind wunderbare Orte zum Picknicken, während der Anblick der Wellen daran erinnert, wie vergänglich die Küstenlinie sein kann. Die Wellen brechen am **Honolulu Landing** – einer ehemals geschützten Bucht, die zum Beladen von Schiffen vor der Küste genutzt wurde, aber mittlerweile nicht mehr mit dem Boot zu erreichen ist.

Die Straße ist in den letzten Jahren verbessert worden, weil Anwohner mehr Fluchtwege vor der Lava forderten, sie ist jedoch nicht gepflastert, eine Herausforderung für tiefliegende Modelle – und nach Starkregen unpassierbar, egal für welches Fahrzeug.

man sie sieht. Er ist ausgesprochen friedlich. Zudem weht hier die wohl frischeste Brise des gesamten Planeten: Sie erreicht die Insel nach Wochen „auf hoher See", ungetrübt durch menschliche Einflüsse. Wissenschaftler, die sich mit atmosphärischem Kohlenstoff und (Luft-)Verschmutzungsgraden befassen, betreiben hier oft ihre Forschung.

Kumukahi Lighthouse LEUCHTTURM
(am Ende des Hwy 132) Als der Lavastrom im Januar 1960 auf das Cape Kumukahi zufloss, teilte er sich an der Basis dieses Leuchtturms, der damals mit einer Lichtstärke von 1,7 Mio. Candela Hawaiis hellster Leuchtturm war. Ältere Einheimische munkeln, dass Pele das Bauwerk verschonte, weil der Leuchtturmwärter ihr eine Mahlzeit angeboten hatte. Andere sind der Meinung, dass das Leuchtfeuer aufgrund seiner Bedeutung als Lebensretter nicht zerstört wurde. Was auch immer der Grund war, das inzwischen automatisierte Turmskelett steht unverändert 2,6 km östlich der Four Corners am Ende der glatten, aber unbefestigten Straße.

Aktivitäten

★ **Kapoho Tide Pools** SCHNORCHELN
(Wai'ōpae Tide Pools Marine Life Conservation District; vorgeschlagene Spende 3 $; ⏲7–19 Uhr) Das schönste Schnorchelareal auf der Luvseite von Big Island ist dieses weitläufige Netz aus Gezeitenbecken. Hier stellt die Lavagesteinsküste von Kapoho ein Mosaik geschützter, seichter, miteinander verbundener Pools dar. Manche sind beheizt und die dort beheimatete Meeresfauna ist vielfältig. Stundenlang kann man zwischen den Becken hin- und herschwimmen, um sich Duperreys Junkern (eine Lippfischart), Halfter- und Falterfischen an die Flossen zu heften und Seegurken und mehr zu beobachten. Die äußeren Becken trumpfen mit Korallengärten auf. Schildkröten mögen die warme Ecke südlich und manchmal sind auch Tintenfische anzutreffen.

Wasserschuhe tragen, um sich die Füße nicht am Lavagestein aufzuritzen, und Abstand zu Schildkröten halten (im Wasser ca. 50 m, an Land 6 m).

Vom Hwy 137 fährt man 1 Meile (1,6 km) südlich der Four Corners auf den Kapoho Kai Dr. An der Kreuzung mit der Kikiao St auf der Südseite parken und die verbleibenden 800 m durch das Viertel laufen (den Farbmarkierungen nach).

Champagne Pond SCHNORCHELN
(Laimana Rd, Kapoho Bay) Am nördlichen Ende der Kapoho Bay blubbert vulkanisch beheiztes Wasser zwischen zahlreichen Ferienhäusern mit der Beschilderung „Unbefugter Zutritt verboten". Der kleine geschützte Pool ist zum Meer hin offen; kaltes Wasser dringt ein und sinkt ab, die Temperaturen schwanken also zwischen heiß und frisch. Hier kann man gut mit Kindern schnorcheln. Hin und wieder schauen auch Schildkröten vorbei (in letzter Zeit seltener). Der kiesige Strand eignet sich prima, um Strandgut zu sammeln.

Uneingeschränkten Zugang hat man über die 2 km lange Piste für Jeeps mit hohem Radstand, die am Kumukahi Lighthouse (S. 246) beginnt und über zackige *'a'a*-Lava führt.

160 m vorm Leuchtturm Richtung Meer *(makai)* abbiegen, dann auf die erste grö-

ßere „Straße" rechter Hand. Schafft der Wagen die unbefestigte, steile Stelle voller Schlaglöcher nach 300 m, ist die restliche Strecke kein Problem. Falls nicht, geht man einfach zu Fuß; ein schöner, wenngleich heißer Weg. Wasser mitnehmen!

Manche Besucher parken vor den Toren der Kapoho Beach Community auf der Kapoho Beach Rd (abseits des Hwy 137) und laufen knapp 1 km zu einem ausgeschilderten Weg, der von der Laimana Rd abgeht. Diese Route folgt jedoch Privatwegen und ist mit „No trespassing"-Schildern (Zutritt verboten) gespickt. Lieber einen anderen Weg nehmen.

Essen

Cajun Paradise Farms CAJUN-KÜCHE **$**
(☎808-756-1199; www.facebook.com/pg/CajunParadise; 14-4488 Pahoa-Kapoho Rd; ⌚Do–So 9–16 Uhr) In diesem beliebten Café werden Smoothies, Kaffee und leichte Snacks (tägl.) mit einer großzügigen Portion Cajun-Würzung und Aloha serviert.

An- & Weiterreise

Die Hele-On-Busse (www.heleonbus.org) fahren im Uhrzeigersinn über den Hwy 132, 137 und 130 und kommen auf dem Weg zum Isaac Hale Beach Park (Pohoiki) montags bis freitags dreimal, samstags zweimal hier vorbei.

Hawai'i Volcanoes National Park

☎ 808

Inhalt ➡

Gut essen

- ➡ 'Ōhelo Café (S. 270)
- ➡ The Rim Restaurant (S. 267)
- ➡ Thai Thai Restaurant (S. 270)
- ➡ Kilauea Lodge Restaurant (S. 270)

Infos im Internet

- ➡ USGS Hawaiian Volcano Observatory (http://hvo.wr.usgs.gov)
- ➡ Hawai'i County Civil Defense (www.hawaiicounty.gov/civil-defense)
- ➡ Weg- & Straßensperrungen (www.nps.gov/havo/closed_areas.htm)
- ➡ Luftqualität (www.hawaiiso2network.com)

Auf in den Hawai'i Volcanoes National Park

Der Hawai'i Volcanoes National Park reicht vom oft schneegekrönten Mauna Loa, einem der größten Vulkane der Erde, bis zur Küste, an der sich Lava ins Meer ergießt. Er ist eine Art Mikrokontinent mit üppigen Regenwäldern, Wüsten, aus denen Vulkankegel ragen, Bergalmen, Küstenebenen und allerlei geologischen Wunderwerken dazwischen.

Sein Herzstück bildet der Kilauea, seines Zeichens der jüngste und aktivste Schildvulkan der Welt. Seit 1983 befindet er sich quasi in einem Dauerausbruch; der Pu'u-'O'o-Schlot in der East Rift Zone ist für einen Landgewinn von etwa 2 km² verantwortlich.

Die Nationalparkmitarbeiter verwalten dieses chaotische Areal ganz hervorragend. Geschickt schlagen ihre vielfältigen Bildungsprogramme einen Bogen zwischen moderner Wissenschaft und alten Glaubensvorstellungen und Gebräuchen. Massenweise Erklärungstafeln, außergewöhnlich informative Wanderführer, zig gut durchdachte, von Rangern geführte Wanderungen, Programme zur „lebendigen Geschichte" und wöchentliche Vortragsreihen sorgen dafür, dass die Besucher einen direkten Bezug zu dem Park und den Bewohnern Hawai'is bekommen.

Reisezeit

Juni–August Zum Hawai'i Volcanoes National Park Cultural Festival im Sommer wird es voll! Kostenloser Parkeintritt und jede Menge Aktivitäten für die ganze Familie.

August & September Wolken und Niederschläge gehören leider zum Leben dazu (es heißt nicht umsonst Regenwald), doch der August und der September haben im Schnitt mehr wolkenlose Tage.

Eruptionen Vulkane halten sich nicht an bestimmte Zeiten. Die eigene Planung sollte so flexibel sein, dass man spontan umdisponieren kann, um glühende Lava live zu sehen.

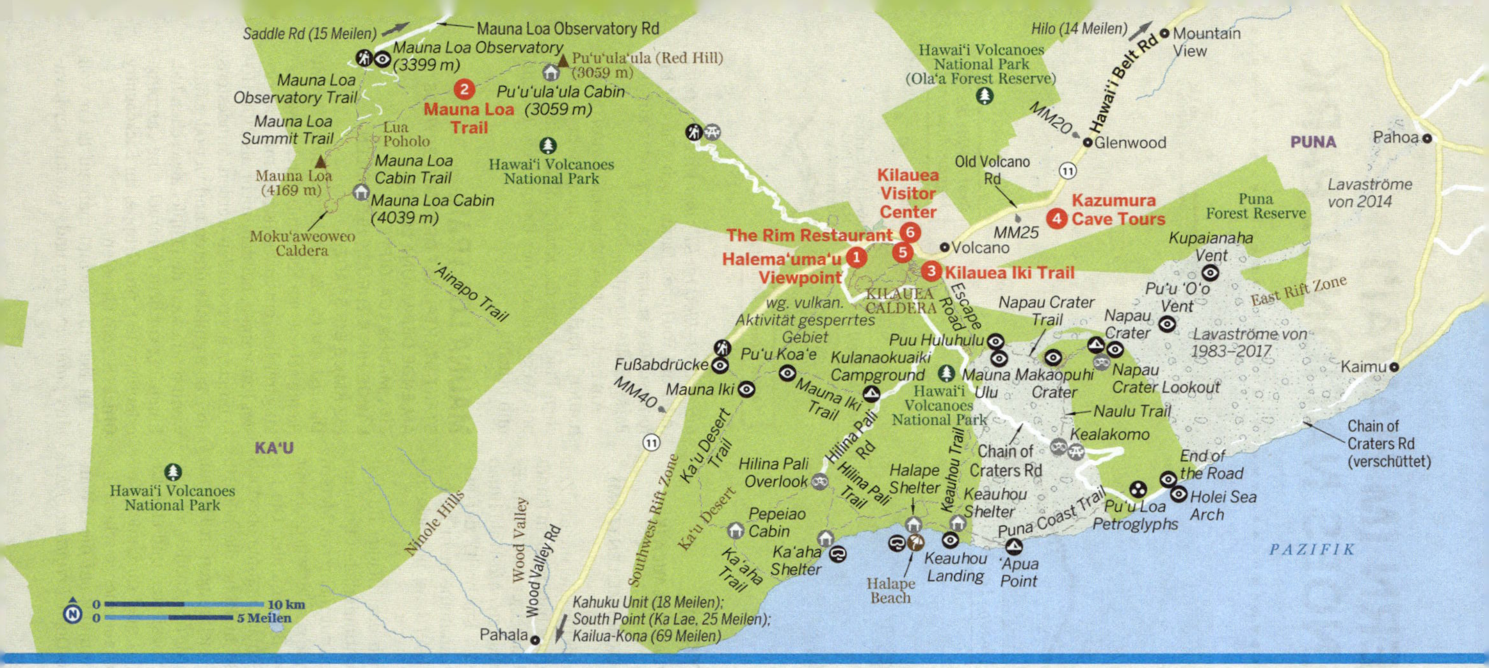

Highlights

1 Halema'uma'u Viewpoint (S. 256) Ins glühende Herz der Erde blicken und Pele seine Aufwartung machen.

2 Mauna Loa Trail (S. 250) Felsige Flanken hinaufkraxeln und den (volumenmäßig) größten Vulkan der Welt bezwingen.

3 Kilauea Iki Trail (S. 264) Sich ausmalen, wie vor nicht allzu langer Zeit wogende Lavawellen den Kraterboden bedeckten.

4 Kazumura Cave Tours (S. 269) Die überraschend hübschen „Rohrleitungen" eines Vulkans erkunden und darauf hoffen, dass er nicht spontan entscheidet, sich zu „entleeren".

5 The Rim Restaurant (S. 267) Bei Speis und Trank dem Sonnenuntergang über einer dampfenden, postapokalyptisch anmutenden Landschaft zuschauen.

6 Kilauea Visitor Center (S. 257) Versuchen, eine Frage zu formulieren, die den Rangern gänzlich neu ist und auf die sie spontan keine Antwort parat haben.

WANDERN IM HAWAI'I VOLCANOES NATIONAL PARK

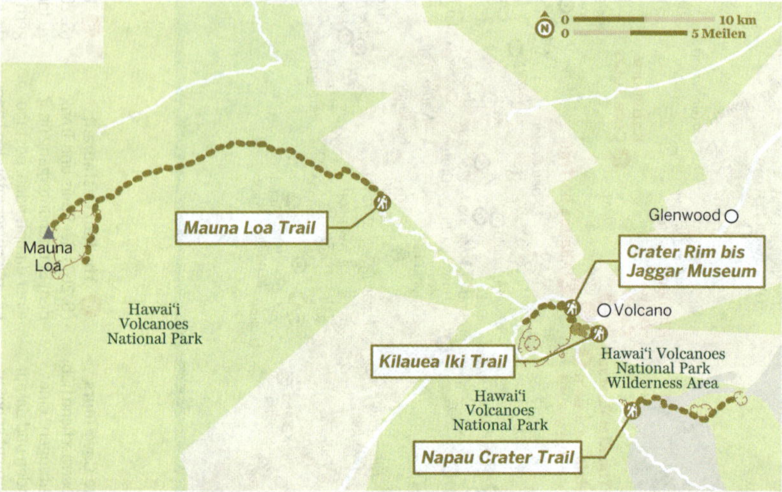

KILAUEA IKI TRAIL

START/ZIEL PARKPLATZ KILAUEA IKI, CRATER RIM DR
LÄNGE HIN & ZURÜCK 4,5 MEILEN (7 KM), 2–3 STUNDEN

Die empfohlene Route für alle, die nur Zeit für eine Tageswanderung haben – dem Rundweg entgegen dem Uhrzeigersinn folgen. Es geht durch märchenhaften *ohia*-Wald hinab zu einem Lavasee (1,6 km breit), der entstand, als eine Vulkanfontäne mehr als eineinhalb Milliarden Liter Lava pro Sekunde in die Luft schoss.

1959 beruhigte sich der Kilauea Iki erst nach fünf Wochen kontinuierlicher Eruption und füllte den Krater mit mehreren Metern Lava, die an die Wände gespült wurde, bevor sie in einem Riss im Boden ablief. Die Lavafontäne, die den Schlackehaufen oberhalb formte, war mit 580 m Höhe die höchste seit Beginn der Aufzeichnungen in Hawaii. Angsteinflößend wurde der Anblick, als Felsblöcke die Passage blockierten und eine Lavafahne unkontrolliert quer durch den Krater in Richtung Zuschauermenge schoss.

Die ideale Einstimmung auf diese Wanderung ist die Retro-Doku *Eruption of Kilauea 1959–1960 im Kilauea Visitor Center* (oder auf YouTube). Dann noch eine der Infobroschüre schnappen (2 $ oder auf der Parkwebsite downloaden).

Am besten vor 8 Uhr loslaufen. *Ahu* (Steinhaufen) markieren den nicht sehr deutlichen Pfad über die Kratersohle. Keine eigenen Wege suchen; der Boden ist z. T. dünn und brüchig.

MAUNA LOA TRAIL

START STARTPUNKT DES WANDERWEGS AM ENDE DER MAUNA LOA RD
ZIEL MAUNA LOA, GIPFEL
LÄNGE HIN & ZURÜCK 19,6 MEILEN (32 KM), 3 BIS 5 TAGE

Dies ist ein ca. 32 km langes Stück Arbeit (keine schwierige Kletterei) durch abwechslungsreiches, einsames Terrain mit grandiosen Panoramen, bei dem mehr als 2100 Höhenmeter überwunden werden. Mindestens drei Tage einkalkulieren und vier oder fünf, wenn man es auf den Gipfel abgesehen hat. Einen Tag vor dem Aufbruch eine Campingerlaubnis (10 $ pro Gruppe) im **Backcountry Office** (S. 265) einholen.

An Tag eins gewinnt man auf 12 km voll alter *pahoehoe*-Lava und eingestürzter Lava-

Die schöpferische Urgewalt ist omnipräsent auf Big Island, doch hier scheint die ursprüngliche Energie des Landes förmlich unter den Sohlen zu pulsieren.

röhren 1000 Höhenmeter. Am Pu'u'ula'ula (Roter Hügel) bietet eine Hütte mit Etagenbetten (Schlafsack mitbringen) Zuflucht. Die Regenwasservorräte entkeimen und Trinkvorräte vorm Schlafengehen auffüllen – der Hahn gefriert häufig über Nacht.

Tags darauf steht ein kräftezehrender Marsch zur Mauna Loa Cabin an (19 km, fast 1000 Höhenmeter). Die Hütte (4039 m) ist ebenfalls mit Etagenbetten und (ungereinigtem) Regenwasser ausgestattet. Die Schlackefelder ringsum sind von zackigen Fissuren durchzogen, aus denen Lava quillt. Diese traumwandlerische Landschaft kann zum Albtraum werden, wenn man vom Weg abkommt – und das passiert leicht, wenn die *ahu* (Steinmännchen) hinter einem Vorhang aus Regen, Nebel oder Schnee verschwinden. Es ist unmöglich, zwischen solidem Gestein und dünner Schlackekruste über tiefen Lavaröhren zu unterscheiden.

Der eigentliche Gipfel (4169 m) befindet sich von der Hütte aus gesehen auf der anderen Seite der Moku'aweoweo-Caldera. Der Pfad gabelt sich bei Meile 9,5. Manche integrieren auf dem Weg zur Hütte die zusätzlichen 8 km (hin & zurück) des Summit Trail, die meisten ziehen es jedoch vor, für den Rückweg (bergab) einen 27-Kilometer-Tagesmarsch zu legen bzw. verbringen zwei Nächte hier oben (noch besser). Man kann auch auf dem **Mauna Loa Observatory Trail** zum Gipfel gelangen, aber das ist gemogelt!

Ausrüstung für winterliche Bedingungen parat haben (ganzjährig) und dran denken: Man läuft ununterbrochen auf Felsen. Das ist sehr anstrengend.

CRATER RIM BIS JAGGAR MUSEUM

START KILAUEA VISITOR CENTER
ZIEL VOLCANO HOUSE
LÄNGE HIN & ZURÜCK 5 MEILEN (8 KM), 2½ STUNDEN

Statt nur zum Jaggar Museum zu laufen, um den Halema'uma'u-Krater, die Topattraktion im Park, von der Liste streichen zu können, bietet es sich an, erst den Kilauea ein wenig zu beschnuppern – man muss ja nicht gleich mit der Tür in Peles Haus fallen. Ein paar kurze Wege führen am Kraterrand entlang.

Ausgangspunkt ist das **Kilauea Visitor Center** (S. 257), eine wichtige Inforquelle.

Sobald man sich mit dem naturgeschichtlichen Hintergrund des Parks vertraut gemacht hat, geht es in westlicher Richtung zum Ende des Busparkplatzes. Ein Stück versetzt von der Zufahrtsstraße ist die **Volcano Art Gallery** (S. 261) im historischen **Volcano House** (1877) untergebracht. Hier übernachteten Mark Twain, Robert Louis Ste-

KLEINES WANDER-1X1

- Das Wetter ist sehr wechselhaft; eben noch sonnig, ist es plötzlich kalt und nass.
- Diese Gegend ist unerwartet trocken und unterwegs gibt's kein Wasser, höchstens auf den einfachen Campingplätzen (vorm Trinken entkeimen!). Pro Person und Tag mindestens 3 Liter mitnehmen.
- Lagerfeuer sind verboten.
- Praktische Begleiter sind Fernglas und Kompass. Nebel und „Vog" können die Orientierung erschweren.
- Für Wanderungen mit Übernachtung bedarf es einer Genehmigung (10 $) für bis zu zwölf Personen und sieben Nächte, die nur persönlich einen Tag vor der Tour im **Backcountry Office** (S. 265) erworben werden kann. Unbedingt den Wanderplaner des Parks mit Gefahrenquellen, Sicherheitstipps und Hinweisen zum Schutz der lokalen Fauna und archäologischer Stätten runterladen.
- Die gemeinnützige Organisation **Friends of Hawai'i Volcanoes National Park** (S. 266) bietet Wochenendwanderungen und andere Touren an.

NOCH MEHR WANDERUNGEN IM HAWAI'I VOLCANOES NATIONAL PARK

Unter 5 Meilen (8 km)

➡ **Mauna Iki Trail** Wer Einsamkeit und eine faszinierende Lavakulisse erleben will, wandert 3 km quer durch Ka'u Desert zu unserem Lieblingsaussichtspunkt, dem Gipfel des Mauna Iki (924 m).

➡ **Pu'u Huluhulu Trail** (Mauna Ulu Eruption Trail; www.nps.gov/havo/planyourvisit/upload/mauna_ulu_trail_guide-1.pdf) Dies ist eigentlich nur der erste Teil des **Napau Crater Trail** (S. 253). Die entspannte 5-Kilometer-Wanderung bis zum Pu'u Huluhulu (Shaggy Hill) eröffnet einen Blick auf die Spalteneruption von 1969, die die Chain of Craters Rd noch vor ihrem 10. Geburtstag zerstörte.

➡ **Keanakako'i Trail** Der 1,6 km lange Abschnitt des Crater Rim Trail führt vom Parkplatz des Devastation Trail zur östlichen Absperrung des **Keanakako'i Crater**. Bevor sich 1877 auf dem Boden des Kraters Lava breitmachte, bauten die Hawaiianer hier sehr harten Basalt ab, aus dem axtartige Werkzeuge zum Bearbeiten von Holz gefertigt wurden.

➡ **Kipuka Puaulu** (Vogelpark; www.nps.gov/havo/planyourvisit/hike_day_kipukapuaulu.htm; 👪) Eine schattige, 2 km lange Wanderung, auch für Kleinkinder geeignet, durch eine Regenwald-*kipuka* (Oase). Die Parzelle ist ein Paradies für Vögel und Vogelbeobachter.

➡ **Devastation Trail** Als der Kilauea Iki 1959 ausbrach, „grillten" durch den Wind verteilte heiße Partikeln den Regenwald im Süden. Das entstandene Ödland weist inzwischen wieder Vegetation in Form von *ohia*, Farnen und *'ohelo*-Büschen auf. Der 800 m lange Pfad ist asphaltiert und rollstuhlgerecht und gewährt einen tollen Blick zum Mauna Loa jenseits der Kilauea-Caldera.

Über 10 Meilen (16 km)

➡ **'Ainapo Trail** (☎ 808-928-8403) Der 16 km lange Weg gehörte zu der Route, die die alten Hawaiianer nutzten, um Opfer auf dem Gipfel des Mauna Loa darzubringen. Die 2300 m Steigung sind so anstrengend, dass der Geologe Dr. Jaggar umgehend die Einrichtung eines neuen Wegs anregte (des Mauna Loa Trails), nachdem er sich 1914 hier hochgequält hatte. Der Zugang zum 'Ainapo (Dunkel gefärbtes Land) erfolgt über Privatland (vorab Genehmigung einholen).

➡ **Ka'u Desert Trail** Der 19 km lange Weg vom Mauna Iki zum Hilina Pali Overlook führt über Lava und weichen Sand, bevor man das Buschland hoch über der Küstenebene überquert. Geschlafen wird in der **Pepeiao Cabin** oder im **Ka'aha Shelter** an der Küste. In beiden wird Regenwasser gesammelt (vorm Trinken aufbereiten). Wegen anhaltender Eruptionen ist der Pfad zwischen dem Jaggar Museum und dem Mauna Iki gesperrt.

venson und Louis Pasteur während ihrer (separaten) Besuche des Kilauea. Heute finden hier Wechselausstellungen mit thematischem Bezug zum Park statt.

Zurück geht's in Richtung des Crater Rim Dr. Ausschau halten nach Schildern zum **Sulphur Banks Trail** (S. 261), der parallel zur Straße verläuft. Diesem folgt man ca. 300 m durch den Baumbestand zu einem Steg über eine Senke voller bunter Steine, die nach faulen Eiern riechen: SO_2.

Der Gehweg verläuft weiter gen Osten, verlässt ein Wäldchen und erreicht eine dampfende Wiese. Kurz dahinter liegt der Parkplatz an den **Fumarolen** (Steam Vents). Die Straße überqueren.

An der Wegkreuzung mit den Trails **'Iliahi und Crater Rim** hält man sich rechts, Richtung **Steaming Bluff** (S. 261). Aus den Rissen in der Erde entweicht hier mehr Dampf und weniger stinkendes SO_2 – wobei man am Geländer erkennt, dass das Gas noch immer korrodierend wirkt.

Durch die Dampffahnen oder blendenden Wolkenbänke (je nach Wetter) erhascht man die erste Komplettansicht der **Kilauea-Caldera** (S. 257). Mehrfach war sie vollständig mit Lava gefüllt. Der Kilauea ist einer der aktivsten Vulkane der Erde.

Linker Hand (im Osten) ist ein schmales, baumbestandenes Stück Land zu sehen, hinter dem ein Aschehaufen aufragt, **Byron Ledge** genannt. Dahinter erspäht man **Pu'u Pua'i** (S. 264), das Resultat einer phänomenalen Lavafontäne, die 1959 den Krater des **Kilauea Iki** (S. 264) füllte.

Rechter Hand (im Westen) reicht der Blick vielleicht bis zum Jaggar Museum und zum Hawaiian Volcano Observatory. Auf dem Crater Rim Trail in diese Richtung laufen; der Anblick des Kilauea wird einen auf einem Großteil der Strecke begleiten.

Das **Jaggar Museum** (etwa bei Meile 2,6; S. 259) beherbergt Darstellungen zur Geologie und Mythologie des Kilauea. Auf der **Museumsveranda** (S. 259) sind Besucher dem Lavasee des Halema'uma'u so nah wie derzeit möglich; nach Einbruch der Dunkelheit wirkt er näher (als 1 Meile).

Der Weg ist ab hier gesperrt, sodass man dieselbe Route wie auf dem Hinweg zurücknehmen muss. Am Steaming Bluff auf dem Crater Rim Trail bleiben. Nach 1,3 km ist man wieder am Ausgangspunkt angelangt.

Noch Energie? Dann folgt man dem unteren 'Iliahi Trail hinüber zum **Halema'uma'u Trail**, der 1,6 km zwischen *ohia*-Bäumen und Baumfarnen hindurch zum Fuß der Kilauea-Caldera führt. Denselben Weg zurücknehmen oder 3,5 km weiterlaufen und entlang des **Waldron Ledge** zurücklaufen.

Anschließend locken ein paar Drinks in **Uncle George's Lounge** (S. 267) als Belohnung.

NAPAU CRATER TRAIL

START STARTPUNKT MAUNA ULU TRAIL
ZIEL NAPAU-KRATER
LÄNGE EINFACHE STRECKE
6,5 MEILEN (10 KM); 2 STUNDEN

Auf der Straßenseite gegenüber der *registration box* für den Mauna Ulu Trail führt ein Pfad nach Süden durchs Dickicht, ein 1 km langer Rundweg zur **Fissur von 1969**, welche die fünfjährige Eruption des Mauna Ulu einleitete.

Von der Gesteinsspalte aus geht's um den Wald und über die **alte Chain of Craters Road** (1960 erbaut, 1969 begraben), bevor der Weg zwei *kipuka* (Oasen) mit beeindruckenden **Lavabäumen** passiert.

Bei Meile 1,5 führt ein Trampelpfad 30 m die Flanke des **Pu'u Huluhulu** hinauf zu einer spektakulären Aussicht. Der 500 Jahre alte Kegel war der höchste Punkt in der Gegend, bis er vom Mauna Ulu (Wachsender Berg) abgelöst wurde.

Hier macht sich der Napau Crater Trail auf den Weg quer über die *pahoehoe*-Lavafelder rund um den Nordhang des Mauna Ulu und erklimmt den **'Alae-Lavaschild** (S. 261), einen ehemaligen Krater, bei Meile 2,7.

Auf etwas über 3 km geht's 90 m bergab zum **Kane-Nui-o-Hamo-Schild** (400–750 Jahre alt). Aus einem roten Spalt strömt Dampf. Am Fuß des Kane Nui o Hamo erstreckt sich der 1,6 km lange **Makaopuhi-Krater** (S. 260). Der Pfad knickt nach Süden.

Bei Meile 4,7 kreuzt der **Naulu Trail** den Weg, man geht jedoch weiter geradeaus durch einen Farnwald und vorbei an der **Old Pulu Factory** (S. 264), deren Betreiber 20 Jahre lang Baumfarne ernteten und verwerteten.

Der Weg endet abrupt bei Meile 6,5 am Abgrund des **Napau Crater** (auf die Füße achten!). Hier kann man den **Pu'u-'O'o-Schlot** (S. 264) jenseits einer eindrücklichen Lavaszenerie rauchen sehen, über der Ausflugshelikopter kreisen.

Auf dem Rückweg bietet sich die Abkürzung über den Naulu Trail an, auf dem es nur 5,5 km und 244 m bergab zur Straße sind statt knapp 7 km und 90 m wieder hoch zum Wagen. Der Naulu-Pfad folgt der alten **Chain of Craters Road**, die sich ab und an zwischen den Lavafingern blicken lässt.

PUNA COAST TRAIL

Die Wege durchs Hinterland versprechen Schnorchelreviere, weiße Sandstrände, hohe Felswände und wilde, einsame Traumlandschaften. Der Zugang zur „rustikaleren" Ecke des Nationalparks ist beschwerlich, exponiert (heiß) und steil, egal, ob auf dem Hilina Pali, Keauhou, Ka'u Desert oder Puna Coast Trail. Reichlich Wasser mitnehmen.

Die Genehmigung für das Wandern mit Übernachtung (10 $ pro Gruppe) im **Backcountry Office** (S. 265) besorgen und sich bei den Rangern über die Wanderbedingungen und die an den Schutzhütten und auf Campingplätzen verfügbaren Mengen an Regenwasser informieren.

Die beliebteste Adresse zum Übernachten ist Halape mit weißem Sand und Kokospalmen und der Möglichkeit zu baden und zu schnorcheln, gefolgt von Keauhou. Bedrohte Echte Karettschildkröten nutzen die gesamte Küste als Nistplatz; Abstand halten (mindestens 50 m im Wasser und an Land 6 m).

Die einfachste Route an die Küste ist der Keauhou Trail (einfache Strecke 11 km). Zurück nimmt man den Puna Coast Trail (16 km), um sich die 820 m Steigung zu sparen. Der kürzeste Weg nach Ka'aha ist via den Hilina Pali Trail (einfache Strecke ca. 6 km), der weiter bis Halape führt (ca. 13 km). Zum Auftakt steht ein heikler Abstieg vom **Hilina Pali Overlook** (S. 260) an. Auf 3,5 km voller Kehren verliert man 460 m Höhe. Abenteuerlich ist die Wanderung auf dem Ka'aha Trail in den äußersten Westen mit anschließendem Aufstieg zum Ka'u Desert Trail. Viel Wasser mitnehmen.

AUTOTOUR: CHAIN OF CRATERS ROAD

Dies ist wohl die malerischste Strecke auf einer Insel mit haufenweise malerischen Autorouten. Die Chain of Craters Road führt vom Crater Rim Dr nach Süden und windet sich auf 30 km über 1100 m an der Südseite des Kilauea hinab, bis ihr Lavaflüsse auf dem Weg zur Küste den Weg abschneiden. Fuß vom Gas, vor allem bei Nebel und Regen, und Ausschau halten nach nene (Hawaiigänsen).

Start Parkplatz Devastation Trail

Ziel Holei Sea Arch

Länge 19 Meilen (31 km); 1½ bis 5 Stunden

1 Lua Manu & umliegende Krater

Der erste Schachtkrater ist der Lua Manu (Vogelkrater; Meile 0,4). Schachtkrater entstehen, wenn Lava aus einem unterirdischen Reservoir hervorquillt und einen Hohlraum zurücklässt, der (ohne Eruption) in sich selbst zusammenfällt. Die Lava am Nordwestrand trat bei der Eruption des Keanakako'i 1974 nicht aus dem Krater hervor, sondern strömte hinein. Die nächsten Schachtkrater (Puhimau und Ko'oko'olau) sind ähnlich, allerdings bewaldet und nicht so fotogen (aber prima zum Vögelbeobachten).

Die Route > Bei Meile 2,2 knickt nach rechts die einspurige Hilina Pali Rd (hin & zurück 29 km) ab, ein interessanter Abstecher entlang Bruchstufen zu den Ausläufern von Ka'u Desert, bevor es hinab geht zum Hilina Pali (Windiges Kliff). Wieder auf der Chain of Craters Rd sind es knapp 80 m bis zu einem inoffiziellen Abzweig, der kaum Platz für ein Auto bietet.

2 Devil's Throat

Ein undeutlicher Pfad folgt einem Erdspalt nach Nordwesten zu dem Schachtkrater **Devil's Throat**. 1920 konnte ein Pferd noch mit einem Satz über das Loch springen, doch inzwischen ist es mehr als 30 m breit. Die Wände fallen vertikal zum Grund ab.

Die Route > Kurz dahinter führt die Straße bei Meile 2,4 durch zwei Schweißschlackenkegel hindurch. Ihr Innenleben? Sieht schwer nach Fels aus!

3 Pauahi Crater

Am Pauahi-Krater (Pauahi bedeutet „vom Feuer zerstört"; Meile 3,2) fallen die rötlichen Schweißschlackenwälle gleich hinter dem Aussichtspunkt auf, die 1973 den Grund des Kraters bedeckten. Nach der Eruption lief die Lava ab und hinterließ nur diesen „Badewannenrand". Der große, rauchende, felsige Kegel gleich östlich ist der **Mauna Ulu** (S. 261). Während seiner kurzen Existenz zerstörte er die ursprüngliche Chain of Craters Road vollständig. Nördlich erhebt sich der 500 Jahre alte, bewaldete Pu'u Huluhulu (Shaggy Hill). Zwischen beiden verläuft der **Napau Crater Trail** (S. 253; Start bei Meile 3,7).

Die Route > Wenn man sich Meile 4 nähert, wird man interessante Formationen im Lavastrom von 1969 entdecken, darunter ein Lavabogen und Lavakugeln.

4 Muliwai a Pele

Kurz darauf überquert die Straße karge Ödnis, die auf das Konto des Mauna Ulu geht. Am Aussichtspunkt **Muliwai a Pele** (Fluss von Pele) bei Meile 7,5 kann man *'a'a* (raue Lava) neben *pahoehoe* (glatte Lava) sehen sowie eine Stelle, an der ein Lavafluss die Bergflanke hinuntergekrochen ist. Wenn die Oberseite dieses Flusses ausgekühlt wäre und eine Kruste gebildet hätte, würde sich hier jetzt eine Lavaröhre befinden.

Von diesem Punkt an geht's auf der Straße über mehrere *pali* (Klippen) bergab. Einen Blick auf das große Ganze gewährt der Aussichtspunkt Kealakomo samt Picknicktischen, der wohl windigste Ort zum Mittagessen im Park.

Unterhalb der Kehren gibt's ein paar besonders tolle *pahoehoe*-Gebilde über der Straße (Meile 13,5). Bei Meile 14 sieht man, was passiert, wenn *pahoehoe* über die Straße kriecht. Das Szenario Mensch gegen Natur offenbart sich in aller Pracht an der Haltebucht bei Meile 14,7. Man stelle sich vor, wie die rauchende, rote Lava die *pali* hinabrollte und die Straße unter sich begrub.

Die Route > Bei Meile 16,3 führt ein Pfad nach Osten zu den Pu'u-Loa-Petroglyphen, der Puna Coast Trail geht nach Westen. Nach weiteren 2,5 entspannten Meilen auf der Straße entlang der rauen Küste erreicht man den Holei Sea Arch.

An- & Weiterreise

Zum Park sind es ab Hilo 30 Meilen bzw. 48 km (45 Min.) und ab Kailua-Kona 95 Meilen bzw. 153 km (2¾ Std.) auf dem Hwy 11. Die Abzweigungen zum Dorf Volcano befinden sich ein paar Meilen östlich vom Haupteingang zum Park. Der Hwy 11 wird häufig überflutet oder unterspült und bei Starkregen macht man die Route oft dicht. In Dürreperioden werden die Mauna Loa Rd und Hilina Pali Rd eventuell wegen des Brandrisikos geschlossen.

Von Montag bis Samstag fährt fünfmal täglich der öffentliche **Hele-On-Bus** (☎808-961-8744; www.heleonbus.org; Erw. einfache Strecke 2 $) ab Hilo (So keine Verbindungen). Er erreicht das Besucherzentrum (5 $ Zuschlag) etwa 1¼ Stunden später. Einer der Busse nimmt anschließend Kurs auf Ka'u. Einmal im Park gibt es keine öffentlichen Verkehrsmittel mehr, das Trampen in Nationalparks ist illegal.

Radfahrer dürfen die gepflasterten und eine Handvoll unbefestigte Straßen nutzen, darunter die Escape Rd, aber keine Wanderwege, egal ob asphaltiert oder nicht.

Hawai'i Volcanoes National Park

In diesem großen, abwechslungsreichen Park kann man beliebig viel Zeit verbringen und wird sich nicht langweilen, vor allem, wenn man gern wandert. Eine mögliche Alternative ist die 106 km lange Autoroute entlang der Chain of Craters Road zur End of the Road (wie passend!) und wieder zurück (mit einem Abstecher zum Hilina Pali). Endstation ist das Jaggar Museum; dort beobachtet man den Sonnenuntergang über dem Halema'uma'u. Nicht genug Zeit? In dem Fall auf dem Crater Rim Dr bleiben, an dem viele Hauptattraktionen liegen. Ausgangspunkt sollte das informative Kilauea Visitor Center sein, gleich hinter dem Eingang rechts.

Sehenswertes

★ Hawai'i Volcanoes National Park — PARK

(☎808-985-6000; www.nps.gov/havo; 7-Tages-Pass 10 $ pro Auto; 👪) Auch unter den zahlreichen Wundern der Insel sticht dieser Park noch hervor. Die beiden aktiven Vulkane zeugen davon, dass die Inseln noch längst nicht fertig sind und sich weiter verändern. Der Mauna Loa (4169 m) ist ein massiger Gigant, der seine wahre Größe hinunterzuspielen versteht, und der junge Kilauea (1247 m), einer der aktivsten Vulkane der Welt, entlockt seinen Beobachtern pausenlos staunende Ohs und Ahs. Mit ein klein wenig Glück wird man die Urgewalt erleben, die kochend heiße Lava ins Meer fließen lässt. Der Park bietet aber viel mehr als das, nämlich unwirklich anmutende Lavawüsten, dampfende Krater, Lavaröhren und uralte Regenwälder.

Für Wanderer bieten sich unendlich viele Möglichkeiten.

★ Halema'uma'u Viewpoint — AUSSICHTSPUNKT

(Crater Rim Dr) Der ursprüngliche Halema'uma'u-Aussichtspunkt abseits des Crater Rim Dr ist seit 2008 wegen Vulkanaktivität geschlossen – und weil akute Lebensgefahr besteht. Man sollte nicht mal daran denken, sich doch hierhin zu trauen. Glücklicherweise ist der nächstgelegene Aussichtspunkt von der Veranda des Jaggar Museum auch nicht von schlechten Eltern. Wenn ein gähnender Krater voller sich träge umherwälzender, heißer Lava eine satte Dampfsäule in den Himmel speit, bleibt den Zuschauern die Spucke weg – es gibt nichts Vergleichbares, insbesondere bei Sonnenuntergang, wenn das schwindende Licht die Landschaft zum Glühen bringt.

Halema'uma'u ist eigentlich ein Krater im Krater – der größeren Kilauea Caldera. Der Name bedeutet so viel wie „Haus des *'ama'u*-Farns", in alten Liedern ist auch die Rede vom Halemaumau, also ohne die *'okina* (Verschlusslaute), oder „Haus des ewigen Feuers".

Dieses ca. 900 m breite und 90 m tiefe „Haus" spuckt heutzutage beständig Säulen aus Vulkanasche und Gasen wie Schwefeldioxid in die Luft. Diese sind zusammen mit dem Pu'u-'O'o-Schlot verantwortlich für den *vog* (Vulkan plus Smog), der die Insel zuweilen überzieht.

Wie aktiv der Kilauea ist, hängt von den Launen Peles ab, der hawaiischen Göttin des Feuers und der Vulkane, die hier zuhause ist. Unser Tipp: Mit möglichst niedrigen Erwartungen herkommen, um angenehm überrascht werden zu können. Die beste Sicht bietet sich nach Sonnenuntergang bei klarem Himmel, aber auch aufreißende Gewitterwolken, durch die das Licht fällt, können einen wunderbaren Rahmen für Peles Feuerzauber bilden. Es gibt eigentlich keinen wirklich ungünstigen Zeitpunkt für einen Besuch.

★Pu'u-Loa-Petroglyphen
ARCHÄOLOGISCHE STÄTTE

(Meile 16,4, Chain of Craters Rd) Pu'u Loa bedeutet ungefähr so viel wie „Hügel des langen Lebens". Wohl kaum irgendwo auf Hawai'i kann man mehr Felsritzungen auf einem Fleck bewundern – genau genommen mehr als 23 000. Mit Querbeilen wurden die Darstellungen in *pahoehoe*-Lava (mit glatter Oberfläche) gehauen. Das Material dafür stammt aus dem Keanakako'i (S. 252). Manche sind über 800 Jahre alt. Der Weg (hin & zurück 2 km) ist einfach; auf dem Gehweg bleiben – nicht alle Felsritzungen sind auf den ersten Blick zu erkennen und beim Wandern über die Felsen könnte man sie beschädigen. Der Parkplatz am Kopf des Wanderwegs ist zwischen den Meilenmarkierungen 16 und 17 der ausgeschildert.

★Kilauea Visitor Center & Museum
MUSEUM

(☎808-985-6000; www.nps.gov/havo; Crater Rim Dr; ⊙9–17 Uhr, Filmvorführungen 9–16 Uhr stündl.; 🚻) Die erste Anlaufstelle sollte das Besucherzentrum sein. Ranger und Freiwillige liefern (mit einer wahren Engelsgeduld!) Informationen zu Vulkanaktivität, Luftqualität, Straßensperrungen und Wanderwegen und helfen dabei, die Zeit des Besuchs optimal zu nutzen. Die interaktive Museumssammlung ist klein und familienfreundlich und vermittelt Wissen über das fragile Ökosystem des Parks und das hawaiische Kulturerbe. Die wechselnden Filme sind exzellent und für kleine „Nachwuchsranger" gibt es nette Bücher zu kaufen.

Auf den Hinweistafeln draußen neben dem Eingang sind anstehende Vorträge und von Rangern geführte Wanderungen sowie weitere Aktivitäten vermerkt. In dem gut sortierten, gemeinnützigen Buchladen im Zentrum erhält man neben Büchern Souvenirs, Regenponchos, Wanderstöcke und Taschenlampen. Rollstühle können kostenlos geliehen werden. Außerdem: Toiletten, ein öffentliches Telefon und Trinkwasser zum Abfüllen.

★Kilauea Iki Overlook
AUSSICHTSPUNKT

(Crater Rim Dr) Als der „Kleine Kilauea" im November 1959 ausbrach und ein wahres Inferno verursachte, verwandelte sich der Kraterboden in einen brodelnden See aus geschmolzener Lava, die zuvor in einer 580 m hohen Fontäne in den Himmel geschossen war und den Nachthimmel förmlich in Brand steckte. Auf dem Höhepunkt der Eruption rauschten 2 Mio. Tonnen Lava pro Stunde himmelwärts. Erst nach mehr als 30 Jahren war der „See" komplett erstarrt.

Vom Aussichtspunkt hat man den rauchenden Krater (1,6 km breit) gut im Blick. Der Weg, der mitten durch das Lavafeld führt, ist übrigens genauso phantastisch, wie er aussieht.

Kilauea
VULKAN

Der Kilauea ist das Epizentrum vulkanischer Aktivität im Park. Der unauffällige Hubbel an der Südostflanke des Mauna Loa wäre leicht zu übersehen, würde der riesige Krater nicht dampfen und die Lava im „Kessel" des Halema'uma'u nicht vor sich hinköcheln. Anfänglich dachten die Forscher, es handele sich hierbei um einen weiteren Schlot des Mauna Loa, doch dann entdeckten sie ein separates Lavasystem – noch dazu ein ausgesprochen aktives, das bereits vor 600 000 Jahren erstmalig die Erdoberfläche durchbrach. Seit 1983 ereignen sich kontinuierlich Eruptionen.

Mauna Loa
VULKAN

Der weltweit größte Vulkan über Wasser, der Mauna Loa (Langer Berg), ist so gewaltig, dass man seine Gegenwart mehr spürt als sieht. Selbst wenn er seinen Kopf nicht in den Wolken versteckt, ist es unmöglich, seinen Gipfel auszumachen (4170 m) – der ewige Fluch eines breiten Schildvulkans, der sich langsam aus der Lava bildet, die die Hänge hinabfließt. Der Mauna Loa nimmt die Hälfte von Big Island ein. Er ist ca. 100 km lang und hat eine Fläche von 3275 km².

ICH BREMSE AUCH FÜR NENE

Verbreitet sich die Kunde, dass eine Hawaiigans überfahren wurde, ruft das die Biologen aus dem Park auf den Plan: Sie stellen Schilder auf und errichten Straßensperren. Das ist keine Tatortsicherung für die Zoologiepolizei – es geht vielmehr darum, weitere Opfer zu vermeiden! *Nene*-Pärchen bleiben ein Leben lang zusammen und wenn ein Tier stirbt, bleibt das andere manchmal in der Nähe des Orts, an dem es den Partner zuletzt gesehen hat, und sucht ihn. Also: runter vom Gas!

Kilauea Caldera, Crater Rim Drive & Volcano

Der Mauna Loa ist so schwer, dass er die Erdkruste unterhalb zusammengedrückt hat. Er hockt gewissermaßen am Grund einer 8000 m tiefen Schüssel auf dem Meeresboden. Von seinem tatsächlichen Fuß aus gesehen misst er also unglaubliche 17 000 m.

Anders als die meisten Vulkane thront er nicht auf der Grenze zwischen zwei tektonischen Platten. Seine Neigung zu feurigen Ausbrüchen entstammt einem fixen „Hotspot" unter der Erdkruste: einer Magmamasse, die nach oben drängt, während sich die Erdplatte darüber bewegt. Seit 1843 (damals begann man, solcherlei Ereignisse kontinuierlich aufzuzeichnen) ist der Mauna Loa 33 Mal ausgebrochen. Normalerweise nimmt eine Eruption ihren Anfang in der Gipfelcaldera, bevor der Druck auch über die Riftzonen an den Flanken nach außen abgegeben wird. Der Ausbruch im Jahre 1868 (S. 264) zog das bis dato größte auf Hawaii verzeichnete Erdbeben nach sich.

Der Gipfelkrater **Moku'aweoweo** (wörtlich übersetzt „Fischbereich", möglicherweise in Anspielung auf das rote Fleisch des *'aweoweo*-Fischs) ist 6,4 mal 2,4 km groß. Er entstand vor ca. 750 Jahren, als durch einen Schlot unweit des heutigen Kulani Prison Magma aus dem Gipfel hervordrang.

Aufgrund der häufigen Ausbrüche und der Höhe gibt es nur wenig Leben auf dem Mauna Loa – ein wenig Moos in feuchten Lavaröhren und ein paar Insekten. Oberhalb von 3000 m spricht man treffenderweise von einer „alpinen Steinwüste", die größtenteils periglazial ist (durch den Frost-Tau-Zyklus entstanden).

Die Ureinwohner betrachten den Berg als heilig. Im Verlauf der Geschichte folgten heilige Männer dem **'Ainapo Trail** (S. 252) zum Gipfel, um an der Caldera Opfer darzu-

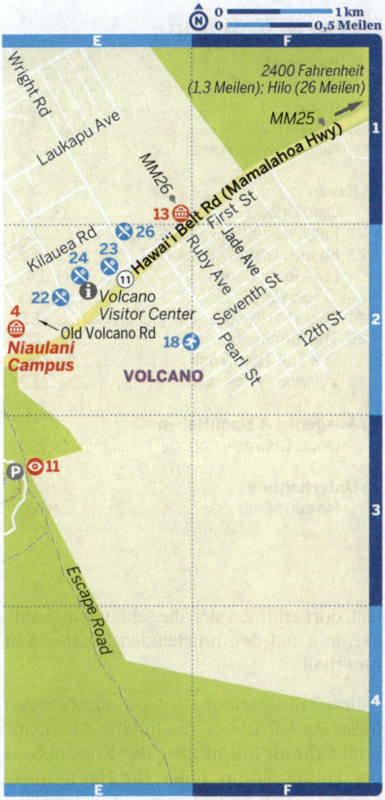

bringen. Das tat auch der erste Europäer auf dem Gipfel, Archibald Menzies, als sein dritter Besteigungsversuch 1794 gelang. Seine barometrischen Bemessungen der Höhe (4156 m) waren erstaunlich genau.

Jaggar Museum MUSEUM

(☎808-985-6051; Crater Rim Dr; ⏱tgl. 10–20 Uhr; 👪) Das kleine Ein-Raum-Museum zur Geologie ist vollgestopft mit Echtzeit-Seismographen und Neigungswinkelmessern, die Erdbeben im Park (und unter den Füßen der Besucher) aufzeichnen. Außerdem werden hier hawaiische Gottheiten vorgestellt und es gibt einen kurzen Abriss zur Geschichte des Hawai'i Volcano Observatory nebenan (nicht öffentlich), das von dem berühmten Vulkanologen Dr. Thomas A. Jaggar gegründet wurde. Parkranger halten häufig Geologievorträge im Museum und Besucher belagern die Veranda draußen, denn nirgendwo genießt man einen besseren Blick auf den Lavasee im Halema'uma'u-Krater.

Fußabdrücke HISTORISCHE STÄTTE

Vom Start des Ka'u Desert Trail am Hwy 11 gelangt man auf dem Mauna Iki Trail nach 1,3 km zu einem Feld voller verstreuter Fußabdrücke im fragilen Sediment. Mal sind sie von Sand bedeckt, dann wieder legt sie ein Windstoß frei. Ein paar befinden sich unter einem schützenden Dach. Am besten schaut man sich diese an, statt beim Verlassen des Gehwegs andere Abdrücke versehentlich zu zerstören.

1782 tötete Kamehameha seinen Cousin. Kiwala'o war erst seit Kurzem der neue Herrscher von Hawai'i Island, doch Kamehameha wollte das nicht akzeptieren und besiegte ihn in der Schlacht von Mokuohai. Keoua wollte seinen Halbbruder Kiwala'o rächen; so kam es, dass er und seine Männer während einer besonders heftigen Eruption, Keonehelelei (die fallenden Sande) genannt, durch Ka'u Desert marschierten.

Mehrere Tage brachte man Opfer dar, um Pele zu besänftigen, doch der Kilauea spuckte eine riesige Dampfwolke, heißen Sand, Gase, Felsen und Asche, die mit der Geschwindigkeit eines Hurricanes über Ka'u Desert hinwegpeitschten. Zwei Drittel von Keouas Kriegern gerieten in den klebrigen, nassen Höllensturm. Als sie nach Atem rangen und in ihren Tod taumelten, hinterließen ihre Sohlen unheimliche Spuren. Der Boden trocknete und bewahrte so dieses grausige Ereignis für die Ewigkeit. So stellte sich der Geologe Dr. Jaggar das zumindest vor.

Es stimmt zwar, dass Hunderte, wenn nicht Tausende Krieger in dem Sturm ums Leben kamen, doch neue Erkenntnisse deuten darauf hin, dass die Fußabdrücke nicht von ihnen stammen. Glutlawinen wie diese waren von 1500 bis 1790 offenbar eine regelmäßig wiederkehrende Erscheinung in Kilaueas Zyklus. Die Abdrücke – einige davon gehören zu Frauen- und Kinderfüßen – sind wahrscheinlich eher Zeugnisse des ganz normalen Lebens in dieser rauen Landschaft.

Ka'u Desert GEBIET

Obwohl Ka'u Desert im Regenschatten des Kilauea liegt und relativ trocken ist, handelt es sich um keine echte Wüste. Der Regen, der hier fällt, ist jedoch aufgrund der Eruptionen gegen den Wind sehr sauer. Das nimmt

Kilauea Caldera, Crater Rim Drive & Volcano

die Flora übel, das Resultat ist eine raue, mit Schlackekegeln gespickte Landschaft, die man nicht so schnell vergisst und in der die Krater mit Strähnen von Peles glänzendem Haar bedeckt sind (sprich: lange vulkanische Glasfäden). Der Bewegungsdrang lässt sich gut schon mal mit einem entspannten Spaziergang zu den Fußspuren stillen, bevor man den **Mauna Iki Trail** (S. 252) oder **Ka'u Desert Trail** (S. 252) in Angriff nimmt.

Makaopuhi Crater VULKAN

Der atemberaubende Makaopuhi-Krater ist eine Meile (1,6 km) lang und der größte Krater der East Rift Zone. Entweder folgt man dem **Napau Crater Trail** 8 km oder nimmt 3 sehr anstrengende Kilometer den Naulu Trail hinauf auf sich.

Mauna Loa Lookout AUSSICHTSPUNKT

(Mauna Loa Rd) Die einsame, schmale Mauna Loa Rd ist von Schlaglöchern zerfressen und windet sich an dicht bewaldeten *kipuka* (Vulkanoasen) vorüber, während man sich dem massigsten aktiven Vulkan der Welt nähert. Am Ende der Straße warten der Mauna Loa Lookout (2031 m), eine Ansammlung unter Naturschutz stehender *'ahinahina* (Mauna-Loa-Silberschwert, eine gefährdete Pflanzenart) und der Start des anstrengenden, aber lohnenswerten Mauna Loa Trail (S. 250). Dem Pfad ein Stück nach Osten folgen, dort eröffnen sich die schönsten Ausblicke, u. a. auf den rauchenden Kilauea weit unterhalb.

Hilina Pali Overlook AUSSICHTSPUNKT

(Hilina Pali Rd) Dieser traumhafte Aussichtspunkt thront 518 m über der Küstenebene des Hilina Slump, einer zur Hälfte abgetrennten Landmasse, die jedes Jahr um zehn Zentimeter absinkt und der wohl ein verheerender Kollaps blüht. Beim letzten gemäßigten Absacken (28 cm im Zusammenhang mit dem Erdbeben 1975) bildete sich ein Tsunami, der bis an die Küste Kaliforniens rollte. Sollte sich der komplette Hilina Slump vom Festland lösen, könnten 300 m hohe Wellen die Folge sein. Dies würde das Ende der Pazifikvölker bedeuten. Manche Forscher glauben, dass „Schutthaufen" – Überbleibsel früherer Massenbewegungen – Hilina an Ort und Stelle halten werden.

3 km hinter der Crater-Rim-Kreuzung in westlicher Richtung von der Chain of Craters Road abbiegen und der einspurigen Straße bis zum Ende folgen. Unbedingt vorsichtig fahren, denn dies ist Territorium der *nene* (Hawaiigänse), doch wird man angesichts des endlosen vulkanischen Ödlands und der spektakulären Sicht auf den Mauna Loa häufig abgelenkt sein. Nach 6,4 km

erreicht man den **Kulanaokuaiki Campground** (www.nps.gov/havo/planyourvisit/camp.htm; Hilina Pali Rd) GRATIS am Ende der aktiven Koa'e Fault Zone (Verwerfungszone).

Am Ende der Straße lockt dann der **Hilina Pali Trail**, doch die Küste ist nicht so nah, wie es den Anschein hat, und der Aufstieg ist um ein Vielfaches härter als der Abstieg. Gut vorbereitete Wanderer können in dieser kaum besuchten Ecke des Parks ein paar herrliche Wanderungen durchs Hinterland aneinanderhängen.

Sulphur Banks GEBIET

(Ha'akulamanu; abseits Crater Rim Dr) Ein Holzweg fädelt sich zwischen den felsigen Schloten hindurch, die mit Farbtupfern von Gelbgrün über Gelb bis Orange (und noch mehr psychedelischen Schattierungen) versehen sind; Schuld daran ist der mit Schwefel versetzte Dampf, der tonnenweise aus den Tiefen der Erde hervorwabert. Einst gaben sich hier regelmäßig seltene Vögel ein Stelldichein (worauf der hawaiische Name Ha'akulamanu hindeutet), doch Neophyten und andere Umweltveränderungen haben dazu beigetragen, dass das Habitat weniger lebenswert für *nene* und *kolea* (Sibirischer Goldregenpfeifer) ist. Der einfache 1 km lange Pfad (einfache Strecke) stößt in der Nähe des „Steaming Bluff"-Parkplatz auf den Crater Rim Dr. Rollstuhlgerecht.

Steam Vents & Steaming Bluff AUSSICHTSPUNKT

(Crater Rim Dr) Ein tolles Fotomotiv am frühen Morgen. Aus Fumarolen (Steam Vents) schießen beeindruckende Dampffahnen hervor; heißes Gestein unterhalb der Erdoberfläche bringt nach unten sickerndes Regenwasser zum Kochen und Verdampfen. Die Dampfaustrittsstellen am Parkplatz sind absolut ausreichend, doch wer es gern noch spektakulärer hätte, muss den kurzen Fußmarsch zum Steaming Bluff zurücklegen. Vorhänge aus Wasserdampf bedecken die Felsen über einer postapokalyptischen Landschaft und man wird das Gefühl nicht los, dass sich hier etwas wahrhaft Großes ereignet hat.

Volcano Art Center GALERIE

(☎808-967-7565; www.volcanoartcenter.org; Crater Rim Dr; ⏲9–17 Uhr) Die stilvolle lokale Kunstgalerie beim Visitor Center rückt hochwertige Tonwaren, Gemälde, Holzarbeiten, Skulpturen, Schmuck, hawaiische Steppdecken und mehr in wechselnden Ausstellungen in den Fokus. Der gemeinnützige Laden im historischen Hotel Volcano House (1877) ist schon allein wegen des Bauwerks sehenswert. Es lohnt sich auch, nach anstehenden Kunst- und Kultur-Workshops zu fragen. Intensive Erlebnisse verspricht z. B. die wöchentliche Veranstaltung **Aloha Fridays** (Fr 11–13 Uhr).

Thurston Lava Tube HÖHLE

(Nahuku; abseits des Crater Rim Dr) An der Ostseite des Kilauea führt der Crater Rim Dr durch einen dichten Regenwald mit Baumfarnen und *ohia* zum überfüllten Parkplatz des beliebten Thurston Lava Tube. In einem *ohia*-Wald voller zwitschernder Vögel startet ein 500 m langer Rundweg, dann taucht er unter die Erdoberfläche ab – in eine kurze, aber gigantische Lavaröhre mit künstlicher Beleuchtung. Tourgruppen lieben diesen Ort, deshalb am besten früh herkommen, um dem größten Menschenandrang zu entgehen. Noch eindrücklicher wirkt die beleuchtete Röhre im Dunkeln.

Mauna Ulu WAHRZEICHEN

(abseits der Chain of Craters Rd) 1969 formten Eruptionen in der East Rift Zone einen neuen Lavaschild, den Mauna Ulu (Wachsender Berg). Als der Lavastrom 1974 versiegte, hatte er mehr als 4000 ha Parkfläche unter sich begraben und an der Küste über 80 ha neues Land geschaffen. Darüber hinaus war ein ca. 10 km langer Abschnitt der ursprünglichen Chain of Craters Road von einer bis zu 90 m tiefen Lavadecke überrollt worden. Heute befindet sich die beschilderte Abzweigung zum Mauna Ulu 3,5 Meilen (ca. 6 km) die Chain of Craters Road hinunter.

'Alae Lava Shield WAHRZEICHEN

Der einst prächtige 'Alae-Krater hatte einen fulminanten Abgang. Im Zuge der Mauna-Ulu-Eruption hatte sich gerade ein Lavasee in dem 439 m breiten und 165 m tiefen Krater gebildet, als sich auf dem Boden ein Riss auftat. In gerade mal 30 Minuten liefen ca. 10 Mio m^3 Lava (fast das Vierfache des Volumens der Großen Pyramide von Gizeh wieder in den Erdboden ab. Dieser „Sieg" war nur von kurzer Dauer, da der Mauna Ulu den Krater zuletzt wieder mit Lava füllte. Zurückblieb nichts als dieser kleine Schachtkrater; er entstand, als der Lavasee abkühlte und in sich zusammenstürzte.

1

ANDRE NANTEL/SHUTTERSTOCK ©

2

1. Thurston Lava Tube (S. 261)
Wie wär's mit einem Untergrund-Spaziergang durch diese gigantische, glühende Höhle?

2. Lavastrom beim Eintritt in den Ozean
Geschmolzene Lava, die sich ins Meer ergießt, ist ein spektakulärer Anblick.

3. Lavafeld
Langsam aber sicher erobern sich Pflanzen die kahlen Lavawüsten zurück.

4. Pu'u 'O'o (S. 264)
Die mächtigste und am längsten anhaltende Eruption des Kilauea.

4

3

Alte Pulu-Fabrik HISTORISCHE STÄTTE
Die alten Hawaiianer verwendeten zum Verbinden von Wunden und zum Einbalsamieren der Toten *pulu,* goldene, seidige Fasern des *hapu'u*-Baumfarns. In den 1860ern sammelten Unternehmer tonnenweise *pulu* als Füllmaterial für Kissen und Matratzen und eine Fabrik mit 50 bis 75 Angestellten wurde errichtet, die die Fasern „ernteten", verarbeiteten und exportierten. Dine Old Pulu Factory schloss 1880. Abgesehen von den Steinmauern dreier Gebäude, die Parkranger gelegentlich von der Dschungelvegetation befreien, ist heute nichts mehr von ihr übrig. Dem Naupu Crater Trail 6 Meilen (10 km) folgen.

Pu'u 'O'o VULKAN
Auf fast allen Vulkan-Selfies ist der Halema'uma'u zu sehen, die Schwerstarbeit auf dem Kilauea erledigt allerdings der Pu'u-'O'o-Schlot. Er ist verantwortlich für die dauerhafteste und umfangreichste Eruption des Vulkans: Jeden Tag treten hier 300 bis 600 Mio. l Lava aus. (Damit könnte man 120 bis 240 Schwimmbecken mit olympischen Abmessungen füllen.) Wanderungen zum Pu' u 'O'o sind verboten, auch wenn mancher Guide etwas anderes behauptet.

Lava Tree Molds GEBIET
(abseits der Mauna Loa Rd) Beim Anfang der Mauna Loa Rd zweigt eine Straße zu ein paar einsamen Lavabaumhüllen ab, tiefen brunnenartigen Schächten. Als Lava den Regenwald einschloss, erstarrte sie rund um die Baumstämme, statt sie zu verbrennen. Darauf zersetzten sich die Bäume und da, wo einst die Stämme standen, blieben Löcher zurück. In manchen wachsen neue Bäume nach, in den meisten sammelt sich derweil Müll.

Pu'u Pua'i Overlook AUSSICHTSPUNKT
Der Pu'u Pua'i (Sprudelnder Hügel) ist ein Konstrukt der Kilauea-Iki-Fontäne von 1959. Der Wind trug Asche und Schlacke nach Südwesten, wo sie sich am Kraterrand auftürmten und den Wald dahinter zerstörten. Einen besseren Blick auf das Ganze hat man auf dem **Kilauea Iki Trail** (www.nps.gov/havo/planyourvisit/brochures.htm), der ganz unten, auf dem Kraterboden, zu erkennen ist.

Kilauea Overlook AUSSICHTSPUNKT
(Crater Rim Dr) Der Panoramablick, der sich hier eröffnet, ist eine Pause wert. Besonders beeindruckend ist die 6 t schwere vulkanische Bombe, die regelrecht trotzig auf dem Kraterrand hockt und ihre Betrachter dazu herausfordert, sich von möglichen Eruptionen nicht einschüchtern zu lassen. Von den überdachten Picknicktischen aus sieht man leider nichts, doch immerhin ist man vor Wind und Regen geschützt.

End of the Road WAHRZEICHEN
(Chain of Craters Rd) Ziemlich treffender Name. Die Straße endet genau da, wo die Lava den Schlussstrich zieht – seit 1969 hat sie diesen Küstenabschnitt der Chain of Craters Road schon mehrfach verschlungen. Am Wendepunkt stehen eine kleine Rangerhütte und Plumpsklos. Geparkt werden kann nur auf

DAS ERDBEBEN VON 1868

„Die Erdkruste hob und senkte sich ... Die Flüsse führten Schlamm, die Erde war an Tausenden Stellen aufgerissen ... zahlreiche Menschen stürzten ob der Erschütterungen zu Boden." So etwa beschrieb T. M. Coan in *Scribner's Weekly* das seit Beginn der Aufzeichnungen größte Erdbeben in der Geschichte von Hawai'i Island.

Nach mehreren Tagen kontinuierlicher Erschütterungen und einer Eruption auf dem Mauna Loa rutschte die südöstliche Flanke der Insel am 2. April 1868 in Richtung Meer. Dies zog ein Erdbeben der Stärke 7,9 nach sich, das sämtliche Gebäude in Ka'u zerstörte und einen fast 6 m hohen Tsunami auslöste, der mehrere Küstendörfer fortspülte und mindestens 46 Menschen tötete. Eine Schlammlawine nahe Wood Valley (1,6 km breit und bis zu 30 m tief) wälzte sich 300 m hangab- und 5 km meerwärts. Sie begrub 30 Menschen, ihre Häuser und Unmengen von Vieh unter sich.

Die Nachbeben dauerten bis zum 7. April an, als sich ein 3 km langer Riss entlang der Southwest Rift Zone des Mauna Loa auftat und die Bahn für mehrere Spalteneruptionen freigab. Lava strömte den Hang hinab und erreichte den 16 km entfernten Ozean in weniger als drei Stunden.

ABSEITS DER ÜBLICHEN PFADE

LAVA AUS NÄCHSTER NÄHE

Wer Glück hat, kann flüssiges Gestein auf seiner 10 km langen Reise vo
Schlot ins Meer beobachten. Es ist eine schöpferische Reise mit biswei
rischer Kraft. Im besten Fall wird man Lavaströme, Lava-„Oberlichter“
Bäume zu sehen bekommen. Wenn die Ströme abflachen oder den Ku
entsteht manchmal eine Dunstfahne bzw. nach Einbruch der Dunkelheit ein unwi
liches rotes Glimmen.

Wo die Lava entlangfließt und ob man in die Nähe des Stroms gelangen kann, ist schwer vorherzusagen. Im Kilauea Visitor Center nachfragen, im Park anrufen oder auf der NPS-Website (www.nps.gov/havo) nach aktuellen Infos suchen, um Enttäuschungen vorzubeugen. Manchmal ist ein anstrengender Marsch (hin & zurück 16 km und mehr) vom Ende der Chain of Craters Road erforderlich.

Wenn die 1150 °C heiße Lava ins Meer fließt, verspricht das ein echtes Spektakel, das allerdings auch sehr gefährlich ist. Brühend heißes Wasser und giftiger Dampf schießen mitunter hundert Meter hoch in die Luft, während glühende Lavabrocken weit ins Inland katapultiert werden und instabile Lavabänke manchmal ohne Vorwarnung einbrechen. Beobachter wurden im letzten Jahrzehnt bereits verschiedentlich verletzt, einige tödlich. Deshalb sollte man einen großzügigen Sicherheitsabstand wahren und offizielle Warnungen beherzigen.

Vielleicht ist es einfacher, sich dem Strom von der anderen Seite zu nähern: Am Ende des Hwy 130 in Puna gibt es einen Aussichtsbereich (S. 242). Dort leihen Einheimische oft Räder (spart Zeit!) und es stehen viele Guides zur Verfügung.

Eine Taschenlampe und viel Wasser mitbringen und unbedingt bis nach Sonnenuntergang bleiben!

dem Randstreifen; abends, wenn die Lava-Fans anreisen, wird es voll. Deshalb: früh da sein, damit nicht zu der mehr als 4 Meilen (6,4 km) langen Wanderung zum Lavastrom noch eine weitere zum Auto hinzukommt.

Kealakomo AUSSICHTSPUNKT
(Chain of Craters Rd) Ungefähr auf halber Strecke der Chain of Craters Road befindet sich in einer Höhe von 600 m dieser Aussichtspunkt mit Picknicktischen und umwerfendem Blick. Die tintenschwarze Schlangenzunge, die die Küste kitzelt, geht auf den Ausbruch des Mauna Ulu 1969 zurück, der die ursprüngliche Chain of Craters Road auslöschte. Kurz dahinter liegt Apua Point, zugänglich über die **Puna Coast Trails**. Unterhalb des Kealakomo (Eingangspfad) windet sich die Straße in weiten Kehren hinab. Manche schneiden tief in die Lavaströme hinein.

Holei Sea Arch WAHRZEICHEN
Der Küstenabschnitt der Chain of Craters Road wird unablässig von der erbarmungslosen Brandung malträtiert. Daher rühren die zu wahren Lavasteinskulpturen erodierten *pali* (Klippen). Nahe dem End of the Road bildet dieser vergängliche hohe Steinbogen einen auffälligen Blickfang. Dieselben wogenden Wellen, die ihn geschaffen haben, werden ihn irgendwann in die Knie zwingen und in ein paar hundert Jahren verspeist haben. Man sollte sich beeilen.

Aktivitäten

Wandern

Detaillierte Infos zu Wanderungen im Hawai'i Volcanoes National Park, s. S. 250.

Backcountry Office WANDERN, RUCKSACKWANDERUNGEN
(☎ 808-985-6178; Crater Rim Dr, Visitor Emergency Operations Center (VEOC); ⏲ 8–16 Uhr) Für alle Wanderungen im Hawai'i Volcanoes National Park mit Übernachtung ist eine Genehmigung (10 $) erforderlich, die man bis zu einem Tag im Voraus persönlich in diesem Büro besorgen kann. Sie gilt für zwölf Personen und bis zu sieben Übernachtungen.

Andere Aktivitäten

Chain of Craters Road SPRITZTOUR
Die Chain of Craters Road windet sich auf 20 Meilen (32 km) mehr als 1000 Höhen-

A LEHUA

hi'a war ein Vogelfänger. Seine Aufgabe war, die bunten Federn zu sammeln, die die Umhänge der *ali'i* (Anführer) zierten. Als Pele, die Göttin des Feuers, 'Ohi'a über ihren Berg wandern sah, verliebte sich in ihn. Doch 'Ohi'a lehnte ihre Avancen ab, da er mit Lehua verlobt war. Pele wurde zornig, „betonierte" seine Füße in Lava ein und verwandelte ihn in einen Baum. Verzweifelt flehte Lehua die anderen Götter an, den Zauber aufzuheben, doch er war zu stark. Also verwandelten sie Lehua in eine Blume und pflanzten sie neben den Baum, damit sie wenigstens mit ihrem Geliebten zusammen sein konnte. Wenn man die Liebenden voneinander trennt, indem man eine Blume pflückt, weint der Himmel, heißt es, und Regen fällt.

Die allgegenwärtige *'ohi'a lehua (Metrosideros polymorpha)* mit den fransigen Blüten ist eine der ersten Pflanzen, die frische Lavafelder besiedelt. Die Wurzeln arbeiten sich auf der Suche nach Wasser zig Meter durch winzigste Poren und Ritzen vor. Vielleicht ist dies tatsächlich der ultimative Racheakt zweier Liebender an Pele und ihrem Werk. *Ohias* werden 200 bis 1500 Jahre alt, wachsen vom Meer bis zur Baumgrenze und sind, je nach Umgebung, strauch- und buschgroß oder hochgewachsene Riesen. Sie prägen die hawaiischen Wälder und sind ein Stück hawaiische Kultur. Doch jetzt sind sie in Gefahr.

2010 gingen die ersten Bäume ein. Grund ist ein invasiver Pilz, der die Wasser- und Nährstoffleitungen des Baumes kappt. Einmal befallen ist er gewöhnlich nach wenigen Wochen tot. Daher der Name ROD (Rapid Ohia Death, also „Schneller *ohia*-Tod"). Die Krankheit verbreitet sich rasant auf der Insel; Ende 2016 war bereits eine Fläche von fast 200 km² betroffen. Bislang gibt es kein Heilmittel.

Der Staat Hawaii hat die Insel unter Quarantäne gestellt. Es dürfen keine *leis* mehr aus *ohia*-Blüten hergestellt werden und mancherorts muss man seine Schuhe mit Alkohol einsprühen, um die Verbreitung des Pilzes zu unterbinden, aber ob das hilft …? Möglicherweise wird sich die Zusammensetzung der Wälder auf Hawaii dauerhaft verändern.

meter am Südhang des Kilauea hinab. An der East Rift Zone des Vulkans an der Puna Coast ist, urplötzlich, Schluss. Entlang der zweispurigen, asphaltierten Straße reihen sich einige beeindruckende Attraktionen. Eine malerische Route (S. 254).

USGS Hawaiian Volcano Observatory FREIWILLIGENARBEIT
(HVO; http://hvo.wr.usgs.gov/volunteer) Freiwillige (in Vollzeit) helfen bei der Überwachung der Vulkane auf Big Island. Der Mindestaufenthalt beträgt 3 Monate. Bewerbungen vorab.

Stewardship at the Summit FREIWILLIGENARBEIT
(www.nps.gov/havo/planyourvisit/summit_stewardship.htm; Kilauea Visitor Center; 9–12 Uhr) GRATIS Morgens rücken die Freiwilligen Neophyten wie dem Kahili-Ingwer *(Hedychium gardnerianum)* zu Leibe. Wanderungen gehören zu den wöchentlichen Projekten dazu, Reservierungen sind nicht nötig. Genaueres beim Kilauea Visitor Center (S. 257).

Geführte Touren

Friends of Hawai'i Volcanoes National Park TOUREN
(808-985-7373; www.fhvnp.org; Jahresmitgliedschaft Erw./Stud./Fam. 30/15/45 $) Bietet geführte **Sunday Walks in the Park** am Wochenende und organisiert Freiwilligenarbeit. Die **Puapo'o Lava Tube Tour** (Erw./Kind 30/25 $, 1. Mi & 3. Sa im Monat) ist so heiß begehrt, dass sie nach Terminbekanntgabe (sechs Wochen im Voraus) im Handumdrehen ausgebucht ist – entsprechend planen.

Wer mehr über die Geschichte des Regenwalds und der Lavaröhren erfahren möchte, ist gut beraten mit der sechsstündigen Tour **Wild Caves Exploration Institute** (Erw./Kind 7–12 J. mit Mittagessen 200/100 $, jeden 2. Mi & Sa).

Hawaiian Walkways WANDERN
(808-322-2255; www.gowaipio.com; Erw./Kind 190/99 $) Zwei Kult-Krater im Park auf einer 7-Meilen-Wanderung (11 km) in Beglei-

tung eines ausgebildeten Wanderführers besichtigen.

Volcano Bike Tours RADFAHREN
(☎808-934-9199; www.bikevolcano.com; Radtouren 110–134 $) Eine super Sache für Frischluftfanatiker sind die informativen geführten Radtouren (3–5 Std.) durch den Park. Die meiste Zeit geht's bergab (keine hohe sportliche Anforderung) entlang des Crater Rim Dr und der Chain of Craters Road. Entspanntes Fahrtempo, bei Regen und Sonnenschein.

Festivals & Events

★ Hawai'i Volcanoes National Park Cultural Festival KULTUR, KUNST
(www.nps.gov/havo/planyourvisit/events.htm;) GRATIS Das alljährlich irgendwann zwischen Mai und August stattfindende Kulturfestival feiert traditionelle hawaiische Künste, Musik, (Kunst-)Handwerk und Hula. Dazu gibt's Ausstellungen zum Anfassen und Vorführungen. Während der Veranstaltungen ist der Parkeintritt kostenlos.

★ After Dark in the Park VORTRAGSREIHE
(www.nps.gov/havo/planyourvisit/events_adip.htm; Kilauea Visitor Center; Spende von 2 $ erbeten; Di 19 Uhr) Eine preisgekrönte Vortragsreihe mit Experten aus Wissenschaft, Umweltschutz, Kunst und Geschichte, die die Geheimnisse des Parks entschlüsseln. Fesselnd!

Hula Arts at Kilauea KUNST, KULTUR
(www.volcanoartcenter.org;) An einem Samstagvormittag jeden Monat werden in der Nähe des Volcano Art Center (S. 261) mehrere kostenlose *kahiko*-Hula-Vorführungen unter freiem Himmel geboten.

Essen

★ The Rim Restaurant REGIONALTYPISCH $$$
(www.hawaiivolcanohouse.com/dining; Crater Rim Dr, Volcano House; Frühstücksbuffet Erw./Kind 20/10 $, Hauptgerichte mittags 14–20 $, abends 20–40 $; 7–10, 11–14 & 17.30–20.30 Uhr) Die moderne Küche ist überdurchschnittlich gut (lokale Zutaten), aber überteuert. Der eigentliche Grund für einen Besuch ist aber auch nicht das Essen, sondern das Ambiente. Vorher anrufen, um einen Tisch an den Panoramafenstern zu reservieren – bei Sonnenuntergang hat man einen bombastischen Blick auf den Vulkan. Das umfangreiche Frühstücksbuffet bringt einen locker über den Tag.

Ausgehen & Nachtleben

Uncle George's Lounge BAR
(Crater Rim Dr, Volcano House; Hauptgerichte 14–20 $; 11–21.30 Uhr) In der kleinen Bar bekommt man den ganzen Tag das The Rim-Mittagsmenü (und den tollen Ausblick). Unser Lieblingstipp zum Volcano House: Sind alle Tische besetzt, Essen und Getränke „to go" ordern und die Klubsessel zwischen den beiden Restaurants okkupieren. Das verspricht ein ruhigeres, entspannteres Ambiente.

Unterhaltung

Nā Leo Manu TRADITIONELLE MUSIK
(www.nps.gov/havo/planyourvisit/cultural-programs.htm; Kilauea Visitor Center; 3. Mi im Monat, 18 Uhr) GRATIS Einmal monatlich treten Talente aus ganz Hawaii auf und sorgen für Abende voller Musik, Gesang, Tanz und Erzählungen. Die genauen Daten und Zeiten stehen auf der Website.

Praktische Informationen

Der Park ist normalerweise rund um die Uhr geöffnet, es sei denn vulkanische Aktivitäten und austretende Gase machen eine vorübergehende Schließung notwendig. Online oder telefonisch erhält man Infos zu Lavaströmen, Campingplätzen sowie dem Zustand von Wanderwegen und Straßen.

Der Haupteingang zum Park liegt auf etwa 1200 m. Innerhalb seiner Grenzen variieren Höhe und Klima. Typisch für das launische Wetter sind kalter Regen, Wind, Nebel und vog (Vulkansmog). In einem Moment kann es heiß und trocken sein und im nächsten findet man sich in einem Wolkenbruch wieder. Nahe der Kilauea-Caldera sind die Temperaturen im Schnitt 9 °C kühler als in Kona. Regenjacke und -hose mitbringen.

SICHERHEIT

Bislang sind nur wenige Menschen bei besonders wuchtigen Eruptionen am Kilauea ums Leben gekommen, wer hier wandern oder spazieren gehen möchte, sollte dennoch gut vorbereitet sein. Dazu gehören: festes Schuhwerk (z. B. Wanderstiefel), lange Hosen, eine Kopfbedeckung, Sonnenmilch, Wasser (und Proviant) und eine Taschenlampe samt Ersatzbatterien. Weitere Informationen zum Thema Sicherheit liefert ein sehr guter Film im Besucherzentrum.

Lava

Selbst abgekühlte, harte Lava birgt noch Risiken. Unebene und spröde Oberflächen mit

DIE JÜNGSTEN AUSBRÜCHE DES KILAUEA

2008 wurde der Halema'uma'u, beheimatet in der größeren Kilauea-Caldera, erneut aktiv und verwandelte sich in einen Kessel brodelnder Lava. Nachts glühte der Feuersee tiefrot und lockte Besucher von nah und fern an. Der traditionelle hawaiische Glauben will, dass dies die Heimat der Göttin Pele ist – eine Frau, die nicht eben für ihr sanftes Temperament bekannt ist.

Obwohl die Schildvulkane auf Big Island nicht so „explosiv" sind wie andere Vulkane (meist bahnt sich die Lava einfach nur einen Weg zum Meer), schickt Pele hin und wieder mal spektakuläre Feuergeysire himmelwärts.

Doch Ka wahine 'ai honua („die Erde essende Frau", wie Pele auch genannt wird) hält keine Gratisvorstellungen ab: Seit 1983 hat diese Seite der Insel ihr Gesicht mehrfach verändert. 1988 blockierte Lava die Küstenstraße nach Puna und 1990 begrub sie das Dorf Kalapana unter sich. Dann krochen Lavaströme weiter gen Westen und umschlossen 1994 Kamoamoa Beach. Später verleibten sie sich eine weitere Meile Straße und einen Großteil von Wahaula Heiau ein. Bei dem Ausbruch 2008 floss Lava durch Kalapana und beim Ausbruch des Pu'u-'O'o-Schlots 2014 klopfte sie gewissermaßen in Pahoa an die Tür, dem bevölkerungsreichsten Teil von Puna. Es ist unmöglich vorherzusagen, wie (oder ob) die Lava fließen wird, wenn dieses Buch im Handel erscheint.

messerscharfen Kanten können über gut getarnten Hohlräumen und Lavaröhren plötzlich nachgeben und die Ränder von Kratern und Gräben sind sehr bröckelig. Manchmal verbergen sich unter Pflanzen tiefe Risse im Boden. Daher ist auf Wanderungen alles möglich, von Schürfwunden über tiefe Schnitte bis hin zu Brüchen. Deshalb ist es unabdingbar, auf den ausgezeichneten Wegen zu bleiben und Warnschilder ernst zu nehmen. Wer arglos ins Blaue hineinwandert, schädigt dabei vielleicht fragile Gebiete, kann sich (überflüssige) Verletzungen zuziehen und hinterlässt möglicherweise Spuren, die wiederum nachfolgende Wanderer veranlassen könnten, ebenfalls diesen (falschen) Weg einzuschlagen.

Vog & Schwefeldämpfe

Ein weiterer ernstzunehmender Aspekt ist die Luftverschmutzung. Der Halema'uma'u und der Pu'u 'O'o husten Tag für Tag Tausende Tonnen tödliches Schwefeldioxid ab. Wo die Lava aufs Meer trifft, entsteht eine Rauchfahne, in der sich Schwefel- und Salzsäure mit in der Luft enthaltenem Siliziumdioxid (oder Glaspartikeln) vermischt. Dies verbindet sich zu *vog*, der sich, je nach Windrichtung, über dem Park festsetzen kann. Wer Atem- oder Herzprobleme hat, aber auch schwangere Frauen und kleine Kinder sollten beim Besuch des Parks besonders vorsichtig sein.

Flüssigkeitsmangel

Weite Teile des Parks ähneln einer Wüste und Dehydrierung ist durchaus keine Seltenheit. Jeder Wanderer sollte 3 l Wasser mitnehmen und zusätzlich ein paar Liter als Reserve im Wagen haben.

Volcano

808 / 2231 EW.

Die Urgewalt der Vulkane auf Hawai'i zieht Exzentriker, Abenteurer und Alternative an. Dieses bunte Volk lebt zusammen mit ein paar Parkrangern, Umweltschützern und kreativen Köpfen gewissermaßen vor Peles Türschwelle, in der nebelumflorten Regenwaldsiedlung Volcano. Das Dorf liegt so versteckt zwischen grünen Baumfarnen und *ohia*-Bäumen, dass man es leicht verpasst, dabei ist diese Lage ideal für Erkundungen des Hawai'i Volcanoes National Park. Nicht vergessen, wo der Wagen steht – vielleicht hat die Vegetation ihn sich am nächsten Morgen schon einverleibt!

Sehenswertes

★ **Niaulani Campus** GALERIE

(Volcano Art Center; 808-967-8222; www.volcanoartcenter.org; 19–4074 Old Volcano Rd; Mo–Fr 9–17 Uhr) In dem Ableger des Volcano Art Center (S. 261) sind Ausstellungen zu sehen, für die der Platz in der Hauptgalerie nicht reicht, bzw. Exponate, die nicht ganz zu den thematischen Anforderungen passen, die im Hawai'i Volcanoes National Park zum Tragen kommen. Der Campus liegt am Rand eines alten *ohia*-Walds und die regelmäßig stattfindenden Kreativ-Workshops, Seminare zur indigenen Kultur, Yoga, Musik und darstellende Kunst verleihen dem Aufenthalt in dem sonst so verschlafenen Nest Tiefgang.

2400 Fahrenheit GALERIE
(☎808-985-8667; www.2400f.com; 11-3200 Old Volcano Rd; ⏱Do-Mo 10-16 Uhr) Michael und Misato Mortara formen aus heißem Glas Skulpturen und Gefäße, die so vielschichtig und wunderschön sind wie Big Island. Wer ihnen bei der Arbeit zusehen will, sollte am Morgen oder nach dem Mittagessen vorbeischauen. Den Hwy 11 an der Old Volcano Rd verlassen und der Straße 0,5 Meilen (800 m) bis zum Ende folgen.

Volcano Garden Arts GALERIE
(☎808-985-8979; www.volcanogardenarts.com; 19-3834 Old Volcano Rd; ⏱Di-So 10-16 Uhr) Will man sich mit Kunst eindecken, sollte man es in dieser Galerie mit Atelier in einem Farnwald tun. Die Wände und Tische sind über und über mit Gemälden, Handwerk und Schmuck bedeckt, gefertigt von Dutzenden Kunstschaffenden aus der Region. Ringsum erstreckt sich ein friedlicher Garten mit dem Café Ono (S. 270). Inspiriert und bereit, die eigene künstlerische Ader auszuleben? Das kleine **Cottage** (☎808-985-8979, 808-967-7261; www.volcanoartistcottage.com; 19-3834 Old Volcano Rd; Hütte inkl. Frühstück 129 $; 📶) hinten kann man mieten.

Aktivitäten

Hale Ho'ōla WELLNESS
(☎808-756-2421; www.halehoola.net; 11-3913 7th St; Behandlungen 35-160 $; ⏱n. V.) Das professionelle hawaiische Massagezentrum ist in einem Flügel eines Privathauses im Farnwald untergebracht. Es wartet mit vielen unterschiedlichen Behandlungen für Körper und Haut auf, der richtige Abschluss für lange Wandertage. Bei den Anwendungen werden einheimische Zutaten, traditionelle Methoden und holistische Spiritualität zu therapeutischen Zwecken eingesetzt. Authentische Massagen (z. B. *lomilomi*). Nur mit Termin.

Geführte Touren

★ **Kazumura Cave Tours** TOUR
(☎808-967-7208; www.kazumuracave.com; abseits des Volcano Hwy, hinter Meile 22; ab 30 $; ⏱Mo-Sa n. V.) Als Harry Schick erfuhr, dass genau unter seinem Grundstück die größte Lavaröhre der Welt verläuft, die **Kazumura Cave**, ackerte er unermüdlich, um ein Experte auf diesem Gebiet zu werden. Inzwischen, nach 20 Jahren Lavaröhrenführungen, kann er seinen Text auswendig herunterbeten, doch die vielen Infos und einzigartigen Sehenswürdigkeiten sind unverändert faszinierend. Den Höhepunkt der empfehlenswerten vierstündigen Tour (50 $) bildet die „Wow"-Formation.

Hawaii Photo Retreat WANDERN, FOTOGRAFIEREN
(☎808-985-7487; www.hawaiiphotoretreat.com; 1 bis 5 Tage 495 $/Tag; ⏱n. V.) Bei dem Versuch, die Schönheit von Big Island mit der Kamera einzufangen, kommen auch die versiertesten Hobbyfotografen zuweilen an ihre Grenzen. Ken und Mary Goodrich, wohnhaft in Volcano, sind echte Profis und helfen einem dabei, den richtigen Blickwinkel zu finden. Sie geben persönliche Instruktionen, im Feld wie in der digitalen Dunkelkammer. Transport und Proviant sind exklusive.

Niaulani Rain Forest Tour WANDERN
(☎808-967-8222; www.volcanoartcenter.org; 19-4074 Old Volcano Rd, Volcano Art Center; ⏱Mo 9.30 Uhr; 👪) GRATIS Die einfachen, einstündigen Naturwanderungen führen durch den Regenwald von Volcano. Guides heben dabei die ökologische Bedeutung von alten *koa*- und *ohia*-Wäldern hervor, sie erklären sowohl die traditionelle Verwendung von Pflanzen als auch die Schlüsselfunktion von Vögeln. Die Wanderung ist kostenlos, Spenden werden jedoch gern entgegengenommen. Wer Lust hat, kann sich als freiwilliger Helfer bei der Wiederherstellung des Waldes engagieren (telefonisch anfragen).

Festivals & Events

Volcano Village Artists Hui KUNST
(www.volcanovillageartistshui.com; ⏱Ende Nov.) GRATIS An einem langen Wochenende Ende November besteht die Möglichkeit, Ateliers zu besichtigen, in denen Töpferwaren und Porzellan, Textilien, Holzskulpturen oder -schnitte, Glaswaren und Fotokunst entstehen. Das ist die beste Zeit, um Volcano zu besuchen.

Essen

★ Volcano Farmers Market MARKT $

(www.thecoopercenter.org; 19–4030 Wright Rd, Cooper Community Center; ⌚ So 6–10 Uhr;) Auf dem Wochenmarkt trifft sich das ganze Dorf, um Erzeugnisse frisch von der Farm, Blumen, lokales Kunsthandwerk und mehr zu kaufen.

Eagle's Lighthouse Café SANDWICHES $

(☎808-985-8587; www.eagleslighthouse.com; 19–4005 Haunani Rd; Hauptgerichte 5–11 $; ⌚ Mo–Sa 7–17 Uhr;) Aus einer kleinen Küche kommen frische, herzhafte Sandwiches, Salate und Mitnehm-Wraps, vorn stehen ein paar Picknicktische, die ohne Unterlass von moderner christlicher Musik beschallt werden. Die Breakfast Bowl ist eine sättigende Frühstücksoption (prima vor einer Wanderung), mit dem Croissant-Sandwich allein wird man aber wohl nicht bis zum Mittagessen durchhalten. Die warmen Mittagsgerichte (tägl.) sind mal so, mal so.

Tuk Tuk Thai Truck THAILÄNDISCH $

(☎808-747-3041; www.tuk-tukthaifood.com; 19–4030 Wright Rd, Cooper Community Center; Hauptgerichte 10–13 $; ⌚ Di–Sa 11–18 Uhr;) Pad-Thai-Berge und eine wahre Curry-Flut locken die Einheimischen in Scharen zum Mittagessen. Die Sitzplätze sind auf einen nahen Picknicktisch beschränkt, deshalb alles mitnehmen und an einem der schönen Aussichtspunkte im Park verspeisen – falls man es schafft, so lange die Finger vom Essen zu lassen.

★ Thai Thai Restaurant THAILÄNDISCH $$

(☎808-967-7969; 19–4084 Old Volcano Rd; Hauptgerichte 15–26 $; ⌚ 11.30–21 Uhr;) Authentischer Geschmack, vernünftige Portionen, aber etwas zu teuer (und eine Portion zu teilen, kostet satte 6 $ extra). Die Köche haben verstanden, dass gute Thai-Küche nicht unbedingt so scharf sein muss, dass der Gaumen in Flammen aufgeht – es sei denn, man ordert es explizit so. Wir mochten besonders gerne das erdnussige Special Curry und die Tom-Yum-Suppe. Es kann voll werden (Abendessen besser reservieren).

Café Ono CAFE $$

(☎808-985-8979; www.cafeono.net; 19–3834 Old Volcano Rd, Volcano Garden Arts; Hauptgerichte 14–16 $; ⌚ Di–So 11–15 Uhr;) Das Mittagessen besteht aus vegetarischen und veganen Bio-Leibspeisen wie Salaten, Sandwiches und Pasta und wird in dem Sonnenzimmer hinter der Kunstgalerie (S. 261) oder in dem Garten (samt eigenartig zerzaustem Fischteich) serviert. Nicht alle warmen Speisen sind frisch zubereitet, sie sind aber „wie bei Muttern" – dem tut selbst die Mikrowelle keinen Abbruch. Zwischen 10 und 16 Uhr gibt's Kaffee und Kuchen.

Lava Rock Café DINER $$

(☎808-967-8526; 19–3972 Old Volcano Rd; Hauptgerichte morgens & mittags 7–11 $, Abendessen 12–24 $; ⌚ Di–Sa 7.30–21 Uhr, So bis 16 Uhr, Mo bis 17 Uhr;) Hier ist meistens der Teufel los. Die Speisekarte voller Kalorien, die hartnäckig auf den Hüften sitzen bleiben wollen (Burger, Meeresfrüchte, Pasta), ist zu vernachlässigen, doch das Gasthaus bietet kaltes Bier vom Fass, eine entspannte Atmosphäre und authentische Persönlichkeiten. Ein netter Ort für einen gemütlichen Abend.

★ 'Ōhelo Café MODERNE AMERIKANISCHE KÜCHE $$$

(☎808-339-7865; www.ohelocafe.com; 19–4005 Haunani Rd, Ecke Old Volcano Rd; Pizza 12–15 $, Hauptgerichte 21–40 $; ⌚ 11.30–14.30 & 17.30–21.30 Uhr, 1. Di im Monat geschl.) Endlich haben Gourmets einen Grund, in Volcano zu verweilen. Die kleinen, meisterlich zubereiteten Portionen vereinen lokaltypische Aromen mit internationalem Kniff. Ein Muss: die Vorspeise mit Blumenkohl. Und als Mittagessen empfehlen wir die Pizza Margherita. Für abends besser reservieren; ein Platz am „Chef's Table" lohnt sich, dort hat man alles im Blick.

Kilauea Lodge Restaurant INTERNATIONAL $$$

(☎808-967-7366; www.kilauealodge.com; 19–3948 Old Volcano Rd; Hauptgerichte morgens & mittags 10–14 $, Abendessen 25–40 $; ⌚ 7.30–14 & 17–21.30 Uhr;) In Volcanos feinem Restaurant ist der Tisch reich gedeckt mit einer bunten Mischung aus frischen Meeresfrüchten von hier, Steaks, Pasta und europäischen Klassikern wie Ente à l'orange. Die Holzböden, der riesige Steinkamin und ein phantastischer Service qualifizieren das Lodge Restaurant als Anlaufstelle für ein Date, die Qualität des Essens wird den Ansprüchen allerdings nicht immer gerecht. Das Frühstück ist solide.

ℹ Praktische Informationen

Volcano Visitor Center (19–4084 Old Volcano Rd; ⏲ gewöhnlich 7–19 Uhr) In dem Infokiosk ohne Personal können sich Touristen mit unzähligen Broschüren eindecken. Nebenan finden sie eine Münzwaschmaschine, einen Geldautomaten und ein Geschäft, in dem u. a. Campingausrüstung verkauft wird.

ℹ An- & Weiterreise

Die Hauptstraße mit den meisten Geschäften ist die Old Volcano Rd. Sie verläuft zwischen Meile 26 und 27,5 parallel zum Hwy 11, auf der landeinwärts gelegenen Seite.

Fünfmal am Tag (nicht am Sonntag) bietet Hele-On Bus (www.heleonbus.org) Verbindungen zwischen Hilo und Volcano. Ein Bus fährt weiter nach Ka'u.

Ka'u

808 / 8540 EW.

Inhalt ➜

Gut essen

➜ Mehe's Ka'u Bar & Grill (S. 284)

➜ Hana Hou Restaurant (S. 281)

➜ DJ's Pizza and Bakeshop (S. 284)

➜ Punalu'u Bake Shop (S. 281)

Schön spazieren

➜ Auf schwarzem Sand im Punalu'u Beach Park (S. 279)

➜ Entlang der umtosten Küste von Ka Lae (S. 281)

➜ Durch die abwechslungsreiche Landschaft der Kahuku Unit (S. 274)

Auf nach Ka'u

Ein Großteil von Ka'u, dem südlichsten Bezirk Hawai'is, scheint mitten aus dem 20. Jh. zu stammen. Große Ranches und Macadamianuss-Plantagen grenzen an bewaldetes Hochland, in dem es von Wild, Ziegen und Mufflons wimmelt. In der Ebene säumen alte Plantagenstädte karge, windgepeitschte Ufer, die vom tiefblauen Pazifik umspült werden. Hier gibt es das längste Stück unbewohnter Küste auf der Insel.

Um ehrlich zu sein: Dies ist nicht die Gegend, in die man wegen des unfassbar herzlichen Empfangs reist – Aloha hier, Aloha da –, zumindest nicht jener Art offener Herzlichkeit, die für die touristischeren Gegenden typisch ist. Hier verteidigen die Einheimischen ihre urtümlich-ländliche Kultur mit aller Macht. Sie stellen sich gegen Resorts, setzen sich für Schutzgebiete ein, pflegen einen möglichst autarken Lebensstil und sprechen ihre eigene Sprache.

Mit der richtigen Einstellung und einem Sinn fürs Abenteuer kann der Aufenthalt in Ka'u aber auch das Salz in der hawaiischen Urlaubssuppe sein.

Reisezeit

April–Juni In den trockenen Gebieten von Ka'u fallen sowieso weniger als 80 cm Regen im Jahr. Dennoch stehen insgesamt zu dieser Zeit die Chancen auf klaren Himmel am besten.

Mai Das Ka'u Coffee Festival in Pahala bringt Mitte des Monats Schwung in die Bude.

Juli 'Ohi'a-Bäume können das ganze Jahre blühen, am größten ist die Pracht jedoch zwischen Spätfrühling und Frühsommer, eine tolle Zeit, um die Kahuku Unit zu besuchen.

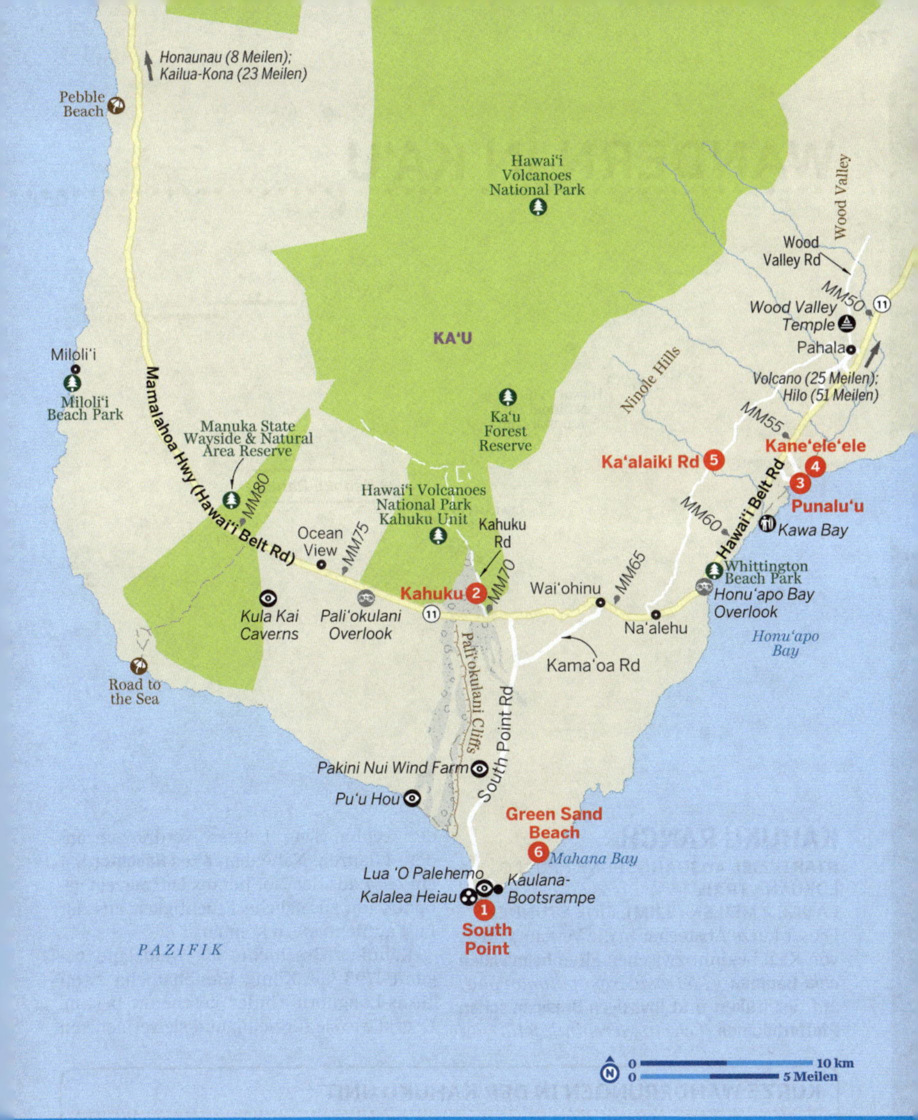

Ka'u Highlights

1 South Point (S. 281) Am Ende der Welt ins kristallklare, fischreiche Wasser springen.

2 Kahuku (S. 284) Bei Wanderungen mit Rangern mehr über Ka'us kulturelles Erbe und die erstaunliche Biodiversität erfahren.

3 Punalu'u (S. 278) In gebührendem Abstand zu brütenden Meeresschildkröten die Zehen in tintenschwarzen Sand graben.

4 Kane'ele'ele (S. 279) Auf den Spuren der alten Hawaiianer dem „Trail by the Sea" zu betagten *heiau* mit kontroverser Historie folgen.

5 Ka'alaiki Road (S. 280) Der idyllischen Nebenstraße folgen und einen Gang runterschalten.

6 Green Sand Beach (S. 282) In einem rostigen, alten Pick-up über das verwaiste Grasland zuckeln und dabei gesandstrahlt werden.

WANDERN IN KA'U

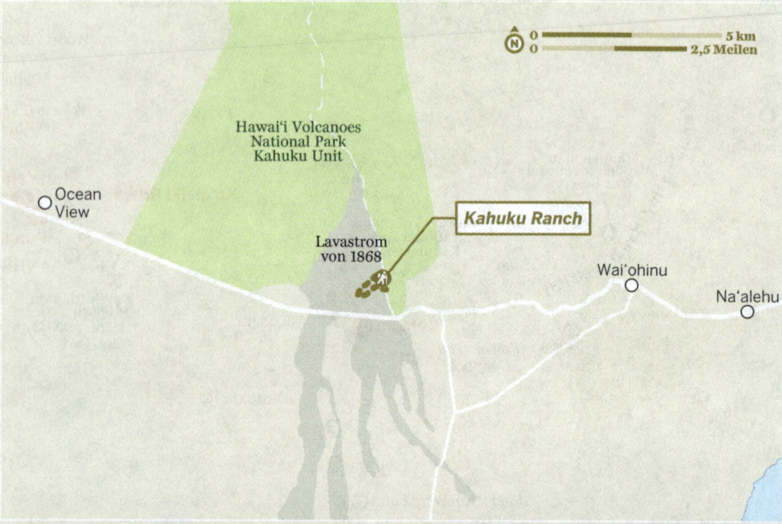

KAHUKU RANCH

START/ZIEL AUSGANGSPUNKT PU'U O LOKUANA TRAIL

LÄNGE 2 MEILEN (3 KM), EINE STUNDE

Dieser kurze Abstecher in die Vergangenheit von Ka'u beginnt zwischen alten **heimischen *ohia*-Bäumen** *(Metrosideros polymorpha)* auf der linken und **invasiven Brasilianischen Pfefferbäumen** *(Schinus terebinthifolia)* auf der rechten Seite. Letztere verdrängen andere Pflanzen. Nahe dem **alten Ranchtor** hat ein *ohia* aus der Not heraus **Luftwurzeln** gebildet, um zusätzliche Feuchtigkeit aus der Luft aufnehmen zu können.

Kahukus Geschichte als Weideland begann 1793, als König Kamehameha zwölf Texas-Longhorn-Rinder geschenkt bekam. Er erklärte sie für heilig und sie vermehrten

KURZE WANDERUNGEN IN DER KAHUKU UNIT

Glover Trail Das Highlight des 3 Meilen (4,8 km) langen Glover-Trail-Rundwegs ist, am Rand eines riesigen Schachtkraters zu stehen, einer tiefen Mulde voller Bäume, die glatt der Eingang zur Unterwelt sein könnte. Der untere Zugangspunkt liegt ca. 3 Meilen (4,8 km) hinter dem Start des Upper Palm Trail (lieber einen Jeep nehmen). Nach 2,2 Meilen (3,5 km) führt der Weg zur Straße zurück, von dort sind es 0,8 Meilen (1,3 km) zum Wagen.

Palm Trail Der 1,8 Meilen (2,9 km) lange Spaziergang (plus 0,8 Meilen (1,3 km) Rückweg entlang der Straße) führt über einsames Weideland mit Blick über Hügel und eine Hochgrasprärie. Highlights sind die Infrastruktur aus der Ranch-Ära, ursprünglicher Baumbestand und die Handschrift vulkanischer Aktivität entlang einer Fissur, die beim Ausbruch des Mauna Loa 1868 entstand. Dies ist der einzige auch für Mountainbiker zugängliche Weg im Park. Am besten gegen den Uhrzeigersinn abfahren, um das Maximum aus der wenig anspruchsvollen Abfahrt herauszuholen.

Wildnis ist auf Big Island keine Mangelware, doch die einsame Küste und das windgepeitschte Hinterland von Ka'u machen einen ganz besonders ungezähmten Eindruck.

JOHN DE MELLO/ALAMY ©

Ohia-Bäume, Kahuku Ranch

sich rasch, grasten sich quer durchs Land und verschlangen dabei alles, was ihnen in den Weg kam. Später führten Grundbesitzer Zuchtversuche mit anderen Tieren (Ziegen und Mufflons) durch, die den Pfad der Verwüstung fortsetzten.

Die Hauptstraße überqueren und der Ranch-Straße über den **Lavastrom von 1868** folgen, der die Weide weiter vorn verschonte und so eine *kipuka* schuf (Oase; ein altes Stück Land inmitten neuer Lava). Satellitenbilder offenbaren ein ausladendes **Netzwerk aus Ackerfurchen**; inzwischen liegt es versteckt unter (invasivem) Weidegras, doch einst bauten die alten Hawaiianer hier *'uala* (Süßkartoffeln) und *kalo* (Taro) an.

Nach Verlassen der *kipuka* begibt man sich in Kapitän Robert Browns Albtraum. Er hatte keine drei Jahre zuvor den Farmbetrieb aufgenommen, als 1868 eine Reihe von Erdbeben die umliegenden Gemeinden zerstörte. Er beschloss zu bleiben, doch in der Nacht des 7. April „regnete" Lava aus einer **Erdspalte** auf sein Haus. Brown und seine Familie flohen und mussten zusehen, wie ihr Zuhause samt 300 Stück Vieh verbrannten.

Dem Lavastrom hinauf folgen und an der **historischen Landebahn** vorbeilaufen. Dann die Hauptstraße erneut überqueren, zum Schlackenkegel **Pu'u o Lokuana** (S. 285). Auf dem Gipfel stehend kann man sich vielleicht vorstellen, wie die Hügel ringsum einst von Wald bedeckt aussahen – bevor die Menschen die *koa*-Bäume fällten, um Kanus zu bauen, Sandelholz für den Markt ernteten und der Rest schließlich weichen musste, um Weideland zu schaffen.

Die Kehren an der Südseite des Kegels bringen einen zurück zum Ausgangspunkt des Pu'u o Lokuana Trail. Alternativ läuft man durchs weiche Gras bergab.

AUTOTOUR: SOUTH POINT ROAD

Diese Tour lohnt sich schon wegen der steifen Meeresbrise und der Ausblicke von der Steilküste (und – für Fans von erneuerbaren Energien – der Windräder). Überdies kann man mit ihr angeben: Weiter südlich geht's nicht in den USA.

1 Pali'okulani Overlook

Ausgangspunkt für diese Spritztour ist der **Aussichtspunkt** (S. 283) am Hwy 11, 8 km westlich der South Point Rd. Der Blick auf den Steilhang, der die südlichste Spitze von Big Island bildet und vom Highway zum Ozean verläuft, ist faszinierend. Er hat eine durchschnittliche Höhe von 120 m.

Pali'okulani (*pali* bedeutet „Klippe") entstand, als das Land westlich des Kahuku-Bruchs ins Meer abrutschte oder aber an Ort und Stelle absackte (die Wissenschaftler sind sich uneins). Auch wer aus Hilo anreist, sollte den kleinen Umweg erwägen.

Die Route > Den Meilenzähler auf Null stellen, wo die South Point Rd vom Hwy 11 abgeht. In

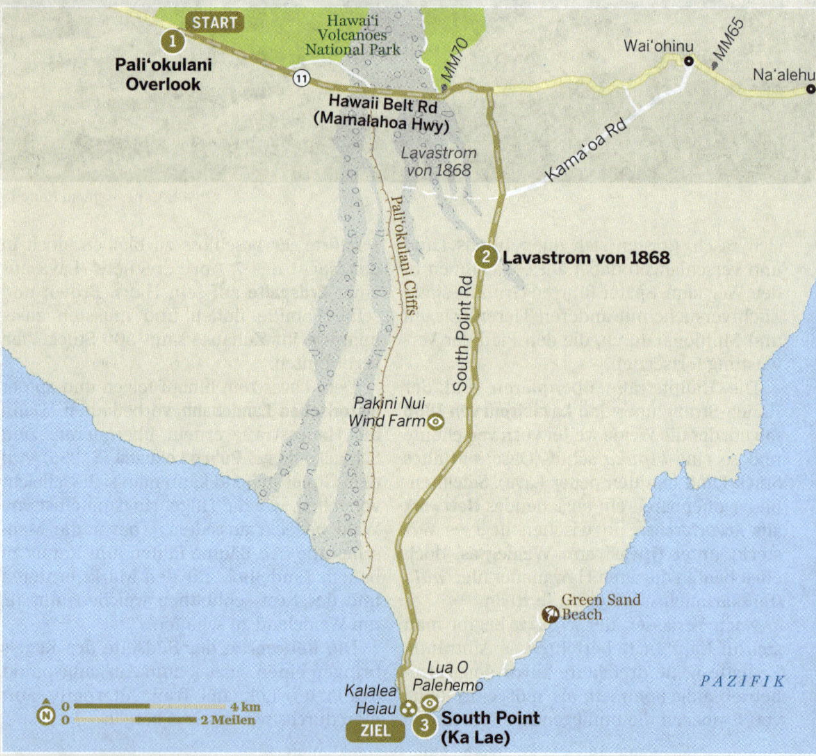

Start Pali'okulani Overlook, Hwy 11, Meile 69,5

Ziel Parkplatz Bootshebeanlage

Länge 12 Meilen (19 km); mind. eine Stunde

GILLES GAONACH/SHUTTERSTOCK ©

Ka Lae (S. 281)

dieser zum Teil bewaldeten Gegend hat die Landwirtschaft eine lange Tradition. Bei Meile 3 wird das Gelände offener.

2 Der Lavastrom von 1868

An diesem Lavastrom rückt die Satellitenstation der Swedish Space Corporation ins Blickfeld, aber auch hektarweise Grasland unterhalb, größtenteils Flächen, die die hawaiische Regierung einheimischen Familien versprochen hat. Doch jahrzehntelange Verwaltungs- und Finanzierungsschwierigkeiten verzögern den infrastrukturellen Ausbau. Hier ist so gut wie nichts.

Bei Meile 4,8 liegen die rostigen Skelette von 37 Windrädern des gescheiterten Kamaoa-Windparkprojekts neben ihren Sockeln – während sich am Horizont die nur 14 Räder des Pakini-Nui-Windparks drehen, die 2,3-mal so viel Energie produzieren wie einst Kamaoa.

Die Route > Weiterfahren zu der Gabelung bei Meile 10. Die Straße links führt zum Parkplatz am Green Sand Beach, die rechte zum südlichsten Ort der USA, Ka Lae.

3 South Point (Ka Lae)

Ka Lae (S. 281) ist der südlichste Punkt der USA. Rechts halten und oberhalb der **Bootshebeanlage** parken. Dann zum **Kalalea Heiau** (S. 282) und **Lua 'O Palehemo** spazieren, bevor das obligatorische Selfie am untersten Ende der USA ansteht.

An- & Weiterreise

Hele-On Bus (808-961-8744; www.heleonbus.org; Erw. einfache Fahrt 2 $, 10er-Karte 15 $, Monatskarte 60 $) bedient die komplette Insel, in dieser Gegend sind die Verbindungen aber selten und für Besucher eher unpraktisch.

Auch ohne Allradantrieb kommt man so ziemlich überallhin, mit einem Jeep bestehen aber noch mehr Möglichkeiten für Entdeckungstouren.

Pahala

808 / 1356 EW.

Die friedlichen Straßen von Pahala werden in erster Linie von nicht restaurierten Plantagenhäusern aus dem frühen 20. Jh. gesäumt, in denen teilweise noch die ehemaligen Plantagenarbeiter wohnen. Als der Zuckerboom auf Hawaii abebbte, fuhren die Landbesitzer ringsum unverändert Rekordernten ein. Das konnte den Niedergang der Zuckerindustrie aber nicht aufhalten. Mitte der 90er mussten sich die Arbeiter zwischen Gehaltskürzungen und der Schließung der Fabrik entscheiden. Sie votierten für Letzteres. Viele von ihnen gingen fort, andere blieben und eine Handvoll verdient sich den Lebensunterhalt heute mit dem Kaffee- bzw. Macadamianussanbau.

Pahala döst ein Stück landeinwärts vom Hwy 11 (südlich von Meile 51) vor sich hin. Das ruhige Zentrum mit Tankstelle, Bank und Post, aber ohne Restaurants findet man an der Ecke Kamani St/Pikake St.

Sehenswertes

★ Ka'u Coffee Mill FARM
(808-928-0550; www.kaucoffeemill.com; 96-2694 Wood Valley Rd; 8.30–16.30 Uhr) Auf der einfachen, mit Wasserkraft betriebenen Kaffeefarm werden preisgekrönte Bohnen gewonnen, die manche Kenner mit dem hochwertigen Kona-Kaffee gleichstellen. Im Laden, umgeben von grünen Hügeln, können verschiedene Sorten gekostet werden. Die kostenlosen, informativen Führungen um 10, 12 und 14 Uhr beleuchten den Weg der Bohne vom Feld bis in die Tasse.

Vom Hwy 11 geht's auf der Kamani St landeinwärts, rechts in die Pikake St und dann 3 km über die Wood Valley Rd.

Wood Valley Temple TEMPEL
(Nechung Dorje Drayang Ling; 808-928-8539; www.nechung.org; Wood Valley Rd; erwartete Spende 5 $; gewöhnlich 10–17 Uhr) Der Tempel fängt den Wind und das Vogelgezwitscher im Tal ein; sein offizieller Name bedeutet so viel wie „unabänderliche Insel melodiösen Klanges". Seine kräftigen Farben heben sich von dem grünen, 10 ha großen, bewaldeten Einkehrzentrum des tibetisch-buddhistischen Tempels gleich außerhalb von Pahala ab. Er ist nicht zu verfehlen. Besucher dürfen beim täglichen Singen und Meditieren mitmachen (Mo–Sa 9 & 18, So 10 Uhr), können aber auch einfach den Tempel und den Andenkenladen besuchen. Es gibt eine **Pension** (808-928-8539; www.nechung.org; Wood Valley Rd; EZ 65–85 $, DZ 95 $;) vor Ort.

Der Tempel begann sein Dasein 1902 als Nichiren Mission, wurde 1925 umgebaut und aufgegeben, als die Zuckerfabrik schloss. Die Wiedereröffnung erfolgte in den 70ern; 1994 war der Dalai Lama zu Besuch.

Vom Hwy 11 auf die Kamani St abbiegen, dann rechts in die Pikake St, die in die Wood Valley Rd übergeht; das spirituelle Zentrum liegt 8 km landeinwärts.

Festivals & Events

Ka'u Coffee Festival KULTURELL
(www.kaucoffeefestival.com) Mitte Mai erwacht Pahala dank einer starken Mischung aus Musik, Kaffee, Hula, Kaffeefarmen- und Fabrikführungen aus dem Dornröschenschlaf. Dazu gibt's Essen (direkt vom Erzeuger auf die Gabel), noch mehr Kaffee und sogar Sternegucken!

Praktische Informationen

Ka'u Hospital (808-932-4200; www.kauhospital.org; 1 Kamani St; Notaufnahme 24 Std.) Die ländliche Klinik hat die einzige ständig besetzte Notfallambulanz zwischen Kona und Hilo.

An- & Weiterreise

Hele-On Bus (www.heleonbus.org) bietet täglich drei Verbindungen (sonntags eine) nach Kona und täglich eine (sonntags keine) nach Volcano und Hilo. Wer mit dem Rad unterwegs ist und genug Wums in den Waden hat, findet entlang der Wood Valley Rd eine schöne Strecke.

Punalu'u

Punalu'u war einmal eine bedeutende Siedlung, heute sind von ihr nur noch Tempelruinen an einem unbewohnten schwarzen Sandstrand übrig. Die Gegend ist für ihre

Meeresschildkrötenpopulation bekannt. Die Tiere kommen anscheinend gut mit den Touristenmassen klar. Wichtig: Immer ausreichend Abstand halten (im Wasser ca. 50 m, an Land 6 m).

In jüngerer Zeit wurde die Bucht durch einen Golfplatz mitsamt kleinem Eigentumswohnungskomplex bedrängt, dessen Form an einen Angelhaken erinnert; „Sea Mountain" baumelte Investoren wie ein saftiger Köder vor der Nase, doch die Anwohner leisteten Widerstand und vereitelten die Expansion des Anwesens. Ihre schlagenden Argumente: die Bedrohung kultureller und natürlicher Ressourcen.

Sehenswertes

★ Punalu'u Beach Park STRAND

(Black Sand Beach) Dieser vom Winde verwehte Strand ist nicht nur für „sonnenbadende" Grüne Meeresschildkröten (fast immer zugegen) und seltene Echte Karettschildkröten bekannt, die hier ihre Eier ablegen (darauf achten, wohin man tritt!), sondern auch für den schwarzen Sand, der das Sonnenlicht absorbiert und reflektiert. Es handelt sich um pulverisierten Basalt, ein Produkt der Eruptionen des Mauna Loa. Insgesamt ergibt sich daraus ein faszinierendes Bild, eingerahmt von stattlichen Palmen. Aufgrund der rauen, kalten See und des gefährlichen Sogs ist Schwimmen oft gefährlich, doch ein Lebensretter hält Wacht. Und wenn das Meer ruhig ist, kann man hier wunderbar schnorcheln.

★ Kane'ele'ele Heiau TEMPEL

(Punalu'u Nui) Der 800 Jahre alte Kane'ele'ele Heiau, auch Punalu'u Nui genannt, war der *luakani*, der Ort, an dem Menschenopfer dargebracht wurden. Wahrscheinlich diente der große, flache Stein unterhalb der südwestlichen Ecke der Tempelmauern diesem Zweck. Die Knochengrube, die während des Baus der nahen Zuckerlagerhallen entdeckt wurde, untermauert diese These. Den *heiau* erreicht man über einen kurzen, steilen Weg Kahiolo Point hinauf oberhalb der Hallenfundamente.

Wer noch weiter wandern will, hält Ausschau nach einem Pfad, der vom *heiau* nach Osten führt. Er ist mit glatten, grauen Steinen gepflastert und erleichtert den Weg über die raue *'a'a*-Lava. Dieser Abschnitt des 280 km langen Ala Kahakai National Historic Trail (S. 283; „Trail by the Sea", also Pfad am Meer) ist gut erhalten und eignet sich prima für eine Tageswanderung zum Kamehame Beach (ca. 5 km), einer geschützten Schildkrötenbrutstätte weiter östlich, oder nach Südwesten zur Kawa Bay (knapp über 4 km).

Kawa Bay STRAND

(⏲6–18 Uhr) In der Vergangenheit provozierte die Kawa Bay Streit über Küstenzugang und Landnutzung, heute ist sie einfach eine ruhige Kieselbucht zwischen einem Flüsschen und einem *heiau* auf der einen und **Ka'alaiki**, dem inselweit zweitgrößten Süßwasserquellensystem und „Fischteich"-Ästuar, auf der anderen Seite. Ein toller Ort für ein Picknick. Manche Surfer wagen sich auch ins Wasser, aber die Strömung ist stark und zuweilen werden Haie gesichtet. An dem gelben Tor bei Meile 58,5 am Hwy 11 parken und den 800 m langen Weg zur Bucht runterlaufen.

Henry Opukahaia Chapel KIRCHE

(⏲Sonntagsmesse) Die kleine Kapelle aus Stein samt Friedhof oberhalb der Bucht ist Henry Opukaha'ia aus Punalu'u gewidmet. Mehrere Jahre, nachdem er zusehen musste, wie seine Eltern in einem Krieg rivalisierender *ali'i* (Anführer) ums Leben kamen, reiste er mit dem Schiff nach Boston. Er konvertierte zum Christentum und wollte seinen neuen Glauben in seiner Heimat verbreiten, starb jedoch mit 26 Jahren an Typhus und kehrte nie nach Hawaii zurück. Seine Geschichte löste die erste Missionarswelle auf den Inseln aus.

Aktivitäten

Kawa Bay SURFEN

(Windmills; Kawa Bay) Surfwellen sind spärlich gesät in Ka'u, deshalb ist die Kawa Bay (manchmal auch „Windmills" – Windmühlen – genannt) *die* Topadresse für hiesige Wellenreiter. Mit einem Einheimischen mitgehen! Oder Nu'uanupa'ahu anrufen, den Ka'u-Häuptling, der seinen legendären Surffähigkeiten hier den Feinschliff verpasste – er war so gut, dass er Haiattacken überlebte und sich sogar den Respekt seines Rivalen, Kalaniopu'u, verdiente.

An- & Weiterreise

Ein Hele-On-Bus (www.heleonbus.org) aus Hilo hält am Strand, die drei Busse aus Kona (tägl.) halten auf dem Hwy 11, von wo aus es noch eine Meile zu Fuß ist.

Na'alehu

808 / 866 EW.

Das winzige Na'alehu ist die südlichste Stadt der USA, ein Titel, aus dem der Ort herausholt, was möglich ist. Der Name bedeutet „vulkanische Asche", dabei ist Na'alehu sehr grün. Zwischen ausladenden Bäumen stehen pastellfarbene Plantagenhäuser, die wie aus der Zeit gefallen wirken. Dazu passt das bildhübsche, aber leider geschlossene **Na'alehu Theatre**, ein Kino aus den 40ern an der Hauptstraße. Na'alehu ist das kommerzielle Herz in Ka'us Zentrum. Es gibt einen kleinen Supermarkt, eine Bücherei, einen Waschsalon, einen Baumarkt, einen Spielplatz, eine Post, eine Tankstelle und einen Geldautomaten.

Wai'ohinu („Sprudelndes Wasser"; 230 Ew.) direkt westlich erstreckt sich an einem Hang zwischen Meile 65 und 66 am Hwy 11. 1900 war der Ort kurze Zeit Regierungssitz von Hawai'i Island, heutzutage ist er in erster Linie für den Mark Twain Monkeypod Tree bekannt – und für den ruhigen Lebensstil, der seinen ruhigen Einwohnern so sehr am Herzen liegt.

Sehenswertes

Mark Twain Monkeypod Tree HISTORISCHE STÄTTE

1866 schrieb Mark Twain in einem seiner zahlreichen langen Briefe nach Hause, dass in Wai'ohinu „Bäume und Blumen verschwenderisch gedeihen, und drei dieser Bäume, zwei Mangobäume und ein Orangenbaum, werde ich in Erinnerung behalten als die grünsten, frischesten und schönsten, die ich je gesehen habe." Der Regenbaum, den Twain angeblich gepflanzt hat, hat es merkwürdigerweise nicht in seinen Reisebericht geschafft. Nichtsdestotrotz heißt es, dass eben dieser Baum an dieser Stelle auf Twains Konto geht. Ein Schild markiert den Ort auf der *mauka-* (landeinwärts gelegenen) Seite des Hwy 11 nahe dem Wai'ohinu-Stadtpark.

Der Originalbaum wurde 1956 von einem Hurrikan umgepustet, der stattliche Kaventsmann, der heute über den Highway ragt, entwickelte sich aus den alten Wurzeln.

Honu'apo Bay Overlook AUSSICHTSPUNKT

Einen grandiosen Ausblick auf die Küste hat man an diesem Aussichtspunkt über der Honu'apo Bay nordöstlich von Na'alehu. Dieser Uferabschnitt gehört zu dem längsten Stück unbebauter Küste auf Hawaii. Gemeinnützige, private Umweltschutzorganisationen und das County kaufen weiterhin große Flächen Land, damit es auch so bleibt. Bei gutem Wetter blickt man bis zum Halema'uma'u-Krater des Kilauea, der still über Ka'u Desert vor sich hin raucht.

Whittington Beach Park STRAND

(Hwy 11, Meile 60,6) Der kleine Park nördlich von Na'alehu bietet Gezeitenpools, einen al-

NICHT VERSÄUMEN

KA'ALAIKI ROAD

Auf der Höhenstraße zwischen Pahala und Na'alehu kann man einen Blick von oben auf das ruhige, ländliche Herz von Ka'u werfen. Die frisch asphaltierte Ka'alaiki Rd (auch Old Cane Haul Rd genannt) führt über Felskaskaden durch grüne Hügel und bietet sensationelle Meerespanoramen. Am Wegesrand liegen Kaffeefarmen, Macadamianussplantagen und sogar Eukalyptuswälder – ein misslungener Versuch, einen neuen Wirtschaftszweig nach dem Niedergang der Zuckerindustrie zu schaffen. Die Straße ist kaum befahren; hin und wieder kommt ein Lkw vorbei.

Besonders spannend entlang der Route sind die **Ninole Hills**. An den Schluchten und Flüsschen, die untypisch sind für jüngeres, poröses Lavagestein, lässt sich ihr für Wissenschaftler verblüffend hohes Alter ablesen. Neuere Studien zur Gravitation in der Gegend (Felsen mit einer hohen Dichte haben offensichtlich eine höhere Gravitationskraft) geben Aufschluss darüber, dass die 125 000 Jahre alten Hügel einst die Southwest Rift Zone ausmachten. Später verschob sie sich mehrere Kilometer nach Nordwesten, möglicherweise, als absackendes Land in Kona diese Seite entlastete. Dadurch sind Eruptionen an dieser Stelle unwahrscheinlicher geworden, doch Erdrutsche wie 1868 (S. 264) stellen unverändert eine sehr reale Bedrohung dar.

Um die Straße zu finden, beim Punalu'u Bakeshop in Na'alehu abbiegen. In Pahala verlässt man den Ort am nordwestlichen Ende und biegt an der ersten Drei-Straßen-Kreuzung links ab.

ten hawaiischen Fischteich, an dem sich Vögel tummeln, und die fotogenen Überreste eines historischen Piers. Dem Namen Beach Park zum Trotz gibt es hier keinen Strand und geschwommen werden kann nur in den Meeresarmen, doch dafür bekommt man häufig Echte Karettschildkröten zu sehen. Es gibt Toiletten, Duschen (im Freien) und Picknickpavillons. Zum Campen benötigt man eine Genehmigung des Countys (vorab besorgen). Kein Trinkwasser.

Essen

★ Hana Hou Restaurant DINER $

(808-929-9717; www.naalehurestaurant.com; 95-1148 Na'alehu Spur Rd; Hauptgerichte 8–16 $; So–Do 8–19, Fr & Sa bis 20 Uhr;) Das Hana Hou verkörpert alle Pracht und Nostalgie eines familiengeführten 40er-Jahre-Diners, denn eigentlich hat sich hier seither nichts geändert. Die Speisekarte quillt über vor lokalen Interpretationen des guten, alten amerikanischen Wohlfühlessens. Lecker: der mahimahi, aber auch die selbstgebackenen Kuchen. Unser Favorit ist die Sahnetorte mit gerösteten Macadamianüssen. Die Sandwiches und Wraps eignen sich prima für ein Picknick.

Punalu'u Bake Shop BÄCKEREI $

(808-929-7343; www.bakeshophawaii.com; 95-5642 Hwy 11; Backwaren 3–8 $, Hauptgerichte 6–10 $; 9–17 Uhr) Die südlichste Bäckerei der USA liegt an der Reisebusroute und ist gewöhnlich gut besucht – und das aus gutem Grund. Wer portugiesische *malasadas* (wie Krapfen) kosten will (will man!), sollte früh hier sein. Weitere Boni: Die Toiletten sind sauber, draußen ist ein Picknickbereich und in dem Andenkenladen werden allerlei kitschige hawaiische Souvenirs verkauft.

Ka'u Farmers Market MARKT $

(Mi & Sa 7–12 Uhr) Zweimal wöchentlich wird vor dem Geschäft Ace Hardware ein kleiner Bauernmarkt aufgebaut. Dort gibt's frisches Obst etc.

Shaka Restaurant AMERIKANISCH $$

(808-929-7404; 95-5673 Mamalahoa Hwy; Hauptgerichte morgens & mittags 8–15 $, abends 12–22 $; 7–21 Uhr) Das Shaka brüstet sich mit dem Label „Südlichster Ort der USA" und bietet neben Sportübertragungen eine Bar und jede Menge Stammgäste, lauter spannende Persönlichkeiten, mit denen sich vielleicht interessante Gespräche ergeben. Die Sauberkeit ist jedoch etwas fraglich, der Service mal so, mal so und das Essen nur okay. Wobei – das *loco moco* (Reis, gebratenes Ei und Hamburger-Frikadelle mit Bratensauce) ist erstaunlich lecker.

Ausgehen & Nachtleben

Flyin' Hawaiian Coffee KAFFEE

(808-640-4712; www.flyinhawaiiancoffee.com; 95-5668 Mamalahoa Hwy; Getränke 3–5 $; Mo, Mi, Sa 8–16.30 Uhr) Der Kaffee-Truck nimmt drei Tage die Woche ein kleines Sonnenbad auf dem Rasen vor der United Methodist Church. Der Kaffee besteht zu 100 % aus Ka'u-Bohnen und wird je nach Wunsch verschieden stark serviert.

An- & Weiterreise

Mit Hele-On Bus (www.heleonbus.org) bestehen täglich drei Verbindungen (sonntags eine) ab Kona und täglich eine (sonntags keine) ab Hilo.

South Point (Ka Lae)

Ka Lae, der südlichste Zipfel von Big Island und gleichzeitig der Vereinigten Staaten, vermittelt passenderweise den Eindruck, das Ende der Welt zu sein. Wahrscheinlich gingen die ersten polynesischen Seefahrer hier an Land; Archäologen glauben, dass diese Gegend seither kontinuierlich besiedelt war. Heute ist die Landschaft jedoch größtenteils unbewohnt. Auf einer Seite erstreckt sich ein seltener „grüner Strand", auf der anderen eine hohe Steilküste, von der Wagemutige ins Wasser springen.

Sehenswertes

★ Ka Lae LANDSTRICH

(South Point Complex; South Point Rd) Ka Lae, die südlichste Spitze von Hawai'i Island, wirkt nicht sehr einladend, ist jedoch zauberhaft friedlich. Größtenteils besteht sie aus unbebautem Grasland, das von Klippen und Steilküsten gesäumt wird, um die unablässig der Wind pfeift. Wenn man nahe der tatsächlichen Landspitze steht, kann man sich gut vorstellen, wie einst die Polynesier in dieser unwirtlichen Gegend an Land gingen, nachdem sie sich monatelang durch die raue See gekämpft hatten. Allen Herausforderungen zum Trotz ließen sich die ersten Hawaiianer am South Point nieder. Darauf lassen Löcher in den Felsen am Ufer (zum Vertäuen der Boote) und die über das gesamte Areal verteilten Grabstätten schließen.

Einer der Gründe, warum sie blieben, sind wohl die Meeresströmungen, die direkt vor der Küste aufeinandertreffen und South Point zu einem der üppigsten Fischgründe Hawai'is machen. Gleichzeitig ist er einer der gefährlichsten, denn die Hala'ea-Strömung trifft erst in der Antarktis wieder auf Festland. Der Name geht auf einen habgierigen *ali'i* zurück, der sich regelmäßig den hart erarbeiteten Fang anderer Fischer unter den Nagel riss. Als diese genug davon hatten, kamen sie Hala'eas Forderung freiwillig nach – und zwar alle gleichzeitig. Sie füllten sein Kanu mit ihrem gesamten Fang, woraufhin das Boot kenterte. Hala'ea wurde von der Strömung fortgerissen und fand im Wasser seinen Meister.

An Land sollte man nach dem *'ohai*-Busch Ausschau halten, einer bedrohten Art aus der Familie der Hülsenfrüchtler. Seine ovalen Blätter duften nach Mandarinen und aus den Blüten werden oft *leis* gebunden.

★ Green Sand Beach STRAND

(Papakolea Beach) Der legendäre Strand in der Mahana Bay ist gar nicht so grün, bietet aber dennoch einen ungewöhnlichen und tollen Anblick. Schuld an der Färbung ist das Mineral Olivin; der Schmuckstein Peridot besteht aus besonders reinen Olivinkristallen. Olivin entsteht unter extremer Hitze – wie sich sich beispielsweise bei der Entstehung von Sternen oder bei Vulkanausbrüchen entwickelt. Die hiesigen Kristalle gehen auf Letztere zurück. Sie bleiben übrig, wenn die Wellen den Vulkankegel, der über der Bucht aufragt, aushöhlen. Baden sollte man hier nur an den wenigen Tagen, wenn die See ruhig ist.

An der Weggabelung der South Point Rd etwa 16 km vom Hwy 11 entfernt folgt man der linken Route (gen Osten) zu den alten Baracken. Dort parken (keine Wertsachen im Auto lassen!) und vier staubige, windige, heiße Kilometer zur Mahana Bay laufen. Zunächst in südlicher Richtung zur **Kaulana-Bootsrampe** gehen und dann nach links (Osten) abbiegen und der Küste folgen. Der Wind wird einem unaufhörlich Sand ins Gesicht blasen, was die Strecke doppelt so lang erscheinen lässt, als sie ist. Wanderer brauchen unterwegs viel Wasser.

Alternativ unterstützt man die lokale Wirtschaft, indem man in einem der rumpeligen Pick-ups mit Allradantrieb Platz nimmt, die gewöhnlich an den Baracken auf Kundschaft warten (einfache Strecke/hin & zurück 10/15 $).

Auch wer die Transportervariante wählt, muss die Steilküste zum Strand zu Fuß hinunterkraxeln. Obwohl das nicht so leicht ist, mausert sich der grüne Strand zu einer beliebten Touristenattraktion. Am besten sehr früh, spät oder bei wolkenverhangenem Himmel herkommen, wenn weniger los ist.

Kalalea Heiau TEMPEL

Dieser alte Tempel und Schrein zeugt von der Bedeutung der hiesigen Fischgründe. Hier brachten die Fischer Opfer dar, um ihren Dank für einen erfolgreichen Fang auszudrücken. Manche halten es noch heute so, obwohl sich die Angelmethoden natürlich geändert haben. Interessant sind auch die „Salzpfannen“ in der Umgebung, Vertiefungen im Gestein, in denen die Fischer Meerwasser verdunsten ließen, um das verbleibende Salz zum Haltbarmachen des Fangs zu nutzen.

Ausgehen & Nachtleben

Ka Lae Coffee KAFFEE

(☎208-964-3604; kalaecoffeekau@yahoo.com; 94-2166 South Point Rd; ⏱8–17 Uhr; 📶) Zwischen einem Wohnhaus und einem Gewächshaus voller Orchideen liegt das südlichste Café der USA, ein relaxtes Fleckchen für eine Pause nach einem Morgen am South Point. Jeden Sonntag um 9 Uhr und manchmal mittwochs wird zwischen den Blüten Yogaunterricht angeboten (gegen eine Spende).

Shoppen

Paradise Meadows Orchard & Bee Farm KAFFEE

(☎808-929-9148; www.paradisemeadows.com; 93-2199 South Point Rd; ⏱9–17.30 Uhr) Der kleine Farmverkauf bietet ein umfangreiches Sortiment, darunter Kostproben lokal hergestellten Kaffees und Honigs und hiesiger Macadamianüsse (die Schokolade kommt aber von der Guittard Chocolate Company). Der kristallisierte *'ohi'a-lehua*-Honig sollte zum offiziellen Geschmack Hawai'is ernannt werden, finden wir! Man kann versuchen, einen der viel beschäftigten Mitarbeiter zu einer Führung durch das Aquaponic-Gewächshaus zu überreden.

Ocean View & Umgebung

Ocean View – Meerblick! In der Tat gewährt fast jedes Grundstück auf dem 4000 ha großen Areal dieser *subdivision* einen Blick aufs Meer, die Häuser wurden gewissermaßen an den Rand buschbewachsener Lavaströme gebaut. Der Ozean ist zum Teil 8 bis 16 km entfernt und liegt 100 m weiter unterhalb, aber wen kümmert's? Dass man bis zum Wasser sehen kann, bedeutet, dass man wahrscheinlich auch bis zum Schulbus, der Jurte oder bis zum Schrottplatz der Nachbarn blicken kann. Und bis zu den „Stay Away"- („Nicht betreten")-Schildern.

Manche betrachten Ocean View als rauen, wilden Ort für kernige Persönlichkeiten, die noch mal von vorn anfangen wollen. Andere finden, dass die Atmosphäre zu roh und raubeinig und das Land zu Recht so billig ist. Die Menschen, die hier wohnen, haben entweder einen ausgeprägten Sinn für das Abenteuer oder sind sehr bedacht auf ihre Privatsphäre. Oder beides.

Die besten Strände unterhalb von Ocean View befinden sich auf Privatland am Ende von mit Toren verschlossenen Jeeppisten, insofern bleibt eigentlich nur die Road to the Sea, um dieses desolate Stück Küste zu erkunden.

Sehenswertes

★ Pali'okulani Overlook AUSSICHTSPUNKT

Der Aussichtspunkt am Hwy 11 befindet sich auf einem Lavastrom von 1907. Der phantastische Blick reicht bis Pali'okulani, die zerklüftete Felskante, die vor South Point aufragt und den Osten Ka'us vor den Lavaströmen der Southwest Rift Zone des Mauna Loa schützt. Die Verwerfung erstreckt sich weit ins Meer hinein, wo die Unterwasserfelsen schließlich um die 1,5 km hoch sind. Unlängst konnte nach geologischen Unterwasserexpeditionen zu diesen *pali* (Klippen) belegt werden, dass der Mauna Loa schon seit mindestens 650 000 Jahren aktiv ist.

Road to the Sea LANDSTRICH

(Humuhumu Point) Die „Straße zum Meer" ist nur für allradangetriebene Fahrzeuge mit hohem Radstand geeignet und holpert über so viel zackige *'a'a*-Lava, dass es einem zünftig die Organe durchschüttelt. Doch die abgeschiedenen Strände mit dem grünen und schwarzen Sand, hoch aufragenden Felsen und Schlackenkegeln entlang der Route sind nicht mehr ausschließlich Abenteurerterrain. Nach der anstrengenden Anfahrt wird man eventuell feststellen, dass die See zum Baden zu rau und es zu windig ist, um am Strand zu liegen. Dennoch lohnt sich die Reise in das vulkanische Niemandsland, schon allein wegen der außergewöhnlichen Szenerie.

DER LO'IHI SEAMOUNT

Der jüngste Vulkan Hawaiis befindet sich noch ein ganzes Stück unter Wasser und wird in den nächsten 10 000 Jahren wahrscheinlich kein Feuer spucken (falls überhaupt jemals). In den 400 000 Jahren seit seiner Entstehung ist er jährlich im Schnitt 3 cm gewachsen. Eine Eruption 1996 löste 4000 Erdbeben aus (drei waren auch in Ka'u zu spüren), doch in letzter Zeit hat sich der Loi'hi ruhig verhalten. Sein Gipfel ist noch immer 1 km von der Meeresoberfläche entfernt.

Bei einer Expedition 2014 fand man einzigartige Bakterienmatten am Fuß des Loi'hi – fast 5000 m unter der Meeresoberfläche.

Zur Road to the Sea gelangt man, indem man zwischen Meile 79 und 80 an den Spalier stehenden Briefkästen den Hwy 11 verlässt und landeinwärts fährt (das Surfbrett mit dem Schriftzug „Taki Mama" dient als Orientierungspunkt). Von dort sind es zehn ungemütliche, nicht enden wollende Kilometer über Lava. Die meisten Autos mit hohem Radstand packen das, doch bei Meile 3,1 benötigt man Allradantrieb (dort „kippt" die Straße von einer Lavabank). Bis zum ersten „grünen" Strand sind es ca. 45 Minuten.

Weitere 800 m östlich (zu Fuß zurücklegen, sofern man keinen Rock Crawler hat!) spendet ein an dieser Stelle unerwarteter Baum Schatten an einem ausgebleichten Korallenstrand. Im Westen laden mehrere Littoralkegel (vulkanische Ablagerungen, die entstanden, als heiße Lava ins Meer brodelte – eine explosive Situation), Buchten und Fischteiche zu vielfältigen Küstenexkursionen ein. Um hierhin zu gelangen, landeinwärts zum gelben Tor (jetzt linker Hand) zurückkehren; es wurde für Notsituationen errichtet, nicht, um Besucher fernzuhalten.

Weniger als eine Meile hinter dem Tor erhebt sich ein roter *pu'u* (Hügel), hinter dem sich der halbmondförmige Strand mit grünem, schwarzem und weißem Sand verbirgt, ein beliebter Schildkrötennistplatz. Der historische **Ala Kahakai National Historic Trail** führt weiter westlich zum **Awili Point**, einem von einer Handvoll Orte auf Hawaii, an denen Oliv-Bastardschildkröten *(Lepidochelys olivacea)* Eier abgelegt haben. Außerdem wurde hier ein Rekord gebrochen: In einer Nacht wurden 23 *ulua* (Dickkopf-Stachelmakrelen) gefangen.

So viel Wasser mitnehmen wie möglich, denn es kann mörderisch heiß sein und es gibt keinen Schatten, egal, in welche Richtung man läuft (aber jede Richtung ist empfehlenswert!).

Manuka State Wayside & Natural Area Reserve PARK
(http://dlnr.hawaii.gov/dsp/parks/hawaii/manuka-state-wayside/; Hwy 11, Meile 81,2) GRATIS In dem 5 ha großen Schutzgebiet verläuft ein schöner 3 km langer Naturpfad durch Übergangswald zu einem Vulkankrater. Folgt man dem unebenen Weg aus Lavagestein, wird man mithilfe informativer Schilder 30 Pflanzenarten kennenlernen, historische landwirtschaftliche Stätten finden und alte Lavaströme erkunden. (Ein paar Schilder sind leider verschwunden.) Mückenschutz sollte man einpacken!

Geführte Touren

★ **Kula Kai Caverns** HÖHLENWANDERUNG
(☎808-929-9725; www.kulakaicaverns.com; 92-8864 Lauhala Dr; Touren Erw./Kind 6–12 J. ab 20/10 $) Umweltschützer führen durch die geologisch interessanten Höhlen und predigen den respektvollen Umgang mit diesen „lebenden Museen". Sie sind im Rahmen einer einfachen einstündigen Führung durch einen kurzen, beleuchteten Abschnitt zugänglich oder einer längeren „Kriechtour" (60 $) bzw. einer noch elaborierteren zweistündigen „Twilight-Tour" (95 $). Die Gruppen sind klein (gewöhnlich maximal 2 oder 4 Pers.) und die enthusiastischen Guides vermitteln die kulturelle und ökologische Geschichte der Höhlen auf Big Island. Nur mit Reservierung.

Essen

Ocean View Market SUPERMARKT
(Hwy 11, Ocean View Town Center; ⏲6–21 Uhr) In dem Supermarkt neben der Post und einem Autoteilehandel bekommt man warme Gerichte und Sandwiches sowie eine gute Auswahl an Frisch- und anderen Waren.

★ **Mehe's Ka'u Bar & Grill** AMERIKANISCH $
(☎808-929-7200; 92-8754 Hawaii Blvd; Hauptgerichte 8–13 $; ⏲mittags 11–15.30, abends 17–21 Uhr, Bar 10–22, Fr bis 2 Uhr) Dafür, dass diese Gegend nicht eben für ihre Vielfalt bekannt ist, stellt das Mehe's eine überraschend gute Option dar. Nette Kellner servieren Burger, Sandwiches und wechselnde Tagesgerichte, die Klientel besteht aus echten einheimischen Charakteren und Touristen und an der hufeisenförmigen Bar gibt's den neuesten Klatsch und Tratsch aus Ocean View. Der Karaokeabend freitags ist das Event zwischen Kona und Hilo.

Ka-Lae Garden THAILÄNDISCH $
(☎808-494-7688; www.kalaegarden.com; 92-8395 Mamalahoa Hwy; Hauptgerichte 10–12 $; ⏲Mi–So 11–19 Uhr) Die Gerichte, die in diesem winzigen Restaurant auf dem Teller landen, werden frisch zubereitet, die frischen Zutaten stammen zum Teil aus dem Bio-Kräutergarten hinterm Haus. Statt Pad Thai lohnt sich das Panang-Curry mit grünem Papaya-Salat als Beilage zu bestellen.

DJ's Pizza and Bakeshop PIZZA $$
(☎808-929-9800; www.djspizzabakeshop.com; 92-8674 Lotus Blossom Lane; Pizzastück 3 $, ganze Pizza 16–23 $, Sandwiches 11 $; ⏲Mo–Sa 10.30–20 Uhr; 🖉) Die Pizza ist gerade so über dem Durchschnitt, doch die glutenfreien Varianten und der vegane Hamburger sind eine echte Rarität in der Gegend. Auch Naschkatzen kommen auf ihre Kosten – vorab einen Kuchen oder eine Tarte bestellen; das Warten lohnt sich.

An- & Weiterreise

Dreimal täglich (sonntags einmal) machen sich Hele-On-Busse (www.heleonbus.org) auf den Weg nach Kona, einmal täglich (sonntags nicht) nach Volcano und Hilo. Entsprechend bestehen drei- bis viermal täglich Verbindungen nach Pahala.

Kahuku Unit

2003 erstanden der Hawai'i Volcanoes National Park und die Nature Conservancy gemeinschaftlich die geschichtsträchtige Kahuku Ranch. Es war der größte Grundstückserwerb zu Umweltschutzzwecken in der Geschichte des Bundesstaats. Der Kauf erweiterte das Parkareal um gigantische 47 000 ha, mehr als die Hälfte der ursprünglichen Fläche.

Kahuku gehört zu Hawai'is größtem traditionellen *ahupua'a* (Bezirk). Einst durchforsteten heilige Vogelfänger die oberen Wälder auf der Suche nach gelben und roten Federn für die *'ahu 'ula* (königliche Federumhänge), die Niederungen waren wichtiges Ackerland. Außerdem war dies das Epizentrum der Rancher-Kultur auf Hawai'i, die planlos mit König Kamehameha I. begann und unter Kapitän Robert Brown formalisiert wurde. Verschiedene Besitzer (und ihre Nachbarn) führten den Ranch-Betrieb fort, bis der National Park Service das Ruder übernahm.

Bis heute ist die Kahuku Unit eine größtenteils naturbelassene, unerschlossene und wenig besuchte „Spielwiese" für Geschichtsfans und Naturliebhaber.

Sehenswertes

Die vier Wanderwege in der Kahuku Unit führen durch grünes Weideland zu vulkanischen Schlackenkegeln, den Abdrücken von Lavabäumen, durch Regenwald und zu Lavaflüssen. An manchen Wochenenden beleben Ranger die Landschaft mit hervorragenden geführten Wanderungen (vorherige Anmeldung nicht unbedingt vonnöten), man kann die Wanderungen aber auch an jedem beliebigen Wochenende auf eigene Faust unternehmen (Fr–So). Die Öffnungszeiten noch mal im Kilauea Visitor Center bestätigen lassen, bevor man sich auf den Weg macht, sie werden nämlich ausgeweitet. Der Eingang befindet sich 6,4 km westlich von Wai'ohinu landeinwärts vom Hwy 11 bei Meile 70,5.

Infos zu einer Wanderung durch das Areal der Kahuku Ranch in Eigenregie auf S. 274.

Pu'u o Lokuana HISTORISCHE STÄTTE

Hoch gelegene Punkte wie dieser rote Schlackenkegel machen sich prima als Ausguck. Das ging Kamehameha so, der in den 1780ern nach seinem Rivalen Keoua Ausschau hielt, Kapitän Brown, der 1868 beobachtete, wie Lava sein Haus verschlang, sowie der US-Armee, die sich 1942 mithilfe der neuen geheimen RADAR-Technologie auf die Suche nach japanischen Schiffen und Flugzeugen begab. In letzterem Fall erfolgte das (Aus-) Spähen unterirdisch: Die vom Sendeturm oberhalb empfangenen Daten wurden in Überwachungsräume im Herzen des Kegels übertragen.

Die Betonsteine des Radarturms entfernte man, als die Ranchbetreiber die obersten 30 m Schlacke abtragen ließen, um die Straßen in der Gegend zu befestigen.

An- & Weiterreise

Die Kahuku Unit am Hwy 11 gehört zwar zum Hawai'i Volcanoes National Park, liegt jedoch fast 70 km südwestlich vom Haupteingang.

Leider lässt der Fahrplan von Hele-On Bus einen Besuch mit öffentlichen Verkehrsmitteln kaum zu.

Hanauma Bay, O'ahu

DIE HIGHLIGHTS AUF DEN ANDEREN INSELN

LEIGH ANNE MEEKS/SHUTTERSTOCK ©

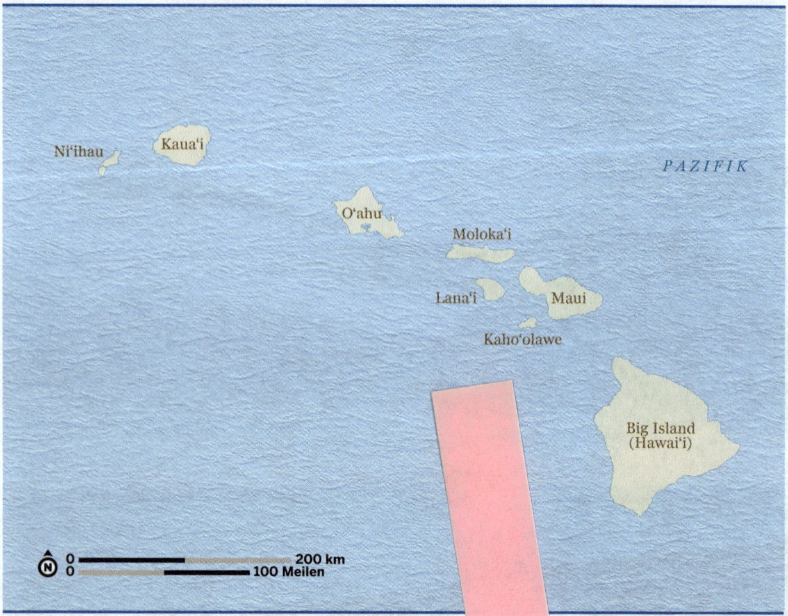

Die Highlights auf den anderen Inseln

Big Island hat zwar allein schon eine Menge zu bieten, doch auch die anderen Hawaii-Inseln lohnen einen Besuch. Dabei hat jede einzelne ihre Besonderheiten und ihr ganz eigenes Flair.

Die Hauptinsel **O'ahu**, weit mehr als eine Durchgangsstation zu den Nachbarinseln, beeindruckt mit ihrem pulsierenden Leben. Fast drei Viertel der Einwohner Hawaiis leben hier. Dabei ist auch der Großstadtdschungel Honolulus typisch polynesisch – mit Palmen in der Innenstadt und Geschäftsleuten in Hawaiihemden. Und was wäre ein Hawaii-Urlaub ohne den obligatorischen Sundowner in Waikiki?

Auf **Kaua'i** ist die *mana* (spirituelle Kraft) des *'aina* (Land) überall spürbar: Wenn hinter der nächsten Kurve ein samtig grüner Berg in Sicht kommt oder beim Wandern auf einem der spektakulären Trails ein Regenbogen oder Wasserfall. Oder vor der Küste Meeresschildkröten oder Delfine auftauchen.

Moloka'i wird oft als die typischste Hawaii-Insel bezeichnet, wo hawaiische Traditionen noch immer tief verankert sind. Über 50 % der Bewohner haben hawaiische Wurzeln. Hier gibt es herrliche tropische Landschaften und faszinierende Historie zu entdecken.

Auch **Maui** bietet reichlich Naturerlebnisse. Im Winter ziehen an der Westküste Buckelwale vorbei, am Hana Highway stürzen sich hohe Wasserfälle in glitzernde Becken und die ersten Strahlen der Morgensonne tauchen die Schlackegipfel des Haleakalā in ein atemberaubendes Licht.

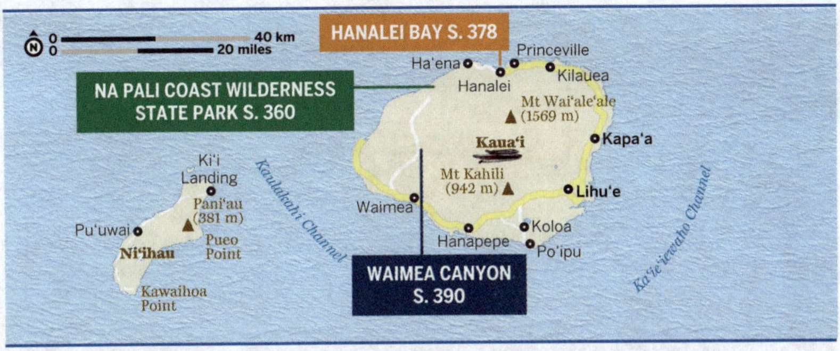

0 40 km
0 20 miles
HANALEI BAY S. 378
NA PALI COAST WILDERNESS STATE PARK S. 360
WAIMEA CANYON S. 390
Ha'ena
Hanalei
Princeville
Kilauea
Mt Wai'ale'ale (1569 m)
Kaua'i
Kapa'a
Mt Kahili (942 m)
Lihu'e
Waimea
Hanapepe
Koloa
Po'ipu
Ki'i Landing
Pani'au (381 m)
Pu'uwai
Ni'ihau
Pueo Point
Kawaihoa Point
Kaulakahi Channel
Ka'ie'iewaho Channel

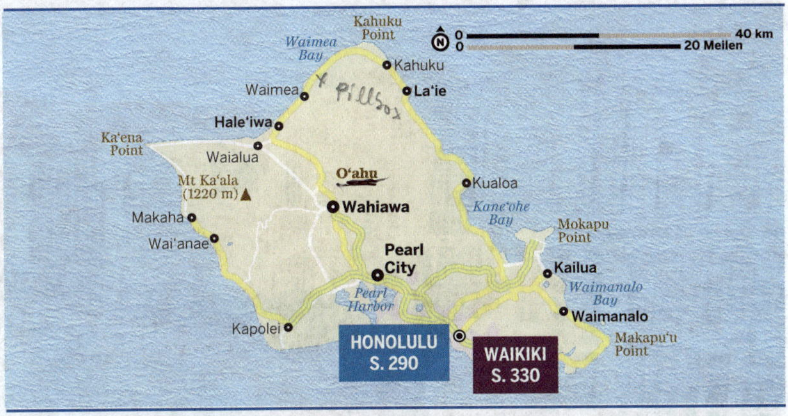

0 40 km
0 20 Meilen
Kahuku Point
Waimea Bay
Kahuku
Waimea
La'ie
Hale'iwa
Ka'ena Point
Waialua
O'ahu
Mt Ka'ala (1220 m)
Kualoa
Wahiawa
Kane'ohe Bay
Makaha
Mokapu Point
Wai'anae
Pearl City
Kailua
Pearl Harbor
Waimanalo Bay
Waimanalo
Kapolei
HONOLULU S. 290
WAIKIKI S. 330
Makapu'u Point

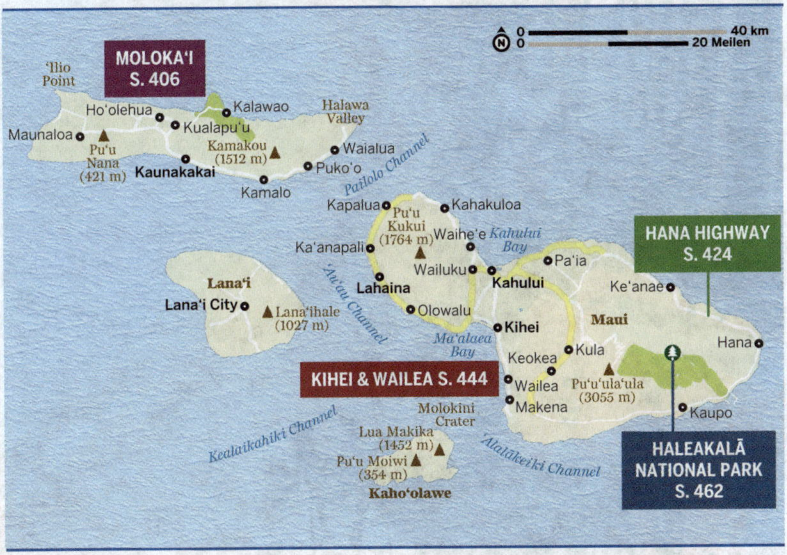

0 40 km
0 20 Meilen
MOLOKA'I S. 406
'Ilio Point
Ho'olehua
Kalawao
Halawa Valley
Maunaloa
Kualapu'u
Kamakou (1512 m)
Waialua
Pu'u Nana (421 m)
Kaunakakai
Puko'o
Kamalo
Pailolo Channel
Kapalua
Kahakuloa
Pu'u Kukui (1764 m)
Waihe'e
Kahului Bay
HANA HIGHWAY S. 424
Ka'anapali
Wailuku
Pa'ia
Lahaina
Kahului
Ke'anae
Lana'i
Lana'i City
Lana'ihale (1027 m)
Olowalu
'Au'au Channel
Maui
Kihei
Hana
Ma'alaea Bay
Kula
Keokea
KIHEI & WAILEA S. 444
Wailea
Pu'u'ula'ula (3055 m)
Makena
Kaupo
Molokini Crater
Kealaikahiki Channel
Lua Makika (1452 m)
Pu'u Moiwi (354 m)
Kaho'olawe
'Alalākeiki Channel
HALEAKALĀ NATIONAL PARK S. 462

HONOLULU

Zentrum

Das quirlige Herz von Honolulu und Mittelpunkt der politischen Turbulenzen Hawaiis.

Ala Moana

Am „Weg zum Meer" zwischen Waikiki und Honolulu erstreckt sich der größte Beach Park O'ahus.

Honolulu Watershed Forest Reserve
Upper Manoa Valley
Honolulus Grüngürtel mit exklusiven Wohnhäusern und stillen, erholsamen Waldschutzgebieten.
MANOA FALLS TRAIL
BISHOP MUSEUM
CHINATOWN
'IOLANI PALACE
TheBus Zentraler Busbahnhof
Universitätsviertel
Ein junges Viertel in den Ausläufern des Manoa Valley mit vielen originellen Cafés und Läden.
UNIVERSITY OF HAWAII MANOA
Karte Honolulu Zentrum & Chinatown (S. 314)
Karte Ala Moana & Universitätsviertel (S. 318)

Inhalt

Honolulu auf einen Blick ...

Die quirlige polynesische Hauptstadt Honolulu bietet die unterschiedlichsten inseltypischen Erfahrungen: vom Wahrzeichen, dem Aloha Tower, einen Blick aufs Meer werfen, zwischen viktorianischen Backsteinhäusern bummeln oder in den panasiatischen Gassen Chinatowns essen, wo im 19. Jh. Walfänger krakeelten und Einwanderer erfolgreich Handel trieben.

Die Palmen am Hafen rascheln in der Meeresbrise und auf Waldwegen in der kühlen, diesigen Ko'olau Range eröffnen sich bildschöne Aussichten. Nach Sonnenuntergang erfrischt ein Streifzug über Magic Island und zum Schluss geht's ins trendige Kunst- und Nachtleben von Chinatown.

Honolulu in zwei Tagen

Besuch des **'Iolani Palace** (S. 302), Essen im **Artizen by MW** (S. 326) im **Hawai'i State Art Museum** (S. 312) plus Kunstbesichtigung. Es folgt die Aussicht vom **Aloha Tower** (S. 316) und ein Abendessen im **Pig & the Lady** (S. 325) in Chinatown.
Am zweiten Tag geht's ins **Bishop Museum** (S. 308) und dann zum Essen ins **Helena's Hawaiian Food** (S. 325). Danach lohnt ein Bummel über die **Chinatown-Märkte** und abends die Tiki-Bar **La Mariana Sailing Club** (S. 328).

Honolulu in vier Tagen

Am dritten Tag geht's erst ins **Honolulu Museum of Art** (S. 317), dann mit dem Auto zum **National Memorial Cemetery of the Pacific** und zum **Tantalus-Round Top Scenic Drive** (S. 320). Essen im **Sweet Home Café** (S. 326).
Nach dem Brunch im **Cafe Kaila** (S. 325) folgt ein Besuch im Manoa Valley, Schwimmen im **Ala Moana Beach Park** (S. 316), dann Shoppen im **Ala Moana Center**. Im **Honolulu Beerworks** (S. 328) wartet zum Abschluss ein kaltes Bier.

NICKMASA/SHUTTERSTOCK ©

Die Skyline von Honolulu hinter Magic Island

Anreise

Nach der Ankunft auf O'ahu ist Honolulu mit dem Mietwagen oder Bussen der Verkehrsgesellschaft TheBus einfach zu erreichen. Auf dem Honolulu International Airport und in Waikiki sind die größeren Mietwagenfirmen vertreten. Das Ala Moana Center gleich nordwestlich von Waikiki ist der zentrale Verkehrsknotenpunkt von TheBus. Zwischen Waikiki und anderen Stadtteilen von Honolulu verkehren mehrere direkte Buslinien.

Schlafen

In Honolulu gibt es nicht sehr viele Unterkünfte. Die meisten Besucher kommen in den vielen Strandhotels von Waikiki unter. Waikiki liegt so nahe bei Honolulu, dass die Sehenswürdigkeiten der Stadt einfach zu erreichen sind, ob mit Auto oder Bus. Es gibt nur wenige Unterkünfte am Flughafen (nicht zu empfehlen) sowie ein paar Hotels um das Ala Moana Center.

HIGHLIGHT

Hawaii Theater (S. 329)

1000 WORDS/SHUTTERSTOCK ©

Chinatown

Der Duft von Räucherstäbchen wabert noch immer durch die wuseligen Märkte Chinatowns, an den Häusern winden sich Feuer spuckende Drachen die Säulen hinauf und dampfendes Dim Sum lässt einem das Wasser im Mund zusammenlaufen.

Toll für ...

☑ Nicht versäumen

Blühende Orchideen im Foster Botanical Garden – sie sind im National Register of Historic Places eingetragen.

Der Standort dieses Geschäftsviertels ist kein Zufall. Zwischen Honolulus geschäftigem Handelshafen und der einst ländlichen Gegend entstanden im 19. Jh. Geschäfte mit Waren für die Stadtbewohner und Seeleute auf Landgang. Viele dieser Läden wurden von chinesischen Vertragsarbeitern gegründet, die ihre Zeit auf den Zuckerplantagen beendet hatten. Die erfolgreichsten Unternehmerfamilien sind längst weggezogen und jüngeren Einwandererwellen, meist aus Südostasien, gewichen.

Märkte von Chinatown

Der Handel in Chinatown (www.chinatownnow.com; ⌚8–18 Uhr) dreht sich um Märkte und Lebensmittelläden. Nudelfabriken, Konditoreien und Obst- und Gemüsestände säumen die schmalen Gehwege,

Statue am Kuan Yin Temple (S. 298)

LEIGH ANNE MEEKS/SHUTTERSTOCK ©

auf denen sich Großmütter mit Einkaufswagen und Familien auf Shoppingtour drängen. Der **O'ahu Market** ist seit 1904 eine Institution. Hier wird alles verkauft, was ein chinesischer Koch braucht: Ingwer, frischer Tintenfisch, Wachteleier, Jasminreis, Thunfischstücke, Spargelbohnen und eingesalzene Quallen. Wer einen Schweinskopf an den Ständen entdeckt, hat sich einen Schaumtee verdient.

Am Anfang der nahen Fußgängerzone liegt der neuere, gleichfalls pulsierende **Kekaulike Market**. Der **Maunakea Marketplace** am oberen Ende der Fußgängerzone hat einen beliebten Food-Court.

Statue von Dr. Sun Yat-sen

Sun Yat-sen, der in Taiwan als „Vater der Nation" und in der Volksrepublik China als „Wegbereiter der demokratischen

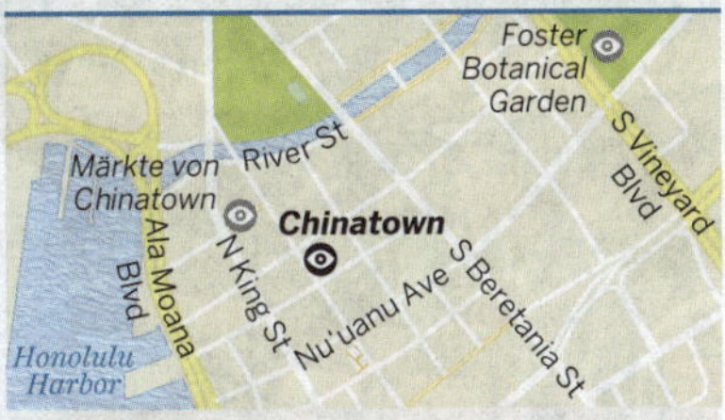

Gut zu wissen

Parkhäuser gibt es im gesamten Stadtteil.

Kleine Stärkung

Vietnamesische Fusionsküche serviert das **Pig & the Lady** (S. 325).

★ Top-Tipp

Die Kunstgalerien in Chinatown geben einen kostenlosen Plan der zwei Dutzend Galerien heraus.

Revolution" gilt, kam 1879 nach Hawaii und besuchte dort die 'Iolani School und das O'ahu College (die spätere Punahou School, an der auch Barack Obama Schüler war). Sun Yat-sen lernte die Ideale der Französischen und Amerikanischen Revolution kennen und wurde 1912 Präsident der Republik China (heute Taiwan)

Foster Botanical Garden

In diesem **botanischen Garten** (☎808-522-7066; www.honolulu.gov/parks/hbg.html; 180 N Vineyard Blvd; Erw./Kind 5/1 $ ⌚9–16 Uhr, Führungen meist Mo–Sa 13 Uhr; P) , der 1850 angelegt wurde, gedeihen prachtvolle tropische Pflanzen, die die meisten Menschen nur aus Büchern kennen. Zu den seltensten Exemplaren gehören die hawaische *loulu*-Palme und der ostafrikanische *Gigasiphon macrosiphon*, die beide in freier Natur als ausgestorben gelten. Mehrere der hohen Bäume sind die größten ihrer Art in den USA.

Zu den Kuriositäten gehören der Kanonenkugelbaum, der Leberwurstbaum und die Seychellenpalme, die eine 22 kg schwere Kokosnuss hervorbringen kann – Kopf weg, wenn die herabfällt! Im Gewürz- und Kräutergarten gedeihen duftende Vanilleranken und Zimtbäume, aber auc Gift- und Färbepflanzen. Am Garteneingang gibt es einen kostenlosen Plan für den Rundgang auf eigene Faust.

Kuan Yin Temple

Der verschnörkelte, chinesisch-buddhistische Tempel mit grünem Keramikdach und leuchtend roten Säulen ist der ältest

Gemüsehändler in Chinatown

in Honolulu. Der reich geschnitzte Innenraum ist erfüllt vom süßen, durchdringenden Duft von Räucherwerk. Der Tempel ist Kuan Yin, Bodhisattva der Barmherzigkeit, geweiht, deren Statue die größte in der Gebetshalle ist. Die Gläubigen verbrennen „Geld" aus Papier als Gabe für Wohlstand und Glück und legen frische Blumen und Früchte an den Altar. Respektvolle Besucher sind willkommen.

Hawaii Theater

Das neoklassizistische Haus wurde 1922 eröffnet, als Stummfilme noch von Orgelmusik begleitet wurden. Der „Stolz des Pazifik", wie das Theater genannt wird, blieb während des Zweiten Weltkriegs durchgehend geöffnet, aber nach der Eröffnung von Kinos in Wakiki in den 1960er- und 1970er-Jahren fiel hier schließlich der letzte Vorhang. Nach millionenschweren Restaurierungsarbeiten wurde das denkmalgeschützte Gebäude 1996 mit Pomp wiedereröffnet.

Izumo Taishakyo Mission

Der Shintō-Schrein wurde 1906 von japanischen Immigranten gebaut. Im Zweiten Weltkrieg wurde er von der Stadt beschlagnahmt und Anfang der 1960er-Jahre der Gemeinde zurückgegeben. Das Klingeln der Glocke am Eingang dient zur Läuterung der Gläubigen, die hier beten. Tausende Glücksamulette werden verkauft, vor allem am 1. Januar, wenn sich im Tempel Menschen drängen, um den Segen zum Neuen Jahr zu empfangen. Der originale Izumo Taisha befindet sich in Japan in der Präfektur Shimane.

Maskenträger bei der Parade zum chinesischen Neujahrsfest in Chinatown

NAGEL PHOTOGRAPHY/SHUTTERSTOCK ©

Stadtspaziergang Chinatown

Chinatown ist Honolulus fußgängerreichstes Viertel und auch das geschichtsträchtigste. Dieser Spaziergang führt durch die farbenfrohen Straßen voller Atmosphäre.

Start Dr Sun Yat-sen Memorial Park
Länge 1 Meile (1,6 km)
Dauer 1-2 Stunden

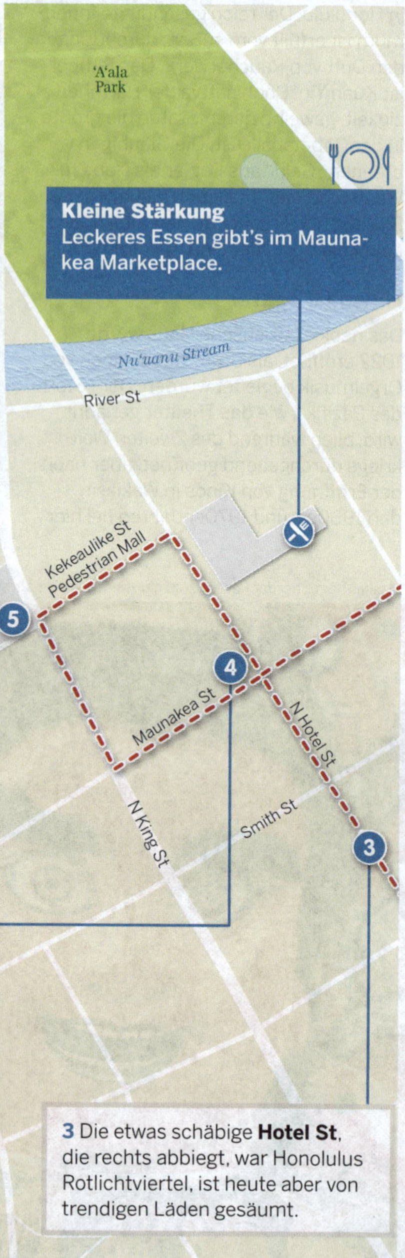

Kleine Stärkung
Leckeres Essen gibt's im Maunakea Marketplace.

5 Die King St führt vorbei an den roten Säulen, um die sich Drachen schlingen, zum lebhaften **O'ahu Market** von 1904.

4 Die schnörkelige Fassade des **Wo Fat Building** an der Ecke Maunakea St ähnelt einem chinesischen Tempel.

3 Die etwas schäbige **Hotel St**, die rechts abbiegt, war Honolulus Rotlichtviertel, ist heute aber von trendigen Läden gesäumt.

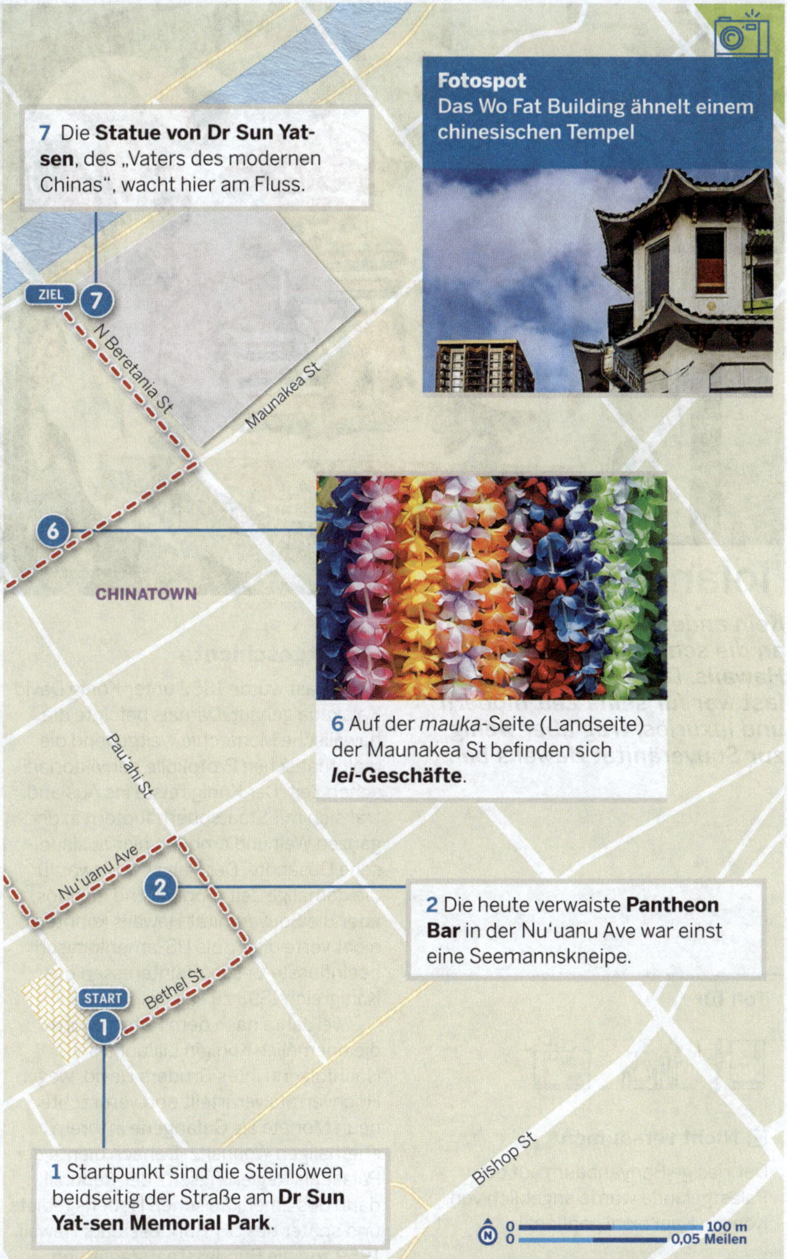

Fotospot
Das Wo Fat Building ähnelt einem chinesischen Tempel

7 Die **Statue von Dr Sun Yat-sen**, des „Vaters des modernen Chinas", wacht hier am Fluss.

6 Auf der *mauka*-Seite (Landseite) der Maunakea St befinden sich ***lei*-Geschäfte**.

2 Die heute verwaiste **Pantheon Bar** in der Nu'uanu Ave war einst eine Seemannskneipe.

1 Startpunkt sind die Steinlöwen beidseitig der Straße am **Dr Sun Yat-sen Memorial Park**.

HIGHLIGHT

Hawaiisches Wappen am ʻIolani Palace

PASHACO/SHUTTERSTOCK ©

ʻIolani Palace

Kein anderer Ort erinnert mehr an die schmerzliche Geschichte Hawaiis. Der 1882 gebaute Palast war für seine Zeit modern und luxuriös, trug aber wenig zur Souveränität Hawaiis bei.

Toll für ...

☑ Nicht versäumen

Der riesige Banyanbaum auf dem Palastgelände wurde angeblich von Königin Kapiʻolani gepflanzt.

Palastgeschichte

Der Palast wurde 1882 unter König David Kalakaua gebaut. Damals befolgte die hawaiische Monarchie weitgehend die diplomatischen Protokolle der viktorianischen Zeit. Der König reiste ins Ausland, traf sich mit Staatsoberhäuptern in der ganzen Welt und empfing hier ausländische Gesandte. Der Palast war zwar für die damalige Zeit modern und luxuriös, aber die Souveränität Hawaiis konnte er nicht verteidigen, als US-amerikanisch beeinflusste Geschäftsinteressen das Königreich 1893 zu Fall brachten.

Zwei Jahre nach dem Putsch wurde die ehemalige Königin Liliʻuokalani, Nachfolgerin ihres Bruders David, wegen Hochverrats verurteilt und verbrachte neun Monate als Gefangene in ihrem ehemaligen Wohnsitz. Danach diente der Palast als Regierungssitz der Republik, dann des amerikanischen Hoheitsgebiets und später des US-Bundesstaats Hawaii. 1969 zog die Bundesstaatsregierung

Lei an der Statue von Königin Lili'uokalani

GLOWIMAGES/GETTY IMAGES ©

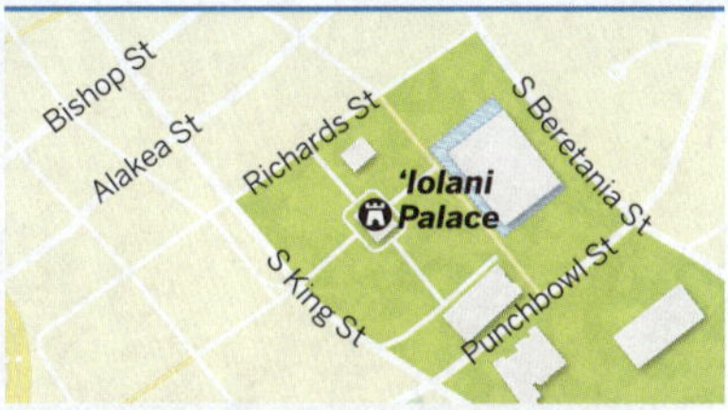

Gut zu wissen

'Iolani Palace (808-522-0832; www.iolanipalace.org; 364 S King St; Gelände frei, Kellergalerien Erw./Kind 7/3 $, Audiotour 15/6 $, Führung 22/6 $; Mo–Sa 9–17 Uhr)

Kleine Stärkung

Kona-Kaffee mit Aussicht gibt's in der **Honolulu Coffee Company**.

★ Top-Tipp

In Spitzenzeiten sollten Tickets telefonisch bestellt und Termine bestätigt werden

schließlich in ihr heutiges State Capitol und ließ den 'Iolani Palace verkommen. Nach einem Jahrzehnt mühsamer Restaurierungsarbeiten wurde er als Museum wiedereröffnet. Allerdings waren viele originale königliche Artefakte schon vor Beginn der Arbeiten verschwunden oder gestohlen.

Besichtigung

Besucher dürfen nur mit Führung oder Audiotour (keine Kinder unter fünf Jahren) die prachtvollen Innenräume 'Iolanis besichtigen, der Thronsaal und die oberen Wohnräume wurden rekonstruiert. Der Palast war für viktorianische Verhältnisse ziemlich modern. Jedes Schlafzimmer hatte sein eigenes Bad mit Spültoilette und fließend heißem Wasser und die Gaslampen wurden Jahre, bevor das Weiße Haus in Washington elektrifiziert wurde, durch elektrisches Licht ersetzt. Die Ausstellungen im Untergeschoss können auf eigene Faust besichtigt werden, darunter königliche Insignien, historische Fotos sowie die wiederhergestellte Küche und Diensträume des Haushofmeisters.

Palastgelände

Das Palastgelände ist tagsüber kostenlos zugänglich. In der ehemaligen Kaserne der königlichen Leibwache, einem merkwürdigen Gebäude, das einer mittelalterlichen Festung ähnelt, ist heute der Kartenschalter untergebracht.

'Iolani Palace Bandstand

Der Musikpavillon, ehemals der Krönungspavillon, wurde 1883 vor dem 'Iolani Palace für die Krönung von König Kalakaua gebaut. Da es keine andere Person von Rang für diese Aufgabe gab, setzte sich Kalakaua die Krone selbst aufs Haupt. Der Pavillon wurde später an seinen heutigen Standort versetzt und als Musikpavillon genutzt. Heute gibt die Royal Hawaiian Band freitags um 12 Uhr am 'Iolani Palace kostenlose Konzerte.

HIGHLIGHT

USS Arizona Memorial (S. 307)

Pearl Harbor

Pearl Harbor berührt alle Amerikaner. Der Ort des Angriffs vom 7. Dezember 1941, infolgedessen die USA in den Zweiten Weltkrieg eintraten, ist aufrüttelnd und bewegend.

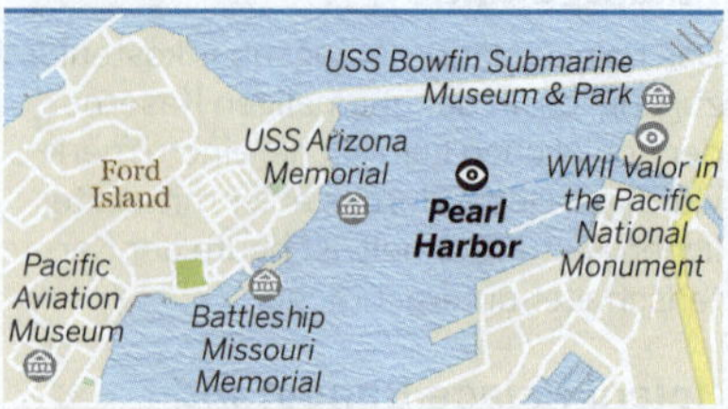

Toll für ...

Gut zu wissen

WWII Valor in the Pacific National Monument (808-422-3399; www.nps.gov/valr; 1 Arizona Memorial Pl; Besucherzentrum 7–17 Uhr) GRATIS

☑ Nicht versäumen

Ein Küstenweg ist von Schildern gesäumt, die den Verlauf des Angriffs im heute friedlichen Hafen erläutern.

HIGHLIGHT

Überraschungsangriff

Am 7. Dezember 1941 – „ein Datum, das für immer mit Niedertracht verbunden bleibt", sagte Präsident Franklin D. Roosevelt später – begann um 7.55 Uhr eine Angriffswelle von über 350 japanischen Flugzeugen, die über die Ko'olau Range auf die ahnungslose US-Pazifikflotte in Pearl Harbor herabstießen. Das Kriegsschiff USS *Arizona* wurde direkt getroffen und sank in knapp neun Minuten. Ein Großteil der Besatzung starb bei der Explosion des Schiffs. Das Durchschnittsalter der 1177 Soldaten, die auf dem Schiff starben, betrug nur 19 Jahre. Erst 15 Minuten nach der Bombardierung schossen amerikanische Flugabwehrgeschütze auf die japanischen Kampfflugzeuge zurück. Während des zweistündigen Angriffs wurden 20 weitere US-Kriegsschiffe versenkt oder schwer beschädigt und 347 Flugzeuge zerstört.

Die Menschenleben waren der weitaus höchste Preis, den der Angriff auf Pearl Harbour forderte. Abgesehen von drei versenkten Schiffen an diesem Tag – die *Arizona*, die USS *Oklahoma* und die USS *Utah* – wurden alle beschädigten Marineschiffe repariert und im Zweiten Weltkrieg eingesetzt. Zwar waren Zerstörung und Schäden der US-Kriegsschiffe gewaltig, aber es zeigte sich bald, dass derartige Schiffe sowieso überholt waren. Der Krieg im Pazifik wurde mit Flugzeugträgern geführt und von denen lag während der Attacke keiner in Pearl Harbor.

World War II Valor in the Pacific National Monument

Die barrierefreie Gedenkstätte, vom National Park Service verwaltet, ist eines der bedeutendsten US-Denkmäler zum Zweiten Weltkrieg. Sie erzählt die Geschichte des Angriffs auf Pearl Harbor und erinnert an die gefallenen Soldaten. Der Haupteingang führt auch zu den anderen Parks und Museen von Pearl Harbor.

Auf dem Areal gibt es viel mehr zu sehen als nur das USS Arizona Memorial. Vor allem zwei Museen, in denen multimediale und interaktive Ausstellungen die „Road to War" und „Attack and Aftermath" mit historischen Fotos, Filmen, Illustrationen und Tonbandaufnahmen lebendig werden lassen, lohnen einen Besuch.

Der Buchladen hat Bücher und Filme über den Angriff auf Pearl Harbor und den Kriegsschauplatz im Pazifik sowie informative, illustrierte Karten der Schlacht. Mit Glück trifft man auf einen der nur noch wenigen über 95-jährigen Pearl-Harbor-Veteranen, die hier ehrenamtlich Fragen beantworten und Autogramme geben.

In der USS *Missouri*

Für die drei kostenpflichtigen Attraktionen sind diverse Kombitickets erhältlich, am günstigsten ist der 7-Tage-Pass, in dem der Eintritt zu allen enthalten ist. Tickets gibt's online auf www.pearlharborhistoricsites.org, am Kartenschalter der Hauptgedenkstätte und an jedem Mahnmal.

USS Arizona Memorial

Die ergreifende **Gedenkstätte** (☎808-422-3399; www.nps.gov/valr; 1 Arizona Memorial Pl; frei, Reservierungsgebühr für die Bootstour 1,50 $; ⏲7–17 Uhr, Bootstouren 7.30–15 Uhr) GRATIS erinnert mit einem Schrein vor der Küste an den Angriff auf Pearl Harbor und die gefallenen Soldaten. Sie kann nur mit dem Boot erreicht werden.

Das USS *Arizona* Memorial wurde quer über den Mittelrumpf der gesunkenen USS *Arizona* gebaut. Die Geometrie ist beabsichtigt, um anfängliche Niederlage, schlussendlichen Sieg und ewige Ruhe zu repräsentieren. In der äußersten der drei Kammern des Schreins sind auf einer Marmorwand die Namen der bei dem Angriff getöteten Besatzungsmitglieder eingraviert. Durch die Fensterschächte im mittleren Abschnitt können Besucher das Wrack des Schiffs sehen, aus dem noch heute täglich knapp ein Liter Öl ins Meer läuft. Der Druck war groß, sich schnell von dem Angriff zu erholen und auf den Krieg vorzubereiten. Deswegen beschloss die US-Marine, die Soldaten im gesunkenen Schiff zu belassen. Sie blieben im Rumpf eingeschlossen, begraben im Meer.

Bootstouren zum Memorial

Die Boote zum Schrein legen zwischen 7.30 und 15 Uhr alle 15 Minuten ab (wenn das Wetter es zulässt). Die 75-minütige Führung, zu der ein 23-minütiger Film über den Angriff gehört, sollte bis zu 60 Tage im Voraus online gebucht werden (www.recreation.gov; Gebühr pro Ticket 1,50 $). Es ist auch möglich, ein Ticket auf der Website ab 7 Uhr Hawaii-Zeit am Tag vor dem geplanten Besuch zu ergattern – aber es gibt nur sehr wenige. Besser ist es, im Voraus zu buchen.

Battleship Missouri Memorial

Die **USS Missouri** (☎877-644-4896; www.ussmissouri.com; 63 Cowpens St, Ford Island; Eintritt inkl. Führung Erw./Kind ab 27/13 $; ⏲8–16 Uhr, Juni–Aug bis 17 Uhr) war das letzte Kriegsschiff, das die USA gebaut hatte (es lief 1944 vom Stapel). Sie stellt somit den „Abschluss" des US-Feldzugs im Pazifik während des Kriegs dar. Das ausgemusterte Kriegsschiff mit dem Spitznamen „Mighty Mo" war während der entscheidenden Schlachten von Iwo Jima und Okinawa im Einsatz.

USS Bowfin Submarine Museum & Park

Im **Park** (☎808-423-1341; www.bowfin.org; 11 Arizona Memorial Dr; Museum Erw./Kind 6/3 $, inkl. Besichtigung des U-Boots 12/5 $; ⏲7–17 Uhr, letzter Eintritt 16.30 Uhr) neben dem Besucherzentrum sind das U-Boot USS *Bowfin* aus dem Zweiten Weltkrieg und ein Museum zu sehen, das die Entwicklung der U-Boote von ihren Ursprüngen bis zum Atomzeitalter zeigt, einschließlich Filmmaterial von U-Boot-Patrouillen. Highlight ist der Einstieg in das historische U-Boot.

Pacific Aviation Museum

Das **Museum für Militärflugzeuge** (☎808-441-1000; www.pacificaviationmuseum.org; 319 Lexington Blvd, Ford Island; Erw./Kind 25/12 $, inkl. Führung 35/12 $; ⏲8–17 Uhr, letzter Einlass 16 Uhr) befasst sich mit der Zeit vom Zweiten Weltkrieg bis zu den Kriegen in Korea und Vietnam. Im ersten Hangar befindet sich eine Ausstellung zum Angriff auf Pearl Harbor, zum Doolittle Raid, einem Überraschungsangriff auf Japan 1942, und zur entscheidenden Schlacht um Midway, als sich der Zweite Weltkrieg im Pazifik zugunsten der Alliierten wendete.

Kleine Stärkung

Empfehlenswert ist das **Restaurant 604** (☎808-888-7616; www.restaurant604.com; 57 Arizona Memorial Dr; Hauptgerichte 12–25 $; ⏲10.30–22 Uhr) am Hafen.

HIGHLIGHT

Sternenprojektor, Planetarium

CLEANFOTOS/SHUTTERSTOCK ©

Bishop Museum

Das Bishop Museum präsentiert ein bemerkenswertes Spektrum kulturhistorischer und naturkundlicher Exponate. Es wird oft als bestes polynesisch-anthropologisches Museum der Welt bezeichnet.

Toll für ...

☑ Nicht versäumen

Die Ausstellungen zu Polynesien, Mikronesien und Melanesien über zwei Stockwerke in der Pacific Hall.

Das Bishop Museum präsentiert ähnlich wie das Smithonian Institut in Washington D.C. ein bemerkenswertes Spektrum kulturhistorischer und naturkundlicher Exponate. Es wird oft als bestes polynesisch-anthropologisches Museum der Welt bezeichnet. Es wurde 1889 zu Ehren der Prinzessin Bernice Pauahi Bishop gegründet, einer Nachfahrin der Kamehameha-Dynastie, und enthielt ursprünglich nur hawaiische Artefakte und solche aus königlichem Besitz. Heute würdigt es ganz Polynesien.

Hawaiian Hall

Die Hauptgalerie, die Hawaiian Hall, liegt in einem ehrwürdigen viktorianischen Gebäude, dessen drei Stockwerke so gestaltet sind, dass sie Besucher auf eine Reise durch die verschiedenen Gebiete

Alte hawaiische Statue

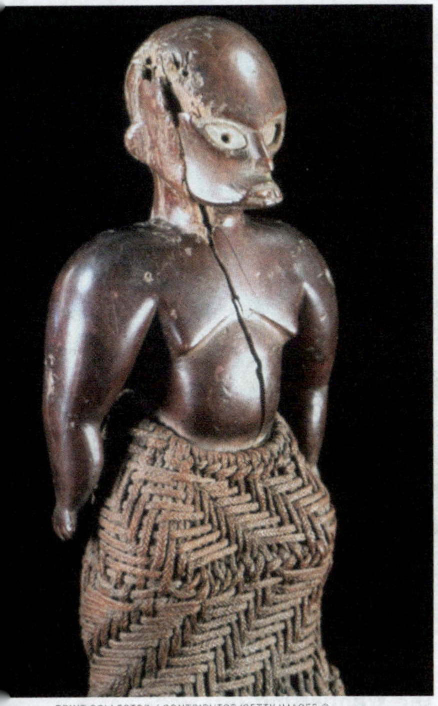

PRINT COLLECTOR / CONTRIBUTOR/GETTY IMAGES ©

Hawaiis geleiten. Kai Akea im Erdgeschoss repräsentiert die hawaiischen Götter, Legenden, Religionen und die Welt Hawaiis vor dem Kontakt mit der Außenwelt. Wao Kanaka im Stockwerk darüber beschäftigt sich mit der Bedeutung von Land und Natur im Alltagsleben. In Wao Lani im obersten Stockwerk residieren die Götter.

Pacific Hall

Die faszinierenden Ausstellungen über zwei Stockwerke in der angrenzenden Pacific Hall umspannen die zahllosen Kulturen Polynesiens, Mikronesiens und Melanesiens. Sie zeigen die Unterschiede und doch tiefen Verbindungen der Völker Ozeaniens und stecken voller Kulturschätze wie Kanus, geflochtene Matten und zeitgenössische Kunstwerke.

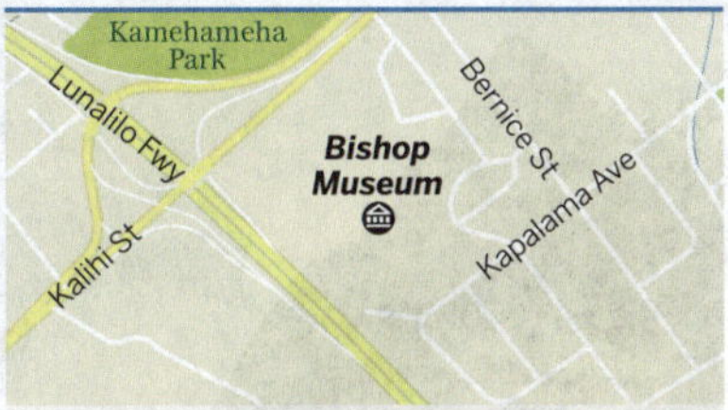

Gut zu wissen

808-847-3511; www.bishopmuseum.org; 1525 Bernice St; Erw./Kind 23/15 $; 9–17 Uhr; (P)

Kleine Stärkung

Kalua-Schwein und *lomilomi*-Lachs (gehackter, gesalzener Lachs, Tomatenwürfel und Frühlingszwiebeln) stärken im Helena's Hawaiian Food (S. 325).

★ Top-Tipp

Der Andenkenladen verkauft rare Bücher über den pazifischen Raum.

Planetarium

Im Bishop Museum befindet sich auch das einzige Planetarium O'ahus, das ein stets wechselndes Programm zeigt, u. a. traditionelle polynesische Navigationsmethoden. Aktuelle Vorführungen stehen auf der Website.

Weitere Ausstellungen

Das Anliegen des erstaunlichen, hochmodernen, multisensorischen **Science Adventure Center** ist ein besseres Verständnis der Umwelt Hawaiis. Besucher können sich mit Wissenschaftsgebieten befassen, in denen sich Hawaii international hervortat, wie Vulkanologie, Ozeanographie und Artenvielfalt.

Im **Na Ulu Kaiwi'ula Native Hawaiian Garden** gedeihen Pflanzenarten, die in der hawaiischen Kultur von Bedeutung sind, z. B. endemische Pflanzen oder Brotfruchtbäume, die Polynesier vor Jahrhunderten mit nach Hawaii brachten.

HIGHLIGHT

Nu'uanu Valley Lookout

PHILLIP B. ESPINASSE/SHUTTERSTOCK ©

Manoa Falls Trail

Die schönste Kurzwanderung der Stadt führt zu einem schmalen Wasserfall im Grüngürtel Honolulus.

Toll für ...

☑ Nicht versäumen

In der Nähe des Wasserfalls wachsen einzigartige und kunterbunte Pflanzen.

Die Wanderung

Der 1,2 Meilen (2,5 km) lange Rundweg ist die schönste Kurzwanderung in Honolulu. Er führt an einem felsigen Bachbett entlang bis zu einem hübschen, kleinen Wasserfall. Hohe Bäume säumen den oft matschigen und rutschigen Weg. Wilde Orchideen und rote Alpinia wachsen nahe dem Wasserfall, der etwa 30 m tief in einen kleinen, seichten Teich stürzt. Es ist verboten, das ausgewiesene Aussichtsareal zu verlassen.

Anfahrt

Die Buslinie 5 fährt vom Ala Moana Center oder dem Universitätsviertel zur Endstation Manoa Valley; von dort sind es 800 m zu Fuß bergauf bis zum Startpunkt des Wegs. Autofahrer fahren bis fast zum Ende der Manoa Rd zu einem privat betriebenen Parkplatz, der 5 $ pro Fahrzeug kostet. Gleich unterhalb der

Makiki Valley Trails

ROSANNA U/GETTY IMAGES ©

Gut zu wissen

Mehr über die Wanderwege der Insel auf http://hawaiitrails.ehawaii.gov.

Kleine Stärkung

Nach der Wanderung lockt ein Mittagsbufett im **Treetops Restaurant** (808-988-6839; http://manoatreetops.wixsite.com; 3737 Manoa Rd, Manoa Valley; Buffet 15,95 $; Mo–Sa 9–16 Uhr).

★ Top-Tipp

Lust auf mehr? Es gibt mehrere Wanderwege in der Nähe der Manoa Falls im Honolulu Watershed Forest Reserve.

Bushaltestelle sind manchmal kostenlose Parkplätze am Straßenrand zu finden.

Nu'uanu Valley Lookout

Kurz vor den Manoa Falls führt der markierte 'Aihualama Trail nach links und über Felsbrocken hinweg ziemlich schnell in einen Bambuswald mit einigen gigantischen Banyanbäumen. Weiter geht's den Kamm entlang mit weitem Blick über das Manoa Valley.

Nach einer weiteren Meile (1,6 km) über mehrere Serpentinen stößt man auf den Pauoa Flats Trail, der rechts über mehr als eine halbe Meile (800 m) über schlickige Baumwurzeln zum spektakulären Nu'uanu Valley Lookout führt. Hoch auf der Ko'olau Range, wo ringsum die steilen *pali* (Klippen) O'ahus zu sehen sind, reicht der Blick bis zur Windward Coast. Die Entfernung zwischen Aussichtspunkt und den Manoa Falls beträgt hin und zurück etwa 5,5 Meilen (knapp 9 km). Auch vom Makiki Valley und dem Tantalus Dr führen Wege zum Aussichtspunkt.

Vorsicht!

Steinschlag und die Gefahr von Leptospirosis (durch Wasser übertragene bakterielle Infektion) machen das Baden im Wasser gefährlich.

Makiki Valley Trails

Der 2,5 Meilen (4 km) lange **Makiki Valley Loop**, eine beliebte Joggingstrecke der Städter, verbindet drei Wege um den Tantalus. Sie sind meistens matschig, trittfeste Schuhe und ein Wanderstock sind daher hilfreich. Der Rundweg führt durch einen üppigen Tropenwald, der hauptsächlich aus standortfremden Baumarten besteht. Sie wurden zur Wiederaufforstung eines Gebiets eingeführt, das im 19. Jh. für den Handel mit *'iliahi* (Sandelholz) abgeholzt worden war.

SEHENSWERTES

Honolulus kompakte Innenstadt ist nur einen Katzensprung vom Meer entfernt. Die belebten Straßen von Chinatown ganz in der Nähe sind voller Lebensmittelmärkte, Antiquitätenläden, Galerien und hipper Bars. Ala Moana zwischen der Innenstadt und Waikiki bietet das größte Einkaufszentrum Hawaiis und den besten Strand der Stadt. Der Campus der University of Hawaii ist das Tor zum Manoa Valley. Ein paar Sehenswürdigkeiten weiter außerhalb, wie das Bishop Museum, lohnen sich ebenfalls.

Zentrum

Die Gegend war Schauplatz politischer Machenschaften und sozialer Umwälzungen, die im 19. Jh. die Gesellschaft Hawaiis veränderten. Hier herrschten, revoltierten und beteten bedeutende Gestalten, die heute auf den Friedhöfen ruhen.

Hawai'i State Art Museum Museum
(☎808-586-0300; http://sfca.hawaii.gov; 1. OG, No 1 Capitol District Bldg, 250 S Hotel St; ⏲Di–Sa 10–16 Uhr, 1. Fr im Monat auch 18–21 Uhr) GRATIS In der lebendigen und spannenden Sammlung des Kunstmuseums verbinden sich traditionelle und zeitgenössische Kunst der multikulturellen Gesellschaft Hawaiis. Das Museum ist in einem prächtigen Gebäude im spanischen Missionsstil von 1928 untergebracht, das einst dem YMCA gehörte und heute unter Denkmalschutz steht. Zum Museum gehören auch ein wunderbarer Andenkenladen und ein hervorragendes Café, das Artizen by MW (S. 326).

Oben gibt es thematische Wechselausstellungen mit Gemälden, Skulpturen, Textilkunst, Fotos und Multimediakunst, z. B. zum polynesischen Erbe der Insel, zu aktuellen sozialen Problemen oder zur Naturschönheit von Land und Meer. Die komplexe Mischung asiatischer, pazifischer und europäischer Kulturen in Hawaii ist überall zu spüren und bildet eine Ästhetik, die den Geist der Inseln und die Seele der Menschen widerspiegelt.

Am ersten Freitag des Monats ist das Museum auch von 18 bis 21 Uhr geöffnet, samt Liveunterhaltung und einer familienfreundlichen Atmosphäre. Am letzten Dienstag des Monats findet um 12 Uhr der kostenlose „Art Lunch" mit Vortrag statt, am zweiten Samstag des Monats von 11 bis 15 Uhr gibt's hawaiisches Kunsthandwerk zum Mitmachen, ein Angebot, das sich oft auch an Kinder richtet.

State Capitol Bauwerk
(☎808-586-0178; 415 S Beretania St; ⏲Mo–Fr 7.45–16.30 Uhr) GRATIS Der Regierungssitz des

Ala Moana Beach Park (S. 316)

PHILLIP B. ESPINASSE/SHUTTERSTOCK ©

JEFF WHYTE/SHUTTERSTOCK

Ali'iolani Hale

Bundesstaats Hawaii, erbaut in den architektonisch interessanten 1960er-Jahren, ist ein Aushängeschild der konzeptuellen Postmoderne: Die beiden konisch geformten Plenarsäle stehen für Vulkane, die wie Kokospalmen geformten Säulen symbolisieren die acht Hauptinseln und das große Wasserbecken rundherum den Pazifik. Besucher können durch die Freiluftrotunde laufen und durch Fenster in die Plenarsäle blicken. In Raum 415 im 3. Stock liegen Broschüren zur Besichtigung auf eigene Faust bereit.

Statue der Königin Lili'uokalani Statue

Eine lebensgroße Bronzestatue der Königin Lili'uokalani, der letzten Herrscherin Hawaiis, steht demonstrativ zwischen dem State Capitol und dem 'Iolani Palace. In der Hand hält sie die Verfassung, die sie 1893 im Bemühen um den Erhalt der hawaiischen Herrschaft geschrieben hatte, „Aloha 'Oe", ein von ihr komponiertes, beliebtes Lied, und *Kumulipo*, das alte Schöpfungslied der Hawaiianer.

Statue von Father Damien Statue

Vor dem Capitol steht eine stark stilisierte Statue von Father Damien. Der belgische Priester lebte und arbeitete Ende des 19. Jhs. mit Menschen, die an der Hansen-Krankheit (Lepra) litten und auf der Insel Moloka'i isoliert wurden. Father Damien starb selbst an der Krankheit und wurde 2009 als erster Katholik Hawaiis heiliggesprochen. Anlass war eine angeblich wundersame Krebsheilung eines Lehrers aus Honolulu, der 1988 an Damiens Grab auf Moloka'i gebetet hatte.

Ali'iolani Hale Historisches Gebäude

(☎808-539-4999; www.jhchawaii.net; 417 S King St; ⏲Mo–Fr 8–16.30 Uhr) GRATIS Das „Haus der himmlischen Könige" war das erste Regierungsgebäude, das die hawaiische Monarchie 1874 in Auftrag gab. Es wurde vom australischen Architekten Thomas Rowe als Königspalast konzipiert, wurde aber nicht als solcher genutzt. Heute ist hier der Oberste Gerichtshof von Hawaii untergebracht. Nach Passieren der Sicherheitskontrolle können Besucher im **King Kamehameha V Judiciary History Center** interessante historische Ausstellungen über Kriegsrecht im Zweiten Weltkrieg und die Herrschaft von Kamehameha I. ansehen.

Hawaiian Mission Houses Historic Site Museum

(☎808-447-3910; www.missionhouses.org; 553 S King St; einstündige Führung Erw./Kind 6–18 J. & Stud. mit Ausweis 10/6 $; ⏲Di–Sa 10–16 Uhr,

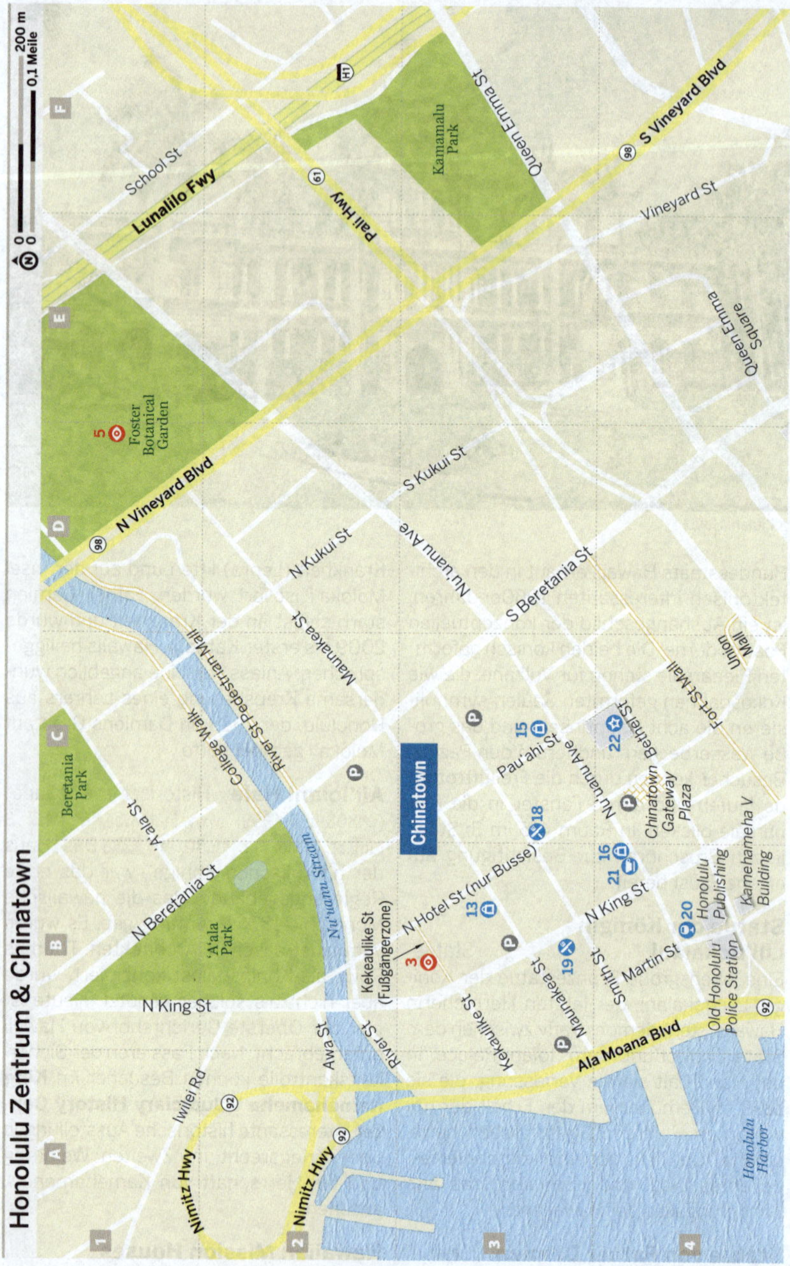

Führungen meist 11, 12, 13, 14 & 15 Uhr) Das einfache Museum im einstigen Haus der Sandwich-Island-Mission, die den Lauf der hawaiischen Geschichte für immer veränderte, ist mit handgefertigten Bettdecken auf den Betten und Eisenkochtöpfen auf steinernen Feuerstellen authentisch eingerichtet. Auf dem Gelände kann jeder auf

eigene Faust herumlaufen, aber ein Blick in die Gebäude ist nur mit Führung möglich.

Beim Rundgang über das Gelände wird deutlich, dass die ersten Missionare mehr als nur ihre Koffer aus Boston mitbrachten. Sie transportierten auch ein vorgefertigtes Holzhaus aus der Heimat (übers Kap Hoorn) hierher, das heutige **Frame House**.

Honolulu Zentrum & Chinatown

Sehenswertes

1	Ali'iolani Hale	D6
2	Aloha Tower	A6
3	Märkte von Chinatown	B3
4	Father Damien-Statue	E5
5	Foster Botanical Garden	D1
6	Hawai'i State Art Museum	D5
7	Hawaiian Mission Houses Historic Site	E7
8	'Iolani Palace	D6
9	Statue von Königin Lili'uokalani	E5
10	State Capitol	E5

Aktivitäten, Kurse & Touren

11	Architectural Walking Tour	B5
12	Atlantis Adventures	B7

Shoppen

13	Cindy's Lei Shoppe	B3
14	Kamaka Hawaii	C8
15	Madre Chocolate	C3
16	Tin Can Mailman	B4

Essen

17	Cafe Julia	D5
18	Lucky Belly	C3
19	Pig & the Lady	B3

Ausgehen & Nachtleben

20	Murphy's Bar and Grill	B4
21	Tea at 1024	B4

Unterhaltung

22	Hawaii Theater	C4
23	Royal Hawaiian Band	D6

Die Bauweise mit kleinen Fenstern, gedacht um den Winterstürmen Neuenglands zu trotzen, blockte nun die kühlenden Passatwinde Honolulus ab – in dem zweistöckigen Haus war es daher höllisch heiß und stickig. Es wurde 1821 erbaut und ist damit das älteste Holzgebäude von Hawaii.

Das 1831 aus Korallenkalkstein gebaute **Chamberlain House** war das Vorratshaus der ersten Mission, das mangels Läden in Honolulu in jener Zeit notwendig war. Oben sind Fässer, Holzkisten voller Geschirr sowie Tisch und Federkiel von Levi Chamberlain ausgestellt. Er war dafür zuständig, für die Missionarsfamilien, die nur wenig Geld erhielten, Vorräte zu kaufen, zu lagern und zu verteilen – wie die Geschäftsbücher auf seinem Schreibtisch belegen.

In der benachbarten **Druckerei** aus dem Jahr 1841 ist eine Bleidruckpresse zu sehen, auf der die erste Bibel auf Hawaiisch gedruckt wurde.

Das **Mission Social Hall and Cafe**, das vom Chefkoch Mark „Gooch" Noguchi geführt wird, serviert dienstags bis samstags von 11 bis 14 Uhr kulinarische Leckereien.

Aloha Tower — Wahrzeichen

(www.alohatower.com; 1 Aloha Tower Dr; ⌚9–17 Uhr; P) GRATIS Das zehnstöckige, 1926 erbaute Wahrzeichen war einst das höchste Gebäude der Stadt. Damals, als alle Touristen noch mit dem Schiff in Hawaii eintrafen, begrüßte der viereckige Turm am Hafen mit dem Schriftzug „Aloha" über der Uhr jeden Besucher. Mittlerweile hat die Hawaii Pacific University den Aloha Tower Marketplace erworben und haucht ihm mit Läden, Restaurants und Studentenunterkünften neues Leben ein. Die Aussichtsplattform im obersten Stock bietet einen Rundumblick auf Honolulu und die Küste.

Ala Moana & Umgebung

Ala Moana bedeutet „Weg zum Meer", und die gleichnamige Straße, der Ala Moana Blvd (Hwy 92), verläuft an der Küste zwischen Waikiki und Honolulu. Die meisten Menschen verbinden zwar Ala Moana nur mit dem Einkaufszentrum dort, aber der **Ala Moana Beach Park**, der größte Beach Park O'ahus, ist eine erholsame Alternative zum überfüllten Waikiki.

Ala Moana Beach Park — Strand

(1201 Ala Moana Blvd; P 👪) Der Beach Park gegenüber vom Einkaufszentrum Ala Moana Center hat einen breiten, goldenen, fast 1 Meile (1,6 km) langen Sandstrand, der durch schattenspendende Bäume vom Verkehr abgeschirmt ist. Ala Moana ist enorm beliebt, aber groß genug, um nicht überfüllt zu wirken. Die Einwohner Honolulus joggen hier nach Feierabend, spielen Beach Volleyball und picknicken am Wochenende. Der Park ist voll ausgestattet, u. a. mit Tennis- und Baseballplätzen, Picknicktischen, Trinkwasser, Toiletten, Freiluftduschen und Rettungsschwimmern.

Die Halbinsel, die an der südöstlichen Seite des Parks ins Meer ragt, ist **Magic Island**. Das ganze Jahr über kann man rund um die Halbinsel idyllische Spaziergänge bei Sonnenuntergang unternehmen, während nur einen Ankerwurf entfernt Segelboote vom und zum benachbarten Ala-Wai-Jachthafen gleiten.

Honolulu Museum of Art — Museum

(☎808-532-8700; www.honolulumuseum.org; 900 S Beretania St; Erw./Kind 10 $/frei, 1. Mi & 3. So im Monat frei; ⌚Di–Sa 10–16.30, So 13–17 Uhr; P 👪) Das außergewöhnliche Kunstmuseum ist wohl die größte Überraschung auf O'ahu. Das Gebäude von 1927 hat eine klassische Fassade, die einladend offen und luftig ist, und Galerien, die sich um Gärten und Innenhöfe mit Springbrunnen gruppieren. Für einen Besuch des Museums sollten ein paar Stunden eingeplant werden, eventuell in Kombination mit einem Mittagessen im Honolulu Museum of Art Cafe (S. 327). Die Eintrittskarte gilt auch für einen Besuch am gleichen Tag im Spalding House (S. 320).

Hinreißend schöne Ausstellungen präsentieren die verschiedenen Kulturen im heutigen Hawaii, darunter eine der besten Sammlungen asiatischer Kunst des Landes, die u. a. japanische Holzschnittdrucke von Hiroshige, chinesische Kalligraphien aus der Ming-Dynastie, bemalte Schriftrollen sowie Tempelschnitzereien und -statuen aus Kambodscha und Indien enthalten. Ein weiteres Highlight ist der auffällig zeitgenössische Flügel mit hawaiischen Arbeiten auf der oberen Ebene und moderner Kunst von solchen Größen wie Henri Matisse und Georgia O'Keeffe unten. Oder man lässt sich von den pazifischen und polynesischen Artefakten bezaubern, wie zeremonielle Masken, Schwertkeulen und Körperschmuck.

Auf der Website des Museums sind Veranstaltungen angekündigt, darunter Galerieführungen und Kunstvorträge, Filmvorführungen und Konzerte im Doris Duke Theatre (S. 329), ARTafterDARK mit Essen, Trinken und Liveunterhaltung am letzten Freitag mancher Monate sowie familienfreundliche Kunst- und Kulturprogramme am dritten Sonntag des Monats.

Mr. Obamas Heimat

Während des Wahlkampfs um die US-Präsidentschaft von 2008 stellte die republikanische Kandidatin für das Amt des Vizepräsidenten dem Land wiederholt die Frage: „Wer ist Barack Obama?" Obamas Frau Michelle gab schließlich die Antwort: „Man kann Barack nicht wirklich verstehen, wenn man Hawaii nicht versteht."

Obama, der in Makiki Heights aufwuchs, schrieb einst: „Hawaiis Geist der Toleranz ... wurde zu einem integralen Bestandteil meiner Weltsicht und zur Grundlage all jener Werte, die ich am meisten schätze." Die hawaiischen Medien und viele *kama'aina* (Menschen, die in Hawaii geboren und aufgewachsen sind) stimmen überein, dass Hawaiis multiethnische Gesellschaft den Präsidenten prägte, der während der Wahl von 2008 eine Regenbogenkoalition bildete.

Obama betont, dass Hawaii für ihn ein Ort sei, an dem er sich erholen und Kraft tanken kann. „Wenn ein langer Tag voller Sitzungen und Verhandlungen vor mir liegt, lass ich meine Gedanken zurück zum Sandy Beach oder zu den Manoa Falls schweifen ... Es hilft mir irgendwie zu wissen, dass es solch wunderbare Orte gibt und ich immer zu ihnen zurückkehren kann."

Manoa Falls Trail
BARRY WINIKER/GETTY IMAGES ©

Der Eintritt in den Honolulu Museum of Art Shop (S. 324), das Café (S. 327) und die Robert Allerton Art Library ist frei.

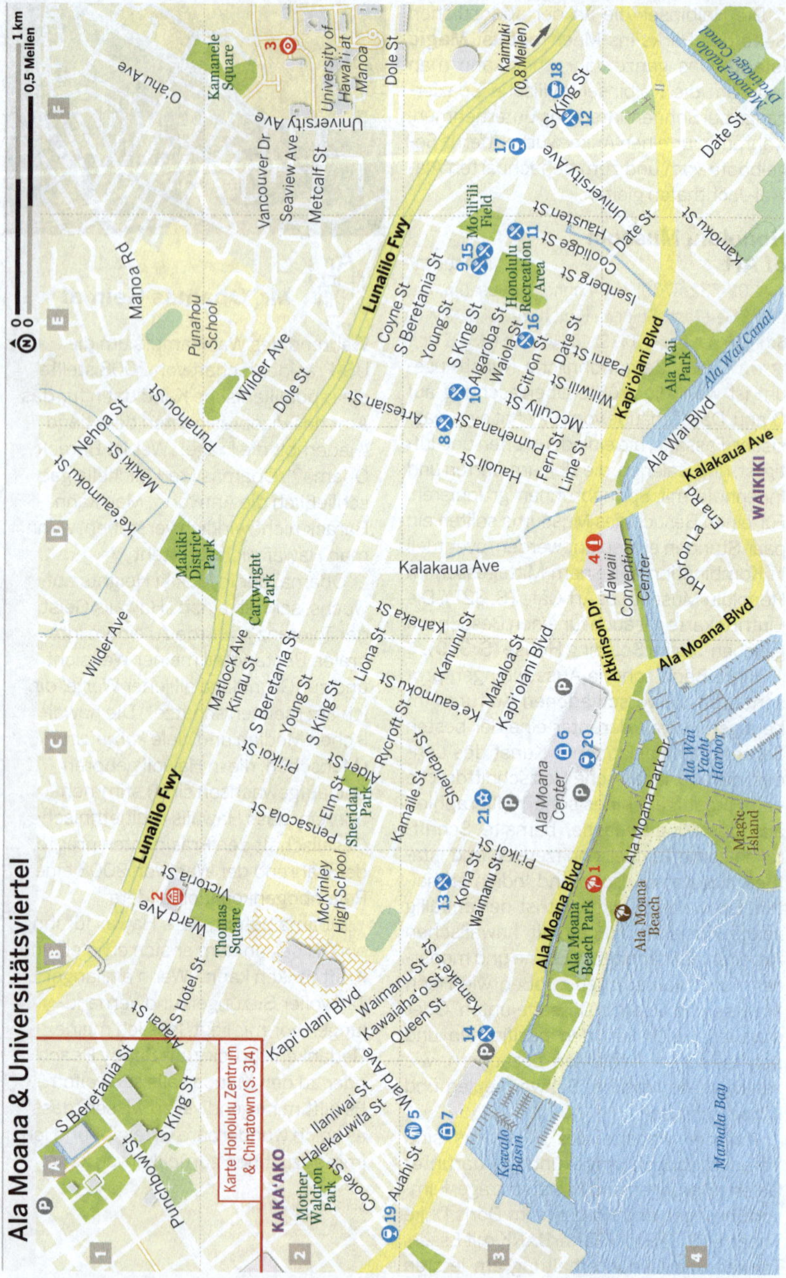

Parken am Museum of Arts Center auf dem Linekona-Parkplatz, schräg gegenüber vom Museum in der 1111 Victoria St (Einfahrt an der Beretania oder Young St), kostet 5 $. Von Waikiki fahren der Bus 2 oder 13 oder der B CityExpress! hierher.

Ala Moana & Universitätsviertel

Sehenswertes
1 Ala Moana Beach Park B3
2 Honolulu Museum of Art B1
3 University of Hawai'i at Manoa F2
4 Statue „Water Giver" D3

Aktivitäten, Kurse & Touren
Native Books/Nā Mea Hawaii ...... (s. 7)
5 Surf HNL Girls Who Surf A3

Shoppen
6 Ala Moana Center C3
Honolulu Museum of Art Shop ...... (s. 2)
7 Native Books/Nā Mea Hawaii A3

Essen
8 Alan Wong's E3
9 Aloha Vietnamese Food E3
10 Chef Mavro E3
Honolulu Museum of Art Cafe ...... (s. 2)
11 Kahai Street Kitchen E3
12 Kokua Market Natural Foods F3
13 Nanzan Girogiro B3
14 Nobu Honolulu B3
15 Sweet Home Café E3
16 Waiola Shave Ice E3

Ausgehen & Nachtleben
17 Beer Lab HI F3
18 Glazers Coffee F3
19 Honolulu Beerworks A2
20 Mai Tai Bar C3

Unterhaltung
Doris Duke Theatre ...... (s. 2)
21 Republik C3

Water Giver — Statue

(Hawaii Convention Center, 1801 Kalakaua Ave) Die großartige Statue vor dem Honolulu Convention Center würdigt das hawaiische Volk für seine Großzügigkeit und sein Wohlwollen gegenüber Neuankömmlingen. Ihr Pendant ist die Statue *Storyteller* in Waikiki.

Universitätsviertel

Im Viertel um die University of Hawai'i (UH) Manoa in den Ausläufern des Manoa Valley herrscht eine junge Atmosphäre. Es gibt dort etliche Cafés, vielseitige Gastronomie und einzigartige Läden. Sehr belebt geht es um die Kreuzung University Ave und S King St zu.

University of Hawai'i at Manoa — Universität

(UH Manoa; ☎808-956-8111; http://manoa.hawaii.edu; 2500 Campus Rd; P) Der zentrale Campus aller Universitäten Hawaiis, etwa 2 Meilen (3,6 km) nordöstlich von Waikiki, wurde spät gegründet und blieb von der konservativen akademischen Architektur des amerikanischen Festlands verschont. Heute tummeln sich auf dem luftigen, von Bäumen beschatteten Gelände Studenten von allen polynesischen und mikronesischen Inseln. Die Universität glänzt in den Fachbereichen Astronomie, Ozeanografie und Meeresbiologie, aber auch in den Hawaii-, Pazifik- und Asienwissenschaften.

Zu erreichen ab Waikiki oder dem Zentrum Honolulus mit dem Bus 4 oder 13, von Ala Moana mit der Buslinie 6 oder 18.

Upper Manoa Valley, Tantalu & Makiki

Willkommen im grünen Gürtel Honolulus! Straßen winden sich nördlich der UH Manoa in das obere Manoa Valley, führen an exklusiven Villen vorbei und in das Waldreservat in den Bergen oberhalb der Hochhäuser des Zentrums. Hier oben kann es heftig regnen, während sich in Waikiki die Menschen am Strand in der Sonne aalen. Weiter westlich liegt Makiki Heights, das Viertel, in dem der ehemalige US-Präsident Barack Obama einen Großteil seiner Kindheit verbracht hat.

Lyon Arboretum — Gärten

(☎808-988-0456; https://manoa.hawaii.edu/lyonarboretum; 3860 Manoa Rd; Spende 5 $, Führung 10 $; ⏲Mo–Fr 8–16, Sa 9–15 Uhr, Führungen meist Mo–Sa 10 Uhr; P 👪) Wunderbar verwilderte Wanderwege winden sich durch die 80 ha des hoch geschätzten Parks, der von der University of Hawai'i verwaltet wird. Er wurde 1918 von einer Gruppe Zuckerpflanzer angelegt, die das Wassereinzugsgebiet Honolulus wiederherstellen und den wirtschaftlichen Nutzen einheimischer und exotischer Pflanzenarten testen wollten. Dies ist kein typischer, ordentlich gepflegter Tropenblumengarten, sondern ein ausgewachsenes und weitgehend bewaldetes Arboretum, wo verwandte Arten in nahezu natürlichem Zustand zusammenstehen. Wer an einer Führung teilnehmen möchte,

Tantalus–Round Top Scenic Drive

Der malerische Tantalus–Round Top Scenic Drive, der Auto- und Radfahrern einen Blick auf die Skyline bietet, führt fast bis auf die Spitze des Mount Tantalus (613 m) bzw. Pu'u 'Ohi'a hoch. Das tropische Dickicht links und rechts der Straße besteht aus Bambus, Ingwer, Taro und Eukalyptusbäumen, Ranken wachsen Telefonmasten hoch und winden sich um die Drähte. Der 10 Meilen (16 km) lange Rundweg, der oberhalb des Zentrums von Honolulu und des H-1 Fwy beginnt, besteht aus zwei Straßen, dem Tantalus Dr an der westlichen Seite und dem Round Top Dr an der östlichen. Viele Wanderwege zweigen von der Rundstraße ab, die auch am Pu'u 'Ualaka'a State Wayside mit seinen herrlichen Aussichten vorbeiführt.

Heimische Alpinia-Blüten
PILIALOHA/SHUTTERSTOCK ©

sollte mindestens 24 Stunden im Voraus buchen.

Im Garten für hawaiische ethnobotanische Pflanzen gedeihen *'ulu* (Brotfruchtbaum), *kalo* (Taro) und *ko* (Zuckerrohr), die die ersten polynesischen Siedler mitbrachten, dann *kukui*, das zur Herstellung von Laternenöl genutzt wurde, und *ti*, das in alter Zeit für medizinische Zwecke und nach Ankunft der Europäer für die Schwarzbrennerei verwendet wurde. Zum **Inspiration Point** ist es nur ein kurzes Stück zu Fuß, zu den **'Aihualama Falls**, einem saisonalen, schmalen Klippenwasserfall führt der Weg über 1 Meile (1,6 km) bergauf über eine Piste und dann über einen schmalen, von Baumwurzeln durchzogenen Pfad.

Pu'u 'Ualaka'a State Wayside — Aussichtspunkt

(www.hawaiistateparks.org; ⏲April–1. Mo Sept. 7–19.45 Uhr, 1. Di Sept.–März bis 18.45 Uhr; Ⓟ) Von diesem Park in Hanglage reicht der Blick bis zum Diamond Head ganz links, über Waikiki und Honolulu, bis zur Wai'anae Range ganz rechts. Der weitläufige Campus der UH Manoa ist leicht am Sportstadion der Universität zu erkennen. Der Flughafen liegt an der Küste und dahinter Pearl Harbor. Ab der Makiki St sind es weniger als 2,5 Meilen (4 km) auf dem Round Top Dr bis zum Parkeingang, von wo es nochmals etwa 0,5 Meilen (800 m) bis zum Aussichtspunkt sind (an der Gabelung links halten).

Spalding House — Museum

(☎808-237-5225; www.honoluluacademy.org; 2411 Makiki Heights Dr; Erw./Kind 10 $/frei, 1. Mi im Monat frei; ⏲Di–Sa 10–16, So 12–16 Uhr; Ⓟ) Das Kunstmuseum in einem tropischen Skulpturengarten ist in einem Gutshaus untergebracht, das 1925 für Anna Rice Cooke gebaut wurde, eine in O'ahu geborene Nachfahrin von Missionaren und reiche Kunstmäzenin. In den Hauptgalerien sind wechselnde Ausstellungen von Gemälden, Skulpturen und anderen zeitgenössischen Werken von den 1940er-Jahren bis heute von internationalen, US-amerikanischen und hawaiischen Künstlern zu sehen. Im Haus befindet sich auch ein kleines Café und ein Geschenkeladen. Die Eintrittskarten sind auch für Besuche am gleichen Tag im Honolulu Museum of Art (S. 317) gültig.

Zu erreichen von Waikiki mit den Buslinien 2, 13 oder B CityExpress! Richtung Zentrum von Honolulu bis zur Haltestelle an der Ecke Beretania und Alapa'i St; von dort geht es einen Straßenblock *makai* (Meerseite) über die Alapa'i St und dann mit dem Bus 15 Richtung Pacific Heights, der vor dem Spalding House hält.

AKTIVITÄTEN

Honolulu ist eine Stadt für Aktive und es wird immer etwas geboten. Strände und Berge liegen in unmittelbarer Nähe, sodass alle Outdoor-Aktivitäten möglich sind, ob nun im Meer surfen, schwimmen oder

Stand-Up-Paddeln oder in den Bergen wandern. In der ganzen Stadt gibt es kostenlose, beleuchtete Tennisplätze und in der Umgebung massenhaft Golfplätze. Honolulu ist ein Paradies für Outdoor-Enthusiasten.

Atlantis Adventures Walbeobachtung

(☎800-381-0237; http://atlantisadventures.com/waikiki/whale-watch-cruise; Pier 6, Aloha Tower Dr; 2½-Std.-Tour Erw./Kind 7–12 J. ab 87/50 $) Atlantis unternimmt von Mitte Dezember bis Mitte April täglich um 11.30 Uhr Bootstouren zur Walbeobachtung mit einem Naturkundler an Bord eines Hightech-Boots, das durch seine Bauart weniger schlingert. Reservierung ist erforderlich; Ermäßigungen gibt es bei Online-Buchung oder mit Coupons aus den kostenlosen Touristenmagazinen. Die Sichtung von Walen ist angeblich garantiert, einige Hotels in Waikiki sorgen für Transport zu den Booten.

Blue Hawaiian Helicopters Rundflüge

(☎808-831-8800; www.bluehawaiian.com; 99 Kaulele Pl; 45-Min.-Flug pro Pers. 240 $) Das wohl spannendste Abenteuer auf O'ahu. Der Hubschrauber fliegt auf dem 45-minütigen Flug „Blue Skies of O'ahu" über Honolulu, Waikiki, Diamond Head, Hanauma Bay und die gesamte Windward Coast, dann über die North Shore, das Zentrum O'ahus und Pearl Harbor. Alle wichtigen Informationen, einschließlich Video-Clips, sind auf der Website zu finden. Frühzeitige Buchung ist unbedingt notwendig.

Makiki Valley & Manoa Cliffs Trails Wandern

(https://hawaiitrails.org) Der 2,5 Meilen (4 km) lange Makiki Valley Loop, eine beliebte Joggingstrecke der Stadtbewohner, verbindet drei Wege um den Tantalus. Diese Wege sind meist matschig, trittfeste Schuhe und ein Wanderstock sind daher ratsam. Der Rundweg führt durch einen üppigen Tropenwald, der hauptsächlich aus standortfremden Arten besteht. Sie wurden zur Wiederaufforstung eines Gebiets eingeführt, das bereits im 19. Jh. für den Handel mit *'iliahi* (Sandelholz) abgeholzt worden war.

Der **Maunalaha Trail** überquert einen kleinen Bach und führt zwischen Taro-Feldern, Norfolktannen, Banyanbäumen und Bambus den Osthang des Makiki Valley hoch. Der Blick reicht weit, auch nach unten zu verfallenen Resten einer alten hawaiischen Steinmauer und einer Kaffeeplantage aus alter Zeit. Nach 0,7 Meilen (1,1 km) kommt eine Kreuzung. Dort geht es, mit gelegentlicher Aussicht auf die

Waikiki-Straßenbahn, Kalakaua Ave

Stadt, weiter auf dem gut 1 Meile (1,8 km) langen **Makiki Valley Trail** über schmale Schluchten und sanfte Bächlein, die von Ingwerpflanzen und Guavenbäumen gesäumt sind. Der 0,7 Meilen (1,1 km) lange **Kanealole Trail** beginnt nach Überquerung des Kanealole Stream und führt am Bach entlang durch ein Feld mit Hiobstränen – die perlenartigen Scheinfrüchte der weiblichen Blüten dieser hohen Grasart werden manchmal für *leis* verwendet – zurück zum Ausgangspunkt.

Eine anstrengendere Wanderung über 6,2 Meilen (10 km) beginnt am gleichen Ausgangspunkt und bietet einen weiten Blick über das Tal bis hin zum Meer. Der Manoa Cliffs Circuit, auch „Big Loop" genannt, folgt erst dem Maunalaha Trail, dann dem **Moleka Trail** bis zum **Manoa Cliff**, **Kalawahine** und **Nahuina Trail**. An der Kreuzung mit dem **Kalawahine Trail** führt ein Abstecher rechts auf den **Pauoa Flats Trail** zum **Nu'uanu Valley Lookout** (https://hawaiitrails.org). Vom Aussichtspunkt geht es auf dem gleichen Weg zurück zum Kalawahine Trail, dann über den Nahuina Trail zum Kanealole Trail, der zurück bergab zum Ausgangspunkt im Wald führt.

Startpunkt für beide Rundwanderwege ist die Makiki Forest Recreation Area, knapp eine halbe Meile (800 m) von der Makiki St den Makiki Heights Dr hoch. Autofahrer können am ausgeschilderten „Carpark for Hikers" parken und dann zu Fuß den Schildern am Naturlehrpfad Richtung Startpunkt folgen. Der befindet sich in der Nähe des **Hawai'i Nature Center** (☎808-955-0100; http://hawaiinaturecenter.org; 2131 Makiki Heights Dr; Teilnahmegebühr ab 10 $; 👪), das familienfreundliche Wanderungen und Naturlehrgänge anbietet.

Native Books/ Nā Mea Hawaii — Kunst, Kultur

(☎808-596-8885; www.nameahawaii.com; Ward Warehouse, 1050 Ala Moana Blvd) GRATIS Die höchst empfehlenswerte, hawaiisch orientierte Buchhandlung mit Kunstgalerie und Geschenkeladen veranstaltet kostenlose Kurse, Workshops und Vorführungen für Hula, hawaiische Sprache, traditoneller *lei*-Herstellung mit Federn und *lauhala*-Flechten, Ukulele und mehr. Termine sind auf der Website zu erfahren, Voranmeldung ist erforderlich. Jeden Tag findet mindestens ein Kurs statt.

Surf HNL Girls Who Surf — Surfen, SUP

(☎808-772-4583; http://surfhnl.com; 210 Ward Ave #329; 2-Std.-Unterricht ab 99 $, SUP-Sets

Von links: Surfer-Bulli, Ala Moana Beach; Banh mi, Pig & the Lady (S. 325)

THEODORE TRIMMER/SHUTTERSTOCK ©

MATT MUNRO/LONELY PLANET ©

pro Std./Tag 20/50 $; ⌚8–18 Uhr) Preisgekrönte Surf- und SUP-Kurse am Ala Moana Beach Park und am Ko Olina. Kostenloser Hoteltransport von/nach Waikiki zum Ala Moana. Lieferung der Leihausrüstung (Surfbrett, Bodyboard und SUP) zum Ala Moana Beach kostet 15 $, nach Ko Olina 40 $.

Wa'ahila Ridge Trail Wandern

(https://hawaiitrails.org) Der von Geröll übersäte Weg mit Blick auf Honolulu und Waikiki ist ein kühles Refugium zwischen Norfolktannen und einheimischen Pflanzen und selbst bei Wanderanfängern beliebt. Der Weg windet sich über einige Anhöhen und kleine Pässe, bevor er zu einer grünen Lichtung führt. Auf 4,8 Meilen (7,7 km) durchquert der Rundweg in kurzer Zeit unterschiedlichstes Terrain – ideal für einen angenehmen Nachmittagsspaziergang.

Der Startpunkt mit dem Schild „Na Ala Hele" befindet sich hinter den Picknicktischen in der Wa'ahila Ridge State Recreation Area hinter dem Stadtteil St. Louis Heights östlich des Manoa Valley.

Autofahrer biegen von der Wai'alae Ave an der Ampel links in den St Louis Dr ab, dann links hoch in die Bertram St, wieder links in die Peter St, dann nochmals links in den Ruth Pl, der westwärts in den Park führt. Der Bus 14 ab Waikiki Richtung Louis Heights hält an der Kreuzung Peter St und Ruth St, etwa eine halbe Meile (800 m) zu Fuß vom Startpunkt des Wegs entfernt.

GEFÜHRTE TOUREN

Am Kewalo Basin gleich westlich des Ala Moana Regional Park legen täglich Fischerboote und Ausflugsboote zum Sonnenuntergang, Abendessen und zu Partys ab. Zu den teureren geführten Touren gehören oft solche mit Transfer von und nach Waikiki. In den kostenlosen Touristenzeitschriften, die am Flughafen und in der ganzen Stadt ausliegen, werden zudem diverse Sondertouren angeboten. Viele sind billiger, wenn sie direkt online gebucht werden, z. B. die Rundflüge mit dem Hubschrauber.

Architectural Walking Tour Stadtrundgang

(☎808-628-7243; www.aiahonolulu.org; 828 Fort Street Mall; Führung 15 $; ⌚meist Sa 9–11.30 Uhr) Die historischen und von Architekten geführten Touren eröffnen neue Perspektiven auf das Regierungsviertel in der Innenstadt von Honolulu. Im Geschäfts- und Finanzzentrum befinden sich auch einige der bedeutendsten und angesehensten Architekturschätze Hawaiis. Reservierung ist erforderlich; Programm und Anmeldung über die Website.

Hawaii Food Tours Touren

(☎808-926-3663; www.hawaiifoodtours.com; Führungen ab 139 $) Der Veranstalter bietet zwei extrem beliebte Touren an. Die fünfstündige Tour „Hole-in-the-Wall" führt zu allen möglichen Zielen in Honolulu, z. B. Chinatown, Pausen mit inseltypischem *plate lunch*, beliebte Bäckereien, *crack-seed*-Läden und mehr. Die sieben- bis achtstündige „North Shore Food Tour" führt auf die andere Seite der Insel und enthält Essen, Unterhaltung und Transfer. Reservierung ist erforderlich.

SHOPPEN

Honolulu ist zwar nicht so ein Marken-Mekka wie Waikiki, aber es gibt in der Stadt ungewöhnliche Läden und mehrere Einkaufszentren mit hawaiischem Flair, von traditionellen *lei*-Blumenständen und Ukulele-Manufakturen bis zu Souvenirgeschäften mit hawaiischem Krimskrams, von Boutiquen mit moderner Inselmode bis zu Vintage- und Antiquitätenläden. Allein schon im Ala Moana Center, dem größten Open-Air-Einkaufszentrum der Welt, gibt es über 340 Geschäfte und Restaurants.

Cindy's Lei Shoppe Kunsthandwerk

(☎808-536-6538; www.cindysleishoppe.com; 1034 Maunakea St, Chinatown; ⌚meist Mo–Sa 6–18, So bis 17 Uhr) Das kleine, einladende Geschäft ist eine Institution in Chinatown. Hier kann man Frauen bei der Herstellung von *leis* aus Orchideen, Frangipani, *maile*-Ranken, Malven-*ilima* (einheimische

Bodendeckerpflanze) und Ingwer zuschauen. Reisende können sich vor dem Rückflug hier oder in mehreren anderen *lei*-Geschäften in der Nähe mit *leis* eindecken. Wer sich um Parkplätze sorgt, kann online bestellen oder direkte Lieferung an den Straßenrand vereinbaren.

Honolulu Museum of Art Shop Kunsthandwerk

(☎808-532-8701; http://shop.honolulumuseum.org; 900 S Beretania St; ⌚Di–Sa 10–16.30, So 13–17 Uhr) Der Laden im Honolulu Museum of Art bietet eine Gelegenheit, hawaiisches Kunsthandwerk zu erwerben und gleichzeitig die heimische Gemeinde zu fördern, da alle Einnahmen direkt an die Museumsprogramme fließen. Verkauft werden Publikationen, Schreibwaren, Drucke und Poster sowie Werke von hawaiischen Kunsthandwerkern und Designern, die außerhalb der Inseln nicht zu finden sind.

Kamaka Hawaii Musik

(☎808-531-3165; www.kamakahawaii.com; 550 South St, Kaka'ako; ⌚Mo–Fr 8–16 Uhr) Kamaka ist auf handgefertigte Ukulelen spezialisiert, die seit 1916 auf O'ahu hergestellt werden (seit über 100 Jahren!) und ab 1000 $ kosten. Dienstags bis freitags wird oft eine kostenlose 30-minütige Werksführung angeboten (meist 10.30 Uhr, vorher anrufen). In der Werkstatt selbst wird nicht verkauft, aber Besucher erhalten Tipps, wo in der Nähe neue und gebrauchte Kamaka-Ukulelen erhältlich sind.

Madre Chocolate Lebensmittel

(☎808-377-6440; http://madrechocolate.com; 8 N Pau'ahi St, Chinatown; ⌚Mo–Sa 11–18 Uhr) Die Honolulu-Filiale des Schokoladenherstellers aus Kailua sorgt in Chinatown mit der Behauptung für Furore, von der Bohne bis zur Tafel die beste Schokolade des Bundesstaats herzustellen. Ein Muss für Schokofreunde, aber nicht gerade billig. Die äußerst innovativen Unternehmer bieten Kunden die Gelegenheit, ihre eigene Schokoladentafel herzustellen oder an Verkostungen von Schokolade mit Wein oder Whisky teilzunehmen. Genaue Infos stehen auf der Website.

Native Books/ Nā Mea Hawaii Bücher, Geschenke

(☎808-596-8885; www.nameahawaii.com; Ward Warehouse, 1050 Ala Moana Blvd, Kaka'ako; ⌚Mo–Sa 10–21, So bis 18 Uhr) Der kulturelle Treffpunkt ist so viel mehr als ein Buchladen mit Büchern, CDs und DVDs zu Land und Leuten in Hawaii. Hier findet man auch schöne Siebdruckstoffe, Schalen aus *koa*-Holz, hawaiische Quilts, Fischhaken-Schmuck und Hula-Ausstattung. Besondere Veranstaltungen, wie Autorenlesungen, hawaiische Livemusik und Kultur-Kurse, werden auf der Website angekündigt.

Tin Can Mailman Antiquitäten, Bücher

(☎808-524-3009; http://tincanmailman.net; 1026 Nu'uanu Ave, Chinatown; ⌚Mo–Fr 11–17, Sa bis 16 Uhr) Fans von altem Tiki-Kram und Büchern über Hawaii aus dem 20. Jh. werden den kleinen Antiquitätenladen in Chinatown lieben. Zu den sorgfältig gesammelten Schätzen gehören Schmuck und Ukulelen, seidene Hawaiihemden, Tropenholzmöbel, Schallplatten sowie seltene Poster und Touristenbroschüren aus den Nachkriegsjahren. Fotografieren ist nicht erlaubt. Hawaii-Fans werden hier eine Weile hängenbleiben.

ESSEN

Wäre O'ahu nicht so weit weg vom US-Festland, wäre die multikulturelle Feinschmeckerhauptstadt weitaus berühmter. Restaurants gibt es in der ganzen Stadt, vom Feinschmeckerlokal bis zu günstigem Futter an fast jeder Straßenecke. Während der **Restaurant Week Hawaii** (www.restaurantweekhawaii.com) Mitte November bieten Dutzende hawaiische Restaurants stark ermäßigtes Essen. Ein Teil der Erlöse geht an das Culinary Institute of the Pacific in Diamond Head.

Alan Wong's Hawaiisch Regional $$$

(☎808-949-2526; www.alanwongs.com; 1857 S King St, Ala Moana & Umgebung; Hauptgerichte ab 35 $; ⌚17–22 Uhr) Alan Wong, einer der Spitzenköche O'ahus, bietet kreative Interpretationen hawaiisch regionaler Küche, die von den multikulturellen Einflüssen der Inseln geprägt ist. Schwerpunkt sind frische Meeresfrüchte und lokale Erzeugnisse. Empfehlenswert sind Wongs bewährte Gerichte wie *onaga* (Schnapper) mit Ingwerkruste, Eintopf aus Meeresfrüchten und zweifach gegarte *kalbi* (Rippchen). Ein Tisch muss Wochen im Voraus reserviert werden.

Cafe Julia Café $$

(☎808-533-3334; www.cafejuliahawaii.net; 1040 Richards St, Zentrum; Hauptgerichte ab 10 $; ⏲Mo–Fr 11–14 Uhr) Das Café in dem bezaubernden alten YWCA-Laniakea-Gebäude gegenüber vom ʻIolani Palace ist einfach wunderbar. Es ist nach Julia Morgan benannt, einer der ersten weiblichen Architekten Amerikas, die das Gebäude entwarf, und bietet im Freien hervorragenden Service und ebensolche Küche. Perfekt für *poke*-Tacos oder Knoblauch-*ahi* zu Mittag.

Cafe Kaila Café $

(☎808-732-3330; www.cafe-kaila-hawaii.com; 2919 Kapiʻolani Blvd, Market City Shopping Center, Kaimuki; Hauptgerichte ab 8 $; ⏲Mi–Fr 7–20, Sa & So 7–15.30, Mo & Di 7–15 Uhr) Das Café am oberen Ende des Kapiʻolani Blvd hat etliche Goldmedaillen in der Kategorie „Best Breakfast" eingeheimst. Und Kaila ist so erfolgreich, dass sie zwei weitere Geschäfte eröffnet hat ... in Japan! Die Leute stehen hier oft Schlange für das legendäre Angebot unglaublich schön angerichteter Frühstücksspezialitäten. Super ist auch, dass das Cafe Kaila jetzt auch mittwochs bis freitags abends geöffnet ist.

Ethel's Grill Fusionsküche $

(☎808-847-6467; www.facebook.com/pages/Ethels-Grill/117864404905639; 232 Kalihi St, Großraum Honolulu; Hauptgerichte ab 8 $; ⏲Mo–Sa 5.30–14 Uhr) Ethel's ist eines der wunderbarsten kleinen Restaurants in Honolulu mit leckerstem Essen und einer heimeligen Atmosphäre. In dem geschäftigen Lokal (nur Barzahlung) gibt es 24 Plätze und draußen sechs Parkplätze, beide sind meist voll besetzt, wenn Ethel's geöffnet ist. Die gaumenkitzelnden Angebote wie Knoblauch-*ahi*, mochiko-Huhn, Schweinsfußsuppe, frittierte Truthahnschwänze und Ochsenschwanzsuppe sind unglaublich preiswert.

Helena's Hawaiian Food Hawaiisch $

(☎808-845-8044; http://helenashawaiianfood.com; 1240 N School St, Großraum Honolulu; Gerichte ab 3 $; ⏲Di–Fr 10–19.30 Uhr) Wer die legendäre Institution betritt, fühlt sich in eine andere Zeit versetzt. Nach dem Tod der langjährigen Besitzerin Helena Chock werkeln weiterhin deren Verwandte in der Küche des Familienbetriebs, der 1946 die Arbeit aufnahm. Die meisten Leute bestellen kleine Gerichte; nur Barzahlung. Das Lokal liegt nur ein paar Straßenblöcke südöstlich des Bishop Museum und wurde mit dem James Beard Award für „America's Classics" ausgezeichnet.

Kokua Market Natural Foods Supermarkt $

(☎808-941-1922; www.kokua.coop; 2643 S King St, Universitätsviertel; ⏲8–21 Uhr;) Hawaiis einzige Naturkostkooperative an der S King St nahe der Uni ist extrem preiswert. Sie verkauft warme und kalte Bio-Speisen sowie Salate und hat einen vegetarier- und veganerfreundlichen Deli für Mahlzeiten zum Mitnehmen. Kombucha in verschiedenen Geschmacksrichtungen wird frisch gezapft und kostet 3 $ pro Becher. Kostenlose Parkplätze und Picknicktische gibt's an der Kahuna Lane hinter dem Laden.

Lucky Belly Asiatisch, Fusionsküche $

(☎808-531-1888; www.luckybelly.com; 50 N Hotel St, Chinatown; Hauptgerichte ab 10 $; ⏲Mo–Sa 11–14 & 17–24 Uhr) In dieser Nudelbar im Künstlerviertel drängen sich die Gäste dicht an dicht an den schicken Bistrotischen. Serviert werden scharfe und würzige asiatische Fusionsgerichte, umwerfende, kunstvolle Cocktails und überraschend frische, fast wie architektonische Gebilde geformte Salate, die man sich am Tisch teilen kann. Für Fleischesser ist Belly Bowl ein Genuss: Ramen (japanische Nudelsuppe) mit butterweichem Schweinebauch, geräuchertem Schinken und Schweinswurst.

Pig & the Lady Asiatisch, Fusionsküche $$

(☎808-585-8255; http://thepigandthelady.com; 83 N King St, Chinatown; Hauptgerichte ab 10 $;

⌚Mo–Sa 10.30–14, Di–Sa 17.30–22 Uhr) Das preisgekrönte vietnamesische Fusionsrestaurant, in dem ein Tisch für den Abend reserviert werden muss, ist eines der angesagtesten Restaurants auf der Insel. Die kreativen Sandwiches zur Mittagszeit werden mit Krabbenchips oder Pho-Suppe serviert, zum köstlichen Abendangebot gehören laotisches Brathuhn. Aber das ist nicht alles: Es gibt auch Essen zum Mitnehmen und einen Stand auf dem Bauernmarkt.

Sweet Home Café Taiwanesisch $

(☎808-947-3707; 2334 S King St, Universitätsviertel; Mehrpersonengerichte 2–15 $; ⌚16–23 Uhr) Vor der Tür wartet immer eine lange Schlange. Auf langen, familiengerechten Holztischen stehen dampfende Feuertöpfe mit Brühe nach Wahl; in den Kühlregalen können dann Gäste aussuchen, was sie darin garen wollen. Die Auswahl ist riesig: alle möglichen Gemüsesorten, Tofu, Lamm, Huhn oder zarte Rinderzunge. Ein Bonus neben gutem Essen und guter Stimmung: Zum Nachtisch gibt's *shave ice* umsonst!

Tamura's Poke Fisch & Meeresfrüchte $

(☎808-735-7100; www.tamurasfinewine.com/pokepage.html; 3496 Wai'alae Ave, Kaimuki; ⌚Mo–Fr 11–20.45, Sa 9.30–20.45, So 9.30–19.45 Uhr; P) Den besten *poke* der Insel gibt es zweifellos im unscheinbar aussehenden Tamura's Fine Wines & Liquors in der Waialae Ave. Hinter dem Eingang rechts liegt ein Stückchen weiter die *poke*-Ecke – und was für eine. Der *spicy ahi* und der geräucherte Marlin sind unwiderstehlich. Vor dem Kauf darf gerne probiert werden.

Waiola Shave Ice Desserts $

(☎808-949-2269; www.waiolashaveice.com; 2135 Waiola St, Universitätsviertel; Shave Ice 2–6 $; ⌚9.30–18.30 Uhr; P 👪) Das Aushängeschild aus den 1940er-Jahren dieses wachsenden Unternehmes, das auch sehr beliebte Filialen abseits der Kapahulu Ave und in Kaka'ako hat. Hier gibt's traditionelles, superfeines *shave ice* mit originellen Zutaten, z. B. Azukibohnen, *mochi* (japanische Klebreisküchlein), *liliko'i*-Sirup (Passionsfrucht) oder Kondensmilch.

12th Avenue Grill Modern Amerikanisch $$$

(☎808-732-9469; http://12thavegrill.com; 1120 12th Ave, Kaimuki; Hauptgerichte ab 27 $; ⌚So–Do 17.30–22, Fr & Sa bis 23 Uhr) Das Grillrestaurant in einer Seitenstraße der Waialae Ave hat mehrere Preise als bestes Restaurant eingeheimst. Das engagierte Küchenteam und die bevorzugte Wahl lokaler Zutaten ergeben ein Konzept, das die Anwohner begeistert. Das gegrillte, in Kimchi marinierte Kronfleisch nach hawaiischer Rancherart (32 $) schmeckt genauso gut, wie der Name lang ist.

Artizen by MW Hawaiisch $

(☎808-524-0499; www.artizenbymw.com; 250 S Hotel St, Zentrum; Bentō ab 8 $; ⌚Mo–Fr 7.30–14.30 Uhr) Das beeindruckende Café im Hawaii State Museum of Art ist der perfekte Ort für ein Frühstück oder Mittagessen oder auch nur für eine Kaffeepause beim Besuch der hinreißenden Sammlung des Museums. Es gibt fertige Bento-Boxen zum Mitnehmen, am Tisch serviert werden Gerichte wie Portugiesische Bohnensuppe mit Kimchi (6 $), würziges koreanisches Schweinefleisch (10 $) oder warme Truthahn-Sandwiches mit Bratensauce (13 $).

Chef Mavro Fusionsküche $$$

(☎808-944-4714; www.chefmavro.com; 1969 S King St, Ala Moana & Umgebung; mehrgängige Probiermenüs ab 105 $; ⌚Mi–So 18–21 Uhr) In Honolulus avantgardistischstem Restaurant kreiert der eigenwillige Koch George Mavrothalassitis konzeptuelle Gerichte, jeweils mit Weinen aus der Alten und Neuen Welt kombiniert. Die gehobenen Speisen, eine Fusion aus hawaiischer und provenzalischer Küche (der Heimat des Küchenchefs Mavro), wurde bereits mit Preisen ausgezeichnet. Zur Wahl für das Menü stehen vier oder sechs Gänge – und die Brieftasche nicht vergessen! Reservierung ist erforderlich.

Mission Social Hall & Cafe Café $

(☎808-447-3913; www.missionhouses.org/visitor-information/cafe; 553 S King St, Zentrum; 3 Teile für 11 $; ⌚Di–Sa 11–14 Uhr) Das Thekencafé in den historischen Hawaiian

Mission Houses, das vom bekannten einheimischen Küchenchef Mark Noguchi geführt wird, öffnet fünfmal pro Woche zur Mittagszeit. Serviert werden in einem schönen Ambiente einfache, inseltypisch abgewandelte Gerichte. Das Angebot hier wechselt regelmäßig, aber immer dabei sind ein *kajiki*-Sandwich (Speerfisch) und als Dessert ein Törtchen mit *liliko'i*, Guave und Calamondinorange. Für Familienanlässe gibt es eine Terrasse und einen Rasen.

Honolulu Museum of Art Cafe Modern Amerikanisch $$

(☎808-532-8734; http://honolulumuseum.org; Honolulu Museum of Art, 900 S Beretania St, Ala Moana & Umgebung; Hauptgerichte ab 15 $; ⌚Di–Sa 11.30–13.30 Uhr) Marktfrische Salate und Sandwiches mit Zutaten aus O'ahu, eine gute Auswahl offener Weine und tropische Desserts sind eine schwelgerische Art, die Kunst zu fördern. Romantische Tische blicken auf den Hof und den Brunnen mit seinen spektakulären Skulpturen von Jun Kaneko. Reservierung ist ratsam; letzte Platzierung ist um 13.30 Uhr. Für den Besuch des Cafés ist keine Eintrittskarte des Museums nötig.

Aloha Vietnamese Food Vietnamesisch $

(☎808-941-1170; 2320 S King St, Universitätsviertel; Hauptgerichte unter 12 $; ⌚Di–So 14–24, Mo 16–23 Uhr) Ein schlichter vietnamesischer Familienbetrieb vom Feinsten und bei den Einheimischen sehr beliebt. Die Schlangen vor der Tür oder die kahle Ausstattung sollten nicht entmutigen. Die Speisekarte ist lang, der Service freundlich und das Essen hervorragend. Empfehlenswert ist die *pho* mit Brust- und Lendenstücken vom Rind. Gleich davor gibt's ausreichend Parkplätze, zudem ist es bis spät abends geöffnet.

Andy's Sandwiches & Smoothies Sandwiches $

(☎808-988-6161; www.andyssandwiches.com; 2904 E Manoa Rd, Manoa Valley; Portion ab 4 $; ⌚Mo–Do 7–17, Fr bis 16, So bis 14.30 Uhr) Der Familienbetrieb im Manoa Valley ist ein Geheimtipp (neben Starbucks gegenüber vom Manoa Marketplace). Ihn entdecken nicht viele Touristen, aber bei UH-Studenten ist er beliebt. Es kann ziemlich voll werden, aber es lohnt sich auf jeden Fall. Die Sandwiches, Smoothies, Açai-Schalen und Salate sind super, besonders der Salat „Bird's Nest".

Kahai Street Kitchen Hawaiisch $

(☎808-845-0320; www.kahaistreet-kitchen.com; 946 Coolidge St, Universitätsviertel; Plate lunches ab 9 $; ⌚Di–Sa 10.30–19.30 Uhr) Das kleine Restaurant ist irrsinnig beliebt (an den Bestelltresen in dem zweistöckigen, weißen Eckhaus stehen die Leute Schlange). Draußen an der Coolidge St stehen vier größere Tische, mehr Tische gibt's drinnen durch die Tür in der King St. Die *plate lunches*, Salate und Sandwiches sind übrigens von Gourmetqualität.

Nanzan Girogiro Japanisch $$$

(☎808-521-0141; www.guiloguilo.com; 560 Pensacola St, Ala Moana & Umgebung; Probiermenü ab 50 $; ⌚Do–Mo 18–24 Uhr) Traditionelle japanische *kaiseki ryōri* (kleine Gerichte nach Saison), bereichert um einheimisches Obst, Gemüse und frische Meeresfrüchte – und schlichtweg umwerfend. Barhocker umgeben die offene Küche und es erscheint, als würde man in einer Kunstgalerie kleine Stücke Kunst verspeisen. Keramikschildkröten verbergen unter ihrem Panzer würzige Eiercreme und in Tonschalen wird in Tee gegarter Reis mit zartem, pochiertem Fisch darauf serviert. Reservierung ist erforderlich.

Nobu Honolulu Asiatisch $$$

(☎808-237-6999; www.noburestaurants.com; Waiea Tower, 1118 Ala Moana Blvd, Kaka'ako; Gerichte zum Teilen ab 7 $, Hauptgerichte ab 25 $; ⌚Restaurant So–Do 17–22, Fr & Sa bis 22.30 Uhr, Lounge tgl. ab 17 Uhr) Nobu Matsuhisas legendäre japanische Fusionsküche und Sushibar ist von Waikiki in den neuen Waiea Tower in Ward Village umgezogen. Zum Glück sind Nobus typische Gerichte wie Kabeljau in schwarzem Miso und Gelbschwanzfisch mit Jalapeno mitgezogen. Der neue Standort mit klarer, frischer Einrichtung und Nobus hervorragendem Service hat sich als Hit in Honolulu erwiesen.

AUSGEHEN & NACHTLEBEN

Jede Bar in Honolulu, die etwas auf sich hält, hat ein *pupu*-Angebot als Grundlage für die Flüssignahrung, und manche Bars sind für ihre Häppchen ebenso berühmt wie für ihre fröhliche Atmosphäre. Ein wichtiger Begriff ist *pau hana* (buchstäblich „hör auf zu arbeiten"), hawaiisches Pidgin für „Happy Hour". Das trendige Nachtleben in Chinatown konzentriert sich um die N Hotel St, vor nicht allzu langer Zeit das berüchtigte Rotlichtviertel von Honolulu. Neue Restaurant-Kneipen eröffnen in der ganzen Stadt.

Beer Lab HI Brauerei

(☎808-888-0913; www.beerlabhi.com; 1010 University Ave, Universitätsviertel; ⊙Di–Do 16–22, Fr 16–24, Sa 15–24 Uhr) Tolle Geschichte! Drei Kerntechniker, die in Pearl Harbor arbeiten, brauen als Hobby Bier, beschließen, eine Bar zu eröffnen, haben aber keine Lust auf Kochen und entscheiden sich für eine BYOF-Bar („bring your own food" – eigenes Essen mitbringen). Imbisswagen von LaLa Land parken gegenüber und sorgen für Futter. Klingt ein bisschen wie „verrückte Wissenschaftler", aber das Beer Lab Hawaii ist mit einigen ungewöhnlichen Bieren auf jeden Fall ein Hit.

Glazers Coffee Café

(☎808-391-6548; www.glazerscoffee.com; 2700 S King St, Universitätsviertel; ⊙Mo–Do 7–22, Fr 7–21, Sa & So 8–22 Uhr; 📶) Der starke Espresso und der in kleinen Mengen geröstete Kaffee wird in dieser Studentenkneipe sehr ernst genommen. Alles andere ist eher entspannt: bequeme Wohnzimmersofas, poppige Kunst und jede Menge Steckdosen. Zudem gibt es ein schnelles WLAN und eine kräftige Klimaanlage; kein Wunder, dass die Sofas in diesem versteckten Kleinod oft voll besetzt sind.

Honolulu Beerworks Kleinbrauerei

(☎808-589-2337; www.honolulubeerworks.com; 328 Cooke St, Kaka'ako; ⊙Mo–Do 11–22, Fr & Sa bis 24 Uhr) Die Brauereikneipe in einem Lagerhaus findet mit ihren Bieren, davon zehn vom Fass, schnell ziemlich viele Fans. Das Point Panic Pale Ale sollte man probieren: Es hinterlässt einen gewissen Kick, fast wie der berühmte Bodyboarding-Break. Das Angebot an Kneipenessen ist zwar klein, aber genau richtig, um all die Biere zu probieren.

La Mariana Sailing Club Bar

(☎808-848-2800; www.lamarianasailingclub.com; 50 Sand Island Access Rd, Großraum Honolulu; ⊙11–21 Uhr) Zeitreise! Wer sagt denn, dass alle tollen Tiki-Bars vor die Hunde gegangen sind? In der respektlosen und kitschigen Bar aus den 1950er-Jahren an der Lagune tummeln sich Jachtbesitzer und leidgeprüfte Einheimische. Klassische Mai Tais sind so super wie die anderen tropischen Mixgetränke samt Rührstäbchen mit Tiki-Köpfen und Schirmchen. Draußen am Wasser lässt es sich nostalgisch von Tahiti träumen.

Morning Glass Coffee Kaffee

(☎808-673-0065; www.morningglasscoffee.com; 2955 E Manoa Rd, Manoa Valley; Kaffee ab 3,75 $; ⊙Mo–Fr 7–16, Sa 7.30–16 Uhr) Das Morning Glass gleich neben dem Manoa Marketplace im Manoa Valley hat einen glänzenden Ruf, da es draußen erstklassigen Kaffee sowie tolles Frühstück und Mittagessen serviert. Das Gebäude ist zwar klein, aber das Ansehen wächst gewaltig. Empfehlenswert sind Pfannkuchen aus Käsemakkaroni zum Frühstück (10 $). Parkplätze befinden sich auf dem Grundstück.

Murphy's Bar & Grill Irisches Pub

(☎808-531-0422; http://murphyshawaii.com; 2 Merchant St, Chinatown; ⊙Mo–Fr 11–2, Sa & So 16–2 Uhr) Das altmodische irische Pub in einem schönen Backsteinhaus in der Merchant St ist seit 1891 eine Zufluchtstätte für Seeleute, Geschäftsleute und Anwohner. Natürlich gibt es hier Guinness und Kilkenny vom Fass, aber überraschend ist das anspruchsvolle Speisenangebot für Mittag- und Abendessen. Empfehlenswert ist der Shepherd's Pie (17,50 $).

Tea at 1024 Teehaus

(☎808-521-9596; www.teaat1024.net; 1024 Nu'uanu Ave, Chinatown; ⊙Di–Fr 11–14, Sa & So bis 15 Uhr) Der Teesalon führt zurück in eine andere Zeit. Zum Tee nach Wahl gibt es delikate Sandwiches, Scones und Kuchen, während man durchs Fenster entspannt die hastenden Menschen Chinatowns beobachten kann. Sogar an Hüte für Damen ist gedacht, um dem Ambiente zu entsprechen. Gedecke kosten ab 22,95 $ pro Person; Reservierung ist ratsam.

UNTERHALTUNG

Was abends los ist, ob Livemusik, DJ-Gigs, Theater, Kino oder Kulturveranstaltungen, steht in der TGIF-Beilage des *Honolulu Star-Advertiser* (www.staradvertiser.com/tgif), der freitags erscheint, sowie im kostenlosen, alternativen Boulevardblatt *Honolulu Weekly* (http://honoluluweekly.com), das mittwochs erscheint. Weitere interessante Websites sind **Honolulu Now** (www.hnlnow.com) und die des weitverbreiteten Monatsmagazins **Honolulu Magazine** (www.honolulumagazine.com).

Doris Duke Theatre Kino

(808-532-8768; www.honolulumuseum.org; Honolulu Museum of Art, 900 S Beretania St; Karten 10 $) Das Kino im Honolulu Museum of Art bietet ein beeindruckendes Spektrum experimenteller, alternativer und Arthouse-Filme, dazu Klassiker und vor allem sensationelle Dokumentarfilme. Es veranstaltet auch Vorträge, Aufführungen und Konzerte. Das Museum zeigte seit den 1930er-Jahren Filmklassiker im Central Courtyard; daraus wurde seit 1977 das heutige Doris Duke Theatre.

Hawaii Theater Bühnenkunst

(808-528-0506; www.hawaiitheatre.com; 1130 Bethel St, Chinatown) Die wunderschön restaurierte „Grande Dame" der Theaterhäuser O'ahus ist eine wichtige Bühne für Tanz, Musik und Theater. Aufgeführt werden u. a. Konzerte von hawaiischen Spitzenmusikern, zeitgenössische Theaterstücke, internationale Gastspiele und Filmfestivals. Das Theater veranstaltet auch den jährlichen Gesangswettbewerb Ka Himeni Ana für Sänger der traditionellen *nahenahe*-Form. Das Gebäude steht insel- und landesweit unter Denkmalschutz.

Republik Livemusik

(808-941-7469; http://jointherepublik.com; 1349 Kapi'olani Blvd, Ala Moana & Umgebung; Lounge Di–Sa 18–2 Uhr, wechselnde Konzerte) In der kleinsten Konzerthalle Honolulus treten auswärtige und heimische Bands auf – Indie-Rocker, Punk- und Metal-Bands, sogar Ukulele-Spieler. Graffitis und psychedelisch ausgeleuchtete schwarze Wände bestimmen die Atmosphäre. Das Programm steht auf der Website und Tickets für Konzerte sollten im Vorverkauf erstanden werden, das spart auch ein paar Dollar.

Royal Hawaiian Band Livemusik

(808-922-5331; www.rhb-music.com) Die Royal Hawaiian Band, 1836 von König Kamehameha III. gegründet, ist die einzige Kapelle in den USA mit einem königlichen Vermächtnis und die einzige hauptberufliche Stadtkapelle im Land. Sie tritt in ganz O'ahu auf (Programm steht auf der Website) und gibt jeden Freitag um 12 Uhr am 'Iolani Palace (S. 302) ein kostenloses Konzert.

AN- & WEITERREISE

Nach der Ankunft auf O'ahu ist Honolulu mit dem Mietwagen oder den Bussen der Verkehrsgesellschaft TheBus einfach zu erreichen.

UNTERWEGS VOR ORT

Das Ala Moana Center gleich nordwestlich von Waikiki ist der zentrale Verkehrsknotenpunkt von TheBus. Zwischen Waikiki und den anderen Stadtteilen Honolulus verkehren mehrere direkte Buslinien.

Die großen Autovermietungen sind am Honolulu International Airport und in Waikiki vertreten.

Der Verkehr stockt zu Stoßzeiten, werktags etwa von 7 bis 9 und von 15 bis 18 Uhr. Auf dem H-1 Fwy herrscht in dieser Zeit in beiden Richtungen dichter Verkehr, ebenso morgens stadteinwärts und am Spätnachmittag stadtauswärts auf dem Pali und dem Likelike Hwy. Einige Hauptstraßen sind während der Stoßzeiten mit Leitkegeln aufgeteilt, um mehr Fahrbahnen in der jeweiligen verkehrsreichen Richtung zu schaffen.

WAIKIKI

In diesem Kapitel

Waikiki auf einen Blick

Waikiki, einst ein königlicher Rückzugsort, ist heute ein Paradies für Pauschalurlauber. Im Rhythmus hawaiischer Musik pulsiert der Strand vor einer Kulisse von Hochhäusern. Im Dschungel moderner Hotels und Einkaufszentren ist noch immer ein Hauch von Hawaiis Vergangenheit zu spüren, ob beim Gesang von Hula-Tänzern am Kuhio Beach oder beim Wellenreiten, dem Vermächtnis des Goldmedaillengewinners Duke Kahanamoku.

Vergnügungen? Surfunterricht. Sonnenbaden. Auf einem Katamaran Richtung Diamond Head segeln. Abends bei den melodischen Klängen der Hawaiigitarren einen Mai Tai schlürfen.

Waikiki in einem Tag

Los geht's mit einem Bummel zum **Kuhio Beach Park** (S. 334) und einer Verneigung vor der **Statue von Duke Kahanamoku** (S. 336). Nach dem Schnorcheln am **Kapi'olani Beach Park** (S. 345) lockt landeinwärts im **Rainbow Drive-In** (S. 351) klassische hawaiische Kost. Anschließend pflügt man auf dem **Katamaran Na Hoku II** (S. 347) übers Wasser. Schließlich lässt sich bei der **Kuhio Beach Torch-lighting & Hula Show** (S. 335) Hula und Musik genießen.

Waikiki in zwei Tagen

Am zweiten Tag stehen der **Kapi'olani Regional Park** (S. 343) und die **Kahaloa & Ulukou Beaches** (S. 345) mit Surfunterricht an der Geburtsstätte des Sports auf dem Programm. Nach einer Stärkung am Büfett im **Orchids** (S. 350) bietet sich ein Päuschen am **Fort DeRussy Beach** (S. 357) an. Zum Schluss gönnt man sich Sonnenuntergangsmelodien im **House Without a Key** (S. 357) und ein Abendessen in **Hy's Steakhouse** (S. 354).

Ankunft in Waikiki

Honolulu International Airport Rund 9 Meilen (14,5 km) nordwestlich von Waikiki.

Express Shuttle Rund um die Uhr fahren Shuttlebusse vom Flughafen zu den Hotels von Waikiki.

TheBus Nach Waikiki fahren auch die Busse 19 und 20 (tgl. 6–23 Uhr alle 20 Min.).

Die schönste Strecke nach Waikiki ist der **Nimitz Highway (Hwy 92)**.

Schlafen

Die Strandstraße von Waikiki, die Kalakaua Ave, ist von Hotels und großen Resorts gesäumt. Abseits des Strands befinden sich in den Nebenstraßen von Waikiki einladende kleine Hotels, von denen einige das ganze Jahr über erschwinglich sind. Auf Airbnb und HomeAway werden Hunderte von Ferienwohnungen angeboten. Mehr zu Unterkünften siehe S. 359.

HIGHLIGHT

Kuhio Beach Park

Für Leute, die alles wollen, ist dieser Strand ideal: Hier kann man geschützt baden, Auslegerkanu fahren und zum Sonnenuntergang sogar eine kostenlose Hula- und Musikshow genießen.

Toll für ...

☑ Nicht versäumen

Die Prinz-Kuhio-Statue ehrt den „Prinzen des Volkes“.

Kapahulu Groin

Am anderen Ende des Strandes befindet sich der Kapahulu Groin, eine begehbare Flutmauer, die ins Meer hinausragt. Vom Kapahulu Groin verläuft eine niedrige Steinmole, die „Wall“, parallel zum Strand. Sie wurde erbaut, um die Sanderosion einzudämmen, und so entstanden quasi zwei fast abgeschlossene Schwimmbecken.

Das dem Kapahulu Groin am nächsten gelegene Becken eignet sich am besten zum Schwimmen. Allerdings ist das Wasser wegen mangelnder Zirkulation trübe. Der Kapahulu Groin ist einer der angesagtesten Bodyboarding-Spots Waikikis. Bei entsprechender Brandung gleiten hier ein paar Dutzend Bodyboar-

DAVID MADISON/GETTY IMAGES ©

der auf den Wellen. Die geübten Kids steuern direkt auf die Betonmauer zu und drehen im letzten Moment ab – zur Begeisterung der Neugierigen, die vom Pier zuschauen.

Kuhio Beach Torchlighting & Hula Show

Das Ganze beginnt an der Statue von Duke Kahanamoku mit dem Klang eines Muschelhorns und dem Entzünden von Fackeln nach Sonnenuntergang. An der nahen Hula-Plattform kann man es sich dann auf seinem Badetuch gemütlich machen und eine authentische hawaiische Musik- und Tanz-Show genießen. Und dies ist kein Touristenkitsch, denn hier treten regelmäßig Top-Künstler auf,

Gut zu wissen

Am Waikiki Beach Center gibt's Toiletten, Duschen, eine Snackbar und einen Verleih für Strandausrüstung.

Kleine Stärkung

Im **Sansei Seafood Restaurant & Sushi Bar** (S. 353) Sushi bestellen und den Sonnenuntergang bestaunen.

★ Top-Tipp

Wertsachen nie unbeaufsichtigt am Strand liegen lassen!

darunter renommierte Hula-Kenner von der University of Hawai'i.

Surfbrett-Parkplatz am Kuhio Beach

Wo andere Städte über Fahrradständer oder riesige Parkhäuser verfügen, hat Waikiki eine öffentliche Einrichtung, die den Geist des Strandlebens bestens verkörpert: eine große Anlage am Strand, wo man sein Surfbrett sicher parken kann. Dieser bekannte Stellplatz bei einer kleinen Polizeiwache ist ein perfektes, ungewöhnliches Fotomotiv: Hier sind Hunderte von Brettern nebeneinander aufgereiht.

Auslegerkanus

Einige Surfanbieter haben auch Fahrten im Auslegerkanu (110 $ für 4 Pers.) im Programm. Los geht's am Kuhio Beach – besonders für Kinder ein toller Spaß!

HIGHLIGHT

Waikiki Beach

MATT MUNRO/LONELY PLANET ©

Surfen

Waikiki bietet ganzjährig gute Surfbedingungen. Die größten Wellen gibt's im Winter; besser für Anfänger ist die sanftere Sommerbrandung.

Toll für ...

☑ **Nicht versäumen**

Die Statue von Duke Kahanamoku im Kuhio Beach Park (Kalakaua Ave).

Duke Kahanamoku

Der Duke war ein hawaiischer Held: Er gewann zahlreiche olympische Medaillen im Schwimmen, brach in seinem ersten Wettkampf den Weltrekord im 100 m Freistil und gilt als „Vater des modernen Surfens". Er war Sheriff in Honolulu und Schauspieler in Hollywood. Auch die Waikiki Beach Boys, die bis heute Urlaubern das Surfen beibringen, gehen auf ihn zurück. Seine Statue an der Kalakaua Ave ist stets mit *leis* bekränzt.

Los geht's: Diamond Head Surfboards

Einer von Waikikis besten Läden für das Ausleihen aller möglicher Bretter mit einem umfassenden Angebot. Es gibt nicht nur Surf-, SUP- und Bodyboards für den stunden-, tage- und wochenweisen Verleih, sondern auch

Duke-Kahanamoku-Skulptur (S. 336) von Jan Gordon Fisher

THEODORE TRIMMER/SHUTTERSTOCK ©

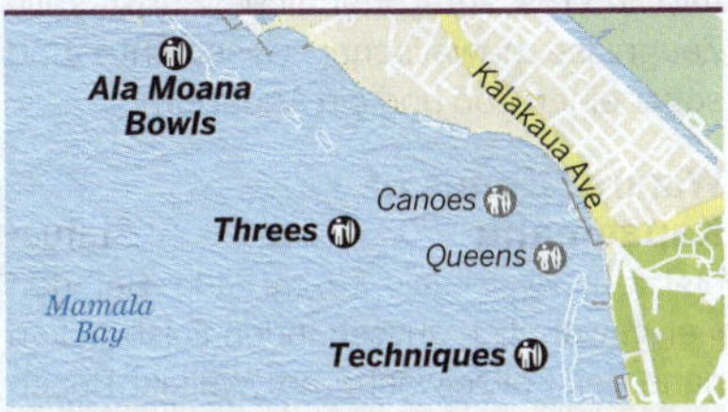

Gut zu wissen

Wer Hilfe benötigt, kann sich an die **Waikiki Police Substation** (808-723-8566; www.honolulupd.org; 2425 Kalakaua Ave; 24 Std.) beim Kuhio Beach Park wenden.

Kleine Stärkung

Im wunderbaren **Lulu's Waikiki** (S. 356) ist jeden Tag von 15 bis 17 Uhr Happy Hour.

★ Top-Tipp

Surfunterricht und -bretter bieten Stände am Strand im Kuhio Beach Park beim Kapahulu Groin.

hervorragenden Surfunterricht. Beliebt sind auch die Hawaii-Republic-T-Shirts des Ladens.

Surfspots für Anfänger

Einer der berühmtesten Surfspots ist Canoes, wo immer Surfunterricht stattfindet. Bei leichten Left und Right Breaks genießen Leute aus aller Welt lange Rides. Nach Canoes kommt Queens mit toller Brandung besonders für Longboards – hier ist stets viel los, besonders wenn einer der vielen Wettkämpfe stattfindet.

Threes

Threes bietet bei Ebbe verlässlich gute Bedingungen und ist bei Einheimischen sehr beliebt, da es unter fast allen Bedingungen die perfekte Brandung gibt. Threes ist rund 800 m vom Strand entfernt, sodass man lange paddeln muss.

Ala Moana Bowls

Dieser für seine Bowls bekannte Break wartet mit Tubes auf, in denen man bei entsprechenden Bedingungen stehen kann. Der Break befindet sich beim Eingang zum Ala Wai Harbor und ist ein schneller hohler Left Break. Hier sind meist heimische Könner am Werk.

Techniques

Der Name dieses Breaks stammt aus den 1930er-Jahren, als die Surfer für die Manöver auf diesen Breaks hohle Bretter entwickelten. Die alten schwerfälligen, schweren Holzbretter konnten hier nicht eingesetzt werden.

Ausrüstung

Surfunterricht und Surf-, SUP- und Bodyboards bieten die Stände am Strand im Kuhio Beach Park nahe Kapahulu Groin.

SEHENSWERTES

Alle kommen wegen des Strands hierher, aber Waikiki bietet auch historische Hotels, interessante öffentliche Kunst, tolle Zeugnisse hawaiischer Geschichte und sogar einen Zoo und ein Aquarium.

Wizard Stones of Kapaemahu — Statue

(Kalakaua Ave, Kuhio Beach Park) Bei den vier gewöhnlich aussehenden Felsbrocken nahe der Polizeiwache am Waikiki Beach Center handelt es sich um die legendären Wizard Stones of Kapaemahu, welche das *mana* (spirituelle Kraft) von vier Zauberern enthalten sollen, die um 400 n. Chr. von Tahiti nach O'ahu kamen. Laut Überlieferung linderten sie die Leiden der Insulaner und waren dafür weithin berühmt. Als sie davonzogen, stellten die Inselbewohner an der Stelle, wo die Zauberer gewohnt hatten, aus Verehrung diese Felsbrocken auf.

Die Steine wiegen 6,4 t – wie sie damals die gut 3 km von einem Steinbruch östlich des Diamond Head hierher verfrachtet wurden, ist bislang ein Rätsel.

Royal Hawaiian Hotel — Historisches Gebäude

(808-923-7311; www.royal-hawaiian.com; 2259 Kalakaua Ave; Führungen Di & Do 13 Uhr) GRATIS Das perfekt restaurierte Art-déco-Wahrzeichen von 1927, auch „Pink Palace" genannt, entführt mit seinen maurisch anmutenden Türmchen und Bögen zurück in die Zeit, als alle von Rudolph Valentino träumten und die Touristen noch mit den Luxusdampfer von Matson auf die Insel kamen. Die Gästeliste liest sich wie das Who is Who der Superprominenz, vom Hochadel bis zu den Rockefellers und Stars wie Charlie Chaplin und Babe Ruth. Bei den Führungen werden Architektur und Geschichte der großen alten Dame erläutert.

Interessant ist auch das Hawaii-Gemälde bei den Aufzügen, das Ernest Clegg zur Eröffnung des Hotels schuf.

Statue von König David Kalakaua — Statue

(Kalakaua Ave) Der 1836 geborene König Kalakaua herrschte von 1874 bis zu seinem

Bodyboarder, Waikiki

ROBERT CRAVENS/SHUTTERSTOCK ©

GENNY MARTY/SHUTTERSTOCK ©

Strandpromenade

Tod 1891 über Hawaii. Mit seiner Frau, Königin Kapi'olani, reiste Kalakaua viel in der Welt herum. Die Statue, eine Arbeit des indigenen hawaiischen Bildhauers Sean Browne, wurde von der Japanese-American Community of Hawaii 1985 anlässlich des 100. Jahrestags der japanischen Immigration gestiftet und begrüßt seither Besucher, die nach Waikiki kommen. Kalakaua spielte eine wichtige Rolle beim Abschluss der Japan-Hawaii Labor Convention, eines Abkommens, das 200 000 Japanern zwischen 1886 und 1924 die Einwanderung nach Hawaii ermöglichte.

Waikiki Aquarium Aquarium

(☎808-923-9741; www.waikikiaquarium.org; 2777 Kalakaua Ave; Erw./Kind 12/5 $; ⊙9–17 Uhr, letzter Einlass 16.30 Uhr;) Das zur Universität gehörende Aquarium an der Küste Waikikis enthält Dutzende Becken, die verschiedene Ökosysteme des pazifischen Riffs nachbilden. Zu sehen sind seltene Fischarten der nordwestlichen Inseln Hawaiis wie Ohrenquallen und Blitzlichtfische, auf denen biolumineszente Bakterien leben. Besonders faszinierend sind die Palau-Nautilusse mit ihren spiralförmigen Schalen. Das Waikiki Aquarium ist das erste Aquarium der Welt, das diese gefährdeten Tiere in Gefangenschaft züchtet – ein bahnbrechender Erfolg. Die Anlage liegt etwa 15 Minuten zu Fuß südöstlich des Hauptstrands von Waikiki.

Waikiki ist perfekt für alle tropischen Aktivitäten – oder um einfach gar nichts zu tun

In einem Freiluftbecken leben seltene und gefährdete Hawaii-Mönchsrobben. Auf eigene Faust können Besucher einen neuen Garten mit einheimischen hawaiischen Pflanzen erkunden. Über die Website oder telefonisch können besondere Familien-Events und spannende, informative Veranstaltungen für Kids reserviert werden, z. B. das nächtliche Abenteuer „Aquarium After Dark".

Moana Surfrider Hotel Historisches Gebäude

(☎808-922-3111; www.moana-surfrider.com; 2365 Kalakaua Ave; ⊙Führungen Mo, Mi & Fr 11 Uhr) GRATIS Das Hotel im Beaux-Arts-Stil

Waikiki

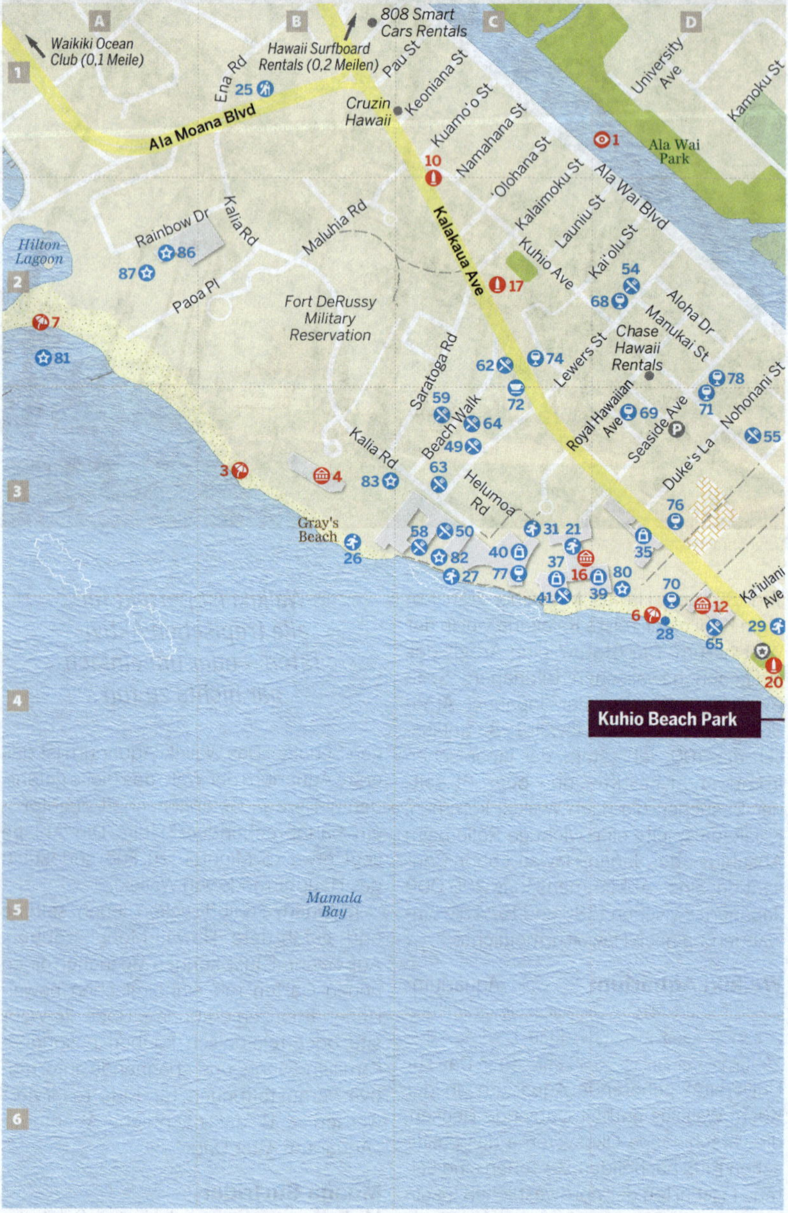

eines Plantagenhauses wurde 1901 als Moana Hotel eröffnet und war einst ein bevorzugter Treffpunkt von Hollywoodstars, Aristokraten und Großunternehmern. Das Hotel besitzt einen Garten am Meer mit einem großen Banyanbaum und einer Veranda ringsum, wo am Abend Inselmusiker und Hula-Tänzer auftreten.

In der Etage über der Lobby sind viele Memorabilien ausgestellt: Manuskripte der berühmten Radiosendung *Hawaii Calls*, die zwischen 1935 und 1975 aus dem Garten live übertragen wurde, Badeanzüge aus Wolle, historische Fotos und ein kurzes Video über Waikiki zu der Zeit, als das Moana noch das einzige Strandhotel war.

Ehukai Beach Park
Sunrise Beach Park
-Set

Waikiki

Sehenswertes
1 Ala Wai Canal ... D1
2 Statue von Duke Kahanamoku ... E4
3 Fort DeRussy Beach ... B3
4 Hawaii Army Museum ... B3
5 Honolulu Zoo ... F5
6 Kahaloa & Ulukou Beaches ... D4
7 Kahanamoku Beach ... A2
8 Kapi'olani Regional Park ... F6
9 Kapi'olani Beach Park ... E6
10 Statue von König David Kalakaua ... C2
11 Kuhio Beach Park ... E4
12 Moana Surfrider Hotel ... D4
13 Statue von Prinzessin Kaiulani ... E3
14 Statue von Königin Kapi'olani ... F6
15 Queen's Surf Beach ... E5
16 Royal Hawaiian Hotel ... C3
17 Statue „Storyteller" ... C2
18 Statue „Surfer on a Wave" ... E5
19 Waikiki Aquarium ... F6
20 Wizard Stones of Kapaemahu ... D4

Aktivitäten, Kurse & Touren
21 Abhasa Spa ... C3
22 Ala Wai Golf Course ... F3
23 AquaZone ... E5
24 Diamond Head Surfboards ... H3
25 Hiking Hawaii ... B1
26 Holokai Catamaran ... B3
27 Maita'i Catamaran ... C3
28 Na Hoku II Catamaran ... D4
29 Na Ho'ola Spa ... D4
30 Snorkel Bob's ... H3
31 Spa Khakara ... C3

Shoppen
32 Angels by the Sea ... E4
33 Art on the Zoo Fence ... F5
34 Bailey's Antiques & Aloha Shirts ... G4
35 Fighting Eel ... D3
36 Island Paddler ... G3
37 Malie Organics ... C3
38 Na Lima Mili Hulu No'eau ... G2
39 Rebecca Beach ... D3
40 Ukulele PuaPua ... C3

Essen
41 Azure ... C4
42 Blue Ocean ... E4
43 Da Hawaiian Poke Company ... H2
44 Diamond Head Market & Grill ... H5
45 Haili's Hawaiian Foods ... G2
46 Hawaii Sushi ... H6
47 Hawaii's Favorite Kitchens ... G4
48 Hy's Steakhouse ... E4
49 Kaiwa ... C3
50 La Mer ... C3
51 Leonard's ... H1
52 Lovin' Oven ... E3
53 MAC 24/7 ... E4
54 Mahina & Sun's ... D2
55 Marukame Udon ... D3
56 Musubi Cafe Iyasume ... E4
57 Ono Seafood ... H2
58 Orchids ... C3
59 Pau Hana Market ... C3
60 Pioneer Saloon ... H6
61 Rainbow Drive-In ... G4
62 Ramen Nakamura ... C2
63 Roy's Waikiki ... C3
Sansei Seafood Restaurant & Sushi Bar ... (s. 23)
64 Tonkatsu Ginza Bairin ... C3
65 Veranda ... D4
66 Wada ... H3
67 Waiola Shave Ice ... H2

Ausgehen & Nachtleben
68 Bacchus Waikiki ... D2
Beach Bar ... (s. 65)
69 Cuckoo Coconuts ... D3
70 Duke's Waikiki ... D4
71 Fusion Waikiki ... D3
72 Gorilla in the Cafe ... C3
73 Hula's Bar & Lei Stand ... E5
74 In Between ... C2
75 Lulu's Waikiki ... E5
76 Maui Brewing Co ... D3
77 RumFire ... C3
78 Tapa's Restaurant & Lanai Bar ... D2
79 Wang Chung's ... E4

Unterhaltung
80 'Aha 'Aina ... D3
Beach Bar ... (s. 65)
81 Hilton Hawaiian Village Fireworks ... A2
82 House Without a Key ... C3
83 Kani Ka Pila Grille ... B3
84 Kuhio Beach Torchlighting & Hula Show ... E4
85 Royal Hawaiian Band ... F6
86 Tapa Bar ... A2
87 Waikiki Starlight Luau ... A2

Statue von Prinzessin Kaiulani Statue

(Kuhio Ave) Prinzessin Kaiulani war Thronanwärterin, als 1893 das Königreich Hawaii sein Ende fand. Diese Statue im Kaiulani Triangle Park zeigt sie mit ihrem geliebten Pfau. Sie wurde 1999 zum 124. Geburtstag der Prinzessin eingeweiht. Nach dem Umsturz besuchte die für ihre Schönheit, ihre Intelligenz und ihren starken Willen bekannte Prinzessin Präsident Cleveland in Washington, konnte aber die Angliederung Hawaiis an die USA nicht verhindern. Sie starb im zarten Alter von 23 Jahren.

Kapi'olani Regional Park — Park

(☎808-768-4623; abseits Kalakaua & Paki Ave) Anfangs waren Pferderennen und Konzerte die größten Attraktionen in der beliebtesten Grünanlage von Waikiki. Die Pferderennbahn ist zwar schon lange verschwunden, doch der nach Königin Kapi'olani benannte Park ist immer noch ein bevorzugter Ort für Livemusik und allerlei Veranstaltungen, von Bauernmärkten und Kunstgewerbemessen bis zu Festivals und Rugbyspielen. Der schattige Kapi'olani Bandstand ist ideal, um einem Konzert der altehrwürdigen Royal Hawaiian Band zu lauschen, die hier sonntagnachmittags oft Klassiker zu Gehör bringt.

Statue von Königin Kapi'olani — Statue

(Kalakaua Ave, Kapi'olani Regional Park) Die Statue stellt Königin Kapi'olani dar, die Gattin von König David Kalakaua, dessen Statue am anderen Ende von Waikiki die Besucher der Stadt begrüßt. Ihre Menschenfreundlichkeit, besonders ihre Liebe zu Kindern, machte die Königin sehr populär. Unter anderem gründete sie 1890 ein Entbindungsheim für benachteiligte Hawaiianerinnen, und ihr Name ist immer noch überall präsent – der Park, ein Krankenhaus, ein Boulevard und eine Oberschule sind nach ihr benannt.

Hawaii Army Museum — Museum

(☎808-955-9552; www.hiarmymuseumsoc.org; 2161 Kalia Rd; Spenden willkommen, Audiotour 5 $; ⏱Di–Sa 9–17 Uhr, letzter Einlass 16.15 Uhr; P) GRATIS Das Museum im Fort DeRussy präsentiert eine überwältigende Aufstellung militärischer Ausrüstung mit Bezug zur Geschichte Hawaiis, angefangen bei den Haifischzahnkeulen, mit denen Kamehameha der Große vor über zwei Jahrhunderten die Herrschaft über die Insel erkämpfte. Historische Fotos und Geschichten erörtern Einfluss und Präsenz des US-Militärs auf Hawaii.

Zu den umfänglichen Exponaten zählen solche zum japanisch-amerikanischen 442. Regiment, das im Zweiten Weltkrieg die meisten Orden erhielt, und über den auf Kaua'i geborenen Eric Shinseki, einen pensionierten Viersternegeneral, der sich öffentlich gegen die US-Invasion im Irak aussprach und 2009–2014 Kriegsveteranenminister im Kabinett von Barack Obama war. Bei dem Gebäude handelt es sich um die einstige befestigte Shore Battery Randolph mit großen Geschützen.

Diamond Head

Der erloschene Krater Diamond Head ist heute ein State Monument mit Picknicktischen und einem spektakulären Wanderweg zum 230 m hohen Gipfel. Der Weg wurde 1908 als Zugang zu militärischen Beobachtungsstationen am Kraterrand angelegt.

Innerhalb des Kraterrands gibt es Info- und Schautafeln, Toiletten, Trinkwasserbrunnen und einen Picknickplatz. Von Waikiki fahren die Buslinien 23 und 24 hierher; von der nächstgelegenen Haltestelle sind es noch 20 Minuten zu Fuß bis zum Wegbeginn. Autofahrer nehmen die Monsarrat Ave zur Diamond Head Rd und zweigen direkt hinter dem Kapi'olani Community College (KCC) rechts ab.

Vom **Diamond Head Lookout** bieten sich schöne Ausblicke auf den Kuilei Cliffs Beach Park und die Küste hinauf Richtung Kahala. Der Amelia Earhart Marker auf der Ostseite des Parkplatzes erinnert an den Flug der Pilotin von Hawaii nach Kalifornien im Jahr 1935. Vom Kaimana Beach in Waikiki sind es 2,2 km hierher.

Surfer on a Wave Statue

(Kalakaua Ave) Die Bronzestatue „Surfer auf einer Welle" direkt am Strand gegenüber dem Zooeingang würdigt den Surfsport als wichtigen Teil der Kultur Waikikis. Sie wurde von Robert Pasby geschaffen und 2003 enthüllt.

Storyteller Statue

(Kalakaua Ave) Die Bronzestatue am Ende der Kalakaua Ave repräsentiert „Die Geschichtenerzählerin" als Hüterin hawaiischer Kultur. Seit Jahrhunderten stehen Frauen an der Spitze der hawaiischen mündlichen Überlieferung. Indem sie Gedichte, Lieder, Gesänge und Genealogien vortragen, bewahren die Geschichtenerzählerinnen die Identität ihres Volkes und Landes. Das Pendant zur „Storyteller"-Statue ist der „Water Giver" am Hawaiian Convention Center.

STRÄNDE

Queen's Surf Beach Strand

(Wall's; nahe Kalakaua Ave, Kapi'olani Beach Park; 👪) Der nach dem berühmten Surf Break benannte Strand gleich südlich des Kuhio Beach eignet sich wunderbar für Familien, da die Wellen hier am Strand selten hoch sind. Doch sie sind immer noch hoch genug zum Bodyboarden, sodass ältere Kids hier stundenlang Spaß haben können. Der Bereich vor dem Strandpavillon am Südende des Strands ist ein beliebter Schwulentreff.

Kahanamoku Beach Strand

(Paoa Pl; 👪) Der Kahanamoku Beach vor dem Hilton Hawaiian Village ist der westlichste Strand Waikikis. Er ist nach Duke Kahanamoku (1890–1968) benannt, dem legendären Surfer, dessen Familie das Land gehörte, auf dem heute das Hotel steht. Hawaiis Champion-Surfer und Gewinner olympischer Goldmedaillen lernte genau hier schwimmen. Der ruhige Strand ist zum Baden gut geeignet und fällt sanft ab, wenn auch über felsigem Grund. Die öffentlichen Zugänge befinden sich am Ende des Paoa Place nahe der Kalia Rd und an der Holomoana St, wo man gut parken kann.

Die **Duke Kahanamoku Lagoon** hinter dem Strand ist wunderbar für Familien mit Kindern geeignet.

Kaimana Beach Strand

(Sans Souci Beach) Der Kaimana Beach am Rand Waikikis Richtung Diamond Head ist ein erstklassiger Sandstrand weitab

JEFF WHYTE/SHUTTERSTOCK ©

von der trubeligen Urlauberwelt. Er wird nach dem Hotel, das einst dort stand, wo sich heute das New Otani Kaimana Beach Hotel befindet, gemeinhin Sans Souci Beach genannt. Die Anwohner kommen oft zum Schwimmen hierher. Ein flaches Riff dicht am Strand sorgt für ruhiges, geschütztes Wasser und für gute Schnorchelbedingungen.

Kahaloa & Ulukou Beaches Strand

Der meistbesuchte Strandabschnitt Waikikis zwischen dem Royal Hawaiian und dem Moana Surfrider Hotel ist super zum Sonnenbaden, Schwimmen und Leutegucken. Ein Großteil des Strandes verläuft flach und mit leichter Neigung. Der einzige Nachteil für Schwimmer sind die Surfanfänger und die gelegentlichen Landemanöver der Katamarane. Queens und Canoes, Waikikis bekannteste Surfbreaks, liegen direkt davor. Longboarder bevorzugen Populars (kurz „Pops") weiter draußen, jenseits einer Lagune.

Kapi'olani Beach Park Strand

(nahe Kalakaua Ave, Kapi'olani Regional Park)

Wo sind nur die ganzen Touristen geblieben? Der stille Strandabschnitt vom Kapahulu Groin südwärts zum Natatorium ist von Banyanbäumen und Rasenflächen gesäumt und bildet eine erholsame Nische ohne all den Trubel der Strände vor der Hotelzeile Waikikis. Toiletten und Freiluftduschen sind vorhanden. Der Kapi'olani Beach ist am Wochenende ein beliebter Picknickplatz für einheimische Familien, die ihre Kinder im Meer planschen lassen, während die Erwachsenen den Grill anheizen.

Das breite nördliche Ende des Kapi'olani Beach wird Queen's Surf Beach (S. 344) genannt. An einigen Sommerabenden werden hier auf einer riesigen Leinwand kostenlos Filmklassiker gezeigt (www.sunsetonthebeach.net).

AKTIVITÄTEN

Waikiki eignet sich fast das ganze Jahr über gut zum Schwimmen, Bodyboarden, Surfen, Segeln und für andere Wassersportarten. Am Strand gibt es überall Rettungsschwimmer, Toiletten und Freiluftduschen. Zwischen Mai und September ist die Brandung zum Schwimmen etwas zu stark, aber toll zum Surfen.

Weiter landeinwärts kann man joggen und Tennis oder auch eine Runde Golf spielen.

Die Bronzestatue „Surfer on a Wave" würdigt den Surfsport als wichtigen Teil der Kultur Waikikis

OSUGI/SHUTTERSTOCK ©

Von links: Am Strand in Waikiki; Royal Hawaiian Hotel (S. 338); *Surfer on a Wave* (2003) von Robert Pashby

VICTOR WONG/SHUTTERSTOCK ©

WASSERSPORT

Hawaii Surfboard Rentals Surfen, SUP
(☎808-689-8989; www.hawaiisurfboardrentals.com; 1901 Kapi'olani Blvd; Surfbrettverleih mind. 2 Tage ab 45 $; ⏲9.30–14 Uhr) Große Vielfalt an Leihbrettern. Surfbrett, SUP, Bodyboard und Gepäckträger fürs Auto werden in Waikiki kostenlos geliefert und abgeholt; besonders günstig sind die Wochenpreise.

SCHNORCHELN & TAUCHEN

Die überfüllten zentralen Strände Waikikis eignen sich nicht besonders gut zum Schnorcheln. Bessere Reviere sind der Kaimana Beach (S. 345) und der Queen's Surf Beach (S. 344), wo lebende Korallen und verschiedene Tropenfische zu sehen sind. Aber um wirklich tolle Sachen zu sehen – Korallengärten, Mantarochen und mehr exotische Tropenfische – lohnt sich eine Bootsfahrt raus aufs Meer. Schnorchelsets und Tauchausrüstung können überall sofort ausgeliehen werden; Bootstouren und PADI-Kurse müssen gebucht werden.

Snorkel Bob's Schnorcheln
(☎808-735-7944; www.snorkelbob.com; 700 Kapahulu Ave; Schnorchelausrüstung ab 9 $ pro Woche; ⏲8–17 Uhr) Verleiht sämtliche Ausrüstung. Die Preise hängen von der Qualität der Ausrüstung und den Extras ab, aber es gibt sehr gute Wochenermäßigungen und man kann online reservieren. Es ist sogar möglich, die Ausrüstung auf O'ahu zu leihen und sie auf einer anderen Insel zurückzugeben.

O'ahu Diving Tauchen
(☎808-721-4210; www.oahudiving.com; Trips mit 2 Tauchgängen für Anfänger 130 $) Spezialist für erste Tauchversuche für Anfänger ohne Tauchschein, außerdem Tiefwassertauchen vom Boot vor der Küste und PADI-Wiederholungskurse für alle, die bereits einen Schein und etwas Taucherfahrung haben. Abfahrt von verschiedenen Stellen bei Waikiki.

AquaZone Tauchen, Schnorcheln
(☎808-923-3483; www.aquazonescuba.com; 2552 Kalakaua Ave, Waikiki Beach Marriott Resort; 1 Tauchgang für Anfänger 120 $; ⏲8–17 Uhr) Tauchladen und Tourunternehmen vor dem Waikiki Beach Marriott. Hier gibt's Tauchkurse für Anfänger im Becken (PADI-Schein ist nicht erforderlich) und vom Boot aus, Schnorcheltouren zu Meeresschildkröten und vormittags Tiefseetauchen vom Boot, einschließlich Tauchgängen zu Schiffswracks aus dem Zweiten Weltkrieg. Verleih von Schnorchel- und Tauchausrüstungen.

WANDERN

Hiking Hawaii Wandern
(☎855-808-4453; http://hikinghawaii808.com; 1956 Ala Moana Blvd; ab 45 $ pro Pers.) Täglich mehrere Ausflüge auf ganz O'ahu, z.B. Wanderungen zum Makap'u Lighthouse oder zu den Manoa Falls oder auch eine ganztägige Tour zur North Shore. Alle Angebote stehen auf der Website. Abholung im Hotel, Transfer und Guide sind im Preis enthalten. Maßgeschneiderte Wanderungen kosten 50 $ pro Stunde.

GOLF

Ala Wai Golf Course Golf
(☎Reservierung 808-733-7387; www.honolulu.gov/des/golf/alawai.html; 404 Kapahulu Ave; Greenfee 19–55 $; ⏲6–17.30 Uhr) Der ebene 18-Loch- und 70-Par-Golfplatz mit Blick auf den Diamond Head und die Ko'olau Range kam als meistbesuchter Golfplatz der Welt ins Guinness-Buch der Rekorde. Einheimische Golfer dürfen früher in der Woche buchen und schnappen sich die besten Startzeiten, was nur wenige Zeiten für Besucher übrig lässt (die keinesfalls mehr als drei Tage im Voraus reservieren dürfen).

Wer sich schon früh am Tag auf die Warteliste setzen lässt – und mit seinen Mitspielern am Platz wartet –, hat durchaus eine Chance. Übungsplatz und Golfschlägerverleih gibt's auch.

JOGGEN

Jogger sind hier in guter Gesellschaft: Statistiken zufolge gibt's in Honolulu mehr Jogger pro Kopf als in allen anderen Städten der Welt. Zwei der besten Joggingstrecken in Waikiki für den frühen Morgen und den späten Nachmittag sind der **Ala Wai Canal** und der Kapi'olani Regional Park (S. 343).

SPAS

Abhasa Spa Spa
(808-922-8200; www.abhasa.com; 2259 Kalakaua Ave, Royal Hawaiian Hotel; 50-min. Massage ab 150 $; 9–21 Uhr) Hier locken hawaiisch inspirierte Anwendungen wie *lomilomi-* und *pohaku*-Massagen, Meersalz-Peelings und Körperanwendungen mit *kukui* (Kerzennuss), Kokosnuss und Kaffee-Öl. Ein Schwesterspa des **Spa Khakara** (808-685-7600; www.khakara.com; 2255 Kalakaua Ave, Sheraton Waikiki; 50-min. Massage ab 135 $; 9–21 Uhr).

Na Ho'ola Spa Spa
(808-237-6330; www.nahoolaspawaikiki.com; 2424 Kalakaua Ave, Hyatt Regency Waikiki; 50-min. Massage ab 160 $; 8.30–21 Uhr) In diesem zweistöckigen Spa entgiften *limu*-(Seetang-)Packungen, lockern *kele-kele*-(Schlamm-)Packungen schmerzende Muskeln und heilen Packungen mit *ti*-Blättern von der Sonne strapazierte Haut. Peelings mit Macadamia-Nussöl und frischer Ananas schälen die Haut. Die Ausblicke aufs Meer von hier sind wunderbar.

TENNIS

Wer seine eigenen Schläger dabei hat, kann auf einem der zehn Plätze im Diamond Head Tennis Center im Kapi'olani Park spielen. Die vier Plätze der Kapi'olani Park Tennis Courts gegenüber vom Aquarium haben Flutlicht, sind also auch in den Abendstunden bespielbar. Sämtliche öffentlichen Tennisplätze sind kostenlos, können aber nicht gebucht werden.

GEFÜHRTE TOUREN

Direkt am Waikiki Beach legen mehrere Katamaran-Rundfahrten ab – man geht einfach über den Strand zur Brandung und steigt an Bord. Angeboten wird u. a. eine 90-minütige All-you-can-drink-„Booze Cruise". Die Sonnenuntergangsfahrten sollten reserviert werden.

Katamaran Na Hoku II Bootsfahrt
(808-554-5990; www.nahokuiiandmanukai.com; beim Outrigger Waikiki Beach Resort; 90-min. Katamarantrips 40–45 $) Dieser Katamaran ist mit seinen unübersehbaren gelb-rot gestreiften Segeln ein örtliches Wahrzeichen. Die Trinktouren – die Getränke sind im Preis inbegriffen – legen viermal am Tag vor der Bar Duke's Waikiki (S. 356) ab. Die Sonnenuntergangstour ist gewöhnlich voll, also vorab buchen!

Katamaran Maita'i Bootsfahrt
(808-922-5665; www.leahi.com; am Ufer, nahe Kalakaua Ave; Erw./Kind ab 34/17 $;) Dieser weiße Katamaran mit grünen Segeln und breiter Palette an Touren legt am Ufer zwischen den Hotels **Halekulani** (199 Kalia Rd) und **Sheraton Waikiki** (2255 Kalakaua Ave) ab. Die 90-minütigen Tages- und Sonnenuntergangs-Trinktouren – es sind auch Kinder erlaubt und ja, es werden auch Mai Tais serviert – wie auch die Mondlicht-Touren zum freitäglichen Feuerwerk des Hilton Hawaiian Village sollten vorgebucht werden. In den familienfreundlichen Riffschnorcheltrips ist ein Mittagspicknick an Bord inbegriffen.

SHOPPEN

Inmitten all der Kettenläden in den noblen Malls und Resorts Waikikis verstecken sich tolle kleine Läden mit Designs und Produkten von der Insel.

Dinge des täglichen Bedarfs bieten die überall vorhandenen **ABC Stores**, so auch Strandmatten, Sonnencreme, Snacks, kaltes Bier, Macadamianuss-Süßigkeiten und, nicht zu vergessen, allerhand Krimskrams wie T-Shirts mit dem Aufdruck „I got lei'd in Hawaii" und Hula-Mädchen in Grasröcken fürs Armaturenbrett im Auto.

Bailey's Antiques & Aloha Shirts Kleidung, Antiquitäten
(808-734-7628; http://alohashirts.com; 517 Kapahulu Ave; 10–18 Uhr) Bailey's hat zweifellos die beste Auswahl an Hawaiihemden auf O'ahu, wenn nicht der Welt. Die Regale sind vollgestopft mit Tausenden Vintage-Hawaiihemden in allen möglichen Farben und Stilen, von Klassikern aus Kimonoseide aus den 1920er-Jahren bis zu Polyester-Exemplaren aus den 1970er-Jahren und aktuellen Kollektionen. Die Preise sind höchst unterschiedlich, von fünf bis zu mehreren tausend Dollar.

Waikiki mal ganz anders gesehen

Niemand kennt seinen oder ihren Namen, doch dank seinem wachsenden Fundus toller, unbemerkt aufgenommener Fotos von den Straßen und Stränden Wakikis hat **@mister ver** auf Instagram jede Menge Follower. Hier sieht man keine touristischen Hochglanzfotos, sondern die alteingesessenen Bewohner eines für seine Flut an Besuchern bekannten Stadtteils, dazu Hunde, heruntergekommene Gebäude, witzige Momentaufnahmen und anonyme Schnappschüsse.

Fighting Eel Kleidung

(☎808-738-9295; www.fightingeel.com; 2233 Kalakaua Ave, Royal Hawaiian Center, B-116; ⏲10–22 Uhr) Diese tolle Kette mit den vier Geschäften der einheimischen Designerinnen Rona Bennett und Lan Chung bietet Mode aus Hawaii sowie Bade- und Kinderbekleidung, Schmuck und Accessoires.

Malie Organics Kosmetik

(☎808-922-2216; www.malie.com; 2259 Kalakaua Ave, Royal Hawaiian Resort, A2; ⏲9–21 Uhr) Schöne Öle, Cremes, Parfüme und vieles mehr bietet dieser Laden, der genauso gut aussieht, wie er riecht. Alle Produkte werden in Hawaii aus natürlichen Zutaten hergestellt, zumeist aus hawaiischen Pflanzen und Blüten.

Angels by the Sea Kleidung

(☎808-922-9747; http://angelsbytheseahawaii.com; 2552 Kalakaua Ave, Erdgeschoss, Waikiki Beach Marriott Resort; ⏲8–22 Uhr) Diese luftige, in dem riesigen Kettenhotel nur schwer zu findende Boutique gehört einer vietnamesischen Modeschöpferin, einer früheren Miss Waikiki. Hier gibt es handgemachten Perlenschmuck und Hobo-Taschen, schöne Kleider, Tuniken und Hawaiihemden aus Seide und Leinen. Einen weiteren Laden gibt's im Sheraton Waikiki (S. 347).

Island Paddler Kleidung

(☎808-737-4854; www.islandpaddlerhawaii.com; 716 Kapahulu Ave; ⏲10–18 Uhr) Neben einer großen Auswahl an Paddeln und Paddelzubehör gibt es hier T-Shirts, Hawaiihemden, Strandkleidung und alles, was sonst noch für einen Strandtag nötig sein könnte. Es herrscht eine freundliche und relaxte Atmosphäre.

Art on the Zoo Fence Kunst & Kunsthandwerk

(www.artonthezoofence.com; Monsarrat Ave, gegenüber Kapi'olani Regional Park; ⏲Sa & So 9–16 Uhr) Dutzende Maler und Fotografen hängen an Schön-Wetter-Wochenenden ihre Arbeiten an den Zaun an der Südseite des **Honolulu Zoo** (☎808-971-7171; www.honoluluzoo.org; Ecke Kapahulu & Kalakaua Ave; Erw./Kind 14/6 $; ⏲9–16.30 Uhr; P). Zu sehen sind Aquarelle, Acryl- und Ölgemälde und farbenfrohe Inselfotos – bei einem Schwätzchen mit dem Künstler persönlich.

Na Lima Mili Hulu No'eau Kunst & Kunsthandwerk

(☎808-732-0865; www.featherlegacy.com; 762 Kapahulu Ave; ⏲gewöhnlich Mo–Sa 9–16 Uhr) Tochter und Enkelin der kürzlich verstorbenen „Aunty" Mary Louise Kaleonahenahe Kekuewa bewahren in dem kleinen Laden die alte Tradition des Flechtens von Feder-*leis*. Der Name des Ladens bedeutet „die geschickte Hand, die Federn berührt". Die Herstellung eines einzigen, bei Sammlern geschätzten Feder-*leis* kann Tage dauern. Die Öffnungszeiten telefonisch bestätigen lassen oder einen individuellen Termin ausmachen.

Rebecca Beach Kleidung

(☎808-931-7722; www.rebeccabeach.com; 2259 Kalakaua Ave, Royal Hawaiian Resort, Nr. 7; ⏲9–21 Uhr) Badekleidung, Freizeitmode und elegantere Klamotten zum Ausgehen findet man in dieser Nobelboutique.

Ukulele PuaPua Geschenke & Souvenirs

(☎808-923-9977; www.hawaiianukuleleonline.com; 2255 Kalakaua Ave Nr. 13, Sheraton Waikiki; ⏲8–22.30 Uhr) Die billigen Souvenir-Ukulelen taugen nichts – echte Instrumente sind hier zu finden. Die Leute hier sind Enthusiasten und bieten jeden Tag kostenlose Gruppenkurse für Anfänger an. Mittwochs um 15 Uhr gibt das Personal ein Konzert.

ESSEN

Waikiki wartet mit zahllosen Restaurants für Pauschalurlauber auf, doch inmitten dieser überteuerten, aber enttäuschenden Läden verbergen sich einige Juwele. Dann ist eine schöne Aussicht auch nicht gleichbedeutend mit langweiligem Essen!

Am Strand

Am Waikiki Beach ist zum schönen Ausblick durchaus auch gutes Essen zu bekommen. Etwas landeinwärts befinden sich zahlreiche weitere recht gute Esslokale. In der Kalakaua Ave drängen sich hungrige Urlauber in Kettenlokalen, die sie vielleicht auch von zu Hause kennen.

Pau Hana Market Food Trucks **$**
(808-591-1981; http://pauhanawaikiki.com; 234 Beach Walk; Hauptgerichte zumeist unter 15 $; 11–22 Uhr) Hier tummeln sich jeden Tag diverse Food Trucks. Das Angebot wechselt wöchentlich, doch in der Regel findet man Trucks mit asiatischem und vegetarischem Essen sowie Fisch und Meeresfrüchten. Die Köche, die hier werkeln, sind kreativ, die Preise sind günstig und man kann es sich an Picknicktischen gemütlich machen. Außerdem ist immer ein Bier- und Weinverkäufer zugegen.

Mahina & Sun's Amerikanisch **$$**
(808-924-5810; http://surfjack.com/eatshop; 412 Lewers St, Surfjack Hotel & Swim Club; Hauptgerichte 12–32 $; So–Do 6.30–22, Fr & Sa bis 24 Uhr) Das Freiluftbistro am stilvollen Pool des Surfjack Hotel wartet mit einer guten Auswahl an Klassikern wie Burgern, Salaten, Pizza sowie Fisch und Meeresfrüchten aus nachhaltigem Fang auf. Die meisten Zutaten stammen aus dem Biolandbau. An der Bar werden bis spät am Abend Drinks ausgeschenkt. Wer schon früh auf den Beinen ist, kann den Tag mit einem Bananenbrot oder einem Avocado-Toast einläuten.

Tonkatsu Ginza Bairin Japanisch **$$**
(808-926-8082; www.pj-partners.com/bairin; 255 Beach Walk; Hauptgerichte 18–24 $; So–Do 11–21.30, Fr & Sa bis 24 Uhr) Es muss nicht immer Tokio sein: Auch hier in Waikiki kann man perfekt frittierte Schweinefleisch-*tonkatsu* genießen. Schon seit 1927 serviert die Familie, die dieses Restaurant betreibt, in einem Lokal im Tokioter Stadtviertel Ginza *tonkatsu*. Und in diesem weit entfernten Ableger sind die japanischen Schnitzel genauso gut! Außerdem gibt's hier tolles Sushi, Reisgerichte und vieles mehr.

Azure Fisch & Meeresfrüchte **$$$**
(808-921-4600; www.azurewaikiki.com; 2259 Kalakaua Ave, Royal Hawaiian Resort; Hauptgerichte ab 38 $, 5-Gänge-Probiermenü 85 $; 17.30–21 Uhr) Das Azure ist das Vorzeigerestaurant im Royal Hawaiian Hotel. Meeresfrüchte frisch vom Hafen wie Kona-Meerschnecken, Roter Schnapper und *ono* (weißfleischige Makrele) werden vorzüglich nach Inselart zubereitet. Auch die Auswahl an Wein, Bier und Cocktails ist klasse. Die Gäste speisen direkt beim Strand unter der rosa-weißen Markise des Royal Hawaiian.

Roy's Waikiki Regionaltypisch **$$$**
(808-923-7697; www.royshawaii.com; 226 Lewers St; Hauptgerichte 24–53 $; Mo–Do 9–21.30, Fr–So bis 22 Uhr) Die moderne Filiale von Roy Yamaguchis hawaiischer Kette ist perfekt für einen romantischen Abend oder um einfach nur das Leben zu genießen. Die typischen Gerichte des innovativen Chefkochs wie *misoyaki*-Butterfisch, geschwärzter Ahi (Gelbflossen-Thun) und Mahimahi mit Macadamiakruste sind fester Bestandteil der Karte. Das Soufflé aus geschmolzener Schokolade ist als Dessert ein Muss. An der Bar werden tolle Cocktails gemixt und man kann draußen unter Tiki-Fackeln sitzen.

Kaiwa Japanisch **$$$**
(808-924-1555; http://kai-wa.com; 226 Lewers St, 1. OG, Waikiki Beach Walk; Hauptgerichte 15–36 $; 11.30–14 & 17–22 Uhr) Am adretten Waikiki Beach Walk kann man natürlich in

ROSANNA U/GETTY IMAGES ©

MATT MUNRO/LONELY PLANET ©

Von links: *Shave ice*; portugiesische Donuts bei Leonard's (S. 353); Schüsseln mit *ahi poke*

einer der Restaurantketten einkehren – oder hier ausgezeichnetes japanisches Essen genießen. Von den Tischen auf der Terrasse blickt man auf die Urlaubermassen unten, drinnen beeindruckt der stilvolle Gastraum mit dunklem Holz und hohen Sitzbänken.

La Mer Französisch **$$$**

(☎808-923-2311; www.halekulani.com; 2199 Kalia Rd, Halekulani; 3-/4-Gänge-Abendmenü 110/145 $; ⏱18–22 Uhr; Ⓟ) Das La Mer im luxuriösen Resort Halekulani gilt unter Traditionalisten als edelstes Restaurant in Waikiki. Auf der französischen Karte liegt der Schwerpunkt auf provenzalischer Küche mit frischen hawaiischen Zutaten: So gibt's etwa Hummer-Gelée mit Seeigel oder Tatar vom Großaugen-Thun. Der begleitende Wein ist jeweils perfekt ausgewählt und die Strandblicke sind top. Männliche Gäste müssen Jackett tragen; für Restaurantbesucher ist der Parkservice kostenlos.

Orchids Buffet **$$$**

(☎808-923-2311; www.halekulani.com; 2199 Kalia Rd, Halekulani; So Brunchbuffet 68 $, Hauptgerichte sonst 12–60 $; ⏱Mo–Sa 7.30–22, So 9.30–14.30 Uhr) O'ahus elegantes tes sonntägliches Brunchbuffet deckt alles ab, z. B. mit nach Wunsch zubereiteten Omeletts, einer Auswahl an *poke*, Sashimi, Sushi und Salaten und einem dekadenten Desserttresen mit Kokospastete und hausgemachter Eiscreme aus Kona-Kaffee.

Aber die Gäste kommen nicht nur wegen des Essens: Die umwerfenden Meerblicke, die tropischen Blumen und die kitschige Harfen- und Flötenmusik sind das perfekte Ambiente für Flitterwöchner. Vorab reservieren; Resort-Kleidung ist Pflicht. An den anderen Tagen ist hier normaler Restaurantbetrieb. Abends gilt ein Dresscode.

Veranda Café **$$$**

(☎808-921-4600; www.moana-surfrider.com; 2365 Kalakaua Ave, Moana Surfrider; Afternoon Tea ab 34 $; ⏱6–11, 12–15 & 17.30–21.30 Uhr; Ⓟ) In kolonialer Atmosphäre, wie sie den Reisenden im frühen 20. Jh. geboten wurde, wird traditioneller Afternoon Tea samt mundgerechten Sandwiches, Scones mit Devonshire-Rahm und Gebäck mit tropischen Früchten serviert. Die Portionen sind klein, aber die Lage am Meer und die hauseigenen Teemischungen sind einmalig. Reservierung ist notwendig und leider

SVETA_ZARZAMORA/GETTY IMAGES ©

muss man lästige, bettelnde Vögel verjagen. Dies ist auch ein schöner Ort für ein Frühstück am Wasser.

Kapahulu Avenue

Die Kapahulu Ave am Stadtrand von Waikiki lohnt mit ihrer wachsenden Zahl an kreativen Bistros und Cafés immer einen Abstecher. Hier findet man herausragende Lokale, Drive-Ins und Bäckereien, in denen es von hawaiischem Soul Food bis zur japanischen Landküche alles gibt.

Rainbow Drive-In Hawaiisch $

(808-737-0177; www.rainbowdrivein.com; 3308 Kanaina Ave; Mahlzeiten 4–9 $; 7–21 Uhr;) Wer es nur in einen klassischen hawaiischen *plate-lunch*-Laden schafft, der sollte diesen hier ansteuern. Der Besuch in dem klassischen Drive-In in kunterbunten Neonfarben ist wie eine Reise in eine andere Zeit. Bauarbeiter, Surfer und schlaksige Jugendliche bestellen an der Imbisstheke die üblichen Gerichte wie Burger, gemischte Teller, *loco moco* und French Toast aus süßem portugiesischem Brot. Viele lieben das Hamburger-Steak.

Die Familie des Besitzers spendet einen Teil des Gewinns an örtliche Schulen und Wohltätigkeitsorganisationen. Der Drive-In wurde nach dem Zweiten Weltkrieg von einem auf der Insel geborenen Koch der US-Armee gegründet; zu seinen Gästen zählte in seinen Teenagerjahren auch Barack Obama, der bei seinen Hawaii-Besuchen auch heute noch hier vorbeischaut.

Waiola Shave Ice Desserts $

(808-949-2269; www.waiolashaveice.com; 3113 Mokihana St; Shave Ice 2–5 $; 11–17.30 Uhr; P) Der hölzerne Eckladen macht immer noch das gleiche superfeine *shave ice* wie schon 1940 – die Formel ist perfekt. Übergossen wird das Eis mit einer von über 20 Sirupsorten und oben drauf kommen noch Azukibohnen, *liliko'i*-Creme, Kondensmilch, Hershey's Schokoladensirup oder scharf-süßes *li hing mui (crack seed)*.

Das Gebäude an der Mokihana St ist von der Kapahulu Ave etwas schwer zu sehen.

Haili's Hawaiian Foods Hawaiisch $

(808-735-8019; http://hailishawaiianfood.com; 760 Palani Ave; Mahlzeiten 11–16 $; Di–Sa 10–19, So bis 14 Uhr;) Im Haili's werden seit den 1950er-Jahren bodenständige hawaiische Gerichte gebrutzelt. Einheimische zwängen sich fröhlich in die Sitznischen und um die Tische und lassen sich die üppigen Portionen von im Erdofen gegarten *kalua*-Schwein, *lomilomi*-Lachs (gesalzenes gehacktes Lachsfleisch mit Tomaten und grünen Zwiebeln) und *laulau* (in *ti*-Blättern gedünstetes Fleisch) mit *poi* (Taro-Püree) oder Reis schmecken. Selbst die Beilagen wie Macadamiasalat sind klasse.

Für etwas Abwechslung sorgen *plate lunches* mit Ahi, Kutteln- oder *poke*-Eintopf und dicke Tortilla-Wraps.

Hawaii's Favorite Kitchens Hawaiisch $

(☎808-744-0465; http://hawaiisfavoritekitchens.com; 3111 Castle St; Hauptgerichte 4–12 $; ⏲10–19 Uhr) Hier gibt's viele der beliebtesten Speisen von O'ahu. In dem hell erleuchteten Laden, der zum bekannten Rainbow Drive-In (S. 351) nebenan gehört, sind Gerichte von **Mike's Huli Chicken** (☎808-277-6720; https://sites.google.com/site/mikeshulihulichicken; 47-525 Kamahameha Hwy, Kahalu'u; Mahlzeiten 7–12 $; ⏲10.30–19 Uhr), des **Poke Stop** (☎808-676-8100; http://poke-stop.com; 94-050 Farrington Hwy, Waipahu Town Center; Hauptgerichte 8–14 $; ⏲Mo–Sa 10–20, So bis 17 Uhr), von Shimazu Shave Ice und anderen erhältlich.

Ono Seafood Fisch & Meeresfrüchte $

(☎808-732-4806; 747 Kapahulu Ave; Hauptgerichte 7–12 $; ⏲Mo & Mi–Sa 9–18, So 10–15 Uhr) Frühe Ankunft ist in dem süchtig machenden *poke*-Imbiss unbedingt angesagt, sonst sind der frische, in *shōyu* (Sojasauce) marinierte Fisch, der hausgeräucherte *tako* (Tintenfisch), die scharfen Ahi-Reisschalen oder gekochten, mit Sternanis gewürzten Erdnüsse schon wieder weg. Besonders beliebt ist bei den Stammgästen der *shōyu*-Ahi. Es stehen nur sehr begrenzt kostenlose Parkplätze zur Verfügung. Gleich vor der Tür stehen ein paar wenige Tische.

Leonard's Bäckerei $

(☎808-737-5591; www.leonardshawaii.com; 933 Kapahulu Ave; Snacks ab 1 $; ⏲So–Do 5.30–22, Fr & Sa bis 23 Uhr; 👪) Es ist fast nicht möglich, an Leonard's auffallendem Firmenschild aus den 1950er-Jahren vorbeizufahren, ohne vor dem Laden zahlreiche Touristen stehen zu sehen. Die Bäckerei

Sashimi

JEREMY WOODHOUSE/HOLLY WILMETH ©

ist berühmt für ihre *malasadas* (eine Art Krapfen). Achtung: Die mit *haupia* (Kokoscreme) oder *liliko'i* (Passionsfrucht) gefüllten Bällchen machen süchtig.

Andere Backwaren wie die eher langweiligen Wurst-Croissants können da bei Weitem nicht mithalten. Wenn man warten muss, sorgen die ausgestellten T-Shirts der Bäckerei für Unterhaltung.

Sansei Seafood Restaurant & Sushi Bar Japanisch **$$**
(808-931-6286; www.sanseihawaii.com; 2552 Kalakaua Ave, 2. OG, Waikiki Beach Marriott Resort; kleine Gerichte 5–20 $, Hauptgerichte 16–35 $; So–Do 17.30–22, Fr & Sa bis 1 Uhr) Auf der Pacific-Rim-Karte eines der Top-Köche Hawaiis, D. K. Kodama, steht alles Mögliche von kreativ stilvollen Sushi und Sashimi bis zu Taschenkrebs-*ramen* mit Trüffelbrühe – und alles wird von den Kritikern in höchsten Tönen gelobt! Von den Tischen auf der von Fackeln beleuchteten Veranda genießen die Gäste beste Ausblicke auf den Sonnenuntergang.

Da Hawaiian Poke Company Hawaiisch **$$**
(808-425-4954; www.dahawaiianpokecompany.com; 870 Kapahulu Ave; Hauptgerichte 9–20 $; Mo–Sa 10–21, So bis 18 Uhr) Die Lage an einem Safeway-Parkplatz sollte man einfach ignorieren und sich stattdessen auf das erstklassige *poke* konzentrieren. Die Gäste wählen aus Meeresfrüchten aus nachhaltigem Fang, anschließend ein Aroma – besonders gut sind Wasabi und Miso-Knoblauch – sowie das Topping. Das Ganze wird sehr frisch zubereitet. Das Ambiente ist locker, sodass man sich ganz aufs Essen konzentrieren kann.

Wada Japanisch **$$**
(808-737-0125; www.restaurantwada.com; 611 Kapahulu Ave; Hauptgerichte 11–30 $; 16–23 Uhr) In diesem täuschend einfachen Lokal an der Kapahulu Ave wird erstklassiges japanisches Essen kreativ präsentiert. Ohne den Waikiki-Glamour liegt der Fokus ganz klar auf dem Essen. Die meist ortsansässigen Gäste kommen hierher, um mit authentischer Küche zu feiern. Zu den wechselnden Probiermenüs kann man sich eine Wein- und Sake-Begleitung empfehlen lassen.

Kuhio Avenue Area

Die Kuhio Ave und die vielen Straßen und Gassen in der Nähe säumen kleine Lokale mit unterschiedlichem Angebot. In vielen davon speisen vor allem Einheimische.

Marukame Udon Japanisch **$**
(808-931-6000; www.toridollusa.com; 2310 Kuhio Ave; Hauptgerichte 2–8 $; 7–22 Uhr;) Alle Welt liebt dieses japanische Nudellokal und zwar so sehr, dass sich oft eine lange Schlange bis draußen bildet. Die Gäste sehen zu, wie dicke *udon*-Nudeln gerollt, geschnitten und direkt vor ihrer Nase gekocht werden. Anschließend können sie ihre Tabletts mit kleinen Tellern mit Tempura und *musubi* (Reisbällchen) beladen, die mit Lachs oder einer eingelegten Pflaume gefüllt sind.

Getrunken wird dazu eisgekühlter Gersten- oder grüner Tee – Alkohol gibt's nicht.

Blue Ocean Fisch & Meeresfrüchte **$**
(808-542-5587; 2449 Kuhio Ave; Hauptgerichte 9–17 $; 10.30–22 Uhr) An diesem blauen Food Truck sind auf jede nur erdenkliche Art zubereitete Garnelen die Stars. Echt lecker ist etwa das pikante und reich mit Krabben gefüllte Knoblauch-Shrimp-*po' boy*. Ausgezeichnet sind auch die Lachsgerichte. Es gibt ein paar Sitzplätze, ansonsten nimmt man sich sein Essen mit. Sehr charmantes Personal!

Musubi Cafe Iyasume Japanisch **$**
(808-921-0168; www.tonsuke.com/eomusubiya.html; 2427 Kuhio Ave, Pacific Monarch Hotel; Hauptgerichte 5–9 $; 6.30–20 Uhr) Das Imbisslokal serviert frische *onigiri* (Reisbällchen) gefüllt mit Algen, Lachsrogen, eingelegten Pflaumen und sogar mit Spam (Dosenfleisch). Weitere Spezialitäten sind japanisches Curry, Lachsrogen-Reisschüsseln und *mochiko*-Brathuhn nach Inselart. In Eile? Dafür gibt's *bento*-Boxen zum Mitnehmen. Das namengebende *musubi* gibt es hier in einer Maßstäbe setzenden Version mit gegrilltem Spam auf einem in *nori* (Seetang) gewickelten weißen Reisblock.

Lovin' Oven Pizza $$
(☎808-866-6489; www.lovinoven-hawaii.com; 2425 Kuhio Ave, Aqua Bamboo; Pizza 25–30 $; ⏲Mi–Mo 16–22 Uhr) Das einfache Café serviert inmitten von Tiki-Fackeln um einen Hotelpool herum mit die beste Pizza in Waikiki. Wer möchte, kann sich aus den hervorragenden Belägen auch selbst eine Pizza zusammenstellen. Bier muss man selbst mitbringen – nebenan gibt's einen ABC Store. Oder man nimmt sich seine Pizza mit oder bestellt sie sich in die Unterkunft.

MAC 24/7 Amerikanisch $$
(☎808-921-5564; http://mac247waikiki.com; 2500 Kuhio Ave, Hilton Waikiki Beach; Hauptgerichte 9–25 $; ⏲24 Std.) Es ist 3 Uhr nachts und man hat furchtbaren Hunger – auf einen kalten Burger für 25 $ vom Zimmerservice, so es den denn gibt, verzichtet man besser und macht sich stattdessen zum besten Nacht-Diner Waikikis auf. Der Gastraum ist in kräftigen Farben gehalten und tagsüber blickt man in einen Garten. Die Gerichte – und die Preise – sind überdurchschnittlich.

Eine Spezialität hier sind Pfannkuchen und wer sich traut, versucht sich an der berühmten „MAC pancake challenge": Wer in weniger als 90 Minuten drei riesige 35-cm-Pfannkuchen verdrückt, wird mit einem Foto an der Wand verewigt. In den letzten zehn Jahren haben das weniger als 100 Leute geschafft!

Hy's Steakhouse Steaks $$$
(☎808-922-5555; http://hyswaikiki.com; 2440 Kuhio Ave; Hauptgerichte 30–80 $; ⏲18–22 Uhr) Das Hy's ist so altmodisch, dass man fast Tintenfässchen auf den Tischen erwartet. Das traditionelle Steakhaus verfügt über eine zeitlose Einrichtung aus altem Leder und Holz. Doch vor allem dreht sich hier alles um die grandiosen Steaks!

In einer gläsernen Kabine neben dem Gastraum bereitet der Meisterbrutzler verschiedenste saftige Steaks zu. Dazu kann man jede Menge leckere Beilagen und Salate bestellen – aber am besten investiert man sein Erspartes ins Fleisch. Besonders zu empfehlen ist das Knoblauch-Steak.

Monsarrat Avenue

Einige gute Cafés und Restaurants sind in der Montsarrat Ave hinter dem Zoo und der Waikiki School zu finden.

Pioneer Saloon Fusionsküche $
(☎808-732-4001; www.pioneer-saloon.net; 3046 Monsarrat Ave; Hauptgerichte 9–14 $; ⏲11–20 Uhr) Es sind einfache Speisen, aber die Leute kriegen einfach nicht genug von den japanisch-hawaiischen *plate lunches*, ob gegrillter Ahi, gebratene junge Tintenfische oder *yakisoba* (gebratene Nudeln). Tipps: das Huhn mit Knoblauchsauce und das mit Chilis gebratene Huhn. Draußen ist das Lokal mit Topfpflanzen geschmückt, drinnen mit jeder Menge witzigem Nonsens. Toll ist auch das *shave ice*.

Diamond Head Market & Grill Hawaiisch $
(☎808-732-0077; www.diamondheadmarket.com; 3158 Monsarrat Ave; Mahlzeiten 9–18 $; ⏲6.30–21 Uhr; 👪) Auf diesem Markt kann man sich mit Gourmet-Zutaten für ein Picknick am Strand eindecken, z. B. mit gebratener Schweinelende oder Zitrus-Yambohnen-Salat. Draußen bestellen Surfer und Familien am Takeaway-Fenster *plate lunches* mit *char siu* (chinesisches gegrilltes Schweinefleisch), Burger mit Champignons und zum Frühstück Pfannkuchen mit tropischen Früchten. Man kann an Picknicktischen essen oder das Bestellte mitnehmen. Tipp: die Blaubeer-Scones.

Hawaii Sushi Sushi $
(☎808-734-6370; 3045 Monsarrat Ave, Suite 1; Hauptgerichte 6–10 $; ⏲10–20 Uhr) Mit frischen Sushi auf hawaiische Art und Schüsselgerichten wie der Spicy Ahi Bowl ist der Imbiss ein Knaller – frischeren Fisch gibt's nirgendwo in Waikiki. Die ausgezeichneten Tagesgerichte wechseln täglich. Parkplätze sind vorhanden und drinnen gibt's ein paar Tische.

AUSGEHEN & NACHTLEBEN

Wem der Sinn nach einem eiskalten Bier oder einem fruchtigen Cocktail steht, um sich nach einem Tag am Strand zu erholen, findet in Waikiki eine reiche Auswahl.

JEFF WHYTE/SHUTTERSTOCK ©

Sonnenuntergang am Waikiki Beach

Nichts ist schöner, als bei Sonnenuntergang einen Mai Tai zu den melodischen Klängen von Hawaiigitarren zu schlürfen und sich dann gemeinsam mit den Einheimischen ins Nachtleben zu stürzen.

Beach Bar Bar

(☎808-922-3111; www.moana-surfrider.com; 2365 Kalakaua Ave, Moana Surfrider; ⏰10.30–23.30 Uhr) Waikikis beste Strandbar befindet sich direkt an einem besonders schönen Strandabschnitt. Für das Ambiente sorgen das historische Hotel Moana Surfrider und dessen riesiger Banyanbaum. Tags und abends kann man hier wunderbar den Passanten, Sonnenhungrigen und Surfern zuschauen. Auf einer Insel mit mittelmäßigen Mai Tais ist die hiesige Variante eine der besten. Zwar ist es hier immer voll, aber die Gäste wechseln ständig, sodass man nicht lange auf einen Tisch warten muss. Außerdem wird hier meist Live-Unterhaltung geboten (S. 357).

Cuckoo Coconuts Lounge

(☎808-926-1620; www.cuckoococonutswaikiki.com; 333 Royal Hawaiian Ave; ⏰11–24 Uhr) Bunt zusammengewürfelte wackelige Tische unter einem Leinwand-Baldachin und in die Jahre gekommenen Sonnenschirmen sowie ein Sammelsurium aus alten tropischen Topfpflanzen verleihen dieser Bar eine unbeschwerte, lockere Atmosphäre. Jeden Abend geben sehr gute Musiker Klassiker zum Mitsingen und Witzchen mit langem Bart zum Besten. Hinsetzen, etwas Frittiertes und ein preiswertes Getränk genießen und sich einfach mitreißen lassen!

Gorilla in the Cafe Café

(☎808-922-2055; www.facebook.com/gorillahawaii; 2155 Kalakaua Ave; ⏰Mo–Fr 6.30–22, Sa & So ab 7 Uhr) Dieses Café für den gehobenen Kaffeegenuss gehört dem koreanischen TV-Star Bae Yong Joon und hat Waikikis größte Auswahl an Bohnen von kleinen Plantagen von den Hawaii-Inseln. Wer mehr Zeit hat, lässt sich einen Filterkaffee aufgießen, Eiligere genießen einen Espresso oder einen cremigen Eiskaffee mit Banane.

Hula's Bar & Lei Stand Schwule

(☎808-923-0669; www.hulas.com; 134 Kapahulu Ave, 1. OG, Waikiki Grand Hotel; ⏰10–2 Uhr; 📶) Diese freundliche Freiluftbar

Waikiki für Schwule & Lesben

Waikikis Schwulen- und Lesbenszene ist eine enge Gemeinschaft, aber mit viel Aloha für Besucher. Von der freundlichen **Hula's Bar & Lei Stand** (S. 356) gibt es einen tollen Meerblick bis zum Diamond Head. Hier treffen sich die Leute auf einen Drink, spielen Billard und tanzen. Das elegantere **Bacchus Waikiki** (☎808-926-4167; www.bacchus-waikiki.com; 408 Lewers St, 1. OG; ⏰12–2 Uhr) ist eine kleine Wein- und Cocktailbar mit Specials zur Happy Hour, Oben-ohne-Barkeepern und Partys am Sonntagnachmittag. In der wohnzimmergroßen Karaokebar **Wang Chung's** (☎808-921-9176; http://wangchungs.com; 2424 Koa Ave, Stay Waikiki; ⏰17–2 Uhr; 📶) wird durchgesungen.

Die im Tiki-Stil gestaltete **Tapa's Restaurant & Lanai Bar** (☎808-921-2288; www.tapaswaikiki.com; 407 Seaside Ave, 1. OG; ⏰Mo–Fr 14–2, Sa & So ab 9 Uhr; 📶) ist ein größerer Treff mit fröhlichen Barkeepern, Billardtischen, einer Jukebox und Karaoke-Abenden. Um die Ecke liegt das **Fusion Waikiki** (☎808-924-2422; www.fusionwaikiki.co; 2260 Kuhio Ave; Eintritt für Transvestitenshows 10 $; ⏰So–Do 0–4, Fr & Sa ab 21 Uhr), ein Nachtclub mit Transvestitenshows und DJs am Wochenende. In einer Gasse versteckt liegt die relaxte Nachbarschaftsbar **In Between** (☎808-926-7060; www.inbetweenwaikiki.com; 2155 Lau'ula St; ⏰12–2 Uhr), in die es ältere Gäste zur „happiest of happy hours" zieht.

ist Waikikis legendäre Schwulenkneipe – hier kann man toll Leute treffen, sich ein paar Drinks genehmigen und tanzen. Oder man genießt einfach die spektakulären Ausblicke auf den Diamond Head. Von der luftigen Balkonbar bieten sich zudem Ausblicke auf den Queen's Surf Beach, ein beliebtes Ziel sonnenhungriger Schwuler und Lesben.

Lulu's Waikiki Cocktailbar

(☎808-926-5222; www.luluswaikiki.com; 2586 Kalakaua Ave, Park Shore Waikiki; ⏰7–2 Uhr) Nach dem sandigen Kuhio Beach wartet jenseits der Kalakaua Ave diese Surfer-Grillbar mit *lanai* im 1. Stock, von wo der Blick über den Pazifik und den Diamond Head schweift. Nach der Happy Hour bei Sonnenuntergang (tgl. 15–17 Uhr) geht's zum Chillen bei akustischer Musik und später am Abend oft auch zur Musik einheimischer Bands. Samstags nach 22 Uhr drehen DJs am Stimmungspegel.

Maui Brewing Co Brauerei

(☎808-843-2739; http://mauibrewingco.com; 2300 Kalakaua Ave, 1. OG, Holiday Inn Resort Waikiki Beachcomber; ⏰11–23 Uhr) Hawaiis größte Bar öffnete 2017 ihre Pforten. Ausgeschenkt werden hier über zwei Dutzend der ausgezeichneten Craft-Biere der Maui Brewing Company. Unter aus Fässern gefertigten Lampen kann man sich in der großen, luftigen Kneipe zurücklehnen und klassische Gerstensäfte wie das Bikini Blonde Lager, das Big Swell IPA und das Weizenbier Pineapple Mana genießen. Von der großen Terrasse fällt der Blick auf die Skyline.

Duke's Waikiki Bar

(☎808-922-2268; www.dukeswaikiki.com; 2335 Kalakaua Ave, Outrigger Waikiki Beach Resort; ⏰7–24 Uhr) Hier geht's sehr ausgelassen zu, besonders, wenn sich am Wochenende das Konzertpublikum bis auf den Strand erstreckt. Die nach Duke Kahanamoku benannte Bar hat sich mit ihrer Einrichtung dem Surfmotto verschrieben und steht ganz im Zeichen von Selfies und Urlaubsbekanntschaften. Die von Tiki-Fackeln beleuchtete Veranda oben beim Hula Grill wartet fast jeden Abend von 19 bis 21 Uhr mit leiseren Tönen der Hawaiimusik auf. Das Essen kann man getrost vergessen.

RumFire Bar

(www.rumfirewaikiki.com; 2255 Kalakaua Ave, Sheraton Waikiki; ⏰So–Do 11.30–24, Fr & Sa bis 1.30 Uhr) Die Auswahl an alten Rums in der lebhaften Hotelbar ist ziemlich verlockend; dazu kommen romantische Feuerstellen zum Strand raus und moderne hawaiische Livemusik oder Jazz. Umwerfende Aussichten, schicke Cocktails und noch mehr hawaiische und Pop- und Rock-Musik am Pool gibt's in der Edge of Waikiki Bar.

UNTERHALTUNG

Wem der Sinn nach erstklassiger hawaiischer Livemusik und nach Hula-Tanz steht, der ist hier genau richtig: Jeden Abend kann man hier umsonst oder zum Preis eines Drinks Top-Künstler am Werk erleben. Was los ist, steht in der jeden Mittwoch erscheinenden *Honolulu Weekly* (www.honoluluweekly.com).

Hawaiische Musik & Hula

House Without a Key Livemusik

(808-923-2311; www.halekulani.com; 2199 Kalia Rd, Halekulani; 7–21 Uhr) Die feine Open-Air-Hotelbar am Strand unter einem 100 Jahre alten *kiawe*-Baum wurde nach einem Charlie-Chan-Roman von 1925 mit Schauplatz Honolulu benannt. Und eine Tür zum Abschließen gibt's gar nicht. Anspruchsvolle Gäste genießen hier Sonnenuntergangs-Cocktails, hawaiische Musik und Solo-Hula, dargeboten von ehemaligen Miss-Hawaii-Gewinnerinnen. Der Panoramablick aufs Meer ist ebenso berauschend wie die tropischen Cocktails.

Hilton Hawaiian Village Fireworks Feuerwerk

(Kahanamoku Beach; Fr 19.45 Uhr) GRATIS Jeden Freitagabend veranstaltet das Hilton Hawaiian Village ein donnerndes zehnminütiges Feuerwerk. Dieses findet im Rahmen eines speziellen *luau* statt, ist jedoch in ganz Waikiki zu sehen. Den besten Ausblick genießt man vom **Fort DeRussy Beach** (Kalia Rd).

Beach Bar Livemusik

(808-922-3111; www.moana-surfrider.com; 2365 Kalakaua Ave, Moana Surfrider; 10.30–23.30 Uhr) In der historischen Hotelbar am Strand wird unter dem alten Banyanbaum, von wo Mitte des 20. Jhs. landesweit die Radiosendung *Hawaii Calls* übertragen wurde, klassische und moderne Hawaiimusik geboten. Die Termine für die Livemusik variieren, aber an den meisten Abenden tanzen Hula-Solotänzer von 18 bis 20 Uhr. Mittags und abends erklingen ansonsten sanfte Töne.

Kani Ka Pila Grille Livemusik

(808-924-4990; www.outriggerreef.com; 2169 Kalia Rd, Outrigger Reef Waikiki Beach Resort; 11–22 Uhr, Livemusik 18–21 Uhr) Nach dem Ende der Happy Hour findet in der Lobbybar des Outrigger eine der entspanntesten Livemusikshows aller Strandhotels in Waikiki statt, mit traditioneller und moderner Hawaiimusik und den üblichen Witzeleien dazwischen.

Royal Hawaiian Band Livemusik

(808-922-5331; www.rhb-music.com; Kapi'olani Regional Park) Der Kapi'olani Bandstand bildet die perfekte Kulisse für die Musik dieser Truppe, die an den meisten Sonntagnachmittagen sowie bei besonderen Events und Festivals Klassiker aus der hawaiischen Königszeit zum Besten gibt. Dies ist ein typisches Hawaii-Erlebnis: Am Ende reicht sich das Publikum die Hände und singt zusammen Königin Lili'uokalanis „Aloha 'Oe" auf Hawaiisch. Auf der Website sind die Auftritte der Band in Waikiki und auf ganz O'ahu aufgelistet.

Tapa Bar Livemusik

(808-949-4321; www.hiltonhawaiianvillage.com; Erdgeschoss, Tapa Tower, 2005 Kalia Rd, Hilton Hawaiian Village; 10–23 Uhr, Livemusik 19.30–20 Uhr) GRATIS Es lohnt sich, die polynesisch gestaltete Freiluftbar im gigantischen Hilton ausfindig zu machen, um dort einige der besten traditionellen und modernen hawaiischen Gruppen auf O'ahu zu erleben. Freitags und samstags spielt das seit Langem beliebte Akustiktrio Olomana auf. Livemusik gibt's außerdem häufig im Hotelcafé Tropics.

Luau & Dinnershows

'Aha 'Aina Luau

(808-921-4600; http://royal-hawaiianluau.com; Royal Hawaiian Resort, 2259 Kalakaua Ave; Erw./Kind 5–12 J. ab 188/106 $; Mo 17–20 Uhr) Die Dinnershow am Meer erzählt in einem Singspiel in drei Akten die Geschichte des hawaiischen *mele* (Gesang) und des Hula-Tanzes. Das Buffet wartet mit guten Varianten traditioneller hawaiischer und polynesischer Kost und Drinks ohne Ende auf. Es werden auch Vorführungen wie etwa zur Stoffherstellung aus Baumrinde geboten, das Highlight sind jedoch die Feuertänze. Die Gäste sitzen an langen Tischen – am besten bittet man bei der Buchung um Plätze in Bühnennähe.

Waikiki Starlight Luau Luau (☎808-947-2607; www.hiltonhawaiianvillage.com/luau; 2005 Kalia Rd, Hilton Hawaiian Village; Erw./Kind 4–11 J. ab 109/65 $; ⏲So–Do 17.30–20 Uhr, bei gutem Wetter; 👪) Temperamentvolle panpolynesische Show mit Buffet, Tischen im Freien, samoanischem Feuertanz und *hapa haole*-Hula (wörtlich „halb ausländisch").

AN- & WEITERREISE

Waikiki gehört zu Honolulu, sodass die Reiseinfos für Honolulu zumeist auch für Waikiki gelten.

Der **Honolulu International Airport** (S. 509) liegt etwa 9 Meilen (14,5 km) nordwestlich von Waikiki.

AUTO

Vom Flughafen ist die einfachste und schönste Strecke nach Waikiki der Nimitz Hwy (Hwy 92), der später zum Ala Moana Blvd wird. Oder man nimmt den H-1 (Lunalilo) Freeway Richtung Osten und folgt dann der Ausschilderung nach Waikiki. Die Fahrt vom Flughafen nach Waikiki dauert bei geringem Verkehrsaufkommen eine halbe Stunde, während der Stoßzeiten mindestens 45 Minuten.

BUS

Waikiki ist mit den Linien 19 und 20 des **TheBus** (☎808-848-5555; www.thebus.org; Erw. 2,50 $, 4-Tages-Pass 35 $; ⏲Infoline 5.30–22 Uhr) zu erreichen. Die Busse verkehren täglich von 6 bis 23 Uhr alle 20 Minuten. An Gepäck darf nur mitgenommen werden, was auf den Schoß oder unter den Sitz passt (max. Größe 56 x 36 x 23 cm). Beide Linien führen über die Kuhio Ave.

FLUGHAFENSHUTTLE

Express Shuttle (☎808-539-9400; www.airportwaikikishuttle.com; vom Flughafen nach Waikiki einfach/hin & zurück 16/32 $), betrieben von Roberts Hawaii, bietet rund um die Uhr einen Tür-zu-Tür-Service zu den Hotels von Waikiki, Abfahrt alle 20 bis 60 Minuten. Die Fahrtzeit hängt von der Anzahl der Stopps ab. Für Fahrräder, Surfboards, Golfschläger und zusätzliches Gepäck wird ein Aufpreis berechnet. Reservierungen sind hilfreich, aber nicht immer nötig. Die Rückfahrt sollte mindestens 48 Stunden im Voraus gebucht werden.

TAXI

Taxis vom Flughafen nach Waikiki kosten 35 bis 45 $.

UNTERWEGS VOR ORT

AUTO & MOTORRAD

Die großen Autoverleihfirmen haben Niederlassungen in Waikiki.

808 Smart Cars Rentals (☎808-735-5000; www.hawaiismartcarrentals.com; 444 Niu St; Leihwagen ab 85 $ pro Tag; ⏲9–17 Uhr) Vermietet zu eher hohen Preisen Smart-Cabrios, die auf den Inselstraßen mit einer Gallone über 40 Meilen zurücklegen (rund 6 Liter/100 km). Da sie klein sind, ist mit ihnen auch das Parken einfacher.

Chase Hawaii Rentals (☎808-942-4273; www.chasehawaiirentals.com; 355 Royal Hawaiian Ave; 10/24 Std. ab 90/110 $; ⏲8–18 Uhr) Verleiht Harley-Davidson-, Kawasaki- und Honda-Motorräder und Vespa-Motorroller (nur an über 21 Jahre alte Personen, gültiger Motorradführerschein und Kreditkarte erforderlich).

Cruzin Hawaii (☎877-945-9595, 808-945-9595; http://cruzinhawaii.com; 1980 Kalakaua Ave; 8/24 Std. ab 100/120 $) Verleiht Motorräder, zumeist Harley-Davidsons (nur an über 21 Jahre alte Personen, gültiger Motorradführerschein und Kreditkarte erforderlich), außerdem Mopeds und Fahrräder.

Schlafen

Die Strandstraße, die Kalakaua Ave, ist von Hotels und Resorts gesäumt. Einige davon sind echte Schönheiten mit historischem oder individuellem Flair, die meisten richten sich jedoch an Pauschalurlauber.

Gegend	Flair
Waikiki Beach	Große Resorts säumen Waikiki Beach und Kalakaua Ave. Einige sind altehrwürdig, andere luxuriös (oder beides) und wieder andere sind nichts als riesige Bettenburgen. Natürlich ist's direkt am Strand am schönsten.
Kuhio Avenue	In dem Gebiet östlich der Kalakaua Ave entstehen immer mehr große Hotels. Doch in den Straßen abseits der Kuhio Ave gibt's immer noch eine Menge ältere und kleinere Hotels, viele davon mit rustikalem Flair. Hier kann man sich unter die echten Waikiki-Originale und alterslosen Strandgammler mischen, die noch immer in Waikiki zu Hause sind.
Kaimana Beach	Richtung Süden befinden sich hinter dem Kapiʻolani Regional Park abseits des Trubels von Waikiki einige Hotel- und Apartmenthochhäuser aus den 1960er-Jahren mit tollem Ausblick.

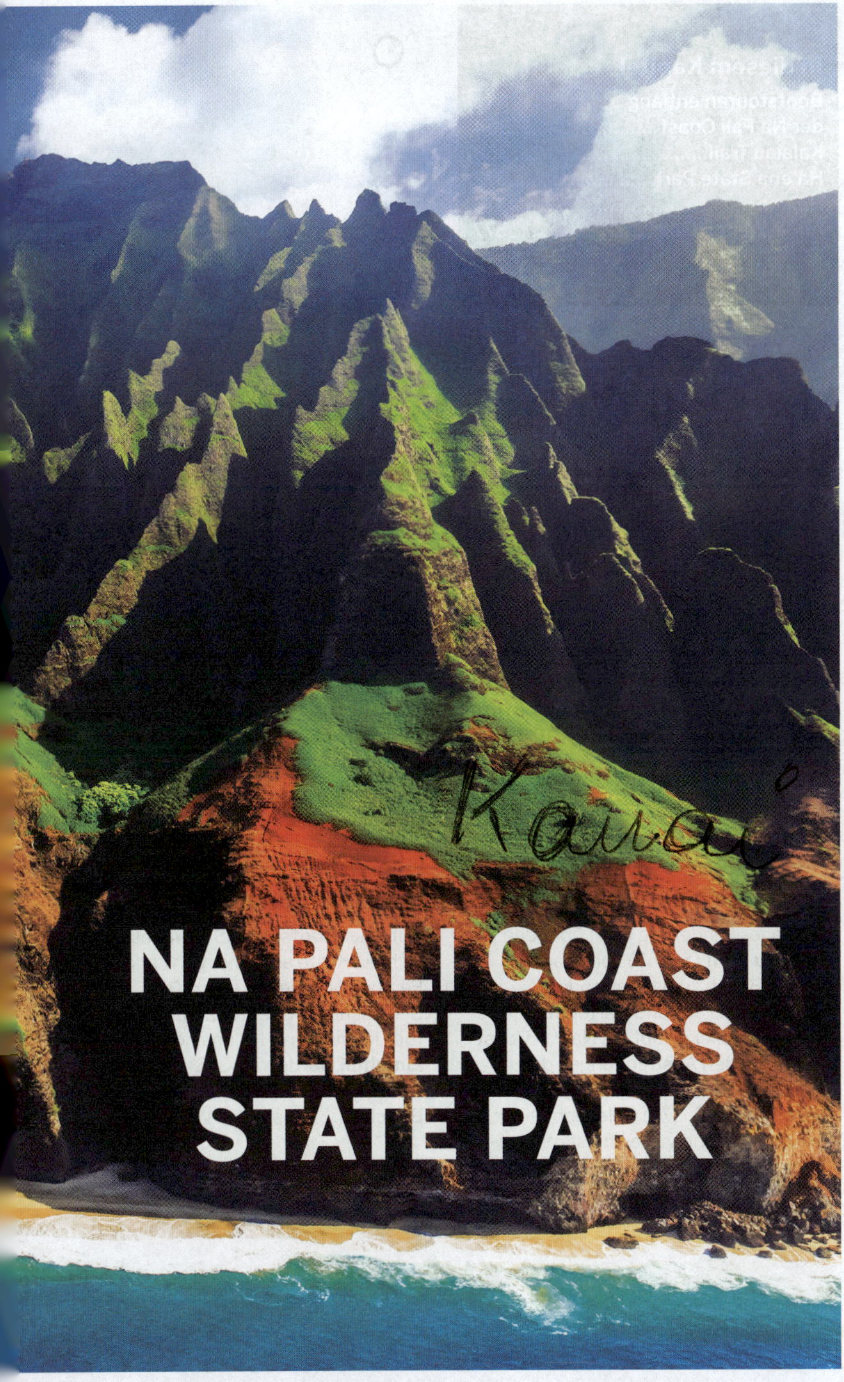
Kauai
NA PALI COAST
WILDERNESS
STATE PARK

In diesem Kapitel

Na Pali Coast Wilderness State Park auf einen Blick

Der unberührte, 25 km lange Streifen aus schroffen Klippen, weißen Sandstränden, türkisfarbenen Buchten und rauschenden Wasserfällen ist unvergesslich schön. Er verbindet die Nord- und Westküste und ist zweifellos Kaua'is prachtvollstes Stück Natur. Wer fit genug ist, kann den sanft hügeligen und rutschigen Weg von Ha'ena zum Kalalau Valley bewältigen, der Küstenstrich lässt sich aber auch mit Kajak, Schlauchboot oder Katamaran erkunden. Kalalau, Honopu, Awa'awapuhi, Nu'alolo und Miloli'i sind die fünf größeren Täler an der Küste – und eins ist hinreißender als das andere.

Die Na Pali Coast in einem Tag

Die Tageswanderung führt über den **Kalalau Trail** (S. 368) vom Hanakapi'ai Beach zu den reizenden Hanakapi'ai Falls und wartet mit Panoramablicken auf die Na Pali Coast auf. Nach den Anstrengungen des Tages bietet sich bei einem Bad am **Ke'e Beach** (S. 372) Gelegenheit zur Abkühlung. Und vielleicht ist man sogar rechtzeitig hier zum spektakulären Sonnenuntergang.

Die Na Pali Coast in zwei Tagen

Auf einer **Bootstour** (S. 364) lässt sich die Küste aus einer ganz anderen Perspektive erleben – per Kajak, Schlauchboot oder Katamaran. Eventuell kann man in Ha'ena noch den **Limahuli Garden** (S. 376) besuchen; Surfer können am **Makua (Tunnels) Beach** (S. 376) auf den Wellen reiten.

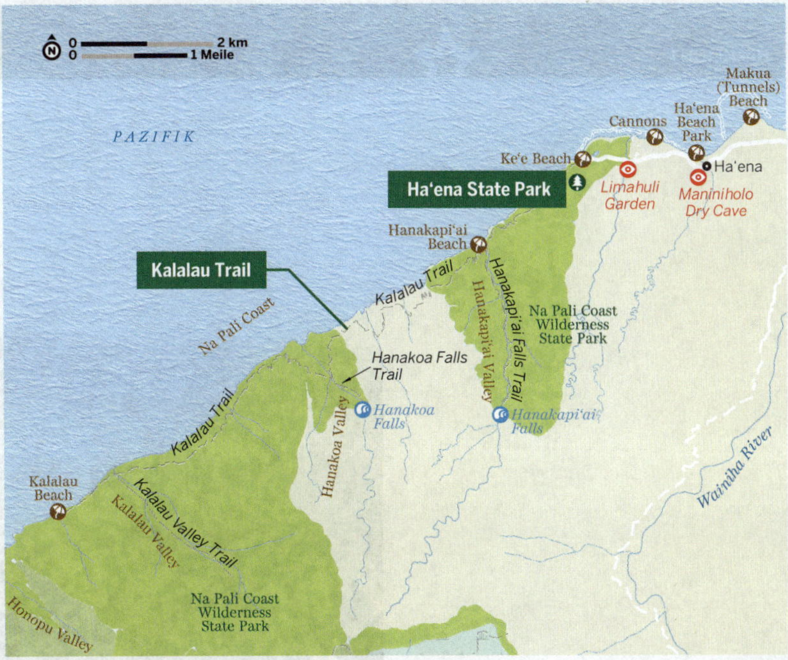

Ankunft an der Na Pali Coast

Der nächstgelegene Parkplatz zum Ausgangspunkt der Wanderung am Ke'e Beach ist recht groß, füllt sich aber schnell – in den Sommermonaten ist er schon vormittags voll und dann hat man Pech! Camper sollten sich überlegen, im Ha'ena Beach Park (gratis, aber nicht überwacht) oder vielleicht beim privaten **YMCA Camp Naue** (808-826-6419; campnaue@yahoo.com; Kuhio Hwy; Zeltstellplätze 15 $ pro Nacht) zu parken. Außerdem kann man von Hanalei mit dem **North Shore Shuttle** (S. 377) zum Ke'e Beach gelangen.

Schlafen

Innerhalb des Parks darf im Hanakoa Valley (max. 1 Nacht) und Kalalau Valley gezeltet werden. Die Permits für Kalalau sind oft schon ein Jahr im Voraus vergeben.

Ein beliebter und schöner Zeltplatz ist der Ha'ena Beach Park (Mo geschl.), von dem aus sich sowohl die North Shore wie auch die Na Pali Coast gut erkunden lassen. Für die Übernachtung benötigt man ein County Camping Permit. In Ha'ena stehen jede Menge Ferienhäuser zur Verfügung.

Die Na-Pali-Küste vom Meer aus gesehen

SARAH FIELDS PHOTOGRAPHY/SHUTTERSTOCK ©

Bootstouren entlang der Na Pali Coast

Die Na Pali Coast vom Meer aus zu sehen ist ein unvergessliches Erlebnis. Man kann schnorcheln, Meereshöhlen erkunden oder sich einfach bei einem Drink entspannen und eine der schönsten Landschaften der Welt genießen.

Toll für ...

Gut zu wissen

Touren können wegen starken Seegangs und schlechten Wetters abgesagt werden – immer die Wettervorhersage für die nächsten Tage im Blick behalten!

☑ Nicht versäumen

Die Ausblicke auf die zerklüfteten Felsen, die sich über dem Meer erheben.

HIGHLIGHT

Kajak

Kajaks sind ideal für Leute, die sich die Na Pali Coast sportlich erschließen möchten. Hierfür muss man kein Supersportler oder Kajakfreak sein, doch man muss schon sehr fit sein: Die Touren können zwölf Stunden dauern und man paddelt 27 km.

Eine Kajaktour an der Na Pali Coast ist zwar herrlich, aber auch anstrengend und gefährlich. Sicherer wird die Tour mit einem Führer. Wer ohne Führer loszieht, muss mit dem Kajakfahren auf dem offenen Meer (nicht auf dem Fluss) schon sehr vertraut sein – und sollte nie ganz allein sein. Immer an der North Shore und nie an der Westküste beginnen (wegen der Strömung) und nie im Winter fahren (tödliche Wellen). Vor Antritt der Fahrt immer ein paar Tage lang die Wettervorhersage und die Meeresbedingungen verfolgen.

Touren & Verleih

Zwischen April und Oktober bieten die meisten Veranstalter einen langen Tagestrip entlang der gesamten Na Pali Coast. Außerdem kann man Kajaks für Touren auf eigene Faust leihen – das ist aber nur etwas für sehr erfahrene Kajaker.

Geführte Touren bieten:

Na Pali Kayak (S. 387) Der Veranstalter hat sich ganz auf die Na-Pali-Coast-Tour spezialisiert. Die Guides haben über zehn Jahre Kajakerfahrung in diesen Gewässern. Touren mit Übernachtung gibt's für ab 400 $ pro Person, Tagesexkursionen ab 225 $.

Kayak Kaua'i (S. 387) Dieser Veranstalter begann mit den Na-Pali-Kajaktouren. Die „Summer Sea Kayaking Tour" (240 $) führt an einem langen Tag über die ganze Strecke von Ke'e bis Polihale.

RUDMER ZWERVER/SHUTTERSTOCK ©

Katamaran

Katamarane stellen die bequemste Art dar, die Na Pali Coast zu erleben, mit weniger Geschaukel, viel Schatten, Toiletten und Einrichtungen wie Wasserrutschen sowie Verpflegung. Einige sind mit Segeln ausgestattet, andere sind reine Motorschiffe. Katamarane liegen erheblich stabiler im Wasser als normale Boote.

Schlauchboot

Schlauchboote sind etwas für Adrenalinjunkies: Sie hüpfen übers Wasser, können bei gutem Wetter Höhlen erkunden und am Strand anlegen, aber dafür gibt's keinen Schatten, keine Toiletten und keine bequemen Sitze. Die besten Boote sind Festrumpfschlauchboote – am ruhigsten sitzt man hinten im Boot, bekommt aber vielleicht auch mehr Gischt ab. Die größten Boote verfügen vielleicht über ein Schutzdach und sogar eine Toilette.

Buchung

Bootstouren an der Na Pali Coast sollten so früh wie möglich gebucht werden (am besten vor der Ankunft). Bei schlechtem Wetter können Touren ausfallen.

Kleine Stärkung

Hanalei Dolphin Restaurant & Sushi Lounge (S.389) in Hanalei: Stärkung mit frischem Fisch und Sushi.

★ Top-Tipp

Wer leicht seekrank wird, sollte sich übers Wetter informieren, rechtzeitig entsprechende Medikamente einnehmen und sich für den Katamaran entscheiden. Am ruhigsten ist das Meer gewöhnlich morgens.

HIGHLIGHT

PAVEL TVRDY/SHUTTERSTOCK ©

Kalalau Trail

Von den Klippen bieten sich Aussichten auf einige der unberührtesten Täler mit ihren tief eingeschnittenen, faszinierenden Falten. Diese Wanderung bietet die beste Möglichkeit, sich mit den Elementen zu verbinden.

Toll für ...

Nicht versäumen

Blicke auf Küste und Dschungel auf einer 6,5-km-Wanderung vom Ke'e Beach zum Hanakapi'ai Beach und zurück.

Der Wanderweg

Von den *nā pali* („die Klippen") bieten sich Aussichten auf Kaua'is unberührteste Täler. Wer den kompletten Weg gehen möchte – hin und zurück 35 km –, sollte sich darüber im Klaren sein, dass er eine anstrengende Tour mit steilen, teils gefährlich erodierten Passagen vor sich hat.

Die Wanderung ist in drei Abschnitte gegliedert: vom Ke'e Beach zum Hanakapi'ai Beach, vom Hanakapi'ai Beach zu den Hanakapi'ai Falls und vom Hanakapi'ai Beach ins Kalalau Valley. Manche Hartgesottene schaffen den kompletten Weg hin und zurück an einem Tag, aber die meisten Leute entscheiden sich für eine Tageswanderung zum Hanakapi'ai Beach oder zu den Hanakapi'ai Falls – oder sie bringen eine Zeltausrüstung mit, um es bis zum Kalalau Beach zu schaffen.

Aber Achtung: Im Winter können sich die Wege in Flüsschen verwandeln, Bäche

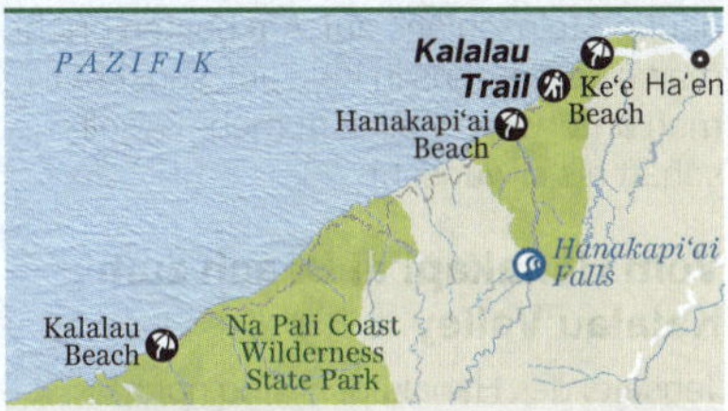

Gut zu wissen

Fürs Zelten in Kalalau benötigt man ein Permit, erhältlich bei den **Hawaii State Parks** (http://hawaiistateparks.org/camping).

Kleine Stärkung

Als Belohnung lockt ein Steak im **Mediterranean Gourmet** (S. 377).

★ Top-Tipp

Auf dem Parkplatz am Ke'e Beach wird ständig in Autos eingebrochen – alle Wertsachen aus dem Auto nehmen und es vielleicht nicht abschließen, damit die Fenster nicht eingeschlagen werden.

sind vielleicht nicht passierbar und Strände verschwinden in der hohen Brandung. An einem regnerischen Tag sollte man sich eine Wanderung zweimal überlegen. Beim Baden an den Stränden ist immer höchste Vorsicht angebracht, besonders am Hanikapi'ai Beach, wo im Laufe der Jahre schon zahlreiche Menschen ertrunken sind.

Vom Ke'e Beach zum Hanakapi'ai Beach

Die gut 3 km ab dem **Ke'e Beach** im Ha'ena State Park sollten in etwa einer Stunde zu schaffen sein. Hier wird einem ein Mini-Na-Pali-Abenteuer geboten, mit kleinen Hängetälern und gluckernden Bächen sowie Panoramaausblicken über die gesamte Küste. Die Wanderung endet am malerischen, aber gefährlichen **Hanakapi'ai Beach** am Fuß des Hanikapi'ai Valley.

Vom Hanakapi'ai Beach zu den Hanakapi'ai Falls

Ein Nebenweg führt vom Kalalau Trail zu den Wasserfällen, eine 13-km-Tageswanderung von Ke'e. Der Weg verläuft gut 3 km parallel zum Hanakapi'ai Stream ein Tal hinauf, vorbei an Resten uralter Taro-Felder und durch wilde Guavenhaine, bis sich schließlich die Schlucht zwischen moosigen Felswänden verengt. Der langsam ansteigende Weg überquert wiederholt den Bach. Besonders auf dem felsigen oberen Teil des Wegs, wo einige Felsen mit rutschigen Algen überwachsen sind, muss man sehr vorsichtig sein. Wenn es regnet, treten in diesem engen Tal häufig Überschwemmungen auf.

Die **Hanakapi'ai Falls** sind wirklich spektakulär: Sie ergießen sich 90 m tief in ein breites Becken, in dem man auch baden kann. Direkt unter den Fällen treten häufig Steinschläge auf. Am besten bricht man frühmorgens in Ke'e auf, sonst hat man unterwegs vielleicht mehr Gesellschaft als erwünscht.

Vom Hanakapi'ai Beach zum Kalalau Valley

Jenseits des Hanakapi'ai sind noch 14,5 km übrig – wer weitergeht, nimmt also die gesamten 35 km in Angriff. Das **Hanakoa Valley** markiert fast die Hälfte der Wegstrecke und hier kann man rasten und zelten, je nachdem, wie man die Wanderung gliedert. Wer auch zu den Hanakapi'ai Falls gehen möchte, für den bietet sich diese Stelle für die erste Nacht an. Hier zweigt auch der Abstecher (1 km hin und zurück) zu den Hanakoa Falls (Baden nicht möglich) ab.

Hinter Hanakoa wird der Weg spürbar trockener und ungeschützter und der blaue Pazifik unten am Fuß der Klippen wirkt umso einladender. Besonders an diesen felsigen Kanten sind Wanderstöcke hilfreich. Kurz vor Ende geht's an der Vorderseite des Kalalau Valley vorbei, vor dessen über 300 m hohen Lavafelswänden man sich ganz klein fühlt. Anschließend geht's noch zu den Zeltplätzen am **Kalalau Beach** unmittelbar westlich des Tals.

Das Kalalau Valley wirkt wie der Garten Eden – bevölkert von Wanderern und Hippies. Gute Schwimmer können auch beim Honopu Beach vorbeischauen – allerdings nur im Sommer ins Wasser gehen!

Den Zeltplatz sollte man weit im Voraus buchen. Nach zwei Tagen Ausspannen

Blick über das Kalalau Valley

kann man sich dann auf den Rückweg zum **Ke'e Beach** machen. Wenn der Wettergott mitspielt, erlebt man bei der Rückkehr vielleicht gerade einen zauberhaften Sonnenuntergang.

Sicherheit

Der Kalalau Trail ist unglaublich schroff und deshalb nicht für jeden geeignet, sondern nur für fitte, erfahrene Wanderer. Allein schon die Vorbereitung ist schwierig: Man will nicht zu viel einpacken, braucht aber Regenbekleidung und genug Wasser und der Abfall muss auch wieder mitgenommen werden. Auf dem Weg sind manchmal Wanderer mit Macheten, Walkie-Talkies, Kletterseil und Riff-Schuhen zu sehen, aber auch die bestausgerüsteten Wanderer können in Not kommen und sollten sich nicht darauf verlassen, gerettet zu werden. Die Klippen müssen ernst genommen werden! Jeder, der Polizeifunk empfängt, kann eine Menge Geschichten erzählen, z. B. über den Angeber vom US-Festland, der von Freunden gewarnt wurde und dessen letzte Worte waren: „Ach, ich bin aus Colorado. Das hier ist nichts dagegen." Außerdem: Die Moskitos hier gelten als besonders lästig und die Sonne knallt heftig, Insektenschutzmittel und Sonnencreme sind also ein Muss.

Permits

Auch wer nicht vorhat zu zelten, braucht offiziell eine Genehmigung, um jenseits von Hanakoa auf dem Kalalau Trail weiterzulaufen. Kostenlose Wandergenehmigungen gibt's bei der **Division of State Parks** (☎808-274-3444; www.hawaiistateparks.org; 3060 Eiwa St, Raum 306, Lihu'e; ⏲Mo–Fr 8–15.30 Uhr) in Lihu'e. Hier sind auch die erforderlichen Campinggenehmigungen (20 $ pro Pers. und Nacht) erhältlich. Pro Wandertrip darf man höchstens fünfmal übernachten und auch nur in Hanakoa und Kalalau. Die Genehmigungen sollten möglichst lange im Voraus (max. 1 Jahr) beantragt werden.

Karten

Im State-Parks-Büro in Lihu'e ist eine Kalalau-Trail-Broschüre mit Karte erhältlich. Eine weitere gute Infoquelle ist die vom County gesponserte Website **Kaua'i Explorer** (www.kauaiexplorer.com).

Gefahr: Hanakapi'ai Beach

Dem Meer niemals den Rücken zukehren, besonders nahe der Flussmündung! Kinder nicht im seichten Wasser spielen lassen! An diesem Strand zu baden ist gefährlich und verboten.

HIGHLIGHT

Waikapala'e Wet Cave

STEVE HEAP/SHUTTERSTOCK ©

Ha'ena State Park

Vorbei am Botanischen Garten und über eine Brücke, die über einen tosenden Fluss führt, geht's in den Ha'ena State Park. Er schmiegt sich in die schmale Lavaküste und verströmt Zauber, Mystik und Schönheit.

Pele, die Göttin des Feuers, soll diese Gegend wegen des Wassers, das durch die Höhlen sickert, als mögliche Heimstatt übersehen haben. In dem 93 ha großen Park befindet sich das 390 m hohe Kliff, das nach seinem Namen im Film *South Pacific* als „Bali Hai" bekannt ist. Der richtige Name ist Makana („Geschenk") – passend!

Der Ke'e Beach ist Ausgangspunkt für Wanderungen auf dem Kalalau Trail durch den Na Pali Coast Wilderness State Park.

Ke'e Beach

Der spirituelle Ort, an dem die alten Hawaiianer Hula tanzten, beeindruckt mit unvergesslichen Sonnenuntergängen. In den Sommermonaten bietet er ein erfrischendes Bad nach einer Wanderung auf dem Kalalau Trail. Der Ke'e Beach erscheint übrigens oft ganz ruhig, ist es aber in Wahrheit nicht. Gefährliche Strömungen haben schon manchen

Toll für ...

Nicht versäumen

Einen grandiosen Sonnenuntergang bestaunen – das gehört einfach dazu!

Ke'e Beach

SHANE MYERS PHOTOGRAPHY/SHUTTERSTOCK ©

Kleine Stärkung

Es gibt keine Restaurants oder Imbisse im Park, also Proviant einpacken!

durch ein Loch im Riff ins offene Meer hinausgezogen.

Kleine Kinder nie in der Nähe des Wassers allein lassen! Duschen und Toiletten sind vorhanden. Auf dem Parkplatz werden oft Autos aufgebrochen, also keine Wertsachen im Wagen lassen. Wer sich hier den Sonnenuntergang anschauen möchte: Insektenschutz nicht vergessen!

Kaulu Paoa Heiau

Die tosende Brandung diente denjenigen als Lehrer, die zuerst die spirituelle Form des Hula ausübten: Sie sangen und erprobten dabei die Kraft ihrer Stimme gegen die der Natur. Am Ke'e Beach steht ein wichtiger *heiau*; der alte Steintempel ist Laka geweiht, der Göttin des Hula. Hier verliebte sich auch die Vulkangöttin Pele in Lohiau. Am Boden liegen *leis* und andere Opfergaben, die unberührt bleiben sollten. Den *heiau* betritt man durch den Eingang. Nicht über die Mauern klettern!

Gut zu wissen

Fast alle kommen mit einem eigenen Fahrzeug hierher, doch zum Ke'e Beach fährt auch alle 1¼ Stunden der **North Shore Shuttle** (S. 377). Erste Ankunft 7.35 Uhr, letzte Rückfahrt 20.05 Uhr.

★ Top-Tipp

Genehmigungen vorher besorgen. Es gibt keine Restaurants oder Snackbars, daher ein Picknick einpacken!

HIGHLIGHT

★Top-Tipp

Im State Park darf man nicht zelten, dafür jedoch im nahen Ha'ena Beach Park und weiter an der Küste entlang.

Wasserfall im Ha'ena State Park

Wet Caves

Im Ha'ena State Park liegen zwei feuchte Höhlen. Die gewaltige **Waikapala'e Wet Cave**, die vor langer Zeit durch die Wellen geformt wurde, ist genauso bezaubernd wie unheimlich. Sie liegt auf der anderen Straßenseite, nur einen kurzen Fußmarsch vom Ausweichparkplatz entfernt. Die **Waikanaloa Wet Cave** liegt ein Stückchen weiter auf der Südseite der Straße.

Zwar gehen einige Besucher ins Wasser, um die blaue Reflexion des Sonnenlichts in der hinteren Kammer der Waikapala'e-Höhle zu erleben, aber das Wasser kann mit Leptospirose-Bakterien verseucht sein, die Felsen sind rutschig und wer erst einmal im Wasser ist, kann sich nirgendwo mehr festhalten. Aber natürlich kann man hier tolle Fotos machen. Man sollte sich auf jeden Fall nie allein hierher vorwagen und danach sofort duschen!

Indigene Begräbnisstätten

In ganz Hawaii befinden sich unter unzähligen Häusern und Hotels uralte Begräbnisstätten. Bauarbeiter stoßen oft auf *iwi* (Gebeine) und *moepu* (Grabbeigaben), während die Bewohner unheimliche Geschichten erzählen, etwa von Dingen, die nicht funktionieren, bis die Gebeine ordnungsgemäß beigesetzt wurden.

1990 verabschiedete der Kongress den Native American Graves Protection and Repatriation Act (www.hawaii.gov/dlnr/hpd/hpburials.htm): Laut Gesetz brauchen alle Inseln Bestattungsräte, die sich um sterbliche Überreste und Grabstätten kümmern sollten. Die Entweihung von *iwi* ist illegal und für die indigenen Hawaiianer eine echte Beleidigung.

Im Zentrum eines der aktuellsten Fälle auf Kaua'i stand der Naue Point in Ha'ena mit rund 30 *iwi*. Ab 2002 gab es neun Jahre lang Gerichtsanhörungen, Demonstrationen und Vorschläge zur Erhaltung der Stätte, bis der Staat dem Landeigentümer eine Baugenehmigung erteilte.

Heilige Haie

Natürlich kann es tödlich enden, von einem *mano* (Hai) angegriffen zu werden. Eine Vorsichtsmaßnahme ist, besonders nach Regen nicht in trübem Wasser zu schwimmen. Doch statistisch gesehen ist es wahrscheinlicher, durch einen Bienenstich zu sterben als durch eine Haiattacke, und in den trüben Gewässern sollte man eher Angst vor Leptospirose oder Giardiasis haben als vor Haien.

Statt sich Ängsten vor großen Raubtieren hinzugeben, könnte man den *mano* in Hawaii aus einer anderen Perspektive betrachten: nämlich als heilig. Für viele Hawaiianer ist der *mano* ihr *'aumakua* (Schutzgeist). *'Aumakua* sind Vorfahren, deren *'uhane* (Geist) im Körper eines Tieres weiterlebt und über die lebenden Mitglieder seines *'ohana* wacht. Der für seine Schwimmfertigkeiten bewunderte *mano* galt auch als *'aumakua* der Schiffer. Selbst heute wird *mano 'aumakua* nachgesagt, dass sie Fischer, die sich verirrt haben, nach Hause geleiten oder sie zu reichen Fischgründen führen, damit sie einen guten Fang mit nach Hause nehmen können.

Könnte der Staat künftig das Bauen auf eigenem Land untersagen? Wohl nicht. Wahrscheinlich wird der Staat immer eine Umbettung der *iwi* gestatten, was für die indigenen Hawaiianer unangemessen ist.

Viele Hotels und Wohnhäuser wurden auf Land errichtet, unter denen sich noch *iwi* verbergen. Und was passiert mit all den ruhelosen Geistern? Das Grand Hyatt Resort in Po'ipu hat tatsächlich einen Direktor für hawaiische und Gemeinschaftsangelegenheiten, der mindestens einmal im Monat auf dem Gelände Segnungen durchführt, um eventuelle „spirituelle Störungen" zu beseitigen.

Ha'ena

Abgelegen, herrlich idyllisch – hier endet die Straße inmitten von Lavaspitzen, dichtem Wald und perfekten Stränden. In der feuchten Jahreszeit ergießen sich zahlreiche Wasserfälle die Felsen hinunter. Die Erkundung Kaua'is ist erst mit einer Fahrt zum Ende der Straße und zumindest einer kurzen Wanderung an der straßenlosen Na Pali Coast vollkommen.

SEHENSWERTES

Limahuli Garden Garten

(☎808-826-1053; http://ntbg.org/gardens/limahuli.php; 5-8291 Kuhio Hwy; ohne Führung Erw./Stud./Kind unter 18 J. 20/10 $/frei, Führungen Erw./Stud. & Kind über 10 J. 40/20 $; ⏲Di–Sa 9.30–16 Uhr, Führungen 10 Uhr; 👪) Schöner kann Biologie-Unterricht kaum sein: Dieser Garten bietet eine interessante Einführung in die einheimische Botanik und die *ahupua'a*-Bodenordnung des alten Hawaii. Eine Besichtigung auf eigene Faust dauert etwa 1½ Stunden: Auf einer 1,2 km langen Schleife lässt sich die Szenerie in aller Ruhe betrachten. Detailliertere Führungen (Mindestalter 10 Jahre, Buchung erforderlich) dauern 2½ Stunden.

Arbeitsprojekte vermitteln einen Eindruck von der Instandsetzung des Ökosystems im 400-ha-Naturschutzgebiet. Anfahrt: Kurz vor dem Bach, der die Grenze des Ha'ena State Park markiert, landeinwärts abbiegen.

Makua (Tunnels) Beach Strand

Dies ist einer der fast zu schönen Strände an der North Shore (benannt nach den Lavatunneln im küstennahen Riff) und im Sommer eines der besten Schnorchelgebiete auf der Insel. Außerdem gehört der Strand zu einem der beliebtesten Tauchreviere an der Nordküste. Im Winter kann die Brandung hier jedoch recht kräftig sein.

In der Zwischensaison ist das Schnorcheln zwar auch noch okay, aber man sollte vorher mit den Einheimischen oder Strandwärtern reden. Vor der Westströmung aufs offene Meer hinaus gilt es auf der Hut zu sein. Wer keine Parklücke auf einem der zwei unmarkierten Parkplätze am Ende kurzer Feldwege findet, kann im Ha'ena State Park parken und von dort aus laufen.

Limahuli Garden

Ha'ena Beach Park Strand
Aufgrund der Brandung, die hier für eine starke Unterströmung sorgt, ist der Strand im Winter nicht ideal zum Schwimmen, aber zum Sonnenbaden ist er schön. Im Sommer ist das Meer fast immer ruhig und sicher. Besonders zwischen Oktober und Mai sollte man immer zuerst bei den Strandwärtern nachfragen, bevor man ins Wasser geht.

Links liegt **Cannons**, ein Surfbreak für Profis. Zu den Einrichtungen hier zählen Toiletten, Freiluftduschen, Picknicktische und ein Pavillon. Hier darf gezeltet werden – vorher die Genehmigung besorgen!

Maniniholo Dry Cave Höhle
Die tiefe, breite Maniniholo Dry Cave ist hoch genug zum Erkunden, doch je weiter man vordringt, desto niedriger wird die Decke und desto dunkler wird's. Da ständig Wasser von den Höhlenwänden sickert, ist die dunkle Höhle immer feucht. Man sollte sich hier immer vergegenwärtigen, dass man sich unter einem gewaltigen Monolithen aus dem Jura befindet.

Das Krachen der Wellen rund herum hört man nicht nur, man fühlt es auch. Und manche Leute meinen, das *mana* (spirituelle Kraft) zu verspüren, besonders in der Nähe der Steine, die wie eine Art Feuerstelle aufgebaut sind – vielleicht war dies früher ein Beratungsort oder eine Schutzstätte. Die Höhle ist nach dem Fischerhauptmann der *menehune* benannt, welcher der Legende nach über Nacht Teiche und andere Bauten errichtete. Die Maniniholo Dry Cave befindet sich direkt gegenüber dem Ha'ena Beach Park.

AKTIVITÄTEN

Hanalei Day Spa Spa
(808-826-6621; www.hanaleidayspa.com; Hanalei Colony Resort, 5-7130 Kuhio Hwy; Massage 50/80 Min. 110/165 $; Di–Sa 9–18 Uhr) Für müde Wanderer und ausgepowerte Besucher bietet das freundliche kleine Spa einige der preisgünstigsten Massagen und Körperbehandlungen der Insel an, u. a. *lomilomi* und ayurvedische Ganzkörperpackungen.

SHOPPEN

Na Pali Art Gallery Kunst & Kunsthandwerk
(808-826-1844; www.napaligallery.com; Hanalei Colony Resort, 5-7130 Kuhio Hwy; 7–17 Uhr;) Hier zeigen einheimische Künstler ihre Gemälde, Holzarbeiten, Skulpturen, Töpferwaren, Schmuck und Glaskunst wie z. B. aus Larimar, einem blauen Vulkanglas. Der Kaffee im Café ist allerdings nicht jedermanns Geschmack.

ESSEN & AUSGEHEN

Es gibt nur ein Restaurant und ein Café im Ort. Die Kneipe befindet sich im Restaurant neben dem Café. Alle teilen sich denselben grandiosen Ausblick.

Mediterranean Gourmet Mediterran **$$$**
(808-826-9875; www.kauaimedgourmet.com; Hanalei Colony Resort, 5-7130 Kuhio Hwy; Hauptgerichte 13–29 $; 12–20.30 Uhr) Ein bisschen Mittelmeer mitten im Pazifik. Hier gibt's ein vielseitiges Angebot an Gerichten wie Lammrippen mit Rosmarin und Ahi in Pistazienkruste. Die Qualität des Essens und des Service schwankt erheblich, doch die Auswahl ist auf der Insel einzigartig.

Mittagessen gibt's von 12 bis 15 Uhr. Die Happy Hour in der Bar (mit kleinen Speisen) dauert von 15 bis 18 Uhr. Abendessen wird ab 17 Uhr serviert. Samstag- und sonntagabends erklingt Livemusik.

AN- & WEITERREISE

Ha'ena ist über den Kuhio Hwy zu erreichen, mit mehreren einspurigen Brücken zwischen hier und Hanalei. Wird eine Brücke bei einem Sturm überflutet, ist man abgeschnitten. Busverbindungen in die Gegend bietet der **North Shore Shuttle** (808-826-7019; www.kauai.gov/NorthShoreShuttle; einfach 4 $); in Hanalei hat man Anschluss an den **Kaua'i Bus** (808-246-8110; www.kauai.gov/Bus; einfach Erw./Kind 2/1 $). Für Erkundungstouren benötigt man jedoch ein eigenes Fahrzeug.

STEVE HEAP/GETTY IMAGES ©

Kauai
HANALEI BAY

In diesem Kapitel

Hanalei Bay auf einen Blick

Wohl nur sehr wenige Orte auf dieser Erde weisen so majestätische Naturschönheiten auf und haben einen so unverfälschten Charakter wie Hanalei. Natürlich gilt das vor allem für die gleichnamige Bucht. Das halbe Dutzend verschiedener Surfbreaks ist legendär – nicht zuletzt, weil einheimische Surfgötter hier ihre ersten Wellenritte absolvierten. Aber auch wer nicht surfen will, wird von dem breiten cremefarbenen Sandstreifen vor tiefgrünen Bergen begeistert sein.

Nach dem Beachen bummelt man durch das Städtchen, besucht einen Yoga-Kurs, geht Sushi essen oder trinkt etwas in einer Hawaii-Bar mit Grasdach.

Hanalei Bay in einem Tag

Los geht's mit einem steilen, kurzen Anstieg den **Okolehao Trail** (S. 387) hinauf sowie einem Kaffee und einer kleinen Stärkung in der **Hanalei Bread Company** (S. 388). Dann mietet man ein Kajak oder ein Paddleboard für eine Tour auf dem Hanalei River. Zum Sonnenuntergang lockt ein Strandspaziergang im **Hanalei Beach Park** (S. 384). Gekrönt wird der Tag von einem – überraschend guten – Dinner im **Tahiti Nui** (S. 389) und ein paar Drinks.

Hanalei Bay in zwei Tagen

Am zweiten Tag wird die Umgebung erkundet. An der Straße nach Ha'ena liegt der Makua (Tunnels) Beach, wo man im Sommer bestens am Riff schnorcheln und baden kann. Anschließend lässt man den Tag mit dem Sonnenuntergang am Ke'e Beach am Ende der Straße ausklingen. Zum Abendessen geht's zurück nach Hanalei ins **BarAcuda Tapas & Wine** (S. 388).

Ankunft in Hanalei Bay

Die Region ist entweder mit öffentlichen Verkehrsmitteln (Bus, Flughafenshuttle) oder auf eigene Faust zu erreichen. Auf Kaua'i genießt man mit einem Mietwagen die größte Flexibilität; die meisten Autovermietungen befinden sich am Flughafen oder in dessen Nähe. Taxis sind teuer und schwer zu bekommen.

Schlafen

An der North Shore nächtigen viele Besucher lieber in Ferienhäusern und B&Bs sowie auf Farmen als in Hotels.

Die beste Möglichkeit für Gruppen und Familien sind Ferienwohnungen in Princeville oder ein Strandhaus in Hanalei oder weiter nördlich. Am günstigsten sind Übernachtungen in Kilauea und Princeville.

HIGHLIGHT

Black Pot Beach Park

Black Pot Beach Park & Umgebung

Wie wär's mit einem Ritt auf diesen wunderschönen Wellen? Für Anfänger gibt's Unterricht am Hanalei Pier.

Toll für ...

☑ Nicht versäumen

Einen tropischen Cocktail in einer Strohhütten-Tikibar in Hanalei.

Die Bucht

Hanalei Bay ist nicht nur deshalb der berühmteste Strand auf Kaua'i, weil er in der Romanverfilmung *The Descendants – Familie und andere Angelegenheiten* auftaucht. Der lange Strand, der in verschiedene Abschnitte mit unterschiedlichen Namen unterteilt ist, bietet für jeden etwas: Man kann in der Sonne liegen, schwimmen, schnorcheln, Kajak fahren, bodyboarden und surfen.

Im Winter sind die Profi-Surfer hier fast unter sich, denn schwimmen und schnorcheln ist dann nicht möglich. Im Sommer ist das Wasser manchmal so ruhig, dass man Himmel und Meer kaum voneinander unterscheiden kann, es sei denn, einige Jachten schaukeln am Horizont.

CHASE CLAUSEN/GETTY IMAGES ©

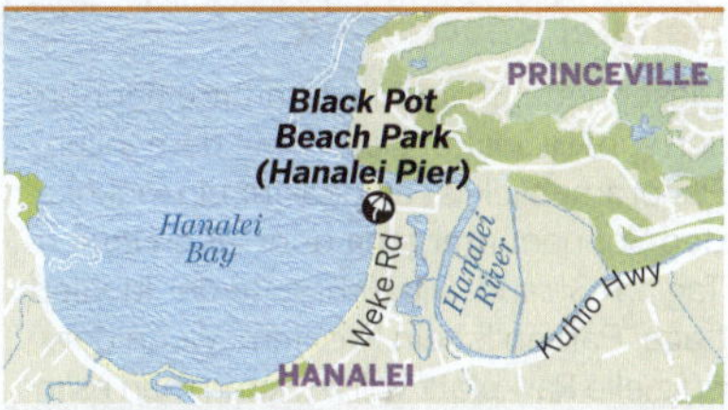

Gut zu wissen

Es sind Toiletten und Duschen vorhanden und Rettungsschwimmer anwesend.

Kleine Stärkung

Für einen Snack nach dem Surfen: **BarAcuda Tapas & Wine** (S. 388).

★ Top-Tipp

Wenn der Parkplatz zu voll ist, kann man auch an der Weke Rd parken.

Black Pot Beach (Hanalei Pier)

Der kleine Strandabschnitt bei der Mündung des Hanalei River bietet zumeist die sanftesten Surfwellen der gesamten Nordküste. Wegen des nicht zu übersehenden Wahrzeichens wird dieser Sandstrand auch „Hanalei Pier" genannt. Er liegt im Schatten mächtiger Hartholzbäume und ist vor allem bei Surfanfängern sehr beliebt. Im Sommer kann man auch ganz gut schwimmen und schnorcheln oder Kajak fahren und stehpaddeln.

Bei hohem Wellengang ist aufgrund gefährlich brechender Shorebreaks und Rippströmungen äußerste Vorsicht geboten. Bei der Mündung des Hanalei am östlichen Ende des Strandparks befindet sich eine kleine Bootsrampe, die Kajakfahrern als Einstiegsstelle für Touren auf dem Fluss dient.

Surfunterricht

Der sandige Meeresboden fällt nur langsam ab, was ideal für Surfanfänger ist. Westlich des Piers wimmelt es von Surfschulen, die Unterricht erteilen.

Camping

An der North Shore kommen Besucher in Ferienhäusern, B&Bs und auf Farmen unter. Man braucht zwar eine Genehmigung, aber das Campen im Black Pot Beach Park (Hanalei Pier) macht Spaß und ist sicher. Es gibt nur Toiletten und Außenduschen mit kaltem Wasser sowie ein paar Picknicktische. Auch ist das Campen nur freitags, samstags und an Sonn- und Feiertagen erlaubt.

HIGHLIGHT

Hanalei Beach Park

Dieser nette Strand liegt unmittelbar nördlich vom Black Pot Beach. Mit dem tollen Panoramablick ist er ideal für ein Picknick, den Sonnenuntergang oder einen faulen Tag am Strand. Die Kehrseite der idealen Lage: Parken ist ein Problem. Wenn der offizielle Parkplatz voll ist, kann man es in der Weke Rd versuchen. Es gibt Toiletten und Außenduschen. Wer campen will, braucht ein Permit der Parkverwaltung.

Hanalei Town

Dieses kleine Städtchen verzaubert seine Besucher. Sie können Yoga praktizieren, Sushi essen, schicke Strandmode, alte Schätze oder erstklassige Kunst erstehen oder in einer tollen Kneipe etwas trinken. Es stimmt schon, dass es in Hanalei ziemlich viele Erwachsene mit Peter-Pan-Syndrom und Surf-Kids mit olympiaverdächtigen Talenten gibt. Hier sieht man ebenso viele Männer über 60, die ihrem Surfbrett den letzten Schliff verleihen, wie blutjunge Surfer, die sich mit ihren *guns* in die höchsten Wellen stürzen. Womit sich die Frage stellt, warum man überhaupt erwachsen werden soll, wenn man doch in Hanalei alt werden kann ...

Auslegerkanutinnen in Hanalei

Wai'oli Hui'ia Church

Die für romantische Trauungen sehr beliebte Kirche wurde ursprünglich von den ersten Missionaren in Hanalei errichtet. Das war 1834, als William und Mary Alexander hier in einem Katamaran-Kanu ankamen. Noch heute steht die Kirche mit Gemeindesaal und Missionshaus mitten im Ort, umgeben von einem gepflegten Rasen und herrlichen Bergen.

Die heutige grüne Holzkirche im Stil der amerikanischen Neugotik wurde 1912 von drei Söhnen des Missionars Abner Wilcox gestiftet. Die Kirche ist tagsüber immer geöffnet und kann besichtigt werden. Auf der alten Orgel liegt eine Bibel in Hawaiisch aus dem 19. Jh. Auch der Kirchenchor singt beim Sonntagsgottesdienst (ab 10 Uhr) auf Hawaiisch.

Gut zu wissen

Ins Hanalei National Wildlife Refuge gelangt man nur mit der **Ho'opulapula Haraguchi Rice Mill Tour** (S. 387).

Hanalei National Wildlife Refuge

Westlich von Kilauea wird es immer ursprünglicher. Hinter Kalihiwai genießt man die ersten Ausblicke auf ausgedehnte paradiesische Landschaften. Sanft gewellte Hügel begleiten einen auf dem Weg durch Princeville. Gegenüber vom Princeville Center befindet sich der Hanalei Valley Lookout, der wohl beste Aussichtspunkt für das Hanalei National Wildlife Refuge.

Der Hanalei River, einer der größten Flüsse Hawaiis, dient schon zur Bewässerung der Feldfrüchte, seit die ersten *kanaka maoli* (indigenen Hawaiianer) auf den fruchtbaren Feldern des Flusstals Taro anbauten. Andere Kulturpflanzen kamen und gingen. Zur Mitte des 19. Jhs. wurde für die Chinesen, die auf den Zuckerrohrplantagen arbeiteten, Reis angebaut. Heute prägt wieder Taro das Bild, obwohl die Anbaufläche nur noch 5 % der ursprünglichen Fläche einnimmt.

Das 1972 gegründete Tierschutzgebiet ist nicht öffentlich zugänglich. Doch von dem Aussichtspunkt erspäht man vielleicht einige der 49 Vogelarten, die hier heimisch sind, darunter die gefährdeten heimischen Arten *ae'o* (Hawaiistelzenläufer), *'alae kea* (Hawaiiblässhuhn), *'alae 'ula* (Hawaiisumpfhuhn) und *koloa maoli* (Hawaiiente).

STRÄNDE

Der Strand der sichelförmigen Hanalei Bay ist in mehrere Abschnitte mit unterschiedlichen Namen unterteilt.

Hanalei Pavilion Beach Park — Strand

Der landschaftlich reizvolle Strand liegt etwa in der Mitte der Hanalei Bay. Mit seinem weißen Sand ist er ideal für Strandspaziergänge. Das Meer ist meist nicht so ruhig wie weiter östlich am Pier, aber in ruhigen Sommermonaten kann man hier schwimmen und auf dem SUP-Board paddeln. Es gibt Toiletten und Außenduschen, aber nur begrenzt Parkplätze – oft kann man an der Straße parken.

Wai'oli (Pine Trees) Beach Park — Strand

Der schattige Strand verfügt über Toiletten, Außenduschen, Plätze für Beachvolleyball und Picknicktische. Wenn sich im Winter hohe Wellen auftürmen, surfen am Surfspot **Pine Trees** vor allem Einheimische. Außer in der ruhigsten Sommerbrandung brechen sich die Wellen hier härter als irgendwo sonst in der Hanalei Bay, was das Schwimmen sehr gefährlich macht.

Hanalei

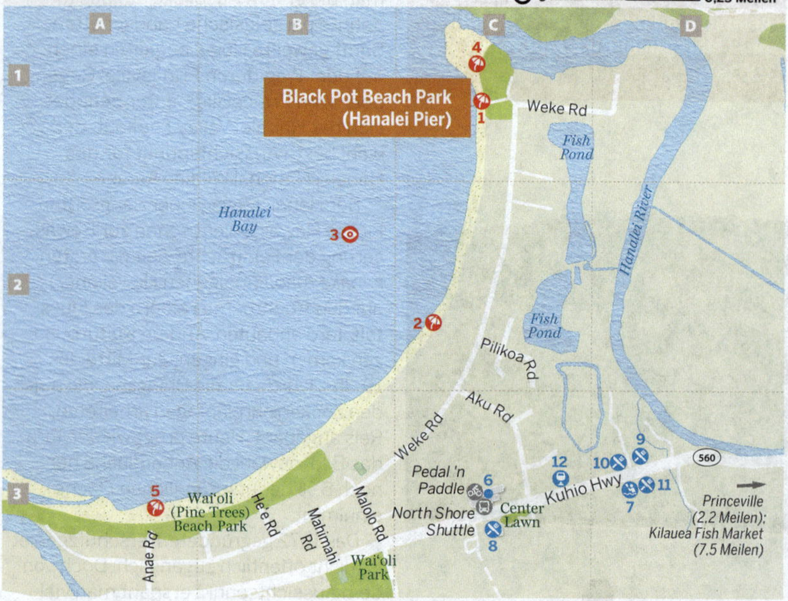

Hanalei

Sehenswertes
1 Black Pot Beach Park (Hanalei Pier) ... C1
2 Hanalei Pavilion Beach Park ... C2
3 Hanalei Bay ... B2
4 Hanalei Beach Park ... C1
5 Wai'oli (Pine Trees) Beach Park ... A3

Aktivitäten, Kurse & Touren
6 Na Pali Catamaran ... C3
7 Na Pali Kayak ... D3

Essen
8 BarAcuda Tapas & Wine ... C3
Hanalei Bread Company ... (s. 8)
9 Hanalei Dolphin Restaurant & Sushi Lounge ... D3
10 Hanalei Taro & Juice Co ... D3
11 Postcards Café ... D3

Ausgehen & Nachtleben
12 Tahiti Nui ... C3

AKTIVITÄTEN

Auf dem Hanalei River ist wesentlich weniger los als auf dem Wailua an der Ostküste. Auf knapp 10 km kann man hier mit dem Kajak oder SUP-Board in aller Ruhe durch die herrliche Landschaft gleiten.

Na Pali Kayak Kajakfahren

(☎808-826-6900; www.napalikayak.com; 5075 Kuhio Hwy, Hanalei; Touren 225 $ pro Pers. plus Steuer & State-Park-Eintritt) Eine Wanderung an der Na Pali Coast entlang ist zwar ein grandioses Erlebnis, doch der Weg endet auf halber Strecke an der straßenlosen Küste mit ihren 1200 m hohen Klippen. Auf dieser Tagestour kann man die gesamte Küste erleben.

Kayak Kaua'i Kajakfahren

(☎808-826-9844; www.kayakkauai.com; Kuhio Hwy; Na-Pali-Tourpakete ab 240 $, Blue-Lagoon-Tour 85–95 $, Leihkajak mit Anlieferung 45–55 $ pro Tag) Der Veranstalter mit Sitz am Wailua an der Ostküste bietet auf der ganzen Insel Touren an. Dazu gehören an der Na-Pali-Küste Paddel- und Campingtrips nach Kalalau oder Miloi'i sowie Touren auf der Blue Lagoon und Schnorcheltrips rund um Hanalei. Außerdem verleiht das Team Camping- und Paddelausrüstung und liefert diese auf der ganzen Insel an.

Okolehao Trail Wandern

(Ohiki Rd) Der steile, hin und zurück 4 km lange Weg bietet tolle Ausblicke auf die Taro-Felder Hanaleis, den Beginn der Na Pali Coast und bei klarem Wetter sogar auf den Leuchtturm von Kilauea. Der Weg soll angeblich nach *moonshine* benannt sein, einem hochprozentigen Gebräu aus den Wurzeln der *ti*-Pflanze. Für die spektakuläre Aussicht lohnt sich der anstrengende Anstieg durch den Wald.

GEFÜHRTE TOUREN

Ho'opulapula Haraguchi Rice Mill & Taro Farm Tours Touren

(☎808-651-3399; www.haraguchiricemill.org; Touren inkl. Mittagessen Erw./Kind 5–12 J. 87/52 $; ⏱Touren gewöhnlich Mi 9.45 Uhr, nur mit Vorausbuchung) Auf der in sechster Generation betriebenen gemeinnützigen Farm, zur der auch die letzte Reismühle auf Hawaii gehört, erfährt man alles über den Taro-Anbau auf Kaua'i. Die Farmersfamilie selbst führt die Besucher zu den *lo'i kalo* (nassen Taro-Feldern), gewährt einen

Taro-Felder an der Hanalei Bay

SEAN XU/GETTY IMAGES ©

Einblick in das ansonsten unzugängliche Hanalei National Wildlife Refuge (S. 385) und erzählt die Geschichte der Einwanderer auf Hawaii.

Na Pali Catamaran Bootfahren
(☎808-826-6853, 866-255-6853; www.napalicatamaran.com; Ching Young Village, 5-5190 Kuhio Hwy; 4-stündige Touren 180–199 $) Der außergewöhnliche Veranstalter organisiert seit 35 Jahren gemütliche Katamarantouren von der Hanalei Bay entlang der Na Pali Coast. Je nach Seegang und Jahreszeit werden dabei auch Meereshöhlen erkundet. Achtung: Der Wellengang kann recht hoch sein und es gibt kein Entrinnen vor den Elementen. Mindestalter fünf Jahre.

Na Pali Explorer Bootfahren
(☎808-338-9999; www.napaliexplorer.com; 4½-stündige Touren 99–129 $; 👪) Bei den Schnorcheltouren vor der Küste sitzt man in Schlauchbooten mit festem Rumpf, die stabiler und ruhiger sind als richtige Schlauchboote. Das größere, 15 m lange Boot für bis zu 36 Passagiere verfügt sogar über eine Toilette und ein Sonnendach. Die Boote legen in der Hanalei Bay ab. Je nach Boot müssen die Teilnehmer mindestens fünf bis acht Jahre alt sein.

ESSEN

BarAcuda Tapas & Wine Mediterran $$$
(☎808-826-7081; www.restaurantbaracuda.com; Hanalei Center, 5-5161 Kuhio Hwy; kleine Gerichte 7–26 $; ⏲17.30–22 Uhr, Küche bis 21.30 Uhr) Die Feinschmeckerküche von Hanalei. Die Weinkarte ist sorgfältig zusammengestellt, mit Weinen aus der Alten und der Neuen Welt. Die kleinen Gerichte mit Rind- und Schweinefleisch, Fisch und Gemüse teilt man sich im Tapas-Stil mit mehreren Personen.

Hanalei Bread Company Bäckerei $
(☎808-826-6717; www.restaurantbaracuda.com/hanalei-bread-shop; Hanalei Center, 5-5183 Kuhio Hwy; Hauptgerichte 9–14 $; ⏲7–17 Uhr) Die neue Biobäckerei mit einem Café im Gebäude der alten Hanalei Coffee Roasters bietet knuspriges Brot, Baguettes, tollen Kaffee, Frühstückspizzas mit Zwiebeln, Schinken und einem weichen Ei oben drauf, glutenfreie Crêpes, Sandwiches mit geröstetem Gemüse und Ziegenkäse. Die Warteschlangen kann schonmal etwas länger sein, aber keine Sorge, es geht schnell voran.

Kilauea Fish Market Fisch & Meeresfrüchte **$$**
(☎808-828-6244; Kilauea Plantation Center, 4270 Kilauea Rd; Hauptgerichte 10–18 $; ⊙Mo–Sa 11–20 Uhr) Die Selbstbedienungstheke bietet gesunde *plate lunches* mit frischem *ono* oder koreanischem Grillhühnchen, Mahimahi-Tacos und köstliche Ahi-Wraps. Der „Fischmarkt" befindet sich hinter dem Kilauea Plantation Center und hat Picknicktische im Freien. Bier und Wein muss man selbst mitbringen und es kann auch schon mal länger dauern.

Hanalei Dolphin Restaurant & Sushi Lounge Fisch & Meeresfrüchte **$$$**
(☎808-826-6113; www.hanaleidolphin.com; 5-5016 Kuhio Hwy; Hauptgerichte mittags 12–16 $, abends 25–40 $; ⊙Restaurant 11.30–21 Uhr, Markt 10–19 Uhr) In einem der ältesten Restaurants von Hanalei verarbeiten die Sushi-Köche für alle, die sich nicht entscheiden können, den frisch gefangenen Fisch einfach nach Lust und Laune. Wem roher Fisch nicht so zusagt, kann auch auf die gekochten Gerichte ausweichen – hier schmeckt alles!

Postcards Café Fusionsküche **$$$**
(☎808-826-1191; http://postcardscafe.com; 5-5075 Kuhio Hwy; Hauptgerichte 24–38 $; ⊙17.30–21 Uhr; ✎) Das Cottage am Fluss hat den unschuldigen Charme eines Landhauses in Neuengland. Die veganen Speisen und die Meeresfrüchtegerichte wie Ahi in Wasabikruste oder Hummerschwanz mit Fenchelkruste haben zumeist einen Touch von Weltfusionsküche. Ab vier Personen wird eine Reservierung empfohlen.

AUSGEHEN & NACHTLEBEN

Tahiti Nui Bar
(☎808-826-6277; http://thenui.com; 5-5134 Kuhio Hwy; ⊙So–Do 11–22, Fr & Sa bis 24 Uhr) Die legendäre Bar, die auch in *The Descendants – Familie und andere Angelegenheiten* eine Rolle spielt, ist eine historische Tikibar mit viel Herz und ziemlich köstlichen Abendspeisen. Gewöhnlich ist sie schon am späten Nachmittag rappelvoll. Wenn es dann noch Livemusik gibt, kann es vor allem an den Wochenenden ganz schön hoch hergehen, zumal sie als einzige Kneipe des Ortes bis nach 22 Uhr geöffnet hat.

Die Bedeutung von Taro (Kalo)

Nach der hawaiischen Kosmologie gebären Papa (Mutter Erde) und Wakea (Vater Himmel) Haloa, einen totgeborenen Bruder der Menschen. Haloa wurde begraben und aus seinem Körper entstand Taro oder *kalo*, seit jeher ein Grundnahrungsmittel ozeanischer Völker.

Kalo gilt den Hawaiianern immer noch als heilig, voller Tradition und Spiritualität. In Hanalei befindet sich die größte Anbaufläche für Taro in Hawaii: Auf der Hoʻopulapula Haraguchi Rice Mill & Taro Farm wird die kartoffelähnliche lila Pflanze als *loʻi kalo* (nasser Taro) angebaut. *Kalo* ist reich an Nährstoffen und wird meist gekocht und zu *poi* verarbeitet, einem dicken und leicht süßen, klebrigen Brei, der an Pudding erinnert.

AN- & WEITERREISE

Nur eine Straße führt nach Hanalei hinein und wieder hinaus. Bei starkem Regen (vor allem im Winter) kann die Hanalei Bridge wegen Überflutung gesperrt sein. Dann sitzt man solange auf der anderen Seite fest, bis die Brücke wieder frei ist.

Wer kein Auto gemietet hat: Der **North Shore Shuttle** (S. 377) verbindet Hanalei mit Keʻe und hält unterwegs verschiedentlich in Waniha und Haena.

UNTERWEGS VOR ORT

Pedal 'n Paddle (☎808-826-9069; Ching Young Village, 5-5105 Kuhio Hwy; ⊙9–18 Uhr) Verleiht Cityräder (15/60 $ pro Tag/Woche) und Crossräder (20/80 $) inklusive Helm und Schloss.

MARTIN M303/SHUTTERSTOCK ©

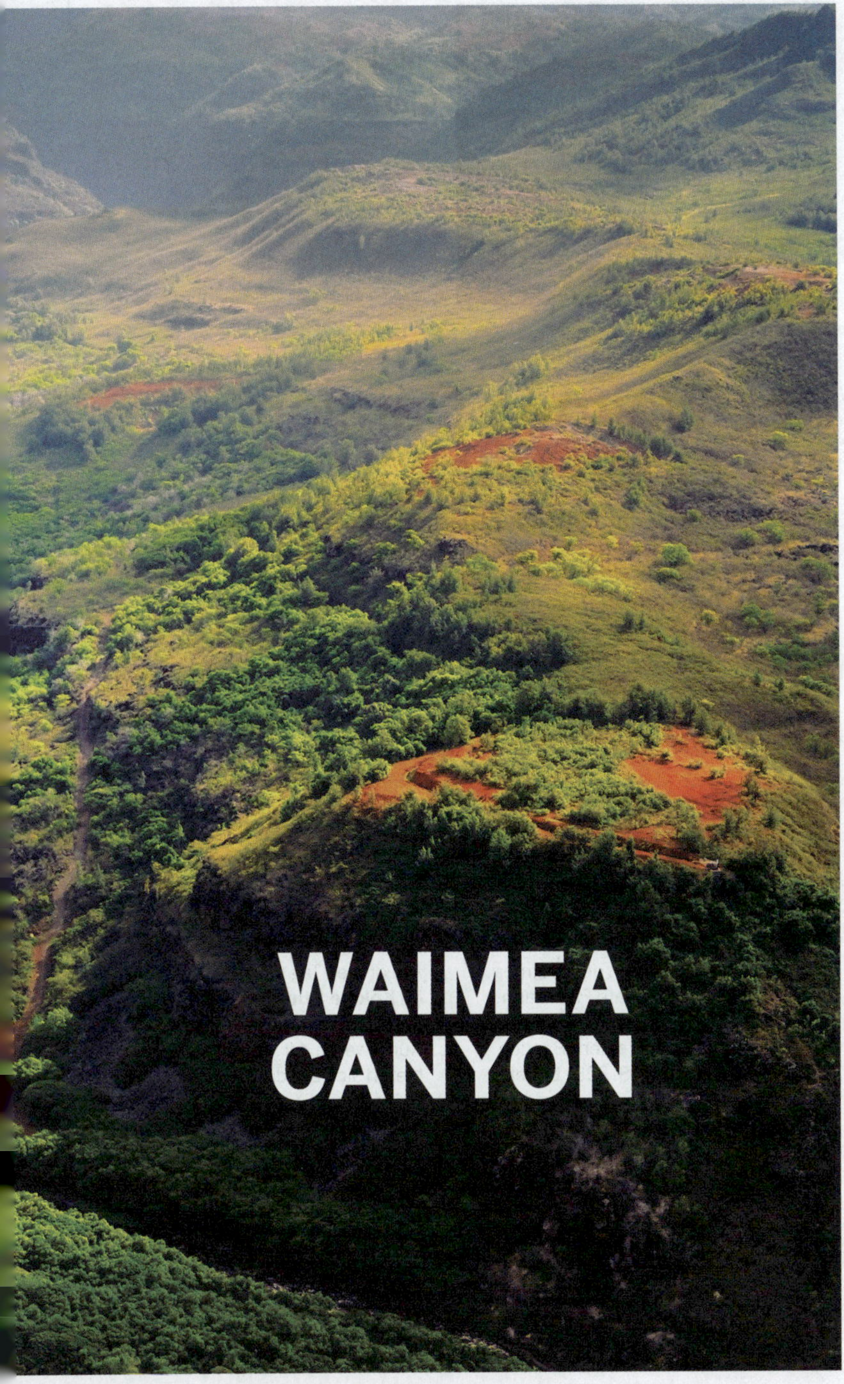

WAIMEA CANYON

In diesem Kapitel

Der Waimea Canyon auf einen Blick

Dies ist das Ende der Welt. Und alles, ob Menschen oder Landschaft, ist hier irgendwie wilder als auf der restlichen Kaua‘i. Hier findet man nicht viele erstklassige Resorts oder Restaurants, dafür aber eine authentische und von hawaiischem Stolz erfüllte Atmosphäre.

Mit seinen tollen Parks, jeder Menge Sonne und Zugang zur weltberühmten Na Pali Coast ist dies ein echtes Abenteurermekka, mit tiefen roten Canyons, unglaublich steilen Dschungelfelsen, vergessenen Surfbreaks, leeren Stränden, umwerfenden Ausblicken, Wasserfällen und dem scheinbar endlosen Ozean.

Der Waimea Canyon in zwei Tagen

An der Route 550 durch den Waimea Canyon und Koke‘e State Park kann man an vielen grandiosen Aussichtspunkten halten. Nach einem Besuch im **Koke‘e Museum** (S. 398) bietet sich ein Bummel über die Hauptstraße des historischen Hanapepe an. Am zweiten Tag betrachtet man die herrliche Na Pali Coast vom Meer aus. Danach erfährt man im **Waimea Town Center** (S. 402) einiges über die Vergangenheit.

Der Waimea Canyon in vier Tagen

Am dritten Tag steht eine Wanderung im **Koke‘e State Park** (S. 398) auf dem Programm, einem der großen Kunstwerke der Natur. Am vierten Tag bieten sich auf dem **Waimea Canyon Drive** (S. 396) spektakuläre Ausblicke. Anschließend hat man sich ein saftiges Steak im **Wranglers' Steakhouse** (S. 405) verdient. Die Krönung des Tages ist der Sonnenuntergang am **Kekaha Beach Park**.

Ankunft im Waimea Canyon

Waimea ist leicht per Mietwagen zu erreichen. Auch der **Kaua'i Bus** (S. 377) steuert den Ort an.

Schlafen

Im Waimea Canyon und an der Westside stehen einige reizende Ferienhäuser, mehrere davon direkt am Strand. Dazu kommen einige nette Inns und ein resortähnliches historisches Hotel. Im Koke'e State Park kann man in einfachen Hütten oder im eigenen Zelt übernachten.

HIGHLIGHT

Wandern im Waimea Canyon

Von all den Naturwundern Kaua'is kommt keines an den Waimea Canyon ran. Nur wenige würden hier eine 16 km lange und über 1000 m tiefe Schlucht aus alten Lavafelsen erwarten.

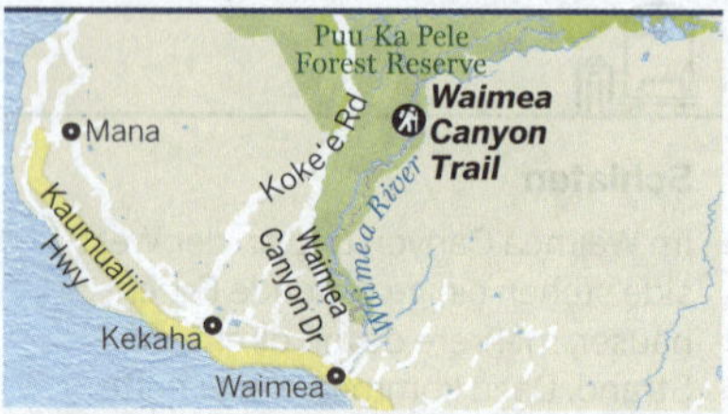

Toll für ...

Gut zu wissen

Handys haben hier kein Netz. Mit Begleitung wandern oder jemanden von seinen Plänen unterrichten.

Wasserfall im Waimea Canyon

★ Top-Tipp
Das Süßwasser an den Wegen nicht ohne Entkeimung trinken!

HIGHLIGHT

Geografie

Der „Grand Canyon des Pazifiks" wurde geformt, als Kaua'is ursprünglicher Schildvulkan, der Wai'ale'ale, entlang einer alten Verwerfungslinie abbröckelte. Die horizontalen Schlieren an den Wänden des Canyons deuten auf Vulkanausbrüche hin. Die roten Farben zeigen an, wo das Wasser durch die Felsen geflossen ist und auf dem eisenhaltigen Gestein Rost ausbildete. Durch den Canyon fließt der Waimea River, Kaua'is längster Fluss: Er wird von Nebenflüssen gespeist, die rötlich-braunes Wasser aus dem Alaka'i Swamp mit sich bringen.

Ein Besuch des Canyons an einem klaren Tag ist phänomenal, aber auch bei Regen sollte man nicht enttäuscht sein, weil der die Wasserfälle rauschen lässt. An sonnigen Tagen nach Regenfällen bieten sich die schönsten Ausblicke, allerdings ist der rutschige Matsch dann eine Herausforderung für Wanderer.

Waimea Canyon Drive

Diese spektakuläre Autostrecke, die schönste der gesamten Insel, folgt dem Waimea Canyon auf seiner ganzen Länge bis zum Koke'e State Park und steigt von der Küste 30 km hoch bis zum Pu'u o Kila Lookout. Die Route beginnt beim West Kaua'i Technology & Visitor Center in Waimea als Waimea Canyon Drive und verschmilzt dann mit der (und wird zur) Koke'e Road. Unterwegs kann man immer wieder an Aussichtspunkten halten und auch kurze Wanderungen unternehmen. Rund 0,3 Meilen (480 m) nördlich des Meilensteins 10 liegt auf einer Höhe von 1036 m der atemberaubende Aussichtspunkt.

Neben den herrlichen Ausblicken auf den Canyon und das Meer sind hier auch einheimische Bäume zu sehen wie der *koa* und *ohia* sowie eingeführte Arten wie der *kiawe*. An der Jägermeldestation gedeihen wertvolle Koa-Akazien mit ihren schmalen, sichelartigen Blättern.

Vom Waimea Canyon aus nach Osten verläuft der Koai'e Canyon, der für Wildniswanderer zugänglich ist.

An der Strecke gibt's keine Tankstellen, jedoch an den größeren Aussichtspunkten Toiletten. Am besten fährt man morgens bis zum Ende der Straße durch und anschließend langsam wieder zurück.

Waimea & Koai'e Canyon Trail

Auf dem recht flachen Waimea Canyon Trail (18,5 km) muss mehrere Male der Waimea River durchquert werden. Der Weg beginnt unten im Waimea Canyon am Ende des Kukui Trail. Das erforderliche Permit ist an den Registrierungskästen am Trailhead erhältlich. Unbedingt Mückenschutzmittel mitnehmen!

Nach 800 m auf dem Waimea Canyon Trail beginnt der mittelschwere Koai'e

Wanderer im Waimea Canyon State Park

Canyon Trail (5 km), der die Südseite des Canyons hinab zu einigen Badelöchern führt, die bei Regen allerdings plötzlich überflutet sein können.

Tipps für Wanderer

Mehrere schroffe Pfade, die auch Wildschweinjäger nutzen, führen tief hinein in den Waimea Canyon. Am meisten ist hier am Wochenende und an Feiertagen los. Wegkarten sind im Koke'e Museum im Koke'e State Park erhältlich.

Den steilen Abstieg in den Canyon bewältigt man am besten mit Wanderstöcken oder einem Gehstock. Wanderer sollten lange vor Einbruch der Dunkelheit zurück sein: Im Canyon verschwindet das Tageslicht deutlich vor Sonnenuntergang. Regen kann zu gefährlichen Bedingungen im Canyon führen. Die Wege werden schnell rutschig und Flussübergänge werden unpassierbar.

Am besten ist man natürlich mit möglichst wenig Gepäck unterwegs, aber man sollte auf jeden Fall genügend Wasser für die ganze Wanderung mitnehmen – besonders für den Aufstieg am Rückweg.

Kleine Stärkung

Proviant für den ganzen Tag mitnehmen. An vielen Aussichtspunkten gibt's an kleinen Lebensmittelständen frisches Obst, Snacks und Getränke.

Camping

Alle vier Wildniszeltplätze (18 $ pro Nacht) im Waimea Canyon State Park befinden sich im Waldschutzgebiet. Für die Übernachtung sind Camping-Permits erforderlich.

HIGHLIGHT

Wanderer auf dem Awa'awapuhi Trail

CHASE CLAUSEN/SHUTTERSTOCK ©

Wandern im Koke'e State Park

Der große Koke'e State Park ist ein Tummelplatz für Ökotouristen. Hier bieten sich nicht nur atemberaubende Ausblicke, es gibt auch einige der wertvollsten Ökosysteme der Insel.

Botaniker erfreuen sich an der Vielfalt endemischer Pflanzen und auch Vogelfreunde kommen nicht zu kurz. Wanderer können auf den Wegen unterschiedlicher Schwierigkeitsstufen der sengenden Sonne entfliehen.

Im Koke'e gibt es insgesamt 72 km Wanderwege: Einige führen durch Moore, andere durch feuchten Wald und wieder andere am Rand des Canyons entlang, mit Ausblicken, die teils schwindelerregend sind – selbst für erfahrene Bergziegen. Auf den Wanderungen durch den Koke'e sieht man einheimische Tier- und Pflanzenarten, darunter einige der seltenen und bedrohten Waldvögel Kaua'is.

Koke'e Museum

In diesem Museum (808-335-9975; www.kokee.org; Spende 3 $; 9–16.30 Uhr;) gibt es detaillierte topografische Karten, Exponate zu Flora und Fauna sowie historische Fotografien aus der Region.

Toll für ...

☑ Nicht versäumen

Blick auf das Kalalau Valley vom Kalalau Lookout beim Meilenstein 18.

Kleidervogel

ROLF NUSSBAUMER/GETTY IMAGES ©

Außerdem sind hier botanische Skizzen endemischer Pflanzen und ausgestopfte Exemplare einiger der Tiere zu sehen, die im Koke'e zu Hause sind. Im Andenkenladen ist eine praktische Faltkarte des Parks mit seinen Wanderwegen erhältlich.

Anfahrt zu den Wanderwegen

Die Halemanu Rd gleich nördlich vom Meilenstein 14 an der Koke'e Rd ist der Ausgangspunkt für mehrere schöne Wanderungen. Ob die Straße mit einem normalen Auto befahrbar ist, hängt von den jüngsten Regenfällen ab. Bitte beachten, dass viele Autovermietungen Fahrten abseits der Straßen verbieten!

Awa'awapuhi Trail

Der Awa'awapuhi Trail (5 km pro Strecke) ist vielleicht der beste Wanderweg im Koke'e und etwas leichter als der nahe, genauso spektakuläre Nu'alolo Trail. Die

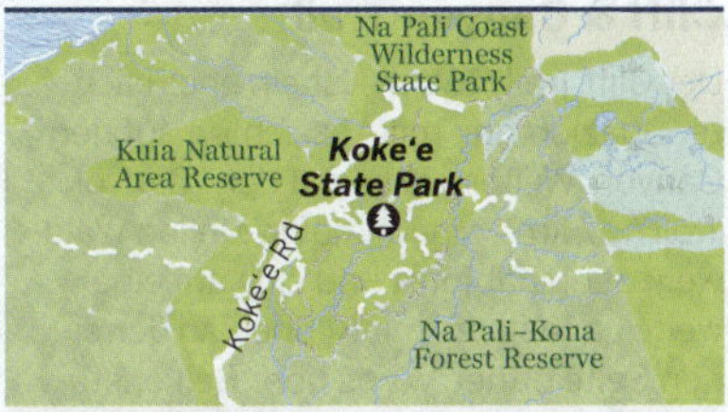

Gut zu wissen

Informationen für Wanderer gibt's im Koke'e Museum und auf der Website von Nā Ala Hele (www.hawaiitrails.org/trails).

Kleine Stärkung

Mit einem Burger und einem Getränk in der Koke'e Lodge (808-335-6061; Koke'e Rd; Hauptgerichte 5–9 $; Café 9–14.30 Uhr, Takeaway bis 15 Uhr;).

HIGHLIGHT

Ausblicke auf die 600 m hohen Klippen der Na Pali Coast sind unvergesslich.

Für den Weg benötigt man einiges an Ausdauer, aber er ist besser für Familien geeignet als der Nu'alolo Trail. Auf dem Awa'awapuhi Trail sind mehr Leute unterwegs und es gibt einige steile Stufen, wo man sich eventuell an Bäumen festklammern muss. Am Ende des Wegs wird man am Awa'awapuhi Lookout mit einem atemberaubenden Ausblick belohnt.

Nu'alolo Trail

Der Nu'alolo Trail (5 km) ist einer der steilsten und schwierigsten Wege der Gegend. Auch er bietet tolle Ausblicke auf die Na Pali Coast. Der Trail beginnt unmittelbar südlich des Koke'e Museum.

Auf den ersten 1,5 km verliert der Weg 430 m an Höhe. Anfangs gibt es noch Schatten, später dann weniger. Hin und zurück braucht man für den Trail rund fünf Stunden. Für den Anstieg auf dem Rückweg genug Wasser mitnehmen!

Cliff & Canyon Trail

Der Cliff Trail (160 m) ist ein eher leichter Spaziergang mit Aussichten auf den Canyon. Weiter geht's auf dem Canyon Trail (2,7 km), einem mäßig steilen Waldweg, der hinabführt und sich auf eine weite Landspitze mit Klippen an der einen Seite öffnet, wo es über Balkenstufen weitergeht. Kurz danach ist zu den Waipo'o Falls etwas Kletterei nötig.

Dies ist die beste Ecke für Wanderungen mit Kindern. Wer möchte, kann am Wasserfall umkehren. Ansonsten folgt man dem Weg über den Bach zum Kumuwela Lookout, wo sich vor der Rückkehr zur Halemanu Rd eine Rast anbietet.

Eine Alternative auf dem Rückweg ist der Black Pipe Trail, der am oberen Ende der Serpentine, die vom Rand des Canyons wegführt, nach rechts abbiegt. Der 800 m lange Weg endet an der Allradstraße, wo es links (bergab) zurück zum Ausgangspunkt geht.

Der Startpunkt für den Cliff und den Canyon Trail ist nach etwa 800 m auf der Halemanu Rd zu erreichen. Den Halemanu Stream links liegen lassen und dann rechts einen Fußweg nehmen, der zu beiden Trails führt. An der nächsten Kreuzung führt der Cliff Trail nach rechts bergauf zu einem Aussichtspunkt. Mit einem Allradwagen kann man sich die Stufen sparen und am Ende der Kumuwela Ridge zu den Wegen gelangen.

Vom Pihea Trail zum Alaka'i Swamp Trail

Dieser anstrengende Weg (12 km hin und zurück) beginnt abseits der Koke'e Road am Pu'u o Kila Lookout. Nach 1,5 km erscheint der Pihea Lookout. Nach einer kurzen Kletterpartie den Berg hinunter beginnt der Plankenweg. Knapp 3 km spä-

Alakai Swamp Trail

★ Top-Tipp

Die Regenzeit dauert von Oktober bis Mai, doch zu jeder Jahreszeit kann Regenschutz notwendig sein.

ter erreicht man eine Kreuzung mit dem Alaka'i Swamp Trail. Der linke Weg führt zum Kilohana Lookout.

Wer geradeaus auf dem Pihea Trail weitergeht, kommt zum Kawaikoi Campground. Die meisten beginnen diese Wanderung am Pu'u o Kila Lookout, weil er über die geteerte Straße zu erreichen ist.

Beide Wege können matschig sein und vielleicht nicht gut in Schuss. Auf dem Abschnitt zwischen der Alaka'i Crossing und dem Kilohana Lookout gibt es Hunderte von Stufen. Für diese Wanderung sollte man einen ganzen Tag einplanen.

Koke'e Resource Conservation Program

Fasziniert von der spektakulären Schönheit des Koke'e? Wer Zeit und Energie investieren möchte, kann dazu beitragen, dass der Park so schön bleibt: Diese Umweltschutzorganisation begibt sich mit Freiwilligen in die Wildnis, um invasive Arten zu beseitigen und das natürliche Ökosystem der Insel wiederherzustellen.

Als Belohnung winken Flughafentransfers und ein einzigartiger Einblick in die Natur der Insel. Die Arbeit ist hart, aber vielleicht stellt man sie sich einfach als Wanderung mit ein bisschen Unkrautrupfen vor.

★ Eo e Emalani I Alaka'i

Das eintägige Freiluft-Tanzfestival am Koke'e Museum Anfang Oktober erinnert an die Reise von Königin Emma zum Alaka'i Swamp 1871. Das Festival beinhaltet u. a. eine königliche Prozession, Hula und Livemusik.

MARISA ESTIVILL/SHUTTERSTOCK ©

SEHENSWERTES

West Kaua'i Technology & Visitor Center Museum

(☎808-338-1332; www.westkauaivisitorcenter.org; 9565 Kaumuali'i Hwy; ⏱Mo–Fr 10–16 Uhr; 👪) GRATIS Kleine Ausstellungen über hawaiische Kultur, Captain Cook, Zuckeranbau und das US-Militär informieren über die Geschichte der Westküste. Im Andenkenladen sind regional hergestellte Kunstgewerbeartikel wie z. B. seltene *leis* aus Ni'ihau-Muscheln erhältlich.

Der Komplex dient auch als Touristeninformation. Montags wird um 8.30 Uhr eine kostenlose dreistündige Führung durch das historische Waimea angeboten (bis zum vorhergehenden Freitag 12 Uhr telefonisch anmelden).

Russian Fort Elizabeth State Historical Park Historische Stätte

(http://dlnr.hawaii.gov/dsp/parks/kauai; abseits des Kaumuali'i Hwy; ⏱Sonnenauf- bis Sonnenuntergang) GRATIS Eine russische Festung in Hawaii? Allerdings! Das 1817 erbaute

Waimea

Waimea

Sehenswertes
1 Russian Fort Elizabeth State Historical Park D3
2 Waimea Hawaiian Church C2
3 Waimea Town Center C2
4 West Kaua'i Technology & Visitor Center A1

Aktivitäten, Kurse & Touren
5 Na Pali Explorer B2
6 Na Pali Riders A1

Shoppen
7 Aunty Lilikoi Passion Fruit Products C2
8 Kaua'i Granola A1

Essen
9 G's Juicebar B1
10 Ishihara Market C2
11 Jo-Jo's Anuenue Shave Ice & Treats C2
12 Wrangler's Steakhouse C2
Yumi's .... (s. 13)

Unterhaltung
13 Waimea Theater B1

Alaka'i Swamp

Das feuchte Dschungelparadies des Alaka'i Swamp, seit 1964 Naturschutzgebiet, bietet ein außergewöhnliches Wandererlebnis. Fast der ganze Pfad besteht aus Holzplanken und man durchquert ein wirklich sehenswertes Gelände – darunter dunstige Sümpfe mit kniehohen Bäumen und winzigen fleischfressenden Pflanzen. An einem klaren Tag bieten sich vom Kilohana Lookout tolle Aussichten auf das Wainiha Valley und das Meer. Auch bei Regen ist es hier schön: einfach nach Regenbogen Ausschau halten und die Atmosphäre genießen! Königin Emma soll von den Geschichten über Alaka'i so fasziniert gewesen sein, dass sie hierherkam, um auf dem Ausflug einen ehrfürchtigen Gesang anzustimmen.

Der Sumpf verfügt über seine eigenen biologischen Rhythmen und hier gibt's weit mehr endemische als eingeführte Vögel – ansonsten ist in Hawaii das Gegenteil der Fall. Viele dieser Vogelarten sind vom Aussterben bedroht und von einigen leben inzwischen weniger als 100 Exemplare.

Buschhäher
MARK SANDELL/SHUTTERSTOCK ©

und nach der russischen Zarin benannte Fort Elizabeth thronte über dem Eingang zum Waimea River. Der achteckige Grundriss des Forts hat einen Durchmesser von 100 bis 140 m. Neben einer Kanone gab's hier früher auch eine russisch-orthodoxe Kapelle. Heute ist davon außer ein paar eindrucksvollen, teils 6 m hohen Mauern nur noch wenig zu sehen. Doch es gibt hier einen hübschen Strand, an dem man zwar nicht gut baden, aber schön spazierengehen kann.

Waimea Hawaiian Church Kirche
(4491 Halepule Rd; ⏲Gottesdienst So 9 Uhr) In diesem einfachen Nachbau einer alten Missionskirche findet sonntags ein Gottesdienst auf Hawaiisch statt. Die ersten christlichen Missionare kamen 1820 nach Waimea. Die ursprüngliche Kirche erbaute Reverend George Rowell 1865 nach einem theologischen Disput mit seinem Missionspartner.

AKTIVITÄTEN

Auf den Na-Pali-Coast-Touren ab dem Kikiaola Small Boat Harbor von Kekaha schaukelt es nicht so sehr wie auf den Touren, die am Port Allen bei Hanapepe starten.

Na Pali Riders Bootstouren
(☎808-742-6331; www.napaliriders.com; 9600 Kaumuali'i Hwy; 4-stündige Tour Erw./Kind 5–12 J. 1559/119 $) Auf Captain Chris Turners Zodiac-Touren kann man (bei entsprechendem Wetter) Meereshöhlen erkunden. Turner ist mit großer Leidenschaft bei der Sache, ist schnell unterwegs, spielt gern laut Led Zeppelin und weiß alles Mögliche zu erzählen. Die raue Fahrt bei praller Sonne ist jedoch nicht jedermanns Sache. Abfahrt vor- und nachmittags. Ermäßigungen bei Barzahlung.

Na Pali Explorer Bootstouren
(☎303-338-9999; www.napaliexplorer.com; 9814 Kaumuali'i Hwy; Schlauchboottour Erw./Kind 139/119 $, mit Anlegen am Strand 149/129 $) Mit seinen Schlauchboottouren macht dieser Westside-Anbieter alles richtig. Wer möchte, kann am Strand anlegen und zu einem kleinen Dorf hochwandern. Oder man begibt sich auf den Höllenritt in einem Festrumpf-Schlauchboot. Das größere Boot verfügt über ein Sonnendach. Ein Handtuch fürs Abtrocknen nach dem Schnorcheln mitnehmen!

Hike Kaua'i Adventures Wandern
(☎808-639-9709; www.hikekauaiadventures.com; halber/ganzer Tag für bis zu 4 Pers.

200/320 $) Der Altinsulaner Jeffrey Courson nimmt seine Gäste zu maßgeschneiderten Wandertouren auf der ganzen Insel mit. Er kennt jeden Trail auf Kaua'i und kann daher genau passende Touren anbieten. Außerdem kennt er sich in der Flora und Fauna und der Geschichte der Insel bestens aus. Die Transfers sind inbegriffen. Klasse!

Waimea Rivermouth Surfen

Dieser Fluss-Break wartet mit rechts- und linksbrechenden Wellen auf. Am besten sind die Bedingungen bei südlicher Dünung. Meist ist es hier voll, und da es sich um einen Fluss handelt, ist das Wasser schmutzig.

SHOPPEN

Kaua'i Granola Lebensmittel

(☎808-338-0121; 9633 Kaumuali'i Hwy; ⏰Mo–Sa 10–17 Uhr) Bevor es weitergeht in den Waimea Canyon und zum Koke'e State Park, kann man sich in dieser Bäckerei mit Snacks wie z. B. einer Wandermischung, Macadamianusskeksen, Kokosmakronen mit Schokoladenüberzug und Müsli mit Tropengeschmack eindecken.

Aunty Lilikoi Passion Fruit Products Lebensmittel, Geschenke

(☎808-338-1296, 866-545-4564; www.auntylilikoi.com; 9875 Waimea Rd; ⏰10–18 Uhr) Hier gibt es etwas für fast jeden Anlass: preisgekrönten Passionsfrucht-Wasabisenf, Passionsfrucht-Sirup (großartig zu Bananenpfannkuchen), Massageöl (auch perfekt für Hochzeitsreisende) und ein aromatisches Lippenbalsam (gut nach dem Surfen) – alles mit mindestens einem Hauch *liliko'i*.

ESSEN

Hier gibt's wahrscheinlich das beste Essensangebot an der Westside. Die Lokale schließen früh.

Ishihara Market Supermarkt, Deli $

(☎808-338-1751; 9894 Kaumuali'i Hwy; ⏰Mo–Do 6–19.30, Fr & Sa bis 20, So bis 19 Uhr) Der historische Markt (seit ca. 1934) bietet einen Schnellkurs in lokaler Küche. Zuverlässige Gerichte – am besten vor dem großen Mittagsandrang hier sein! – sind Sushi, würziges *ahi poke* und geräucherter Marlin. Für diejenigen, die grillen möchten, gibt's Tagesspecials und mariniertes

Frische Mango

MATT MUNRO/LONELY PLANET ©

Fleisch zum Mitnehmen. Der Parkplatz ist oft voll – so beliebt ist dieser Markt!

Yumi's Diner $

(☎808-338-1731; 9691 Kaumuali'i Hwy; Hauptgerichte 5–10 $; ⏲Di–Do 7.30–14.30, Fr 7–13 & 18–20, Sa 8–13 Uhr) Diese freundliche örtliche Institution bietet sättigendes Essen zu vernünftigen Preisen. Geboten werden *plate lunch* mit Hühnchen-*katsu* oder Teriyaki-Rindfleisch, Burger, Mini-*loco moco* oder Spezialschüsseln Saimin. Zum Nachtisch bestellt man am besten ein Stück Kokospastete oder Kürbiskuchen.

G's Juicebar Naturkost $

(☎808-634-4112; 9691 Kaumuali'i Hwy; Snacks ab 7 $; ⏲Mo–Fr 7–18, Sa 9–17 Uhr) In diesem Rastafari-Eckschuppen gibt's vielleicht die besten Schüsseln mit Acai-Beeren auf Kaua'i. Die Marley Bowl enthält Grünkohl und Bienenpollen, die Kauai Bowl Mangosaft und Kokosraspeln. Den Durst löschen Smoothies aus frischen tropischen Früchten oder Yerba-Matetee.

Jo-Jo's Anuenue Shave Ice & Treats Desserts $

(9899 Waimea Rd; Snacks ab 3 $; ⏲10–17.30 Uhr; 👪) Die Bude verkauft eisige Leckereien; jeder Sirup ist selbstgemacht und ohne Zusatzstoffe und haut einen nicht gleich um vor lauter Süße. Highlight ist das *halo halo* (gemischte Früchte) mit Kokosnuss.

Wrangler's Steakhouse Steaks $$

(☎808-338-1218; www.innwaimea.com/wranglers.html; 9852 Kaumuali'i Hwy; Hauptgerichte 10–30 $; ⏲Mo–Do 11–20.30, Fr & Sa 16–21, So 16–20.30 Uhr; 👪) Ja, er ist touristisch, doch dieser Western-Saloon serviert Plantagenmittagessen in echten *kaukau*-Dosen voll mit Leckereien. Die abendlichen Steaks sind okay, der Fisch und die Suppen- und Salatbar können da nicht mithalten. Unbedingt Platz für den Pfirsich-Cobbler lassen. Schön sind die Tische auf der vorderen und hinteren Veranda.

Waimea Town Celebration

Mitte Februar gibt's in Waimea jede Menge kostenlosen Spaß: ein *paniolo*-Rodeo, Geschichtenerzähler, Kanu-, SUP- und Surfski-Rennen, Lebensmittelstände, Spielbuden, einen Kunstgewerbemarkt sowie *lei*- und Ukulele-Wettbewerbe.

UNTERHALTUNG

Waimea Theater Kino

(☎808-338-0282; www.waimeatheater.com; 9691 Kaumuali'i Hwy; Erw./Kind 5–10 J. 8/6 $) Das Art-déco-Kino ist perfekt an einem verregneten Tag oder als abendliche Atempause von Sonne und Meer. Kaua'i hinkt ein bisschen hinterher, was die neuesten Filme betrifft, und Filme beginnen zu unregelmäßigen Zeiten. Da dies aber eins von nur zwei Kinos auf der ganzen Insel ist (das andere ist in Lihu'e), beklagt sich niemand.

AN- & WEITERREISE

Waimea ist leicht per Mietwagen zu erreichen. Auch der **Kaua'i Bus** (S. 377) steuert den Ort an.

UNTERWEGS VOR ORT

Im Allgemeinen ist man mit einem Mietwagen am besten bedient. Bei einigen Autovermietungen sind die Straße nach Polihale und die Nebenstraßen im Inselinneren tabu. Sehr viel Spaß machen auch Radtouren in den Waimea Canyon hinunter.

MAJICPHOTOS/SHUTTERSTOCK ©

MOLOKA‘I

In diesem Kapitel

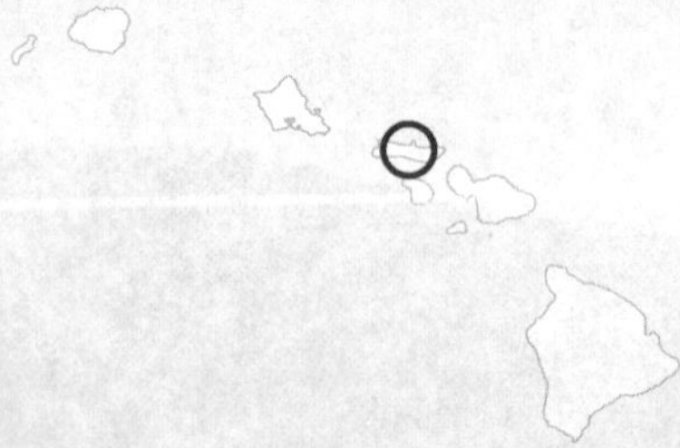

Moloka'i auf einen Blick

Moloka'i wird oft als die typischste der Hawaii-Inseln bezeichnet. Genetisch betrachtet stimmt das: Über 50 % der Bewohner haben indigene Wurzeln.

Bei allem Übrigen kommt es auf die eigenen Erwartungen an. Reisende, die sich für eine spektakuläre Landschaft und faszinierende Kulturen interessieren, sind auf Moloka'i jedenfalls richtig. Die historischen Stätten im tropisch grünen Osten werden mit großer Sorgfalt gepflegt, und es herrscht allgemeiner Konsens, dass der Westen der Insel nicht weiter erschlossen werden soll.

Moloka'i in zwei Tagen

Von **Kaunakakai** (S. 418) geht's wunderbare 27 Meilen (43 km) Richtung Osten ins **Halawa Valley** (S. 410) samt Wanderung zu einem Wasserfall. In Puko'o wartet zu Mittag eine Stärkung bei **Mana'e Goods & Grindz** (S. 422), dann geht's zum Schnorcheln am **Twenty Mile Beach** (S. 421). Auf einem Bummel durch Kaunakakai lassen sich die Zutaten für ein Dinner unterm Sternenhimmel im Ferienhaus besorgen. Am zweiten Tag lässt man sich von trittsicheren Maultieren zum **Kalaupapa National Historical Park** (S. 416) tragen.

Moloka'i in vier Tagen

Am dritten Tag stehen die uralten Regenwälder auf dem Programm. Den Abschluss des Tages bildet ein Essen im **Kualapu'u Cookhouse** (S. 422). Am vierten Tag kann man sich morgens im **Kalele Bookstore** (S. 421) in Kaunakakai mit etwas Inselliteratur eindecken. Anschließend geht's Richtung Nordwesten zu den schönen West End Beaches (S. 419), um in der **Big Wind Kite Factory** (S. 421) in Maunaloa schließlich die perfekten Mitbringsel zu erwerben.

Karte Kaunakakai (S. 419)
Karte Moloka'i (S. 420)

Ankunft in Moloka'i

Die Maui-Fähre hat den Betrieb eingestellt.

Auf dem kleinen **Moloka'i Airport** (S. 512) landen vor allem einmotorige Flugzeuge.

Makani Kai Air bietet Linien- und Charterflüge nach Kalaupapa und Honolulu.

Mokulele Airlines bietet regelmäßige Verbindungen nach Honolulu und Maui.

Ohana (S. 459), die Pendlerlinie der Hawaiian Airlines, fliegt von Moloka'i aus Honolulu, Lana'i und Maui an.

Schlafen

Das Hotelangebot auf Moloka'i beschränkt sich auf ein einziges Haus in Kaunakakai. Fast alle Besucher übernachten in B&Bs, Cottages, Ferienhäusern oder -apartments. Für Auskünfte und Buchungen sind die Internetseiten www.visitmolokai.com und www.molokai.com zu empfehlen. Die Standards reichen von rustikal bis edel; die besten befinden sich in Privatbesitz direkt am Meer. Die beliebtesten Adressen sind fast alle in den grünen Küstenregionen im Osten zu finden. Hostels gibt es auf der Insel nicht. Camping ist nur in den State und County Parks möglich.

HIGHLIGHT

Blick auf das Halawa Valley und den Halawa Beach Park (S. 4

Halawa Valley

Im unberührten Halawa Valley mit seiner einzigartigen, spirituellen Landschaft fühlt man sich wie am Ende der Welt. Zum Schutz der Natur haben die Einheimischen Absperrungen und Hinweisschilder „No trespassing" (Betreten verboten) aufgestellt.

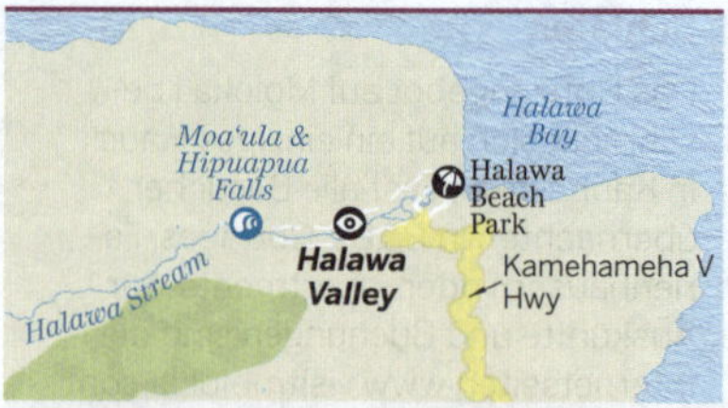

Toll für ...

Gut zu wissen

Für die Moa'ula und die Hipuapua Falls benötigt man einen Guide.

★ Top-Tipp

Die Moskitos auf dem Trail sind wahre Vampire! Insektenschutzmittel benutzen!

HIGHLIGHT

Halawa Beach Park

Früher kamen die Herrscher von Moloka'i zum Wellenreiten an den Halawa Beach, die Kinder aus der Umgebung tun es ihnen gleich. Trotzdem ist der Strand oft menschenleer. Er wird von einer Felsnase in zwei Hälften geteilt; die Nordseite liegt etwas geschützter als die Südseite. Bei ruhigem Wasser wird hier gebadet und Kajak gefahren. Bei hohem Wellengang kann es in beiden Buchten zu gefährlichen Brandungsrückströmen kommen.

Oberhalb des Strandes liegt der Halawa Beach Park mit Picknickpavillons, Toiletten und Wasser (kein Trinkwasser). Über dem Tal liegt eine rätselhafte Stimmung, als ob die Geister früherer Generationen sich fragen, was sie von der Entwicklung halten sollen. Manche Einwohner sind Besuchern gegenüber reserviert.

Guides

Mehrere Einheimische bieten sich als Guides (Pflicht!) für Wanderungen das Tal hinauf an. Die Kosten betragen je nach Aufenthaltsdauer im Tal etwa 40 bis 75 $ pro Person. Gewöhnlich trifft man sich mit dem Guide auf dem Picknickplatz des **Halawa Beach Park**.

Ein sehr empfehlenswerter Guide ist **Pilipo Solatario** (Halawa Valley Falls Cultural Hike; ☎808-542-1855, 808-551-1055; www.halawavalleymolokai.com; Erw./Kind 60/35 $; ⌚an den meisten Tagen Beginn der Wanderung 9 Uhr), der mit seiner Familie die meiste Zeit seines Lebens im Tal verbracht hat. Er ist ein ausgezeichneter Erzähler und unterhält seine Gäste mit faszinierenden Einblicken in die lokale Kultur. Die eigentliche Wanderung führt in der Regel sein Sohn.

RALF BROSKVAR/SHUTTERSTOCK ©

Eddie Tanaka (☎808-658-0191, 808-558-8396; edward.tanaka@yahoo.com; Wanderungen ab 60 $) ist ein alteingesessener einheimischer Musiker. Er bietet maßgeschneiderte Wanderungen ins Halawa Valley an, bei denen er auf Wunsch viel über Kultur und Traditionen berichtet.

Halawa Tropical Flower Farm

Eigentümer Pruet betreibt diese **Gärtnerei** (Halawa Flower Farm; www.molokaiflowers.com; PO Box 523, Kaunakakai, HI 96748; ⌚Di–Fr 10–16 Uhr, So n. V.), bietet Wanderungen zum Wasserfall. Aus dem Obst, dass er in seinem Garten pflückt, bereitet er tolle Smoothies zu. Man kann auf eigene Faust durch das üppig bewachsene Gelände streifen oder vorab eine Wasserfall-Wanderung buchen. Von der Kirche führt eine Staubstraße nach rund 30 m zum Tor; hinter dem Tor geht's noch einmal 30 m weiter – die Farm liegt dann rechts.

Halawa-Valley-Gemeindekirche

Moa'ula & Hipuapua Falls

Schon der Weg zu den über 70 m hohen, spektakulären Zwillingsfällen Moa'ula und Hipuapua am Ende des idyllischen Halawa-Tals gehört für viele zu den Höhepunkten ihres Aufenthalts auf Moloka'i. Die schnurgerade, gut 3 km lange Strecke passiert zahlreiche historische und kulturelle Stätten. Zum Schutz dieses Kulturerbes und auch, weil der Weg Privatgrund durchquert, müssen sich Besucher einem Guide anschließen.

Der Weg führt durch urwüchsige tropische Wälder, wo u. a. die knallorangen Blüten des Afrikanischen Tulpenbaums und das saftige Grün des Samtblatts leuchten. Zu den Sehenswürdigkeiten gehören eine alte Grabstätte und ein siebenstöckiger Steintempel.

Bei lockerem Tempo dauert die Wanderung drei bis fünf Stunden. Um Schlammpassagen und glitschige Flusssteine problemlos zu überwinden, ist gutes Schuhwerk angesagt. Ein paar Furten sind richtig heikel. Im Rucksack dürfen Wasser und Marschverpflegung ebenso wenig fehlen wie genug Sonnenschutz.

Gottesdienst

In der kleinen, grün-weißen Kirche von 1948 werden gelegentlich noch Messen auf Hawaiisch gehalten. Besucher sind jederzeit willkommen (die Tür ist immer offen).

Kajakfahren

Sehr beliebt sind Kajaktouren ab dem Halawa Beach. Vom Wasser aus lassen sich die Nordostküste und die höchsten Meeresklippen der Welt entlang der Pali Coast auf schönste Weise erkunden, auch wenn der logistische Aufwand ein bisschen abschreckt.

HIGHLIGHT

Pali an der Kalaupapa Peninsula

JOHN ELK/GETTY IMAGES ©

Wandern auf dem Kalaupapa Trail

Auf der einsamen, aber spektakulären Kalaupapa Peninsula führt ein gewundener Pfad die steilen Meeresklippen – die höchsten der Welt – hinunter. Einst wurden Leprakranke hierher verbannt.

Toll für ...

☑ Nicht versäumen

Den herrlichen Ausblick von Kalawao auf die atemberaubende Pali Coast von Moloka'i.

Die Kalaupapa Peninsula

Die Kalaupapa-Halbinsel ist ein abgelegener Fleck auf einer der abgelegensten Hawaii-Inseln. Die sattgrüne, von weißen Sandstränden gesäumte Landzunge ist nur über einen gewundenen Pfad, der sich durch die steilen und weltweit höchsten Meeresklippen windet, oder per Flugzeug zu erreichen. Die isolierte Lage ist auch der Grund dafür, warum über hundert Jahre lang leprakranke Hawaiianer hierher verbannt wurden.

Bis 1969, als die Kolonie aufgelöst wurde, fristeten rund 8000 Patienten in diesem Paradies ein freudloses Dasein. Ein knappes Dutzend wohnt noch immer hier und weigert sich beharrlich, den Ort zu verlassen, der für sie zur Heimat geworden ist. Die Halbinsel wurde mittlerweile als historischer Nationalpark ausgewiesen und untersteht der Aufsicht durch das Gesundheitsministerium sowie dem **National Park Service** (☎808-567-6802; www.nps.gov/kala).

Maultiere, Kalalau Peninsula

LAURASLENS/SHUTTERSTOCK ©

Die Wanderung

Der Weg beginnt auf der Ostseite des Hwy 470 gleich nördlich der Muliställe. Der Einstieg ist an dem Schild „Pala'au State Park" und an den parkenden Autos der Angestellten zu erkennen. Der 5 km lange Weg hat 26 Kehren und 1400 Stufen und führt 500 Höhenmeter in die Tiefe.

Am besten geht man spätestens um 8 Uhr los, noch bevor die Mulis hinabmarschieren, um nicht überall frischen Kothaufen ausweichen zu müssen. Auf dem Rückweg hat man allerdings keine andere Wahl. In anderthalb Stunden ist man locker unten. Nach starken Regenfällen kann der Abstieg ein ziemliches Abenteuer sein, doch dank des felsigen Untergrunds wird der Weg nie so schlammig, dass er nicht mehr begehbar wäre. Wanderstöcke können eine nützliche Hilfe sein.

Am Fuß der fast senkrechten Klippen liegt ein einsamer Strand. Von unten sehen die steilen Felsen noch imposanter aus. Wanderer sollten bis zum Parkplatz gehen und bei den Bänken am Mulistall auf den Kleinbus warten, um an der obligatorischen Rundfahrt teilzunehmen.

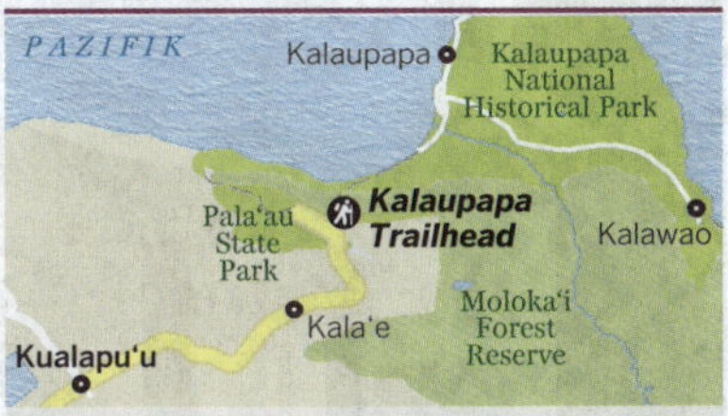

Gut zu wissen

Da die täglichen Besucherzahlen begrenzt sind, muss man den Besuch über **Damien Tours** (S. 416) buchen.

Kleine Stärkung

Nach dem Aufstieg über den steilen Pfad hat man sich ein Steak im **Kualapu'u Cookhouse** (S. 422) verdient.

HIGHLIGHT

Damien Tours

Jeder, der auf die Kalaupapa-Halbinsel kommt, muss die Bustour von **Damien Tours** (☎808-221-2153, 808-567-6171; www.damientoursllc.com; Tour 60 $; ⏲Mo–Sa) mitmachen, um die Siedlung zu besichtigen. Wer nicht das komplette Muli- Paket gebucht hat, muss die 3½-stündige Tour vorab reservieren (telefonisch zwischen 16 und 20 Uhr) und sollte sich etwas zu essen und zu trinken mitbringen. Es werden viele interessante Geschichten über das Leben in der Abgeschiedenheit hier, damals und heute, erzählt. Mindestalter: 16 Jahre.

Egal, ob man zu Fuß oder per Maultier oder mit dem Flugzeug kommt – die Touren beginnen für alle um 10 Uhr.

Die Leprakolonie

1835 diagnostizierten Ärzte den ersten Leprafall in Hawaii – eine der Krankheiten, die von Ausländern eingeschleppt wurden. Entsetzt über die rasche Ausbreitung der Seuche erließ König Kamehameha V. ein Gesetz, das alle Leprakranken ab 1866 auf die Kalaupapa-Halbinsel verbannte.

Lepra heißt auf Hawaii *mai pake* („chinesische Krankheit") oder *mai ho'oka'awale*, die „trennende Krankheit", weil sie Familien brutal auseinanderriss. Die Kranken wurden per Boot zur Halbinsel gebracht. Angeblich stießen die Kapitäne aus Angst vor der Ansteckungsgefahr ihre Passagiere über Bord, sodass diese an Land schwimmen mussten.

Mosaik von Father Damien vor der Father Damien Church, Kalaupapa Peninsula National Historic Park

Wer die Kalaupapa-Halbinsel einmal erreichte, verließ sie nie wieder – nicht einmal im Sarg. Anfänglich lag die Leprakolonie in Kalawao auf der feuchteren Ostseite. Dort herrschten unsägliche Zustände: Die Stärkeren stahlen den Schwächeren ihre Essensrationen und zwangen Frauen zur Prostitution.

Father Damien kam 1873 nach Kalaupapa. Vor ihm waren schon andere Missionare da gewesen – aber er war der erste, der blieb. Sein größtes Verdienst war, dass es ihm gelang, den Elenden neue Hoffnung und Lebensmut zu geben.

Im selben Jahr entdeckte der norwegische Wissenschaftler Dr. Gerhard Hansen den Erreger der Krankheit,das *Mycobacterium leprae*. Unter den Infektionskrankheiten spielt Lepra eher eine Nebenrolle: Nur 4 % der Menschen reagieren auf die Bakterien, die Lepra auslösen.

Seit 1946 wird Lepra erfolgreich mit Sulfonamiden behandelt. Doch die Isolationsbestimmungen für Kalaupapa wurden erst 1969 aufgehoben. Damals lebten hier noch 300 Patienten. Der letzte von ihnen kam 1965. Die wenigen, die noch heute hier wohnen, sind weit über 70.

Offiziell wird Lepra in Hawaii „Hansen's disease" (Hansen-Krankheit) genannt, doch Betroffene lehnen diese Bezeichnung teilweise ab, da sie über das erlittene Leid und Stigma hinwegtäusche – sie sagen nach wie vor „Lepra".

★ Top-Tipp

Um auf dem Rückweg etwas zu trinken zu haben, kann man hinter den Felsen an den nummerierten Kehren Wasserflaschen deponieren.

Ausblick vom Kalaupapa Lookout

Kaunakakai

SEHENSWERTES

Auf einem 50 Jahre alten Foto sieht das Zentrum von Moloka'is Hauptstadt nicht viel anders aus als heute. Im Regen wirken die verwitterten Holzhäuser mit Blechdach wie aus einem Western mit Clint Eastwood. Aber dafür ist Kaunakakai authentisch. Da sich das Geschäftsleben der Insel hauptsächlich hier abspielt, wird jeder Besucher mehr als einmal hierherkommen – und sei es nur, um Besorgungen zu erledigen. Empfehlenswert ist ein Besuch am Samstagmorgen, wenn die halbe Insel auf dem Markt einkaufen geht.

Kapua'iwa Coconut Grove Historische Stätte

(Maunaloa Hwy) In den 1860er-Jahren, als Moloka'i der Lieblingsplatz von König Kamehameha V. war, ließ der in der Nähe seiner geheiligten Badeseen diesen 4 ha großen königlichen Kokosnusshain anlegen. Kapua'iwa bedeutet „geheimnisvolles Tabu". Wer zu den mittlerweile ganz schön hoch gewachsenen Palmen rund 1 Meile (1,6 km) westlich des Stadtzentrums pilgert, sollte aufpassen, wo er geht (oder parkt): Die Kokosnüsse fallen geräuschlos, sind aber hammerhart.

Kaunakakai Wharf Hafen

(Kaunakakai Pl) Der Hafen ist der geschäftige wirtschaftliche Mittelpunkt des Orts – na ja, geschäftig ist übertrieben: Ab und zu tuckert ein Frachtschiff herein, Fischer laden ihren Fang an Mahimahi (Goldmakrelen) ab und eine Sportlerin mit muskulösen Oberarmen trainiert für die nächste Kanuregatta. Eine mit Seilen abgetrennte Zone mit Badeinsel dient als Kinderplansche.

One Ali'i Beach Park Park

(Maunaloa Hwy) Der zweigeteilte Park erstreckt sich 3 Meilen (4,8 km) östlich der Stadt. Die eine Seite hat zum Meer hin eine Reihe Palmen, ein Fußballfeld, einen Picknickpavillon und Toiletten. Das alles sieht nicht unbedingt überwältigend aus, steht aber bei Familien hoch im Kurs, die am Wochenende hier grillen. Auf der anderen, grüneren Seite wirkt nicht nur der Picknickplatz einladender, das Wasser ist flach und schlammig.

Zwei Denkmäler erinnern an die japanischen Einwanderer, die im 19. Jh. kamen.

Kapua'iwa Coconut Grove

Kaunakakai

Aktivitäten, Kurse & Touren
1 Moloka'i Bicycle B2

Shoppen
2 Kalele Bookstore & Divine Expressions B2

Essen
3 Friendly Market C1
4 Kamo'i Snack-N-Go D2
5 Kanemitsu Bakery B1
6 Maka's Korner C2
7 Moloka'i Burger A3
8 Ono Fish N' Shrimp B1

Ausgehen & Nachtleben
9 Paddler's Inn B3

AKTIVITÄTEN

Wildes Meer, unwegsame Pfade, verwunschene Regenwälder und die gewaltigsten Klippen von ganz Hawaii sind auf Moloka'i zu finden. Eine richtige Abenteuerinsel, die erobert werden will.

Am Meer verändern sich die Bedingungen mit den Jahreszeiten. Im Sommer ist die See vor der Nord- und Westküste ruhig. An der Südküste vor dem Pala'au Barrier Reef sorgen die hartnäckigen Passatwinde für hohe Wellen. Es empfiehlt sich, früh auf den Beinen zu sein, wenn es noch nicht so stark bläst. Im Winter lassen Stürme das Wasser rund um die Insel tanzen (im Süden nur außerhalb des Riffs, das parallel zur Küste verläuft). Aber auch dann findet sich der eine oder andere ruhige Tag zwischen zwei Stürmen, um das Meer zu genießen.

Wind gibt's auf Moloka'i mehr als genug. Erfahrene Windsurfer können sich ihm im Pailolo und im Ka'iwi Channel stellen, müssen die Ausrüstung jedoch selbst mitbringen.

In Kaunakakai selbst gibt's kaum Gelegenheiten zu irgendwelchen Aktivitäten, dennoch bietet sich der Ort als Ausgangsbasis an. Unter den ansässigen Veranstaltern sind drei mit Geräteverleih, die fast alle auf der Insel möglichen Aktivitäten im Programm haben und gelegentlich auch zusammenarbeiten.

Moloka'i
0 10 km
0 5 Meilen
A
B
C
D
E
F
1
2
3
4
PAZIFIK
Ka'iwi Channel
'Ilio Point
Mokio Point
Kawa'aloa Bay
Mo'omomi Bay
Mo'omomi Beach
Kawakiu Beach
Kepuhi Beach
Papohaku Beach
Dixie Maru Beach
La'au Point
Kakaako Gulch
Kalua Koi Rd
Manalo Gulch
Wahilauhue Gulch
Pohakuloa Rd
Hakina Gulch
Kahinawai Gulch
Hale O Lono Harbor
Hale O Lono Point
Penguin Banks
Maunaloa
Maunaloa Hwy
Pu'u Nana (421 m)
480
460
490
470
450
Ho'olehua
Mo'omomi Ave
Moloka'i Airport
Kualapu'u Reservoir
Kalaupapa Trail
Kala'e
Kualapu'u
Manunahui Rd
Manawainui Bridge
Kaunakakai
Kamiloloa
Kawela
Kalaupapa
Kalaupapa Peninsula
Kalaupapa National Historical Park
Mokapu Island
Kalawao
Moloka'i Forest Reserve
Pu'u Kaeo (1128 m)
Kaunakakai Gulch
Haupu Bay
Pelekunu Bay
Pelekunu Valley
Pali Coast
Wailau Valley
Kamakou Peak (1512 m)
Moloka'i Forest Reserve
Lepau Point
Kikipua Point
Lamaloa Head
Halawa Bay
Moa'ula & Hipuapua Falls
Halawa Stream
Halawa Valley
Waialua Stream
Waialua
Pauwalu
Honomuni
Puko'o
Kalua'aha
'Ualapu'e
Kamalo
Pala'au Barrier Reef
Kalohi Channel
Pailolo Channel
1
2
3
4
5
6
7
8
9
10

Moloka'i

Sehenswertes
1 Halawa Beach Park F2
2 Kamakou Preserve E3
3 Kapua'iwa Coconut Grove C3
4 Kaunakakai Wharf C3
5 Twenty Mile Beach F3

Aktivitäten, Kurse & Touren
6 Damien Tours D2

Shoppen
7 Big Wind Kite Factory & Plantation Gallery B3

Essen
8 Kualapu'u Cookhouse C2
9 Mana'e Goods & Grindz E3

Ausgehen & Nachtleben
10 Hale Kealoha D3

Moloka'i Bicycle Radfahren
(☎808-553-5740; www.mauimolokaibicycle.com; 80 Mohala St, Kaunakakai; Leihräder ab 25/75 $ pro Tag/Woche; ⏲Mi 15–18, Sa 9–14 Uhr & n. V.) Ladenbesitzer Phillip Kikukawa weiß einfach alles übers Radfahren auf der Insel. Er bringt und holt seine Kunden auch außerhalb der Geschäftszeiten, repariert und verkauft Räder sowie Ersatzteile. Die Auswahl an Leihrädern ist groß, darunter auch Mountainbikes. Helm, Schloss, Luftpumpe und Karten sind im Preis inbegriffen.

Moloka'i Ocean Tours Bootstour, Angeln
(☎808-553-3299; www.molokaioceantours.com; Whalewatching Erw./Kind 75/60 $) Alle möglichen Angeltouren sowie Küstentouren, Walbeobachtung und Schnorchelausflüge.

Moloka'i Outdoors Outdoorveranstalter
(☎877-553-4477, 808-553-4477; www.molokai-outdoors.com; SUP-/Kajaktour Erw./Kind ab 68/35 $, 7- bis 8-stündige Inseltour 166/187 $; ⏲unterschiedlich) Organisiert maßgeschneiderte Outdoorabenteuer und Aktivitäten. Der Spezialist für Paddeln und Stand-Up-Paddling (SUP) arrangiert Touren kreuz und quer über die Insel. Wer Kajaks oder SUP-Ausrüstung (ab 42 $ pro Tag) leiht, kann sich überall auf der Insel abholen und hinbringen lassen (ab 35 $).

Walter Naki Kulturführung, Bootstour
(Molokai Action Adventures; ☎808-558-8184) Walter Naki, dessen Kulturführungen einen ebenso guten Ruf genießen wie seine Trekkingtouren, bietet außerdem Hochseeangeln, Walbeobachtung und sehr empfehlenswerte Bootstouren zur Nordküste inklusive Pali Coast an.

SHOPPEN

Kalele Bookstore & Divine Expressions Bücher
(☎808-553-5112; http://molokaispirit.com; 64 Ala Malama Ave; ⏲Mo–Fr 10–17, Sa 9–14 Uhr; 📶) Neue und antiquarische Bücher, Reiseführer und umfangreiche Literatur über die Kultur Hawaiis, dazu Kunst von Einheimischen. Ortsansässige gehen selten vorbei, ohne drinnen kurz Hallo zu sagen.

Big Wind Kite Factory & Plantation Gallery Kunst & Kunsthandwerk
(☎808-552-2364; www.bigwindkites.com; 120 Maunaloa Hwy; ⏲Mo–Sa 10–16, So 13–16 Uhr) Big Wind stellt Flugdrachen für Kunden aller Altersstufen her. Wer unter den Hunderten von Modellen auf Lager nichts findet, kann einen maßgeschneiderten Drachen in Auftrag geben und zusehen, wie er Gestalt annimmt. Unkundige lassen sich in einem Kurs zeigen, wie man Drachen „richtig" steigen lässt.

Auch sonst ist Big Wind toll zum Stöbern: Das Angebot umfasst Literatur, Kunst

Schnorcheln am Twenty Mile Beach

Am Twenty Mile Beach am Hwy 450 bei Waialua in East Moloka'i kann man wunderbar schnorcheln. Durch das schützende Riff entstand vor der Sichel aus feinstem Sand eine große Lagune. In Ufernähe gibt's ein paar Felsen, zwischen denen das Wasser ziemlich seicht ist, aber schon ein paar Meter weiter warten Fischschwärme, Schwämme, Oktopusse & Co.

und Bekleidung aus Hawaii sowie Kunsthandwerk aus dem gesamten Pazifikraum bis nach Bali.

ESSEN

Der Markt am Samstagmorgen entlang der Ala Malama Ave ist eine gute Quelle für hausgemachte Spezialitäten und Produkte aus heimischem Anbau.

Maka's Korner Café $

(☎808-553-8058; Ecke Mohala & Alohi St; Mahlzeiten 5–10 $; ⏲Mo–Fr 7–21, Sa & So 8–13 Uhr) Schon irre, dass so eine simple Eckkneipe so köstliches und dabei einfaches Essen zaubert! Auf ganz Moloka'i gibt's keine besseren Burger, die Pommes sind perfekt und das Mahimahi-Sandwich (vorzüglich mit zwei Tempura-Shrimps extra!) hat Suchtpotenzial. Pfannkuchen sind durchgehend zu haben. Die Gäste sitzen an der winzigen Theke oder draußen am Picknicktisch.

Mana'e Goods & Grindz Hawaiisch $

(☎808-558-8186; Hwy 450; Mahlzeiten 5–13 $; ⏲Küche tgl. 6.30–16 Uhr, Laden Mo–Fr 6.30–18, Sa & So bis 16 Uhr; 📶) Die Tellergerichte mittags sind legendär: zartes, knuspriges Hähnchen-*katsu* (frittierte Hähnchenbrustfilets), Schweinefleischeintopf, hervorragende Teriyaki-Burger und frischer Fisch im perfekt gerösteten Brötchen.

Ofenwarmes Brot

Allabendlich (außer montags) versammeln sich die Einheimischen an der Hintertür der **Kanemitsu Bakery** (☎808-553-5855; 79 Ala Malama Ave; Laib Brot 5 $; ⏲Mi–Mo 5.30–17 Uhr, warmes Brot Di–So 19.30–23 Uhr), um dort ofenfrische Brotlaibe zu ergattern (7 $). Der wortkarge Bäcker schneidet das köstlich süße Brot auf und veredelt es mit einem von fünf Aufstrichen, z. B. Frischkäse und Erdbeermarmelade. Wer als Insider glänzen will, fragt nach einem frisch glasierten Donut.

Kualapu'u Cookhouse Hawaiisch $$

(Kamuela Cookhouse; ☎808-567-9655; Hwy 490; Hauptgerichte 6–33 $; ⏲Di–Sa 7–20, So 9–14, Mo 7–14 Uhr) Die Raststätte serviert gutes Mittagessen und ist westlich von Kaunakakai die einzige Einkehrmöglichkeit mit kompletten Mahlzeiten. Zum Frühstück gibt es riesige Omeletts und bei den *plate lunches* überzeugt das *tonkatsu* (japanisches Schweineschnitzel). Die Abendkarte ist anspruchsvoller, mit Rippchen, Steak und Thunfisch. Bier und Wein verkauft der Lebensmittelladen gleich gegenüber. Netter Service. Nur Barzahlung.

Ono Fish N' Shrimp Fisch & Meeresfrüchte $

(☎808-553-8187; 53 Ala Malama Ave; Mittagessen 10–12 $; ⏲Mi–Sa 10–14 Uhr) Der beste Neuling in der lokalen Gastroszene seit Langem: Der weiße Food Truck bietet Fisch-Tacos und Garnelengerichte. Die Zubereitung ist phantasievoll, der Fisch superfrisch. Den Magen schließt ein Mini-Donut. Man kann draußen an Picknicktischen sitzen.

Moloka'i Burger Burger $

(☎808-553-3533; www.molokaiburger.com; 20 Kamehameha V Hwy; Hauptgerichte 5–10 $; ⏲7–21 Uhr; 📶) Moloka'is einziges Drive-Through-Restaurant ist professionell aufgezogen. Die dicken, saftigen Burger wandern in verschiedensten Varianten über die Theke. Ein einfallsreiches Schmankerl ist der Ramen-Burger, der zwischen zwei Nudelbratlingen steckt. Der Gastraum ist okay, vorne auf der Terrasse sitzt man nett im Schatten. Köstlich ist auch das Softeis.

Friendly Market Supermarkt $

(☎808-553-5595; 90 Ala Malama Ave; ⏲Mo–Fr 8.30–20.30, Sa bis 18.30 Uhr) Von allen Supermärkten der Insel hat dieser die beste Auswahl. Nachmittags gibt's oft frischen Fisch direkt vom Boot.

Kamo'i Snack-N-Go Desserts $

(28 Kamoi St, Moloka'i Professional Bldg; Eiscreme 2 $ pro Kugel; ⏲Mo–Sa 10–21, So 12–21 Uhr; 📶) Ein Schlemmerparadies, das auch (in Honolulu hergestellte) Dave's Hawaiian Ice Cream verkauft. „Banana Fudge"

Meeresklippen an der Küste von Moloka'i

KRISDADA KAMSOMBAT/SHUTTERSTOCK ©

ist ein Traum, die Sorte *ube* (violette Yamswurzel) ist mild im Geschmack und hat eine schöne Farbe.

AUSGEHEN & NACHTLEBEN

Bücher, Spiele und Gesprächsthemen mitbringen – das Nachtleben von Moloka'i muss man weitgehend selbst gestalten.

Hale Kealoha Lounge

(808-553-5347; Kamehameha V Hwy, Hotel Moloka'i; Hauptgerichte 15–25 $; 7–21 Uhr) Das Hotel Moloka'i hat eine einfache Restaurant-Bar direkt am Meer. Das Essen ist getrost zu vernachlässigen, nicht entgehen lassen sollte man sich hingegen die „Aloha-Freitage". Von 16 bis 18 Uhr kommen die einheimischen *kapuna* (Älteren) um einen großen Tisch zusammen und spielen hawaiische Musik, von traditionellen, getragenen Hula-Melodien bis zu Jamsessions mit der Ukulele. Viele Musiker sind Urgesteine der lokalen Szene und genießen es, ihr Können zu zeigen. Ein echtes Erlebnis mit entsprechend großem Zulauf.

AN- & WEITERREISE

Wer alle Ecken der Insel erkunden will, kommt nicht umhin, ein Auto zu mieten. Auch für alle, die ein Haus oder Apartment gebucht haben und Einkaufen müssen, ist das Auto die praktischste Lösung. Alle wichtigen Straßen auf Moloka'i sind geteert und gut in Schuss. Recht praktisch ist die fast überall erhältliche kostenlose Touristenkarte. James A. Biers *Map of Moloka'i & Lana'i* (6 $) hat ein ausgezeichnetes Register.

Ein Taxi vom Flughafen nach Kaunakakai kostet rund 30 $. Viele Unterkünfte arrangieren Transfers.

UNTERWEGS VOR ORT

Kaunakakai ist ein Ort für Fußgänger. **Rawlin's Chevron** (Ecke Maunaloa Hwy/Hwy 460 & Ala Malama Ave; Schalter Mo–Sa 6.30–20.30, So 7–18 Uhr) hat Zapfsäulen, an denen man mit Kreditkarte bezahlen kann, und ist somit die einzige Tankstelle der Insel mit 24-Stunden-Service.

HANA HIGHWAY

In diesem Kapitel

Der Hana Highway auf einen Blick

Bei der Fahrt auf dem kurvenreichen Hana Highway, vorbei an donnernden Wasserfällen, üppig bewachsenen Hängen und zerklüfteten Felsen, liegt Spannung in der Luft. Die legendäre Straße an der Nordostküste von Maui zieht sich mit einigen haarsträubenden Spitzkehren durch Dschungeltäler und auf hohen Klippen entlang. Die Strecke ist atemberaubend schön, aber nicht einfach zu fahren. Bei Mietwagen sind Jeeps und Mustangs die erste Wahl.

Der Hana Highway in einem Tag

Los geht's frühmorgens mit Kaffee am **Huelo-Lookout-Fruitstand** und einem Blick auf die **Honomanu Bay**. Danach führt die Straße hoch zur **Wailua Valley State Wayside** (S. 437) mit grandiosen Berg- und Meerblicken. Weiter geht's zu den **Three Bears Falls** (S. 437), den schönsten einer Vielzahl von Wasserfällen an der Straße. Zum Mittagessen bietet sich das **Thai Food by Pranee** (S. 443) in Hana an. Anschließend stehen der **Kahanu Garden** (S. 430) und der **Pi'ilanihale Heiau** (S. 428) auf dem Programm, der größte *heiau* (Tempel) Polynesiens. Genächtigt wird in Hana.

Der Hana Highway in zwei Tagen

Der zweite Tag beginnt mit der Erkundung der unterirdischen Wunder der **Hana Lava Tube** (S. 431) und der Fahrt zum Wai'anapanapa State Park mit seinem schönen schwarzsandigen Strand. Auf dem alten Küstenpfad, dem **Pi'ilani Trail** (S. 432), wandelt man auf den Spuren der alten Hawaiianer. Der Weg führt über ein Lavafeld mit Blick auf die wilde Küste. Ist Wochenende, gibt es zum Abendessen eine Pizza bei **Hana Farms Clay Oven Pizza** (S. 443).

Karte Hana (S. 439)
Karte Hana Highway: Wailua bis Wai'anapanapa State Park (S. 440)
Karte Hana Highway: Twin Falls bis Ke'anae (S. 442)

Ankunft am Hana Highway

Für die Erkundung des Hana Highway nach Lust und Laune benötigt man einen Mietwagen. Die Fahrt beginnt am Ostrand von Haiku bei Huelo, 20 Meilen (32 km) östlich des **Kahului International Airport** (S. 509).

Am Meilenstein 16 des Highway 36 wird der Hana Highway zum Highway 360 und die Meilensteine beginnen wieder bei Null.

Schlafen

In und um Hana finden sich resortartige Hotels, Ferienwohnungen und verschiedene Cottages sowie Privatzimmer. Bei vielen gilt ein Mindestaufenthalt von zwei oder drei Nächten, aber je nach Auslastung findet man auch etwas für nur eine Nacht. Campingplätze gibt's in Ke'anae und im **Wai'anapanapa State Park** (S. 431).

HIGHLIGHT

Pi'ilanihale Heiau

Der wichtigste Stopp an der Straße nach Hana. Hier gibt es einen knapp 120 ha großen ethnobotanischen Garten und den größten Tempel von ganz Polynesien zu besichtigen: den imposanten Pi'ilanihale Heiau.

Toll für ...

Gut zu wissen

☎808-248-8912; www.ntbg.org; 650 'Ula'ino Rd; Erw./Kind unter 13 J. 10 $/frei, Führung 25 $/frei; ⏰Mo–Fr 9–16, Sa 9–14 Uhr, Führungen Mo–Fr; P 👪

RON DAHLQUIST/GETTY IMAGES ©

☑ Nicht versäumen

Eine ausgezeichnete Führung gewährt faszinierende Einblicke in die enge Verbundenheit der alten Hawaiianer mit der Natur.

HIGHLIGHT

Der *heiau* bietet die vielleicht beste Möglichkeit, sich einen Eindruck von der hawaiischen Kultur vor dem ersten Kontakt mit dem Westen zu verschaffen. Doch erstaunlicherweise verirren sich nur sehr wenige Besucher hierher.

Geschichte

Der Pi'ilanihale Heiau ist eine riesige Lavasteinplattform von 137 m Länge. Die Geschichte des Tempels bleibt rätselhaft, aber er war zweifellos eine wichtige religiöse Stätte. Angenommen wird, dass der Bau um 1200 n. Chr. begann und in mehreren Phasen vonstatten ging. Der große Abschluss war das Werk von Pi'ilani, dem König von Maui im 14. Jh. (der Name des Tempels bedeutet „Haus des Pi'ilani"), dem auch der Bau vieler Fischteiche an der Küste um Hana zugeschrieben wird.

Kahanu Garden

Der Tempel steht in einer Ecke des Kahanu Garden nicht weit vom Meer. Der Kahanu Garden ist eine Außenstelle des National Tropical Botanical Garden und besitzt die weltweit größte Sammlung von Brotfruchtbäumen – über 120 verschiedene Arten. Der Brotfruchtbaum ist von großer Bedeutung, seine Früchte sind dank ihres hohen Nährstoffgehalts ein Grundnahrungsmittel und eine wichtige Waffe im Kampf gegen den Hunger auf der Welt. Außerdem beherbergt der Garten einen lebenden Katalog sogenannter Kanupflanzen, die die polynesischen Siedler in ihren Kanus mit nach Hawaii brachten, sowie ein traditionelles Kanuhaus, das ebenfalls einen Blick in die Vergangenheit erlaubt.

Brotfrucht im Kahanu Garden

Führung

Den tiefsten Einblick in die Beziehungen zwischen dem *heiau*, den Pflanzen und der herrlichen parkartigen Umgebung mit Palmen verspricht eine Führung. Die zweistündigen Führungen finden montags bis freitags um 10 und 13 Uhr statt. Interessenten müssen rechtzeitig telefonisch oder per Mail an kahanu@ntbg.org reservieren. Ansonsten bleibt nur ein Rundgang in Eigenregie mit Informationsbroschüre. Der Garten liegt an der 'Ula'ino Rd, 1,5 Meilen (2,4 km) nach der Abzweigung vom Hana Hwy.

✕ Kleine Stärkung

Bei Coconut Glen's (☎808-979-1168; www.coconutglens.com; Hana Hwy, Meilenstein 27,5; Kugel Eiscreme 7 $; ⏱10.30–17.30 Uhr; ☑) **wird die Chili-Schokoladen-Eiscreme in einer Kokosnuss serviert.**

2P2PLAY/SHUTTERSTOCK ©

Hana Lava Tube

Lavaströme bildeten vor ewigen Zeiten die gewaltige Höhle, eine der ausgefalleneren Sehenswürdigkeiten an der Straße nach Hana. Die Lavaröhre ist so riesig, dass sie einst als Schlachthaus diente – vor der Öffnung für Besucher mussten über 7700 kg Rinderknochen entfernt werden.

In der ausgedehnten, bis zu 12 m hohen Höhle durchwandert man ein einzigartiges Ökosystem aus tropfenden Stalaktiten und Stalagmiten. Die Tour ist gut ausgeschildert, dauert etwa 45 Minuten und ist das ideale Programm für Regentage. Taschenlampen und Schutzhelme sind im Eintritt enthalten. Für alle, die ihre Kinder loswerden wollen: Der benachbarte Irrgarten mit roten Keulenlilien kostet keinen Eintritt. Die Hana Lava Tube liegt eine halbe Meile (ca. 800 m) vom Hana Hwy entfernt und ist leicht zusammen mit dem *heiau* und dem Kahanu Garden zu besichtigen.

Wai'anapanapa State Park

Die kristallklaren Mineralwasserquellen des Wai'anapanapa (der Name bedeutet „glitzerndes Wasser") sind angeblich ein Jungbrunnen für die Haut. Auf der rechten Seite der Pailoa Bay steht ein natürlicher Lavabogen, umgeben von niedrigen Klippen und einem Küstenpfad mit uralten Trittsteinen aus Lava. Nur fünf Gehminuten vom Parkplatz entfernt sind zwei eindrucksvolle Lavaröhren zu sehen.

Der Kahanu Garden verfügt über die weltweit größte Sammlung von Brotfruchtbäumen.

HIGHLIGHT

Mönchsrobbe an der Pi'ilani-Küste

Pi'ilani Trail

Der phantastische Küstenwanderweg lädt zu einer einsamen, kontemplativen Wanderung über ein schroffes Lavafeld einige Meter oberhalb des Meeres ein und hält erfrischende Ausblicke bereit.

Toll für ...

☑ Nicht versäumen

Den Strand mit schwarzem Sand im **Wai'anapanapa State Park**.

Geschichte

Vor über 300 Jahren wurde unter König Pi'ilani ein Pfad um ganz Maui herum angelegt, mit dem der Handel zwischen den einzelnen Siedlungen gestärkt werden sollte. Diesem alten Fußweg folgt der Trail, einige der alten Trittsteine sind noch vorhanden. Der Weg bietet die Möglichkeit, die Insel aus einer ganz besonderen Perspektive zu sehen: indem man sie umwandert. 320 km lang, führt er immer an der Küste entlang und bietet Zugang auch zu abgeschiedenen Gegenden, in denen noch heute die alte hawaiische Lebensweise praktiziert wird.

Die Wanderung

Der Weg beginnt an der Küste gleich unterhalb des Campingplatzes und verläuft entlang der Lava-Küstenfelsen parallel

STEVE OEHLENSCHLAGER/SHUTTERSTOCK ©

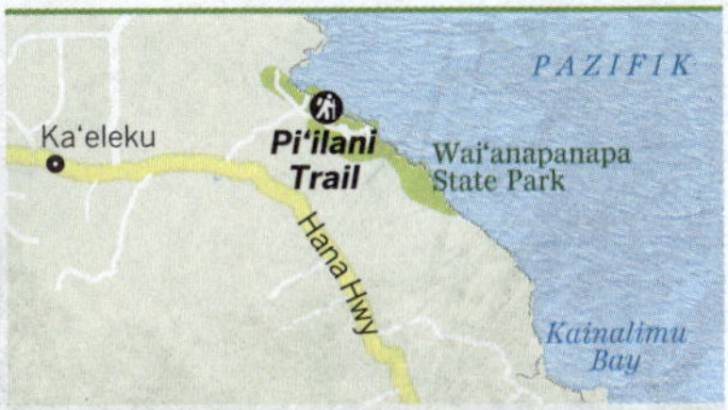

Gut zu wissen

Nähere Infos gibt's auf der Website der **Division of State Parks** (http://dlnr.hawaii.gov/dsp/hiking/maui/ke-ala-loa-o-mauipiilani-trail/).

Kleine Stärkung

Mit einem saftigen Burger und einem Ausblick in die üppige Vegetation am **Hana Burger Food Truck** (S. 443).

★ Top-Tipp

Wer den ganzen Weg wandern möchte, sollte Wasser mitnehmen.

zum Meer. Bald passiert er eine Begräbnisstätte, einen Felsbogen und ein Blowhole, das bei starker Brandung zum Leben erwacht. Am Ufer nehmen hawaiische Mönchsrobben gern ein Sonnenbad.

Nach 1,2 km kommt die Basaltsteilküste in Sicht, die sich bis nach Hana zieht, und Eisenholz, das nah ans Ufer vordringt. Runde Steine markieren den Weg über Lavagestein und eine Lichtung; nur auf einem Wegabschnitt über die zerklüftete Steilküste verschwinden sie kurz. In Luahaloa, einem Felsvorsprung mit einer Fischerhütte, zweigt eine unbefestigte Straße nach rechts ab. Auf den letzten 1,6 km an der Steilküste entlang bis zur Kainalimu Bay setzen Eisenholzwäldchen Akzente im Landschaftsbild. Der Weg führt durch Buschwerk hinunter in eine Schlucht bis zu einem ruhigen schwarzen Kieselstrand. Von hier aus führen unbefestigte Straßen weitere 1,6 km Richtung Süden nach Hana. Alternativ kann man landeinwärts bis zur asphaltierten Straße gehen und auf ihr zum Wai'anapanapa State Park zurückwandern oder trampen.

Planung

Der Weg führt vom Wai'anapanapa State Park knapp 5 km Richtung Süden zur nördlich der Hana Bay gelegenen Kainalimu Bay. Schon gleich zu Beginn gibt es jede Menge zu sehen – so kommen auch Eilige auf ihre Kosten. Stellenweise fällt die Steilküste neben dem Schotterweg senkrecht ins Meer ab, weswegen Wanderer hier sehr vorsichtig sein müssen. Dies ist kein Wanderweg für Kinder! Gute Wanderschuhe sind Voraussetzung, da der Pfad zunehmend unwegsamer wird.

HIGHLIGHT

Küste der Ke'anae Peninsula

Ke'anae Peninsula

Dieses Stückchen „Old Hawaii", mit einer Kirche aus den 1860er-Jahren und wilder Lavaküste, ist eine gute Gelegenheit, sich die Beine zu vertreten. Die Familien, die in dem Dörfchen leben, bestellen ihre Tarofelder hier schon seit Generationen.

Toll für ...

☑ Nicht versäumen

Einen Spaziergang durch das **Ke'anae Arboretum** (https://hawaiitrails.org) mit seinen tropischen Bäumen.

Einführung

Auf halbem Weg nach Hana wartet eine grandiose Landschaft und das netteste Küstendörfchen der ganzen Strecke. Der Ke'anae Beach Park am Ende der Halbinsel bietet zerklüftete schwarze Lavafelsen und schäumende Wellen. An Schwimmen ist hier nicht zu denken: Das Meer ist zu wild und es gibt keinen Strand.

Ke'anae Congregational Church

Im Zentrum des Ortes steht die ab 1860 erbaute Ke'anae Congregational Church, die über die Stufen des angrenzenden Häuschens zu betreten ist. Die ungetünchte Kirche aus Lavagestein und Korallenmörtel ist ein einladender Ort mit offener Tür. Einen Blick wert sind auch die Fotominiaturen auf den Grabstellen auf dem angrenzenden Friedhof.

EQROY/SHUTTERSTOCK ©

Gut zu wissen

Die Halbinsel erreicht man über die Ke'anae Rd, die gleich hinter dem Ke'anae Arboretum auf der *makai*-Seite vom Highway abzweigt.

Kleine Stärkung

Lust auf *beef jerky* oder Eiscreme? Beides gibt's bei **Halfway to Hana** (www.halfwaytohanamaui.com; 13710 Hana Hwy; Hauptgerichte mittags 7–9 $; 8.30–16 Uhr).

★ Top-Tipp

Gegenüber dem kleinen Parkplatz gibt's öffentliche Toiletten (geöffnet 8–19 Uhr).

Ke'anae Valley

Das Ke'anae Valley, das sich vom Ko'olau Gap am Rand des Haleakalā-Kraters bis hinunter zur Küste erstreckt, erstrahlt in einem satten Grün – dank der gut 3800 l/m² Regen, die hier jährlich herunterprasseln. Am Fuß des Tals liegt die Halbinsel Ke'anae. Sie verdankt ihr Dasein einem späten Ausbruch des Haleakalā, bei dem die Lava das Ke'anae Valley hinab bis ins Meer floss. Im Gegensatz zur zerklüfteten Umgebung ist die Halbinsel vollkommen flach, wie ein Blatt, das auf dem Wasser schwimmt.

Ke'anae Peninsula

Dieses Überbleibsel „Old Hawaii", von denen es nur noch wenige gibt, mit einer Kirche aus den 1860er-Jahren und einer wilden Lavaküste, erreicht man über die Ke'anae Rd, die gleich hinter dem Ke'anae Arboretum auf der *makai*-Seite, also der dem Meer zugewandten Seite, vom Highway abzweigt. Die Bewohner des Dörfchens bestellen hier schon seit Generationen die vom Ke'anae Stream bewässerten Tarofelder.

Die Felsinselchen Mokuhala und Mokumana gleich vor der Küste sind Vogelschutzgebiete.

Ke'anae Landing Fruit Stand

Das beste Bananenbrot am gesamten Hana Highway wird jeden Morgen von Aunty Sandy und ihren Mitarbeitern frisch gebacken und ist dermaßen lecker, dass hier ebenso viele Einheimische haltmachen wie Touristen. Der Stand im Ortszentrum kurz vor dem Ke'anae Beach Park verkauft auch frisches Obst, Hotdogs, Sandwiches und Getränke.

HIGHLIGHT

Three Bears Falls

Wasserfälle & Badelöcher

Der Hana Highway führt über 54 einspurige Brücken und passiert fast ebenso viele Wasserfälle – einige plätschern nur, andere sind so steil, dass ihr Sprühnebel dem Auto eine Dusche verpasst.

Toll für …

☑ Nicht versäumen

Bei einem Abenteuertrip mit **Rappel Maui** (808-270-1500; www.rappelmaui.com; Hana Hwy, 10600 Hana Hwy; 200 $; Touren 7, 8, 10 & 11.30 Uhr) kann man mit einem Wasserfall auf Tuchfühlung gehen.

Twin Falls

Kurz hinter dem Meilenstein 2 markiert ein Parkstreifen mit einem Obststand den Beginn des Wegs zu den Twin Falls. Einheimische Kids und Touristen zieht es gleichermaßen zu dem Teich unterhalb des unteren Wasserfalls, ungefähr zehn Minuten zu Fuß vom Startpunkt des Weges. Wer mit Kindern unterwegs ist oder nur einen netten, kurzen Spaziergang unternehmen will, ist hier genau richtig.

Um zu den Fällen zu gelangen, folgt man dem Hauptweg über einen Bach. Gleich dahinter geht es links ab, ein kurzes Stück geradeaus und dann über den Aquädukt. Die Fälle liegen direkt voraus. Wer näher heran will, muss nasse Füße in Kauf nehmen. Wenn das Wasser zu hoch steht, ist es allerdings klüger, umzukehren.

MNSTUDIO/SHUTTERSTOCK ©

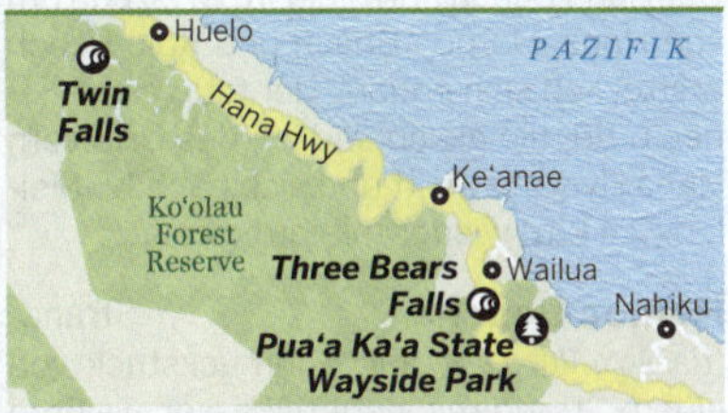

Gut zu wissen

Wege über Privatgrund sollte man nie ohne ausdrückliche Erlaubnis der Eigentümer begehen.

Kleine Stärkung

Am **Nahiku Marketplace** drängen sich ein paar Imbissbuden mit herzhaften Mittagsgerichten.

★ Top-Tipp

In Pa'ia oder Ha'iku tanken – die nächste Tankstelle gibt es erst wieder in Hana.

Three Bears Falls

Die „drei Bären" liegen eine halbe Meile (800 m) hinter dem Meilenstein 19 und sind eine Pracht. Die dreifache Kaskade stürzt an einer steilen Felswand in die Tiefe. Nach heftigen Regengüssen vereinigen sich die drei Sturzbäche zu einem einzigen mächtigen Wasserfall. Eine Parkbucht, die hinter dem Wasserfall ein Stück hangaufwärts auf der linken Seite liegt, bietet Platz für ein paar Autos. Über einen steilen, schlecht erkennbaren Pfad kann man näher zum Wasserfall hinunterkraxeln. Aber Augen auf, die Steine sind moosig und glitschig.

Pua'a Ka'a State Wayside Park

Der Name des hübschen Parks bedeutet „rollendes Schwein". Wer vom Parkplatz über die Straße geht, findet ein Stück landeinwärts zwei herrliche Wasserfälle. Der Park befindet sich eine halbe Meile (800 m) hinter dem Meilenstein 22.

Zum Baden eignet sich am besten der obere Teich jenseits der Picknicktische. Der Weg dorthin führt über den Bach. An beiden Wasserfällen ist Vorsicht vor fallenden Steinen und Sturzbächen geboten. Der untere endet in einem flacheren Tümpel. Hierher gelangt man, indem man über die Brücke zurückgeht und dem Weg flussaufwärts folgt.

Wailua Falls

Bevor die Straße Kipahulu erreicht, sieht man Orchideen aus dem Fels wachsen und ganze Dschungel von Brotfruchtbäumen und Kokospalmen wuchern.

Knapp 500 m hinter dem Meilenstein 45 liegen die spektakulären Wailua Falls, die gleich neben der Straße 30 m in die Tiefe donnern.

Hana

STRÄNDE

Der Hana Beach Park liegt im Ortszentrum von Hana. Hamoa Beach und Koki Beach erstrecken sich entlang der fotogenen Haneo'o Rd, die gleich südlich des Orts vom Hana Hwy abzweigt und sich nach 1,5 Meilen (2,4 km) wieder mit ihm vereint.

Hamoa Beach Strand

(Haneo'o Rd; P 🚻) Ein Schmuckstück von einem Strand mit klarem Wasser, weißem Sand und einer idyllischen Bucht. Der Schriftsteller James Michener nannte ihn einmal den einzigen Strand am Nordpazifik, der aussehe, als gehöre er eigentlich in den Südpazifik. Bei Wellengang kommen Surfer und Bodyboarder scharenweise hierher – aber Vorsicht vor dem Brandungsrückstrom! Bei ruhigem Wasser eignet sich die Bucht gut zum Schwimmen.

Der öffentliche Zugang führt über die Treppen gleich nördlich der Hotelbushaltestelle. Gegenüber können sieben oder acht Autos parken. Es gibt Toiletten.

Hana Bay Beach Park Strand

(☎808-248-7022; www.co.maui.hi.us/Facilities; 150 Keawe Pl; P 🚻) Krocket am Strand, warum nicht? Hanas Version eines Dorfplatzes ist ein Park am Buchtufer, wo Kinder in der Brandung planschen, Picknickende die Aussicht vom felsigen schwarzen Sandstrand genießen und Musiker auf der Ukulele klimpern. Andere spielen eben Krocket. Bei sehr ruhigem Wasser kann man jenseits des Piers gut schnorcheln und tauchen. Allerdings herrschen oft starke Strömungen; Schnorchler sollten deshalb nicht über die Landzunge hinausschwimmen. Surfer bevorzugen den **Waikoloa Beach** am nördlichen Ende der Bucht.

Koki Beach Strand

(Haneo'o Rd; P) Der malerische Strand mit bräunlichem Sand am Fuß einer roten Felswand bietet Ausblick auf das winzige 'Alau Island. Er ist ideal zum Bodyboarding, weil das Wasser bis ziemlich weit hinaus seicht bleibt, aber der Brandungsrückstrom hat schon Leute ins offene Meer hinausgerissen, die sich zu weit rausgewagt hatten. Am Rand des Strands laden Gezeitentümpel zum Muschelsammeln ein.

SEHENSWERTES

Wegen seiner Geschichte und seiner abgeschiedenen Lage am Ende der berühmtesten Straße Hawaiis eilt Hana ein legendärer Ruf voraus. Manche Besucher sind dann enttäuscht, wenn sie schließlich nur ein verschnarchtes Nest mit 1235 Bewohnern vorfinden. Es braucht eben mehr als ein, zwei Stunden, um Hana zu verstehen.

Erstaunlicherweise versucht Hana nicht, aus dem Strom der Tagesausflügler den größtmöglichen Nutzen zu ziehen. Hana ist eine der „hawaiischsten" Gemeinden von ganz Hawaii, mit zeitlos dörflicher Atmosphäre, und zugleich das Zuhause vieler Zugezogener, die bereit sind, für einen ruhigen, bedächtigen und individuellen Lebensstil inmitten herrlicher Natur gewisse Entbehrungen auf sich zu nehmen. Der Begriff „Old Hawaii" ist ein überstrapaziertes Klischee, aber auf Hana passt er noch. Hier sollte man runterschalten und sich Zeit für ein oder zwei Übernachtungen nehmen, um die Atmosphäre auszukosten.

Hasegawa General Store Historische Stätte

(☎808-248-8231; 5165 Hana Hwy; ⊙7–19 Uhr; P) Bargeld? Schrauben? Eine Flasche Jim Beam? Seit 1910 betreibt die Familie Hasegawa in Hana einen Gemischtwarenladen. Die engen Gänge in dem Blechdachhaus sind vollgestopft mit allem Erdenklichen. Der kultige Tante-Emma-Laden wimmelt stets von Einheimischen, die sich mit dem Lebensnotwendigen eindecken, und Reisenden, die wegen der Snacks und des Geldautomaten herkommen.

GEFÜHRTE TOUREN

Mehrere Tourveranstalter haben den Hana Highway im Programm. Die Busse und Minibusse legen Stopps an den größeren Wasserfällen und anderen Sehenswürdigkeiten ein. **Valley Isle Excursions** (☎808-661-8687; www.tourmaui.com; Touren Erw./Kind 2–12 J. 148/114 $), auf deren Hana-Highway-Touren Frühstück und Mittagessen inbegriffen ist, verlässt Hana auf dem Pi'ilani Hwy, mit einem letzten Halt bei **Maui Wine** (☎808-878-6058; www.mauiwine.com; 14815 Pi'ilani Hwy; ⊙10–17.30 Uhr, Führungen 10.30 & 13.30 Uhr) 🍃.

Hana

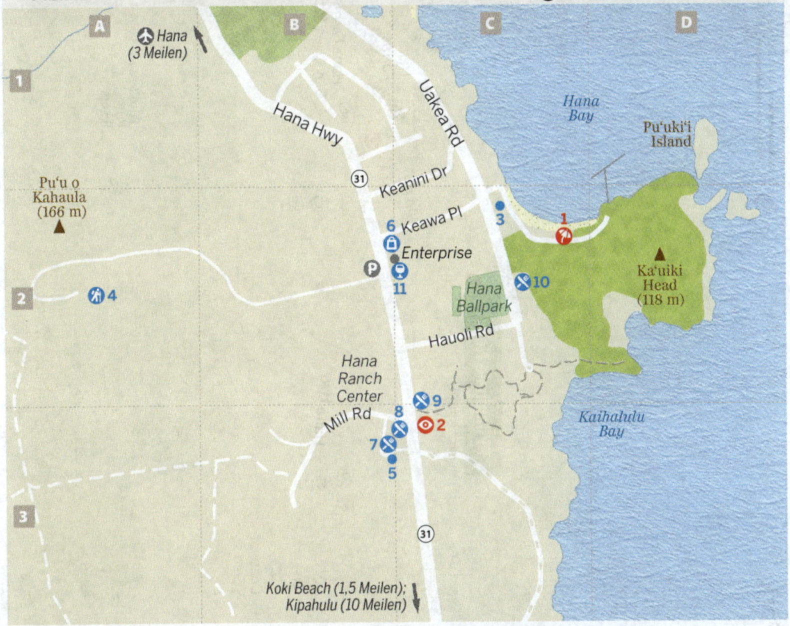

Hana

Sehenswertes
- 1 Hana Bay Beach Park C2
- 2 Hasegawa General Store C3

Aktivitäten, Kurse & Touren
- 3 Hana-Maui Kayak & Snorkel C2
- 4 Pu'u o Kahaula Hill A2
- 5 Travaasa Hana Stables B3

Shoppen
- 6 Hana Coast Gallery B2

Essen
- 7 Hana Ranch Restaurant B3
- 8 Shaka Pops C3
- 9 Surfin' Burro C2
- 10 Thai Food by Pranee C2

Ausgehen & Nachtleben
- 11 Preserve Bar C2

AKTIVITÄTEN

Das Travaasa Hana organisiert für seine Gäste Aktivitäten wie Fahrten mit dem Auslegerkanu und Stehpaddeln. Reitausflüge stehen auch Tagesgästen offen.

Skyview Soaring Segelfliegen
(☎808-344-9663; www.skyviewsoaring.com; Hana Airport; 30 Min./1 Std. 160/300 $; ⏲n. V.) Am Haleakalā herrschen ausgezeichnete Bedingungen für Segelflieger. Ein Segelflug ist eine einzigartige und sichere Möglichkeit, den Berg zu erleben. Nach Abschalten des Motors segelt der erfahrene Pilot Hans Pieters (bei geeigneter Wetterlage) über den Krater und lässt auch den Passagier mal steuern, bevor es im lautlosen Gleitflug zurück zum Hana Airport geht.

Am besten telefonisch reservieren, man kann aber sein Glück auch direkt am Flughafen versuchen und schauen, ob Hans vor Ort ist. Der Pilot ist ein echter „Hans im Glück" – er gehört zu den wenigen Menschen, die den direkten Kontakt mit einem Flugzeugpropeller überlebt haben.

Pu'u o Kahaula Hill Wandern
(Lyon's Hill; Hana Hwy) Der geteerte Weg auf den Pu'u o Kahaula Hill, der hinter dem

Hana Highway: Wailua bis Wai'anapanapa State Park

Parkplatz des Travaasa Hana beginnt (durch das kleine Tor in der linken Ecke gehen), lädt zu einem hübschen Spaziergang von 30 Minuten Dauer (hin & zurück) ein. Er führt zum augenfälligsten Wahrzeichen von Hana: Das Denkmal für Paul Fagan, den einstigen Eigentümer der Hana Ranch, oben auf der Hügelkuppe wirkt wie ein *heiau* mit einem großen Kreuz. Hier liegt einem ganz Hana zu Füßen. Auf halbem Weg zweigt ein beschilderter Weg nach links zum Koki Beach ab (3,2 km).

Hana-Maui Kayak & Snorkel Bootstour

(☎808-248-7711; www.hanabaykayaks.com; Hana Beach Park; Schnorcheltrip Erw./Kind unter 11 J. 99/50 $; 👪) Wer noch keine Schnorchelerfahrung hat oder außerhalb der Hana Bay schnorcheln möchte, hält sich am besten an Kevin Coates. Mit ihm kann man über den Pier in die Hana Bay hinauspaddeln und einen Blick auf das Riff werfen, bevor es um die Ecke aufs offene Meer hinausgeht. Kevin macht das seit 1995 und hat einen unerschöpflichen Vorrat an Geschichten parat, mit denen er seine Kunden gut unterhält.

Travaasa Hana Stables Reiten

(☎808-270-5276, Buchung 808-359-2401; www.travaasa.com; 1-stündiger Ausritt 60 $; ⏲Touren 9 & 10.30 Uhr) Die einfachen Ausritte führen über Weiden und an der schwarzen Lavaküste bei Hana entlang. Für Reiter ab neun Jahren. Auch Tages-Gäste können teilnehmen; an der Rezeption buchen.

SHOPPEN

Hana Coast Gallery Kunst & Kunsthandwerk

(☎808-248-8636; www.hanacoast.com; 5031 Hana Hwy; ⏲9–17 Uhr) Selbst wer nichts kaufen will, dürfte seinen Spaß daran haben, in der Galerie an der Nordseite des Travaasa zwischen Holzschalen, Gemälden und hawaiischer Federkunst von rund 40 verschiedenen hawaiischen Künstlern herumzustöbern.

Hana Farms Lebensmittel

(www.hanafarmsonline.com; 2910 Hana Hwy; ⏲ So–Do 8–19, Fr & Sa bis 20 Uhr) Die nur 2,8 ha große Farm baut eine Vielzahl tropischer Früchte, Blumen und Gewürze an und verarbeitet sie zu interessanten Produkten. Am hübsch aufgemachten Straßenstand werden Bananenbrot, exotische Marmeladen, tropisch-scharfe Saucen, inseltypischer Süßkram, Kaffee und Gewürze verkauft – ein guter Ort, um ein ebenso ausgefallenes wie leckeres Mitbringsel zu finden. Erfrischend ist die Ingwer-Limetten-Limonade.

Weitere Tipps für den Trip nach Hana

- Bei Sonnenaufgang aufbrechen, um den Massen zuvorzukommen.
- Für spontane Badeaktionen Badezeug unter den Klamotten tragen.
- Schuhe mitnehmen, die sich zum Wandern und auch zum Kraxeln über glitschige Felsen eignen.
- Einheimische Fahrer vorbeilassen – die haben's meist eiliger.
- Ein oder zwei Nächte in Hana verbringen und auf dem Rückweg ansehen, was man zuvor verpasst hat.

ESSEN

Von Sonntag bis Donnerstag sind leider nur zwei Restaurants abends geöffnet (Travaasa Hana und Hana Ranch), die beide ziemlich hochpreisig sind. Am Wochenende kommt dann noch die Hana Farms Clay Oven Pizza dazu. Auch Lebensmittelläden sind dünn gesät und selbst nach hawaiischen Maßstäben teuer. Man sollte es so machen wie die Einheimischen und sich in Kahului mit Verpflegung eindecken, bevor man nach Hana kommt.

Thai Food by Pranee Thailändisch $

(5050 Uakea Rd; Mahlzeiten 10–15 $; ⏲10.30–16 Uhr) Hanas zeitlos beliebter thailändischer Mittagstisch kommt aus einem überdimensionierten Food Truck mit Picknicktischen. Hier bekommt man eine üppig portionierte und leckere Mahlzeit, u. a. feurige Currys mit Mahimahi und frisch gebrutzelte Wokgerichte. Früh da sein – dann ist die Auswahl am größten. Gegenüber vom Hana Ballpark (Baseball-Platz).

Hana Highway: Twin Falls bis Ke'anae

Shaka Pops Eiscreme $

(www.shakapopsmaui.com; Stieleis 4,75 $; So–Fr 11–16 Uhr) Mit einem Cocoa-Hana-Banana-Eis in der Hand sieht das Leben gleich ein bisschen netter aus. Der coole Genuss am Stiel wird vor Ort in einer Reihe frischer tropischer Geschmacksrichtungen hergestellt und ist unbedingt probierenswert. Der Eiswagen steht für gewöhnlich vor dem Hana Ranch Center.

Hana Farms Clay Oven Pizza Pizza $$

(808-248-7553; www.hanafarmsonline.com; 2910 Hana Hwy; Pizza 18–20 $; Fr & Sa 16–20 Uhr) Die geniale Lokalität hinter dem Hana-Farms-Stand ist freitag- und samstagabends *die* Anlaufstelle der Einheimischen. Die mit Zutaten von der Farm belegte Gourmetpizza kommt brutzelheiß aus den Lehmöfen. Gaslampen beleuchten die Picknicktische unter Strohdächern, und die Pizza zum Mitnehmen wird einfach in ein gefaltetes Palmblatt gewickelt – ein Klassiker in Hana. Eventuell soll demnächst auch an anderen Abenden geöffnet sein. Am besten telefonisch vorbestellen, um lange Wartezeiten zu vermeiden.

Hana Burger Food Truck Burger $

(808-268-2820; https://hanaranch.com; 5670 Hana Hwy; Hauptgerichte 12–16 $) Was ist das für ein Silberblitz auf dem Hügel? Auf einem sattgrünen Feld? Wer von Hana Richtung Süden fährt und Hunger hat, dem erscheint der neue Burger-Truck der Hana Ranch vielleicht wie Manna vom Himmel. Fleisch von glücklichen Kühen von der Ranch, Picknicktische auf einer Weide und der Hamoa Beach gleich die Straße runter – besser geht's kaum!

Surfin' Burro Mexikanisch $

(Hana Hwy; Hauptgerichte 4–8 $; 8–19 Uhr) Tacos? In Hana? Ja, und sie sind echt gut! Außerdem gibt's hier Frühstücks-Burritos und frisch gemachte Salsa. Der orange Food Truck parkt zwischen dem Hotel Travaasa und dem Hasegawa General Store.

Hana Ranch Restaurant Amerikanisch, Hawaiisch $$

(808-270-5280; Mill St, Hana Ranch Center; Hauptgerichte 17–32 $; 11–20.30 Uhr) Die Wand voller Ukulelen in diesem renovierten Restaurant, einer von nur wenigen Verpflegungsmöglichkeiten in Hana, ist ein toller Schnappschuss. Sowohl von drinnen als auch von draußen bietet sich ein Blick aufs Meer. Serviert wird amerikanische und hawaiische Küche.

Das Restaurant gehört zum Hotel Travaasa, den seit 2016 existierenden Food Truck hingegen betreibt die Hana Ranch.

AUSGEHEN & NACHTLEBEN

Preserve Bar Bar

(808-248-8211; www.travaasa.com; 5031 Hana Hwy, Travaasa Hana; Restaurant 11.30–21 Uhr, Bar länger geöffnet) Diese Bar ist alles, was Hana an Nachtleben zu bieten hat. Es gibt Maui-Biere, Cocktails mit örtlichem Einschlag und Kneipenkost aus farmfrischen Zutaten. Sonntag-, dienstag- und mittwochabends treten einheimische Musiker auf, begleitet von Hula-Tanz. Am schönsten ist es hier, wenn Livemusik gespielt wird, sonst kann es gespenstisch ruhig sein.

AN- & WEITERREISE

Es gibt zwei Möglichkeiten, nach Hana zu gelangen: mit einem Mietwagen über den kurvenreichen Hana Hwy (ab Pa'ia 2 Std.) oder ab Kahului mit einer Propellermaschine von Mokulele Airlines (20 Min., 70 $) zum **Hana Airport** (808-248-4861; www.hawaii.gov/hnm; Alalele Pl). Die Flüge starten aktuell täglich um 13 und 17 Uhr; Rückflug ist um 13.34 und 17.35 Uhr. Passagiere dürfen nicht mehr als 350 Pounds (158,75 kg) wiegen. Maui Bus fährt nicht nach East Maui.

Auf ihren Hana-Highway-Touren halten mehrere Tourveranstalter kurz in Hana.

In Hana werden die Bürgersteige schon früh hochgeklappt. Autofahrer sollten vorausplanen: **Hana Gas** (808-248-7671; Ecke Mill Rd & Hana Hwy; Mo–Sa 7–20, So bis 18 Uhr) ist die einzige Tankstelle in ganz East Maui.

UNTERWEGS VOR ORT

Enterprise (808-871-1511; www.enterprise.com) Das Travaasa Hana bietet ein paar wenige Mietwagen an. Öffentliche Busverbindungen nach Hana oder zu Orten am Hana Highway existieren nicht.

JOE WEST/SHUTTERSTOCK ©

KIHEI & WAILEA

In diesem Kapitel

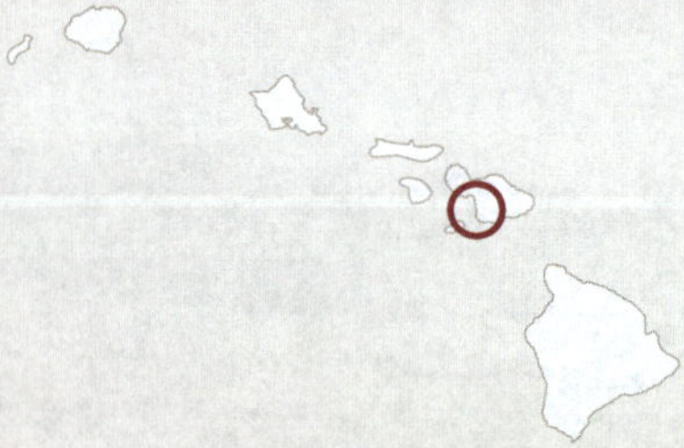

Kihei & Wailea auf einen Blick

In South Maui ist der Sonnenuntergang im wahrsten Sinne Allgemeingut – man guckt nie allein. Am späten Nachmittag strömen Menschenmassen zum Strandwall am Kama'ole Beach Park II. Die wichtigsten Orte hier, Kihei und Wailea, wirken auf den ersten Blick recht kommerziell, doch auch hier locken schöne Landschaften und Abenteuer: Riffe voller Schildkröten für die Schnorchler sowie Buchten, die per Kajak oder Auslegerkanu entdeckt werden wollen. Die Strände sind allesamt herrlich. Mit dem zuverlässig guten Wetter, ruhigen Küstenpfaden und einer bunten Restaurantszene ist South Maui schlichtweg ein unwiderstehliches Fleckchen.

Kihei & Wailea in einem Tag

Das **Kihei Caffe** (S. 456) öffnet schon früh die Pforten. Hier kann man sich vor dem Schnorcheln am **Ulua Beach** (S. 455) bestens stärken. Mittags gibt's im **Cafe O'Lei** (S. 457) frischen Fisch. Im Anschluss erfährt man in den **Hawaiian Islands Humpback Whale National Marine Sanctuary Headquarters** (S. 448) etwas über die Meeresriesen, die sich hier im Winter fortpflanzen. Nach einem Drink im **5 palms** (S. 457) bittet der Sonnenuntergang an den **Keawakapu Beach** (S. 454).

Kihei & Wailea in zwei Tagen

Am nächsten Morgen steht eine Kajaktour in der **Makena Bay** auf dem Programm, wo sich Grüne Meeresschildkröten tummeln. Nach einem frischen Salat im **Fork & Salad** (S. 456) geht's Richtung Süden zur **La Perouse Bay**, einer atemberaubenden Vulkanlandschaft, in der vereinzelt historische Gebäude stehen. Der **Big Beach** (S. 454) beeindruckt mit einem weiteren herrlichen Sonnenuntergang. Später klingt der Tag beim Dinner in der **Monkeypod Kitchen** (S. 457) aus.

Ankunft in Kihei & Wailea

Der Flughafen von Kahului ist 10 Meilen (16 km) von North Kihei, 16 Meilen (26 km) von South Kihei und 18 Meilen (29 km) von Wailea entfernt. Die meisten Besucher nehmen sich gleich am Flughafen einen Leihwagen. Ein Shuttle kostet 18 bis 34 $ nach Kihei und 24 bis 42 $ nach Wailea. Ein Taxi kostet je nach Ziel in Kihei zwischen 30 und 45 $, nach Wailea 57 $.

Schlafen

Die meisten Unterkünfte in Kihei sind Ferienwohnungen und überall in der Stadt gibt's entsprechende Anlagen. Die einzige Alternative sind eine Handvoll Hotels und B&Bs. Wailea ist für seine schicken Resorts am Meer bekannt, doch es gibt auch ein paar noble Apartmenthäuser. Außerdem verfügt Wailea über zwei Hotels, die beide nur eine kurze Autofahrt vom Strand entfernt liegen.

HIGHLIGHT

Ein Buckelwal erhebt sich aus dem Meer

Walbeobachtung

Jeden Winter kommen rund 12 000 Buckelwale – das sind zwei Drittel der gesamten Buckelwalpopulation im Nordpazifik – in die seichten Küstengewässer rund um die Hawaii-Inseln, um sich zu paaren und um zu gebären.

Toll für ...

☑ Nicht versäumen

Die kostenlosen „45-Ton Talks" dienstags und donnerstags um 11 Uhr in den Humpback Whale National Marine Sanctuary Headquarters.

Wal-Hotspots

Mit ihrer vielfältigen Sprungakrobatik wissen Buckelwale ganz sicher, wie man ein Publikum beeindruckt. Die Westküste der Insel ist ihr wichtigstes Fortpflanzungs- und Aufzuchtrevier. Zum Glück für die Walbeobachter halten sich Buckelwale gern in Küstennähe auf und bevorzugen zum Schutz ihrer neugeborenen Kälber seichte Gewässer. Daher kann man vielerorts an der Küste wunderbar Wale beobachten, besonders an den Stränden von Kihei und Wailea.

Hawaiian Islands Humpback Whale National Marine Sanctuary

Der Kongress richtete das Schutzgebiet 1992 zum Schutz der Buckelwale und ihres natürlichen Lebensraums ein. Die Anstren-

IDREAMPHOTO/SHUTTERSTOCK ©

gungen waren erfolgreich: Im September 2016 konnte die überwiegende Zahl der Buckelwalpopulationen von der Liste der bedrohten Arten gestrichen werden. Doch nach wie vor gilt ein Walfang-Moratorium. Das Schutzgebiet erstreckt sich von der Küste bis in eine Tiefe von 180 m rund um die hawaiischen Inseln.

Die Verwaltung des Meeresschutzgebiets in Kihei ist gleich nördlich des historischen Koʻieʻie Fishpond zu finden. Im Winter ist die Terrasse zum Meer mit kostenlosen Ferngläsern der optimale Platz, um die vorbeiziehenden Wale in der Bucht zu beobachten. Drinnen liefern Infotafeln, Broschüren und Videos Hintergrundinformationen zum Leben der Wale und anderer hawaiischer Tiere. Dienstags und donnerstags um 11 Uhr finden kostenlose Vorträge („45-Tonnen-Gespräche") über Wale statt.

Gut zu wissen

Hawaiian Islands Humpback Whale National Marine Sanctuary Headquarters (808-879-2818; http://hawaiihumpbackwhale.noaa.gov; 726 S Kihei Rd; Mo–Fr 10–15 Uhr; P) GRATIS

Kleine Stärkung

Bei Fork & Salad (S. 456) sind die Salate frisch, regional und bio.

★ Top-Tipp

Die Hauptsaison für die Walbeobachtung vor Maui geht von Januar bis März.

Walbeobachtungstouren

Wer aus nächster Nähe erleben möchte, wie sich die Giganten aus dem Meer erheben, kann an einer Walbeobachtungstour teilnehmen. Die besten bietet die **Pacific Whale Foundation** (808-249-8811; www.pacificwhale.org; 300 Maʻalaea Rd, Maʻalaea Harbor Shops; Bootstouren Erw./Kind 7–12 J. ab 35/20 $; unterschiedlich), eine Naturschutzorganisation, die stolz auf ihre von Naturkundlern geführten, tierfreundlichen Touren ist.

Die Touren starten am Maʻalaea Harbor und umfassen bei Interesse Schnorchelunterricht und Vorträge über die Tierwelt. Es werden Snacks gereicht und Kinder unter zwölf Jahren dürfen auf einigen Touren umsonst mitfahren. Auf den halbtägigen Fahrten wird Molokini angesteuert, bei Ganztags-Touren kommt Lanaʻi hinzu.

HIGHLIGHT

Poi (Taropüree) auf *ti*-Blättern

ERIC BRODER VAN DYKE/SHUTTERSTOCK ©

Kulinarische Entdeckungen

Das Essen auf Maui ist ein überschwängliches Gaumenfest voller fremder Aromen.* Plate lunch. Loco moco. *Selbst* Spam musubi *hat ein freches internationales Flair – wenn auch ein etwas salziges. Also mitmachen und unbekannte Leckereien probieren!

Toll für ...

Kleine Stärkung

Seinen *plate lunch* verspeist man am besten an einem der Picknicktische im Kama'ole Beach Park III.

★ Top-Tipp

An der Fischtheke des Lebensmittelladens Foodland gibt's ausgezeichnetes *ahi poke* zum Mitnehmen.

HIGHLIGHT

Im Alltagsessen spiegelt sich das multikulturelle Erbe Hawaiis. Am ausgeprägtesten sind asiatische, portugiesische und indigene Einflüsse. Billig, sättigend und köstlich – das hiesige Essen verleitet zum Schlemmen.

Essen nach Jahreszeit

Lebensmittel aus dem Upcountry Maui sind immer eine gute Wahl. Dank dem beständig warmen tropischen Klima der Insel werden die meisten Obst- und Gemüsesorten ganzjährig geeerntet.

Frühjahr In Hana wird Taro gefeiert, eine kartoffelartige Pflanze mit Kultstatus in Hawaii. Taro wird zu Burgern, Pommes und einem *poi* genannten Brei verarbeitet.

Herbst Was auf der Insel alles angebaut wird, lässt sich Anfang Oktober auf dem Maui County Fair in Kahului anschauen. Rund um Halloween bietet sich für Familien mit Kindern ein Besuch bei den Kürbissen der Kula Country Farms an, wo man sich auch im Maislabyrinth verlieren kann.

Plate Lunch

Ein klassisches Beispiel für die hawaiische Küche ist der allgegenwärtige *plate lunch*. Saftige, zarte Schweinefleischstücke aus dem Erdofen *(kalua)*, ein Löffel cremige Makkaroni und zwei großzügige Löffel Reis – hört sich lecker an, oder? An die Stelle des Schweinefleischs treten oft andere Eiweißlieferanten wie gebratener Mahimahi oder Teriyaki-Huhn. Der *plate lunch* wird üblicherweise auf Einweggeschirr serviert und mit Essstäbchen gegessen. Eine beliebte Frühstückskombination sind Spiegeleier, würzige portugiesische Wurst (oder Schinken oder Spam/Frühstücksfleisch) und dazu die obligatorischen zwei Reishäufchen.

Poke

Zwei Top-Adressen für *plate lunches* in South Maui sind Kihei Caffe (S. 456) und Da Kitchen Express (S. 456).

Poke

Poke, rohen, mit Sojasauce, Öl, Peperoni, Zwiebeln und Seetang marinierten Fisch, gibt's in vielen Varianten. Besonders köstlich ist Sesam-Ahi (Gelbflossenthun). Top-Spots für *poke* in South Maui sind **Foodland** (☎808-879-9350; www.foodland.com; 1881 S Kihei Rd, Kihei Town Center; ⏲5–1 Uhr), **Eskimo Candy** (☎808-879-5686; www.eskimocandy.com; 2665 Wai Wai Pl; Hauptgerichte 9–18 $; ⏲Mo–Fr 10.30–19 Uhr; 👪) und **Tamura's Fine Wine & Liquors** (☎808-891-2420; www.tamurasfinewine.com; 91 E Lipoa St; frisches Poke 18,99 $ pro 450 g; ⏲Mo–Sa 9.30–21, So bis 20 Uhr).

☑ Nicht versäumen

Ein zeitiges Frühstück mit reichlich Gesellschaft im **Kihei Caffe** (S. 456).

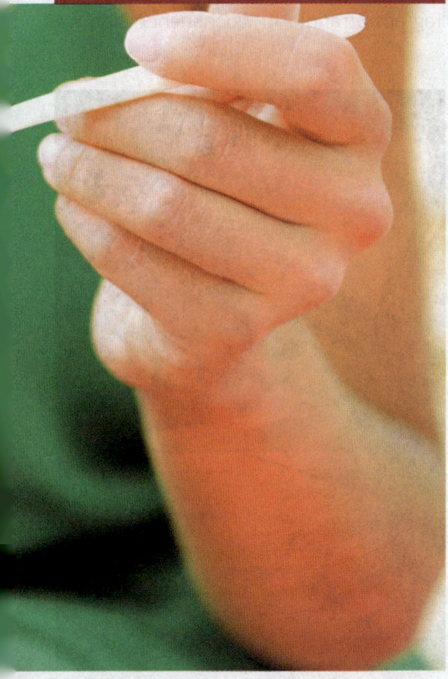

Pupu

Pupu ist die örtliche Bezeichnung für leckere Kleinigkeiten aller Art. Hier zeigt sich die ethnische Vielfalt der Inseln. Snack-Klassiker sind in der Schale gekochte Erdnüsse oder *edamame* (unreif geernetete, in der Schote gekochte Sojabohnen).

Shave Ice

Manche meinen, *shave ice* sei nur Wasser mit Geschmack – aber das stimmt nicht! Vielmehr ist es das spektakulärste Wassereis überhaupt. Das Eis wird fein wie Pulverschnee geschabt, in einen Pappbecher geschaufelt und mit einem süßen Fruchtsirup, die es in allen Farben des Regenbogens gibt, übergossen. Ganz dekandent wird's mit Kaua'i-Sahne oder Eiscreme. Zu probieren bei Local Boys Shave Ice (S. 457).

Fisch essen in Hawaii

Hawaiianer essen doppelt so viel Fisch und Meeresfrüchte wie Durchschnittsamerikaner. Am beliebtesten sind Ahi, Mahimahi und Ono. Die Website von Hawaii Seafood (www.hawaii-seafood.org) verrät alles über heimische Fischarten sowie Fangmethoden, Nachhaltigkeit und Nährwert; dazu kommen Kochtipps.

Seafood Watch (www.seafoodwatch.org) informiert über nachhaltige Fischerei und ökologische Aspekte zu einzelnen Fischarten. Die Infos gibt's als kostenlose App und als kleinen Führer zum Ausdrucken.

ℹ Gut zu wissen

Wer eingeladen wird, bringt etwas zu essen mit – am besten selbst gemacht, doch Gekauftes tut's auch.

STRÄNDE

Je weiter es nach Süden geht, desto besser werden die Strände.

Big Beach Strand

(Oneloa Beach; http://dlnr.hawaii.gov/dsp/parks/maui; Makena Rd; 6–18 Uhr; P) Die Perle des Makena State Park ist wohl der schönste Strand auf Maui. Auf Hawaiisch heißt er Oneloa, wörtlich übersetzt „Langer Sand". Ein passender Name für den breiten goldenen Strand, der etwa 1,5 km lang ist. Im wunderschön türkisfarbenen Wasser sind bei ruhiger See Kinder beim Boogieboarding zu sehen, ansonsten gehören die Breaks erfahrenen Bodysurfern, die in den glasklaren Wellen herumgewirbelt werden.

Keawakapu Beach Strand

(808-879-4364; www.mauicounty.gov/Facilities; P) Vom Morgengrauen bis zur Abenddämmerung präsentiert sich der exzellente Strand schlichtweg atemberaubend. Der Keawakapu erstreckt sich vom südlichen Ende Kiheis bis zum Mokapu Beach in Wailea. Der Strand liegt abseits der Hauptstraße und ist daher weniger einsehbar als die Strände am Straßenrand weiter nördlich. Da er nicht so überfüllt ist, können Besucher hier in Ruhe sonnenbaden, lesen und den Sonnenuntergang genießen.

Wailea Beach Strand

(808-879-4364; www.mauicounty.gov/Facilities; Zugangsstraße vom Wailea Alanui Dr; P) Richtig schick geht's auf dem glitzernden Sandstrand vor dem Grand Wailea und dem Four Seasons zu. Davon abgesehen ist der Wailea Beach ein Paradies für Wassersportler. Die sanfte Neigung macht ihn für Schwimmer attraktiv, bei ruhigem Wasser bieten sich am südlichen Ende um die Felsen auch gute Schnorchelbedingungen. Am Nachmittag kommt meist ein sanfter Shorebreak angerauscht, der zum Bodysurfen einlädt. Taucher können vom Wailea Beach aus ein Riff erkunden, das bis zum Polo Beach reicht.

Kama'ole Beach Park III Strand

(808-879-4364; www.mauicounty.gov/Facilities; 2800 S Kihei Rd; P) Der hübsche goldene Sandstrand bietet sämtliche Einrichtungen und Rettungsschwimmer sowie Spiel- und Parkplatz – toll für einen Tag am Strand! Am Wochenende sind die

Von links: Tropischer Rifffisch; Hängematte in Wailea; Promenade am Wailea Beach

DARREN J. BRADLEY/SHUTTERSTOCK ©

MATT MUNRO/LONELY PLANET ©

schattigen Picknicktische schnell belegt. Es gibt barrierefreie Parkplätze, Wege und Strandzugänge.

Mokapu & Ulua Beaches Strand

(☎808-879-4364; www.mauicounty.gov/Facilities; Haleali'i Pl; P) Seit der Eröffnung des Andaz Maui ist an den beiden Stränden, nur wenige Schritte von dem Resort entfernt, mehr los. Der hübsche **Mokapu Beach** liegt hinter dem Andaz, an der Nordseite einer kleinen Landzunge zwischen den Stränden. Für Schnorchler ist der **Ulua Beach** südlich der Landzunge besser geeignet.

AKTIVITÄTEN

Hawaiian Sailing Canoe Adventures Kanufahren

(☎808-281-9301; www.mauisailingcanoe.com; Erw./Kind 4–14 J. 179/129 $; ⏱Touren 9 Uhr; 👪) Während der dreistündigen Fahrt auf einem hawaiischen Auslegerkanu erfahren die Teilnehmer einiges über indigene Traditionen und können mit Schildkröten schnorcheln. Die Boote legen am Polo Beach ab.

Wailea Beach Walk Spaziergang

Den perfekten Spaziergang bei Sonnenuntergang bietet der gut 2 km lange Küstenweg, der die Strände in Wailea mit den Resortanlagen verbindet. Der Pfad windet sich über scharfkantige Landzungen aus Lavagestein zum Strand. Im Winter kann man nirgends sonst auf Maui besser nach Buckelwalen Ausschau halten – an einem guten Tag tummeln sich manchmal mehr als ein Dutzend Kolosse vor der Küste.

Hoapili Trail Wandern

Dieser Abschnitt des uralten King's Trail startet an der La Perouse Bay – zunächst geht's am Strand entlang – und führt dann über die zerklüfteten Lavafelder an der Küste. Achtung, die Tour ist kein Spaziergang! Wanderschuhe einpacken, viel Wasser mitnehmen, früh losgehen und jemanden darüber informieren, wo es hingehen soll. In dieser trockenen Gegend gibt's wenig Vegetation, es kann also ziemlich heiß werden.

Kurz nachdem der Weg die Lavafelder erreicht hat, biegt ein Seitenweg ab, der nach ca. 1,3 km zum Leuchtturm an der Spitze von Cape Hanamanioa führt. Oder aber man läuft direkt weiter landeinwärts

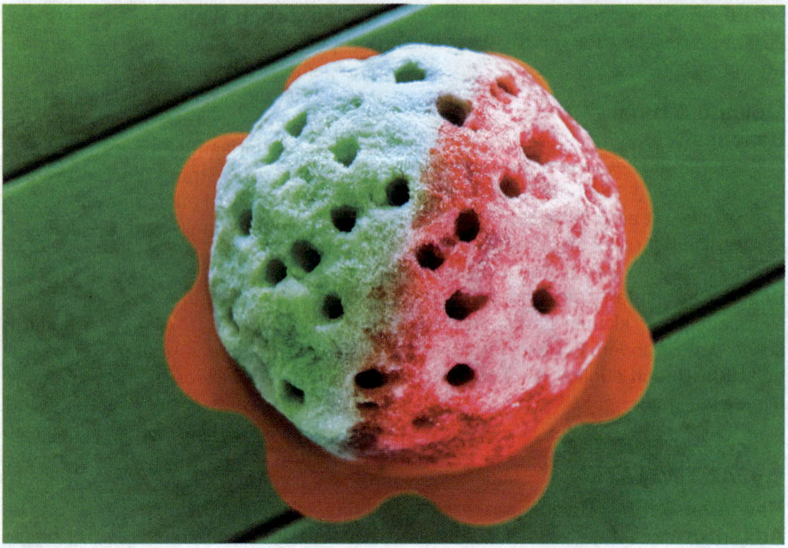

Shave ice

MEREDITH NARROWE/GETTY IMAGES ©

bis zu einem Schild mit der Aufschrift „Na Ala Hele" und biegt dort nach rechts auf den King's Hwy ab, der weitere raue 3 km über *'a'a* (Lava) landeinwärts führt, um dann an einem älteren Lavastrom beim Kanaio Beach wieder zur Küste zurückzukehren. Hier sollte man besser umkehren; der Weg geht zwar noch weiter, ist aber immer weniger als solcher zu erkennen. Ohne den Abstecher zum Leuchtturm hat die Wanderung hin und zurück eine Länge von etwa 6,5 km.

Weitere Infos und eine sehr einfache Karte gibt's auf www.hawaiitrails.org.

ESSEN

Von Food Trucks über *farm-to-table*-Restaurants bis zur Feinschmeckerbude – South Maui hat alles.

Fork & Salad Naturkost $

(☎808-879-3675; www.forkandsaladmaui.com; 1279 S Kihei Rd, Azeka Mauka Shopping Center; Hauptgerichte 9–17 $; ⌚10.30–21 Uhr; ✎) In dieser neuen Salatbar, die in ganz Kihei auf Begeisterung stößt, werden Produkte der Farmer der Gegend verarbeitet. Man ordert am Tresen einen klassischen oder auch ausgefallenen Salat – oder stellt sich seinen eigenen zusammen – und wählt dazu eine eiweißhaltige Ergänzung wie Biohuhn, Garnelen oder Ahi. Dann verwirbelt das Personal das Ganze mit einem hawaiischen Dressing wie cremiger *liliko'i* (Passionsfrucht) – klasse!

Kihei Caffe Café $

(☎808-879-2230; www.kiheicaffe.com; 1945 S Kihei Rd, Kihei Kalama Village; Hauptgerichte 7–13 $; ⌚5–14 Uhr) Vielleicht liegt es an den rotzfrechen Vögel auf der Veranda, vielleicht aber auch an den blitzschnell servierten Gerichten, jedenfalls ist das Essen in diesem geschäftigen Café nicht gerade entspannend. Aber das gehört wohl zum Konzept. Und so funktioniert es: An der Theke drinnen bestellen, Kaffeetasse an der Thermoskanne auffüllen, einen Tisch auf der Terrasse sichern und anschließend die Frühstücksburritos, Rühreier mit Gemüse oder das *loco moco* vorbeiflitzen sehen. Ob Single, Paar oder Familie – alle sind entweder hierher unterwegs oder schon da. Nur Barzahlung.

Da Kitchen Express Hawaiisch $

(☎808-875-7782; www.dakitchen.com; 2439 S Kihei Rd, Rainbow Mall; Frühstück 11–15 $, Mittag-

& Abendessen 11–18 $; ⌚9–21 Uhr) Da Kitchen ist einfach da Hamma! Der schmucklose *plate-lunch*-Spezialist versorgt die Stammkunden mit ihrer Leibspeise: der „Da Lau Lau Plate" (gedünstetes Schweinefleisch, in Taroblätter gewickelt), aber ob Teriyaki-Huhn vom Holzkohlegrill oder *loco moco* mit ordentlich *gravy*, man kann eigentlich nichts falsch machen. Uns hat das scharfe *kalua*-Schweinefleisch besonders gut geschmeckt.

Local Boys Shave Ice Süßigkeiten $
(☎808-344-9779; www.localboysshaveice.com; 1941 S Kihei Rd, Kihei Kalama Village; shave ice ab 4,50 $; ⌚10–21 Uhr) Niemals die Servietten vergessen: Das Local Boys serviert ordentliche Portionen *shave ice*, getränkt in süßen Sirups in allen Regenbogenfarben. Wir haben es gern tropisch (Banane, Mango und „Haifischblut"), mit Eiscreme, Kaua'i-Sahne und Azukibohnen. Nur Barzahlung.

Monkeypod Kitchen Kneipe $$
(☎808-891-2322; www.monkeypodkitchen.com; 10 Wailea Gateway Pl, Wailea Gateway Center; mittags 15–27 $, abends 15–41 $; ⌚11.30–23 Uhr, Happy Hour 15–17.30 & 21–23 Uhr; 👪) 🌿
Peter Merrimans neuester Laden hat eine gesellige Bar, in der das „Aloha" der Mitarbeiter und Mit-Trinker ernst gemeint ist – dabei helfen auch die 36 Craft-Biere vom Fass. Doch das ist nicht der einzige Grund für einen Besuch. In der Gourmet-Kneipenküche kommen üblicherweise Biozutaten aus der Region zur Verwendung, weshalb die Gerichte eine leckere hawaiische Note haben, so zu schmecken an den Burgern mit Fleisch von Maui-Rindern und viel Grünzeug aus dem Landesinneren.

Café O'Lei Hawaiisch $$
(☎808-891-1368; www.cafeoleirestaurants.com; 2439 S Kihei Rd, Rainbow Mall; mittags 8–16 $, abends 17–29 $; ⌚10.30–15.30 & 16.30–21.30 Uhr) Ein Bistro in der Ladenzeile? Klingt ja nicht so verlockend. Irrtum! Kultivierte Atmosphäre, innovative hawaiische Küche, regionale Zutaten, ehrliche Preise und ein hervorragender Service katapultieren das Café O'Lei in die erste Restaurantliga. Der geschwärzte Mahimahi mit frischer Papayasalsa ist schon nicht zu verachten, aber die Mittagsgerichte mit Salat für unter 10 $ sind unschlagbar. Dienstags bis samstags ist ab 16.30 Uhr ein Sushi-Koch am Werk.

AUSGEHEN & NACHTLEBEN

Die meisten Bars in Kihei liegen an der Strandstraße und bieten allabendliche Unterhaltung. Das Kihei Kalama Village, auch „Bar-muda-Triangle" genannt, ist vollgepackt mit quirligen Kneipen.

5 Palms Cocktailbar
(☎808-879-2607; www.5palmsrestaurant.com; 2960 S Kihei Rd, Mana Kai Maui; ⌚8–23 Uhr, Happy Hour 15–19 & 21–23 Uhr) Die perfekte Bar für einen Cocktail bei Sonnenuntergang am Strand. Möglichst eine Stunde vor der Dämmerung eintreffen, da die Terrasse direkt am hinreißenden Keawakapu Beach schnell voll ist. Sushi und andere Appetithappen kosten zur Happy Hour nur die Hälfte, die Mai Tais und Margaritas 5,75 $. Beliebt bei Einheimischen und Touristen.

AN- & WEITERREISE

An der North und South Kihei Rd sind jeweils einige Autoverleiher mit günstigen Angeboten, besonders für Tagesmieten, ansässig. **Kihei Rent A Car** (☎808-879-7257; www.kiheirentacar.com; 96 Kio Loop; ab 35/175 $ pro Tag/Woche; ⌚7.30–21 Uhr) verleiht Pkw und Jeeps mit unbegrenzter Kilometerzahl an Personen ab 21 Jahren. Uber ist vor Ort, die Preise scheinen derzeit etwas höher zu liegen als die für normale Taxis: Die Fahrt vom Flughafen kostet je nach Ziel in Kihei 53 bis 101 $.

UNTERWEGS VOR ORT

Maui Bus (☎808-871-4838; www.mauicounty.gov/bus; einfache Fahrt 2 $, Tageskarte 4 $) hat zwei Linien in Kihei. Der Kihei Islander verbindet Kihei mit Wailea und Kahului. Der Kihei Villager befährt hauptsächlich die nördliche Hälfte von Kihei. Beide Linien fahren stündlich von etwa 6 bis 20 Uhr, eine Fahrt kostet 2 $.

HIGHLIGHT

Mufflonbock auf Lana'i

JOE WEST/SHUTTERSTOCK ©

Ein Tag auf Lana'i

Lana'i liegt zwar im Zentrum des Archipels, ist aber die am wenigsten „hawaiische" Insel. Ihr Haupterbe sind ehemalige Ananasplantagen, auf denen sich einst Wanderarbeiter aus aller Welt abrackerten.

Toll für ...

☑ **Nicht versäumen**

Cathedrals (S. 460), das tollste Tauchrevier der Insel, bietet Felstore, Grotten und eine große Lavaröhre.

Fähre ab Maui

Die **Expeditions Maui–Lana'i Ferry** (☎800-695-2624; www.go-lanai.com; Erw./Kind einfach 30/20 $) verkehrt mehrmals täglich zwischen dem Lahaina Harbor (Maui) und dem Manele Bay Harbor auf Lana'i (1 Std.) und ist allein schon wegen der schönen Fahrt zu empfehlen. Im Winter sind unterwegs oft Buckelwale zu sehen, Spinnerdelfine tauchen eigentlich immer auf, vor allem morgens. Der Hulopo'e Beach liegt in der Nähe der Anlegestelle, wo die Agenturen ihre Gäste auch abholen (vorher anrufen). Beliebt sind organisierte Tagesausflüge ab Maui.

Der Tag auf der Insel

Frühmorgens legt die Fähre in Lahaina ab. Bei der Einfahrt in die Manele Bay können Delfinschulen beobachtet werden. Ein Shuttlebus fährt nach Lana'i City, wo das **Blue Ginger Café** (☎808-565-6363; www.bluegingercafelanai.com; 409 7th St;

Felsformationen, Garden of the Gods

LYNN Y/SHUTTERSTOCK ©

Hauptgerichte 5–15 $; ⌚Do–Mo 6–20, Di & Mi bis 14 Uhr) ein Frühstück bereithält (Kaffee schenken sich die Gäste selbst nach). Ein paar Läden und das wunderbare **Culture & Heritage Center** (www.lanaichc.org; 111 Lana'i Ave; ⌚Mo–Fr 8.30–15.30, Sa 9–13 Uhr) GRATIS laden zum Bummeln ein. Nachmittags steht Schnorcheln am Hulopo'e Beach (S. 461) oder ein Tauchgang in der Manele Bay auf dem Programm, ehe es bei Sonnenuntergang mit der Fähre zurück nach Maui geht.

Ein Leben mit Larry

2012 wurde Lana'i jäh aus einem jahrzehntelangen Dämmerzustand gerissen: Der schwerreiche Mitbegründer des Softwarekonzerns Oracle, Larry Ellison, kaufte die Insel vom langjährigen Vorbesitzer Castle & Cooke (der einst unter dem Namen Dole die allgegenwärtigen Ananasplantagen betrieb). Für schätzungsweise 600 Mio. US-Dollar regiert Ellison nun über 98 % der Inselfläche (der Rest ist in Staats- oder Privatbesitz) sowie über diverse Unternehmen wie z. B. Resorts.

ℹ Gut zu wissen

Ohana (☎800-367-5320; www.hawaiianairlines.com) bietet mehrere Flüge täglich zwischen Lana'i und Honolulu. Außerdem gibt's gewöhnlich einen Flug von/nach Moloka'i.

★ Top-Tipp

Durch die rasterförmige Anlage ist Lana'i City übersichtlich und fast alle Läden und Veranstalterbüros gruppieren sich um den **Dole Park**.

Der Garden of the Gods

Bizarre Felsformationen, Ausblicke, die jeden Baulöwen von Ferienbungalows träumen lassen, und weitere einsame Strände sind die Highlights im Nordwesten von Lana'i.

Der Weg hierher führt über die ungeteerte Polihua Rd. Der Abschnitt bis zum Kanepu'u Preserve und zum Garden of the Gods ist passabel (oft staubig) und normalerweise in rund 30 Minuten zu bewältigen. Was danach kommt, ist eine andere Sache: Je nachdem wann die Straße bis zum Polihua Beach zum letzten Mal planiert wurde, kann die Fahrt zwischen 20 Minuten und einer Stunde dauern – die Küste liegt 600 Höhenmeter tiefer.

Schöne Strände

Der schönste Sandstrand Lana'is (und zugleich einer der schönsten von ganz

HIGHLIGHT

Mit der Nase im Wind

Die landschaftlich schönste Fahrt auf Lana'i führt auf der Keomuku Road (Hwy 44) von Lana'i City nordwärts in das kühlere Bergland, wo Nebelschwaden über grüne Wiesen streichen. Unterwegs gibt's überraschende Ausblicke auf die unberührte Südostküste von Moloka'i und die winzige Insel Mokuho'oniki, während rechter Hand die Silhouetten der kühn aufragenden Hochhäuser von Ka'anapali auf Maui für ein Kontrastprogramm sorgen.

Dann windet sich die 8 Meilen (knapp 13 km) lange Keomuku Rd in diversen Kehren durch Ödland gemächlich hinunter zur Küste, nur ein paar bizarre Felszacken sorgen für Abwechslung.

Wer die Augen offenhält, entdeckt vielleicht ein paar wilde Mufflons, die sich häufig in den Bergen landeinwärts herumtreiben. Die männlichen Tiere haben beeindruckende, spiralförmig gebogene Hörner und häufig einen Harem im Schlepptau. Mit etwas Glück lassen sich auch weiß gepunktete Axishirsche blicken.

Hawaii) liegt als goldener Halbmond an der **Hulopo'e Bay** (abseits des Hwy 440;). Die Bucht ist ideal zum Schnorcheln; Palmen bieten schattige Plätzchen zum Chillen und ganz in der Nähe liegt eine berühmte Ausgrabungsstätte. Nur zehn Minuten zu Fuß entfernt bietet sich der Manele Harbor als geschützter Ankerplatz für Segeljachten und Kleinboote an.

Die Buchten von Manele und Hulopo'e gehören zu einem Meeresschutzgebiet, in dem die Entnahme von Korallen verboten und Fischen nur eingeschränkt erlaubt ist. Da sich Spinnerdelfine hier mindestens genauso wohlfühlen wie Menschen, machen Tauchen und Schnorcheln besonders Laune. Im Winter bringen *kona storms* (Stürme aus Lee), starke Strömungen und hohe Dünung das Ganze ziemlich in Schwung; Schwimmer sollten sich dann vorsehen.

Tauchrevier Cathedrals

Das Gebiet in und vor der Bucht ist perfekt zum Tauchen. In der Nähe der Klippen, wo der Boden schnell 12 m tief abfällt, gibt's viele Korallen. Vor dem Westrand der Bucht, nicht weit von der Insel Pu'u Pehe, liegt Cathedrals, das spektakulärste Tauchrevier der Insel. Neben Grotten und Felstoren lockt eine breite, 30 m lange Lavaröhre.

Felszeichnungen von Luahiwa

Die größte Ansammlung alter Felsbilder auf Lana'i verteilt sich auf drei Dutzend Felsen an einem abgelegenen staubigen Hang über dem Palawai Basin.

Viele der Felszeichnungen sind schon arg verwittert, doch noch immer sind lineare und dreieckige Umrisse von Men-

Küste bei der La Perouse Bay

schen, Hunde und ein Kanu zu erkennen. Abgesehen von heulenden Windböen ist es hier gespenstisch still – die Anwesenheit der Geister der Urahnen ist spürbar. Die Felsbilder nicht berühren!

Zu dieser nur wenig besuchten Stätte gelangt man von Lana'i City über die schattige Manele Rd. Nach 2 Meilen (3,2 km) stehen links sechs Bäume zusammen. Hier geht's auf eine breite Staubpiste, auf der man 1,2 Meilen (2 km) weiterfährt. Bei einem Haus und Tor geht es scharf links auf eine Gras- und Staubpiste. Nach 500 m liegen die Felsen rechts den Berg hoch. Hier sind ein Abzweig und eine kleine Steinmarkierung.

Lana'i mit Kindern

Kinder mögen den **Hulopo'e Beach** mit seinen coolen Gezeitenbecken, in denen sich kleine bunte Tierchen tummeln. Älteren sagt eher das Schnorcheln zu. Insgesamt ist Lana'i jedoch wenig attraktiv für Kinder, die bespaßt werden wollen.

Kapiha'a Village Interpretive Trail

Der alte Pfad bietet Gelegenheit zu einem schönen und erfrischenden Spaziergang mit erstklassigen Blicken auf die Küste. Er beginnt am Ufer gleich unterhalb des Four Seasons Resort Lana'i; wenn man vom Strand hochgeht, sieht man das Schild. Unterwegs erläutern weitere Schilder historische Daten und Fakten.

Der Weg verläuft zumeist flach, führt aber auch hinab in Schluchten mit kleinen Stränden; mittags ist es hier sehr heiß. Ein Nebenweg führt zu einer Stelle, wo früher das Dorf Kapiha'a war, und zum Clubhaus des Golfclubs.

Kleine Stärkung

Erstklassiges Sushi serviert das kürzlich aufgemöbelte **Nobu** (808-565-2832; www.noburestaurants.com/lanai; abseits des Hwy 440, Four Seasons Resort Lana'i; Mahlzeiten 50–200 $; Dinner 18–21.30 Uhr, Bar 16.30–22.30 Uhr) im Four Seasons.

WESTEND61/GETTY IMAGES ©

HALEAKALĀ NATIONAL PARK

In diesem Kapitel

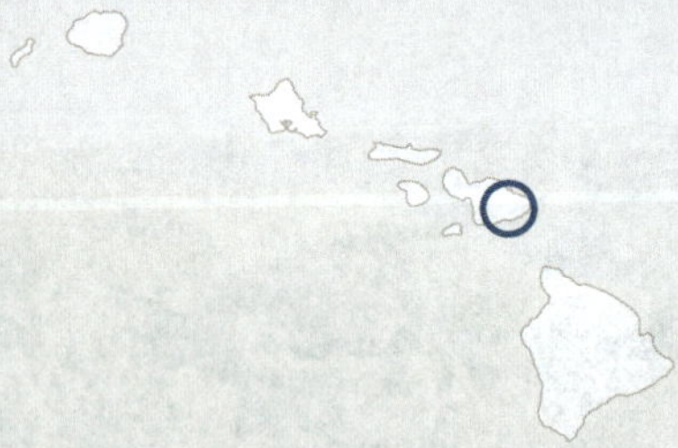

Der Haleakalā National Park auf einen Blick

Um einen Blick in Mauis Seele zu werfen, muss man sich auf den Gipfel des Haleakalā begeben. Weit öffnet sich der gewaltige Krater in seiner schroffen vulkanischen Pracht unter dem Betrachter, dunstverschleiert oder ins Licht der aufgehenden Sonne getaucht. Aussichtspunkte am Kraterrand eröffnen atemberaubende Blicke auf eine Mondlandschaft mit zahlreichen Schlackenkegeln.

Besucher können einzigartige Lebensformen entdecken, die nur hier gedeihen. Sie können in den Krater hinunterwandern, Wegen an seinen Hängen folgen oder dem Mountainbike die Sporen geben.

Der Haleakalā National Park in einem Tag

Nach einem Besuch im **Visitor Center** am Gipfel geht's auf eine zünftige Wanderung über die von der Sonne erwärmte Schlacke am **Keonehe'ehe'e (Sliding Sands) Trail** (S. 466).

Anschließend erklimmt man den höchsten Punkt Mauis, den **Pu'u'ula'ula (Red Hill) Overlook** (S. 474), und steigt dann hinab zum **Kalahaku Overlook** (S. 474) am Kraterrand. Zum Ausklang lädt der **Hosmer Grove Trail** (S. 467) zu einem Spaziergang durch einen vom Gesang der Vögel erfüllten Wald ein.

Der Haleakalā National Park in zwei Tagen

Am Morgen des zweiten Tages bieten sich vom **Kuloa Point Trail** (S. 469) im freuchten und wilden Kipahulu-Abschnitt Ausblicke aufs Meer. Der Pipiwai Trail führt in zehn Minuten zu den 60 m hohen **Makahiku Falls** (S. 468) und in einen zauberhaften Bambuswald. Den Abschluss bildet die 120 m hohe Kaskade der **Waimoku Falls** (S. 468), bevor man auf dem **Kipahulu Campground** (S. 474), wo einmal eine alte hawaiische Siedlung lag, sein Zelt aufschlägt.

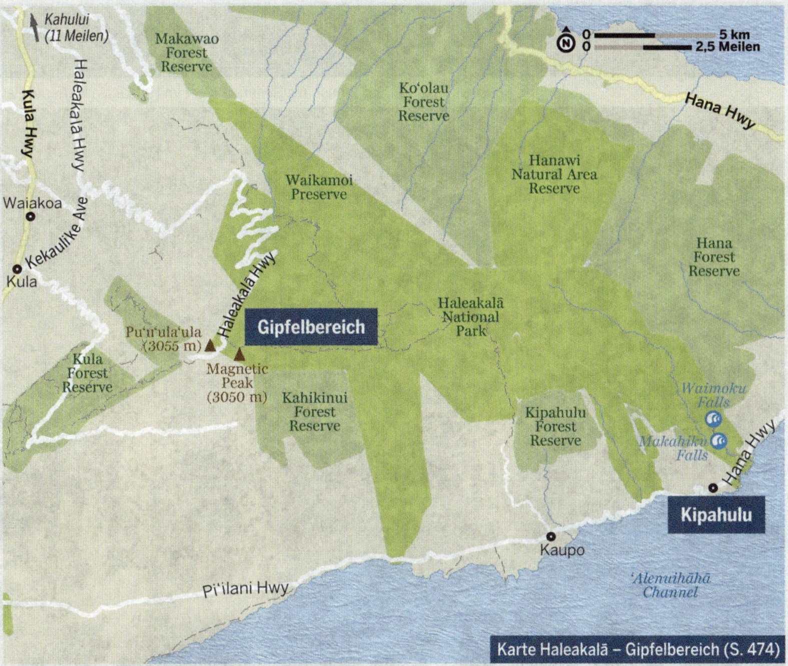

Ankunft im Haleakalā National Park

Wer den Park eingehend erkunden möchte, benötigt ein Fahrzeug. Der Gipfelbereich ist 40 Meilen (64 km) von Kahului (gut 1 Std.) entfernt. Nach Kipahulu sind es von Kahului auf dem Hana Hwy 55 Meilen (88 km, mind. 2 Std.). In beide Teile des Parks werden organisierte Touren angeboten.

Schlafen

Im Gipfelbereich stehen einfache Zeltplätze und Cabins zur Verfügung. Zeltplätze und Cabins im Krater müssen reserviert werden. Auf dem Campingplatz in Kipahulu können dagegen keine Plätze vorgebucht werden.

Ganz in der Nähe des Haleakalā National Park liegt Kula. Wer zum Sonnenaufgang auf dem Gipfel sein möchte, sollte hier übernachten. Zur Auswahl stehen rustikale Hütten und einige B&Bs sowie Ferienhäuser und -wohnungen.

HIGHLIGHT

Endemisches Silberschwert im Haleakalā National Park

Wandern im Gipfelbereich

Die surreale Landschaft bietet Wanderwege für jeden Geschmack, vom kurzen Naturlehrpfad für die ganze Familie bis zu harten zweitägigen Trekkingtouren.

Toll für ...

Gut zu wissen

Haleakalā National Park (808-572-4400; www.nps.gov/hale; Gipfelbereich: Haleakalā Hwy, Kipahulu-Abschnitt: Hana Hwy; 3-Tages-Pass Pkw 20 $, Motorrad 15 $, Fußgänger und Radfahrer 10 $; P)

Keonehe'ehe'e (Sliding Sands) Trail

Die herrliche Wanderung beginnt auf 2967 m Höhe an der Südseite des Haleakalā Visitor Center und schlängelt sich zum Kraterboden hinab. Es gibt unterwegs keinen Schatten – Wasser mitnehmen!

Der Weg führt sanft bergab in eine Welt aus schroffem Lavagestein. Das Knirschen der Vulkanschlacke unter den Schuhen ist das einzige Geräusch, das man vernimmt. Wer nicht viel Zeit hat, wird schon auf 20 Minuten Wegstrecke mit einer eindrucksvollen Kratererfahrung und tollen Fotomotiven belohnt. Immer im Blick behalten: Der Rückweg bergauf dauert fast doppelt so lange!

Bis zur Paliku Cabin und dem Campingplatz sind es 14,8 km. Nach 9 km und etwa vier Stunden ist die Hütte in Kapalaoa erreicht. Die ersten 9,7 km folgen der Südwand des Kraters. Die Ausblicke sind

MICHAEL SCHWAB/GETTY IMAGES©

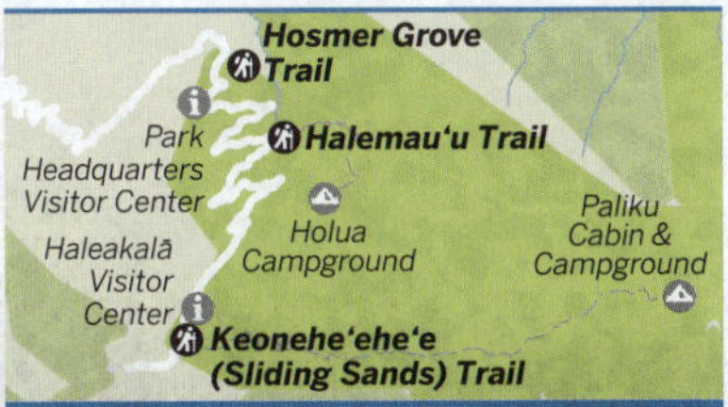

★ Top-Tipp

Das Wetter kann plötzlich von trocken und heiß auf kalt und nass umschlagen. In Schichten kleiden und Extrakleidung mitnehmen!

toll, aber Vegetation ist kaum vorhanden. 6,4 km weiter und gut 760 Höhenmeter tiefer trifft der Weg auf eine Abzweigung, die Richtung Norden in die Schlackenwüste führt und nach 2,4 km auf den Halemau'u Trail stößt. Die nächsten 3,2 km auf dem Keonehe'ehe'e Trail führen über den Kraterboden nach Kapalaoa. Auf der rechten Seite erheben sich grüne Bergrücken, die in *pahoehoe*-Ausläufer übergehen. Der Abstieg von Kapalaoa nach Paliku ist weniger steil, und allmählich nimmt auch der Pflanzenbewuchs zu. Paliku liegt am Ostrand des Kraters auf 1945 m Höhe. Anders als am unfruchtbaren westlichen Ende des Kraters fällt hier viel Regen und an den Hängen wachsen *ohia*-Wälder.

Hosmer Grove Trail

Der schattige Waldweg ist ideal für alle, die nach einer Kraterwanderung mal wieder etwas Grün sehen wollen. Der 800 m lange Rundweg beginnt am Hosmer-Grove-Campingplatz 1,2 km südlich vom Park Headquarters Visitor Center.

Die Exoten im Hosmer Grove wurden 1910 eingeführt, um eine Holzindustrie auf Hawaii zu etablieren. Hier stehen u. a. Weihrauchzedern, Fichten, Douglastannen, Eukalyptusbäume und Kiefern. Doch in dieser Höhenlage wuchsen die Bäume nicht schnell genug für eine profitable Forstwirtschaft.

Später führt der Weg weiter in einheimische Buschvegetation mit *'akala* (hawaiische Himbeere), *mamane*, *pilo*, *kilau*-Farn und Sandelholz. Die *'ohelo*-Beere, die heilige Frucht der Vulkangöttin Pele, und die roten und weißen Beeren des immergrünen *pukiawe*-Strauchs sind Leckerbissen für die Hawaiigänse.

Halemau'u Trail

Der **Halemau'u Trail** (www.nps.gov/hale; Haleakalā Hwy) zum Holua-Campingplatz – hin und zurück knapp 12 km – ist eine schöne Tageswanderung mit Aussicht auf Kraterwände, Lavaröhren und Schlackenkegel. Frühes Aufbrechen ist allerdings Pflicht, da sich nachmittags die Sicht rapide verschlechtert. Die ersten 1,6 km bieten Richtung Osten einen schönen Blick auf Krater und Ko'olau Gap.

HIGHLIGHT

Der Kipahulu-Abschnitt

Das Juwel des Kipahulu-Abschnitts im Haleakalā Nationalpark ist der 'Ohe'o Gulch mit phantastischen Wasserfällen und großen Teichen, die kaskadenartig ineinanderfließen.

Toll für ...

Nicht versäumen

Den zauberhaften Bambuswald am Pipiwai Trail.

Pipiwai Trail

Der Weg (www.nps.gov/hale; Kipahulu Area, Haleakalā National Park) folgt dem Bachbett des 'Ohe'o bergauf und belohnt Wanderer mit tollen Ansichten von Wasserfällen und einem phantastisches Wegstück durch ein Bambuswäldchen. Er beginnt am Besucherzentrum und führt zu den Makahiku Falls (800 m) und Waimoku Falls (3,2 km) hinauf. Wer beide Wasserfälle sehen will, sollte hin und zurück etwa zwei Stunden rechnen.

Große Mangobäume und teils auch Guaven wachsen am Weg, der nach etwa zehn Minuten einen Aussichtspunkt erreicht. Die Makahiku Falls, ein schleierartiger Wasserfall, stürzen gleich rechts in eine tiefe Schlucht. Die 90 m hohe Basaltwand, an der die Kaskade zu Boden rauscht, ist dicht mit grünem Farn bewachsen.

Im weiteren Verlauf des Hauptwegs spazieren Wanderer unter alten Banyan-

MICHAEL GORDON/SHUTTERSTOCK ©

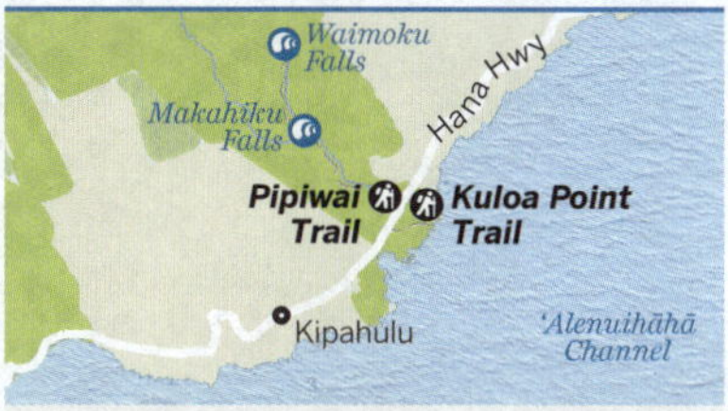

Gut zu wissen

Haleakalā National Park (☎808-572-4400; www.nps.gov/hale; Kipahulu District: Hana Hwy; 3-Tages-Pass Pkw 20 $, Motorrad 15 $, Fußgänger und Radfahrer 10 $)

Kleine Stärkung

Mit Hamburgern von glücklichen Kühen am **Hana Burger Food Truck** (S. 443) in Hana.

★ Top-Tipp

Auf dem Pipiwai Trail Schuhe mit rutschfester Sohle tragen!

bäumen, überqueren den Palikea Stream (Vorsicht: fiese Stechmücken!) und tauchen in einen wundervollen Bambuswald ein, wo die Bambusrohre in dichten Hainen im Wind musizieren. Dahinter liegen die Waimoku Falls, ein dünner, zarter Wasserfall, der gut 120 m an einer senkrechten Felswand hinabfällt. Ein erfrischendes Bad sollte man sich aber aus dem Kopf schlagen: Der Teich an seinem Fuß ist flach, und es muss immer mit herabfallenden Steinen gerechnet werden.

Kuloa Point Trail

Selbst wer wenig Zeit hat, darf sich diesen 20-minütigen Rundweg nicht entgehen lassen. Der 800 m lange **Kuloa Point Trail** (www.nps.gov/hale; Kipahulu Area, Haleakalā National Park) führt vom Visitor Center zu mehreren Tümpeln und wieder zurück. Nach einigen Minuten erreicht er einen Grashügel mit herrlichem Blick auf die Küste bei Hana. An klaren Tagen sieht man bis nach Big Island, das 50 km entfernt auf der anderen Seite des 'Alenuihaha Channel liegt. Die großen Süßwassertümpel am Weg liegen terrassenförmig übereinander und sind durch sacht abfallende Kaskaden verbunden. Nachdem hier mehrere Menschen von Sturzfluten in den Tod gerissen wurden, ist das Baden in den Tümpeln tabu.

Die besten Tageswanderungen

Zehn Stunden Wer fit ist, kann die 18-km-Wanderung über den Keonehe'ehe'e Trail und zurück über den Halemau'u Trail in Angriff nehmen. Sie führt über den Kraterboden, durch Schlackewüste und Nebelwald und präsentiert die ganze, umwerfende Vielfalt des Parks.
Drei Stunden Eine schöne Halbtagestour folgt dem Keonehe'ehe'e Trail, bis er durch zwei große Felsformationen hindurchführt.
Eine Stunde Der Hosmer Grove Trail zeigt die grüne Seite des Nationalparks.

HIGHLIGHT

Sonnenaufgang über dem Haleakalā

LUC KOHNEN/SHUTTERSTOCK ©

Sonnenaufgang über dem Krater

Haleakalā bedeutet „Haus der Sonne" und so überrascht es nicht, dass schon seit der Zeit der ersten Hawaiianer Menschen zum Sonnenaufgang hierher pilgern.

Toll für ...

☑ Nicht versäumen

Beim Sonnenaufgang strahlen die Kuppeln der Science City in knalligem Pink.

★ **Top-Tipp**

Die besten Fotomotive bieten sich vor Sonnenaufgang. Danach verschwinden die Silberstreifen und zarteren Farbtöne oft.

HIGHLIGHT

Oben und unten: Sonnenaufgang über dem Haleakalā Crater

Der Sonnenaufgang

Einen Sonnenaufgang am Haleakalā zu beobachten, ist eine fast schon mystische Erfahrung. Mark Twain beschrieb es als das „erhabenste Schauspiel", das er je erlebt habe.

Man sollte versuchen, eine Stunde vor Sonnenaufgang am Gipfel zu sein. Um diese Zeit wird der Nachthimmel allmählich heller, färbt sich violett-blau, und die Sterne verblassen. Zarte Bergsilhouetten werden sichtbar. Die Unterseiten der Wolken erhellen sich und untermalen den Nachthimmel mit silbernen und rosafarbenen Streifen.

Etwa 20 Minuten vor Sonnenaufgang erstrahlt der Horizont in leuchtenden Orange- und Rottönen. Das große Finale ist erreicht, wenn die Sonne erscheint und der gesamte Haleakalā in feuriges Licht getaucht wird. Es ist, als würde man zuschauen, wie die Erde erwacht.

Eine Warnung: Es wird seeeehr kalt! Temperaturen um den Gefrierpunkt und beißender Wind sind die Regel. Wer keine Winterjacke oder keinen Schlafsack dabeihat, kann vielleicht eine Decke aus dem Hotel mitbringen. Wie viele Schichten Kleidung man auch übereinander trägt, es werden nicht zu viele sein.

Und noch eine Warnung: Ein verregneter Sonnenaufgang ist eine ziemliche Enttäuschung. Aber es kann aufklaren, sodass man Gelegenheit zu einer tollen Kraterwanderung erhält. Für alle, die so früh einfach nicht aus den Federn kommen: Auch die Sonnenuntergänge am Haleakalā haben schon Dichter zum Schwärmen gebracht.

Reservierung

Da es am Gipfel in letzter Zeit viel zu voll geworden ist, benötigt man für den Sonnenaufgang jetzt eine Reservierung, erhältlich für 1,50 $ pro Fahrzeug auf www.recreation.gov. Die Reservierung ist 60 Tage im Voraus möglich. Man muss dann oben den Reservierungsbeleg und einen Ausweis vorzeigen.

Besuch des Parks

Besucher sollten genügend Proviant mitbringen, besonders wenn sie zum Sonnenaufgang auf den Gipfel wollen. Es gibt nirgends im Park Essbares oder Wasser in Flaschen zu kaufen, und wer will schon von seinem knurrenden Magen vom Berg getrieben werden, bevor er eine Chance hatte, das Spektakel richtig zu würdigen?

Kleine Stärkung

Nach dem Sonnenaufgang bietet sich ein spätes Frühstück im **Kula Bistro** (S. 476) an.

Gut zu wissen

Um den Sonnenaufgang zu erleben, benötigt man neuerdings eine Reservierung; sie kostet 1,50 $.

Haleakalā – Gipfelbereich

Haleakalā – Gipfelbereich

Sehenswertes

1 Ali'i Kula Lavender ... B3
2 Haleakalā Visitor Center ... D4
3 Kalahaku Overlook ... E3
4 Pu'u'ula'ula (Red Hill) Overlook ... D4
5 Worcester Glassworks ... A2

Aktivitäten, Kurse & Touren

6 Halemau'u Trail ... E2
7 Hosmer Grove Trail ... D1
8 Keonehe'ehe'e (Sliding Sands) Trail ... D4
9 O'o Farm ... A3
10 Proflyght Paragliding ... B3
11 Skyline Eco-Adventures ... C2

Essen

12 Kula Bistro ... A2
13 Kula Lodge Restaurant ... B1
14 La Provence ... A1

Kula

SEHENSWERTES

Ali'i Kula Lavender Garten

(☎808-878-3004; www.aklmaui.com; 1100 Waipoli Rd; 3 $; ⌚9–16 Uhr) Die Lavendelfarm an einem Hang mit Panoramablick auf die West Maui Mountains und die Küste von Central Maui ist eine malerische Oase der Ruhe. Wege führen zwischen duftenden Lavendelfeldern hindurch, ein Souvenirshop lockt mit Lavendelprodukten und ein *lanai* mit umwerfendem Ausblick – der ideale Ort für Scones und ein Tässchen Lavendeltee.

Worcester Glassworks Galerie

(☎808-878-4000; www.worcesterglassworks.com; 4626 Lower Kula Rd; ⌚Mo–Sa 10–17 Uhr) Der Familienbetrieb mit Atelier und Galerie stellt einige einzigartige Stücke her, besonders aus sandgestrahltem Glas und in natürlichen Formen wie Muscheln. Die Besucher können den Künstlern bei der Arbeit zuschauen. Im Geschäft kann man die wunderbaren Stücke erstehen. Vorher anrufen, ob tatsächlich geöffnet ist. Gleich südlich vom Kula Bistro weist ein kleines Schild an einem Haus den Weg. Sehr einladend!

AKTIVITÄTEN

O'o Farm Essen & Trinken

(☎808-667-4341; www.oofarm.com; 651 Waipoli Rd; Führungen 58 $; ⌚Farmtour Mo–Fr 10.30–14 Uhr, Kaffeetour Mi & Do 8.30–10.30 Uhr) Gärtner und Feinschmecker bekommen feuchte Augen bei einer Führung über den Upcountry-Biobauernhof von Starkoch James McDonald aus Lahaina. Wo sonst kann man sein eigenes Essen ernten, dem Gourmetkoch übergeben und dann tafeln wie ein König? Auf den neuen Kaffeeführungen erfährt man einiges über den Anbau von Kaffee.

Dabei sieht man, wo die Kaffeepflanzen wachsen, kostet Kaffee aus der French Press und genießt eine Frittata sowie Marmelade und hausgemachtes Brot.

Proflyght Paragliding Paragliding

(☎808-874-5433; www.paraglidemaui.com; Waipoli Rd; 300-m-Gleitflug 115 $, 900-m-Gleitflug 225 $; ⌚Büro 7–19 Uhr, Flüge 2 Std. nach Sonnenaufgang) Im Tandemgleiter geht es mit einem geprüften Ausbilder von der Steilwand unterhalb der Polipoli Spring State Recreation Area in die Lüfte. Der Begriff „Vogelperspektive" bekommt hier eine ganz neue Bedeutung. Maximalgewicht der Teilnehmer: 104 kg.

Wer sich die bunten Gleiter am Himmel anschauen möchte, fährt morgens die Waipoli Rd gleich hinter Ali'i Kula Lavender hinauf – prachtvoll!

Skyline Eco-Adventures Abenteuersport

(☎808-878-8400; www.zipline.com; 18303 Haleakalā Hwy; Ziplinetour Erw./Kind unter 18 J. 120/60 $; ⌚8.30–14 Uhr) Mauis erste Seilrutsche erstreckt sich in 1a-Lage an den Hängen des Haleakalā. Die fünf Bahnen sind im Vergleich zur Konkurrenz relativ kurz (30–260 m), auch wenn zum Abschluss eine einzigartige „Pendel-Zipline" für etwas Kitzel sorgt. Gut für Anfänger. Abenteuerlustige können die neue Haleakalā Hike & Bike Tour (250 $) ausprobieren: Nach dem Sonnenaufgang am Gipfel geht's per Drahtesel den Vulkan hinunter – Abfahrt: 2 Uhr!

Achtung Hawaiigänse!

Die Hawaiigans oder *nene* ist eine lange verloren geglaubte Cousine der Kanadagans. Jäger, Lebensraumverlust und Raubtiere dezimierten die Vögel so weit, dass Anfang der 1950er-Jahre nur noch 30 übrig waren. Durch Zucht- und Auswilderungsprogramme wurde die Art gerade noch vor dem Aussterben gerettet. Heute lebt im Haleakalā National Park eine stabile Population von rund 200 Tieren.

Hawaiigänse nisten in Sträuchern und Gras auf ca. 1800–2400 m Höhe, inmitten zerklüfteter Lavaströme mit karger Vegetation. Ihre Füße haben sich mit der Zeit an diesen Lebensraum angepasst und den größten Teil ihrer Schwimmhäute verloren. Die Vögel sind äußerst zutraulich und treiben sich gern dort herum, wo sich Menschen aufhalten.

Doch ihre Neugier und Furchtlosigkeit wird ihnen leicht zum Verhängnis. Hawaiigänse werden oft von Autos überfahren. Andere sind durch zu viel Kontakt mit Menschen geradezu handzahm geworden. Besucher sollten die Gänse auf keinen Fall füttern.

Die Organisation Friends of Haleakalā National Park betreibt ein „Adopt a Nene"-Programm. Für 30 $ bekommen die „Adoptiveltern" Adoptionspapiere, Informationen über „ihre" Hawaiigans und ein Zertifikat. Das Geld dient der Bewahrung des Lebensraum der Hawaiigänse.

Hawaiigans
GMOFOTO/SHUTTERSTOCK ©

GEFÜHRTE TOUREN

Einige Reisebusunternehmen bieten halb- und ganztägige Maui-Rundfahrten, u. a. zum Nationalpark.

Polynesian Adventure Tours
(☎808-833-3000; www.polyad.com; Touren Erw. ab 114 $, Kind 3–11 J. ab 69 $) Das Unternehmen gehört zu Gray Line Hawaii und ist eines der größten in Hawaii. Es bietet Touren zum Haleakalā National Park, durch Central Maui, zum ʻIao Valley State Park und über den Hana Hwy an. Außerdem dabei: Kurztrips von Maui nach Pearl Harbor, Oʻahu (Erw./Kind ab 378/357 $).

Roberts Hawaii
(☎800-831-5541; www.robertshawaii.com; Touren Erw./Kind 4–11 J. 108/79 $) Diesen Tourveranstalter gibt es schon seit mehr als 70 Jahren. Drei unterschiedliche Exkursionen führen nach Hana, ins ʻIao Valley und nach Lahaina sowie in den Haleakalā National Park.

ESSEN

Kula Lodge Restaurant Hawaiisch $$$
(☎808-878-1535; www.kulalodge.com; 15200 Haleakalā Hwy; Frühstück 12–27 $, Mittagessen 18–42 $, Abensessen 26–42 $; ⏱7–21 Uhr) Das Restaurant der Kula Lodge ist mit einem umwerfenden Ausblick gesegnet und hat sich nun völlig neu erfunden. Kochveteran Marc McDowell bringt die Küche mit seiner *farm-to-table*-Karte zum Tanzen. Köstlich sind die Salate aus regionalen Zutaten. Draußen kann man sich seine eigene Pizza zusammenstellen – die wird dann in einem Backsteinofen gebacken und in einem der Pavillons serviert (11–20 Uhr). Hier wird der perfekte Sonnenuntergang zur Krönung eines Tages am Gipfel.

Beim Dessert nicht zu lange zögern, der gestürzte Ananaskuchen ist schnell weg! An Feiertagen reservieren.

Kula Bistro Italienisch $$$
(☎808-871-2960; www.kulabistro.com; 4566 Lower Kula Rd; Frühstück 9–17 $, Mittag- & Abendessen 12–39 $; ⏱Di–So 7.30–10.30, außerdem tgl. 11–20 Uhr) Hervorragender Fami-

lienbetrieb mit freundlichem Speiseraum, tadellosem Service und köstlicher Küche, u. a. sagenhafter Pizza und Kokoscremetorte in so üppigen Portionen, dass es locker für zwei reicht. Gäste dürfen sich ihren Wein vom Morihara Store gleich gegenüber mitbringen und diesen ohne Entkorkungsgebühr genießen.

La Provence Café $

(☎808-878-1313; www.laprovencekula.com; 3158 Lower Kula Rd, Waiakoa; Backwaren 3–6 $, Mittagessen 11–14 $, Crêpes 4–13 $; ⏰Mi–So 7–14 Uhr) Eins der bestgehüteten Geheimnisse von Kula ist dieses kleine Restaurant mit Innenhof mitten im Nirgendwo. Hier zaubert der beste Konditor von Maui äußerst populäre Schinken-Käse-Croissants, Gebäck mit Schokofüllung, gefüllte Crêpes u. v. m. Zum Wochenendbrunch kommen die Leckermäuler von nah und fern. Unbedingt den Kula-Salat mit warmem Ziegenkäse probieren! Die Öffnungszeiten variieren; besser anrufen, bevor man die Anfahrt auf sich nimmt. Nur Bargeld und Schecks.

Am zweiten und vierten Freitag des Monats gibt's auch Abendessen (18–21 Uhr, Hauptgerichte 26–33 $).

PRAKTISCHE INFORMATIONEN

In beiden Teilen des Parks sind weder Verpflegung noch Getränke erhältlich. Entweder man deckt sich in Kula oder einem anderen Ort im Upcountry mit Picknickzutaten ein oder isst vorher ausreichend.

AN- & WEITERREISE

Gipfelbereich

Schon die Anreise zum Haleakalā ist ein Abenteuer. Der Blick von den Serpentinen der Bergstraßen hat mehr von der Aussicht aus einem Flugzeug als aus einem Auto: Wie ein grüner Flickenteppich breiten sich die Zuckerrohr- und Ananasfelder von ganz Maui unter einem aus. Die Straße schlängelt sich über viele Haarnadelkurven nach oben. An einigen Punkten der Strecke sind bis zu fünf Serpentinen gleichzeitig zu sehen.

Der Haleakalā Hwy (Hwy 378) zweigt bei Kula vom Hwy 377 ab und windet sich 11 Meilen (18 km) bergauf bis zum Parkeingang und danach weitere 10 Meilen (16 km) bis zum Gipfel. Die ganze Strecke ist in gutem Zustand, aber steil und kurvenreich. Man sollte nicht zu sehr auf die Tube drücken, vor allem nicht bei Dunkelheit oder Nebel. Und Vorsicht vor Rindern, die nach Lust und Laune auf der Straße herumwandern.

Die Fahrt zum Gipfel nimmt von Pa'ia oder Kahului etwa 1½ Stunden in Anspruch, von Kihei zwei und von Lahaina etwas länger. Tankstellen gibt es nirgends am Haleakalā Hwy, also unbedingt am Abend vor dem Start ans Tanken denken!

Bergab sollte man die Motorbremse nutzen, um die Bremsbeläge zu schonen.

Es verkehren keine öffentlichen Busse in den Park.

Kipahulu-Abschnitt

Der Kipahulu-Abschnitt liegt am Hwy 31, zehn traumhaft schöne Meilen (16 km) südlich von Hana. Es gibt keine direkte Verbindungsstraße von hier zum übrigen Haleakalā National Park; der Gipfelbereich muss auf einer separaten Tour besucht werden. Es verkehren keine öffentlichen Busse in den Park. Wer nicht selbst fahren möchte, kann an einer organisierten Tour teilnehmen.

UNTERWEGS VOR ORT

Im Park verkehren keine öffentlichen Busse. Für eine eingehendere Erkundung des Parks benötigt man ein eigenes Fahrzeug.

Na Pali Coast (S. 360)

MARC LEATHAM/500PX ©

Hawaii verstehen

Hanauma Bay, O'ahu

Hawaii aktuell

Das Motto des Bundesstaats, „Ua Mau ke Ea o ka ʻĀina i Ka Pono" („Rechtschaffenheit lässt das Land ewig währen"), ist nicht nur ein idealistischer Slogan. Das Autarkiestreben, die Initiativen für mehr Nachhaltigkeit und der Widerstand gegen Großbauprojekte fußen auf Liebe und Respekt für die heimische Scholle – ein tief empfundener traditioneller Wert. So will die Gesellschaft die Herausforderungen des 21. Jhs. meistern.

Die hawaiische Renaissance

Die hawaiische Kultur entwickelte sich auf der Grundlage alter polynesischer Traditionen. 1778 kam sie durch James Cook erstmals in Kontakt mit Europäern und musste sich in den folgenden zwei Jahrhunderten permanent gegen An- und Übergriffe wehren. In den 1970er-Jahren setzte eine Renaissance ein, die die ursprüngliche Lebensweise, Kunst und Sprache neu belebte. Seit über vier Jahrzehnten gibt es in den öffentlichen Schulen das Fach „Hawaiisch" und die Anzahl sogenannter *charter schools* („Vertragsschulen") mit Schwerpunkt auf der Inselkultur nimmt ständig zu.

Die hawaiische Kultur beschränkt sich bei Weitem nicht auf melodiöse Ortsnamen und fröhlich-bunte *luaus*. Traditionelles Kunsthandwerk wie das *lauhala*-Flechten (aus Blättern des Schraubenbaums), die Herstellung von *kapa* (einem Tuch aus Baumrinde) oder Holz- und Kürbisschnitzereien erlebt eine neue Blüte. Immer mehr Menschen

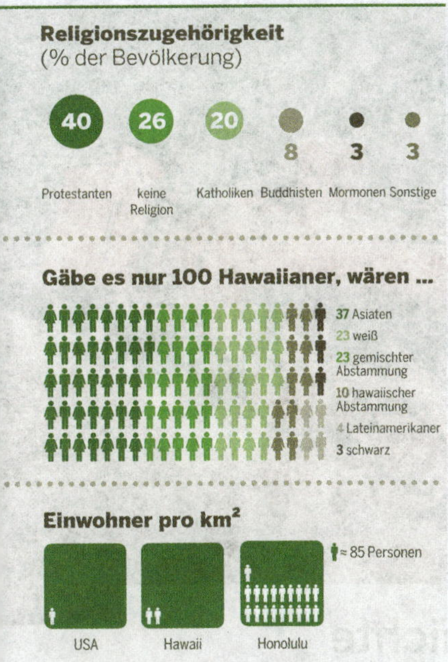

(auch im Ausland) interessieren sich für traditionelle Heilkünste wie *lomilomi*-Massage und *la'au lapa'au* (Pflanzenmedizin). Alte *heiau* (Tempel) und Fischteiche werden restauriert, Wälder mit einheimischen Baumarten aufgeforstet und bedrohte Vogelarten aufgezogen und später ausgewildert.

Hawaiisch-Sein ist Teil der Inselidentität, im Großen wie im Kleinen. Obwohl die Einheimischen in vielem uneinig darüber sind, was die hawaiische Unabhängigkeitsbewegung genau bringen soll (oder ob sie überhaupt sinnvoll ist), hat sie politisch einiges erreicht. Jahrzehntelange Proteste und ein von den Aktivisten angestrengtes Gerichtsverfahren zwangen das US-Militär 1994, die seit dem Zweiten Weltkrieg als Übungsplatz für Bombenangriffe genutzte Insel Kaho'olawe zurückzugeben. Von 2014 bis 2016 protestierten Aktivisten erfolgreich gegen den Bau des Thirty Meter Telescope (TMT) auf dem Mauna Kea. Der Gipfel auf Big Island ist indigenen Hawaiianern heilig.

Nach Nachhaltigkeit streben

Bevor Walfänger, Händler und Missionare sich im 19. Jh. in Hawaii breit machten, lag die Bevölkerungszahl irgendwo zwischen 200 000 und einer Million. Mit dem aktuellen Bevölkerungswachstum wächst die Zersiedelung der Inseln, werden die Wasservorräte knapp und Verkehr, Bildung und Müll zu akuten Problemfeldern.

Obwohl Hawaii mit natürlichen Energiequellen reich gesegnet ist, wurde Strom zu über 80 % aus fossilen Brennstoffen gewonnen. Aber Hawaii will zu einem Vorreiter in Sachen saubere Energie werden. 2015 wurden bereits 35 % aus Sonnenenergie generiert – mehr als in jedem anderen US-Staat. Schon jetzt hat Hawaii den viertniedrigsten Energieverbrauch von allen. Außerdem hat sich Hawaii als einziger eine Frist gesetzt: 2045 soll der Strom zu 100 % aus erneuerbaren Energiequellen stammen. Regierung und Industrie testen alle möglichen Formen der nachhaltigen Ernergiegewinnung, z. B. Windparks auf Maui.

Die Wirtschaft diversifizieren

Nachdem Billigimporte heimische Ananas- und Zuckerrohrplantagen in den Ruin getrieben hatten, blieb als Einnahmequelle eigentlich nur noch der Tourismus. Der erlebte aufgrund der Finanzkrise und Rezession 2008 einen massiven Einbruch.

Seit 2011 erholt sich die Wirtschaft langsam. Der Tourismus wird in nächster Zeit die Haupteinnahmequelle bleiben. Jahr für Jahr kommen über 8 Mio. Besucher auf die Inseln (mehr als das Fünffache der Bevölkerung) – die Straßen sind überfüllt und die Immobilienpreise steigen. Hawaii steht an einem Wendepunkt: Entweder es akzeptiert die negativen Folgen der Abhängigkeit von Tourismus, Importen und fossiler Energie. Oder es macht sich daran, seine Zukunft nach den eigenen Bedürfnissen zu gestalten.

Alte Zuckerplantagenbahn

JOE WEST/SHUTTERSTOCK ©

Geschichte

Hawaiis Besiedlung ist eines der faszinierendsten Kapitel der Menschheitsgeschichte. Es beginnt mit den alten Polynesiern, die irgendwo im größten Ozean der Erde auf diesen abgelegenen Archipel stoßen. Fast ein Jahrtausend vergeht, bis die ersten weißen Entdecker, Missionare und Händler eintreffen. Im turbulenten 19. Jh. kommen Wanderarbeiter aus allen Himmelsrichtungen hier zusammen, um auf den Plantagen zu schuften. Schließlich wird das Königreich gestürzt und Hawaii von den USA annektiert.

30 Mio. Jahre v. Chr.
Kure, die erste Hawaii-Insel, taucht dort, wo heute Big Island liegt, aus dem Meer auf.

300–600 n. Chr.
Die ersten, wahrscheinlich von den Marquesas stammenden Polynesier erreichen die Hawaii-Inseln im Kanu.

1000–1300
Aus Tahiti erreicht eine zweite Gruppe von Polynesiern Hawaii.

GEORGE BURBA/SHUTTERSTOCK ©

Traditionelle hawaiische Holzschnitzereien

Polynesische Seefahrer

Für die alten Polynesier war der Pazifische Ozean kein trennendes Hindernis, sondern das Medium, das die verstreut liegenden Inseln miteinander verband. Irgendwann zwischen 300 und 600 n. Chr. unternahmen sie ihre bis dahin größte Reise und stießen bis zu den Hawaii-Inseln vor. Sie markierten den nördlichsten Punkt ihres Verbreitungsgebiets. James Cook war der erste westliche Entdecker, der die außerordentliche Leistung der Polynesier erkannte. Er konnte sich nicht erklären, wie sie es geschafft hatten, „jedes Fleckchen im Pazifischen Ozean" zu besiedeln und eines der am weitesten verstreuten Völker der Erde zu werden.

Die Entdeckung der Hawaii-Inseln war vielleicht ein Zufall, aber später wurde der Archipel gezielt angesteuert. Die Polynesier waren sehr gewandte Seefahrer, die in ihren Doppelrumpfkanus aus Holz Tausende von Seemeilen auf dem offenen Meer zurücklegten und sich dabei an Sonne, Sternen, Wind und Wellen orientierten. Außer ihrer Religion und ihren Sozialstrukturen brachten sie auch über zwei Dutzend essbare Pflanzenarten und Nutztiere nach Hawaii. Genauso erstaunlich ist, was sie nicht mitbrachten (da sie es nicht besaßen): kein Metall, kein Rad, kein Alphabet und keine Schriftsprache, keinen Ton für Töpferwaren.

1778/1779
James Cook stattet Hawaii zwei Besuche ab. Zunächst wird er freundlich empfangen, später jedoch von Hawaiianern getötet.

1810
Kamehameha der Große erringt die Herrschaft über Kaua'i. Erstmals sind alle Inseln in einem Königreich vereinigt.

1820
Die ersten christlichen Missionare kommen nach Hawaii, und zwar nach Kailua-Kona.

★ Hawaiische Tempel

Pu'uhonua O Hōnaunau National Historical Park (S. 120), Big Island

Pi'ilanihale Heiau (S. 428), Maui

Pu'ukoholā Heiau National Historic Site (S. 154), Big Island

Ahu'ena Heiau (S. 85), Big Island

Pu'ukohola Heiau National Historic Site

GEORGE BURBA/SHUTTERSTOCK ©

Das alte Hawaii

Aus unerfindlichen Gründen hörte der Schiffsverkehr mit Polynesien irgendwann um 1300 n. Chr. auf. Die alte hawaiische Kultur konnte sich völlig ungestört entwickeln, hatte jedoch logischerweise vieles mit den verschiedenen Kulturen Polynesiens gemeinsam. Die hawaiische Gesellschaft war sehr klassenbewusst. Ganz oben stand eine Führerkaste, *ali'i* genannt, deren Macht auf ihre Abstammung zurückging: Man glaubte, ihre Mitglieder seien die Nachkommen von Göttern. Der Familienclan war wichtiger als das Individuum. Geschenke und Festessen waren ausgiebig genutzte Anlässe, um das Prestige zu erhöhen. Ein ganzer Olymp von Göttern, die ihre Gestalt ändern konnten, bevölkerte und beherrschte die Natur.

Jede Insel wurde von *ali'i* verschiedenen Standes regiert und bei ihren ständigen Machtkämpfen kam es häufig zu kriegerischen Auseinandersetzungen. Die größte geopolitische Einheit war die *mokupuni* (Insel), die einem Mitglied der *ali'i nui* (Klasse der Könige) unterstand. Jede Insel war in *moku* (Bezirke) aufgeteilt – in keilförmige Stücke, die vom Bergland in Richtung Küste verliefen. Jedes *moku* wiederum bestand aus mehreren kleineren Keilen, den *ahupua'a*. Die Bewohner eines *ahupua'a* lebten meist autark und hatten einen lokalen Anführer.

Es handelte sich also im Grunde genommen um eine feudale Agrargesellschaft, die jedoch von einem starken Gefühl der Gegenseitigkeit und des Miteinanders geprägt war: Die Anführer fühlten sich für ihre Gefolgsleute verantwortlich, und diese wiederum fühlten sich für die Natur verantwortlich, die ihnen heilig war. In ihr manifestierte sich das *mana* (spirituelle Energie). Jeder erfüllte seine Rolle im Arbeits- wie auch im spirituellen Leben, um die Gemeinschaft gesund und im Einklang mit den Göttern zu erhalten. Auch eine reiche kulturelle Tradition gehörte zum alten Hawaii, die Kunst, Musik, Tanz und Sportwettbewerbe umfasste.

James Cook & der erste Kontakt mit Weißen

James Cook war auf drei Reisen ein ganzes Jahrzehnt lang im Pazifik herumgeschippert. Er suchte die berühmte Nordwestpassage, das Bindeglied zwischen Atlantik und Pazifik. Aber er war auch an allem anderen Neuen interessiert. Ein ganzer Stab von Wissenschaftlern und Künstlern war an Bord damit beschäftigt, alles genau zu doku-

1846
Rekord: 736 Walfangschiffe laufen Hawaii an. Vier der als Big Five bekannten Zuckerproduzenten lassen sich nieder.

1852
Die ersten Vertragsarbeiter treffen aus China ein. Die meisten lassen sich nach Vertragsablauf in Hawaii nieder.

1868
Auf den Feldern schuften die ersten japanischen Arbeiter. Der Ausbruch des Mauna Loa führt zu einem Erdbeben der Stärke 7,9.

mentieren. Auf der dritten Reise, 1778, erreichte Cook – zufällig – die Inselkette Hawaii. Mit seiner Ankunft endete fast ein halbes Jahrtausend der Isolation und die Geschichte Hawaiis schlug eine neue Richtung ein.

Cook warf vor O'ahu die Anker und begann wie üblich, mit den Einheimischen um Frischwasser und Lebensmittel zu feilschen. Im folgenden Jahr lief Cook die Inseln erneut an, segelte zwischen ihnen herum und landete schließlich in der Kealakekua Bay von Big Island. Seine Schiffe wurden von vielen Hundert Kanus empfangen und hawaiische Anführer und Priester erwiesen ihm mit traditionellen Ritualen ihre Ehrerbietung. Cooks Ankunft traf mit einem besonderen Ereignis zusammen: Die Insulaner feierten gerade *makahiki*, eine Periode der Feste und Zeremonien zu Ehren ihres Gottes Lono. Sie zeigten sich so gutwillig und unterwürfig, dass Cook und seine Mannschaft keine Bedenken hatten, sich an Land unbewaffnet zu bewegen.

Ein paar Wochen später ließ er wieder Segel setzen, doch Stürme zwangen ihn, nach Kealakekua zurückzukehren. Dort hatte sich die Stimmung allerdings mittlerweile geändert. *Mahakiki* war vorbei, keine Kanus empfingen ihn, anstelle des herzlichen Willkommens schlug ihm Misstrauen entgegen. Nach einigen kleineren Meinungsverschiedenheiten sowie dem Diebstahl eines Bootes durch ein paar Hawaiianer eskalierte die Situation, als Cook einige bewaffnete Männer anführte, um Häuptling Kalaniʻōpuʻu gefangen zu nehmen. Beim Anlanden umringten aufgebrachte Insulaner die Engländer und Cook erschoss in einem für ihn untypischen Anfall von Panik einen Hawaiianer. Sofort fielen Einheimische über ihn her und brachten ihn ebenfalls um. Er starb am 14. Februar 1779.

Eine Stätte der Zuflucht

Im alten Hawaii regelte ein strenger Verhaltenskodex den Alltag. Dinge, Bereich, Tätigkeiten waren mit Tabus belegt. Ein Normalsterblicher z. B., der es wagte *moi* zu essen, einen Fisch, der den *ali'i* (Anführer bzw. Mitglieder des Königshauses) vorbehalten war, beging einen Tabubruch. Die Strafen für solche Vergehen waren hart und konnten auch den Tod bedeuten. Außerdem wurden in einer Gesellschaft, die auf gegenseitigem Respekt fußte, Ehrverletzungen, ob gegenüber einem Häuptling oder einem Familienmitglied, empfindlich geahndet.

Bei aller Härte gab es aber auch Vergebung. Jeder, der ein Tabu gebrochen hatte oder im Kampf besiegt worden war, konnte dem Tod durch Flucht zu einer *pu'uhona* (Zufluchtsstätte) entkommen. Im *heiau* (Tempel) führte dann ein *kahuna* (Priester) Reinigungsrituale durch. Die von ihrer Übertretung gereinigten Tabubrecher konnten wieder sicher nach Hause zurückkehren.

Kamehameha der Große

In den Jahren nach Cooks Tod wurde das Königreich Hawaii für viele Handelsschiffe ein Etappenziel, um Vorräte zu bunkern. Die einheimischen Anführer hatten es auf Feuerwaffen abgesehen, die ihnen die Europäer gerne verkauften.

1893
Am 17. Januar wird der hawaiische König von einer Gruppe von Geschäftsleuten und mit Hilfe von US-Soldaten gestürzt.

1895
Robert Wilcox kämpft für die Wiedereinführung der Monarchie, scheitert aber. Die Königin wird unter Hausarrest gestellt.

1898
Am 7. Juli unterzeichnet Präsident McKinley die Resolution, mit der Hawaii als US-Territorium annektiert wird.

Mit Musketen und Kanonen eingedeckt, machte sich der Anführer Kamehameha von Big Island 1790 daran, die anderen Inseln des Archipels zu erobern. Das hatten vor ihm schon andere versucht, doch Kamehameha besaß die Waffen der Weißen und – noch wichtiger – eiserne Willenskraft, Charisma und den Segen der Götter. Innerhalb von fünf Jahren brachte er (mit viel Blutvergießen) die Hauptinseln unter sich, mit Ausnahme von Kaua'i, das sich ihm 1810 freiwillig anschloss. Das dramatische Finale seines Feldzugs, die Schlacht von Nu'uanu, fand 1795 auf O'ahu statt.

Kamehameha war eine herausragende Persönlichkeit und seine Regierungszeit erwies sich als die friedlichste Periode in Hawaiis Geschichte. Vor allem sog er alles, was von außen kam, begierig auf. Gleichzeitig hielt er jedoch eisern an hawaiischen Traditionen fest, obwohl in seinem Volk bereits Zweifel an der von Göttern bestimmten sozialen Hierarchie und der Gerechtigkeit von *kapu* aufkamen.

Als Kamehameha 1819 starb, hinterließ er diese offenen Fragen seinem Sohn und Thronfolger, dem 22-jährigen Liholiho. Dieser fegte die spirituelle Welt Hawaiis mit einem vernichtenden Handstreich schon nach einem Jahr beiseite.

Missionare & Walfänger

Nachdem Cooks Flotte in die englische Heimat zurückgekehrt war, verbreitete sich die Kunde von seiner „Entdeckung" Hawaiis wie ein Lauffeuer in Europa und Amerika. Abenteurer und Händler machten sich reihenweise auf ins gelobte Land. Ab den 1820er-Jahren begannen Walfangboote Hawaii anzulaufen, weil sie Frischwasser, Nahrungsmittel, Alkohol und Frauen brauchten. So häuften sich die Läden, Kneipen und Bordelle in den Häfen von Honolulu auf O'ahu und Lahaina auf Maui. Gegen 1840 war der Archipel zum heimlichen Walfangzentrum im Pazifik geworden.

Die Walfänger, als gottlose Seelen verschrien, waren nicht gerade begeistert, als am 14. April 1820 das erste Missionsschiff in Honolulu einlief. Seine streng protestantischen Passagiere waren entschlossen, die Hawaiianer von ihrem „Heidentum" zu erlösen. Das Timing war perfekt: Im Jahr zuvor war die alte hawaiische Religion abserviert worden und die Bevölkerung lechzte nach neuen spirituellen Ideen. Obwohl Missionare wie Walfänger aus New England stammten, lagen sie schnell miteinander im Clinch; die einen wollten Seelen retten, die anderen „kannten keinen Gott westlich von Kap Hoorn".

Da den Insulanern der Gott der Weißen recht mächtig zu sein schien, ließen sie sich bereitwillig bekehren – allen voran Königin Ka'ahumanu. Aber das geschah kaum aus innerer Überzeugung und im Alltagsleben vergaßen sie oft, was die Kirche predigte.

Bald entdeckten die Missionare jedoch, dass es etwas gab, das alle interessierte und faszinierte: lesen und schreiben zu können. Sie entwickelten ein Alphabet für die hawaiische Sprache und die Neubekehrten lernten in erstaunlich kurzer Zeit das Lesen.

Die große Landnahme

In der Ära der Monarchie wehrten sich die hawaiischen Herrscher erfolgreich gegen die fortwährenden Versuche von manchen europäischen und amerikanischen Siedlern, ihnen die Kontrolle über das Königreich zu entreißen.

1909
7000 japanische Plantagenarbeiter streiken gegen schlechte Bezahlung und harte Behandlung – erfolglos.

1916
Der US-Congress ruft den US National Park Service ins Leben und der Hawai'i National Park entsteht.

1922
James Dole wird Besitzer von 98 % von Lana'i. Seine Ananasplantage wird die größte weltweit.

Doch unter dem Druck von Ausländern, die Landbesitz anstrebten, wurde 1848 eine umfassende Landreform beschlossen, das „Große Mahele". Zum ersten Mal war es jetzt allgemein möglich, Land zu besitzen, das vorher ausschließlich im Besitz von Monarchen und Stammesführern gewesen war. Die Stammesführer hatten das Land nicht im westlichen Sinne besessen, sondern fungierten als Hüter sowohl des Landes als auch derjenigen, die darauf lebten und arbeiteten. Dafür erhielten die Monarchen einen Teil der Ernte.

Die Reformen des Großen Mahele hatten weitreichende Folgen. Für die Ausländer, die über Geld verfügten, um Land zu kaufen, bedeutete es einen Zuwachs an wirtschaftlicher und politischer Macht. Für die Hwaiianer, die über kein oder nur wenig Geld verfügten, bedeutete es den Verlust der auf die Bearbeitung des Landes gegründeten Unabhängigkeit – sie mussten jetzt in den Niedriglohn-Arbeitsmarkt eintreten, der vor allem von Weißen dominiert wurde.

Als König David Kalakaua 1874 an die Macht kam, hatten amerikanische Geschäftsleute die Kontrolle über die Wirtschaft schon mehr oder weniger vollständig an sich gerissen und standen kurz davor, auch politisch den Takt vorzugeben.

König Zucker & die Plantagenära

Ko (Zuckerrohr) kam mit den polynesischen Siedlern nach Hawaii. Aber erst 1835 erkannte William Hooper aus Boston sein wirtschaftliches Potenzial und plante die erste Zuckerrohrplantage auf dem Archipel. Es gelang ihm, Geldgeber in Honolulu zu finden. Anschließend schloss er mit König Kamehameha III. einen Leasingvertrag für Ländereien in Koloa auf Kaua'i ab. Nun musste er sich nur noch nach einem ausreichenden Vorrat an Billigarbeitskräften umsehen, damit das Geschäft auch etwas abwarf.

Die beste und nächstliegende Quelle waren die hawaiischen Ureinwohner. Doch selbst wenn sie willig gewesen wären, hätten sie zahlenmäßig nicht ausgereicht. Vor allem importierte Krankheiten wie Typhus, Grippe, Pocken und Syphilis hatten sie kontinuierlich dezimiert. Von geschätzten 800 000 Hawaiianern, die vor der Ankunft der Weißen auf den Inseln lebten, waren um 1800 nur noch 250 000 – weniger als ein Drittel – übrig geblieben; um 1860 waren es nicht einmal mehr 70 000.

So blieb eigentlich nichts anderes übrig, als in fernen Ländern nach Ausreisewilligen zu fahnden, die langes, hartes Arbeiten bei Hitze gewöhnt waren und die mageren Löhne dennoch als Chance für ein neues Leben ansahen. Ab den 1850er-Jahren lockten reiche Plantagenbesitzer eine Flut von Wanderarbeitern aus China, Japan und Portugal nach Hawaii. Nach der Annektierung 1898 legten die USA dem Nachschub aus China und Japan Daumenschrauben an, sodass O'ahus Sklaventreiber auf Puerto Rico, Korea und die Philippinen auswichen. Die Immigranten gewöhnten sich schnell an das Plantagenleben, entwickelten ihr Pidgin, um sich untereinander zu verständigen, und verschmolzen zu einer Multikultigesellschaft, die den Staat bis heute prägt.

Während des Goldrauschs in Kalifornien und des anschließenden Sezessionskriegs expandierte der Zuckerexport auf das Festland immens. Die Plantagenbesitzer wurden immer reicher und mächtiger. Schnell stiegen fünf im Zuckergeschäft groß gewordene Holdinggesellschaften – allgemein bekannt als die Big Five – zu alles kontrollierenden

1925
Erstmals landet ein Wasserflugzeug des US-Militärs in Hawaii.

1941
Am 7. Dezember bombardieren japanische Streitkräfte Pearl Harbor und ziehen damit die USA in den Zweiten Weltkrieg.

1946
Am 1. April ereilt der heftigste Tsunami in der Geschichte Hawaiis die Inseln. 159 Menschen kommen ums Leben.

Industrieimperien auf: Castle & Cooke, Alexander & Baldwin, C. Brewer & Co, American Factors (heute Amfac Inc.) und Theo H. Davies & Co. Auf den Direktorensesseln saßen nur Weiße – oft Söhne und Enkel von Missionaren. In einem Punkt kamen sie zum selben Schluss wie ihre Vorfahren: Die Hawaiianer seien unfähig, sich selbst zu regieren. Hinter verschlossenen Türen schmiedeten die Big Five Pläne, wie sie den Hawaiianern diese Verantwortung abnehmen konnten.

Der „fröhliche Monarch"

König Kalakaua, der von 1874 bis 1891 regierte, wollte die hawaiische Kultur beleben und den Nationalstolz stärken. Er setzte einiges daran, den indigenen Hawaiianern, die in ihrem eigenen Land zu einer Minderheit geworden waren, ein gewisses Maß an Selbstbestimmung zu sichern, und er rettete – jahrzehntelangen Unterdrückungsversuchen durch die Missionare zum Trotz – den „heidnischen" Tanz des Hula und verwandte Kunstformen vor der fast schon sicheren Ausrottung. Das und seine Neigung zum Feiern, Trinken und Spielen brachten ihm den Spitznamen „the Merrie Monarch" (der fröhliche Monarch) ein. Er schrieb und komponierte das hawaiische Nationallied „Hawaii Ponoi". Den Missionaren war er ein Dorn im Auge. Ausländische Geschäftsmänner konnten seine Hobbys eher tolerieren, stießen sich jedoch an seiner Unberechenbarkeit. Je nach Lust und Laune warf er seine ganzen Berater auf einen Schlag raus und ersetzte sie durch neue Gesichter.

Mit Geld ging er sehr verschwenderisch um, sodass er bald auf einem riesigen Berg Schulden saß. Kalakauas Königshaus sollte anderen Monarchien in nichts nachstehen. So ließ er den 'Iolani-Palast neu erbauen und sich dort 1883 mit allem Pomp krönen. Kalakaua wollte Hawaii auf die internationale Bühne bringen und unternahm 1881 eine Reise, auf der er viele ausländische Staatsoberhäupter besuchte und vor allem die Beziehungen zu Japan intensivierte. Bei seiner Rückkehr im selben Jahr war er der erste König, der den Globus umrundet hatte.

Doch die Tage des hawaiischen Königshauses waren gezählt. Der 1875 geschlossene Treaty of Reciprocity, der den hawaiischen Zucker von Zöllen befreit und damit profitabel gemacht hatte, lief aus. Kalakaua weigerte sich, ihn zu verlängern, da eine neue Klausel vorsah, Pearl Harbor den USA als ständigen Marinestützpunkt zu überlassen. Das empfanden die Ureinwohner Hawaiis als Bedrohung der Souveränität ihres Königreichs.

Eine monarchiefeindliche Untergrundbewegung namens Hawaiian League, die größtenteils von amerikanischen Anwälten und Geschäftsmännern angeführt wurde, zettelte eine Revolte an und „überreichte" Kalakaua 1887 eine neue Verfassung. Sie nahm der Monarchie fast die gesamte Macht und machte Kalakaua zur Marionette. Außerdem schloss sie Asiaten gänzlich vom Wahlrecht aus und billigte es nur jenen zu, die ein bestimmtes Einkommen oder Vermögen vorweisen konnten. Dadurch durfte praktisch niemand mehr wählen außer den reichen (meist weißen) Geschäftsmännern. Unter Androhung von Gewalt akzeptierte Kalakaua die Verfassung, die später deswegen die „Bayonet Constitution" (Bajonett-Verfassung) genannt wurde. Bald bekamen die USA ihre Militärbasis in Pearl Harbor und die Macht der weißen Geschäftsmänner wuchs weiter.

1959
Hawaii wird 50. Bundesstaat der USA, Daniel Inouye aus Hawaii erster Kongressabgeordneter japanischer Abstammung.

1961
Elvis Presley spielt in *Blue Hawaii* mit und leistet so einen Beitrag zum Tourismusboom im neuen Bundesstaat.

1971
Das 1964 ins Leben gerufene Merrie Monarch Festival trägt die erste Hula-Meisterschaft aus.

Das Ende der Monarchie

Als Kalakaua 1891 starb, folgte ihm seine Schwester Lili'uokalani auf dem Thron. Königin Lili'uokalani war eine entschiedene Verfechterin der Bemühungen ihres Bruders um die Unabhängigkeit Hawaiis.

Im Januar 1893 bereitete sich Königin Lili'uokalani darauf vor, eine neue Verfassung zu verkünden, mit der der Monarchie ihre Privilegien zurückgegeben worden wären. Doch eine Gruppe bewaffneter amerikanischer Geschäftsleute besetzte das höchste Gericht und erklärte die Monarchie für abgeschafft. Es wurde eine Übergangsregierung unter Leitung von Sanford B. Dole gebildet, dem Sohn einer alten Missionarsfamilie.

Nach dem Sturz der Monarchie betrieb die neue Regierung den Beitritt Hawaiis zu den USA, in der Annahme, dass die Lage auf den Inseln dadurch stabilisiert und die Geschäfte der Weißen davon profitieren würden. Zwar schreibt die US-Verfassung vor, dass jedes Territorium, das sich um den Beitritt zu den USA bemüht, dafür die Unterstützung einer Mehrheit seiner Bewohner benötigt, doch in Hawaii wurde eine solche Abstimmung nie durchgeführt.

Trotzdem unterzeichnete Präsident William McKinley am 7. Juli 1898 eine gemeinsame Resolution des Kongresses, mit der der Annexion zugestimmt wurde. Manche Historiker sind der Meinung, dass Hawaii ohne den Ausbruch des Spanisch-Amerikanischen Kriegs im April 1898 nicht annektiert worden wäre. Im Rahmen der Auseinandersetzungen mussten Tausende Soldaten auf die Philippinen befördert werden, wobei Hawaii eine wichtige Zwischenstation darstellte.

Zweiter Weltkrieg

Als am 7. Dezember 1941 über Pearl Harbor japanische Kampfflugzeuge auftauchten, dachten die Bewohner, es fände ein Übungsmanöver statt. Ein krasser Irrtum: Am Ende des Tages waren Hunderte von Schiffen und Flugzeugen zerstört worden, mehr als tausend Amerikaner waren umgekommen und der Krieg im Pazifik hatte begonnen.

Die Auswirkungen für Hawaii waren dramatisch: Die Armee übernahm auf den Inseln das Kommando, das Zivilrecht wurde aufgehoben und dafür das Kriegsrecht ausgerufen. Anders als auf dem US-Festland wurden in Hawaii japanischstämmige Amerikaner nicht in Internierungslager verfrachtet – sie bildeten die große Mehrheit der Arbeitskräfte auf den für die Wirtschaft entscheidenden Zuckerrohrfeldern. Tausende japanischstämmige Amerikaner, viele von ihnen aus Hawaii, kämpften schließlich für die Vereinigten Staaten und viele wurden für ihren Mut ausgezeichnet.

Auf Maui wurde die 4. Marinedivision stationiert. Hier trainierten Tausende Soldaten für ihren Einsatz auf den Schlachtfeldern im Pazifik.

Bundesstaat Hawaii

Im Verlauf des 20. Jhs. wurden im Kongress diverse Gesetzentwürfe zur Anerkennung Hawaiis als US-Bundesstaat eingebracht – sie wurden alle abgelehnt. Ein Grund dafür waren die Vorurteile gegenüber Hawaiis multiethnischen Bevölkerung. Kongressab-

1976
Einheimische Aktivisten besetzen Kaho'olawe.

1983
Der aktuelle Eruptionszyklus des Kilauea – der längste jemals verzeichnete – beginnt.

1993
Präsident Clinton unterzeichnet die „Apology Resolution", die die US-Beteiligung am Sturz der Monarchie anerkennt.

geordnete aus den noch immer von den Rassenkonflikten geprägten Südstaaten verliehen lautstark ihrer Befürchtung Ausdruck, eine Aufnahme Hawaiis als Bundesstaat würde der Einwanderung aus Asien und der „gelben Gefahr" Tür und Tor öffnen. Andere hielten die hawaiischen Gewerkschaften für Brutstätten des Kommunismus.

Der Ruhm des rein japanischen 442. Regiments im Zweiten Weltkrieg trug wesentlich zum Abklingen der anti-japanischen Ressentiments bei. Im März 1959 wurde im Kongress erneut abgestimmt und Hawaii in die Union aufgenommen. Am 21. August unterzeichnete Präsident Eisenhower das Beitrittsgesetz: Hawaii wurde 50. US-Bundesstaat.

Tourismus & Erschließung

Die Ernennung zum Bundesstaat hatte sofortige wirtschaftliche Auswirkungen auf Hawaii, vor allem, weil der Tourismus gestärkt wurde. Die Düsenflieger waren jetzt so weit entwickelt, dass sie jede Woche Tausende Urlauber auf die Inseln bringen konnten: Die Branche wuchs explosionsartig und ein bis dahin in den USA in diesem Ausmaß noch nicht erlebter Hotelbauboom setzte ein.

Hawaiische Renaissance & Autonomie

Hawaiis schnelles Wachstum brachte ab den 1970er-Jahren neue Einwohner (meist vom amerikanischen Mutterland), die Straßen und Strände füllten sich mit Touristen. Ferienorte waren dank der unkontrollierten Bautätigkeit bald nicht wiederzuerkennen. Überall schallte einem ein launiges „Aloha" entgegen, sodass sich mancher Einheimische bald fragte: Was heißt es eigentlich, Hawaiianer zu sein? Viele entdeckten die *kapuna* (Älteren) und ihr hawaiisches Erbe wieder und politisierten sich dadurch.

1976 besetzte eine Aktivistengruppe Kaho'olawe, auch „Target Island" genannt, das sich die USA im Zweiten Weltkrieg unter den Nagel gerissen hatten und bis 1990 für Militärübungen nutzten. Während einer weiteren Protestaktion 1977 verschwanden zwei Mitglieder der Organisation Protect Kaho'olawe 'Ohana (PKO), George Helm und Kimo Mitchell, spurlos auf See und wurden sofort zu Märtyrern stilisiert. „Rettet Kaho'olawe!" wurde zum Schlachtruf einer jungen hawaiischen Bürgerrechtsbewegung, die immer radikalere Züge annahm.

Als der Bundesstaat 1978 eine wegweisende verfassungsgebende Versammlung abhielt, wurden mehrere Änderungen eingebracht, die für die hawaiische Urbevölkerung besonders wichtig waren. So wurde beispielsweise Hawaiisch (gemeinsam mit Englisch) zur offiziellen Staatssprache erhoben. An öffentlichen Schulen musste ab sofort hawaiische Kultur unterrichtet werden. Auf allen Inseln erlebten die alten Traditionen ein Revival; plötzlich strömten die Bewohner ungeachtet ihrer Herkunft in die *hula halau* (Hula-Schulen), lernten hawaiische Instrumente spielen und entdeckten traditionelle Handwerkskünste wie z. B. das Binden von Feder-*leis* wieder.

2011 unterzeichnete der damalige Gouverneur Neil Abercrombie ein Gesetz, mit dem die indigenen Hawaiianer als einzige Ureinwohner des Bundesstaats anerkannt werden. Außerdem wurde eine Kommission gegründet, um ein Verzeichnis aller indigener Hawaiianer zu erstellen – vielleicht der erste Schritt zur Selbstbestimmung.

2002
Linda Lingle wird zum ersten republikanischen Gouverneur seit 40 Jahren gewählt und 2006 im Amt bestätigt.

2008
Der in Hawaii geborene Barack Obama wird zum US-Präsidenten gewählt. Über 70 % der Hawaiianer stimmen für ihn.

2013
Hawaii legalisiert die gleichgeschlechtliche Ehe.

BRUCE C. MURRAY/SHUTTERSTOCK

Teilnehmerinnen des Aloha Festivals

Menschen & Kultur

Alle Klischees über Hawaii stimmen irgendwie: Das tropische Paradies mit weißen Sandstränden, smaragdgrünen Klippen, azurblauem Meer, Ukulele-Spielern mit Fistelstimme, halbnackten Hula-Tänzerinnen und braun gebrannten Surfern existiert tatsächlich. Aber dahinter pulsiert das andere Hawaii, ein Land, in dem ein Vielvölkergemisch ein ganz normales Leben führt.

Inselleben heute

Hawaii ist ein polynesischer Garten Eden – aber mit Einkaufszentren, Müllkippen und Industriegebieten, mit stereotypen Wohnsiedlungen und Militärstützpunkten. In vielem gleicht es dem Rest der USA. Wer zum ersten Mal herkommt, ist vielleicht überrascht, in einem modernen Land mit Autobahnen und McDonald's zu landen.

Wie eine dicke Schicht Schminke verdecken Konsum und Tourismus Hawaiis wahres Gesicht. Und das ist eine einmalige Mischung aus östlichen, westlichen und ozeanischen Traditionen, die sich – nicht nur geografisch gesehen – vom Rest der Welt absetzt. Nur selten klappt das Miteinander so vieler verschiedener ethnischer Gruppen (von denen keine zahlenmäßig dominiert) so gut.

Selbstverständlich gibt es Reibungspunkte, aber vielleicht hat die isolierte Lage der vielen kleinen Inseln dazu beigetragen, dass sich ihre Bewohner respektvoll und mit dieser von Aloha durchdrungenen Haltung begegnen. „Make no waves" (bleib cool)

Hawaii-Knigge für Neulinge

- Nicht versuchen, Pidgin zu sprechen.
- *Shakas* (Winken auf Hawaiisch) können jederzeit großzügig verteilt werden.
- Beim Betreten einer Wohnung die Schuhe ausziehen.
- Um Erlaubnis fragen, bevor man auf Privatgrund Obst oder Blumen pflückt.
- Aufbrezeln überflüssig! Hier ist Freizeitmode angesagt.
- Langsam fahren! Die Einheimischen fahren meist gemütlich, da sie es sowieso nicht weit haben. Also immer mit der Ruhe – nicht nur beim Fahren.
- Sich bemühen, hawaiische Worte und Namen korrekt auszusprechen.
- Beim Anblick eines Geckos oder einer Kakerlake nicht jedes Mal ausflippen! Hawaii liegt in den Tropen – da gibt's so etwas eben.
- An heiligen Stätten auf keinen Fall Steine mitnehmen (oder auch nur verrücken)! Wer sich nicht sicher ist, ob er sich an einem heiligen Ort befindet, sollte daran denken, dass für die Hawaiianer eigentlich alles heilig ist.

heißt das Motto. „Wir sitzen alle im gleichen Boot" ist auch bei den Hawaiianern eine beliebte Redensart. Unabhängig von ihrer Abstammung und Herkunft verbindet sie das gemeinsame Bewusstsein, an einem der schönsten Orte der Erde zu leben.

Hawaii als Teil der USA

Hawaii fühlt sich von seinen 49 Bruderstaaten oft übersehen (Alaska vielleicht ausgenommen, das sich wahrscheinlich genauso als junger „Exot" vorkommt), ist aber gleichzeitig ganz zufrieden mit seiner Außenseiterrolle. Das ist einerseits positiv, weil so die Individualität des Bundesstaats anerkannt wird, andererseits negativ, weil es eine „Wir/Ihr-Mentalität" fördert, die im Extremfall zu Separatismus und Diskriminierung führt.

Hawaiische Identität

Honolulu ist die „City", nicht nur für die Bewohner O'ahus, sondern für ganz Hawaii. Zwar ist der Lebensrhythmus hier langsamer als etwa in New York oder Los Angeles, doch die hawaiische Hauptstadt wirkt trotzdem überraschend weltoffen, modebewusst und technologisch auf dem neuesten Stand. Ob zu Recht oder zu Unrecht – die Bewohner Honolulus betrachten ihre Stadt als den Nabel der Welt: Hier gibt's Sportstadien, die größte Universität Hawaiis und ein (wenn auch recht zahmes) Nachtleben. Kaua'i, Maui, Big Island, Lana'i und vor allem Moloka'i gelten als provinziell. Dabei ist der Lebensraum auf den kleinen Inseln so komprimiert, dass auch ländliche Gebiete nie weit von der nächsten Stadt entfernt liegen, und es gibt auch keine großen Flächen unberührter Natur mehr (wie in den restlichen USA).

Fakt ist aber, dass die Bewohner dieser Inseln weniger Wert auf ihre Kleidung legen und mehr Pidgin sprechen. Nicht ein Lexus ist ihr Statussymbol, sondern ein aufgetunter Geländewagen. Auch auf O'ahu geht die *'ohana* (Familie) über alles, aber auf den Nachbarinseln ist sie tatsächlich noch Lebensmittelpunkt. Beim Kennenlernen fragen Einheimische gewöhnlich nicht „Was machst du?", sondern „Wo hast du deinen Abschluss gemacht?". So, wie ihre Vorväter einst ihre Stammbäume verglichen, definieren sie sich heute nicht über ihre Erfolge, sondern über die Gemeinschaften, zu denen sie gehören: Insel, Stadt, Hochschule. Und wenn sich zwei Hawaiianer im Ausland irgendwo begegnen, haben sie automatisch eine Gemeinsamkeit, nämlich die Liebe (und manchmal das Heimweh) zu ihrer Insel. Egal, wo sie sind, werden sie immer ein Mitglied der großen Hawaii-*'ohana* bleiben.

Hawaiische Werte & Multikulti

Die US-Präsidentschaftswahlen 2012 waren für Hawaii ein Triumph. Der Sohn der Insel wiedergewählt! *„Hana hou!"* („bravo!" oder „Zugabe!") titelte der *Honolulu Star-Advertiser*. Barack Obama, der seine Kindheit größtenteils in Honolulu verbrachte, ist bei den Einheimischen ungemein beliebt. Mit seiner Ruhe und dem Respekt für andere repräsentiert er hawaiische Werte. Außerdem kann Obama bodysurfen und – noch wichtiger – nimmt *'ohana* sehr ernst: Als seine Großmutter kurz vor den Wahlen 2008 im Sterben lag, unterbrach er seine Kampagne für ein paar Tage, um in Honolulu Abschied von ihr zu nehmen. Das sind Dinge, die für die Einheimischen zählen.

Dagegen ist ihnen überhaupt nicht wichtig, was die ganzen restlichen USA beschäftigt: seine Hautfarbe. Obamas gemischtrassige Abstammung wird kaum erwähnt – schließlich ist das in Hawaii gang und gäbe. Hawaiis Mix-and-match-Mentalität ist ein Erbe der Plantagenära. Kulturelle Unterschiede werden akzeptiert, oft sogar gepflegt, belasten aber nie das Zusammenleben. Diese relaxte Haltung und die daraus resultierende kulturelle Vielfalt ist vielleicht der typischste und schönste Aspekt des Lebens hier. Je nach Sichtweise ist Honolulu die asiatischste Stadt Amerikas oder die amerikanischste Stadt Polynesiens.

Bei den älteren Einheimischen sind die Werte aus der Plantagenära noch sehr präsent und bestimmen die sozialen Hierarchien und Kontakte. Damals waren Weiße reiche Großgrundbesitzer und noch lange danach kursierten unter den Minderheiten Witze über die Privilegien eines *haole luna* (weißer Boss). Doch jüngere Generationen können damit oft nichts mehr anfangen, auch wenn sie weiterhin Pidgin sprechen. Die verschiedenen Volksgruppen wachsen immer enger zusammen und nicht selten können Einheimische als Vorfahren vier oder fünf verschiedene Nationalitäten aufzählen – z. B. hawaiisch, chinesisch, portugiesisch, philippinisch und *haole*.

Hawaii hat ein Vielvölkergemisch, ähnlich wie Kalifornien oder Florida. Aber die Grenzen sind fließender und Afro-Amerikaner und Latinos fehlen weitgehend. Politisch gesehen geben sich die Hawaiianer gemäßigt demokratisch. Wichtige Aspekte bei Wahlen sind die Partei, Erfahrung, rassistische/ethnische Einstellung und ob der Kandidat ein Einheimischer ist. Mit dem ansteigenden Zuzug von US-Amerikanern vom Festland haben neuerdings auch konservative Kandidaten (Republikaner) wie die Ex-Gouverneurin Linda Lingle bessere Chancen.

Who's who

Hawaiian – Hawaiianer(in), jemand mit urhawaiischen Wurzeln. Generell alle Einwohner von Hawaii als Hawaiianer zu bezeichnen ist ein Fauxpas, denn damit nimmt man den Ureinwohnern ihren Status als eigene Volksgruppe.

Local – Einheimische(r), jemand, der in Hawaii aufgewachsen ist. Wenn er später auswandert, wird er (meistens) trotzdem weiterhin als Einheimischer gelten. Zugezogene können nie Einheimische werden, egal, wie lange sie schon hier leben.

Malihini – „Neuling", jemand, der gerade nach Hawaii gekommen ist und dort leben will.

Resident – Einwohner(in), jemand, der in Hawaii lebt, aber nicht dort geboren oder aufgewachsen ist.

Haole – Weiße(r) (mit Ausnahme der Portugiesen). Je nach Situation kann die Bezeichnung *haole* neckisch bis beleidigend sein.

Hapa – heißt auf Hawaiisch „halb" und bezeichnet Menschen nicht reinrassiger Abstammung. Ein *hapa haole* hat sowohl weiße als auch andere (hawaiische oder asiatische) Vorfahren.

Kama'aina – wörtlich „Kind des Landes" – bezeichnet die Zugehörigkeit zu einem Ort. Jemand, der in Hilo geboren ist, ist ein *kama'aina* von Hilo und hat eine starke Bindung zu dieser Stadt.

Surfer unter hawaiischer Welle

EPICSTOCKMEDIA/SHUTTERSTOCK ©

Island Style

„On the islands, we do it island style" (Auf den Inseln machen wir es auf Inselart), singt der einheimische Musiker John Cruz in „Island Style", seiner lässigen Gitarrenhymne auf die hawaiische Lebensart. Aber er erklärt nicht, was „Island Style" eigentlich bedeutet – weil das nämlich jedem Einheimischen klar ist. „Island Style" heißt so viel wie unaufgeregt und locker sein (selbst Gitarrensaiten sind hier entspannt). Die Hawaiianer finden es gut, dass sie nie in Stress kommen, dass alles in „Hawaii-Zeit" passiert (also später als geplant), dass hier lieber Hawaiihemden als Anzüge getragen werden und dass sich keiner aufregt, wenn sich im Longs Drugs eine lange Schlange bildet, weil die alte Oma beim Bezahlen mit der Kassiererin noch ein Schwätzchen hält. *Slow Down! This ain't da mainland!* (Immer mit der Ruhe! Wir sind nicht auf dem Festland!) heißt es auf einem Sticker, der an vielen Stoßstangen klebt.

Selbst in Honolulu, mit über 350 000 Einwohnern die Nr. 55 unter den Städten der USA, herrscht die entspannte Atmosphäre einer Kleinstadt. *Shave ice*, Surfen, *talking story* (quatschen und bei Adam und Eva beginnen), Ukulele, Hula, Baby-*lu'au*, Pidgin, *rubbah slippers* (Flip-Flops) und vor allem *'ohana* sind die Dreh- und Angelpunkte des Alltags, der meist stark auf die Familie konzentriert ist. Bei Schulsportevents drängen sich aufgeregte Eltern mit unzähligen Onkel und Tanten (ob tatsächlich verwandt oder nicht) auf den Rängen. Überstunden machen ist hier noch die Ausnahme, nicht die Regel. Das Wochenende ist für Spiele und Grillpartys am Strand da.

ROBERT CRAVENS/SHUTTERSTOCK ©

Eine Hawaiianerin spielt Ukelele

Kunst & Kunsthandwerk

E komo mai *(willkommen) in einer Inselkultur, wo Geschichtenerzählen und singende Gitarren zum Alltag gehören! Wie ein bunter Blumenstrauß präsentieren sich die kulturellen Traditionen im heutigen Hawaii. Im Verborgenen pocht jedoch das urhawaiische Herz, das die einheimische Sprache und Musik, das Kunsthandwerk und natürlich den Hula am Leben erhält.*

Hula

Im alten Hawaii war der Hula mitunter ein feierliches Ritual mit *mele* (Gesängen), die den Göttern huldigten oder die Großtaten von *ali'i* (Anführern) priesen. Aber der Hula gehörte auch zu ausgelassenen Festen, auf denen Adlige und das einfache Volk gemeinsam tanzten. So feierten sie beispielsweise das Erntedankfest *makahiki*. Hula repräsentierte die Gemeinschaft, erzählte ihre Geschichte und förderte das Gefühl der Zusammengehörigkeit.

Die Tänzer wurden traditionell in *halau* (Schulen) von *kumu hula* (Hula-Lehrern) unterrichtet, die Gestik, Rhythmus und Ausdruck überwachten. In einer Kultur ohne Schriftsprache waren die Gesänge, die den Tanz begleiteten und erläuterten,

★ Hawaiische Volksmärchen, Sprichwörter & Gedichte

Folktales of Hawai'i, illustriert von Sig Zane

'Olelo No'eau, illustriert von Dietrich Varez

Hānau ka Ua: Hawaiian Rain Names

Obake Files von Glen Grant

äußerst wichtig. Dieser Liederschatz war wie ein Archiv, in dem Göttermythen ebenso festgehalten waren wie die Stammbäume von Königen. Viele Lieder enthielten *kaona* (versteckte Zweideutigkeiten) mit spirituellen, amourösen oder auch sexuellen Anspielungen.

Bei Hula-Wettbewerben treten die Tänzer in den Disziplinen *kahiko* (alt) und *'auana* (modern) gegeneinander an. *Kahiko*-Tänze sind sehr ursprünglich und elementar, werden nur von Gesang und höllisch lauten Kürbistrommeln begleitet und in traditionellen Kostümen mit knallbunten Röcken oder Wickeltüchern aus *kapa*, *leis* aus *ti*-Blättern und (manchmal) viel nackter Haut getanzt. Quasi die hawaiische Hula-Olympiade ist das Merrie Monarch Festival auf Big Island, doch authentische Hula-Wettbewerbe und -Feiern finden das ganze Jahr über überall auf den Inseln statt.

Inselmusik

Die hawaiische Musik hat ihre Wurzeln in alten Gesängen. Ausländische Missionare und Arbeiter auf den Zuckerplantagen führten neue Melodien und Instrumente ein. Durch deren Einbeziehung und Anpassung entstand ein einzigartiger lokaler Musikstil. Die *leo ki'eki'e*-Gesänge (Hochton- oder Falsettgesänge) zeichnen sich durch unverkennbare *ha'i* (Registersprünge) aus; dabei wechselt der Sänger abrupt zwischen Brust- und Kopfstimme. Zu den zeitgenössischen hawaiischen Musikinstrumenten zählen die Hawaii-Gitarre (mit Stahlsaiten), die Slack Key Guitar und die Ukulele.

Wer im Mietwagen das Autoradio anstellt, der kann sich auf einen bunten Mix aus Inselrock, Hip-Hop, Country, asiatischem Pop und Jawaiian (die hawaiische Version von Reggae) einstellen. Einige einheimische Künstler wie Jack Johnson sind international bekannt. Die potenziellen Stars von morgen werden alljährlich bei den Na Hoku Hanohano Awards (www.nahokuhanohano.org) gekürt, der hawaiischen Version der Grammy Awards.

Die Slack Key Guitar

Seit Anfang des 20. Jhs. stimmten die Hawaiianer die Stahlsaiten ihrer Gitarren offen und erfanden eine spezielle Fingertechnik (Slack Key bzw. *ki ho'alu*): Der Daumen spielt dabei den Basslauf und die Rhythmusakkorde, während die Finger Melodie und Improvisationen übernehmen und dazu die Saiten zupfen. Wie die Gitarre gestimmt war, war häufig ein streng gehütetes Geheimnis der *'ohana* (Familien- und Freundeskreis).

Der legendäre Gitarrist Gabby Pahinui läutete 1946 mit seiner ersten Aufnahme von *Hi'ilawe* die moderne Slack-Key Ära ein. In den 1960er-Jahren erlebte der traditionelle Hawaii-Sound dank Gabby und seiner Band Sons of Hawai'i sowie weiteren populären Slack-Key-Gitarristen wie Sonny Chillingsworth eine Renaissance, die bis heute andauert. Zum ständig wachsenden Kreis der Slack-Key-Virtuosen gehören Keola Beamer, Ledward Ka'apana, Martin und Cyril Pahinui, Ozzie Kotani oder George Kuo.

Leis an der Statue von Duke Kahanamoku (S. 336)

JEFF WHYTE/SHUTTERSTOCK ©

Traditionelles Kunsthandwerk

Die Hawaii-Renaissance der 1970er-Jahre ließ auch das Interesse an alten Handwerkstechniken wieder erwachen. Das populärste Beispiel ist das Binden von *leis*, jenen Ketten und Kränzen aus Blumen, Blättern, Beeren, Nüssen und Muscheln. Haltbarere Souvenirs sind Holzschnitzereien, Bastkörbe und -hüte sowie hawaiische Quilts. Die Touristen sind so wild auf die Sachen, dass Hawaii mit billigen Imitationen aus dem Pazifikraum überflutet wird. Deshalb immer lokale Produkte kaufen.

Leis

Begrüßung, Verehrung, Respekt, Friede, Liebe, Spiritualität, Glück, Feiern und Abschied: All das und noch mehr wird in Hawaii mit einem *lei* ausgedrückt, einer in liebevoller Handarbeit hergestellten Girlande aus frischen Blumen. Das

Lei-Etikette

- Ein *lei* sollte nicht um den Hals hängen, sondern locker um die Schultern getragen werden, sodass er gleich tief auf Brust und Rücken sitzt.
- Einer schwangeren Frau einen geschlossenen *lei* zu schenken, könnte dem Ungeborenen Unglück bringen. Besser eine Blumengirlande oder einen *haku lei* (Kopfkranz) wählen.
- Einen *lei* zu tragen, der für jemand anderen bestimmt ist, soll ebenfalls Unglück bringen. Niemals einen *lei* ablehnen oder ihn ablegen, solange der Geber noch anwesend ist!
- Wenn der *lei* abgelegt wird, ist es üblich, ihn zu öffnen und seine Bestandteile der Natur zurückzugeben (Blüten ins Meer streuen, Samen und Nüsse in der Erde vergraben).

Traditionelle hawaiische Holzschnitzkunst

DANEVSKI/SHUTTERSTOCK ©

Binden von *leis* ist Hawaiis poetischste und vergänglichste Kunstform. Die zarten, duftenden Gebilde symbolisieren die Schönheit der Natur und die Herzenswärme der *'ohana*, mit der jeder großzügig beschenkt wird.

Mit der Auswahl der Pflanzen bringen die *lei*-Binder persönliche Gefühle zum Ausdruck und erzählen gleichzeitig eine Geschichte, da Pflanzen und Blumen für bestimmte Orte und Mythen stehen. Neben duftenden tropischen Blüten verwenden sie Federn, Nüsse, Samen, Muscheln, Algen, Ranken, Blätter und Früchte, die geknüpft, geflochten, aufgefädelt, vernäht oder anders miteinander verbunden werden.

Im alten Hawaii spielten *leis* eine wichtige Rolle und wurden täglich getragen. Sie gehörten zu den heiligen Hula-Tänzen, wurden geliebten Menschen zum Geschenk gemacht, waren Medizin für die Kranken und Opfergabe für die Götter. Diese Tradition ist bis heute lebendig. Die Symbolkraft eines *lei* war so stark, dass er (aus den passenden Materialien hergestellt) sogar kämpfende Kriegsheere miteinander aussöhnen konnte.

Heute tragen die Einheimischen *leis* meist zu besonderen Gelegenheiten wie Hochzeiten, Geburtstagen, Gedenktagen, Schulabschlussfeiern oder öffentlichen Anlässen. Normalerweise stellen sie sie nicht mehr selbst her – es sei denn, sie sind Mitglied einer *hula halau* (Hula-Schule). Denn bei zeremoniellen Hulas verlangt es die Tradition, dass die Tänzer ihren eigenen *lei* binden und die Bestandteile selbst sammeln.

Holzarbeiten

Die Ureinwohner Hawaiis waren äußerst geschickt im Umgang mit Holz. Sie stellten Kanus aus Baumstämmen her und schnitzten aus wunderschön gemaserten tropischen Harthölzern wie *koa*, *kou* und *milo* Gefäße. Getrocknete *ipu* (Kürbisse) wurden zu Behältern und Hula-Trommeln verarbeitet. Viele Handwerker haben die alten Techniken wiederentdeckt und fertigen aus den heimischen Hölzern traditionelle Schalen und Schüsseln, Möbel, Schmuck und phantasievolle Skulpturen. Die typischen Holzgefäße sind von jeher sehr schlicht und bestechen vor allem durch die natürliche Schönheit des Materials. Je dünner und leichter sie sind, desto größer war die Geschicklichkeit des Handwerkers – und desto höher ist ihr Preis. Achtung: Die billigeren Schalen aus Regenbaumholz sind Importnepp von den Philippinen.

Blick in den Krater, Haleakalā National Park, Maui

Praktische Informationen

Allgemeine Informationen

Ein- & Ausreise

- Vor Reiseantritt die aktuellen Einreise- und Aufenthaltsbestimmungen für die USA checken.
- Infos bezüglich Einreise und Visa findet man auf der Website des **US Department of State** (http://travel.state.gov) und auf der Reiseseite der **US Customs and Border Protection** (CBP; www.cbp.gov).
- Bei der Ankunft in den USA müssen sich die meisten Reisenden (ausgenommen sind u. a. Kinder unter 14 Jahren und Senioren über 79 Jahren) beim **Department of Homeland Security** (www.dhs.gov) registrieren: Es werden elektronische Fingerabdrücke genommen und ein digitales Foto wird gespeichert.

Reisepass

- Für die Einreise nach Hawaii benötigt man einen maschinenlesbaren Reisepass.
- Der Pass muss über das geplante Ende des Aufenthalts in den USA hinaus sechs Monate gültig sein.
- Wenn der Pass nach dem 26. Oktober 2006 ausgestellt oder verlängert wurde, muss er ein digitales Foto und einen Chip mit biometrischen Daten enthalten.

Zoll

Derzeit dürfen Besucher aus dem Ausland in die USA zollfrei einführen:

- 1 l Spirituosen (wer älter als 21 Jahre ist)
- 200 Zigaretten (1 Stange) oder 50 Zigarren (wer älter als 18 Jahre ist)

Wer mehr als 10 000 $ als Bargeld, Reiseschecks, Zahlungsanweisungen oder in Form von anderem Bargeldersatz mitbringt, muss dies beim Zoll angeben. Vollständige aktuelle Informationen erteilt die **US Customs and Border Protection** (CBP; www.cbp.gov).

Nach Hawaii dürfen so gut wie keine frischen Früchte und Pflanzen eingeführt werden, damit sich keine schädlichen fremden Pflanzen ausbreiten können. Die Zollbeamten achten strengstens auf Einhaltung dieser Bestimmungen. Ähnlich drakonisch sind, da es auf Hawaii keine Tollwut gibt, die Quarantänebestimmungen für Haustiere. Näheres beim **Hawaii Department of Agriculture** (http://hdoa.hawaii.gov).

Alle Gepäckstücke, ob eingecheckt oder Handgepäck, werden bei der Ausreise aus Hawaii Richtung Festland der USA, Alaska und Guam von einem Mitarbeiter des Landwirtschaftsministeriums am Flughafen geröntgt. Vor der Ausreise sollte man sich vergewissern, dass frische Lebensmittel, landwirtschaftliche Erzeugnisse oder Blumen handelsüblich verpackt sind und auch mitgenommen werden dürfen – sonst muss man seine Ananas oder Orchideen am Flughafen zurücklassen.

Essen

Die folgende Übersicht bezieht sich auf ein durchschnittliches Hauptgericht in einem Restaurant

(Abendessen; Mittagsangebote kosten oft nur die Hälfte) bzw. ein Essen zum Mitnehmen. Wenn nicht anders angegeben, sind Steuern und Service nicht inbegriffen.

$ unter 12 $
$$ 12–30 $
$$$ über 30 $

Feiertage

An den folgenden Feiertagen haben Banken, Schulen und Behörden (einschließlich der Postämter) geschlossen und für öffentliche Verkehrsmittel, Museen und andere Einrichtungen gelten die sonntäglichen Betriebs- und Öffnungszeiten. Wenn der Feiertag auf ein Wochenende fällt, ist gewöhnlich der folgende Montag arbeitsfrei.

Neujahr 1. Januar
Martin Luther King Jr. Day Dritter Montag im Januar
Presidents' Day Dritter Montag im Februar
Prince Kuhio Day 26. März
Karfreitag Freitag vor Ostersonntag im März/April
Memorial Day Letzter Montag im Mai
King Kamehameha Day 11. Juni
Independence Day 4. Juli
Statehood Day Dritter Freitag im August
Labor Day Erster Montag im September
Veterans Day 11. November
Thanksgiving Vierter Donnerstag im November
Christmas Day 25. Dezember

Etikette

Auf den Inseln geht es im Alltag zumeist eher locker zu, doch es gibt einige ungeschriebene Verhaltensregeln, die man beachten sollte:

- Beim Betreten einer Wohnung werden die Schuhe ausgezogen (die meisten Hawaiianer tragen sowieso Flip Flops, in die sie ruckzuck rein- und rausschlüpfen können, Socken braucht hier niemand).
- Bevor man Privatgrund betritt und eventuell sogar Obst oder Blumen pflückt, sollte man um Erlaubnis bitten.
- Langsam fahren! Wenn nicht gerade Lebensgefahr besteht, wird auch nicht gehupt.
- Bemühungen, hawaiische Worte und Namen korrekt auszusprechen, werden immer wohlwollend aufgenommen (auch wenn's nicht klappt).
- An heiligen Stätten auf keinen Fall Steine mitnehmen (oder auch nur verrücken)! Wer sich nicht sicher ist, ob er sich an einem heiligen Ort befindet, sollte einfach daran denken, dass für Hawaiianer eigentlich *alles* heilig ist.
- An Wasserfällen, Tempeln usw. keine Steine aufeinanderstapeln oder in *ti*-Blätter wickeln – dies ist eine Entweihung des hawaiischen Brauchs, an heiligen Stätten *ho'okupu* (Opfergaben) zu hinterlassen, und wird als Vermüllung aufgefasst.

Geld

In Städten und größeren Orten gibt es Geldautomaten. Kreditkarten werden außer in einigen Unterkünften fast überall angenommen und sind für Buchungen oft sogar erforderlich. Es ist üblich, Trinkgeld zu geben.

Geldautomaten

- In Banken, Einkaufszentren, Flughäfen und Supermärkte gibt es Geldautomaten, die rund um die Uhr zugänglich sind.
- Für eine Bargeldauszahlung fällt gewöhnlich eine Gebühr von 3 $ an, dazu können noch von der Heimatbank erhobene Gebühren kommen.
- Die meisten Geldautomaten sind an internationale Kreditkartennetzwerke angeschlossen – normalerweise Plus und Cirrus –, und die Wechselkurse sind in Ordnung.

Geldwechsel

- Bargeld kann am Honolulu International Airport oder bei den größeren Banken wie der **Bank of**

Hawaii (☎808-643-3888; www.boh.com) und der **First Hawaiian Bank** (☎808-844-4444; www.fhb.com) umgetauscht werden.

- Außerhalb der Städte und größeren Orte kann es vorkommen, dass es nicht möglich ist, Geld umzutauschen. Man sollte daher genügend Bargeld und/oder eine Kreditkarte dabeihaben.

Kreditkarten

- Mit den gängigen Kreditkarten kann man fast überall bezahlen. Mietwagen- und Hotelbuchungen sind ohne Kreditkarte oft nicht möglich. Einige B&Bs und Vermieter von Ferienhäusern und -wohnungen nehmen keine Kreditkarten an – in diesem Fall kann man meist mit US-Dollar- Reiseschecks oder bar bezahlen – oder verlangen eine Gebühr von 3 %.
- Die gängigsten Karten sind Visa, MasterCard und American Express.

Wechselkurse

Euro	1 €	1,18 $
Schweiz	1 SFr	1,04 $

Aktuelle Wechselkurse siehe www.xe.com

Gesundheit

- Bei medizinischen Notfällen unter ☎911 einen Notarzt oder Krankenwagen anfordern oder direkt die Notaufnahme *(emergency room, ER)* des nächsten Krankenhauses aufsuchen. Wenn es sich nicht um einen Notfall handelt, tut es auch eine Ambulanzklinik oder eine Arztpraxis.
- Bei einigen Versicherungsverträgen muss man sich eine Behandlung vorher durch die Versicherung absegnen lassen. Auf jeden Fall alle Quittungen und Dokumente zur Behandlung sorgfältig aufbewahren.

Internetzugang

- Die meisten Unterkünfte, viele Cafés und einige Bars, Restaurants und andere Einrichtungen bieten öffentliche WLAN-Hotspots (teils nur für zahlende Kunden kostenlos). Der Zugang zum Internet in Hotelzimmern erfolgt immer häufiger über WLAN statt über LAN.
- In den Städten und größeren Orten gibt es gewöhnlich Internetcafés und Business Center wie **FedEx Office** (☎800-463-3339; http://local.fedex.com/hi) mit Computern, deren Nutzung durchschnittlich 12–20 $ pro Stunde kostet; manchmal gibt es auch kostenloses oder kostenpflichtiges WLAN.
- Hawaiis **öffentliche Bibliotheken** (☎808-586-3500; www.librarieshawaii.org) bieten kostenlosen Internetzugang an PCs für Inhaber eines zeitlich befristeten Benutzeraus-

Trinkgeld

In den USA *muss* man quasi Trinkgeld geben. Nur bei wirklich miserablem Service sollte man von dieser Regel abweichen.

Barkeeper 15–20 % pro Runde, mind. 1 $ pro Getränk.

Concierges Für eine einfache Information nichts, für eine Last-Minute-Tischreservierung im Restaurant bis zu 20 $.

Gepäckträger am Flughafen und im Hotel 2 $ pro Gepäckstück, mind. 5 $ pro Gepäckwagen.

Parkservice Mindestens 2 $ bei Rückgabe des Schlüssels.

Reinigungspersonal 2–4 $ pro Tag, die man unter die bereitgelegte Karte legt; wenn viel aufgeräumt werden muss, mehr!

Restaurantkellner und Zimmerservice 18–20 %, falls nicht schon im Preis inbegriffen.

Taxifahrer 10–15 % des Taxameter-Fahrpreises, auf den nächsten Dollar aufgerundet.

weises für auswärtige Besucher (10 $). Einige Bibliotheken bieten auch kostenloses WLAN (mit Benutzerausweis und PIN-Code).

VOG

Vog ist ein sichtbarer Dunst oder Smog, der durch die vulkanischen Emissionen auf Big Island entsteht und oft (aber nicht immer) von den Passatwinden zerstreut wird, bevor er andere Inseln erreicht. Auf Big Island kann der *vog* den sonnigen Himmel in West Hawai'i mit Dunst bedecken, besonders nachmittags um Kailua-Kona.

Kurzzeitige Belastung durch *vog* ist nicht gefährlich, jedoch können höhere Schwefeldioxidkonzentrationen empfindlichen Menschen Atemprobleme bereiten (z. B. bei Atemwegs- oder Herzerkrankungen, schwangeren Frauen, Kleinkindern). Wenn *vog* herrscht, sollte man auf extreme körperliche Belastung im Freien verzichten.

Rechtsfragen

Ab dem Moment der Festnahme haben Beschuldigte ein Recht auf einen Anwalt. Wer sich keinen leisten kann, dem muss der Staat kostenlos einen Anwalt stellen. Die **Hawaii State Bar Association** (☎808-537-9140; http://hawaiilawyerreferral.com; Suite 1000, 1100 Alakea St, Honolulu; ⏱Mo–Fr 8.30–16.30 Uhr) vermittelt Anwälte. Ausländische Besucher wenden sich am besten an ihr Konsulat; die Polizei besorgt auf Wunsch die Telefonnummer.

Reisen mit Behinderung

- Die größeren Hotels und Resorts in Hawaii verfügen über Aufzüge, Telefone, an die ein Schreibtelefon angeschlossen werden kann, und mit Rollstuhl zugängliche Zimmer (reservieren!).
- Die Telefongesellschaften bieten einen Relay Service (☎711) für Hörgeschädigte; mit diesem technischen Vermittlungsdienst können Hörgeschädigte mit Hörenden telefonieren.
- Viele Banken haben auf ihren Geldautomaten Anweisungen in Blindenschrift.
- An den Kreuzungen in den Städten sind die Bürgersteige abgesenkt, und manchmal gibt es Signaltöne, wenn die Fußgängerampel Grün zeigt.
- Blinden- und andere Diensthunde unterliegen nicht denselben Quarantänebestimmungen wie Haustiere; Näheres bei der **Animal Quarantine Station** (☎808-483-7151; http://hdoa.hawaii.gov/ai/aqs/animal-quarantine-information-page; ⏱8–17 Uhr) im Department of Agriculture.
- Auf der Website des **Disability & Communication Access Board** (☎808-586-8121; www.hawaii.gov/health/dcab) stehen kostenlos herunterladbare Infobroschüren mit Informationen über alle Inseln außer Lana'i zur Verfügung.
- Das Reisebüro **Access Aloha Travel** (☎808-545-1143, 800-480-1143; www.accessalohatravel.com) kann bei der Buchung von rollstuhlgerechten Unterkünften, Besichtigungstouren und Bootsfahrten und beim Anmieten eines Transporters behilflich sein.

Schwule & Lesben

Im Bundesstaat Hawaii gilt ein strenger Minderheitenschutz. Auch die Privatsphäre ist verfassungsmäßig geschützt; dazu gehören auch einvernehmliche sexuelle Beziehungen zwischen Erwachsenen. Gleichgeschlechtliche Paare haben das Recht zu heiraten.

Die Einheimischen sind im Allgemeinen sehr auf den Schutz ihrer Privatsphäre bedacht, sodass man wenig Händchenhalten und Austausch von Zärtlichkeiten in der Öffentlichkeit sieht. Das schwul-lesbische Alltagsleben kocht eher auf kleiner Flamme – man trifft sich lieber zu Picknicks und Dinnerpartys als in Clubs. Selbst in Waikiki umfasst die Szene nur ein halbes Dutzend Bars, Clubs und Restaurants.

Trotzdem ist Hawaii ein beliebtes Reiseziel für Schwule und Lesben; es gibt B&Bs, Resorts und Tourenveranstalter, die sich besonders an sie wenden. Weitere Informationen zu Unterkünften, Schwulenstränden, Veranstaltungen usw. bieten die folgenden Webseiten:

Out Traveler (www.outtraveler.com/hawaii) Kostenlose Reisebeiträge für Schwule und Lesben.

Pride Guide Hawaii (www.gogayhawaii.com) Kostenlose Touristenführer zu schwulenfreundlichen Aktivitäten, Unterkünften, Restaurants, zu Nachtleben, Shoppen, Festivals, Hochzeiten usw. auf den Inseln.

Hawai'i LGBT Legacy Foundation (http://hawaiilgbtlegacyfoundation.com) Nachrichten, Adressen und Kalender für schwul-lesbische Veranstaltungen, zumeist auf O'ahu.

Gay Hawaii (http://gayhawaii.com) Kurze Verzeichnisse von schwulenfreundlichen Unternehmen, Stränden und Einrichtungen auf O'ahu, Maui, Kaua'i und Big Island.

Purple Roofs (www.purpleroofs.com) Online-Verzeichnis von B&Bs, Fernienhäusern, Pensionen und Hotels in schwul-lesbischer Hand oder unter schwulenfreundlicher Leitung.

Strom

120 V / 60 Hz

120 V / 60 Hz

Telefon

Handy

Reisende aus dem Ausland benötigen ein Multiband-GSM-Handy, um damit in den USA telefonieren zu können. Mit einem entsperrten Multiband-Handy ist es normalerweise günstiger, sich in Hawaii eine amerikanische wiederaufladbare Prepaidkarte zu kaufen. SIM-Karten gibt es in allen größeren Handy- und Elektrogeschäften. Wer ein Handy hat, das in den USA nicht funktioniert, kann sich in diesen Läden auch ein günstiges Prepaidhandy inklusive Guthaben kaufen.

Bei seinem Netzbetreiber erfährt man, ob man sein Handy auch in Hawaii benutzen kann. Von den US-Anbietern bietet Verizon das weitreichendste Netz. Die Netzabdeckung ist am besten auf O'ahu, etwas lückenhafter auf den anderen Hauptinseln, und in vielen abgelegenen Gebieten wie auf Wanderwegen und an kleineren Stränden ist gar kein Netz vorhanden.

Telefonzellen & -karten

- Telefonzellen sind vom Aussterben bedroht und finden sich gewöhnlich nur noch in Einkaufszentren, Hotels und an öffentlichen Plätzen.
- Einige öffentliche Fernsprechgeräte sind Münztelefone (Ortsgespräche kosten gewöhnlich 50 ¢), andere arbeiten nur mit Kredit- und Telefonkarten.
- Prepaid-Telefonkarten privater Anbieter sind in kleinen Geschäften, an Zeitungskiosken, in Supermärkten und in Apotheken erhältlich.

Vorwahlnummern

- Alle hawaiischen Telefonnummern bestehen aus einer dreistelligen Gebietsvorwahl (☎808) und einer siebenstelligen Anschlussnummer.
- Um von einer Insel zur nächsten zu telefonieren, wählt man ☎1-808 + Rufnummer.
- Vor einer gebührenfreien Nummer (☎800, 888 usw.) muss immer eine ☎1 gewählt werden. Einige gebührenfreie Nummern funktionieren nur innerhalb von Hawaii oder vom US-Festland aus.
- Um von Hawaii aus Auslandsgespräche zu führen, wählt man ☎011 + Ländervorwahl + Ortsvorwahl + Anschlussnummer.
- Wer vom Ausland aus in Hawaii anrufen möchte: Die Ländervorwahl der USA ist ☎1.

Nützliche Nummern

- Notfälle (Polizei, Feuerwehr, Krankenwagen) ☎911
- Ortsauskunft ☎411
- Auskunft für Fernverbindungen ☎1-808-555-1212
- Gebührenfreie Auskunft ☎1-800-555-1212
- Vermittlung ☎0

Touristeninformation

In den Ankunftsbereichen der Flughäfen befinden sich Informationsschalter. Während man auf sein Gepäck wartet, kann man sich hier schon einmal die kostenlosen Tourismusbroschüren und -zeitschriften anschauen, die auch Ermäßigungscoupons für Aktivitäten, Touren, Restaurants usw. enthalten.

Für die Reiseplanung vor der Ankunft bietet sich die sehr informative Webseite des **Hawaii Visitors & Convention Bureau** (www.gohawaii.com) an.

Unterkunft

Eigentlich muss man fast immer im Voraus buchen; für Spitzenzeiten so früh wie möglich – für Weihnachten und Neujahr bis zu einem Jahr im Voraus.

- **Hotels & Resorts** An beliebten Stränden; gewöhnlich mit täglichen Resort- und/oder Parkgebühren.
- **Condos** Ferienwohnungen stehen auf den größeren Inseln in großer Zahl zur Verfügung, oft mit Wochenermäßigungen.
- **B&Bs & Ferienhäuser** Gewöhnlich zuverlässig, mit mehr Platz und Ausstattung als Hotels zu vergleichbaren Preisen.
- **Hostels** Billige Zimmer und Dormbetten.
- **Camping & Cabins** Campingausrüstung selbst mitbringen.

Unterkunft online buchen

Weitere Unterkunftsempfehlungen von Lonely Planet Autoren gibt es auf http://lonelyplanet.com/hotels. Dort sind unabhängige Besprechungen und auch Empfehlungen für die besten Unterkünfte zu finden. Und das Schönste: Man kann gleich online buchen.

Versicherung

Der Abschluss einer Reisegepäck- und Reisekrankenversicherung ist sehr zu empfehlen. Bei einigen Versicherungen sind „gefährliche" Aktivitäten wie Gerätetauchen, Motorradfahren und Skifahren nicht abgedeckt – also immer auch das Kleingedruckte lesen! Auf jeden Fall sollten Krankenhausaufenthalte und Rückführungen in die Heimat per Flugzeug abgedeckt sein.

Wer für das Flugticket oder den Mietwagen mit der Kreditkarte bezahlt, erwirbt damit vielleicht eine begrenzte Unfallversicherung. Auch der Abschluss einer Reiserücktrittsversicherung ist erwägenswert.

Weltweit gültige Reiseversicherungen sind unter www.lonelyplanet.com/bookings erhältlich. Sie können jederzeit über das Internet abgeschlossen und verlängert werden, auch, wenn man schon unterwegs ist. Erstattungsanträge werden ebenfalls online gestellt.

Visa

- Gegenwärtig benötigen die Bürger von 36 Ländern (darunter Deutschland, Österreich und die Schweiz) für Aufenthalte bis zu 90 Tagen (keine Verlängerung möglich) unter dem Visa Waiver Program (VWP) kein Visum für die Einreise in die USA.
- Gemäß dem VWP müssen Reisende über ein gültiges Rückflugticket oder über ein Ticket für die Weiterreise zu einem Ziel außerhalb der USA verfügen; die Tickets dürfen in den USAnicht erstattungsfähig sein.
- Alle VWP-Reisenden müssen sich mindestens 72 Stunden vor der Ankunft im Internet beim **Electronic System for Travel Authorization** (ESTA; https://esta.cbp.dhs.gov/esta/esta.html) anmelden; das kostet derzeit 14 $ Die erteilte Einreiseerlaubnis ist dann zwei Jahre lang gültig (oder bis der Reisepass abgelaufen ist).
- Reisende, die nicht unter das VWP fallen, müssen ein Touristenvisum beantragen. Dies ist kostenpflichtig (mindestens 160 $), umfasst ein persönliches Interview und kann mehrere Wochen in Anspruch nehmen – also rechtzeitig beantragen!
- Auf der Website www.usembassy.gov gibt es Links zu allen US-Botschaften im Ausland. Das Visum beschafft man sich am besten im Heimatland, nicht irgendwo unterwegs.

Zeit

- Hawaii-Aleutian Standard Time (HAST): MEZ minus elf Stunden bzw. MESZ minus zwölf Stunden.
- In Hawaii wird nicht auf Sommerzeit umgestellt.

Verkehrsmittel- & wege

An- & Weiterreise

Flugzeug

Direktflüge von Europa nach Hawaii gibt es nicht, die meisten amerikanischen Airlines bieten aber günstige Tarife mit Zwischenstopps in den USA an. Die Flugpreise variieren je nach Saison, Wochentag und Nachfrage. Am schärfsten ist die Konkurrenz bei den Flügen von den großen US-Städten nach Honolulu (das gilt vor allem für Hawaiian Airlines, Alaska Airlines und Virgin America).

Die angebotenen Preise schwanken sehr stark. Im Allgemeinen kostet ein Ticket von den USA nach Hawaii zwischen 400 $ (in der Nachsaison von der Westküste) und mehr als 800 $ (in der Hauptsaison von der Ostküste). Manchmal sind Pauschalreisen, wie sie von führenden deutschen Reiseveranstaltern angeboten werden, die billigste Reisemöglichkeit.

Alle Gepäckstücke, ob eingecheckt oder Handgepäck, werden bei der Ausreise aus Hawaii Richtung Festland der USA, Alaska und Guam von einem Mitarbeiter des Landwirtschaftsministeriums am Flughafen geröngt.

Flughäfen

Die meisten Hawaii-Flüge aus dem Ausland und den USA kommen am **Honolulu International Airport** (HNL; ☎808-836-6411; http://hawaii.gov/hnl; 300 Rodgers Blvd;) auf Oʻahu an. Lanaʻi und Molokaʻi werden gewöhnlich nur von Honolulu und Maui aus angeflogen.

Die wichtigsten Flughäfen auf den anderen Inseln sind:

Hilo International Airport (ITO; ☎808-961-9300; www.hawaii.gov/ito; 2450 Kekuanaoa St), East Hawaiʻi (Big Island).

Kahului International Airport (OGG; ☎808-872-3830; http://hawaii.gov/ogg; 1 Kahului Airport Rd), Maui.

Kona International Airport (KOA; ☎808-327-9520;

Klimawandel & Reisen

Jede Form des Reisens, die auf Brennstoff auf Kohlenstoffbasis beruht, erzeugt CO_2, das für den von Menschen verursachten Klimawandel hauptverantwortlich ist. Modernes Reisen ist von Flugzeugen abhängig, die zwar pro Kilometer und Person weniger Kraftstoff als die meisten Autos verbrauchen, aber sehr viel weitere Strecken zurücklegen. Auch die hohen Luftschichten, in die Flugzeuge Treibhausgase (darunter CO_2) und Schadstoffe ausstoßen, verstärken ihren Einfluss auf den Klimawandel. Viele Websites bieten Emissionsrechner, mit denen Reisende die CO_2-Emissionen ihrer Reise ausrechnen und die Auswirkung dieser Treibhausgase mit einem Beitrag für klimafreundliche Projekte in der ganzen Welt ausgleichen können. Lonely Planet gleicht die CO_2-Bilanz aller Reisen der Mitarbeiter und Autoren aus

http://hawaii.gov/koa; 73-200 Kupipi St), in Keahole, West Hawai'i (Big Island).

Lana'i Airport (LNY; ☎808-565-7942; http://hawaii.gov/lny; abseits des Hwy 440), Lana'i.

Lihu'e Airport (LIH; ☎808-274-3800; http://hawaii.gov/lih; 3901 Mokulele Loop), Kaua'i.

Moloka'i Airport (MKK, Ho'olehua; ☎808-567-9660; http://hawaii.gov/mkk; Ho'olehua), Moloka'i.

Die einzige in Hawaii ansässige Fluggesellschaft ist **Hawaiian Airlines** (☎800-367-5320; www.hawaiianairlines.com).

Schiff

Die meisten Kreuzfahrten nach Hawaii beinhalten Zwischenstopps in Honolulu und auf Maui, Kaua'i und Big Island. Sie dauern normalerweise zwei Wochen und kosten ab etwa 120 $ pro Person und Tag bei Doppelbelegung; der Flug zum/vom Ausgangshafen kommt noch dazu. Beliebte Kreuzfahrtlinien sind:

Holland America (☎877-932-4259; www.hollandamerica.com) Abfahrt von San Diego, Seattle und Vancouver.

Norwegian Cruise Line (NCL; ☎855-577-9489; www.ncl.com) Abfahrt von Vancouver.

Princess Cruises (☎800-774-6237; www.princess.com) Abfahrt von Los Angeles, San Francisco und Vancouver.

Royal Caribbean (☎866-562-7625; www.royalcaribbean.com) Abfahrt von Vancouver.

Unterwegs vor Ort

Reisen zwischen den Inseln werden vor allem per Flugzeug absolviert. Wer eine Insel näher erkunden möchte, muss gewöhnlich ein Fahrzeug mieten.

Auto

Die meisten Hawaii-Besucher mieten ein Auto, besonders auf den Neighbor Islands (den Hawaii-Inseln außer O'ahu). Wer nur in Honolulu und Waikiki unterwegs ist, für den ist ein eigenes Fahrzeug eher ein Klotz am Bein. Außerhalb der größeren Städte gibt's meist problemlos kostenlose Parkplätze. Manche Hotels und Resorts, besonders in Waikiki, verlangen eine Gebühr fürs Parken (gewöhnlich zwischen 10 und 40 $ pro Nacht, teils auch mehr).

Bus

Auf den größeren Inseln verkehren öffentliche Busse, doch außer auf O'ahu sind Busfahrten eher langwierig und unpraktisch.

Flugzeug

Flüge zwischen den Hawaii-Inseln sind kurz und überraschend teuer. Die meisten Verbindungen bestehen zwischen den Flughäfen Honolulu (O'ahu), Kahului (Maui), Kona und Hilo auf Big Island und Lihu'e (Kaua'i). Kleinere Regionalflughäfen, die vor allem von Pendlerlinien und Charterflügen angesteuert werden, sind Lana'i City (Lana'i), Kaunakakai und Kalaupapa auf Moloka'i, Kapalua und Hana auf Maui und Kamuela (Waimea) auf Big Island.

Schiff/Fähre

Zwischen Maui und Lana'i existieren begrenzte Fährverbindungen.

Auf O'ahu sind Busfahrten empfehlenswert

Sprache

Briten, Amerikaner und Neuseeländer, deutsche Geschäftsleute und norwegische Wissenschaftler, der indische Verwaltungsbeamte und die Hausfrau in Kapstadt – fast jeder auf der Welt scheint Englisch zu sprechen. Und wirklich: Englisch ist die am weitesten verbreitete Sprache der Welt (wenn's auch nur den zweiten Platz für die am meisten gesprochene Muttersprache gibt – Chinesisch ist hier die Nr. 1).

Und selbst die, die nie Englisch gelernt haben, kennen durch englische Musik oder Anglizismen in Technik und Werbung immer ein paar Wörter. Ein paar Brocken mehr zu lernen, um beim Smalltalk zu glänzen, ist nicht schwer. Hier sind die wichtigsten Wörter und Wendungen für die fast perfekte Konversation in fast allen Lebenslagen aufgelistet:

Konversation & Nützliches

Wer einen Fremden nach etwas fragt, sollte die Frage oder Bitte mit einer höflichen Entschuldigung einleiten („Excuse me, ...").

Guten Tag	*Hello*
Hallo	*Hi*
Guten ...	*Good ...*
Morgen	*morning*
Tag	*afternoon*
Abend	*evening*
Auf Wiedersehen	*Goodbye*
Bis später	*See you later*
Tschüs	*Bye*
Wie geht es Ihnen?/ Wie geht es dir?	*How are you?*
Danke, gut.	*Fine, thanks.*
Und Ihnen?/Und dir?	*And you?*
Wie ist Ihr Name?/ Wie heißt du?	*What's your name?*
Mein Name ist .../ Ich heiße ...	*My name is ...*
ja	*yes*
nein	*no*
bitte	*please*
(vielen) Dank	*thank you (very much).*
bitteschön	*you're welcome*
Entschuldigen Sie, .../ Entschuldige ...	*Excuse me, ...*

Fragewörter

Wer?	*Who?*
Was?	*What?*
Wo?	*Where?*
Wann?	*When?*
Wie?	*How?*
Warum?	*Why?*
Welcher?	*Which?*
Wie viel?	*How much?*
Wie viele?	*How many?*

NOCH MEHR ENGLISCH?

Zusätzliche Informationen zur Sprache sowie praktische Redewendungen finden sich im *Reise-Sprachführer Englisch* von Lonely Planet. Er ist im Buchhandel oder unter **http://shop.lonelyplanet.de** erhältlich.

Gesundheit

Wo ist der/die/das nächste ...?
Where's the nearest ...?

Apotheke	*chemist*
Zahnarzt	*dentist*
Arzt	*doctor*
Krankenhaus	*hospital*

Ich brauche einen Arzt.
I need a doctor.
Gibt es in der Nähe eine (Nacht-)Apotheke?
Is there a (night) chemist nearby?
Wo ist die Toilette?
Where are the toilets?
Ich bin krank.
I'm sick.
Es tut hier weh.
It hurts here.
Ich habe mich übergeben.
I've been vomitting.
Ich habe Durchfall/Fieber/Kopfschmerzen.
I have diarrhoea/fever/headache.
(Ich glaube,) Ich bin schwanger.
(I think) I'm pregnant.
Ich bin allergisch gegen ...
I'm allergic to ...

Antibiotika	*antibiotics*
Aspirin	*aspirin*
Penizillin	*penicillin*

Mit Kindern reisen

Ich brauche ...
I need (a) ...
Gibt es ...?
Is there (a/an) ...?

einen Wickelraum	*baby changing room*
einen Babysitz	*baby seat*
einen Kindersitz	*booster seat*
einen Babysitter-Service	*child-minding service*
eine Kinderkarte	*children's menu*
einen Kinderstuhl	*highchair*
(Wegwerf-)Windeln	*(disposable) nappies*
ein Kindertöpfchen	*potty*
einen Kinderwagen	*stroller*

NOTFÄLLE

Hilfe!	*Help!*
Es ist ein Notfall!	*It's an emergency!*
Rufen Sie ...	*Call ...*
die Polizei!	*the police!*
einen Arzt!	*a doctor!*
einen Krankenwagen!	*an ambulance!*
Lassen Sie mich in Ruhe!	*Leave me alone!*
Gehen Sie weg!	*Go away!*

Kann ich mein Kind hier stillen?
Do you mind if I breastfeed here?
Sind Kinder erlaubt?
Are children allowed?

Papierkram

Name	*name*
Staatsangehörigkeit	*nationality*
Geburtsdatum	*date of birth*
Geburtsort	*place of birth*
Geschlecht	*sex/gender*
(Reise-)Pass	*passport*
Visum	*visa*

Reservierungen vornehmen

(telefonisch oder schriftlich)

An ...	*To ...*
Von ...	*From ...*
Datum	*Date*

Ich möchte ... reservieren.
I'd like to book ...
auf den Namen ...
in the name of ...

vom ... bis zum ...	*from ... to ...*
Kreditkarte	*credit card*
Nummer	*number*
gültig bis ...	*expiry date*
Sicherheitscode	*security code*

Bitte bestätigen Sie Verfügbarkeit und Preis.
Please confirm availability and price.

Shoppen & Dienstleistungen

Ich suche ...
I'm looking for ...
Wo ist der/die/das (nächste) ...?
Where's the (nearest) ...?
Wo kann ich ... kaufen?
Where can I buy ...?
Ich möchte ... kaufen.
I'd like to buy ...
Wie viel (kostet das)?
How much (is this)?
Das ist zu viel/teuer.
That's too much/expensive.
Können Sie mit dem Preis heruntergehen?
Can you lower the price?
Haben Sie etwas Billigeres?
Do you have anything cheaper?
Ich schaue mich nur um.
I'm just looking.
Können Sie den Preis aufschreiben?
Can you write down the price?
Haben Sie noch andere?
Do you have any others?
Können Sie ihn/sie/es mir zeigen?
Can I look at it?

mehr	*more*
weniger	*less*
kleiner	*smaller*
größer	*bigger*

Nehmen Sie ...?
Do you accept ...?
Kreditkarten
credit cards
Reiseschecks
travellers cheques

Ich möchte ...
I'd like to ...
Geld umtauschen
change money (cash)
Reiseschecks einlösen
change some travellers cheques

ein Geldautomat	*an ATM*
eine Wechselstube	*an exchange office*
eine Bank	*a bank*
die ... Botschaft	*the ... embassy*
deutsche	*German*
österreichische	*Austrian*
Schweizer	*Swiss*
das Krankenhaus	*the hospital*
der Markt	*the market*
die Polizei	*the police*
die Post	*the post office*
ein öffentliches Telefon	*a public phone*
eine öffentliche Toilette	*a public toilet*

Wann macht er/sie/es auf/zu?
What time does it open/close?
Ich möchte eine Telefonkarte kaufen.
I'd like to buy a phone card.
Wo ist hier ein Internet-Café?
Where's the local Internet cafe?

Unterkunft

Wo ist ...?
Where's a ...?

eine Pension	*bed and breakfast, guesthouse*
ein Campingplatz	*camping ground*
ein Hotel	*hotel*
ein Privatzimmer	*room in a private home*
eine Jugendherberge	*youth hostel*

Wie lautet die Adresse?
What's the address?
Ich möchte bitte ein Zimmer reservieren.
I'd like to book a room, please.
Für (drei) Nächte/Wochen.
For (three) nights/weeks.

Haben Sie ein ...?
Do you have a ...?

Einzelzimmer	*single room*
Doppelzimmer	*double room*
Zweibettzimmer	*twin room*
Familienzimmer	*family room*
Bett im Schlafsaal	*dorm bed*

Wie viel kostet es pro ...?
How much is it per ...?

Nacht	*night*
Person	*person*

Kann ich es sehen?
May I see it?
Wo ist das Badezimmer?
Where is the bathroom?
Kann ich ein anderes Zimmer bekommen?
Can I have another room?
Es ist gut, ich nehme es.
It's fine. I'll have it.
Ich reise jetzt ab.
I'm leaving now.

Verständigung

Verstehen Sie (mich)?
Do you understand (me)?
Ich verstehe (nicht).
I (don't) understand.

Könnten Sie ...?
Could you please ...?
bitte langsamer sprechen
speak more slowly
das bitte wiederholen
repeat that
das bitte aufschreiben
write it down

Verkehrsmittel & -wege

Wann fährt ... ab?
What time does the ... leave?

das Boot	*boat*
der Bus	*bus*
der Zug	*train*

Selbstfahrer

Wo kann ich ... mieten?
Where can I hire a...?

Ich möchte ... mieten.
I'd like to hire a/an ...

ein Fahrrad	*bicycle*
ein Auto	*car*
ein Allradfahrzeug	*4WD*
Schaltgetriebewagen	*manual car*
ein Motorrad	*motorbike*

Wie viel kostet es pro ...?
How much is it per ...?

Stunde	*hour*
Tag	*day*
Woche	*week*

Benzin	*petrol*
Diesel	*diesel*
bleifreies Benzin	*unleaded*
Autogas	*LPG*

Wo ist eine Tankstelle?
Where's a petrol station?
Führt diese Straße nach ...?
Does this road go to ...?
(Wie lange) Kann ich hier parken
(How long) Can I park here?
Wo muss ich bezahlen?
Where do I pay?
Ich brauche einen Mechaniker.
I need a mechanic.
Ich habe (in ...) eine Panne mit meinem Auto.
The car has broken down (at ...)
Ich hatte einen Unfall.
I had an accident.
Das Auto/Motorrad springt nicht an.
The car/motorbike won't start.
Ich habe eine Reifenpanne.
I have a flat tyre.
Ich habe kein Benzin mehr.
I've run out of petrol.

Wegweiser

Wo ist (eine Bank)?
Where's (a bank)?
Ich suche (die Kathedrale).
I'm looking for (the cathedral).
Wie kann ich da hinkommen?
How can I get there?
Wie weit ist es?
How far is it?
Können Sie es mir (auf der Karte) zeigen?
Can you show me (on the map)?
Ich habe mich verirrt.
I'm lost.
Können Sie mir bitte helfen?
Could you help me, please?

GLOSSAR

'a'a – raue, zerklüftete Lava

ahu – Steinhaufen zur Markierung eines Weges; Altar oder Schrein

ahupua'a – traditionell eingeteiltes Land, gewöhnlich in Form eines Keils, der von den Bergen bis zum Meer reicht (kleiner als ein *moku*)

'aina – Land

'akala – hawaiische Himbeere; auch *thimbleberry* (Zimthimbeere) genannt

ali'i – Häuptling, Mitglied des Königshauses

ali'i nui – hochgestellte Häuptlinge, Königsrang

aloha – traditioneller Gruß, bedeutet Liebe, willkommen, auf Wiedersehen

aloha 'aina – Liebe zum Land

'amakihi – kleiner, gelbgrüner Kleidervogel; einer der häufiger anzutreffenden einheimischen Vögel

anchialine pool – enthält eine Mischung aus Meer- und Süßwasser

'apapane – leuchtend roter hawaiischer Kleidervogel

'aumakua – Schutzgottheit oder -geist, vergötterter Vorfahre oder vertrauenswürdige Person

'awa – siehe *kava*

e komo mai – willkommen

ha'i – Weibliche Singtechnik mit Registerwechsel

haku – Kopf

hala – Schraubenbaum (Pandanus); aus den Blättern *(lau)* werden Matten und Körbe geflochten

haole – Weißer; wörtlich „ohne Atem"

hapa – Teil oder Fragment; Person mit gemischter Abstammung

hapa haole – hawaiische Musik mit vorwiegend englischen Texten

he'e nalu – Wellenreiten, Surfen

heiau – alter Steintempel; Kultstätte in Hawaii

ho'okupu – Gabe

hula – hawaiische Tanzform, entweder traditionell oder modern

hula halau – Hula-Schule oder -Truppe

hula kahiko – traditioneller, als heilig geltender Hula

'i'iwi – scharlachroter hawaiischer Kleidervogel mit gebogenem lachsfarbenen Schnabel

'iliahi – hawaiisches Sandelholz

'ilima – einheimische Pflanze: Bodendecker mit zarten gelborangefarbenen Blüten; die offizielle Blume von O'ahu

ipu – kugelförmiger Flaschenkürbis mit schmalem Hals, wird beim Hula verwendet

kahuna – Experte auf irgendeinem Gebiet; gewöhnlich ein Priester, Heiler oder Zauberer

kama'aina – in Hawaii geborene und groß gewordene Person oder hier seit Langem ansässig; wörtlich ein „Kind des Landes"

kapa – siehe *tapa*

kapu – Tabu, Teil des strengen alten hawaiischen Gesellschafts- und Glaubenssystems

kapuna –Älteste

kava – ein leicht berauschendes Getränk (*'awa* auf Hawaiisch) aus den Wurzeln des *Piper methysticum*, eines Pfefferstrauchs

ki ho'alu – offene Gitarrenstimmung

kiawe – Verwandter des Süßhülsenbaums, der in den 1820er-Jahren nach Hawaii gelangte und heute sehr häufig vorkommt; die Äste sind mit spitzen Dornen bedeckt

ki'i – siehe *tiki*

kilau – steifer, unkrautartiger Farn

ko – Zuckerrohr

koa – einheimischer Hartholzbaum, dessen Holz oft für Kunsthandwerkartikel und Kanus verwendet wird

kukui – Kerzen- oder Lichtnussbaum; offizieller Baum des Bundestaates Hawaii; seine öligen Nüsse wurden früher in Lampen verbrannt

kumu – Lehrer

Kumulipo – hawaiische Schöpfungsgeschichte, Gesang

kupuna – Großelternteil, Älteste(r)

la'au lapa'au – pflanzliche Medizin

lanai – Veranda, Balkon

lauhala – Blätter der *hala*-Pflanze, werden für Flechtarbeiten benutzt

lei – Kranz, normalerweise aus Blüten, aber auch aus Blättern, Reben, Muscheln oder Nüssen

Leptospirose – Krankheit, die durch Kontakt mit Wasser übertragen wird, das mit dem Urin infizierter Tiere, vor allem Nutztiere, verunreinigt ist

limu – Seetang

lomi lomi – traditionelle hawaiische Massage; bekannt als „zärtliche Berührung"

Lono – polynesischer Gott der Ernte, Landwirtschaft, Fruchtbarkeit und des Friedens

loulu – einheimische Fächerpalmen

luau – traditionelles hawaiisches Fest

luna – Aufseher, z. B. einer Plantage

mahalo – danke

mai ho'oka'awale – Lepra; wörtlich „die trennende Krankheit"

maile – einheimische Schlingpflanze mit duftenden Blättern; wird oft für *leis* benutzt

makahiki – traditionelles jährliches Regenzeit-Winterfest, dem Landbaugott Lono gewidmet

makai – Richtung Meer

malihini – Neuling, Besucher

mana – spirituelle Kraft

mauka – Richtung Berge; landeinwärts

mele – Lied, Gesang

menehune – „kleine Leute", die der Überlieferung zufolge viele der hawaiischen Fischteiche und *heiau* anlegten und andere Steinbauten errichteten

milo – einheimischer Schattenbaum mit schönem Hartholz

moku – keilförmige Landstücke, die von den Bergkämmen bis ans Meer reichen

mokupuni – flache Insel, Atoll

Neighbor Islands – die Hauptinseln Hawaiis außer O'ahu

nene – einheimische Gans; hawaiischer Staatsvogel

niu – Kokospalme

'ohana – Familie, Großfamilie; eng zusammengehörende Gruppe

'olelo Hawai'i – die hawaiische Sprache

'opihi – essbare Napfschnecke

pahoehoe – schnell und gleichmäßig fließende Lava

pali – Klippe

paniolo – Cowboy

pau – erledigt, nicht mehr

pau hana – Happy Hour, eigentlich „Feierabend"

Pele – Göttin des Feuers und der Vulkane; ihr Zuhause ist in der Kilauea Caldera

pidgin – Sprache oder Dialekt, entstanden aus den verschiedenen Sprachen der Einwanderer auf den Plantagen

piko – Nabel, Nabelschnur

pohaku – Fels

pono – rechtschaffen, respektvoll und korrekt

pukiawe – einheimische Pflanze mit rot-weißen Beeren und immergrünen Blättern

pulu – seidene Büschel um die Stämme von *hapu'u*-Farnen herum

pupu – Snack oder Vorspeise; auch eine Schneckenart

pu'u – Hügel, Schlackenkegel

pu'uhonua – Zufluchtsort

raku – japanischer Töpfereistil, der sich durch ein rohes und handgefertigtes Aussehen auszeichnet

rubbah slippah – Flip-Flops

sansei – japanische Einwanderer der dritten Generation

shaka – hawaiische Handgeste, benutzt als Gruß oder Zeichen des Stolzes

talk story – ein Gespräch anfangen, Small Talk machen

tapa – durch das Stampfen der Rinde des Papiermaulbeerbaums hergestellter Stoff, der für die traditionelle Kleidung der Hawaiianer (*kapa* auf Hawaiisch) benutzt wird

ti – weitverbreitete einheimische Pflanze; in die langen, glänzenden Blätter werden Speisen eingewickelt und es werden Hula-Röcke (*ki* auf Hawaiisch) aus ihnen gemacht

tiki – Statue aus Holz oder Stein, die normalerweise eine Gottheit (*ki'i* auf Hawaiisch) darstellt

tutu – Großmutter oder Großvater; außerdem Ausdruck des Respekts für ein Mitglied der älteren Generation

Ukulele – Saiteninstrument, das von der Braguinha abstammt, die im 19. Jh. von portugiesischen Zuwanderern nach Hawaii gebracht wurde

'ulu – Brotfrucht

Wakea – Himmelsvater

Hinter den Kulissen

WIR FREUEN UNS ÜBER EIN FEEDBACK

Post von Travellern zu bekommen ist für uns ungemein hilfreich – Kritik und Anregungen halten uns auf dem Laufenden und helfen, unsere Bücher zu verbessern. Unser reiseerfahrenes Team liest alle Zuschriften genau durch, um zu erfahren, was an unseren Reiseführern gut und was schlecht ist. Wir können solche Post zwar nicht individuell beantworten, aber jedes Feedback wird garantiert schnurstracks an die jeweiligen Autoren weitergeleitet, rechtzeitig vor der nächsten Auflage.

Wer Ideen, Erfahrungen und Korrekturhinweise zum Reiseführer mitteilen möchte, hat die Möglichkeit dazu auf www.lonelyplanet.com/contact/guidebook_feedback/new. Anmerkungen speziell zur deutschen Ausgabe erreichen uns über www.lonelyplanet.de/kontakt.

Hinweis: Da wir Beiträge möglicherweise in Lonely Planet Produkten (Reiseführer, Websites, digitale Medien) veröffentlichen, ggf. auch in gekürzter Form, bitten wir um Mitteilung, falls ein Kommentar nicht veröffentlicht oder ein Name nicht genannt werden soll. Wer Näheres über unsere Datenschutzpolitik wissen will, erfährt das unter www.lonelyplanet.com/privacy.

DANK VON LONELY PLANET

Vielen Dank an die folgenden Leser, die mit der letzten Ausgabe unterwegs waren und uns wertvolle Hinweise, Tipps und interessante Anekdoten geschickt haben:

Adam Keffen, Andzejs Neguliners, Brittany Dalziel, Christian Huss, David Barrett, Elena Hidalgo, Femke Vinkx, Mark Galeck, Nikki Leeuwrik, Richard Larking, Sara Legato

DANK DER AUTOREN

Adam Karlin

Mahalo: an Alayna Kilkuskie, meine wichtigste Ansprechpartnerin auf Big Island und nächtliche Hummer-Tauchpartnerin; an Alexander für den Auftrag, an meine Koautoren Luci und Loren für ihre Unterstützung, und natürlich an die übliche Besetzung von Hawaii-Gestalten, die Big Island zu einem meiner absoluten Lieblingsorte machen. Und schließlich, wie immer, an Rachel und Sanda dafür, dass sie mitgekommen sind und mich daran erinnert haben, dass das Paradies mit Familie noch schöner ist.

Loren Bell

Das größte *mahalo* ist für die Kräfte reserviert, die diesen Abenteuerspielplatz geschaffen haben – ob nun Pele oder geophysikalische Prozesse oder beide – und die Verwalter, die ihn beschützen. Die große Schönheit von Big Island spiegelt sich in den vielen Menschen wider, die mir unterwegs geholfen haben. Das größte Lob aber verdient Kari. Dich an meiner Seite zu haben, ist das Beste an der ganzen Sache – auch wenn es manchmal scheint, als wäre ich zu beschäftigt, um mir darüber im Klaren zu sein. Ich bin mir immer darüber im Klaren.

Luci Yamamoto

Mahalo an Alex Howard für die Gelegenheit, wieder meine Heimatinsel Big Island zu erkunden. Dank an die Inselbewohner, Einheimische wie Verpflanzte, die mit mir geplaudert und ihr Leben mit mir geteilt haben. Besonderen Dank an David Bock, Derek Kurisu und Bobby Camara für einzigartige Einblicke in die Insel. Und vor allem, tausend Dank an meine Eltern, wunderbare Assistenten und wahre *kama'aina.*

QUELLENNACHWEIS

Die Angaben auf der Klimakarte stammen von Peel MC, Finlayson BL & McMahon TA (2007) „Updated World Map of the Köppen-Geiger Climate Classification", Hydrology and Earth System Sciences, 11, 163344.

Titelfoto: Surfbretter unter Palmen am Waikiki Beach, Matt Munro/CUMULUS ©

ÜBER DIESES BUCH

Dies ist die 4. deutsche Auflage von Hawaii. Sie basiert auf der 4. englischen Auflage von *Hawai'i, the Big Island* von Loren Bell, Adam Karlin und Luci Yamamoto sowie der 1. englischen Auflage von *Best of Hawaii* von Amy Balfour, Sara Benson, Greg Benchwick, Adam Skolnick, Ryan Ver Berkmoes, Craig McLachlan, Jade Bremner, Adam Karlin, Luci Yamamoto und Loren Bell. Die vorherige Auflage von *Hawai'i, the Big Island* stammte von Sara Benson und Luci Yamamoto.

Die beiden englischen Bände wurden produziert von:

Titelredaktion Alexander Howard

Produktredaktion Shona Gray, Vicky Smith, Kirsten Rawlings

Kartografie Corey Hutchison

Layout Gwen Cotter, Clara Monitto, Jessica Rose

Redaktionsassistenz Imogen Bannister, Pete Cruttenden, Samantha Forge, Gabrielle Innes, Anne Mulvaney, Fionnuala Twomey, Katie Connolly, Carly Hall

Kartografieassistenz Valentina Kremenchutskaya

Bildredaktion Umschlag Naomi Parker

Dank an Hannah Cartmel, Brendan Dempsey-Spencer, Sasha Drew, Shona Gray, Alison Lyall, Wayne Murphy, Catherine Naghten, Claire Naylor, Karyn Noble, Darren O'Connell, Anthony Phelan, Martine Power, Roberta Snijders, Luna Soo, Maureen Wheeler and Tracy Whitmey, William Allen, Joel Cotterell, Bruce Evans, Liz Heynes, Kate Mathews, Anne Mulvaney, Claire Naylor, Karyn Noble, Susan Paterson, Kirsten Rawlings, Alison Ridgway, Maureen Wheeler

Register

Kartenverweise **000**

Kartenverweise **000**

Kartenverweise **000**

T

Auf einen Blick

Mit diesen Symbolen sind wichtige Kategorien leicht zu finden

- **Sehenswertes**
- **Strände**
- **Aktivitäten**
- **Kurse**
- **Geführte Touren**
- **Festivals & Events**
- **Essen**
- **Ausgehen**
- **Unterhaltung**
- **Shoppen**
- **Praktisches & Transport**

Alle Beschreibungen stammen von unseren Autoren. Ihre Favoriten werden jeweils als Erstes genannt.

Sehenswürdigkeiten haben wir der geografischen Reihenfolge nach aufgelistet, in der man sie vermutlich besuchen wird. Innerhalb dieser Anordnung wurden sie nach den Empfehlungen der Autoren sortiert.

Die Einträge der Rubrik **Essen** sind nach dem Preis (günstig, mittelteuer, teuer) und den Vorlieben der Autoren geordnet.

Diese Symbole bieten hilfreiche Zusatzinformationen

★ **Das empfehlen unsere Autoren**

Nachhaltig und umweltverträglich

GRATIS **Hier bezahlt man nichts**

- Telefon
- Öffnungszeiten
- P Parkplatz
- Nichtraucher
- Klimaanlage
- @ Internet verfügbar
- WLAN verfügbar
- Swimmingpool
- Vegetarische Auswahl
- Englischsprachige Karte
- Kinder willkommen
- Haustiere willkommen
- Bus
- Fähre
- Straßenbahn
- Bahn

Die „Toll für …“-Symbole stehen für besondere Tipps in verschiedenen Kategorien

- Kunst & Kultur
- Strände
- Budget
- Café/Kaffee
- Radfahren
- Abstecher
- Ausgehen
- Unterhaltung
- Veranstaltungen
- Mit Kindern
- Essen & Trinken
- Geschichte
- Lokalkolorit
- Natur & Tiere
- Fotospot
- Landschaft
- Shoppen
- Ausflug
- Sport
- Wandern
- Winterreisen

Kartenlegende

Sehenswertes
- Strand
- Vogelschutzgebiet
- buddhistisch
- Burg/Schloss/Palast
- christlich
- konfuzianisch
- hinduistisch
- islamisch
- jainistisch
- jüdisch
- Denkmal
- Museum/Galerie/histor. Gebäude
- Ruine
- Sento/Onsen
- shintoistisch
- Sikh
- taoistisch
- Weingut/Weinberg
- Zoo/Wildschutzgebiet
- sonstige Sehenswürdigkeit

Aktivitäten, Kurse & Touren
- bodysurfen
- tauchen
- Kanu/Kajak fahren
- Kurs/Tour
- Ski fahren
- schnorcheln
- surfen
- Swimmingpool
- wandern
- windsurfen
- sonstige Aktivität

Schlafen
- Hotel/Pension/Hostel
- Camping

Essen
- Restaurant

Ausgehen & Nachtleben
- Bar/Kneipe/Club
- Café

Unterhaltung
- Unterhaltung

Shoppen
- Shoppen

Praktisches
- Bank
- Botschaft/Konsulat
- Krankenhaus/Arzt
- Internet
- Polizei
- Post
- Telefon
- Toilette
- Touristeninformation
- sonstige Informationen

Geografie
- Strand
- Hütte/Unterstand
- Leuchtturm
- Aussichtspunkt
- Berg/Vulkan
- Oase
- Park
- Pass
- Rastplatz
- Wasserfall

Städte
- Hauptstadt (Staat)
- Hauptstadt (Provinz)
- Großstadt
- Stadt/Ort

Transport
- Flughafen
- Grenzübergang
- Bus
- Seilbahn/Standseilbahn
- Radweg
- Fähre
- Metrostation
- Schwebebahn
- Parkplatz
- Tankstelle
- S-Bahnstation
- Taxi
- T-bane/Tunnelbana-Station
- Bahnhof/Bahnlinie
- Straßenbahn
- Tube Station
- U-Bahnstation
- sonstiger Transport

Hinweis: Nicht alle in der Legende aufgeführten Symbole sind Bestandteil der Karten dieses Buches

Verkehrswege
- Mautstraße
- Autobahn
- Hauptstraße
- Landstraße
- Verbindungsstraße
- sonstige Straße
- unbefestigte Straße
- Straße im Bau
- Platz, Promenade
- Treppe
- Tunnel
- Fußgängerbrücke
- Spaziergang
- Abstecher vom Spaziergang
- Weg/Pfad

Grenzen
- Staatsgrenze
- Provinzgrenze
- umstrittene Grenze
- Regional-/Bezirksgrenze
- Meeresschutzgebiet
- Kliff
- Mauer

Gewässer
- Fluss, Bach
- periodischer Fluss
- Kanal
- Gewässer
- Salzsee/trockener/periodischer See
- Riff

Gebietsform
- Flughafen/Flugplatz
- Strand/Wüste
- christlicher Friedhof
- sonstiger Friedhof
- Gletscher
- Watt
- Park/Wald
- Sehenswertes (Gebäude)
- Sportplatz
- Sumpf/Mangroven

DIE AUTOREN

Adam Karlin

Big Island: Kailua-Kona & Kona Coast, Kohala & Waimea Adam ist ein Lonely Planet Autor, der am liebsten immer unterwegs ist. In Washington DC geboren und in den ländlichen Gefilden von Maryland aufgewachsen, erkundet er seit seinem 18. Lebensjahr die Welt und schreibt darüber. Gott sei Dank ist das ein interessante Art und Weise, sein Leben zu leben. Und es macht Spaß.

Loren Bell

Big Island: Hawai'i Volcanoes National Park, Ka'u, Mauna Kea & Saddle Road, Puna Als Loren das erste Mal Europa mit dem Rucksack bereiste, befand er sich im Rucksack. Diese einprägsame Erfahrung verdarb sein sechs Monate altes Gehirn und sorgte dafür, dass er nur glücklich ist, wenn er in Bewegung ist. Seine Wanderlust ließ ihn in den Tetons Hundeschlittenteams trainieren und im Urwald von Borneo Gibbons nachsteigen – mit nur kurzen Unterbrechungen für so banale „vernünftige" Dinge wie Abschlüsse machen. Wenn er nicht gerade für Lonely Planet Reiseziele enträtselt, schreibt Loren über Naturwissenschaften und Umweltschutz. Er hat sein Basecamp in den Rocky Mountains, wo er vermutlich zu viel Zeit auf Mountainbike und Skiern verbringt.

Luci Yamamoto

Big Island: Hamakua Coast, Hilo Luci, Big Islanderin der vierten Generation, lassen Regen, Pidgin und lange hawaiische Wörte unbeeiindruckt. Als sie Jura an den Nagel hängte um zu schreiben, hörte sie den alten Spruch: schreib über Dinge, die du kennst. Für Lonely Planet nahm sie daher die Hawaii-Inseln in Angriff. Zu ihrer Überraschung war ihr *kama'aina*-Hintergrund nur die Startrampe und sie entdeckte außergewöhnliche neue Menschen und Orte auf ihrer Heimatinsel. Derzeit lebt sie als Autorin, Redakteurin, Iyengar-Yogalehrerin und Bloggerin (www.yogaspy.com) in Vancouver, kehrt aber regelmäßig nach Big Island zurück, um ihre Glaubwürdigkeit als Einheimische zu pflegen. Mehr noch als Papayas und *poke* liebt sie den *aloha spirit* von Big Island.

Amy Balfour

Best of Hawaii Amy arbeitete in Virginia als Anwältin, bevor sie nach Los Angeles zog, um den Durchbruch als Drehbuchautorin zu versuchen. Wer genau hinhört, kann noch immer das entsetzte Geschrei ihrer Eltern hören, das durch das Raum-Zeit-Kontinuum hallt. Nach einem Job als Autoren-Assistentin bei *Die Aufrechten – Aus den Akten der Straße* verlegte sie sich aufs freiberufliche Schreiben mit Schwerpunkt auf Reise, Essen sowie Natur und Landschaft. Sie ist durch Südkalifornien und den Südwesten der USA gewandert, geradelt und gepaddelt, und kürzlich hat sie die Great Plains auf der Suche nach dem besten Burger und Barbecue der Region durchkreuzt.

Sarah Benson

Best of Hawaii Nachdem sie in Chicago das College abgeschlossen hatte, stieg Sara mit einem Koffer und 100 $ in der Tasche in einen Flieger nach Kalifornien. Damals landete sie in San Francisco, heute wohnt sie in Oakland, auf der anderen Seite der Bay. Zwischenzeitlich lebte sie drei Jahre in Japan und folgte anschließend ihrer Wanderlust durch Asien und den Pazifikraum, bevor sie in die USA zurückkehrte, wo sie als Lehrerin, Journalistin, Krankenschwester und Nationalparkranger gearbeitet hat. Saras jüngste Reiseabenteuer sind in ihrem Blog, The Indie Traveler (indietraveler.blogspot.com), auf Twitter (@indie_traveler) und Instagram (indietraveler) nachzulesen.

MIT BEITRÄGEN VON

Greg Benchwick, Jade Bremner, Craig McLachlan, Adam Skolnik, Ryan Ver Berkmoes

DIE LONELY PLANET STORY

Ein ziemlich mitgenommenes, altes Auto, ein paar Dollar in der Tasche und Abenteuerlust – 1972 war das alles, was Tony und Maureen Wheeler für die Reise ihres Lebens brauchten, die sie durch Europa und Asien bis nach Australien führte. Die Tour dauerte einige Monate, und am Ende saßen die beiden – erschöpft, aber voller Inspiration – an ihrem Küchentisch und schrieben ihren ersten Reiseführer *Across Asia on the Cheap*. Innerhalb einer Woche hatten sie 1500 Exemplare verkauft. Lonely Planet war geboren. Heute hat der Verlag Büros in Melbourne, London, Oakland, Franklin, Delhi und Beijing mit mehr als 600 Mitarbeitern und Autoren. Und alle teilen Tonys Überzeugung, dass ein guter Reiseführer drei Dinge erfüllen sollte: informieren, bilden und unterhalten.

Lonely Planet Global Limited
Unit E, Digital Court,
The Digital Hub,
Rainsford Street,
Dublin 8,
Ireland

Obwohl die Autoren und Lonely Planet alle Anstrengungen bei der Recherche und bei der Produktion dieses Reiseführers unternommen haben, können wir keine Garantie für die Richtigkeit und Vollständigkeit dieses Inhalts geben. Deswegen können wir auch keine Haftung für eventuell entstandenen Schaden übernehmen.

Verlag der deutschen Ausgabe:
MAIRDUMONT, Marco-Polo-Str. 1, 73760 Ostfildern,
www.lonelyplanet.de, www.mairdumont.com, lonelyplanet-online@mairdumont.com

Chefredakteurin deutsche Ausgabe: Birgit Borowski

Redaktion: Bintang Buchservice GmbH, www.bintang-berlin.de
Übersetzung: Petra Dubilski, Gunter Mühl, Inga-Brita Thiele, Katja Weber
An früheren Auflagen haben außerdem mitgewirkt: Marion Gref-Timm, Valeska Henze, Christina Kagerer, Dagmar Klotz, Julia Rickers, Kathrin Schnellbächer, Robert Suske
Lektorat: Katharina Grimm, Julia Niehaus, Katja Rasmus
Satz: Anja Krapat

Hawaii
4. deutsche Auflage Januar 2018, übersetzt von
Hawai'i the Big Island 4th edition, September 2017, Lonely Planet Global Limited
und *Best of Hawaii 1st edition*, November 2017, Lonely Planet Global Limited

MIX
Papier aus verantwortungsvollen Quellen
FSC® C018236
FSC
www.fsc.org

Printed in Poland